中華古籍保護計劃

ZHONG HUA GU JI BAO HU JI HUA CHENG GUO

·成果·

上海師範大學圖書館古籍普查登記目録

全國古籍普查登記目録

國家圖書館出版社
National Library of China Publishing House

圖書在版編目(CIP)數據

上海師範大學圖書館古籍普查登記目録/上海師範大學圖書館編. —北京:國家圖書館出版社,2019.12
(全國古籍普查登記目録)
ISBN 978-7-5013-6819-8

Ⅰ.①上… Ⅱ.①上… Ⅲ.①院校圖書館—古籍—圖書館目録—上海 Ⅳ.①Z838

中國版本圖書館 CIP 數據核字(2019)第 154620 號

書　　名	上海師範大學圖書館古籍普查登記目録
著　　者	上海師範大學圖書館 編
責任編輯	張珂卿

出版發行	國家圖書館出版社(北京市西城區文津街7號 100034) (原書目文獻出版社 北京圖書館出版社) 010-66114536 63802249 nlcpress@nlc.cn(郵購)
網　　址	http://www.nlcpress.com
排　　版	凡華(北京)文化傳播有限公司
印　　裝	河北三河弘翰印務有限公司
版次印次	2019年12月第1版 2019年12月第1次印刷

開　　本	787×1092(毫米) 1/16
印　　張	30.5
字　　數	635千字
書　　號	ISBN 978-7-5013-6819-8
定　　價	310.00圓

《全國古籍普查登記目録》

工作委員會

《全國古籍普查登記目録》

序言

全國古籍普查登記工作是"中華古籍保護計劃"的首要任務,是全面開展古籍搶救、保護和利用工作的基礎,也是有史以來第一次由政府組織、參加收藏單位最多的全國性古籍普查登記工作。

2007年國務院辦公廳發布《關於進一步加强古籍保護工作的意見》(國辦發[2007]6號),明確了古籍保護工作的首要任務是對全國公共圖書館、博物館和教育、宗教、民族、文物等系統的古籍收藏和保護狀况進行全面普查,建立中華古籍聯合目録和古籍數字資源庫。2011年12月,文化部下發《文化部辦公廳關於加快推進全國古籍普查登記工作的通知》(文辦發[2011]518號),進一步落實了全國古籍普查登記工作。根據文化部2011年518號文件精神,國家古籍保護中心擬訂了《全國古籍普查登記工作方案》,進一步規範了古籍普查登記工作的範圍、内容、原則、步驟、辦法、成果和經費。目前進行的全國古籍普查登記工作的中心任務是通過每部古籍的身份證——"古籍普查登記編號"和相關信息,建立古籍總臺賬,全面瞭解全國古籍存藏情况,開展全國古籍保護的基礎性工作,加强各級政府對古籍的管理、保護和利用。

《全國古籍普查登記工作方案》規定了全國古籍普查登記工作的三個主要步驟:一、開展古籍普查登記工作;二、在古籍普查登記基礎上,編纂出版館藏古籍普查登記目録,形成《全國古籍普查登記目録》;三、在古籍普查登記工作基本完成的前提下,由省級古籍保護中心負責編纂出版本省古籍分類聯合目録《中華古籍總目》分省卷,由國家古籍保護中心負責編纂出版《中華古籍總目》統編卷。

在黨和政府領導下,在各地區、各有關部門和全社會共同努力下,古籍普查登記工作得以扎實推進。古籍普查已在除臺、港、澳之外的全國各省級行政區域開展,普查内容除漢文古籍外,還包括各少數民族文字古籍,特别是於2010年分别啓動了新疆古籍保護和西藏古籍保護專項,因地制宜,開展古籍普查登記工作;國家古籍保護中心研製的"全國古籍普查登記平臺"已覆蓋到全國各省級古籍保護中心,并進一步研發了"中華古籍索引庫",爲及時展現古籍普查成果提供有力支持;截至目前,已有11375部古籍進入《國家珍貴古籍名録》,浙江、江蘇、山東、河北等省公布了省級《珍貴古籍名録》,古籍分級保護機制初步形成。

《全國古籍普查登記目録》是古籍普查工作的階段性成果,旨在摸清家底,揭示館藏,反映古籍的基本信息。原則上每申報單位獨立成册,館藏量少不能獨立成册者,則在本省範圍内幾個館目合并成册。無論獨立成册還是合并成册,均編製獨立的書名筆畫索引附於書後。著録的必填基本項目有:古籍普查登記編號、索書號、題名卷數、著者(含著作方式)、版本、册數及存缺卷數。其他擴展項目有:分類、批校題跋、版式、裝幀形式、叢書子目、書影、破損狀况等。有條件的收藏單位多著録的一些擴展項目,也反映在《全國古籍普查登記目録》上。目録編排按古籍普查登記編號排序,内在順序給予各古籍收藏單位較大自由度,可按分類排列古籍普查登記編號,也可按排架號、按同書名等排列古籍普查登記編號,以反映各館特色。

此次全國古籍普查登記工作,克服了古籍數量多、普查人員少、普查難度大等各種困難,也得到了全國古籍保護工作者的極大支持。在古籍普查登記過程中,國家古籍保護中心、各省古籍保護中心爲此舉辦了多期古籍普查、古籍鑒定、古籍普查目録審校等培訓班,全國共1600餘家單位參加了培訓,爲古籍普查登記工作培養了大量人才。同時在古籍普查登記工作中,也鍛煉了普查員的實踐能力,爲將來古籍保護事業發展奠定了良好的基礎。

《全國古籍普查登記目録》的出版,將摸清我國古籍家底,爲古籍保護和利用工作提供依據,也將是古籍保護長期工作的一個里程碑。

國家古籍保護中心

2013年10月

《全國古籍普查登記目録》

編纂凡例

一、收録範圍爲我國境内各收藏機構或個人所藏，産生於 1912 年以前，具有文物價值、學術價值和藝術價值的文獻典籍，包括漢文古籍和少數民族文字古籍以及甲骨、簡帛、敦煌遺書、碑帖拓本、古地圖等文獻。其中，部分文獻的收録年限適當延伸。

二、以各收藏機構爲分册依據，篇幅較小者，適當合并出版。

三、一部古籍一條款目，複本亦單獨著録。

四、著録基本要求爲客觀登記、規範描述。

五、著録款目包括古籍普查登記編號、索書號、題名卷數、著者、版本、册數、存缺卷等。古籍普查登記編號的組成方式是：省級行政區劃代碼—單位代碼—古籍普查登記順序號。

六、以古籍普查登記編號順序排序。

《上海師範大學圖書館古籍普查登記目録》

編委會

《上海師範大學圖書館古籍普查登記目録》

前　言

上海,古稱"申城",戰國時楚孝王封楚相黄歇爲春申君,封地在申,故而得名。今之黄浦江(别称黄歇浦)、春申路等皆淵源有自。上海又名"雲間",因西晋松江人陸雲而得名。上海居長江三角洲之東,所在江南地區爲歷代封建王朝財富之倚柱。一方水土養一方人,隨着經濟繁榮發達,教育、文化亦走在全國前列。近代以來,上海更是繁華昌盛之地,文化底蘊深厚,文化世家衆多,古文獻八方匯聚、庋藏富庶。

上海師範大學正是誕生於這座散發着濃郁文化氣息與江南古韵的城市,其前身是上海師範專科學校,創建於 1954 年。是年 9 月,以原華東速成實驗學校圖書室爲基礎的上海師範專科學校圖書館隨之建立。1955 年 8 月,上海師範專科學校圖書館遷至上海師範大學現址。1956 年,上海師範專科學校發展爲上海第一師範學院、上海第二師範學院,并於是年 9 月分别設立圖書館,分别典藏文科、理科圖書。1958 年 7 月,上海第一、第二師範學院合并爲上海師範學院,圖書館亦隨之合并。1972 年 5 月,上海師範學院與華東師範大學等五校合并成立上海師範大學,上海師範學院圖書館成爲上海師範大學分部圖書館。1978 年 5 月,上海師範學院恢復建制,上海師範學院圖書館也隨之恢復。1984 年 10 月 16 日,上海師範學院更名爲上海師範大學,圖書館得到很大發展。2002 年 2 月,徐匯、奉賢兩校區圖書館正式合并,館藏古籍全部集中典藏於徐匯校區文苑樓。

本館古籍來源,大致可分爲購置、交換、調撥及捐贈四類,其中又以購置爲主要途徑。本館 95% 以上的古籍,於 20 世紀 50 年代中葉至 60 年代中葉這十餘年間通過購置陸續入藏。在購置主渠道中,又以上海福州路古舊書店爲主,一些古籍交换工作亦在此完成;另外在揚州、南京及蘇州等地古舊書店也購置少量古籍。此外,還通过調撥及捐贈獲藏近 500 種。在調撥渠道中,先後有上海市三女中、上海中學等,品質以上海中學所調撥古籍爲佳。向本館捐贈古籍數量較多的有四家:江蘇南通王守仁先生家屬捐贈 178 種,皆屬普本;我校資深教授羅君惕先生家屬捐贈 116 種,羅氏乃文字學名家,所捐贈之古籍學術特點鮮明,足成專藏;首任校長廖世承先生捐贈 42 種;陳子彝先生捐贈 20 種,其中《眉庵印存》係陳氏自編鈐印稿本。

歷經 65 年發展,目前本館所藏古籍約 1.5 萬種,近 12 萬册,其中善本 1300 餘種,1.3 萬餘册,在上海地區高校圖書館中,僅次於復旦大學和華東師範大學而居第三。而這一規模的形成,實賴於先賢曹禮吾和陳子彝兩位館長(主任)在建館初期所定古籍采集方略,即在四部要籍的基礎上重點采購叢書、方志、詩文集、近代史、書目及上海地方文獻,方志又限定在江浙滬三省市,也由此在明清地方志、清代别集以及詞學、紅學文獻等方面形成鮮明的館藏特色。

據統計,本館古籍 280 種收入《中國古籍善本書目》,20 種入選《國家珍貴古籍名録》,76 種入選《上海市珍貴古籍名録》,不乏海内外孤本,至爲珍貴。其中如宋王應麟輯《玉海》二百卷八十册,元至元六年(1340)慶元路儒學刻元明遞修本,屬《玉海》早期刻本。宋韓元吉編《古文苑》九卷四册,爲明吴縣趙均影宋抄本,實屬稀見,入選第一批《國家珍貴古籍名録》(編號 02190)。元任仁發撰《水利集》十卷二册,明末抄本,原本已佚,賴此傳世,是研究太湖水利之珍貴文獻,入選第二批《國家珍貴古籍名録》(編號 04210)。清王概等編《芥子園畫傳》五卷五册,原書分三集。本館所藏爲初集山水譜,係清康熙十八年(1679)李漁芥子園甥館初刻套印本,有李漁、王概、沈心友等印四十餘方,印泥滲漬俱在,至爲稀見。清代著名畫家改琦繪《先賢譜圖》一册,爲清嘉慶十年(1805)稿本,以高古游絲描技法,繪許由等歷代先賢 89 人,各題詩贊,綫條秀勁飄逸,敷色古雅,爲改琦晚年集大成之作,屬海内外孤本,入選第一批《國家珍貴古籍名録》(編號 01563)。清潘鍾瑞選《潘瘦羊選詞》二册,爲清嘉慶二十三年(1818)潘氏手稿本,乃海内外僅存。上述略舉,可見本館收藏之豐富,亦反映出上海師範大學之深厚文化底蕴。

2008 年,本館組建古文獻特藏部,新闢"古文獻精品陳列室",建設古籍修復工作室,并着手啓動館藏古籍普查工作,克服專業館員短缺等困難,對徐匯、奉賢兩校區所藏全部古籍進行清點,完成全部館藏普查,徹底摸清館藏家底。2009 年,本館獲批第二批"全國古籍重點保護單位"和第一批"上海市古籍重點保護單位"。按計劃有條不紊、扎扎實實地開展館藏古籍保護工作,包括建立管理制度、結合開展古籍普查進行古籍定級工作、申報《國家珍貴古籍名録》和《上海市珍貴古籍名録》,對珍貴古籍重點保護,帶動古籍保護工作有序開展。

自"中華古籍保護計劃"實施以來,本館增添和購置了古籍修復設備和古文獻掃描翻拍設備,於 2014 年啓動古籍保護性開發,完成"上海師範大學圖書館藏善本古籍數據庫"建設,有效緩解了古籍藏與用的矛盾。2015 年,對館藏古籍書庫進行改造,加裝恒温恒濕及防盗系統,大大改善了古籍保存環境;同年,購入全樟木書櫃,完成了善本古籍書櫃的更新换代。

《上海師範大學圖書館古籍普查登記目録》的編纂出版,是本館古籍保護工作的又一項重要成果。該《目録》含括本館全部漢文古籍(1912 年以前)共 7657 部,6.5 萬餘册。本書的順利出版,得益於數代圖書館人堅守信仰,不懈努力,薪火相傳,也離不開學校和圖書館歷任領導的大力支持及古文獻特藏部諸位同事的辛勞付出，謹此向關心本書出版的領導、師友及參與編纂的同仁表示衷心感謝。唐司空圖《二十四詩品·纖穠》曰："乘之愈往，識之愈真。"囿於能力，本書訛誤之處在所難免，祈請方家批評指正。

上海師範大學圖書館

2019 年 7 月

目　　録

310000－0243－0000001　301220/7211.01
相臺岳氏本古註五經一百三十卷　（宋）岳珂編　清乾隆四十八年（1783）武英殿據宋相臺岳氏荆溪家塾本翻刻本　三十六册

310000－0243－0000002　301250/7110.04
十三經註疏三百三十三卷　（明）毛晉輯　明崇禎元年至十二年（1628－1639）虞山毛氏汲古閣遞刻本　一百四十册

310000－0243－0000003　301250/7702
三經評註五卷　（明）閔齊伋編　明萬曆四十五年（1617）烏程閔齊伋三色套印本　四册

310000－0243－0000004　301300/1112
稽古日鈔八卷　（清）張方湛　（清）王逸虬編　（清）彭芝庭鑒定　清乾隆二十九年（1764）秋曉山房刻本　二册

310000－0243－0000005　301300/1204.1
北海經學七錄八卷　（清）孔廣林錄　清乾隆三十九年（1774）古俊樓刻本　一册

310000－0243－0000006　301300/2622
易堂問目四卷　（清）吳鼎撰　清乾隆刻本　四册

310000－0243－0000007　301300/4414
讀書小記三十一卷　（清）范爾梅撰　清雍正七年（1729）敬恕堂刻本　十二册

310000－0243－0000008　301500/1123
五經文字三卷　（唐）張參撰　清乾隆五年（1740）叢書樓刻本　三册

310000－0243－000009　301500/1123（1124）.01
五經文字三卷　（唐）張參撰　**九經字樣一卷**　（唐）唐元度撰　清康熙五十四年（1715）歙縣項絪羣玉草堂精刻本　二册

310000－0243－0000010　301500/1124
新加九經字樣一卷　（唐）唐元度撰　清乾隆五年（1740）叢書樓刻本　一册

310000－0243－0000011　301500/4476
五經文字偏旁考三卷　（清）蔣騏昌撰　清乾隆五十九年（1794）列岫山房刻本　二册

310000－0243－0000012　301600/2022
群經宫室圖二卷　（清）焦循撰　清乾隆半九書塾刻本　二册

310000－0243－0000013　301600/4650
六經圖定本六卷　（宋）楊甲撰　（清）王皜校錄　清乾隆五年（1740）六安王皜寫刻本　六册

310000－0243－0000014　301830/1223
微波榭遺書二十六卷　（清）孔繼涵撰　清乾隆曲阜孔氏微波榭刻本　七册

310000－0243－0000015　302200/1112
周易說略四卷　（清）張爾岐撰　清乾隆二十七年（1762）三與堂刻本　四册

310000－0243－0000016　302200/1725
周易直解不分卷　（清）□□撰　清稿本　二册

310000－0243－0000017　302200/2014
易林四卷　（漢）焦延壽撰　清康熙刻本　四册

310000－0243－0000018　302200/2540
周易本義十二卷　（宋）朱熹撰　清康熙内府刻本　二册

310000－0243－0000019　302200/2632
周易疏義四卷　（明）程汝繼撰　明崇禎八年（1635）姚學心、姚得心刻本　二册

310000－0243－0000020　302200/3432
易憲四卷　（明）沈泓撰　清道光抄本　三册

310000－0243－0000021　302200/3542
周易辨畫四十卷　（清）連斗山撰　清乾隆四十年（1775）刻本　十册

310000－0243－0000022　302200/4082
易經集註十六卷　（明）來知德注　（清）崔華重訂　清乾隆十一年（1746）光霽堂刻本　八册

310000－0243－0000023　302200/4094
周易觀象十二卷　（清）李光地撰　清康熙五十九年（1720）刻本　六册

310000－0243－0000024　302200/4424
易守三十二卷　（清）葉佩蓀撰　清乾隆刻本　八册

310000－0243－0000025　302200/4448
易義闡四卷附易學啟蒙一卷　（清）韓松撰　清乾隆五十四年（1789）光復堂刻本　二册

310000－0243－0000026　302200/7237
周易古文鈔四卷　（明）劉宗周撰　（清）呂留良校　清初姜希轍刻本　二册

310000－0243－0000027　302200/8048
易經衷旨便讀四卷　（清）金松　（清）金協庠輯　清康熙十一年（1672）刻本　二册

310000－0243－0000028　302300/0026
易盪二卷　（清）方鯤撰　清康熙五十七年（1718）桐山姚文然、姚文燮刻本　六册

310000－0243－0000029　302300/4015
讀易隅通二卷　（明）來集之撰　清雍正元年（1723）古絳張文炳刻本　一册

310000－0243－0000030　302300/4701
易學啟蒙通釋二卷　（宋）胡方平撰　清康熙十六年（1677）通志堂刻本　一册

310000－0243－0000031　302300/7744
翁山易外七十一卷　（清）屈大均撰　（清）屈明洪等編　清康熙二十七年（1688）刻本　十册

310000－0243－0000032　303200/1223.01
尚書註疏十三卷　（漢）孔安國傳　（唐）孔穎達疏　明常熟毛氏汲古閣刻本　四册

310000－0243－0000033　303300/1005
讀書管見二卷　（元）王充耘撰　清康熙通志堂刻本　一册

310000－0243－0000034　303300/1046
尚書日記十六卷　（明）王樵撰　（明）于明照校閱　（明）于肯堂編次　明萬曆十年（1582）于明照刻本　十六册

310000－0243－0000035　303300/4923
尚書蠡四卷　（明）趙維寰撰　明崇禎八年（1635）趙氏當湖刻本　八册

310000－0243－0000036　303300/7724
尚書讀記一卷春秋一得一卷　（清）閻循觀撰　清乾隆三十八年（1773）樹滋堂刻本　一册

310000－0243－0000037　303300/8364
融堂書解二十卷　（宋）錢時撰　清乾隆三十九年（1774）武英殿木活字印本　四册

310000－0243－0000038　303610/2060
禹貢指南四卷　（宋）毛晃撰　清乾隆武英殿木活字印本　三册

310000－0243－0000039　303610/2060.01
禹貢指南四卷　（宋）毛晃撰　清刻本　二册

310000－0243－0000040　303610/2646.1
禹貢論二卷禹貢後論一卷禹貢山川地理圖一卷　（宋）程大昌撰　清康熙十六年（1677）通志堂刻本　二册

310000－0243－0000041　303610/2800
禹貢會箋十二卷　（清）徐文靖撰　清乾隆十八年（1753）徐氏志寧堂刻本　三册

310000－0243－0000042　304200/1072
詩總聞二十卷　（宋）王質撰　清乾隆四十六年（1781）武英殿木活字印本　四册

310000－0243－0000043　304200/1134
詩經疏略八卷　（清）張沐撰　清康熙十四年（1675）敦臨堂刻本　六册

310000－0243－0000044　304200/2391.02
欽定詩義折中二十卷　（清）傅恒等撰　清乾隆二十年（1755）内府刻本　七册

310000－0243－0000045　304200/2540.02
詩集傳二十卷　（宋）朱熹撰　明正統十二年（1447）司禮監刻本　六册

310000－0243－0000046　304200/2545
詩經標題襯説合纂八卷　（清）朱榛編訂　（清）周棫仝纂　清乾隆二十四年（1759）三多齋刻本　四册

310000－0243－0000047　304200/3184

虞東學詩十二卷首一卷　(清)顧鎮撰　清乾隆三十三年(1768)誦芬堂刻本　四冊

310000－0243－0000048　304200/4420

葉太史參補古今大方詩經大全十五卷首一卷小序一卷圖一卷綱領一卷　(明)葉向高輯　(明)張以誠校正　明萬曆建安余氏刻本　十冊

310000－0243－0000049　304200/7240

詩說十二卷　(宋)劉克撰　清道光八年(1828)長洲汪士鐘刻本　四冊

310000－0243－0000050　304200/8009

詩經正解三十卷　(清)姜文燦　(清)吳荃彙輯　清康熙二十三年(1684)深柳堂刻本　十四冊

310000－0243－0000051　304200/8333

田間詩學不分卷　(清)錢澄之撰　清康熙二十八年(1689)錢氏斟雉堂刻本　六冊

310000－0243－0000052　304300/1728.1

詩管見七卷首一卷　(清)尹繼美撰　清咸豐十一年(1861)鼎吉堂木活字印本　二冊

310000－0243－0000053　304300/2822.01

毛詩名物圖說九卷　(清)徐鼎輯　清抄本　二冊

310000－0243－0000054　304300/3216

詩經傳說四種五卷　(明)潘璁輯　明萬曆刻本　二冊

310000－0243－0000055　304300/3380

詩傳旁通十五卷　(元)梁益撰　清乾隆二十四年(1759)抄本　八冊

310000－0243－0000056　304300/4099

毛詩經筵講義四卷　(宋)袁燮撰　清乾隆四十年(1775)武英殿木活字印本　一冊

310000－0243－0000057　304300/4099.01

毛詩經筵講義四卷　(宋)袁燮撰　清刻本　一冊

310000－0243－0000058　304300/4486

毛詩說二卷首一卷　(清)諸錦撰　清乾隆二十一年(1756)嘉興諸氏絳附閣刻本　二冊

310000－0243－0000059　304300/4704

詩疑義釋二卷　(清)胡文英撰　清乾隆四十九年(1784)留蘭堂刻本　二冊

310000－0243－0000060　304300/4763

枕葄齋詩經問答八卷　胡嗣運撰　清光緒三十三年(1907)鵬南書屋木活字印本　一冊

310000－0243－0000061　304300/4924

詩細十卷首一卷續一卷　(清)趙佑撰　清乾隆五十七年(1792)刻本　四冊

310000－0243－0000062　304300/7442

陸堂詩學十二卷讀詩總論一卷　(清)陸奎勳撰　清康熙五十五年(1716)平湖陸氏小瀛山閣刻本　四冊

310000－0243－0000063　304300/7524

詩誦五卷　(清)陳僅撰　清光緒十一年(1885)四明文則樓陳氏木活字刻本　二冊

310000－0243－0000064　304300/7524

詩誦五卷　(清)陳僅撰　清光緒十一年(1885)四明文則樓陳氏木活字刻本　二冊

310000－0243－0000065　304400/4723

胡氏詩識三卷　(明)胡纘宗編　明萬曆擁萬堂寫刻本　六冊

310000－0243－0000066　304400/4748

毛詩序說八卷　(明)郝敬撰　(明)郝洪範輯　明天啟五年(1625)郝洪範刻本　二冊

310000－0243－0000067　304500/0808

詩集傳名物鈔八卷　(元)許謙撰　清康熙通志堂刻本　四冊

310000－0243－0000068　304500/2822

毛詩名物圖說九卷　(清)徐鼎輯　清乾隆三十六年(1771)吳中徐鼎清德堂刻本　四冊

310000－0243－0000069　310300/7474.01

讀禮志疑六卷　(清)陸隴其輯　清康熙松桂草堂抄本　一冊

310000－0243－0000070　310400/1028

三禮圖二十卷　(宋)聶崇義集註　(清)納蘭成德校訂　清康熙通志堂刻本　四册

310000－0243－0000071　311000/6715
欽定周官義疏四十八卷　(清)鄂爾泰等撰　清乾隆十三年(1748)刻本　一册

310000－0243－0000072　312040/5342
儀禮集編十七卷首一卷附録一卷　(清)盛世佐撰　清乾隆十二年(1747)貯雲居刻本　二十四册

310000－0243－0000073　313000/1241
檀弓論文二卷　(清)孫濩孫評訂　清康熙六十年(1721)天心閣刻本　二册

310000－0243－0000074　313000/2632
禮記纂言三十六卷　(元)吴澄撰　明正德十五年(1520)胡東皋刻本　二十四册

310000－0243－0000075　313070/432420
大戴禮記十三卷　(漢)戴德撰　(北周)盧辯注　清乾隆二十五年(1760)刻本　二册

310000－0243－0000076　330100/0044
春秋地名考略十四卷　(清)高士奇撰　清康熙二十七年(1688)刻本　四册

310000－0243－0000077　330100/1059
欽定春秋傳説彙纂三十八卷首二卷　(清)王掞等撰　清康熙六十年(1721)内府刻本　三十二册

310000－0243－0000078　330100/1138
春秋張氏集註十一卷綱領一卷　(宋)張洽集註　清康熙十六年(1677)通志堂覆宋端平刻本　二册

310000－0243－0000079　330100/1630
春秋測義三十五卷　(清)强汝詢撰　清光緒十五年(1889)流芳閣木活字印本　六册

310000－0243－0000080　330100/2477
春秋指掌三十卷首二卷附二卷　(清)儲欣　(清)蔣景祁撰輯　清康熙刻本　六册

310000－0243－0000081　330100/3140
春秋大成三十一卷首一卷　(清)馮如京彙纂　清順治十一年(1654)滋蘭堂刻本　十二册

310000－0243－0000082　330100/4442
春秋考十六卷　(宋)葉夢得撰　清乾隆武英殿木活字印本　四册

310000－0243－0000083　330100/4444
春秋辨疑四卷　(宋)蕭楚撰　清乾隆三十九年(1774)武英殿木活字印本　二册

310000－0243－0000084　330100/5044
半農先生春秋説十五卷　(清)惠士奇撰　清乾隆十四年(1749)吴氏璜川書屋刻本　十六册

310000－0243－0000085　330200/004413
左傳義法舉要一卷　(清)方苞口授　(清)王兆符　程崟録　清雍正六年(1728)桐城方氏抗希堂刻本　一册

310000－0243－0000086　330200/2550
音點春秋左傳詳節句解三十五卷　(宋)朱申撰　明初刻本　十六册

310000－0243－0000087　330200/3147
左繡三十卷首一卷　(清)馮李驊輯　(清)陸浩評輯　清康熙五十九年(1720)大文堂刻本　十六册

310000－0243－0000088　330200/473644
春秋集註三十卷首一卷　(宋)胡安國撰　(宋)林堯叟音註　(明)婁克讓校　明嘉靖三十年(1551)倪淑刻萬曆二十三年(1595)倪甫英、倪家徹重修印本　八册

310000－0243－0000089　330200/473644.01
春秋集註三十卷　(宋)胡安國撰　(宋)林堯叟音註　明天啟刻本　四册

310000－0243－0000090　330200/5039
左傳分國摘要二十卷圖一卷　(清)史宗恒輯　清乾隆四十一年(1776)二酉堂刻本　二册

310000－0243－0000091　330200/5544
左氏條貫十八卷　(清)曹基編　清康熙五十一年(1712)刻本　四册

310000－0243－0000092　330200/7142

左傳杜註拾遺五卷　(清)阮芝生撰　清嘉慶稿本　二册

310000－0243－0000093　330500/3140
春秋大事表五十卷附春秋綱領一卷讀春秋偶筆一卷春秋輿圖一卷　(清)顧棟高撰　清乾隆十四年(1749)萬卷樓刻本　二十四册

310000－0243－0000094　350100/4400
四書人物考四十卷　(明)薛應旂輯　明嘉靖三十七年(1558)薛氏刻本　八册

310000－0243－0000095　350100/4400.01
增補四書人物備考十二卷圖一卷　(明)薛應旂彙輯　(明)陳仁錫增定　清乾隆三十九年(1774)敬思堂刻本　五册

310000－0243－0000096　350100/4423
四書類典賦二十四卷附年譜二卷　(清)甘紱撰　清乾隆三十五年(1770)廣益堂刻本　十册

310000－0243－0000097　350100/607378
呂晚邨先生四書講義四十三卷　(清)呂留良撰　(清)陳鏦編　清康熙二十五年(1686)天蓋樓刻本　六册

310000－0243－0000098　350200/4748
論語詳解二十卷　(明)郝敬撰　明萬曆四十六年(1618)京山郝千秋、郝千石刻本　五册

310000－0243－0000099　371400/5530
楝亭五種六十五卷　(清)曹寅輯　清乾隆揚州使院刻本　三十六册

310000－0243－0000100　372100.2/0712.3
爾雅十一卷　(晉)郭璞著　(晉)□□音　(明)金蟠訂　明東吳金蟠永懷堂刻本　二册

310000－0243－0000101　372100.2/0712.01
爾雅三卷　(晉)郭璞注　明嘉靖十七年(1538)吳元恭刻本　三册

310000－0243－0000102　372100.2/1713
爾雅正義二十卷　(清)邵晉涵撰集　**爾雅釋文三卷**　(唐)陸德明撰　清乾隆五十三年(1788)邵氏家塾刻本　八册

310000－0243－0000103　372100.4/0712.02
爾雅音圖三卷　(晉)郭璞注　清嘉慶六年(1801)藝學軒影宋摹刻本　三册

310000－0243－0000104　372200.1/727763
釋名疏證八卷補遺一卷續釋名一卷　(清)畢沅撰　清乾隆五十五年(1790)刻本　四册

310000－0243－0000105　372200.4/7426
埤雅二十卷　(宋)陸佃撰　清初刻本　四册

310000－0243－0000106　372200.5/3748
五雅五種四十一卷　(明)郎奎金編　明天啟六年(1626)武林郎氏堂策檻刻本　五册

310000－0243－0000107　372200.6/2615.02
别雅五卷　(清)吳玉搢撰　清乾隆七年(1742)新安程氏督經堂刻本　五册

310000－0243－0000108　373100.4/4002.01
字鑑五卷　(元)李文仲編　清康熙四十七年(1708)吳郡張士俊澤存堂刻本　二册

310000－0243－0000109　373100.4/4002.01
字鑑五卷　(元)李文仲編　清康熙四十七年(1708)吳郡張士俊澤存堂刻本　二册

310000－0243－0000110　373100.4/5042.01
班馬字類五卷　(宋)婁機撰　清乾隆經鉏堂影宋淳熙刻本　四册

310000－0243－0000111　373100.4/5042.02
班馬字類五卷　(宋)婁機編　清乾隆經鉏堂影宋淳熙刻本　四册

310000－0243－0000112　373100.6/3030.2
增補金壺字考十九卷　(宋)釋適之撰　(清)田朝恒增訂　清乾隆二十六年(1761)石門田氏刻本　四册

310000－0243－0000113　373100.6/3100
字義總略四卷　(明)顧充撰　(明)顧芳宗重訂　清康熙四十二年(1703)興麟堂刻本　二册

310000－0243－0000114　373100.6/5338
漢溪書法通解八卷　(清)戈守智撰　(清)陸聲鍾編　清乾隆十五年(1750)霽雲閣刻本

四册

310000－0243－0000115　373200/089428

說文解字十五卷　（漢）許慎撰　（宋）徐鉉校　清乾隆三十八年（1773）椒華吟舫覆宋刻本　六册

310000－0243－0000116　373300.1/4739

說文長箋一百卷首二卷附六書長箋七卷　（宋）徐鉉韻譜　（明）趙宧光長箋　明崇禎六年（1633）寒山趙氏小宛堂刻本　三十二册

310000－0243－0000117　373300.4/3202.01

說文蠡箋十四卷　（清）潘奕雋撰　清乾隆四十六年（1781）刻本　一册

310000－0243－0000118　373300.4/4739

說文字原考略六卷　（清）吳照輯　清乾隆五十七年（1792）吳氏自刻本　四册

310000－0243－0000119　373300.4/4739

說文字原考略六卷　（清）吳照輯　清乾隆五十七年（1792）吳氏自刻本　四册

310000－0243－0000120　373300.5/3322

說文粹言疏證二卷　（清）潘任撰　清光緒二十年（1894）木活字印本　一册

310000－0243－0000121　373400/4327

六書故三十三卷附六書通釋一卷　（宋）戴侗撰　清乾隆四十九年（1784）綿州師竹齋刻本　十六册

310000－0243－0000122　373400/4327

六書故三十三卷附六書通釋一卷　（宋）戴侗撰　清乾隆四十九年（1784）綿州師竹齋刻本　十六册

310000－0243－0000123　373500/4040

重刊說文解字五音韻譜十二卷　（宋）李燾重編　（宋）徐鉉等校定　明天啟七年（1627）世裕堂刻本　六册

310000－0243－0000124　373600.3/4426

說文字原集註十六卷說文字原表一卷表說一卷附續三十五舉一卷　（清）蔣和撰　清乾隆五十二年（1787）無錫蔣氏刻本　四册

310000－0243－0000125　373800/112100

正字通十二卷　（明）張自烈撰　（清）廖文英輯　清康熙刻本　二十四册

310000－0243－0000126　373800/3161

大廣益會玉篇三十卷　（南朝梁）顧野王撰　清康熙四十三年（1704）張氏澤存堂刻本　三册

310000－0243－0000127　373800/4803

字彙十二卷首一卷附韻法直圖一卷韻法橫圖一卷　（明）梅膺祚撰　清乾隆三十三年（1768）務本堂刻本　十四册

310000－0243－0000128　373900.1/2842

字籥不分卷　（清）徐朝俊撰　清嘉慶十三年（1808）雲間徐氏朱墨套印本　一册

310000－0243－0000129　373900.3/0754

汗簡三卷　（宋）郭忠恕撰　清康熙四十二年（1703）天都汪立名一隅草堂刻本　三册

310000－0243－0000130　373900.3/0754.01

汗簡三卷　（清）郭忠恕撰　清康熙四十二年（1703）天都汪立名一隅草堂刻本　三册

310000－0243－0000131　373900.3/1140.03

復古編二卷　（宋）張有撰　**附録一卷校正一卷**　（清）葛鳴陽輯　**曾樂軒稿一卷**　（金）張維撰　**安陸集一卷**　（宋）張先撰　清乾隆四十六年（1781）安邑葛氏刻本　三册

310000－0243－0000132　373900.3/2344

六書分類十二卷首一卷　（清）傅世垚撰　清乾隆五十四年（1789）維隅堂刻嘉慶元年（1796）印本　十三册

310000－0243－0000133　373900.3/2344

六書分類十二卷首一卷　（清）傅世垚撰　清乾隆五十四年（1789）維隅堂刻嘉慶元年（1796）印本　十三册

310000－0243－0000134　373900.3/6030

六書通十卷　（清）閔齊伋編　清康熙五十九年（1720）畢弘述刻本　五册

310000－0243－0000135　373900.4/3144.03

隸辨八卷 （清）顧靄吉撰 清乾隆八年(1743)玉淵堂刻本 十六册

310000－0243－0000136 373900.4/3430.2
隸釋二十七卷 （宋）洪适撰 清乾隆四十三年(1778)汪氏樓松書屋刻本 六册

310000 － 0243 － 0000137 373900. 4/3430.101
隸續二十一卷 （清）洪适撰 清乾隆四十三年(1778)汪氏樓松書屋刻本 二册

310000－0243－0000138 373900.4/4411
汪本隸釋刊誤一卷 （清）黄丕烈撰 清同治十一年(1872)皖南洪氏晦木齋刻本 一册

310000－0243－0000139 373900.7/0754.02
佩觿三卷 （宋）郭忠恕撰 清康熙四十九年(1710)吳郡張士俊澤存堂寫刻本 二册

310000－0243－0000140 373900.7/0754.01
佩觿三卷 （宋）郭忠恕撰 清光緒九年至十一年(1883－1885)蔣鳳藻刻鐵華館叢書本 一册

310000－0243－0000141 373900.9/4051
問奇一覽二卷 （清）李書雲輯 清乾隆三十一年(1766)孝經堂刻本 二册

310000－0243－0000142 374200.1/7548.03
重修廣韻五卷 （宋）陳彭年 （宋）邱雍等撰 清康熙四十三年(1704)張氏澤存堂刻本 五册

310000－0243－0000143 374200.1/7548.06
原本廣韻五卷 （宋）陳彭年等撰 （清）顧亭林增補 清康熙六年(1667)陳上年、張弨刻本 五册

310000－0243－0000144 374200.7/0033
重訂直音篇七卷 （明）章黼撰 （明）吳道長重訂 明萬曆三十四年(1606)練川明德書院刻本 七册

310000－0243－0000145 374200.7/1774
古今韻略五卷 （清）邵長蘅撰 清康熙三十五年(1696)宋犖振藻堂刻本 五册

310000－0243－0000146 374200.7/3250
類音八卷 （清）潘耒撰 清康熙潘氏遂初堂刻本 四册

310000－0243－0000147 374200.7/4206
古音諧八卷首一卷 （清）姚文田撰 清嘉慶姚氏刻本 四册

310000－0243－0000148 374200.7/4436
大明成化庚寅重刊改併五音集韻十五卷 （金）韓道昭撰 明成化六年至七年(1470－1471)刻本 七册

310000－0243－0000149 374200.7/4440
大明成化丁亥重刊改併五音類聚四聲篇十五卷 （金）韓孝彦撰 （金）韓道昭改併 明成化三年至七年(1467－1471)金臺大隆福寺首座僧文儒刻本 五册

310000－0243－0000150 374300.8/3130
枕漁韻學二種 （清）顧淳撰 清光緒二十五年(1899)木活字印本 一册

310000－0243－0000151 374300.8/3130
枕漁韻學二種 （清）顧淳撰 清光緒二十五年(1899)木活字印本 一册

310000－0243－0000152 374300.8/3191.03
音學五書音論三卷詩本音十卷 （清）顧炎武撰 清道光二十六年(1846)福建林春祺福田書海銅活字印本 四册

310000－0243－0000153 374300.8/3191.04
顧氏音學五書三十八卷 （清）顧炎武撰 清康熙六年(1667)張弨刻本 十二册

310000－0243－0000154 401100/728234
史通通釋二十卷 （清）浦起龍撰 清光緒十一年(1885)刻本 八册

310000－0243－0000155 401560/1144
諸史提要十五卷 （宋）錢端禮撰 （清）張英輯 清康熙五十二年(1713)内府刻本 五册

310000－0243－0000156 402120/177317.010
史記集解索隱正義一百三十卷首一卷 （漢）司馬遷撰 （南朝宋）裴駰集解 （唐）司馬貞

索隱 (唐)張守節正義 (明)鍾人傑輯評 明萬曆錢塘鍾人傑刻本 十八册

310000－0243－0000157 402120/177317.012
史記集解索隱正義一百三十卷 (漢)司馬遷撰 (南朝宋)裴駰集解 (唐)司馬貞索隱 (唐)張守節正義 明萬曆張守約廣東刻本 三十二册

310000－0243－0000158 402120/177317.09
史記一百三十卷 (漢)司馬遷撰 (南朝宋)裴駰集解 (唐)司馬貞索隱 (唐)張守節正義 明嘉靖六年(1527)金臺汪諒刻莆田柯維熊刻本 二十四册

310000－0243－0000159 402130/1772
史記索隱三十卷 (唐)司馬貞撰 明崇禎常熟毛氏汲古閣刻本 三册

310000－0243－0000160 402130/2666
史記論文一百三十卷 (清)吳見思評點 清康熙二十六年(1687)刻本 十六册

310000－0243－0000161 402170/0020
史記鈔四卷 (清)高嵣集評 清乾隆五十三年(1788)刻本 四册

310000－0243－0000162 402300.1/1160
前漢書一百卷 (漢)班固撰 (唐)顔師古註 清同治八年(1869)金陵書局刻本 十六册

310000－0243－0000163 402300.1/1260
逸周書十卷附録一卷 (晉)孔晁註 (清)盧文弨校 清乾隆五十一年(1786)盧氏抱經堂刻本 二册

310000－0243－0000164 402300.1/3131.1
漢書地理志校本二卷 (清)汪遠孫校 清道光二十八年(1848)汪氏振綺堂刻本 二册

310000－0243－0000165 402300.1/4464.101
後漢書一百卷 (南朝宋)范曄撰 (唐)李賢註 **司馬彪續漢書志三十卷** (晉)司馬彪補 (南朝梁)劉昭補註 清同治八年(1869)金陵書局刻本 十六册

310000－0243－0000166 402300.1/4913
漢書顔註拾遺一卷 (清)趙一清撰 清同治稿本 一册

310000－0243－0000167 402300.1/4964
吴越春秋六卷 (清)趙曄撰 清沈氏抱經樓藏曹學濬抄本 三册

310000－0243－0000168 402300.1/7218
東觀漢記二十四卷 (漢)劉珍撰 (清)陸錫熊等校輯 清乾隆四十二年(1777)武英殿木活字印本 四册

310000－0243－0000169 402300.2/0728
晉記六十八卷 (清)郭倫撰 清乾隆五十一年(1786)有斐堂刻本 二十四册

310000－0243－0000170 402300.2/3002
晉書一百三十卷附晉書音義三卷 (唐)房玄齡等撰 清光緒十八年(1892)武林竹簡齋石印本 八册

310000－0243－0000171 402300.2/80424
周書五十卷 (唐)令狐德棻等撰 明常熟毛氏汲古閣影宋刻本 六册

310000－0243－0000172 402300.3/1012
唐書合鈔補正六卷 (清)丁子復撰 (清)沈炳震訂鈔 清乾隆刻嘉慶十八年(1813)補刻本 八册

310000－0243－0000173 402300.3/2624
五代史纂誤三卷 (宋)吳縝撰 清乾隆武英殿木活字印本 一册

310000－0243－0000174 402300.3/2627.01
十國春秋一百十四卷附十國春秋拾遺一卷備考一卷 (清)吳任臣 (清)周昂撰 清乾隆五十三年(1788)周昂重校刻本 二十册

310000－0243－0000175 402300.3/2628
隋書八十五卷 (唐)魏徵等撰 清光緒十八年(1892)武林竹簡齋石印本 六册

310000－0243－0000176 402300.3/7267.01
舊唐書二百卷 (五代)劉昫撰 清光緒十八年(1892)武林竹簡齋石印本 十六册

310000－0243－0000177 402300.3/7267.02

唐書一百五十卷　(五代)劉昫撰　明嘉靖十七年(1538)餘姚聞人詮蘇州儒學刻明萬曆十八年(1590)修補本　四十冊

310000－0243－0000178　402300.3/7438
南唐書十八卷音釋一卷　(宋)陸遊撰　(元)戚光音釋　清嘉慶十五年(1810)沈氏嘯園種石山房木活字印本　二冊

310000－0243－0000179　402300.3/7772.01
五代史七十四卷　(宋)歐陽修撰　(宋)徐無黨註　(明)楊慎評　明鍾名臣刻本　八冊

310000－0243－0000180　402300.3/7772.1
新唐書二百二十五卷　(宋)歐陽修等撰　清光緒十八年(1892)武林竹簡齋石印本　十六冊

310000－0243－0000181　402300.3/8703
南唐近事三卷　(宋)鄭文寶撰　(明)陳繼儒訂　明萬曆刻本　二冊

310000－0243－0000182　402300.4/0000
南渡錄一卷　(宋)辛棄疾撰　清道光抄本　二冊

310000－0243－0000183　402300.4/0014
文昌雜錄六卷補遺一卷　(宋)龐元英撰　清乾隆二十一年(1756)雅雨堂刻本　一冊

310000－0243－0000184　402300.4/1021.01
東都事略一百三十卷　(宋)王稱撰　清刻本　八冊

310000－0243－0000185　402300.4/1246
三朝紀事摘錄不分卷　(宋)孫覿撰　清吳騫藏舊抄本　一冊

310000－0243－0000186　402300.4/3114.01
宋史紀事本末一百九卷　(明)馮琦撰　(清)張溥註　清初刻本　十三冊

310000－0243－0000187　402300.4/3830
宋西事案二卷　(明)祁承㸁撰　清康熙抄本　一冊

310000－0243－0000188　402300.4/4473.01
契丹國志二十七卷　(宋)葉隆禮撰　清初抄本　二冊

310000－0243－0000189　402300.4/4624.01
金小史八卷　(明)楊循吉撰　清抄本　二冊

310000－0243－0000190　402300.4/7433
宋史翼四十卷　(清)陸心源撰　清光緒三十二年(1906)繆荃孫序刻朱印本　十冊

310000－0243－0000191　402300.4/7750
西夏書列傳十卷　(清)周春撰　清嘉慶抄本　一冊

310000－0243－0000192　402300.5/1731
元史類編四十二卷　(清)邵遠平撰　清乾隆六十年(1795)掃葉山房刻本　十二冊

310000－0243－0000193　402300.5/4482
前蒙古紀事本末二卷後蒙古紀事本末二卷　(清)韓善徵編輯　清光緒三十一年(1905)上海春記書莊石印本　四冊

310000－0243－0000194　402300.6/1032
明史稿三百十卷　(清)王鴻緒編撰　清雍正元年(1723)敬慎堂刻本　八十冊

310000－0243－0000195　402300.6/1087.1
明季五藩實錄不分卷　(清)三餘氏編　清北京琉璃廠異史氏寓齋木活字印本　十冊

310000－0243－0000196　402300.6/1181
淮城日記一卷　(明)張天民撰　清咸豐十一年(1861)段朝端椿花閣藏笏林子抄本　一冊

310000－0243－0000197　402300.6/2010
平叛記二卷　(清)毛霦編　清康熙刻本　二冊

310000－0243－0000198　402300.6/3191
明季實錄一卷　(清)顧炎武撰　清光緒十四年(1888)朱氏槐廬朱印本　一冊

310000－0243－0000199　402300.6/4033
三朝野紀七卷　(清)李遜之輯　清道光四年(1824)李兆洛木活字印本　十二冊

310000－0243－0000200　402300.6/4327
明史擬稿六卷　(清)尤侗撰　清康熙三十年

(1691)刻本　二册

310000－0243－0000201　402300.6/4388
行在陽秋二卷　(明)戴笠　(明)朱子素撰　清刻本　二册

310000－0243－0000202　402300.6/6250
明代史論不分卷　(清)谷應泰撰　清順治谷氏稿本　一册

310000－0243－0000203　402300.6/6715
明綱目前紀二卷　(清)張廷玉等撰　清抄本　一册

310000－0243－0000204　402300.6/7533
荆駝逸史五十二種七十八卷附平臺紀略一卷　(清)陳湖逸士編　清道光木活字印本　三十二册

310000－0243－0000205　402300.6/7533
荆駝逸史五十二種七十八卷附平臺紀略一卷　(清)陳湖逸士編　清道光木活字印本　二十四册

310000－0243－0000206　402300.6/8328
明季野史四種五卷　(清)錢澄之等撰　清康熙荆蠻逸民抄本　二册

310000－0243－0000207　402300.6/8764
鄭端簡公今言三卷古言二卷　(明)鄭曉撰　(明)鄭心材箋校　明萬曆四十二年(1614)彭宗孟長安刻本　四册

310000－0243－0000208　402300.7/0103
庚申歲粤匪竄入蘇常記略不分卷　(清)龔文洵撰　清同治龔文洵手稿本　一册

310000－0243－0000209　402300.7/1020.5
天命朝東華錄十六卷　(清)蔣良騏輯　清乾隆抄本　十六册

310000－0243－0000210　402300.7/1284
幸魯盛典四十卷　(清)孔毓圻等纂修　清康熙五十年(1711)刻本　十二册

310000－0243－0000211　402300.7/1284
幸魯盛典四十卷　(清)孔毓圻等纂修　清康熙五十年(1711)刻本　二十册

310000－0243－0000212　402300.7/2135
書庚辛之變一卷附一卷　(清)何溱撰　清同治元年(1862)稿本　一册

310000－0243－0000213　402300.7/3420.01
國朝事畧八卷　(清)直隸學校司編譯處輯　清光緒二十九年(1903)山東印書局石印本　一册

310000－0243－0000214　402300.7/3420.02
國朝事畧一卷　(清)江楚編譯官書局編　清光緒三十二年(1906)金陵江楚編譯官書局石印本　四册

310000－0243－0000215　402300.7/4216
山中聞見錄十一卷　(清)彭孫貽撰　清抄本　四册

310000－0243－0000216　402300.7/4403.02
平定粤匪紀略十八卷附記四卷　(清)杜文瀾等編　清同治八年(1869)群玉齋木活字印本　十册

310000－0243－0000217　402300.7/4403.02
平定粤匪紀略十八卷附記四卷　(清)杜文瀾等編　清同治八年(1869)群玉齋木活字印本　八册

310000－0243－0000218　402300.7/4421
平臺紀略十一卷　(清)藍鼎元撰　清雍正元年(1723)刻本　一册

310000－0243－0000219　402300.7/4421.1
東征集六卷　(清)藍鼎元撰　(清)王者輔評　清雍正十年(1732)王者輔廣州刻本　六册

310000－0243－0000220　402300.7/4679
三藩紀事本末四卷　(清)楊陸榮編　清康熙五十六年(1717)刻本　二册

310000－0243－0000221　403310/1000
通鑑地理通釋十四卷　(宋)王應麟撰　明崇禎毛氏汲古閣刻本　四册

310000－0243－0000222　403340/7210
少微先生資治通鑑外紀節要五卷首一卷資治通鑑節要二十卷四明先生續資治通鑑節要二

十卷　(明)陳桱撰　明嘉靖十六年至二十年(1537－1541)建陽劉氏慎獨齋刻本　三十二册

310000－0243－0000223　403400/1033
續資治通鑑六十四卷　(明)王宗沐撰　明隆慶五年(1571)梁夢龍山東刻本　二十册

310000－0243－0000224　403400/104212
王鳳洲先生綱鑑正史全編二十四卷　(明)王世貞撰　(明)郭彦博等輯　清初張氏刻本　三十二册

310000－0243－0000225　403400/2624
尺木堂綱鑑易知録九十二卷尺木堂明鑑易知録十五卷　(清)朱國標鈔　(清)吳乘權等輯　清康熙五十年(1711)尺木堂刻本　二十四册

310000－0243－0000226　403400/4400
宋元通鑑一百五十七卷　(明)薛應旂撰　(明)陳仁錫評閲　明天啟六年(1626)陳天禎豹變齋刻本　二十五册

310000－0243－0000227　404100/0023
唐荆川先生編纂左氏始末十二卷　(明)唐順之撰　(明)金九皋　(清)唐正之編　明嘉靖四十一年(1562)唐正之刻本　六册

310000－0243－0000228　406000/0822
建康實録二十卷附校勘記一卷　(唐)許嵩撰　(清)顧廣圻校勘　清光緒二十八年(1902)金陵甘氏枲泊草堂翻刻宋本　六册

310000－0243－0000229　407100/2234
硃批諭旨三百六十卷　(清)世宗胤禛編　清乾隆三年(1738)内府朱墨套印本　一百十二册

310000－0243－0000230　407200/1133
歷代名臣奏議三百五十卷　(明)楊士奇等輯　(明)張溥删正　明崇禎八年(1635)太倉張氏東觀閣刻本　六十册

310000－0243－0000231　407200/2794
侯少芝先生諫草二卷附侯霓峰先生榮哀録一卷　(清)侯少芝撰　清光緒六年(1880)木活字印本　三册

310000－0243－0000232　408100/1111
詞林典故八卷　(清)張廷玉等輯　清乾隆十三年(1748)武英殿刻本　八册

310000－0243－0000233　409000/177920
通鑑論二卷　(清)季亮時輯　(清)孫同潞校補　清光緒二十七年(1901)常昭排印局木活字印本　二册

310000－0243－0000234　409000/4327
看鑑偶評五卷　(清)尤侗纂　清康熙二十九年(1690)刻本　三册

310000－0243－0000235　410200/6030
十七史詳節二百七十三卷首一卷　(宋)吕祖謙輯　明正德十一年(1516)劉弘毅慎獨齋刻本(卷七抄補)　八十册

310000－0243－0000236　410500/1080.01
十七史蒙求十六卷　(宋)王令撰　(清)程宗璵　(清)朱甫田校刊　清康熙五十二年(1713)養志堂刻本　四册

310000－0243－0000237　410500/1080.02
十七史蒙求十六卷　(宋)王令撰　(清)程宗璵　(清)朱甫田校刊　(清)金三俊補註　清乾隆四十八年(1783)仁和金三俊刻本　三册

310000－0243－0000238　411200/0014
風俗通義十卷　(漢)應劭撰　明萬曆新安程氏刻本　一册

310000－0243－0000239　411200/3100
月令廣義二十四卷首一卷　(明)馮應京輯　(明)戴任增釋　明萬曆三十年(1602)梅墅石渠閣刻本　十册

310000－0243－0000240　411200/3924
清光緒婚禮記事一卷　(清)□□編　清光緒木活字印本　一册

310000－0243－0000241　411200/4407
滇夷風俗圖不分卷　(清)張素亭繪　清乾隆十五年(1750)稿本　一册

310000－0243－0000242　411200/7541－1
日涉編十二卷　（明）陳堦編輯　（明）白輝補輯　清乾隆三十四年（1769）清畏堂刻本　十二册

310000－0243－0000243　412300/3832
榕城紀聞一卷　題（清）海外散人撰　清咸豐抄本　一册

310000－0243－0000244　414100/3615
海昌五忠紀實一卷　（清）□□輯　清乾隆周氏種松書塾抄本　一册

310000－0243－0000245　414100/4007
錢塘先賢傳贊一卷　（宋）袁韶撰　清吳興沈氏抱經樓抄本　一册

310000－0243－0000246　414100/4421
修史試筆二卷　（清）藍鼎元撰　（清）曠敏本評　清雍正六年（1728）刻本　二册

310000－0243－0000247　414100/7447
平湖縣名宦鄉賢實略不分卷　（清）陸懋學等撰　清康熙五十五年（1716）增補刻本　一册

310000－0243－0000248　414200/007004
方駿謨年狀附趙太宜人行述　（清）方楷編　清光緒木活字印本　一册

310000－0243－0000249　414200/1037
薛文清公行實録五卷　（明）王鴻輯　明刻本　二册

310000－0243－0000250　414200/607271
羅江東外紀三卷晞髮道人近稿一卷天地間集一卷　（明）閔元衢　（宋）謝翱撰　明崇禎二年（1629）吳興閔氏只園刻本　二册

310000－0243－0000251　414200/7741
孟子生卒年月考一卷　（清）閻若璩撰　清乾隆五十二年（1787）南城吳照刻本　一册

310000－0243－0000252　414210/1168
國朝經學名儒記一卷　（清）張星鑑編　清同治張氏稿本　一册

310000－0243－0000253　414210/3441
歷代壽考名臣録不分卷　（清）洪梧編輯　清末蘇州文學山房木活字印本　四册

310000－0243－0000254　414210/4010
中原仙彙八卷補遺一卷丹經品目彙一卷　（清）李子端　（清）吳東撰　清康熙三十九年（1700）刻本　二册

310000－0243－0000255　414210/7522
東林列傳二十四卷末二卷　（清）陳鼎輯　清康熙五十年（1711）壽山山壽堂刻本　六册

310000－0243－0000256　414220/4304
[光緒]杭州府志人物志算學傳一卷　（清）□□撰　清竹林居抄本　一册

310000－0243－0000257　414230/8025.01
無聲詩史七卷　（清）姜紹書撰　清康熙五十九年（1720）嘉興李光暎觀妙齋寫刻本　六册

310000－0243－0000258　414230/8308
列朝詩集小傳十三卷附一卷　（清）錢謙益撰　（清）錢陸燦輯　清康熙三十七年（1698）黃氏誦芬堂刻本　八册

310000－0243－0000259　414230/8704
清名家詩鈔小傳二卷　（清）鄭方坤撰　清乾隆杞菊軒刻本　二册

310000－0243－0000260　414240/1046
嘉靖以來内閣首輔傳八卷　（明）王世貞撰　明萬曆四十五年（1617）王氏刻本　八册

310000－0243－0000261　414240/2540.102
宋名臣言行録前集十卷後集十四卷續集六卷別集二十六卷外集十七卷　（宋）朱熹　（宋）李幼武撰　（明）張采評閲　清雍正八年（1730）古吳陳長卿刻本　十二册

310000－0243－0000262　414240/2872
明名臣言行録九十五卷　（清）徐開任輯　清康熙二十年（1681）昆山徐氏采山堂刻本　二十册

310000－0243－0000263　414240/3558.1
貳臣傳十二卷附逆臣傳四卷　（清）清史館編　清北京琉璃廠豐松居士木活字印本　八册

310000－0243－0000264　414240/4430

廉吏傳十四卷附廉吏傳彙一卷　(明)黄汝亨撰　明萬曆四十三年(1615)黄氏刻本　十册

310000－0243－0000265　414240/5533
崇禎五十宰相傳一卷崇禎内閣行略一卷　(清)曹溶　(明)陳盟撰　(清)龍鳳鑣校　清順德龍氏朱印本　二册

310000－0243－0000266　414260/2658
闈義二十二卷　(清)吳肅公輯　(清)劉楷訂　清康熙四十六年(1707)慕園劉應熙等刻本　六册

310000－0243－0000267　414260/3145.01
史外十四卷　(清)汪有典撰　清乾隆十三年(1748)汪氏刻本　四册

310000－0243－0000268　414260/5348
成仁譜二十六卷　(清)盛敬輯　清道光二十五年(1845)邗江木活字印本　六册

310000－0243－0000269　414270/1043
古懽錄八卷　(清)王士禛撰　清康熙三十九年(1700)快宜堂刻本　四册

310000－0243－0000270　414290/3522
神僧傳九卷　(明)成祖朱棣撰　明嘉靖西天竺青河髮僧杭州刻本　四册

310000－0243－0000271　414290/4222
居士傳五十六卷附體仁要術一卷二林居唱和詩一卷　(清)彭紹升撰　清乾隆四十二年(1777)刻本　六册

310000－0243－0000272　414310/6033
歷代名賢齒譜九卷　(清)易宗涒輯　清雍正三年(1725)賜書堂刻本　十七册

310000－0243－0000273　414310/6033.1
歷代名媛齒譜三卷　(清)易宗涒輯　清雍正三年(1725)賜書堂刻本　三册

310000－0243－0000274　414320/1814
先賢譜圖　(清)改琦編繪　清嘉慶十年(1805)稿本　一册

310000－0243－0000275　414400/0082
錫金科第考六卷　(清)高金榮輯　清宣統二年(1910)木活字印本　二册

310000－0243－0000276　414400/4328
松江科第錄　(清)□□編　清抄本　一册

310000－0243－0000277　414400/4730
博學鴻詞傳二卷　(清)□□撰　清同治抄本　二册

310000－0243－0000278　414420/2314
崇禎張氏兄弟殉難合傳不分卷　(清)王源等撰　清康熙刻本　一册

310000－0243－0000279　414440/3099
豫章祀紀四卷附二卷　(清)宋犖撰輯　清康熙二十九年(1690)刻本　一册

310000－0243－0000280　414520/2089
延平四先生[楊時羅從先李侗朱熹]年譜不分卷　(清)毛念恃訂　(清)張坦重刊　清乾隆十一年(1746)刻本　三册

310000－0243－0000281　414560/103416
夏檢討公[之蓉]年譜一卷　(清)夏味堂輯　清乾隆刻本　一册

310000－0243－0000282　414560/104354
漁洋山人[王士禛]自撰年譜二卷附錄一卷　(清)王士禛撰　(清)惠棟註補　清乾隆東吳惠氏紅豆齋刻本　一册

310000－0243－0000283　414560/111512
張文貞公[玉書]年譜　(清)丁傳靖編　清光緒二十七年(1901)木活字印本　一册

310000－0243－0000284　414560/112212.01
張清恪公[伯行]年譜二卷　(清)張師栻　(清)張師載編　清乾隆四年(1739)刻本　二册

310000－0243－0000285　414560/121315
孫文靖公[爾準]年譜一卷　(清)孫慧惇　(清)孫慧翼編　清道光十二年(1832)木活字印本　一册

310000－0243－0000286　414560/124330
徵君孫先生[奇逢]年譜不分卷　(清)湯斌等編　(清)方苞訂正　清初抄本　一册

310000－0243－0000287　414560/124330.01
徵君孫先生[奇逢]年譜二卷　(清)湯斌等編　(清)方苞訂正　清乾隆刻本　二册

310000－0243－0000288　414560/142272
雙桂破山明[蹇海明]禪師年譜一卷　(清)印巒　(清)印綬編　清康熙九年(1670)嘉興楞嚴寺刻本　一册

310000－0243－0000289　414560/254014
朱子[熹]年譜四卷年譜考異四卷附録二卷　(清)王懋竑纂訂　清乾隆十六年(1751)白田草堂刻本　六册

310000－0243－0000290　414560/402242
西山真文忠公[德秀]年譜一卷　(清)真采輯　清乾隆刻本　一册

310000－0243－0000291　414560/403347
李申耆先生[兆洛]年譜三卷附小德録　(清)蔣彤編　清光緒十三年(1887)嘉興金吳瀾木活字印本　二册

310000－0243－0000292　414560/4053
左杏莊[輔]自敍年譜一卷附崇祀賢良録　(清)左輔撰　清宣統二年(1910)左氏木活字印本　一册

310000－0243－0000293　414560/4327
悔庵[尤侗]年譜二卷首一卷　(清)尤侗撰　清康熙三十三年(1694)刻本　一册

310000－0243－0000294　414560/443744
石齋黃先生[道周]年譜二卷　(明)莊起儔編　清初抄本　二册

310000－0243－0000295　414560/445313
東坡先生[蘇軾]年譜一卷　(宋)王宗稷編　清康熙文蔚堂刻本　一册

310000－0243－0000296　414560/445324
東坡紀年録一卷　(清)傅藻編纂　清光緒強學簃抄本　一册

310000－0243－0000297　414560/466428
宋儒龜山楊先生[時]年譜一卷　(清)毛念恃編　清乾隆十年(1745)刻本　一册

310000－0243－0000298　414560/608082
舜山是仲明先生[鏡]年譜一卷附録一卷　(清)金吳瀾撰　(清)張敬立原編　清光緒十三年(1887)嘉興金氏木活字印本　二册

310000－0243－0000299　414560/608082
舜山是仲明先生[鏡]年譜一卷附録一卷　(清)金吳瀾撰　(清)張敬立原編　清光緒十三年(1887)嘉興金氏木活字印本　二册

310000－0243－0000300　414560/747473
陸稼書先生[隴其]年譜　(清)陸宸徵等編　(清)吳椒亭鑒定　清康熙五十七年(1718)陸氏三魚堂刻本　一册

310000－0243－0000301　414560/754376
周漁璜先生[起渭]年譜　(清)陳田編　清陳氏聽詩齋石印本　一册

310000－0243－0000302　414560/779472
周文襄公[忱]年譜一卷　(明)周仁　(明)周俊等編纂　**附録一卷校勘記一卷**　(清)陸鼎撰　清光緒十五年(1889)中吳陸氏木活字印本　二册

310000－0243－0000303　414570/2123
新纂氏族箋釋八卷　(清)熊峻運撰　清雍正二年(1724)文光堂刻本　六册

310000－0243－0000304　414570/4064
姓氏纂譜七卷　(明)李日華輯　(明)魯重民補訂　明崇禎元年(1628)武陵魯氏刻本　二册

310000－0243－0000305　415100/1050
于清端公[成龍]政書八卷首一卷外集一卷　(清)于成龍撰　(清)蔡方炳　(清)諸匡鼎編　清乾隆二十六年(1761)刻本　十册

310000－0243－0000306　415100/1381
兩漢策要十二卷　(宋)陶叔獻等編　清乾隆五十六年(1791)吳門近文齋刻本　八册

310000－0243－0000307　415200/1033
五代會要三十卷　(宋)王溥撰　清乾隆武英殿木活字印本　六册

310000－0243－0000308　415200/3585
清會典二百五十卷　(清)世宗胤禛敕撰　清雍正刻本　一百册

310000－0243－0000309　415200/3837
大清律例根源一百二十四卷　(清)裕祿纂　清同治十年(1871)安徽敷文書局木活字印本　一百册

310000－0243－0000310　415200/4713
乾隆刑案一則　(清)平湖屈氏錄　清乾隆四十七年(1782)抄本　一册

310000－0243－0000311　415300/0010
南巡盛典一百二十卷　(清)高晉等纂輯　清乾隆三十六年(1771)刻本　二十六册

310000－0243－0000312　415300/0044
剿平三省邪匪方略三百五十二卷首六卷續編三十六卷附編十二卷　(清)慶桂等編　清道光上海郁氏宜稼堂抄本　一百六十册

310000－0243－0000313　415300/1364
平定羅刹方略四卷　(清)□□撰　清康熙抄本　一册

310000－0243－0000314　415300/172513
弘簡錄二百五十四卷　(明)邵經邦撰　(清)邵遠平編校　清康熙二十七年(1688)繼善堂刻本　六十册

310000－0243－0000315　415300/172513.1
續弘簡錄(元史類編)四十二卷　(清)邵遠平撰　清康熙三十八年(1699)繼善堂刻本　二十册

310000－0243－0000316　415300/7107
文獻通考三百四十八卷　(元)馬端臨撰　明嘉靖三年(1524)司禮監刻本　一百册

310000－0243－0000317　415400/3472
周官祿田考三卷　(清)沈彤撰　清乾隆十六年(1751)沈氏果堂刻本　三册

310000－0243－0000318　415400/8666
明萬曆九年丈量魚鱗清冊(歙縣)　(明)歙縣縣署測編　明萬曆九年(1581)測繪本　四册

310000－0243－0000319　415500/0197
全陜政要略四卷　(明)龔輝撰　明抄本　二册

310000－0243－0000320　415500/4414
蘇藩政要　(清)華琳撰　清道光呂賡揚弇山抄稿本　二册

310000－0243－0000321　415600/7740
蘇松財賦考圖說　(清)周夢顏輯　清道光九年(1829)昆山周蕙田刻本　二册

310000－0243－0000322　415800/1040
學政全書八十二卷　(清)王杰等輯　清乾隆五十八年(1793)刻本　十六册

310000－0243－0000323　415800/2521
同聲千字文十二集　(清)朱紫編　清康熙四十年(1701)吳門朱氏永慕堂刻本　十册

310000－0243－0000324　415800/2762
庚辰集五卷　(清)紀昀編　清乾隆二十七年(1762)文奎堂刻本　五册

310000－0243－0000325　415800/8310
幼學句解四卷　(清)錢元龍撰　清乾隆三年(1738)二酉堂刻本　四册

310000－0243－0000326　417100/4960
金石錄三十卷　(宋)趙明誠撰　清乾隆二十七年(1762)德州盧氏雅雨堂刻本　四册

310000－0243－0000327　417100/4960
金石錄三十卷　(宋)趙明誠撰　清乾隆二十七年(1762)德州盧氏雅雨堂刻本　六册

310000－0243－0000328　417100/8002.101
粤東金石略九卷首一卷末二卷　(清)翁方綱撰　清乾隆三十六年(1771)大興翁氏石洲草堂刻本　二册

310000－0243－0000329　417200/1033
三博古圖四十二卷　(宋)王黼等撰　清乾隆十七年(1752)黄氏亦政堂刻本　二十四册

310000－0243－0000330　417200/3301
西清古鑑四十卷附錢錄十六卷　(清)梁詩正等編纂　清光緒十六年(1890)邁宋書館日本

銅鐫印本　二十四册

310000－0243－0000331　417200/8002
焦山鼎銘考一卷　(清)翁方綱撰　清乾隆三十八年(1773)謝啟昆鎮江寫刻本　一册

310000－0243－0000332　417300/014781
石柱記五卷　(唐)顔真卿撰　(清)朱彝尊補　(清)鄭元慶箋釋　清康熙四十一年(1702)魚計亭刻本　二册

310000－0243－0000333　417300/1146
石鼓文釋存一卷附補註一卷　(清)張燕昌撰　清末據乾隆五十三年(1788)刻本石印本　一册

310000－0243－0000334　417300/2680
漢魏六朝志墓金石例三卷唐人志墓諸例一卷附志墓例附論　(清)吴鎬撰　清嘉慶十七年(1812)寫刻本　二册

310000－0243－0000335　417300/8324
涪州石魚文字所見錄　(清)姚覲元　(清)錢保塘撰　清光緒四年(1878)海昌錢保塘抄本　一册

310000－0243－0000336　417600/3141
江建霞古泉選拓　(清)江標編　清石印本　一册

310000－0243－0000337　417600/3438.01
泉志十五卷　(宋)洪遵撰　(明)徐象梅校並圖篆　明萬曆三十一年(1603)胡震亨刻本　二册

310000－0243－0000338　420300/1021
九峰舊廬藏書目十卷　(清)王綬珊藏編　清稿本　四册

310000－0243－0000339　420300/2053.01
季滄葦藏書目不分卷　(清)黄丕烈輯　清嘉慶十年(1805)吴縣黄丕烈士禮居寫刻本　一册

310000－0243－0000340　420300/2142
南莕書目不分卷　(清)盧平文編　清道光烏程盧氏稿本　二册

310000－0243－0000341　420300/2528
曝書亭書目一卷　(清)朱彝尊藏編　清宣統三年(1911)譚新嘉據嘉興梅里氏不暇嬾齋原稿本傳抄本　一册

310000－0243－0000342　420300/2528.1
曝書亭藏書目　(清)朱彝尊藏編　清夕佳樓手抄本　一册

310000－0243－0000343　420300/2622
甁鬞樓藏書目錄一卷　(清)吴嶠藏編　清光緒二十六年(1900)木活字印本　一册

310000－0243－0000344　420300/2847.01
傳是樓書目一卷　(清)徐乾學藏編　清王守道抄本　一册

310000－0243－0000345　420300/3244
桐西書屋書目　(清)潘介繁藏編　清抄本　一册

310000－0243－0000346　420300/3622
畫眉樓藏書目　(清)湯綬名藏編　清咸豐五年(1855)畫眉樓抄本　一册

310000－0243－0000347　420300/4828
蒲圻張氏無倦齋書目　(清)蒲首山人藏編　清蒲圻張氏抄本　五册

310000－0243－0000348　420300/4944
萬卷樓藏書目　(清)□□編　清抄本　一册

310000－0243－0000349　420300/7588
世善堂藏書目錄二卷　(明)陳第藏編　清乾隆六十年(1795)刻知不足齋叢書本　二册

310000－0243－0000350　420300/8308.101
絳雲樓書目　(清)錢謙益藏編　清嘉慶十年(1805)抄本　一册

310000－0243－0000351　420300/8308
絳雲樓書目　(清)錢謙益藏編　清咸豐十一年(1861)璜溪手抄本　一册

310000－0243－0000352　420400/106644
持靜齋藏書記要二卷　(清)丁日昌撰　(清)莫友芝編　清末蘇州文學山房木活字印本　二册

310000－0243－0000353　420400/6081.101
昭德先生郡齋讀書志二十卷　(宋)晁公武撰　(宋)姚應績編　清抄本　六册

310000－0243－0000354　420600/8042
補後漢書藝文志一卷補後漢書藝文志考十卷　(清)曾樸纂　清光緒二十一年(1895)常熟曾氏木活字印本　四册

310000－0243－0000355　420900/0047
京報另册合訂本　(清)京報社編　清光緒二十五年(1899)木活字印本　三册

310000－0243－0000356　420900/1021－1
王氏九峰舊廬方志目二卷　(清)王綬珊藏編　清稿本　二册

310000－0243－0000357　420900/3148.03
藝芸書舍宋元本書目二卷　(清)汪士鐘藏編　清同治三年(1864)歸安姚氏咫進齋傳抄本　一册

310000－0243－0000358　420900/3342
四庫館甄别違礙禁書總目二卷　(清)軍機處編　清抄本　二册

310000－0243－0000359　420900/4400
四庫館全燬抽燬書目不分卷　(清)英廉編　清乾隆四十七年(1782)刻本　一册

310000－0243－0000360　420900/4400.1
清代禁燬書目三種　(清)英廉等輯　清抄本　一册

310000－0243－0000361　420900/4411
求古居宋本書目一卷附考證　(清)黄丕烈藏編　清末抄本　一册

310000－0243－0000362　420900/4429
緣督廬善本書目　葉德輝藏編　清末抄本　一册

310000－0243－0000363　421000/4411
士禮居彙鈔書目三種三卷　(清)黄丕烈輯　清抄本　一册

310000－0243－0000364　421100.6/1034
竹雲題跋四卷虚舟題跋十卷虚舟題跋補原三卷　(清)王澍撰　清乾隆五十三年(1788)吳興温氏墨妙樓刻本　十二册

310000－0243－0000365　421100/8088
武英殿聚珍版程式　(清)金簡編　清乾隆四十二年(1777)刻本　一册

310000－0243－0000366　421400/1043
漁洋書籍跋尾二卷　(清)王士禛撰　清康熙新城王氏刻本　一册

310000－0243－0000367　421400/8380
讀書敏求記四卷　(清)錢曾撰　清雍正四年(1726)趙氏松雪齋刻本　四册

310000－0243－0000368　421500/1223
藏書記要一卷　(清)孫從添撰　清光緒九年(1883)吳縣黄氏佞宋齋寫刻本　一册

310000－0243－0000369　421500/3104
百宋一廛賦一卷　(清)顧廣圻撰　(清)黄丕烈註　清光緒三年(1877)刻本　一册

310000－0243－0000370　431000/2849
中山傳信錄六卷　(清)徐葆光纂　清康熙六十年(1721)二友齋刻本　四册

310000－0243－0000371　432000.1/4639
茂州犍爲歸安三志序目　(清)楊迦懌等撰　清道光抄本　一册

310000－0243－0000372　432000.5/1040
元豐九域志十卷　(宋)王存等纂輯　(清)馮集梧校註　清乾隆四十九年(1784)刻本　二册

310000－0243－0000373　432000.5/1040.01
元豐九域志十卷　(宋)王存等纂輯　清乾隆五十三年(1788)德裕堂刻本　五册

310000－0243－0000374　432000/2/2267.73
[乾隆]崇明縣志二十卷首一卷　(清)趙廷健撰　(清)韓彦曾等纂　清乾隆二十五年(1760)刻本　二十四册

310000－0243－0000375　432000/2/3533.78.01
[光緒]二十六保志四卷　(清)唐錫瑞輯　清光緒十二年(1886)漕河涇唐氏念本堂稿本

四冊

310000-0243-0000376　432000/2/4831.73
[乾隆]華亭縣志十六卷　(清)程明愫等修　(清)王顯曾等纂　清乾隆五十六年(1791)儀松堂刻本　四冊

310000-0243-0000377　432000/2/4831.73.1
[乾隆]婁縣志三十卷首二卷　(清)謝庭薰修　(清)陸錫熊纂　清乾隆五十三年(1788)刻本　六冊

310000-0243-0000378　432000/2/4831.73.1
[乾隆]婁縣志三十卷首二卷　(清)謝庭薰修　(清)陸錫熊纂　清乾隆五十三年(1788)刻本　六冊

310000-0243-0000379　432000/2/8022.73.01
[乾隆]金山縣志二十卷首一卷　(清)常琬修　(清)焦以敬纂　清乾隆十八年(1753)刻本　四冊

310000-0243-0000380　432000/3/1035.73
[乾隆]天津縣志二十四卷　(清)朱奎揚修　(清)吳廷華等纂　清乾隆四年(1739)刻本　八冊

310000-0243-0000381　432000/5/1040.712
[康熙]靈壽縣志十卷末一卷　(清)陸隴其修　(清)傅維橒纂　清康熙二十五年(1686)刻本　四冊

310000-0243-0000382　432000/5/2277.73
[乾隆]任邱縣志十二卷　(清)劉統修　(清)劉炳　(清)王應鯨纂　清乾隆二十七年(1762)刻本　十冊

310000-0243-0000383　432000/5/7848.73
[乾隆]臨榆縣志十四卷圖一卷　(清)鍾和梅纂修　清乾隆二十一年(1756)刻本　六冊

310000-0243-0000384　432000/5/8047.73
[乾隆]無極縣志十一卷末一卷　(清)黄可潤纂修　清乾隆二十二年(1757)刻本　四冊

310000-0243-0000385　432000/6/1743.73
[乾隆]翼城縣志二十八卷　(清)許崇楷纂修　清乾隆三十六年(1771)刻本　八冊

310000-0243-0000386　432000/6/2724.73
[乾隆]解州安邑縣志十六卷圖一卷　(清)言如泗修　(清)呂瀶等纂　清乾隆二十九年(1764)刻本　五冊

310000-0243-0000387　432000/6/2730.73
[乾隆]鄉寧縣志十五卷　(清)葛清等纂修　清乾隆四十九年(1784)刻本　四冊

310000-0243-0000388　432000/6/3731.73
[乾隆]渾源州志十卷　(清)桂敬順纂修　清乾隆二十八年(1763)刻同治九年(1870)印本　五冊

310000-0243-0000389　432000/6/3876.73
[乾隆]汾陽縣志十四卷首一卷　(清)李文起修　(清)戴震纂　清乾隆三十七年(1772)刻本　八冊

310000-0243-0000390　432000/6/4064
輿圖摘要十五卷　(明)李日華纂輯　明崇禎元年(1628)武陵魯氏刻本　一冊

310000-0243-0000391　432000/6/4077.01
大明一統志九十卷　(明)李賢等修　清初刻本　二十六冊

310000-0243-0000392　432000/6/73
山西志輯要十卷首一卷　(清)雅德修　(清)汪本直纂　清乾隆四十五年(1780)刻本　十冊

310000-0243-0000393　432000/6/7407
[萬曆]廣輿記二十四卷　(明)陸應陽輯　明萬曆刻後印本　十二冊

310000-0243-0000394　432000/6/7723.73
[乾隆]鳳臺縣志二十卷首一卷末一卷　(清)林荔修　(清)姚學甲纂　清乾隆四十九年(1784)刻本　十冊

310000-0243-0000395　432000/6/7740.73
[乾隆]聞喜縣志十二卷首一卷　(清)李遵唐撰　清乾隆三十一年(1766)刻本　四冊

310000-0243-0000396　432000/6/7810.73

[乾隆]臨晉縣志八卷　(清)王正茂纂修　清乾隆三十八年(1773)刻本　四冊

310000－0243－0000397　432000/7/3042.73
[乾隆]宣化府志四十二卷首一卷　(清)王者輔　(清)王畹修　(清)吳廷華纂　清乾隆三十二年(1767)刻本　十六冊

310000－0243－0000398　432000/7/3140.73
[乾隆]河套志六卷　(清)陳履中纂修　清乾隆七年(1742)刻本　四冊

310000－0243－0000399　432000/7/4424.73
[乾隆]蔚州志補十二卷首一卷　(清)楊世昌修　(清)吳廷華　(清)楊大猷纂　清乾隆十年(1745)刻本　五冊

310000－0243－0000400　432000/11/0022.73
[乾隆]直隸商州志十四卷首一卷　(清)王如玖纂修　清乾隆九年(1744)刻本　八冊

310000－0243－0000401　432000/11/0022.731
[乾隆]續商州志十卷　(清)羅文思纂修　清乾隆二十三年(1758)刻本　二冊

310000－0243－0000402　432000/11/1314.64.01
[正德]武功縣志三卷　(明)康海纂修　明正德十五年(1520)隴西馮韶刻本　二冊

310000－0243－0000403　432000/11/1314.64.02
[正德]武功縣志三卷首一卷　(明)康海纂　(清)孫景烈評註　清乾隆二十六年(1761)瑪星阿刻本　二冊

310000－0243－0000404　432000/11/3017.72
[雍正]宜君縣志不分卷　(清)查遴纂修　(清)沈華訂正　清雍正十年(1732)刻本　一冊

310000－0243－0000405　432000/11/4443.73
[乾隆]韓城縣志十六卷首一卷　(清)傅應奎修　(清)錢坫等纂　清乾隆四十九年(1784)刻本　六冊

310000－0243－0000406　432000/11/4443－1.73
[乾隆]蒲城縣志十五卷　(清)張心鏡修　(清)吳泰來纂　清乾隆四十七年(1782)刻本　六冊

310000－0243－0000407　432000/11/72
[乾隆]陝西通志一百卷首一卷　(清)劉於義修　(清)沈青崖纂　清雍正十三年(1735)刻本　一百冊

310000－0243－0000408　432000/11/7787.73
[乾隆]鳳翔縣志八卷首一卷　(清)羅鼇修　(清)周方炯　(清)劉震纂　清乾隆三十二年(1767)刻本　八冊

310000－0243－0000409　432000/11/7876.73
[乾隆]臨潼縣志九卷圖一卷　(清)史傳遠纂修　清乾隆四十一年(1776)刻本　六冊

310000－0243－0000410　432000/11/9721.65
[嘉靖]耀州志十一卷　(明)李廷寶修　(明)喬世寧纂　清乾隆二十七年(1762)汪灝刻本　二冊

310000－0243－0000411　432000/11/9721.73
[乾隆]續耀州志十一卷　(清)汪灝修　(清)鍾麟書纂　清乾隆三十六年(1771)刻本　二冊

310000－0243－0000412　432000/12/4432.73
[乾隆]甘州府志十六卷圖一卷　(清)鍾賡起纂修　清乾隆四十四年(1779)刻本　十冊

310000－0243－0000413　432000/16/0243.712
[康熙]新城縣志十四卷首一卷　(清)崔懋修　(清)嚴濂曾纂　清康熙三十二年(1693)刻本　五冊

310000－0243－0000414　432000/16/0243.712.1
[康熙]新城縣續志二卷　(清)孫元衡纂　清康熙三十二年(1693)刻本　一冊

310000－0243－0000415　432000/16/0443.73
[乾隆]諸城縣志四十六卷　(清)宮懋讓修　(清)李文藻等纂　清乾隆二十九年(1764)刻本　八冊

310000－0243－0000416　432000/16/1035.73
[乾隆]夏津縣志十卷首一卷　(清)方學成修　(清)梁大鯤纂　清乾隆六年(1741)刻本

六冊

310000－0243－0000417　432000/16/1071.73
[乾隆]平原縣志十卷首一卷　(清)黄懷祖修　(清)黄兆熊纂　清乾隆十四年(1749)刻本　四冊

310000－0243－0000418　432000/16/2432.712
長河志籍考十卷　(清)田雯編　清康熙刻本　一冊

310000－0243－0000419　432000/16/3011.73
[乾隆]濰縣志六卷首一卷末一卷　(清)張耀璧修　(清)王誦芬纂　清乾隆二十五年(1760)刻本　六冊

310000－0243－0000420　432000/16/3021.67
[萬曆]汶上縣志八卷首一卷　(明)栗可仕修　(明)王命新纂　明萬曆三十六年(1608)修清康熙五十六年(1717)補刻本　二冊

310000－0243－0000421　432000/16/3021.67
[萬曆]汶上縣志八卷首一卷　(明)栗可仕修　(明)王命新纂　明萬曆三十六年(1608)修清康熙五十六年(1717)補刻本　二冊

310000－0243－0000422　432000/16/3021.712
[康熙]續修汶上縣志六卷　(清)聞元炅纂修　清康熙五十六年(1717)刻本　二冊

310000－0243－0000423　432000/16/3232.73
[乾隆]沂州府志三十六卷首一卷　(清)李希賢修　(清)潘遇莘　(清)丁愷曾纂　清乾隆二十五年(1760)刻本　十二冊

310000－0243－0000424　432000/16/4444.65
[康熙]萊蕪縣志十卷　(清)鍾國義等纂修　清康熙十二年(1673)刻本　四冊

310000－0243－0000425　432000/16/4476.712
[康熙]萊陽縣志十卷　(清)萬邦維修　(清)衛元爵　(清)張重潤纂　清康熙十七年(1678)刻本　四冊

310000－0243－0000426　432000/16/5004.73
[乾隆]掖縣志八卷首一卷　(清)張思勉修　(清)于始瞻纂　清乾隆二十三年(1758)刻本　八冊

310000－0243－0000427　432000/16/5527.73
[乾隆]曲阜縣志一百卷　(清)潘相等纂修　清乾隆三十九年(1774)聖化堂刻本　十二冊

310000－0243－0000428　432000/16/559
齊乘六卷附釋音一卷　(元)于潛撰　(元)于欽纂　清乾隆四十六年(1781)刻本　四冊

310000－0243－0000429　432000/16/6060.73
[乾隆]昌邑縣志八卷　(清)周來邰纂修　清乾隆七年(1742)刻本　四冊

310000－0243－0000430　432000/16/7143.73
[乾隆]歷城縣志五十卷首一卷　(清)胡德琳修　(清)李文藻等纂　清乾隆三十八年(1773)刻本　十六冊

310000－0243－0000431　432000/17/1330.75
[道光]武進陽湖縣合志三十六卷首一卷　(清)孫琬修　(清)李兆洛纂　清光緒十二年(1886)木活字印本　三十冊

310000－0243－0000432　432000/17/1330.78.1
[光緒]武陽志餘十二卷首一卷附團練紀實二卷　(清)莊毓鋐　(清)陸鼎翰纂修　清光緒十四年(1888)木活字印本　十六冊

310000－0243－0000433　432000/17/1330.78.1
[光緒]武陽志餘十二卷首一卷附團練紀實二卷　(清)莊毓鋐　(清)陸鼎翰纂修　清光緒十四年(1888)木活字印本　十六冊

310000－0243－0000434　432000/17/2643.64
[正德]姑蘇志六十卷　(明)林世遠修　(明)王鏊纂修　明正德刻嘉靖補刻本　二十冊

310000－0243－0000435　432000/17/2643.73
[乾隆]長洲縣志三十四卷首一卷　(清)李光祚修　(清)顧詒祿等纂　清乾隆三十一年(1766)許治刻本　十四冊

310000－0243－0000436　432000/17/3000.76
重修寶應縣志辨一卷　(清)劉贊勳撰　清咸豐元年(1851)木活字印本　一冊

310000－0243－0000437　432000/17/3030.73
［乾隆］山陽縣志二十二卷首一卷　（清）金秉祚修　（清）丁一燾　（清）周龍官纂　清乾隆十四年（1749）刻本　十二册

310000－0243－0000438　432000/17/3030.78.1
［乾隆］山陽志遺四卷　（清）吳玉搢撰　清梯雲齋抄本　二册

310000－0243－0000439　432000/17/3147.72
［雍正］江都縣志二十卷圖一卷　（清）陸朝璣　（清）程夢星纂修　清雍正七年（1729）刻本　十二册

310000－0243－0000440　432000/17/3176.74
［嘉慶］溧陽縣志十六卷　（清）李景嶧　（清）陳鴻壽修　（清）史炳　（清）史津纂　清光緒二十二年（1896）木活字印本　十册

310000－0243－0000441　432000/17/3176.74
［嘉慶］溧陽縣志十六卷　（清）李景嶧　（清）陳鴻壽修　（清）史炳　（清）史津纂　清光緒二十二年（1896）木活字印本　十册

310000－0243－0000442　432000/17/3176.78
［光緒］溧陽縣續志十六卷末一卷　（清）朱畯等修　（清）馮煦等纂　清光緒二十五年（1899）木活字印本　八册

310000－0243－0000443　432000/17/3176.78
［光緒］溧陽縣續志十六卷末一卷　（清）朱畯等修　（清）馮煦等纂　清光緒二十五年（1899）木活字印本　八册

310000－0243－0000444　432000/17/4037.73.101
［乾隆］直隸通州志二十二卷　（清）王繼祖修　（清）夏之蓉等纂　清乾隆二十年（1755）刻本　十二册

310000－0243－0000445　432000/17/4037.73.101
［乾隆］直隸通州志二十二卷　（清）王繼祖修　（清）夏之蓉等纂　清乾隆二十年（1755）刻本　三十册

310000－0243－0000446　432000/17/4432.712
［康熙］百城煙水九卷　（清）徐崧　（清）張大純撰　清康熙二十九年（1690）長洲張氏影翠軒刻本　十册

310000－0243－0000447　432000/17/4432.712.01
［康熙］三吳采風類記十卷　（清）張大純輯　清康熙五十年（1711）古吳張氏深柳讀書堂刻本　十册

310000－0243－0000448　432000/17/4432.73
［乾隆］蘇州府志八十卷首一卷　（清）雅爾哈善　（清）傅椿修　（清）習寯　（清）王峻纂　清乾隆十三年（1748）刻本　三十二册

310000－0243－0000449　432000/17/4432.73
［乾隆］蘇州府志八十卷首一卷　（清）雅爾哈善　（清）傅椿修　（清）習寯　（清）王峻纂　清乾隆十三年（1748）刻本　三十二册

310000－0243－0000450　432000/17/4626.73
［乾隆］如皋縣志三十二卷附錄一卷　（清）鄭見龍修　（清）周植纂　清乾隆十五年（1750）刻本　八册

310000－0243－0000451　432000/17/5632.72
［雍正］揚州府志四十卷　（清）尹會一修　（清）程夢星等纂　清雍正十一年（1733）刻本　十二册

310000－0243－0000452　432000/17/73
［乾隆］江南通志二百卷首四卷　（清）尹繼善　（清）趙國麟修　（清）黃之雋　（清）章士鳳纂　清乾隆元年（1736）尊經閣刻本　六十四册

310000－0243－0000453　432000/17/8040.78
［光緒］金壇縣志十六卷首一卷　（清）夏宗彝修　（清）汪國鳳纂　清光緒十一年（1885）木活字印本　十二册

310000－0243－0000454　432000/17/8086.78
錫金鄉土歷史二卷　（清）侯鴻鑑編　清光緒三十二年（1906）無錫藝文齋木活字印本　一册

310000－0243－0000455　432000/17/8086.78
錫金鄉土歷史二卷　（清）侯鴻鑑編　清光緒

三十二年(1906)無錫藝文齋木活字印本　一冊

310000－0243－0000456　432000/17/8086.78.1
錫金鄉土地理二卷　(清)侯鴻鑑編　清光緒三十二年(1906)無錫藝文齋木活字印本　一冊

310000－0243－0000457　432000/17/9004.712
[康熙]常熟縣志二十六卷首一卷　(清)高士鸃　(清)楊振藻修　(清)錢陸燦等纂　清康熙二十六年(1687)刻本　十六冊

310000－0243－0000458　432000/17/9004.712
[康熙]常熟縣志二十六卷首一卷　(清)高士鸃　(清)楊振藻修　(清)錢陸燦等纂　清康熙二十六年(1687)刻本　十二冊

310000－0243－0000459　432000/17/9004.72
[雍正]昭文縣志十卷首一卷　(清)勞必達修　(清)陳祖范纂　清雍正九年(1731)學愛堂寫刻本　四冊

310000－0243－0000460　432000/17/9004.72
[雍正]昭文縣志十卷首一卷　(清)勞必達修　(清)陳祖范纂　清雍正九年(1731)學愛堂寫刻本　四冊

310000－0243－0000461　432000/17/9004.73
[乾隆]常昭合志稿十二卷首一卷　(清)王錦　(清)楊繼熊修　(清)言如泗等纂　清乾隆六十年(1795)修博文齋刻本　十二冊

310000－0243－0000462　432000/17/9004.78.1
琴川三志補記十卷續記八卷　(清)黄廷鑑輯　清光緒二十四年(1898)木活字印本　四冊

310000－0243－0000463　432000/17/9004.78.2
[光緒]常昭合志稿四十八卷首一卷末一卷　(清)鄭鍾祥　(清)張瀛修　(清)龐鴻文等纂　清光緒三十年(1904)木活字印本　十六冊

310000－0243－0000464　432000/17/9004.78.201
[光緒]常昭合志稿四十八卷首一卷末一卷　(清)鄭鍾祥　(清)張瀛修　(清)龐鴻文等纂　清光緒三十年(1904)木活字印本　二十冊

310000－0243－0000465　432000/17/9032.78
[康熙]常州府志三十八卷首一卷附校勘記　(清)于琨修　(清)陳玉璂纂　清光緒十二年(1886)木活字印本　二十一冊

310000－0243－0000466　432000/18/0831.74
[嘉慶]於潛縣志十六卷首一卷末一卷　(清)蔣光弼修　(清)張燮纂　清嘉慶十七年(1812)木活字印本　十二冊

310000－0243－0000467　432000/18/1524.524
[景定]嚴州續志十卷　(宋)錢可則修　(清)鄭瑤　(清)方仁榮纂　清同治傳抄四庫全書本　二冊

310000－0243－0000468　432000/18/2121.712
[康熙]上虞縣志二十卷首一卷　(清)鄭僑　(清)唐徵麟等纂　清康熙十年(1671)刻本　十六冊

310000－0243－0000469　432000/18/2279.73
[乾隆]嵊縣志十八卷首一卷末一卷　(清)李以琰修　(清)田實秬等纂　清乾隆七年(1742)刻本　十四冊

310000－0243－0000470　432000/18/2435.713
[康熙]德清縣志十卷　(清)侯元棐修　(清)王振孫等纂　清康熙十二年(1673)刻本　四冊

310000－0243－0000471　432000/18/2677.712
[康熙]歸安縣志十卷　(清)姚時亮修　(清)王啟允　(清)嚴經世纂　清康熙十二年(1673)刻本　四冊

310000－0243－0000472　432000/18/2722.73
[乾隆]象山縣志十二卷　(清)史鳴臯修　(清)姜炳章　(清)冒春榮纂　清乾隆二十四年(1759)刻本　六冊

310000－0243－0000473　432000/18/2777.73.1
[乾隆]紹興府志八十卷首一卷　(清)李亨特

修　清乾隆五十七年(1792)刻本　三十二册

310000-0243-0000474　432000/18/3830.73(1)
[乾隆]遂安縣志十卷首一卷　(清)鄒錫疇修　(清)方引彦等纂　清乾隆三十二年(1767)刻本　八册

310000-0243-0000475　432000/18/4077.71
[康熙]嘉興府志十六卷　(清)吴永芳修　(清)錢以塏等纂　清康熙六十年(1721)刻本　二十册

310000-0243-0000476　432000/18/4077.712
[康熙]嘉興縣志九卷　(清)何鋕修　(清)王庭　(清)徐發纂　清康熙二十四年(1685)刻本　二十四册

310000-0243-0000477　432000/18/4077.73
嘉府典故纂要八卷　(清)王惟梅輯　清乾隆五十四年(1789)環翠書屋刻本　四册

310000-0243-0000478　432000/18/4077.73
嘉府典故纂要八卷　(清)王惟梅輯　清乾隆五十四年(1789)環翠書屋刻本　二册

310000-0243-0000479　432000/18/4091.712
[康熙]仁和縣志二十八卷　(清)趙世安修　(清)顧豹文　(清)邵遠平纂　清康熙二十六年(1687)刻本　十六册

310000-0243-0000480　432000/18/4422.712
[康熙]黄巖縣志八卷　(清)劉寛修　(清)平遇　(清)潘晨纂　清康熙三十八年(1699)刻本　八册

310000-0243-0000481　432000/18/4422-1.712
蕭山縣志刊誤三卷　(清)毛奇齡撰　清康熙刻西河合集本　一册

310000-0243-0000482　432000/18/7830.79
[宣統]臨安縣志八卷首一卷末一卷　(清)彭循堯修　(清)董運昌　(清)周鼎纂　清宣統二年(1910)木活字印本　六册

310000-0243-0000483　432000/18/7838.712
[康熙]臨海縣志十五卷首一卷　(清)洪若皋纂修　清康熙二十二年(1683)刻本　八册

310000-0243-0000484　432000/18/8028.72
[雍正]慈谿縣志十六卷　(清)楊正筍修　(清)馮鴻模等纂　清雍正八年(1730)修乾隆三年(1738)許炳增刻本　八册

310000-0243-0000485　432000/18/8044.71
[康熙]金華府志三十卷　(清)張藎修　(清)沈麟趾等纂　清康熙二十二年(1683)刻本　十二册

310000-0243-0000486　432000/18/8044.71
[康熙]金華府志三十卷　(清)張藎修　(清)沈麟趾等纂　清康熙二十二年(1683)刻本　十二册

310000-0243-0000487　432000/18/8438.73
[乾隆]鎮海縣志八卷首一卷　(清)王夢弼　(清)邵向榮纂修　清乾隆十七年(1752)刻本　八册

310000-0243-0000488　432000/18/8842.73
[乾隆]餘姚志四十卷　(清)唐若瀛修　(清)施毓暉等纂　清乾隆四十六年(1781)刻本　八册

310000-0243-0000489　432000/18/8842.73
[乾隆]餘姚志四十卷　(清)唐若瀛修　(清)施毓暉等纂　清乾隆四十六年(1781)刻本　八册

310000-0243-0000490　432000/18/8842.73.01
[乾隆]餘姚志四十卷　(清)唐若瀛修　(清)施毓暉等纂　清乾隆四十六年(1781)刻本　十二册

310000-0243-0000491　432000/19/0031.78
[光緒]廬江縣志十六卷首一卷　(清)錢鑅修　(清)盧鈺等纂　清光緒十一年(1885)木活字印本　十六册

310000-0243-0000492　432000/19/0032.78.1
[光緒]廬州府志志剩　(清)王尚辰纂　清光緒二十一年(1895)合肥王氏抄稿本　二册

310000-0243-0000493　432000/19/1073.73

[乾隆]靈璧縣志略四卷首一卷附河渠原委三卷 (清)貢震纂修 清乾隆二十五年(1760)此君草堂刻本 五册

310000-0243-0000494 432000/19/2832.77
徽州府志辨證一卷 (清)黄崇惺撰 清同治歙縣黄氏木活字印本 一册

310000-0243-0000495 432000/19/4026.73
[乾隆]太和縣志八卷 (清)成兆豫修 (清)吴中最等纂 清乾隆十六年(1751)刻本 四册

310000-0243-0000496 432000/19/4064.78
[光緒]壽州志三十六卷首一卷末一卷 (清)曾道唯等修 (清)葛蔭南等纂 清光緒十六年(1890)木活字印本 十六册

310000-0243-0000497 432000/19/4074.78
[光緒]南陵縣小志四卷首一卷 (清)宗能徵纂修 清光緒二十五年(1899)木活字印本 六册

310000-0243-0000498 432000/19/5034.78
[光緒]貴池縣志四十四卷首一卷 (清)陸延齡修 (清)桂迓衡等纂 清光緒九年(1883)木活字印本 二十册

310000-0243-0000499 432000/19/7776.78
[光緒]鳳陽府志二十一卷 (清)馮煦修 (清)魏家驊 (清)朱孔彰纂 (清)張德霈續纂 清光緒三十四年(1908)木活字印本 二十二册

310000-0243-0000500 432000/20/3812.712
潋水志林二十六卷 (清)張尚瑗纂修 清同治木活字印本 八册

310000-0243-0000501 432000/23/0227.73
[乾隆]新鄉縣志三十四卷首一卷 (清)趙開元修 (清)暢俊纂 清乾隆十二年(1747)刻民國十年(1921)重印本 六册

310000-0243-0000502 432000/23/1010.712
[康熙]西平縣志十卷 (清)沈棻纂修 (清)李植續修 清康熙三十一年(1692)刻本 四册

310000-0243-0000503 432000/23/1244.73
[乾隆]登封縣志三十二卷 (清)陸繼萼修 (清)洪亮吉纂 清乾隆五十二年(1787)刻本 八册

310000-0243-0000504 432000/23/1710.73
[乾隆]孟縣志十卷 (清)仇汝瑚修 (清)馮敏昌纂 清乾隆五十五年(1790)刻本 十册

310000-0243-0000505 432000/23/1750.73
[乾隆]鞏縣志二十卷首一卷 (清)李述武修 (清)張紫峴纂 清乾隆五十四年(1789)刻本 六册

310000-0243-0000506 432000/23/3708.73
[乾隆]通許縣志十卷 (清)阮龍光修 (清)邵自祐纂 清乾隆三十五年(1770)刻本 六册

310000-0243-0000507 432000/23/4440.73
[乾隆]獲嘉縣志十六卷首一卷 (清)吴喬齡修 (清)李棟纂 清乾隆二十一年(1756)刻本 六册

310000-0243-0000508 432000/23/4499.73
[乾隆]林縣志十卷首一卷末一卷 (清)楊潮觀纂修 清乾隆十七年(1752)黄華書院刻本 四册

310000-0243-0000509 432000/23/8732.73
[乾隆]鄭州志十二卷首一卷 (清)張鉞修 (清)毛如詵纂 清乾隆十三年(1748)刻本 六册

310000-0243-0000510 432000/24/78.2
湖北通志凡例一卷 (清)章學誠撰 清光緒八年(1882)武昌官書處木活字印本 一册

310000-0243-0000511 432000/24/78.2
湖北通志凡例一卷 (清)章學誠撰 清光緒八年(1882)武昌官書處木活字印本 一册

310000-0243-0000512 432000/26/6032
羅浮外史一卷 (清)錢以塏撰 清康熙錢氏

寫刻本　一册

310000－0243－0000513　432000/26/7744

廣東新語二十八卷　(清)屈大均撰　清康熙三十九年(1700)水天閣刻本　二十四册

310000－0243－0000514　432000/30/1040.712

[康熙]天柱縣志二卷　(清)王復宗纂修　清康熙二十二年(1683)刻本　四册

310000－0243－0000515　432000/30/712

黔書二卷　(清)田雯編　清康熙二十九年(1690)刻本　一册

310000－0243－0000516　432000/30/73.1

[乾隆]貴州通志四十六卷首一卷　(清)鄂爾泰等修　(清)靖道謨等纂　清乾隆六年(1741)刻本　二十四册

310000－0243－0000517　432000/32/1044.73

[乾隆]西藏志二卷　(清)允禮撰　清乾隆五十七年(1792)和寧刻本　一册

310000－0243－0000518　432000/3191

肇域志(金陵分志)不分卷　(清)顧炎武撰　清同治六年(1867)金陵陳作霖抄本　三册

310000－0243－0000519　434000/1011

遼左見聞錄一卷　(清)王一元纂　清宣統三年(1911)丁秉衡抄本　一册

310000－0243－0000520　434000/3068

閩川泛櫂集四卷　(清)宋景龢等撰　清乾隆三十五年(1770)吳江宋氏刻本　二册

310000－0243－0000521　434000/3484

洋場竹枝詞一卷附婦女看戲竹枝詞一卷茹韻香掃墓詩一卷錢小雲掃墓詩一卷　(清)王壽楨撰輯　清同治、光緒稿抄本　一册

310000－0243－0000522　434000/4041

西域聞見錄六種二卷　(清)七十一撰　清乾隆四十二年(1777)序刻本　四册

310000－0243－0000523　434000/4041.03

西域瑣記不分卷　(清)七十一撰　清抄本　三册

310000－0243－0000524　434000/4043

揚州畫舫錄十八卷　(清)李斗撰　清乾隆六十年(1795)自然盦刻同治十一年(1872)後印本　四册

310000－0243－0000525　434000/4411

臺海見聞錄四卷　(清)董天工撰　清乾隆十六年(1751)董氏平川書屋刻本　二册

310000－0243－0000526　435000/071222.01

山海經圖五卷山海經廣註十八卷　(晉)郭璞撰　(清)吳任臣注　清乾隆五十一年(1786)金閶書業堂刻本　四册

310000－0243－0000527　435000/071222.01

山海經圖五卷山海經廣註十八卷　(晉)郭璞撰　(清)吳任臣註　清乾隆五十一年(1786)金閶書業堂刻本　四册

310000－0243－0000528　435000/4498

山水二經合刻五十八卷　(明)黄省曾輯　清乾隆十八年(1753)天都黄氏槐蔭草堂刻本　八册

310000－0243－0000529　435000/51/1011

蘇松太山川考一卷　(清)王廷瑚撰　清乾隆三十三年(1768)序刻本　一册

310000－0243－0000530　435100/0022

南嶽志八卷　(清)高自位重編　清乾隆十八年(1753)開雲樓刻本　六册

310000－0243－0000531　435100/0044

南海普陀山志十五卷首一卷　(清)高士奇修　(清)朱謹　(清)陳璿纂　清雍正十二年(1734)刻本　四册

310000－0243－0000532　435100/0819

普陀山志二十卷首一卷　(清)許琰編輯　(清)明智校訂　清乾隆四年(1739)刻本　四册

310000－0243－0000533　435100/2168

焦山志十二卷　(清)盧見曾撰　清乾隆二十七年(1762)刻本　四册

310000－0243－0000534　435100/2168.1

金山志十卷　(清)盧見曾修纂　清乾隆二十七年(1762)雅雨堂刻本　四册

310000-0243-0000535　435100/2894
雪峰志十卷　(明)徐𤊹纂輯　(清)賴亨侯等重訂　清乾隆十九年(1754)刻本　二册

310000-0243-0000536　435100/3003
羅浮山志會編二十二卷首一卷　(清)宋廣業纂輯　清康熙五十五年(1716)海幢寺刻本　十册

310000-0243-0000537　435100/4422.1
[康熙]黄山志定本七卷首一卷　(清)弘濟修　(清)閔麟嗣纂　清康熙十八年(1679)修二十五年(1686)新安閔氏刻本　七册

310000-0243-0000538　435100/4445
泰山小史不分卷　(清)蕭協中撰　清乾隆五十四年(1789)刻本　二册

310000-0243-0000539　435100/6066
説嵩三十二卷　(清)景日昣撰　清康熙六十年(1721)刻本　十四册

310000-0243-0000540　435100/7012.61
明州阿育王山志十六卷　(明)郭子章編　(清)畹荃補遺　明萬曆四十年(1612)修四十七年(1619)刻清乾隆四十六年(1781)補版續刻本　六册

310000-0243-0000541　435100/7224
南通州五山全志二十卷　(清)劉名芳纂　清乾隆十六年(1751)刻本　五册

310000-0243-0000542　435100/7224.1
寶華山志十五卷首一卷　(清)劉名芳纂修　清乾隆刻本　四册

310000-0243-0000543　435100/7302
[康熙]臥龍崗志二卷　(清)羅景輯　清康熙五十一年(1712)襄平羅景序刻本　四册

310000-0243-0000544　435100/8432
清涼山志十卷　(明)鎮澄修　(清)聚用校　清乾隆十九年(1754)聚用刻本　四册

310000-0243-0000545　435100/9017
廬山志十五卷　(清)常琿修　(清)毛德琦重訂　清康熙五十八年(1719)順德堂刻乾隆五十八年(1793)、道光二十二年(1842)、同治十年(1871)、同治十二年(1873)補刻本　十四册

310000-0243-0000546　435200/0035
讀水經註小識四卷　(清)龐鴻書撰　清光緒石印本　二册

310000-0243-0000547　435200/1249
浙江寧波府慈谿縣至京水路程附故事土產不分卷　(清)□□纂輯　清咸豐三年(1853)敘倫堂孫氏抄本　一册

310000-0243-0000548　435200/173113.01
湖山便覽十二卷　(清)翟灝　(清)翟瀚同輯　清乾隆三十年(1765)刻本　八册

310000-0243-0000549　435200/212922
西湖賦箋一卷　(清)柴紹炳撰　(清)柴杰箋　清乾隆三十八年(1773)洽禮堂刻本　一册

310000-0243-0000550　435200/2333
行水金鑑一百七十五卷首一卷　(清)傅澤洪撰　清乾隆傅氏鑄錯草堂刻本　三十六册

310000-0243-0000551　435200/3166
各省水道考六卷　(清)汪日暐撰　清乾隆四十八年(1783)刻本　六册

310000-0243-0000552　435200/3227
河防一覽十二卷　(明)潘季馴撰　(明)陳昌言編　明萬曆十八年(1590)刻明末印本　八册

310000-0243-0000553　435200/3301
西湖志纂十二卷首一卷　(清)梁詩正　(清)沈德潛同纂　清乾隆二十年(1755)賜經堂刻本　十二册

310000-0243-0000554　435200/3301.1
西湖志纂十二卷末一卷　(清)梁詩正　(清)沈德潛同纂　清乾隆二十年(1755)刻二十二年(1757)補刻本　四册

310000-0243-0000555　435200/4460

[弘治]震澤編八卷　(明)蔡昇編　(明)王鏊重修　明萬曆四十五年(1617)刻本　五冊

310000－0243－0000556　435200/7497
山東運河備覽十二卷　(清)陸燿纂　清乾隆四十一年(1776)切問齋刻本　六冊

310000－0243－0000557　435200/7787
水經二卷　(漢)桑欽撰　明刻本　一冊

310000－0243－0000558　435200/778713.01
水經註四十卷　(北魏)酈道元撰　清乾隆刻本　八冊

310000－0243－0000559　435200/778713.02
水經註四十卷　(北魏)酈道元撰　清乾隆十八年(1753)黄晟刻本　十四冊

310000－0243－0000560　435200/8034
[康熙]具區志十六卷　(清)翁澍撰　清康熙二十八年(1689)受采堂刻本　八冊

310000－0243－0000561　435200/8034.01
[康熙]具區志十六卷　(清)翁澍撰　清康熙二十八年(1689)受采堂刻本　四冊

310000－0243－0000562　435200/8041
太湖備考十六卷首一卷　(清)金友理纂述　清乾隆十五年(1750)藝蘭圃刻本　八冊

310000－0243－0000563　435200/8041
太湖備考十六卷首一卷　(清)金友理纂述　清乾隆十五年(1750)藝蘭圃刻本　八冊

310000－0243－0000564　436000/7743
宋東京考二十卷　(清)周城輯　清乾隆刻本　六冊

310000－0243－0000565　436300/1062
鼎湖山慶雲寺志八卷首一卷　(清)丁易總修　(清)成鷲纂述　清康熙五十六年(1717)刻本　四冊

310000－0243－0000566　436300/4623
洛陽伽藍記五卷　(北魏)楊衒之撰　明刻本　一冊

310000－0243－0000567　436300/7228
忍草庵志四卷　(清)劉繼曾撰　清光緒十三年(1887)錫山尤氏遂初堂木活字印本　一冊

310000－0243－0000568　436300/7738
鄧尉聖恩寺志十八卷　(明)周永年撰　明崇禎十七年(1644)刻清初熊開元增刻本　二冊

310000－0243－0000569　436400/1733
松滋王公祠廟事略　(清)邵涵初輯　清同治十二年(1873)木活字印本　一冊

310000－0243－0000570　436400/53/8333
會稽錢武肅王祠堂志三卷　(清)錢泳纂輯　清乾隆五十八年(1793)刻本　一冊

310000－0243－0000571　436400/8067
金龍四大王聖蹟标目一卷　(清)俞星留編　清康熙三十五年(1696)刻本　一冊

310000－0243－0000572　436500/1284
孔宅志八卷首一卷末一卷　(清)孔毓圻修　(清)孫鋐纂　清康熙五十五年(1716)刻本　四冊

310000－0243－0000573　436500/2604
關聖陵廟紀略四卷後續一卷　(清)魏勷修　(清)王禹書編訂　清康熙三十九年(1700)章鄉刻本　四冊

310000－0243－0000574　436500/7110
兩浙防護録(寧紹兩府屬)　(清)阮元輯　清同治七年(1868)徐時棟抄本　一冊

310000－0243－0000575　436500/7727
顧野王祠墓志不分卷　(清)顧大昌撰輯　清光緒三年(1877)顧氏手稿本　一冊

310000－0243－0000576　436600/0028
無錫高忠憲公水居志六卷　(清)楊殿奎編纂　清宣統元年(1909)梁溪文苑閣木活字印本　一冊

310000－0243－0000577　436600/4064
大觀亭志六卷首一卷末一卷　李國模纂輯　(清)李丙榮編訂　清宣統三年(1911)合肥李氏慎餘堂木活字印本　四冊

310000－0243－0000578　436700/202173

九江白鹿書院志十九卷　(清)毛德琦輯　(清)周兆蘭重輯　清乾隆六十年(1795)刻本　八册

310000－0243－0000579　450000/1152
雲棧紀程八卷　(清)張邦伸編輯　清乾隆五十九年(1794)敦彝堂刻本　四册

310000－0243－0000580　460000/1034
湖北郡邑道里圖　(清)石禮嘉撰　清乾隆二十九年(1764)刻本　一册

310000－0243－0000581　460000/3108
新繪沿海長江險要圖　(清)江震高等學堂編譯所編繪　清光緒上海鴻文書局石印本　一册

310000－0243－0000582　460000/4030
黄河河道圖說　(清)李鴻章　(清)吳大澂修　清光緒十六年(1890)上海鴻文書局石印本　五册

310000－0243－0000583　500500/2749
諸子彙函二十六卷　(明)歸有光輯　(明)文震孟參訂　明天啟五年(1625)竹塢刻本　四十八册

310000－0243－0000584　500500/3150
六子書六種六十卷　(明)顧春輯　明嘉靖十二年(1533)顧氏世德堂刻本　二十册

310000－0243－0000585　501100/1223
闕里文獻考一百卷首一卷末一卷　(清)孔繼汾輯　清乾隆二十七年(1762)刻本　八册

310000－0243－0000586　501700/1000
論衡三十卷　(漢)王充撰　(明)程榮校　明萬曆十八年(1590)武林張又嘉刻本　六册

310000－0243－0000587　501700/1000.01
論衡三十卷　(漢)王充撰　明萬曆刻本　五册

310000－0243－0000588　501700/1003
賈誼新書三卷　(漢)賈誼撰　明正德刻本　一册

310000－0243－0000589　501700/1003.01
新書十卷　(漢)賈誼撰　(清)盧文弨校　清乾隆餘姚盧氏抱經堂刻本　一册

310000－0243－0000590　501700/1022
白虎通義引書表　王仁俊撰　清光緒三十四年(1908)江蘇存古學堂木活字印本　一册

310000－0243－0000591　501700/103773
文中子中說十卷　(隋)王通撰　(宋)阮逸注　明敬忍居據世德堂本翻刻本　四册

310000－0243－0000592　501700/1160
新刻白虎通德論二卷　(漢)班固撰　(明)胡文煥校正　明萬曆三十一年(1603)刻本　四册

310000－0243－0000593　501700/1160.01
白虎通四卷　(漢)班固撰　(清)盧文弨校勘　附白虎通義考一卷　(清)莊述祖輯　(清)盧文紹校　白虎通闕文一卷　(清)莊述祖撰　校勘補遺一卷　(清)盧文紹訂　清乾隆四十九年(1784)餘姚盧氏抱經堂刻本　四册

310000－0243－0000594　501700/4130
鹽鐵論十二卷　(漢)桓寬著　明嘉靖三十二年(1553)雲間張之象序刻本　二册

310000－0243－0000595　501700/721776
人物志三卷　(三國魏)劉邵　(北魏)劉昞釋　明刻本　一册

310000－0243－0000596　502100/1122
濂洛關閩書四種十九卷　(清)張伯行編　清康熙四十八年(1709)正誼堂刻本　五册

310000－0243－0000597　502100/2702
朱子語類一百四十卷　(宋)黎靖德編　清康熙刻本　四十八册

310000－0243－0000598　502100/6045
二程子抄釋十卷　(明)呂柟撰　明嘉靖五年(1526)鄧諧刻本　四册

310000－0243－0000599　502200/401045
潁濱先生道德經解二卷　(春秋)李耳撰　(宋)蘇轍注　明萬曆二年(1574)畢氏刻本　二册

310000－0243－0000600　502300/122322

列子八卷　(戰國)列禦寇撰　(唐)盧重元注　清嘉慶八年(1803)江都石研齋吳漣寫刻本　二册

310000－0243－0000601　502300/4413

薛文清公讀書錄十一卷續錄十二卷　(明)薛瑄撰　清乾隆十一年(1746)刻本　四册

310000－0243－0000602　502300/6045

呂子節錄四卷補遺二卷　(明)呂坤撰　(清)陳宏謀輯　清乾隆五十一年(1786)蔣兆奎刻本　二册

310000－0243－0000603　502300/7527

金罍子四十四卷　(明)陳絳撰　(明)陳昱輯　明萬曆三十四年(1606)上虞陳昱刻本　二十册

310000－0243－0000604　502300/7731

王門宗旨十四卷　(明)周汝登選　(明)陶望齡校訂　明萬曆三十八年(1610)余懋孳刻本　六册

310000－0243－0000605　502400/3021

莊子南華經解　(战國)莊周撰　(清)宣穎解　清康熙六十年(1721)經綸堂刻本　六册

310000－0243－0000606　502400/447740

莊子獨見　(战國)莊周撰　(清)胡文英評釋　清乾隆十七年(1752)文淵堂刻本　四册

310000－0243－0000607　502400/447742

南華經十六卷　(战國)莊周撰　(晉)郭象註　(宋)林希逸口義　(明)王世貞評點　(明)陳仁錫批註　(明)劉須溪校點　明萬曆三十三年(1605)烏程閔齊伋四色套印本　十四册

310000－0243－0000608　502600/1044

權衡一書三十八卷　(清)王植撰　清乾隆元年(1736)刻本　二十二册

310000－0243－0000609　502700/3222

鄭君粹言三卷　(清)潘任撰　清光緒二十年(1894)木活字印本　一册

310000－0243－0000610　505100/882527

管子二十四卷　(戰國)管仲撰　(唐)房玄齡註　(明)劉績補註　(明)張榜等評　(明)朱長春通演　(明)朱養和輯訂　明天啟五年(1625)杭州朱養純花齋刻本　八册

310000－0243－0000611　505600/441130

韓非子二十卷　(戰國)韓非子撰　**附識誤三卷**　(清)顧廣圻識誤　清嘉慶二十三年(1818)全椒吳氏四世學士祠堂刻本　四册

310000－0243－0000612　507500/601400.02

呂氏春秋二十六卷　(秦)呂不韋撰　(漢)高誘註　(明)陳世寶訂正　明萬曆七年(1579)鳳陽張登雲刻本　五册

310000－0243－0000613　507500/601400.01

呂氏春秋二十六卷　(秦)呂不韋撰　(明)宋邦乂　(明)徐益孫合訂　(漢)高誘註　明萬曆宋邦乂刻本　五册

310000－0243－0000614　507500/601473

呂氏春秋二十六卷　(秦)呂不韋撰　(宋)陸遊評　(明)淩稚隆批　明萬曆四十八年(1620)吳興淩毓枏刻朱墨套印本　四册

310000－0243－0000615　508100/0422

武經全題講義通考七卷　(清)謝重綸撰　清康熙四十二年(1703)德慶堂據麟衡閣板刻本　一册

310000－0243－0000616　508100/121314

孫子參同五卷　(春秋)孫武撰　(明)王世貞等評　明末吳興閔齊伋朱墨套印本　五册

310000－0243－0000617　509100/4422

補農書二卷　(清)萬斛泉編　清木活字印本　一册

310000－0243－0000618　509300/2221

水利集十卷　(元)任仁發輯　明抄本　二册

310000－0243－0000619　509300/4253

治河方略十卷首一卷　(清)靳輔撰　(清)崔應階重編　清乾隆三十二年(1767)刻本　十册

310000－0243－0000620　509300/7733

甬上水利志六卷　(清)周道遵撰　清道光二十八年(1848)木活字印本　二册

310000－0243－0000621　509300/7733

甬上水利志六卷　(清)周道遵撰　清道光二十八年(1848)木活字印本　二册

310000－0243－0000622　509400/4622

豳風廣義三卷　(清)楊屾編輯　清乾隆七年(1742)師念祖序刻本　二册

310000－0243－0000623　509500/0044

北墅抱甕錄不分卷附北墅詩紀　(清)高士奇撰　清康熙二十九年(1690)刻本　一册

310000－0243－0000624　509500/1201

紡織式不分卷　(清)孫雍建撰　(清)汪禮忠補輯　清乾隆六十年(1795)稿本　一册

310000－0243－0000625　510500/2664

醫學心悟六卷　(清)程國彭撰　清乾隆五十六年(1791)務本堂刻本　四册

310000－0243－0000626　511200/1112

風角書八卷　(清)張爾岐撰　明崇禎十二年(1639)序刻本　二册

310000－0243－0000627　511400/0094

御定數理精藴五十三卷　(清)聖祖玄燁輯　清雍正元年(1723)武英殿刻本　六十册

310000－0243－0000628　511400/1223

算經十書三十三卷　(清)孔繼涵撰　清乾隆曲阜孔氏微波榭刻本　七册

310000－0243－0000629　513100/0028

文房肆考圖説八卷首一卷　(清)唐秉鈞撰　清乾隆五十五年(1790)嘉定唐氏竹映山莊刻本　四册

310000－0243－0000630　513100/107272

重訂學古編一卷　(元)吾衍撰　(明)陳繼儒重訂　明刻本　一册

310000－0243－0000631　513100/1117

清河書畫舫十二卷附鑒古百一詩一卷　(明)張丑撰　清乾隆二十八年(1763)仁和吳氏池北草堂刻本　十二册

310000－0243－0000632　513100/1167

天瓶齋書畫題跋二卷　(清)張照撰　清乾隆三十八年(1773)刻本　一册

310000－0243－0000633　513100/1213.1

庚子消夏記八卷　(清)孫承澤撰　清乾隆二十六年(1761)杭縣余集寫刻本　四册

310000－0243－0000634　513100/3289

墨緣小錄　(清)潘曾瑩撰　清末蘇州文學山房木活字印本　二册

310000－0243－0000635　513100/4453

四家題跋二十三卷　(宋)蘇軾等撰　(明)毛晉編　明崇禎三年(1630)虞山毛氏汲古閣刻本　七册

310000－0243－0000636　513100/4726

鐵網珊瑚二十卷　(明)都穆撰　清乾隆刻本　八册

310000－0243－0000637　513100/7462.01

吳越所見書畫錄六卷附書畫説鈴一卷　(清)陸時化撰　清乾隆四十二年(1777)吳門陸氏懷煙閣寫刻本　六册

310000－0243－0000638　513100/7591

湘管齋寓賞編六卷　(清)陳焯輯　清乾隆四十七年(1782)烏程陳氏勾餘學舍刻本　六册

310000－0243－0000639　513200/1034.101

淳化秘閣法帖考正十卷附釋文二卷　(清)王澍撰　(清)沈宗騫校定　清乾隆三十三年(1768)蘭言齋刻本　八册

310000－0243－0000640　513200/1044－1.03

淳化閣法帖　(清)王著輯　清乾隆據明肅府摹刻拓本　十册

310000－0243－0000641　513200/1062

劉雪湖梅譜二卷像贊評林贈言二卷　(明)劉世儒撰　(明)王思任編　明萬曆三十二年(1604)刻清初妙墨山房印本　二册

310000－0243－0000642　513200/1071.2

芥子園畫傳五卷　(清)王概等編　清康熙十

八年(1679)李漁芥子園甥館初刻套印本　五冊

310000－0243－0000643　513200/1213
閒者軒帖考　(清)孫承澤撰　清光緒十六年(1890)居福基抄本　一冊

310000－0243－0000644　513200/2560
名帖紀聞一卷　(清)朱照廉輯　清嘉慶十七年(1812)小雲谷莊木活字印本　一冊

310000－0243－0000645　513200/2570
墨池編二十卷附印典八卷　(宋)朱長文纂　清雍正十一年(1733)就閒堂刻本　十冊

310000－0243－0000646　513200/2683
飛影閣畫報　(清)吳友如撰　清光緒十六年至二十年(1890－1894)上海申報館石印本　五冊

310000－0243－0000647　513200/4431
廣川書跋十卷　(宋)董逌選　明常熟毛氏汲古閣刻本　六冊

310000－0243－0000648　513200/556712
新增格古要論十三卷　(明)曹昭撰　(明)舒敏編　(明)王佐校增　(明)黃珙重校　清道光據黃珙槐蔭舊館原刻本影抄本　四冊

310000－0243－0000649　513200/556712.01
新增格古要論十三卷　(明)曹昭撰　(明)舒敏編校　(明)王佐校增　(明)黃正位重校　明天順三年(1459)新都黃氏淑躬堂刻本　八冊

310000－0243－0000650　513200/7211
寶真齋法書贊二十八卷　(宋)岳珂撰　清乾隆武英殿木活字印本　十冊

310000－0243－0000651　513200/7428
飛白錄二卷　(清)陸紹曾　(清)張燕昌合輯　清嘉慶九年(1804)海鹽黃氏三山官舍劈荔軒刻本　二冊

310000－0243－0000652　513200/8077
點石齋畫報二十二集　(清)吳友如繪輯　清光緒十年(1884)上海點石齋石印本　四十四冊

310000－0243－0000653　513400/1128
張石農印譜　(清)張秉銳篆刻　清嘉慶八年(1803)京江張氏鈐印本　一冊

310000－0243－0000654　513400/1814.01
紅樓夢圖詠　(清)改琦編繪　(清)李筠嘉原輯　(清)淮海居士重輯　清光緒五年(1879)刻本　四冊

310000－0243－0000655　513400/3180
紅術軒紫泥法　(清)汪鎬京撰　清寫刻本　一冊

310000－0243－0000656　513400/7210
自聞居士百花詩箋　(清)劉子謙繪編　清光緒北京榮寶齋彩色套印本　一冊

310000－0243－0000657　513700/4762
黃鍾通韻二卷附琴圖補遺一卷　(清)都四德纂述　清乾隆十八年(1753)義會堂刻本　二冊

310000－0243－0000658　513900/4036
打馬圖一卷　(宋)李清照撰　**譜雙五卷**　(宋)洪遵撰　明刻本　一冊

310000－0243－0000659　514500/8008
四聲譜四種四卷　(清)金文錦撰　清康熙五十五年(1716)刻本　四冊

310000－0243－0000660　515100/1014
漁磯漫鈔十卷　(清)雷琳等輯　清乾隆五十九年(1794)刻本　四冊

310000－0243－0000661　515100/104377
漁洋說部精華十二卷　(清)王士禛撰　(清)劉堅編　清乾隆刻本　六冊

310000－0243－0000662　515100/1137
虞初新志二十卷　(清)張潮輯　清康熙三十九年(1700)刻本　六冊

310000－0243－0000663　515100/1293
北夢瑣言二十卷　(宋)孫光憲撰　(元)孫道明校正　明萬曆商氏半野山房刻本　六冊

310000－0243－0000664　515100/1293.01

北夢瑣言二十卷　(宋)孫光憲撰　清乾隆二十一年(1756)揚州雅雨堂刻本　二册

310000－0243－0000665　515100/2860

柳崖外編八卷　(清)徐昆撰　清乾隆五十六年(1791)刻本　八册

310000－0243－0000666　515100/3434－1.01

夷堅志二十卷　(宋)洪邁選　清乾隆四十三年(1778)涇縣洪氏刻本　十册

310000－0243－0000667　515100/3533

聽雨軒雜紀一卷續紀一卷餘紀一卷贅紀一卷　(清)清涼道人撰　清乾隆五十七年(1792)聽雨軒刻本　八册

310000－0243－0000668　515100/4031

宋稗類鈔八卷　(清)李宗孔編　清康熙九年(1670)刻本　八册

310000－0243－0000669　515100/4442.03

聊齋志異十六卷　(清)蒲松齡撰　清乾隆三十一年(1766)青柯亭刻本　十六册

310000－0243－0000670　515100/720743

西京雜記六卷　(漢)劉歆撰　(晉)葛洪集　明刻本　一册

310000－0243－0000671　515100/720743.01

西京雜記二卷　(漢)劉歆撰　(清)盧文弨校　清乾隆五十二年(1787)餘姚盧氏抱經堂江寧刻本　二册

310000－0243－0000672　515100/7280.07

世說新語三卷　(南朝宋)劉義慶撰　(南朝梁)劉孝標注　明嘉靖十四年(1535)吴郡袁褧嘉趣堂刻本　六册

310000－0243－0000673　515100/7280.101

李卓吾批點世說新語補二十卷附釋名一卷　(南朝宋)劉義慶撰　(南朝梁)劉孝標注　(宋)劉辰翁批　(明)何良俊增　(明)王世貞删定　(明)王世懋批釋　(明)李贄批點　(明)張文柱校注　明末刻本　四册

310000－0243－0000674　515100/7280.103

世說新語補二十卷附釋名一卷　(南朝宋)劉義慶撰　(南朝梁)劉孝標注　(宋)劉辰翁批　(明)何良俊增　(明)王世貞删定　(明)王世懋批釋　(明)張文柱校注　明萬曆十三年(1585)王世懋刻本　八册

310000－0243－0000675　515100/7491

梅谷偶筆一卷　(清)陸烜撰　清乾隆平湖陸氏息耕亭刻本　一册

310000－0243－0000676　515100/7570

步里客談二卷　(宋)陳長方撰　清吴興沈氏抱經樓抄本　一册

310000－0243－0000677　515100/7754

酉陽雜俎二十卷續集十卷　(唐)段成式撰　明崇禎六年(1633)虞山毛晉汲古閣刻本　八册

310000－0243－0000678　515100/8340

獪園十六卷　(明)錢希言撰　清乾隆三十九年(1774)歙邑長塘鮑氏知不足齋刻本　八册

310000－0243－0000679　515100/8712.03

觚賸八卷續編四卷　(清)鈕琇撰　清康熙臨野堂刻本　六册

310000－0243－0000680　515200/0330

别國洞冥記四卷　(漢)郭憲撰　明刻本　一册

310000－0243－0000681　515200/071244.01

穆天子傳註疏六卷首一卷末一卷　(晉)郭璞(清)檀萃疏　清乾隆石渠閣刻本　四册

310000－0243－0000682　515200/071248

穆天子傳六卷　(晉)郭璞注　(明)范欽考訂　明嘉靖寧波范氏天一閣刻本　一册

310000－0243－0000683　515200/2260

述異記二卷　(南朝梁)任昉撰　明刻本　一册

310000－0243－0000684　515200/2647

續齊諧記一卷　(南朝梁)吴均撰　明刻本　一册

310000－0243－0000685　515200/5008

海内十洲記一卷　(漢)東方朔撰　明刻本　一冊

310000－0243－0000686　515300/0113
説呼全傳四十回十二卷　(明)龍瑄撰　清乾隆四十四年(1779)金閶書業堂刻本　十二冊

310000－0243－0000687　515300/0814.010
水滸傳二十卷七十回楔子一回附像一卷　(元)施耐庵撰　清順治十四年(1657)醉耕堂刻本　二十冊

310000－0243－0000688　515300/0814.011
第五才子書水滸傳七十五卷七十回楔子一回附像一卷　(元)施耐庵撰　清雍正十二年(1734)懷德堂刻本　二十冊

310000－0243－0000689　515300/0814.014
第五才子書水滸傳七十五卷七十回楔子一回附像一卷　(元)施耐庵撰　(清)金人瑞評　清雍正十二年(1734)永安堂刻本　二十冊

310000－0243－0000690　515300/0821
封神演義一百回十九卷　(明)許仲琳撰　清抄本　十六冊

310000－0243－0000691　515300/1055
玉蜻蜓全傳　(清)□□撰　清抄本　一冊　存二十八回(一至二十八)

310000－0243－0000692　515300/2622
繡像花月痕全傳五十二回十六卷　(清)魏秀仁撰　(清)棲霞居士評　清同治五年(1866)石印本　四冊

310000－0243－0000693　515300/2644.07
儒林外史五十六回　(清)吳敬梓撰　清同治八年(1869)蘇州群玉齋木活字印本　十四冊

310000－0243－0000694　515300/2810
天花藏合刻七才子書二種　(清)徐震編　清乾隆三十二年(1767)觀文會館刻本　八冊

310000－0243－0000695　515300/3484
隋唐演義一百回二十卷　(元)張養浩原本　(清)褚人獲彙編　清康熙三十四年(1695)四雪草堂刻本　二十冊

310000－0243－0000696　515300/4720
通商原委演義二十五回　(清)觀我齋主人撰　清光緒三十三年(1907)東方活版部木活字印本　一冊

310000－0243－0000697　515300/5716.01
繡像東周列國志一百八回二十三卷　(明)馮夢龍改編　(明)蔡奡評點　清乾隆十七年(1752)文盛堂刻本　二十冊

310000－0243－0000698　515300/6075.2
三國志演義十九卷首一卷一百二十回　(明)羅貫中撰　(清)金人瑞評　(清)毛宗崗批點　清順治元年(1644)刻本　二十冊

310000－0243－0000699　515300/6075.201
官板大字全像批評三國志演義二十四卷一百二十回　(明)羅貫中撰　(清)金聖歎　(清)毛宗崗批點　(清)李漁評閲　清初刻本　二十四冊

310000－0243－0000700　515300/6638
明時演義　(清)程道一撰　清宣統三年(1911)林紓手抄本　二冊

310000－0243－0000701　515300/7537
雪月梅傳五十回十卷　(清)陳朗撰　清乾隆四十年(1775)德華堂序刻本　十冊

310000－0243－0000702　515300/7562
海外扶餘四卷十六回　(清)陳墨峰撰　清稿本　二冊

310000－0243－0000703　515300/7563
海上魂四卷十六回　(清)陳墨濤撰　清稿本　二冊

310000－0243－0000704　516100/0023
錦繡萬花谷前集四十卷後集四十卷續集四十卷　(宋)蕭贊元撰　明嘉靖十五年(1536)錫山秦汴繡石書堂刻本　四十冊

310000－0243－0000705　516100/0046
羣書考索前集六十六卷後集六十五卷續集五十六卷別集二十五卷　(宋)章如愚輯　明正德十六年(1521)建陽劉氏慎獨齋刻本　四

十冊

310000－0243－0000706　516100/0142
三才彙編六卷　（清）龔在升撰　（清）顧理美增補　清康熙五年（1666）龔氏刻本　三冊

310000－0243－0000707　516100/1000.01
玉海二百卷附辭學指南四卷附刻十三種　（宋）王應麟輯　元至元六年（1340）慶元路儒學刻元明遞修本　八十冊

310000－0243－0000708　516100/1044
喻林一葉二十四卷　（清）王蘇輯　清乾隆五十九年（1794）刻本　八冊

310000－0243－0000709　516100/1084
冊府元龜一千卷目錄十卷　（宋）王欽若等輯　（明）黃國琦校釋　明崇禎十五年（1642）匡山黃國琦刻清康熙十一年（1672）黃九錫重修本　二百冊

310000－0243－0000710　516100/1144
淵鑑類函四百五十卷目錄四卷　（清）張英等撰　清康熙四十年（1701）修四十九年（1710）內府刻本　一百四十冊

310000－0243－0000711　516100/1144.01
古香齋新刊袖珍淵鑑類函四百五十卷　（清）張英等撰　清康熙四十九年（1710）古香齋刻本　一百九十二冊

310000－0243－0000712　516100/1216
文苑彙雋二十四卷　（明）孫丕顯彙集　（清）屠隆參定　明萬曆三十六年（1608）文萃堂刻本　八冊

310000－0243－0000713　516100/2676
唐宋白孔六帖一百卷目錄二卷　（唐）白居易撰　（宋）孔傳輯　明嘉靖寫刻本　四十八冊

310000－0243－0000714　516100/2877.01
初學記三十卷　（唐）徐堅等撰　明嘉靖十年（1531）錫山安國桂坡館刻本　二十四冊

310000－0243－0000715　516100/3626
新編古今事文類聚前集六十卷後集五十卷續集二十八卷別集三十二卷　（宋）祝穆輯　新集三十六卷外集十五卷　（元）富大用輯　明嘉靖四十年（1561）書林楊歸仁刻本　四十八冊

310000－0243－0000716　516100/4241
山堂肆考二百二十八卷補遺十二卷　（明）彭大翼撰　明萬曆二十三年（1595）金陵書林周顯刻本　一百冊

310000－0243－0000717　516100/7223
劉氏鴻書一百八卷　（明）劉仲達輯　（明）湯賓尹刪正　明萬曆三十九年（1611）劉氏刻本　二十冊

310000－0243－0000718　516100/7528
潛確居類書一百二十卷　（明）陳仁錫輯　明崇禎三年至五年（1630－1632）徐氏大觀堂刻本　六十四冊

310000－0243－0000719　516100/7727
類書纂要三十三卷　（清）周魯輯　清康熙三年（1664）刻本　二十冊

310000－0243－0000720　516100/7747
清異錄二卷　（宋）陶穀撰　清道光魏錫曾抄校本　二冊

310000－0243－0000721　516100/7770
藝文類聚一百卷　（唐）歐陽詢輯　明嘉靖六年至七年（1527－1528）胡纘宗、陸采刻本　三十二冊

310000－0243－0000722　516100/8034
唐類函二百卷目錄二卷　（明）俞安期輯　明萬曆三十一年（1603）俞氏自刻本　四十冊

310000－0243－0000723　516200/1115.1
御定韻府拾遺一百六卷　（清）張玉書等纂　清康熙五十九年（1720）刻本　二十冊

310000－0243－0000724　516200/4237
類林新詠三十六卷　（清）姚之駰撰註　清康熙文暎書屋刻本　十二冊

310000－0243－0000725　516200/7865
新增說文韻府群玉二十卷　（宋）陰時夫撰　（宋）陰中夫註　清康熙五十五年（1716）文盛

堂刻本　十册

310000－0243－0000726　516200/7865

新增說文韻府群玉二十卷　(宋)陰時夫撰　(宋)陰中夫註　清康熙五十五年(1716)文盛堂刻本　十二册

310000－0243－0000727　516300/0094.01

駢字類編二百四十卷　(清)張廷玉等編　清雍正四年(1726)内府刻本　一百二十册

310000－0243－0000728　516400/0077

尚友録二十二卷　(明)廖用賢編纂　清雍正四年(1726)三瑞堂刻本　二十四册

310000－0243－0000729　516400/0828

事類異名六卷　(明)許樂善輯　清乾隆三十二年(1767)雲間許氏刻本　一册

310000－0243－0000730　516400/1740

古事苑十二卷　(清)鄧志謨編　清康熙二十五年(1686)蘭雪堂刻本　八册

310000－0243－0000731　516400/1740

古事苑十二卷　(清)鄧志謨編　清康熙二十五年(1686)蘭雪堂刻本　六册

310000－0243－0000732　516400/2167

卓氏藻林八卷　(明)卓明卿撰　明萬曆八年(1580)卓氏妙香室刻本　四册

310000－0243－0000733　516400/3148

經濟類考約編二卷　(清)顧九錫輯　清康熙七年(1668)文雪堂刻本　二册

310000－0243－0000734　516400/4042

采芳隨筆二十四卷　(清)查彬輯　清嘉慶十九年(1814)北平查氏刻本　十六册

310000－0243－0000735　516400/4441

廣博物志五十卷　(明)董斯張撰　清乾隆二十六年(1761)高暉堂刻本　三十二册

310000－0243－0000736　516400/4444

古今類傳歲時類四卷　(清)董穀士　(清)董炳文輯　清康熙三十一年(1692)未學齋刻本　四册

310000－0243－0000737　516400/4444

古今類傳歲時類四卷　(清)董穀士　(清)董炳文輯　清康熙三十一年(1692)未學齋刻本　四册

310000－0243－0000738　516400/4477

新箋決科古今源流至論前集十卷後集十卷續集十卷　(宋)林駉編　清康熙抄本　十六册

310000－0243－0000739　516400/4483

月日紀古十二卷　(清)蕭智漢纂輯　清乾隆五十九年(1794)聽濤山房刻本　十二册

310000－0243－0000740　516400/4486

編珠四卷　(隋)杜公瞻撰　(清)高士奇校　**續編珠二卷**　(清)高士奇編　清康熙三十七年(1698)刻本　三册

310000－0243－0000741　516400/7154

事物異名録四十卷　(清)厲荃輯　(清)關槐增纂　清乾隆四十一年(1776)刻本　六册

310000－0243－0000742　516400/7510

格致鏡原一百卷　(清)陳元龍輯　清雍正十三年(1735)刻本　二十八册

310000－0243－0000743　517100/1021

法因集四卷　(明)王穉登撰　明萬曆十九年(1591)刻本　四册

310000－0243－0000744　517100/1120

悟真篇集註五卷　(宋)張伯端著　清影元抄本　一册

310000－0243－0000745　600100/7246.07

文心雕龍輯註十卷　(清)黄叔琳撰　清乾隆六年(1741)黄叔琳養素堂刻本　四册

310000－0243－0000746　600100/7246.08

楊升庵先生批點文心雕龍十卷　(南朝梁)劉勰撰　(明)楊慎批點　(明)梅慶生注　明萬曆三十七年(1609)梅慶生刻天啟二年(1622)重修金陵聚錦堂印本　五册

310000－0243－0000747　610200/7524.01

詩學問難　(清)陳僅撰　清光緒十一年(1885)抄本　一册

310000－0243－0000748　610300/104380
五代詩話十卷　(清)鄭方坤撰　清乾隆十五年(1750)棣州官署杞菊軒刻本　十二册

310000－0243－0000749　610300/6010.01
山薑詩話不分卷　(清)田雯撰　清康熙田雯手稿本　一册

310000－0243－0000750　610400/7122.01
詩法火傳十六卷　(清)馬上巘撰　清順治十八年(1661)槜李馬氏古香齋刻本　六册

310000－0243－0000751　610400/7501.01
讀杜隨筆四卷　(清)陳訏撰　清雍正十年(1732)海昌陳氏松柏堂刻本　二册

310000－0243－0000752　610500/1144
初白庵詩評三卷　(清)查慎行撰　(清)張載華輯　清乾隆四十二年(1777)涉園觀樂堂刻本　三册

310000－0243－0000753　610500/1144
初白庵詩評三卷　(清)查慎行撰　(清)張載華輯　清乾隆四十二年(1777)涉園觀樂堂刻本　三册

310000－0243－0000754　610500/8020.01
名賢詩評十卷　(明)俞允文　(明)李仲芳輯　明萬曆俞氏刻本　四册

310000－0243－0000755　620200/777114
屈騷心印五卷首一卷　(清)夏大霖撰　清乾隆三十九年(1774)一本堂刻本　二册

310000－0243－0000756　620200/777124
楚辭集註八卷辨證二卷後語六卷　(宋)朱熹撰　明萬曆楊鶴刻本　四册

310000－0243－0000757　620200/777124.06
楚辭集註八卷辨證二卷後語六卷　(宋)朱熹撰　**反離騷一卷**　(漢)楊雄撰　明嘉靖十四年(1535)汝南袁褧刻本　十二册

310000－0243－0000758　620200/777148
楚辭述註五卷九歌圖一卷　(明)來欽之撰　(明)陳洪綬繪　明崇禎蕭山來氏刻本　四册

310000－0243－0000759　620200/777172.02
楚辭新註八卷末一卷　(清)屈復撰　清乾隆三年(1738)刻本　四册

310000－0243－0000760　620200/777172.02
楚辭新註八卷末一卷　(清)屈復撰　清乾隆三年(1738)居易堂刻本　四册

310000－0243－0000761　620200/777173
楚辭十七卷附錄一卷　(明)陳深批點　明萬曆二十八年(1600)吳興淩毓枏朱墨套印本　四册

310000－0243－0000762　620200/777173
楚辭十七卷附錄一卷　(明)陳深批點　明萬曆二十八年(1600)吳興淩毓枏朱墨套印本　四册

310000－0243－0000763　620500/1132.01
楚騷綺語六卷　(明)張之象輯　(明)淩迪知訂　明萬曆五年(1577)吳興淩迪知刻本　六册

310000－0243－0000764　630100/2542.01
樂府廣序三十卷詩集廣序十卷　(清)朱嘉徵撰　(清)朱爾邁　(清)許三禮訂　清康熙浙西朱氏清遠堂刻本　十二册

310000－0243－0000765　630200/3404
擬兩晉南北史樂府二卷　(清)洪禮吉撰　清乾隆三十六年(1771)刻本　一册

310000－0243－0000766　630200/4057.02
擬古樂府二卷　(明)李東陽撰　(明)謝鐸　(明)潘辰評點　(明)何夢春音注　明正德十三年(1518)顧佖刻本　一册

310000－0243－0000767　630200/4057.03
西涯先生擬古樂府二卷　(明)李東陽撰　清康熙三十八年(1699)刻本　二册

310000－0243－0000768　640000/3384
歷代賦話十四卷續集十四卷　(清)浦銑輯　清乾隆五十三年(1788)復小齋刻本　三册

310000－0243－0000769　640100/7510
歷代賦彙一百四十卷目錄二卷外集二十卷附逸句二卷補遺二十二卷　(清)陳元龍編　清

康熙四十五年(1706)内府刻本　五十八册

310000－0243－0000770　640200/002013

哀江南賦註一卷　(北周)庾信撰　(清)王洄等註　(清)徐樹穀　(清)徐炯纂輯　清康熙二十一年(1682)刻本　一册

310000－0243－0000771　640200/281704

春秋左傳類對賦不分卷　(宋)徐晉卿纂　(清)高士奇補註　清康熙三十年(1691)錢塘高士奇序刻本　四册

310000－0243－0000772　651000/4694.01

楊升庵詞品四卷　(明)楊慎撰　**附王弇州詞評一卷曲藻一卷**　(明)王世貞輯　(明)陳繼儒訂　明萬曆刻本　四册

310000－0243－0000773　652000/1122

詩餘圖譜三卷　(明)張綖編　(明)毛鳳苞訂正　明崇禎八年(1635)汲古閣刻本　三册

310000－0243－0000774　652000/4444

詞律二十卷　(清)萬樹撰　(清)林寶恒批校　清康熙二十六年(1687)尺木堂刻本　十二册

310000－0243－0000775　652000/5754

詞鏡平仄圖譜不分卷　(清)賴以邠撰　清乾隆四十八年(1783)林氏棲梧軒朱墨套印本　二册

310000－0243－0000776　653100/3440

古今詞話八卷　(清)沈雄編纂　(清)江尚質增輯　清康熙二十八年(1689)寶翰樓刻本　八册

310000－0243－0000777　653400/2884

詞苑叢談十二卷　(清)徐釚編　清康熙十七年(1678)刻本　四册

310000－0243－0000778　654100/1022

清綺軒詞選十三卷　(清)夏秉衡選　清乾隆十六年(1751)清綺軒刻本　十二册

310000－0243－0000779　654100/1036

琴畫樓詞鈔二十五種二十五卷　(清)王昶輯　清乾隆四十三年(1778)青浦王氏三泖漁莊刻本　六册

310000－0243－0000780　654100/137332

類選箋釋草堂詩餘六卷類編箋釋續選草堂詩餘二卷類編箋釋國朝詩餘五卷　(明)顧從敬輯　(明)錢允治箋釋　(明)陳繼儒校　明萬曆四十二年(1614)上海顧氏刻本　十二册

310000－0243－0000781　654100/137332.01

類編草堂詩餘四卷首一卷續編二卷　(宋)武陵逸史輯　(明)顧從敬編　清康熙二十三年(1684)金閶天祿閣刻本　六册

310000－0243－0000782　654100/2444

詞潔六卷　(清)先著　(清)程洪輯　清乾隆刻本　六册

310000－0243－0000783　654100/2528

詞綜三十卷　(清)朱彝尊撰　(清)汪森增定　(清)柯崇樸編次　清康熙十七年(1678)刻本　六册

310000－0243－0000784　654100/2528.01

詞綜三十卷補六卷　(清)朱彝尊撰　(清)汪森增定　(清)柯崇樸編次　清康熙十七年(1678)增補刻本　六册

310000－0243－0000785　654100/3202

潘瘦羊選詞不分卷　(清)潘麐生選　清嘉慶二十三年(1818)手稿本　二册

310000－0243－0000786　654100/4429

昭代詞選三十八卷　(清)蔣重光選輯　清乾隆三十二年(1767)經鉏堂刻本　十册

310000－0243－0000787　654100/4721

蘭皐明詞彙選八卷詩餘近選二卷　(清)顧璟芳等輯　清康熙元年(1662)顧璟芳雙桂軒刻本　二册

310000－0243－0000788　654100/773043.04

絕妙好詞箋七卷　(宋)周密輯　(清)查爲仁　(清)厲鶚箋　清乾隆十五年(1750)宛平查氏澹宜書屋精刻本　四册

310000－0243－0000789　654100/8094

樂府雅詞三卷拾遺二卷　(宋)曾慥輯　清嘉

慶二十一年(1816)秦氏享帚精舍刻本　八冊

310000－0243－0000790　654200/7545
閩人詞鈔　(清)陳薦夫等撰　清抄本　二冊

310000－0243－0000791　654300/0180
浙西六家詞六種十一卷　(清)龔翔麟輯　清康熙寶書堂刻本　四冊

310000－0243－0000792　655700/3334
迦陵先生填詞圖題詞不分卷　(清)梁清標等撰　清乾隆五十九年(1794)陳茂本刻本　二冊

310000－0243－0000793　656100/0833
石雲樓書空詞草二卷　(清)施滄濤撰　清乾隆刻本　一冊

310000－0243－0000794　656100/2011
因柳閣詞鈔二卷　(清)焦廷琥　(清)焦循撰　清抄本　一冊

310000－0243－0000795　656100/2022
紅薇翠竹詞一卷　(清)焦循撰　清抄本　一冊

310000－0243－0000796　656100/2042
毛翰林填詞六卷　(清)毛奇齡撰　清康熙刻本　一冊

310000－0243－0000797　656100/2044
此木軒直寄詞二卷　(清)焦袁熹撰　清乾隆十七年(1752)刻本　二冊

310000－0243－0000798　656100/2504
小長蘆漁唱四卷　(清)朱方靄撰　清乾隆刻本　二冊

310000－0243－0000799　656100/2604
萍聚詞一卷　(清)程應權等撰　清嘉慶二十四年(1819)稿本　一冊

310000－0243－0000800　656100/2612
影曇館詞一卷　(清)吳承勳撰　清光緒抄本　一冊

310000－0243－0000801　656100/2884
菊莊詞一卷　(清)徐釚撰　清光緒抄本　一冊

310000－0243－0000802　656100/3013.01
二鄉亭詞三卷　(清)宋琬撰　清康熙八年(1669)刻本　二冊

310000－0243－0000803　656100/3463
泥雪詞鈔五卷　(清)沈昌宇撰　清光緒三年(1877)抄本　一冊

310000－0243－0000804　656100/4047
灌花翁詞三種　(清)李馨等撰　清光緒徐乃昌抄本　一冊

310000－0243－0000805　656100/4327
百末詞五卷百末詞餘一卷附後性理吟一卷　(清)尤侗撰　**性理吟一卷**　(宋)朱熹撰　清康熙四年(1665)刻本　二冊

310000－0243－0000806　656100/4414
風雅遺音二卷　(清)林正大撰　清道光抄本　一冊

310000－0243－0000807　656100/4483
棲雲山館詞續一卷　(清)黃錫禧撰　清光緒十年(1884)手稿本　一冊

310000－0243－0000808　656100/4649－1
聽雨小樓詞稿二卷　(清)楊英燦撰　清光緒十七年(1891)西溪草堂木活字印本　一冊

310000－0243－0000809　656100/4973
釣月詞三種　(清)汪曰楨校輯　清光緒抄本　一冊

310000－0243－0000810　656100/7438
放翁詞　(宋)陸遊撰　明崇禎虞山毛氏汲古閣刻本　二冊

310000－0243－0000811　656100/7519
栩園詞棄稿四卷　(清)陳聶恒撰　清康熙四十三年(1704)刻本　二冊

310000－0243－0000812　656100/7730
蘋洲漁笛譜二卷　(宋)周密撰　(清)江昱疏證　清乾隆五十一年(1786)新安江恂郡齋刻本　二冊

310000－0243－0000813　657100/2010
詞苑英華四十三卷　(明)毛晉輯　清乾隆十七年(1752)曲谿洪振珂刻本　十二册

310000－0243－0000814　660200/2668
重訂嘯餘譜十二種十一卷　(明)程明善輯　(清)張漢校　清康熙元年(1662)吳興張氏瑞凝堂刻本　五册

310000－0243－0000815　660200/4490.01
納書楹曲譜正集四卷續集四卷外集二卷　(清)葉堂訂譜　(清)王文治參訂　清乾隆五十七年(1792)納書楹刻本　十册

310000－0243－0000816　660200/4490.02
納書楹曲譜補遺四卷　(清)葉堂訂譜　(清)王文治參訂　清乾隆五十九年(1794)納書楹刻本　四册

310000－0243－0000817　660200/4490.03
納書楹四夢全譜八卷　(清)葉堂訂譜　(清)王文治參訂　清乾隆五十七年(1792)納書楹刻本　十六册

310000－0243－0000818　660200/7527.01
新鐫古今大雅北宮詞紀六卷　(明)陳所聞　(明)陳邦泰輯　明萬曆三十二年(1604)陳氏繼志齋刻本　六册

310000－0243－0000819　660200/7527.1
新鐫古今大雅南宮詞紀三卷　(明)陳所聞撰　(明)陳邦泰輯　明萬曆三十三年(1605)陳氏繼志齋刻本　六册

310000－0243－0000820　660400/0824.01
秋水庵花影集五卷　(明)施紹莘撰　明末刻本　四册

310000－0243－0000821　660700/0067.01
琵琶記六卷　(元)高明撰　(清)毛聲山評　清雍正十三年(1735)程士任成裕堂刻本　六册

310000－0243－0000822　660700/1012
焚香記二卷　(明)王玉峰撰　明崇禎虞山毛氏汲古閣刻本　二册

310000－0243－0000823　660700/1028
惺齋五種曲續一種十三卷　(清)夏綸撰　(清)徐夢元評　清乾隆十七年(1752)世光堂刻本　二十册

310000－0243－0000824　660700/1035.05
貫華堂註釋第六才子書六卷　(元)王實甫撰　(清)金人瑞評　清順治貫華堂刻本　六册

310000－0243－0000825　660700/1080
霞箋記二卷　(明)□□撰　明崇禎虞山毛氏汲古閣刻本　二册

310000－0243－0000826　660700/1138
梅花夢二卷　(清)張道填詞　清朱印本　二册

310000－0243－0000827　660700/2332.1
續離騷一卷　(清)嵇永仁撰　清初梁溪嵇氏精刻本　一册

310000－0243－0000828　660700/2332.1
續離騷一卷　(清)嵇永仁撰　清初梁溪嵇氏精刻本　一册

310000－0243－0000829　660700/2332.3
雙報應二卷　(清)嵇永仁撰　清初梁溪嵇氏精刻本　一册

310000－0243－0000830　660700/2332.4
揚州夢二卷　(清)嵇永仁撰　清初梁溪嵇氏精刻本　一册

310000－0243－0000831　660700/3663.02
玉茗堂還魂記二卷　(明)湯顯祖撰　清乾隆五十年(1785)冰絲館刻本　二册

310000－0243－0000832　660700/366377
吳吳山三婦合評牡丹亭還魂記二卷　(明)湯顯祖撰　(清)陳同等評　**或問一卷**　(清)吳儀一撰　清康熙三十三年(1694)夢園刻本　四册

310000－0243－0000833　660700/366377
吳吳山三婦合評牡丹亭還魂記二卷　(明)湯顯祖撰　(清)陳同等評點　**或問一卷**　(清)吳儀一撰　清康熙三十三年(1694)夢園刻本

四冊

310000－0243－0000834　660700/4177
荆釵記不分卷　（元）柯丹邱撰　清乾隆刻本　二冊

310000－0243－0000835　660700/4327
西堂傳奇二種二卷　（清）尤侗撰　清雍正四年（1726）刻本　一冊

310000－0243－0000836　660700/4443.01
芝龕記六卷　（清）董榕撰　清乾隆刻本　六冊

310000－0243－0000837　660700/4444
擁雙豔三種六卷　（清）萬樹編　（清）吳秉鈞等題辭　清康熙二十五年（1686）萬氏粲花別墅自刻本　六冊

310000－0243－0000838　660700/4448
藏園九種曲十三卷　（清）蔣士銓撰　清乾隆紅雪樓刻本　六冊

310000－0243－0000839　660700/4451
石榴記四卷　（清）黃振撰　清乾隆黃氏柴灣村舍刻本　四冊

310000－0243－0000840　660700/8730
旗亭記二卷　（明）鄭之文撰　清乾隆三十四年（1769）揚州刻本　四冊

310000－0243－0000841　661300/3843.01
果報錄一百回十二卷　（清）海芝濤撰　清木活字印本　十二冊

310000－0243－0000842　661300/469411
廿一史彈詞註十卷　（明）楊慎編　（清）張三異增定　（清）張仲璜註　**附明史彈詞註一卷**　（清）張三異撰　（清）張仲璜註　清乾隆五十一年（1786）資善堂刻本　八冊

310000－0243－0000843　661300/469411.01
廿一史彈詞註十卷　（明）楊慎編　（清）張三異增定　（清）張仲璜註　**附明紀彈詞註一卷**　（清）張三異撰　（清）張仲璜註　清雍正五年（1727）漢陽張坦麟樹玉堂刻本　八冊

310000－0243－0000844　670400/3418
明人百家小說一百八種一百八帙　（明）沈廷松輯　清順治刻本　十冊

310000－0243－0000845　670400/7446.01
古今說海一百三十五種一百四十二卷　（明）陸楫等輯　（清）顧廣圻校刊　清道光元年（1821）苕溪邵氏酉山堂刻本　十六冊

310000－0243－0000846　671500/6026
紅樓夢人譜不分卷　（清）星白輯　清稿本　五冊

310000－0243－0000847　680400/6065
晚邨先生八家古文精選　（清）呂留良撰　清刻呂氏家塾讀本　四冊

310000－0243－0000848　680500/0845
六朝文絜四卷　（清）許槤評選　（清）朱鈞參校　清光緒三年（1877）馮焌光朱墨套印本　二冊

310000－0243－0000849　680500/0845.01
六朝文絜四卷　（清）許槤評選　（清）朱鈞參校　清光緒七年（1881）適時軒朱墨套印本　二冊

310000－0243－0000850　680500/1042.01
新刊小篇四六文精六卷　（明）王世貞輯　明崇禎刻本　六冊

310000－0243－0000851　680500/3438
知非齋駢文錄知非齋古文錄　（清）沈湛鈞撰　（清）劉明祺編　清光緒三十二年（1906）木活字印本　二冊

310000－0243－0000852　680600/3410
鳳池集初編不分卷　（清）沈玉亮　（清）吳陳琰集錄　清康熙四十四年（1705）刻本　四冊

310000－0243－0000853　680700/0345
乘槎筆記　（清）斌椿纂　清末抄本　一冊

310000－0243－0000854　680700/1042
尺牘清裁六十卷　（明）王世貞輯　（明）王世懋校刊　明隆慶五年（1571）王氏寫刻本　六冊

310000－0243－0000855　680700/1072

閒居錄一卷　(元)吾衍撰　清末吳興沈氏抱經樓抄本　一冊

310000－0243－0000856　680700/2010
蘇米志林三卷　(明)毛晉輯　明天啟五年(1625)虞山毛晉綠君亭刻本　三冊

310000－0243－0000857　680700/2525
山陰朱允中日記五種　(清)朱允中撰　清光緒十六年至二十二年(1890－1896)手稿本　五冊

310000－0243－0000858　680700/2622
小窗自紀四卷　(明)吳從先撰　(明)張榜選　(明)陳繼儒訂　明萬曆四十二年(1614)刻本　八冊

310000－0243－0000859　680700/3044
琴川三風十愆記外五種　(清)瀛若氏撰　清抄本　一冊

310000－0243－0000860　680700/3422.03
翰海十二卷　(明)沈佳胤輯　(明)陳繼儒鑒定　明崇禎三年(1630)刻本　四冊

310000－0243－0000861　680700/4444
璇璣碎錦二卷　(清)萬樹撰　清乾隆五年(1740)揚州江氏柏香堂刻本　二冊

310000－0243－0000862　680700/4453
水東日記四十卷　(明)葉盛撰　明末葉重華賜書樓刻清康熙十九年(1680)葉方蔚重修刻本　六冊

310000－0243－0000863　680700/445311
蘇長公小品四卷　(宋)蘇軾撰　(明)王納諫(聖俞)評選　明萬曆淩啟康朱墨套印本　四冊

310000－0243－0000864　680700/5014
西青散記四卷　(清)史震林撰　清乾隆二年(1737)三餘堂序刻本　四冊

310000－0243－0000865　680700/5014
西青散記四卷　(清)史震林撰　清乾隆二年(1737)三餘堂序刻本　四冊

310000－0243－0000866　680700/7410
翠娛閣評選明諸家小品十三種二十六卷　(明)陸雲龍等選　(明)陸雲龍等評　明崇禎六年(1633)錢塘陸氏峥霄館刻本　十七冊

310000－0243－0000867　680700/754862
留青新集三十卷　(清)陳枚選　(清)易德裕增輯　清康熙四十七年(1708)文光堂刻本　二十四冊

310000－0243－0000868　680700/7733
稷山日記不分卷　陶濬宣撰　清同治九年至十年(1870－1871)稿本　二冊

310000－0243－0000869　681200/7108
雜曲叢鈔　(□)□□輯　清抄本　一冊

310000－0243－0000870　691100/442048.06
文選六十卷　(南朝梁)蕭統撰　(唐)李善註　**文選考異十卷**　(清)胡克家撰　清嘉慶十四年(1809)鄱陽胡氏覆宋淳熙刻本　二十四冊

310000－0243－0000871　691100/442048.08
文選六十卷　(南朝梁)蕭統輯　(唐)李善註　(清)何焯評點　(清)葉樹藩訂　清乾隆三十七年(1772)長洲葉氏海錄軒朱墨套印本　二十四冊

310000－0243－0000872　691100/442048.09
文選六十卷　(南朝梁)蕭統輯　(唐)李善註　明崇禎虞山毛晉汲古閣刻本　十六冊

310000－0243－0000873　691100/442048.10
文選六十卷　(南朝梁)蕭統撰　(唐)李善註　**文選考異十卷**　(清)胡克家撰　清嘉慶十四年(1809)鄱陽胡氏覆宋淳熙刻本　二十四冊

310000－0243－0000874　691100/442070
文選瀹註三十卷　(明)閔齊華瀹註　(清)柯維楨重訂　清康熙二十年(1681)二宜堂重訂本　十二冊

310000－0243－0000875　691100/7277
選詩補註八卷　(元)劉履撰　明嘉靖三十一年(1552)吳郡顧存仁養吾堂刻本　四冊

310000－0243－0000876　691200/442001
昭明文選集成六十卷首一卷　(清)方廷珪評點　清乾隆三十二年(1767)仿范軒刻本　二十册

310000－0243－0000877　691200/442017
文選纂註十二卷　(南朝梁)蕭統輯　(明)張鳳翼纂註　(明)吳芝校訂　明萬曆八年(1580)延陵吳芝刻本　二十四册

310000－0243－0000878　691200/442017.01
文選纂註評林十二卷　(南朝梁)蕭統輯　(明)張鳳翼纂註　明末金閶葉敬溪刻本　六册

310000－0243－0000879　691200/442017.02
文選纂註評林十二卷　(南朝梁)蕭統輯　(明)張鳳翼纂註　明末金閶葉敬溪刻本　十二册

310000－0243－0000880　691200/442019
重訂文選集評十五卷首一卷末一卷　(清)于光華編　清乾隆四十六年(1781)刻本　十六册

310000－0243－0000881　691200/442019.01
重訂文選集評十五卷首一卷末一卷　(清)于光華編　(清)邵振重訂　清乾隆四十九年(1784)刻本　八册

310000－0243－0000882　691300/8043
文選音義八卷　(清)余蕭客輯註　清乾隆二十三年(1758)刻本　二册

310000－0243－0000883　691500/7521
文選補遺四十卷　(元)陳仁子輯　(元)譚紹烈纂類　清乾隆二年(1737)茶陵東山書院刻本　六册

310000－0243－0000884　692100/1133.02
漢魏六朝一百三家集一百十八卷　(明)張溥編　明崇禎婁東張氏刻本　八十册

310000－0243－0000885　692100/2004
漢魏諸名家集二十一種一百二十四卷　(明)焦竑等輯　明萬曆十一年(1583)南城翁少麓刻本　二十八册

310000－0243－0000886　692100/4060
文苑英華一千卷　(宋)李昉輯　明隆慶元年(1567)福建胡維新、戚繼光刻隆慶六年(1572)、萬曆六年(1578)、萬曆三十六年(1608)遞修本　一百册

310000－0243－0000887　692100/4221
文苑英華辨證十卷　(宋)彭叔夏撰　清乾隆武英殿木活字印本　二册

310000－0243－0000888　692200/1271
唐宋文醇五十八卷　(清)高宗弘曆選　清乾隆三年(1738)刻本　二十册

310000－0243－0000889　692200/2335
古文約選不分卷　(清)允禮輯　清雍正十一年(1733)果親王府刻本　十二册

310000－0243－0000890　692200/2871
讀書堂精選古文晨書十二卷　(清)徐陳發撰　(清)宋景琛評選　清康熙三十一年(1692)刻本　六册

310000－0243－0000891　692200/3141
秦漢文鈔六卷　(明)閔邁德等輯　(明)楊融博批點　(明)吕東萊等參評　明萬曆四十八年(1620)吳興閔氏朱墨套印本　十二册

310000－0243－0000892　692200/3340.01
古文眉詮七十九卷　(清)浦起龍編　清乾隆九年(1744)三吳書院刻本　二十四册

310000－0243－0000893　692200/4217.06
古文辭類纂七十五卷序目一卷校記一卷　(清)姚鼐纂　清光緒二十七年(1901)滁州李氏求要堂刻本　十二册

310000－0243－0000894　692200/4414.1
古文苑九卷　(宋)韓元吉編　明吳縣趙均影宋抄本　四册

310000－0243－0000895　692200/7248
删補古今文致十卷　(明)劉士鏻輯　(明)王宇增删　明天啟三年(1623)刻本　四册

310000－0243－0000896　692300/2477

唐宋十大家全集錄五十一卷首一卷　(清)儲欣編　清康熙四十四年(1705)松鱗堂刻本　二十五册

310000－0243－0000897　692300/7528
明文奇賞四十卷　(明)陳仁錫評選　明天啟三年(1623)沈國元刻本　二十册

310000－0243－0000898　692400/1004
海虞詩苑十八卷　(清)王應奎輯　清乾隆二十四年(1759)古處堂刻本　六册

310000－0243－0000899　692400/1287
崇川詩集十二卷補遺一卷　(清)孫翔輯　清乾隆三十七年(1772)維揚湯氏刻本　四册

310000－0243－0000900　692400/2168
國朝山左詩鈔六十卷　(清)盧見曾輯　清乾隆二十三年(1758)德州雅雨堂刻二十四年(1759)校定本　二十册

310000－0243－0000901　692400/2614
濡須詩志前集四卷　(清)吳元桂輯　清康熙五十七年(1718)振華齋刻本　二册

310000－0243－0000902　692400/2614.1
濡須詩志二集六卷　(清)吳元桂輯　清乾隆二十四年(1759)振華齋刻本　三册

310000－0243－0000903　692400/271612
乍浦補志詩鈔不分卷　(清)麗生輯　清道光十五年(1835)抄本　一册

310000－0243－0000904　692400/3387
廣東詩粹十二卷補編一卷　(清)梁善長輯　清乾隆十二年(1747)順德梁氏達朝堂刻本　四册

310000－0243－0000905　692400/3424
檇李詩繫四十二卷　(清)沈季友輯　清康熙敦素堂刻本　十六册

310000－0243－0000906　692400/4065
國朝松陵詩徵二十卷　(清)袁景輅編　(清)費周仁　(清)周汝雨輯　清乾隆三十二年(1767)愛吟齋刻本　六册

310000－0243－0000907　692400/4065
國朝松陵詩徵二十卷　(清)袁景輅編　(清)費周仁　(清)周汝雨輯　清乾隆三十二年(1767)愛吟齋刻本　六册

310000－0243－0000908　692400/5535
硤川詩鈔前集三卷　(清)曹宗載撰　清抄本　一册

310000－0243－0000909　692400/8006
國朝天臺詩存十四卷補遺一卷　(清)金文田編輯　清光緒三十四年(1908)木活字印本　四册

310000－0243－0000910　692500/7212
唐代劉氏詩集七十種七十卷附詩人爵里一卷　(明)劉雲份輯　清康熙淮南劉氏野香堂刻本　八册

310000－0243－0000911　692600/2047
閨秀集二卷詩餘一卷　(清)季嫻評選　清順治九年(1652)稿本　二册

310000－0243－0000912　692600/3133
擷芳集八十卷　(清)汪啟淑輯　清乾隆五十年(1785)歙縣汪氏飛鴻堂刻本　二十册

310000－0243－0000913　692600/7436
歷朝名媛詩詞十二卷　(清)陸昶輯　清乾隆三十八年(1773)胥浦陸氏紅樹樓刻本　十二册

310000－0243－0000914　692600/7436
歷朝名媛詩詞十二卷　(清)陸昶輯　清乾隆三十八年(1773)胥浦陸氏紅樹樓刻本　二册

310000－0243－0000915　692600/8292
名媛詩歸三十六卷　題(明)鍾惺輯　明萬曆刻本　二十册

310000－0243－0000916　692700/7220
唐僧弘秀集十卷　(宋)李龏輯　(明)沈春澤校　明萬曆四十七年(1619)吳興沈春澤刻本　二册

310000－0243－0000917　692800/1042
玉山頌言一卷　(清)王喆生輯　清康熙五十三年(1714)序刻本　一册

310000－0243－0000918　692800/1043－2.01
本事詩十二卷　(清)王士禛　(清)徐釚輯　清康熙四十三年(1704)刻本　十二册

310000－0243－0000919　692800/1044
南園風雅二卷附補遺續編　(清)王恭輯　(清)顧成志刪定　清乾隆三十五年(1770)王氏小山堂刻本　二册

310000－0243－0000920　692800/1132
唐雅二十六卷　(明)張之象輯　明嘉靖三十一年(1552)無錫縣署刻本(卷二十六第十二至二十三葉抄補)　十册

310000－0243－0000921　692800/3115
千片雪二卷　(元)馮子振詠　(明)周履靖　(明)陳繼儒校　明萬曆二十三年(1595)周履靖刻本　一册

310000－0243－0000922　692800/3160
詩林韶濩二十卷　(清)顧嗣立編　清康熙四十四年(1705)顧氏秀野草堂刻本　二十册

310000－0243－0000923　692800/4032
蔗塘外集八卷　(清)查爲仁輯　清抄本　二册

310000－0243－0000924　692800/4620.01
西崑酬唱集二卷　(宋)楊億等輯　清康熙四十七年(1708)辨義堂刻本　一册

310000－0243－0000925　692800/5584
李翰林姑孰遺跡題詠類鈔六卷首二卷　(清)曹笙南輯　清光緒八年(1882)太郡南寺巷集文堂木活字印本　二册

310000－0243－0000926　692800/6071
同人集十二卷　(清)冒襄輯　清咸豐九年(1859)如皋冒氏水繪庵木活字印本　十二册

310000－0243－0000927　692800/6635
明史雜詠四卷　(清)嚴遂成撰　清乾隆刻本　四册

310000－0243－0000928　692800/7727
集繼公歸　(清)陶紹原繪輯　清咸豐五年(1855)稿本　一册

310000－0243－0000929　692800/7740
陶氏五宴詩集二卷　(清)陶燾撰輯　清光緒二十一年(1895)木活字印本　一册

310000－0243－0000930　692800/8097
邗上題襟集不分卷續集不分卷　(清)曾燠等輯　清乾隆五十八年(1793)刻本　二册

310000－0243－0000931　692900/3148
近光集二十八卷　(清)汪士鋐撰　(清)徐修仁參註　清康熙五十八年(1719)汪士鋐刻本　八册

310000－0243－0000932　692900/5360
八旗文經五十六卷作者考三卷敘錄一卷　(清)盛昱編　清光緒二十七年(1901)武昌官署朱印本　十二册

310000－0243－0000933　692900/7293
楊鐵崖先生挽詩一卷　(明)劉性初輯　**茗齋樂府一卷**　(清)彭孫貽撰　清康熙五十八年(1719)繡谷亭主抄本　一册

310000－0243－0000934　693000/0044
歷朝詩選簡金集六卷　(清)章薇點次　清乾隆二十三年(1758)滃雲山房刻本　八册

310000－0243－0000935　693000/006026.01
瀛奎律髓四十九卷　(元)方回選　(清)吳之振重閱　清康熙五十二年(1713)吳寶芝刻本　八册

310000－0243－0000936　693000/104378
古詩箋三十二卷　(清)王士禛輯　(清)聞人倓箋　清乾隆三十一年(1766)芷蘭堂刻本　十二册

310000－0243－0000937　693000/104378
古詩箋三十二卷　(清)王士禛輯　(清)聞人倓箋　清乾隆三十一年(1766)芷蘭堂刻本　十四册

310000－0243－0000938　693000/1114.1
古詩賞析二十二卷　(清)張玉穀選解　清乾隆三十七年(1772)樂圃齋刻本　六册

310000－0243－0000939　693000/2342

詩所五十六卷　(明)臧懋循編　明萬曆三十一年(1603)金陵徐智刻本　二十四册

310000－0243－0000940　693000/287423
玉臺新詠考異十卷　(清)紀容舒撰　清乾隆河間紀氏抄本　六册

310000－0243－0000941　693000/3190
詩紀正集一百三十卷前集十卷外集四卷別集十二卷　(明)馮惟訥輯　明萬曆四十一年(1613)吳中黄承玄、馮琊刻本　四十册

310000－0243－0000942　693000/4420
選詩七卷詩人爵里一卷　(南朝梁)蕭統輯　(明)郭正域批點　(明)淩濛初輯評　明萬曆吳興淩濛初朱墨套印本　八册

310000－0243－0000943　693000/4420
選詩七卷詩人爵里一卷　(南朝梁)蕭統輯　(明)郭正域批點　(明)淩濛初輯評　明萬曆吳興淩濛初朱墨套印本　四册

310000－0243－0000944　693000/4445.01
唐宋八大家文鈔一百四十四卷　(明)茅坤評選　明崇禎元年(1628)信安方應祥刻本　五十册

310000－0243－0000945　693000/6076
晉詩選雅四卷　(明)吕陽選　明萬曆八年(1580)吕氏刻本　四册

310000－0243－0000946　693000/7208
歷代詩鈔不分卷　(清)□□鈔　清抄本　六册

310000－0243－0000947　693000/7442
八代詩揆五卷補遺一卷　(清)陸奎勳輯　清康熙五十一年(1712)刻本　二册

310000－0243－0000948　693000/7536
采菽堂古詩選三十八卷補遺四卷　(清)陳祚明評選　清乾隆三十四年(1769)刻本　十六册

310000－0243－0000949　693000/8296
古詩歸十五卷　(明)鍾惺　(明)譚元春選　(明)劉斅重訂　明末古吳劉斅刻本　三册

310000－0243－0000950　693000/8308.1
列朝詩集補遺二卷　(清)錢謙益編　清項蘭生抄本　二册

310000－0243－0000951　693200/4823
漢魏詩乘二十卷總録一卷附吳詩一卷末一卷　(明)梅鼎祚編　明萬曆十一年(1583)宣城梅氏玄白堂刻三十四年(1606)甯國郡續刻本　四册

310000－0243－0000952　693300/0010
唐詩紀一百七十卷目録三十四卷　(明)方一元彙編　(明)方天眷重訂　(明)吳琯續編　明崇禎文樞堂據萬曆十三年(1585)郭郡吳琯刻本覆刻本　四十八册

310000－0243－0000953　693300/0030
唐詩解五十卷　(明)唐汝詢選釋　明萬曆大業堂刻清補刻本　十册

310000－0243－0000954　693300/0030.02
唐詩選評不分卷　(清)張韜權等輯　清康熙抄本　五册

310000－0243－0000955　693300/0033
唐詩百名家全集二百七十二卷　(清)席啟寓編　清康熙四十一年(1702)東山席氏琴川書屋刻本　四十册

310000－0243－0000956　693300/0042
唐詩正聲二十二卷附録一卷目録二卷　(明)高棅輯　明萬曆七年(1579)吳郡寶翰樓刻本　四册

310000－0243－0000957　693300/0042.01
增定評註唐詩正聲十二卷附録一卷　(明)高棅輯　(明)郭濬評點　明天啟六年(1626)郭濬刻本　四册

310000－0243－0000958　693300/0042.1
唐詩品彙九十卷唐人爵里一卷唐詩拾遺十卷　(明)高棅編　明嘉靖十八年(1539)牛斗刻本　二十四册

310000－0243－0000959　693300/0044
唐三體詩六卷　(宋)周弼輯　(清)高士奇補註　**續唐三體詩三卷**　(清)高士奇輯　清康

熙三十二年(1693)錢塘高氏朗潤堂刻本　六册

310000－0243－0000960　693300/0094.03
全唐詩九百卷　(清)曹寅等編　清康熙四十六年(1707)揚州詩局刻本　一百二十册

310000－0243－0000961　693300/009475
御選唐詩三十二卷目録三卷　(清)聖祖玄燁輯　(清)陳廷敬等纂註　清康熙五十二年(1713)内府朱墨套印本　十六册

310000－0243－0000962　693300/0177
中晚唐詩紀六十二卷　(清)龔賢輯　清康熙半畝園刻本　二十四册

310000－0243－0000963　693300/1024
篋中集一卷　(唐)元結撰　清道光感峰樓影宋抄本　一册

310000－0243－0000964　693300/1043.1
十種唐詩選十七卷　(清)王士禛輯　清康熙三十一年(1692)刻本　四册

310000－0243－0000965　693300/1047
東嵒草堂評訂唐詩鼓吹集十卷　(金)元好問編　(元)郝天挺註　(明)廖文炳解　清康熙二十七年(1688)刻本　十册

310000－0243－0000966　693300/1047
東嵒草堂評訂唐詩鼓吹集十卷　(金)元好問編　(元)郝天挺註　(明)廖文炳解　清康熙二十七年(1688)刻本　四册

310000－0243－0000967　693300/1047.01
唐詩鼓吹箋註十卷　(金)元好問編　(清)王清臣等箋註　清乾隆十一年(1746)刻本　四册

310000－0243－0000968　693300/1086
唐七律選四卷唐人試帖四卷　(清)王錫等輯　(清)毛奇齡訂　清康熙刻本　二册

310000－0243－0000969　693300/1133.01
初唐四傑集三十七卷　(清)項家達編　清乾隆四十六年(1781)項氏刻本　六册

310000－0243－0000970　693300/1143
唐人萬首絶句選七卷　(清)王士禛編　清乾隆刻本　四册

310000－0243－0000971　693300/2010.01
汲古閣合訂唐宋元詩五集十三卷　(明)毛晉輯　明崇禎虞山毛氏汲古閣刻本　四册

310000－0243－0000972　693300/2010.4
唐人選唐詩八種二十三卷　(明)毛晉編　明崇禎元年(1628)虞山毛氏汲古閣刻本　二十册

310000－0243－0000973　693300/2124
何選唐詩不分卷　(清)何紹基選　清嘉慶手稿本　六册

310000－0243－0000974　693300/2143
聞鶴軒初盛唐近體讀本十六卷　(清)盧麯　(清)王溥編輯　清乾隆刻本　二册

310000－0243－0000975　693300/2821
御定全唐詩録一百卷　(清)徐倬編　清康熙四十五年(1706)刻本　三十二册

310000－0243－0000976　693300/2861
唐人五言長律清麗集六卷　(清)徐曰璉　(清)沈士駿輯　清乾隆二十二年(1757)吴縣刻本　二册

310000－0243－0000977　693300/2861
唐人五言長律清麗集六卷　(清)徐曰璉　(清)沈士駿輯　清乾隆二十二年(1757)吴縣刻本　三册

310000－0243－0000978　693300/3031
網師園唐詩箋十八卷　(清)宋宗元輯　清乾隆三十二年(1767)尚絅堂刻本　六册

310000－0243－0000979　693300/3102
唐四家詩集八卷　(清)汪立名輯　清康熙三十四年(1695)汪氏原刻本　四册

310000－0243－0000980　693300/3144
唐詩英華二十二卷　(清)顧有孝編　(清)薛寀等參輯　清順治十四年(1657)學海樓刻本　八册

310000－0243－0000981　693300/3414

唐詩韶音箋註五卷　(清)沈廷芳選　(清)陸謙等編　(清)吳壽祺等註　清乾隆二十三年(1758)賜書堂刻本　二冊

310000－0243－0000982　693300/3423.01
重訂唐詩別裁集二十卷　(清)沈德潛選　清乾隆二十八年(1763)教忠堂刻本　八冊

310000－0243－0000983　693300/3423.03
重訂唐詩別裁集二十卷　(清)沈德潛選　清乾隆二十八年(1763)教忠堂刻本　十冊

310000－0243－0000984　693300/4001
全五代詩一百卷　(清)李調元編　清乾隆刻本　十七冊

310000－0243－0000985　693300/4040.2
李于鱗唐詩廣選七卷　(明)李攀龍輯　明萬曆三年(1575)吳興淩氏盟鷗館刻朱墨套印本　六冊

310000－0243－0000986　693300/4041
晚唐詩鈔二十六卷　(清)查克弘　(清)淩紹乾編　清康熙四十二年(1703)刻本　十冊

310000－0243－0000987　693300/4047.1
八劉唐人詩集八卷　(清)劉青夕輯　清康熙四十二年(1703)序刻本　二冊

310000－0243－0000988　693300/406430
唐詩觀瀾集二十四卷　(清)李因培選評　清乾隆二十四年(1759)刻本　四冊

310000－0243－0000989　693300/4407
中晚唐詩叩彈集十二卷續三卷　(清)杜詔　(清)杜庭珠輯　清康熙四十三年(1704)采山亭刻本　五冊

310000－0243－0000990　693300/4407.01
中晚唐詩叩彈集十二卷續三卷　(清)杜詔　(清)杜庭珠輯　清康熙四十三年(1704)采山亭刻本　四冊

310000－0243－0000991　693300/4476
唐詩快六卷　(清)黃周星編　清康熙二十六年(1687)書帶草堂刻本　三冊

310000－0243－0000992　693300/4710
唐音戊籤二百一卷餘諸國主詩一卷餘閏六十三卷　(明)胡震亨編　清康熙二十六年(1687)南益堂刻本　二十四冊

310000－0243－0000993　693300/4724
唐詩貫珠六十卷　(清)胡以梅箋　清康熙五十四年(1715)素心堂刻本　十二冊

310000－0243－0000994　693300/4971
山滿樓箋註唐詩七言律六卷　(清)趙臣瑗輯　清康熙山滿樓刻本　十二冊

310000－0243－0000995　693300/7202
寒瘦集不分卷　(唐)孟郊　(唐)賈島撰　(清)岳端編　清康熙三十八年(1699)長白岳氏紅蘭室朱墨套印本　一冊

310000－0243－0000996　693300/7506
唐人集四種三十八卷　(清)陳文田輯　清同治五年(1866)陳氏晚晴軒抄本　八冊

310000－0243－0000997　693300/7526
溫李二家詩集二卷　(清)陳堡選　清康熙四十一年(1702)秀水陳氏駿惠堂刻本　二冊

310000－0243－0000998　693300/7717
磧砂唐詩三卷　(宋)周弼　(元)圓至注　(清)盛傳敏纂釋　清康熙十九年(1680)刻本　二冊

310000－0243－0000999　693300/8335
唐音審體二十卷　(清)錢良擇輯　清康熙四十三年(1704)昭質堂刻本　八冊

310000－0243－0001000　693400/2624
宋金元詩永二十卷補遺二卷　(清)吳綺撰　(清)余懷訂　清康熙十七年(1678)廣陵千古堂刻本　八冊

310000－0243－0001001　693400/2635
宋詩鈔初集八十四種九十二卷　(清)吳之振　(清)呂留良輯　清康熙十年(1671)洲錢吳氏鑒古堂刻本　四十冊

310000－0243－0001002　693400/2636
月泉吟社詩一卷　(宋)吳渭編　明天啟、崇禎常熟毛氏汲古閣刻本　二冊

310000－0243－0001003　693400/3124
積書岩宋詩刪二十五卷　(清)顧貞觀輯　清康熙三十五年(1696)刻本　八冊

310000－0243－0001004　693400/3137
宛陵群英集十二卷　(元)汪澤民　(元)張師愚輯　清光緒慈谿馮氏醉經閣抄本　六冊

310000－0243－0001005　693400/3160
宋詩略十八卷　(清)汪景龍　(清)姚壎輯　清乾隆三十五年(1770)姚氏竹雨山房刻本　六冊

310000－0243－0001006　693400/5504
宋百家詩存二十卷　(清)曹庭棟編　清乾隆六年(1741)刻本　四十冊

310000－0243－0001007　693400/5504.01
宋百家詩存二十卷　(清)曹庭棟編　清乾隆六年(1741)曹氏二六書堂刻本　二十冊

310000－0243－0001008　693400/7501
宋十五家詩選十六卷　(清)陳訏輯　清康熙三十二年(1693)刻本　八冊

310000－0243－0001009　693500/1047.1
御定全金詩增補中州集七十二卷首二卷　(金)元好問　(清)郭元釪輯　清康熙五十年(1711)武英殿刻本　十六冊

310000－0243－0001010　693500/3149
金詩選四卷　(清)顧奎光輯　(清)陶玉禾參評　清乾隆十六年(1751)刻本　二冊

310000－0243－0001011　693500/3149
金詩選四卷　(清)顧奎光輯　(清)陶玉禾參評　清乾隆十六年(1751)刻本　二冊

310000－0243－0001012　693500/3149
金詩選四卷　(清)顧奎光選輯　(清)陶玉禾參評　清乾隆十六年(1751)刻本　二冊

310000－0243－0001013　693500/3433
金元詩約一卷　(清)沈道寬輯　清道光六年(1826)大興沈氏話山草堂抄本　一冊

310000－0243－0001014　693600/3149
元詩選六卷補遺一卷　(清)顧奎光輯　清乾隆十六年(1751)刻本　四冊

310000－0243－0001015　693600/3149
元詩選六卷補遺一卷　(清)顧奎光選輯　清乾隆十六年(1751)刻本　二冊

310000－0243－0001016　693600/3160
元詩選初集十卷　(清)顧嗣立輯　清康熙三十三年(1694)顧氏秀野草堂刻本　十三冊

310000－0243－0001017　693600/3160
元詩選初集十卷　(清)顧嗣立輯　清康熙三十三年(1694)顧氏秀野草堂刻本　二十四冊

310000－0243－0001018　693600/3160
元詩選初集十卷　(清)顧嗣立輯　清康熙三十三年(1694)顧氏秀野草堂刻本　二十二冊

310000－0243－0001019　693600/3160.1
元詩選二集八卷　(清)顧嗣立輯　清康熙四十一年(1702)顧氏秀野草堂刻本　十二冊

310000－0243－0001020　693600/3160.1
元詩選二集八卷　(清)顧嗣立輯　清康熙四十一年(1702)顧氏秀野草堂刻本　六冊

310000－0243－0001021　693600/3160.1
元詩選二集八卷　(清)顧嗣立輯　清康熙四十一年(1702)顧氏秀野草堂刻本　十冊

310000－0243－0001022　693600/3160.2
元詩選三集八卷　(清)顧嗣立輯　清康熙五十九年(1720)顧氏秀野草堂刻本　六冊

310000－0243－0001023　693600/3160.2
元詩選三集八卷　(清)顧嗣立輯　清康熙五十九年(1720)顧氏秀野草堂刻本　六冊

310000－0243－0001024　693600/3160.2
元詩選三集八卷　(清)顧嗣立輯　清康熙五十九年(1720)顧氏秀野草堂刻本　六冊

310000－0243－0001025　693600/4240
元詩自攜七言律詩十六卷元詩自攜七言絕句五卷　(清)姚培謙輯　清康熙六十一年(1722)刻雍正四年(1726)華亭姚氏遂安堂續刻本　六冊

310000－0243－0001026　693600/4498
元詩選鈔一卷明詩別裁精選一卷　(清)韓光第輯　清光緒十九年至二十年(1893－1894)古燕韓光第樂初吟館抄本　四册

310000－0243－0001027　693700/2519
明人詩鈔正集十四卷續集十四卷　(清)朱琰編次　(清)程拱宇校錄　清乾隆二十五年(1760)序刻本　十册

310000－0243－0001028　693700/2519
明人詩鈔正集十四卷續集十四卷　(清)朱琰編次　(清)程拱宇校錄　清乾隆二十五年(1760)序刻本　八册

310000－0243－0001029　693700/2528
明詩綜一百卷　(清)朱彝尊編錄　(清)汪森輯評　清康熙四十四年(1705)六峰閣刻本　二十二册

310000－0243－0001030　693700/2528
明詩綜一百卷　(清)朱彝尊編錄　(清)汪森輯評　清康熙四十四年(1705)六峰閣刻本　二十四册

310000－0243－0001031　693700/3423
明詩別裁集十二卷　(清)沈德潛　(清)周凖輯　清乾隆四年(1739)刻本　四册

310000－0243－0001032　693700/3433
嘗鼎錄一卷　(清)沈道寬輯　清道光六年(1826)大興沈氏話山草堂抄本　一册

310000－0243－0001033　693700/7510
皇明詩選十三卷　(明)陳子龍等輯　(明)夏完淳校　明末刻本　十册

310000－0243－0001034　693700/7510.1
雲間三子新詩合稿九卷　(明)陳子龍等撰　(明)夏完淳輯　明末刻本　六册

310000－0243－0001035　693800/104326
漁洋山人感舊集十六卷　(清)王士禛編撰　(清)盧見曾補傳　清乾隆十七年(1752)刻本　十四册

310000－0243－0001036　693800/2774
振雅堂彙編詩最三集十卷　(清)倪匡世選　清康熙四十四年(1705)刻本　十册

310000－0243－0001037　693800/2812
國朝二十四家文鈔二十四卷　(清)徐斐然輯評　清乾隆六十年(1795)刻本　八册

310000－0243－0001038　693800/3099
江左十五子詩選十五卷　(清)宋犖輯　(清)邵長蘅訂　清康熙四十二年(1703)宋犖刻本　八册

310000－0243－0001039　693800/3099
江左十五子詩選十五卷　(清)宋犖輯　(清)邵長蘅訂　清康熙四十二年(1703)宋犖刻本　八册

310000－0243－0001040　693800/3099.1
國朝三家文鈔三十二卷　(清)宋犖　(清)許汝霖編　清康熙三十三年(1694)刻本　八册

310000－0243－0001041　693800/3144
江左三大家詩鈔九卷　(清)顧有孝　(清)趙沄輯　清康熙七年(1668)吳江顧氏刻本　三册

310000－0243－0001042　693800/3423.2
拾遺錄不分卷　(清)沈德潛輯　清初抄本　二册

310000－0243－0001043　693800/7241
國朝六家詩鈔八卷　(清)劉執玉選　清乾隆三十二年(1767)詒燕樓刻本　六册

310000－0243－0001044　693800/7241.101
國朝六家詩鈔八卷　(清)劉執玉選　清乾隆三十二年(1767)詒燕樓刻本　四册

310000－0243－0001045　693800/7522
篋衍集十二卷　(清)陳維崧輯　(清)蔣國祥校訂　清康熙三十六年(1697)蔣國祥刻本　六册

310000－0243－0001046　694100/002021
庾子山集註十六卷　(清)倪璠註釋　清康熙二十六年(1687)崇岫堂刻本　十二册

310000－0243－0001047　694100/0472

謝宣城集五卷 (南朝齊)謝朓撰 (明)汪士賢校 明萬曆七年(1579)刻本 四冊

310000－0243－0001048 694100/0472.01
謝宣城集六卷 (南朝齊)謝朓撰 (清)郭威釗輯刻 (清)梅庚校訂 清康熙四十六年(1707)甓軒刻本 一冊

310000－0243－0001049 694100/2132.01
何水部詩集三卷 (南朝梁)何遜撰 清康熙抄本 三冊

310000－0243－0001050 694100/2300.02
嵇中散集十卷 (三國魏)嵇康撰 明嘉靖四年(1525)新安程榮刻本 六冊

310000－0243－0001051 694100/4422.02
蔡中郎集十卷原編外紀一卷今編外集四卷傳表一卷 (漢)蔡邕撰 清咸豐二年(1852)東郡楊氏海源閣刻本 六冊

310000－0243－0001052 694100/7188.01
阮嗣宗集二卷 (三國魏)阮籍撰 (明)汪士賢校 明嘉靖二十二年(1543)宜春陳氏桂芳堂刻本 一冊

310000－0243－0001053 694100/7410
陸士龍文集十卷 (晉)陸雲撰 明嘉靖新安汪士賢刻本 六冊

310000－0243－0001054 694100/7731.04
陶靖節集十卷總論一卷 (晉)陶潛撰 (宋)楊漢等箋註 明萬曆四年(1576)周敬松刻本 二冊

310000－0243－0001055 694100/7731.101
陶彭澤集一卷 (晉)陶潛撰 (明)張溥閱 清康熙刻本 二冊

310000－0243－0001056 694100/7887
陰常侍詩集一卷 (南朝陳)陰鏗撰 清康熙抄本 一冊

310000－0243－0001057 694200/014701
文忠集十六卷 (唐)顏真卿撰 清乾隆四十七年(1782)木活字印本 四冊

310000－0243－0001058 694200/267630
白香山詩長慶集二十卷後集十七卷別集一卷補遺二卷年譜一卷年譜舊本一卷 (唐)白居易撰 (清)汪立名編 清康熙四十二年(1703)一隅草堂刻本 十冊

310000－0243－0001059 694200/267644
香山詩鈔二十卷 (清)楊大鶴編 清康熙四十年(1701)刻本 六冊

310000－0243－0001060 694200/4007.03
李義山詩集三卷 (唐)李商隱撰 清康熙四十六年(1707)揚州詩局刻本 三冊

310000－0243－0001061 694200/400724－1
李義山文集箋註十卷 (清)徐樹穀箋 (清)徐炯註 清康熙四十七年(1708)昆山徐氏花溪草堂刻本 六冊

310000－0243－0001062 694200/400724－1.01
李義山文集箋註十卷 (清)徐樹穀箋 (清)徐炯註 清康熙四十七年(1708)昆山徐氏花溪草堂刻本 四冊 存四卷(一至四)

310000－0243－0001063 694200/400724－2
重訂李義山詩集箋註三卷附詩話一卷年譜一卷重訂李義山集外詩箋註一卷 (清)朱鶴齡箋註 (清)程夢星刪補 清乾隆東柯草堂刻本 四冊

310000－0243－0001064 694200/400724－2.01
重訂李義山詩集箋註三卷附年譜一卷重訂李義山集外詩箋註一卷詩話一卷 (清)朱鶴齡箋註 (清)程夢星刪補 清乾隆紅杏山房刻本 六冊

310000－0243－0001065 694200/400733
李義山詩文集箋註十三卷 (清)馮浩註 清乾隆四十五年(1780)馮氏德聚堂刻本 八冊

310000－0243－0001066 694200/400733
李義山詩文集箋註十三卷 (清)馮浩註 清乾隆四十五年(1780)馮氏德聚堂刻本 八冊 存四卷(玉谿生詩箋註三卷、首一卷)

310000－0243－0001067　694200/400744
李義山詩集十六卷　(清)姚培謙箋　清乾隆五年(1740)華亭姚氏松桂讀書堂刻本　四册

310000－0243－0001068　694200/400744.01
李義山詩集十六卷　(清)姚培謙箋　清乾隆五年(1740)華亭姚氏松桂讀書堂刻本　四册

310000－0243－0001069　694200/400744.01
李義山詩集十六卷　(清)姚培謙箋　清乾隆五年(1740)華亭姚氏松桂讀書堂刻本　四册

310000－0243－0001070　694200/400747
李義山詩一卷　(清)趙駿烈解　(清)趙培松輯　清雍正八年(1730)金陵劉晰公刻本　一册

310000－0243－0001071　694200/400772
玉溪生詩意十卷附諸家詩評　(清)屈復撰　清乾隆四年(1739)屈氏手稿本　八册

310000－0243－0001072　694200/402611
李太白文集輯註三十六卷　(清)王琦輯註　清乾隆二十四年(1759)聚錦堂刻本　十二册

310000－0243－0001073　694200/402611
李太白文集輯註三十六卷　(清)王琦輯註　清乾隆二十四年(1759)聚錦堂刻本　十二册

310000－0243－0001074　694200/402618
李詩選五卷　(唐)李白撰　(明)張含選　(明)楊慎批點　明萬曆吳興閔齊伋朱墨套印本　二册

310000－0243－0001075　694200/402644
分類補註李太白詩二十五卷　(宋)楊齊賢集註　(元)蕭士贇補註　明萬曆三十年(1602)許自昌刻本　十册

310000－0243－0001076　694200/402644.01
分類補註李太白詩二十五卷　(宋)楊齊賢集註　(元)蕭士贇補註　明萬曆三十年(1602)許自昌刻本　六册

310000－0243－0001077　694200/4046.1
李長吉集四卷外集一卷　(唐)李賀撰　(明)黃淳耀評　(清)黎簡批點　清宣統元年(1909)上海掃葉山房朱墨石印本　二册

310000－0243－0001078　694200/404611.02
李長吉歌詩四卷首一卷外集一卷　(清)王琦輯　清乾隆聚錦堂刻本　六册

310000－0243－0001079　694200/445301
杜詩本義二卷　(清)齊翀集註　清乾隆宜興齊氏雙溪草堂刻本　二册

310000－0243－0001080　694200/445301.01
杜律韓文二卷　(明)郭正域編　明萬曆四十五年(1617)吳興閔齊伋朱墨套印本　四册

310000－0243－0001081　694200/445304
集千家註杜工部詩集二十卷文集二卷附錄一卷　(唐)杜甫撰　(宋)黃鶴注　(元)高楚芳編　明嘉靖十五年(1536)玉几山人刻本　十二册

310000－0243－0001082　694200/445313－1
讀書堂杜工部詩集註解二十卷文集註解二卷　(清)張溍撰　清康熙三十六年(1697)讀書堂刻本　十二册

310000－0243－0001083　694200/445313－2
杜詩會粹二十四卷　(清)張遠撰　清康熙二十七年(1688)刻本　十二册

310000－0243－0001084　694200/445313－3
邵二泉先生分類集註杜詩七卷　(明)邵寶註　(清)過棟箋　清康熙五十八年(1719)洪士桂刻本　四册

310000－0243－0001085　694200/445318
杜工部詩選初學讀本八卷首一卷　(清)孫人龍輯評　(清)孫文龍　(清)孫元龍編校　清乾隆十二年(1747)五華書屋刻本　四册

310000－0243－0001086　694200/445318.1
杜律二卷　(明)孫鑛評點　(明)王立相校　明萬曆二十八年(1600)刻本　二册

310000－0243－0001087　694200/445321.01
杜詩闡三十三卷　(清)盧元昌撰　清康熙二十一年(1682)孫敬南刻本　八册

310000－0243－0001088　694200/445322

趙子常選杜律五言三卷　(明)趙汸選註　(清)查弘道　(清)金集補　**虞伯生選杜律七言三卷**　(元)虞集選註　(清)查弘道　(清)金集補　清康熙刻本　二冊

310000－0243－0001089　694200/445322.01
杜工部七言律詩二卷　(元)虞集註　清康熙遺安草堂刻本　二冊

310000－0243－0001090　694200/445324
杜工部詩集二十卷文集二卷　(清)朱鶴齡輯註　清乾隆金陵葉永茹刻本　八冊

310000－0243－0001091　694200/445324
杜工部詩集二十卷文集二卷　(清)朱鶴齡輯註　清乾隆金陵葉永茹刻本　八冊

310000－0243－0001092　694200/445326
杜詩明鏡十四卷　(清)吳瞻泰撰　清康熙刻本　六冊

310000－0243－0001093　694200/445326.1
杜詩提要十四卷　(清)吳瞻泰撰　清乾隆山雨樓精刻本　四冊

310000－0243－0001094　694200/445326.1
杜詩提要十四卷　(清)吳瞻泰撰　清乾隆山雨樓精刻本　八冊

310000－0243－0001095　694200/445326－1
杜詩論文五十六卷　(清)吳見思註　(清)潘眉評　清康熙十一年(1672)吳郡寶翰樓刻本　十冊

310000－0243－0001096　694200/445331
辟疆園杜詩註解十二卷　(清)顧宸撰　(清)畢忠吉等評　清康熙二年(1663)辟疆園刻本　十三冊

310000－0243－0001097　694200/445332
杜詩偶評四卷　(清)沈德潛撰　清乾隆十二年(1747)賦閒草堂刻本　四冊

310000－0243－0001098　694200/445333
杜律啟蒙十二卷　(清)邊連寶撰　清乾隆四十二年(1777)刻本　三冊

310000－0243－0001099　694200/445333
杜律啟蒙十二卷　(清)邊連寶撰　清乾隆四十二年(1777)刻本　四冊

310000－0243－0001100　694200/445333－1
杜詩集說二十卷末一卷　(清)江浩然撰　清乾隆四十八年(1783)裕文堂刻本　十二冊

310000－0243－0001101　694200/445334
讀杜心解六卷首二卷　(清)浦起龍解　清雍正二年(1724)靜寄東軒刻本　六冊

310000－0243－0001102　694200/445334
讀杜心解六卷首二卷　(清)浦起龍解　清雍正二年(1724)靜寄東軒刻本　十冊

310000－0243－0001103　694200/445334
讀杜心解六卷首二卷　(清)浦起龍解　清雍正二年(1724)靜寄東軒刻本　十二冊

310000－0243－0001104　694200/445341
杜工部五言詩選直解三卷七言近體詩選直解二卷　(清)范廷謀註釋　清雍正六年(1728)稼石堂刻本　五冊

310000－0243－0001105　694200/445342.02
杜詩鏡銓二十卷　(清)楊倫編　清乾隆五十六年(1791)九柏山房刻本　十二冊

310000－0243－0001106　694200/445380.04
杜工部集二十卷首一卷附唱酬題詠一卷諸家詩話一卷　(唐)杜甫撰　清乾隆五十年(1785)鄭氏玉勾草堂刻本　十冊

310000－0243－0001107　694200/445388
唱經堂杜詩解四卷　(清)金人瑞撰　清乾隆唱經堂刻本　四冊

310000－0243－0001108　694200/448025
韓筆酌蠡三十卷　(清)盧軒撰　清康熙三十九年(1700)盧氏寫樣待刻本　八冊

310000－0243－0001109　694200/448036.01
昌黎先生詩集註十一卷首一卷　(清)顧嗣立撰　清康熙三十八年(1699)長洲顧氏秀野草堂刻本　八冊

310000－0243－0001110　694200/448036.02
昌黎先生詩集註十一卷首一卷　(清)顧嗣立

撰　清康熙三十八年(1699)長洲顧氏秀野草堂刻本　二冊

310000－0243－0001111　694200/448043
韓文四十卷外集十卷遺集一卷集傳一卷　(唐)韓愈撰　(唐)李漢編　明嘉靖三十五年(1556)莫如士刻本　十六冊

310000－0243－0001112　694200/448076－1
韓集點勘四卷　(清)陳景雲撰　清同治江蘇書局據東雅堂本刻本　一冊

310000－243－0001113　694200/4710
李杜詩通六十一卷　(明)胡震亨撰　清順治七年(1650)秀水朱茂時鶴洲草堂刻本　十六冊

310000－0243－0001114　694200/4731.3
柳文四十三卷別集二卷外集二卷附錄一卷　(唐)柳宗元撰　(唐)劉禹錫編　明嘉靖十六年(1537)游居敬刻本　清方苞批　八冊

310000－0243－0001115　694200/473144
柳文七卷　(唐)柳宗元撰　(明)茅坤評選　明萬曆吳興閔齊伋朱墨套印本　十二冊

310000－0243－0001116　694200/6036.1
呂衡州文集十卷考證一卷　(唐)呂溫撰　(清)秦恩復考證　清道光七年(1827)江東秦氏石研齋刻本　一冊

310000－0243－0001117　694200/7228.3
劉賓客詩集九卷　(唐)劉禹錫撰　(清)趙宏烈編　清雍正元年(1723)華亭趙宏烈涵碧齋刻本　四冊

310000－0243－0001118　694200/7277.1
唐劉隨州詩集十一卷　(唐)劉長卿撰　明嘉靖刻本　二冊

310000－0243－0001119　694200/7543
問齋杜意二十卷讀杜漫述一卷　(清)陳式撰　清康熙二十三年(1684)陳氏側懷堂刻本　八冊

310000－0243－0001120　694200/773101
駱丞集註四卷　(唐)駱賓王撰　(明)顏文選補註　明萬曆四十三年(1615)刻本　四冊

310000－0243－0001121　694200/773124
唐駱先生文集六卷　(唐)駱賓王撰　(明)虞九章等註　明萬曆十九年(1591)仁和虞九章更生齋刻本　二冊

310000－0243－0001122　694200/773172
類選註釋駱丞全集四卷　(唐)駱賓王撰　(明)顧從敬輯　(明)陳繼儒註　明萬曆刻本　六冊

310000－0243－0001123　694200/8308
杜工部集箋註二十卷首一卷附年譜一卷　(清)錢謙益箋註　清康熙六年(1667)泰興季振宜靜思堂刻本　十二冊

310000－0243－0001124　694200/8308
杜工部集箋註二十卷首一卷附年譜一卷　(清)錢謙益箋註　清康熙六年(1667)泰興季振宜靜思堂刻本　十二冊

310000－0243－0001125　694300/0004
文潞公文集四十卷　(宋)文彥博撰　(宋)文維申輯　(明)呂柟校勘　明嘉靖五年(1526)王溱刻本(卷二十八第三至九葉抄補)　十冊

310000－0243－0001126　694300/0013
廬陵宋丞相信國公文忠烈先生全集十六卷　(宋)文天祥撰　清乾隆二年(1737)五桂堂刻本　十冊

310000－0243－0001127　694300/0013.1
文山先生全集二十卷　(宋)文天祥撰　明嘉靖三十九年(1560)江西張元諭刻本　六冊

310000－0243－0001128　694300/0072
秋崖先生小稿三十八卷　(宋)方岳撰　清康熙木活字印本　三冊

310000－0243－0001129　694300/0427
晞髮集十卷遺集二卷登西臺慟哭記註并附錄一卷天地間集冬青樹引註并附錄一卷　(宋)謝翱撰　清初平湖陸大業刻本　六冊

310000－0243－0001130　694300/1031.102

新刻臨川王介甫先生詩文集一百卷目錄二卷 （宋）王安石撰 （明）李光祚校 明萬曆四十年（1612）石城王鳳翔光啟堂刻本 二十四冊

310000－0243－0001131 694300/103147

王荆文公詩註五十卷 （宋）王安石撰 （宋）李壁箋註 清乾隆六年（1741）清綺齋刻本 八冊

310000－0243－0001132 694300/1090

雙溪集十二卷 （宋）王炎撰 （元）胡炳文編 清康熙五十七年（1718）刻本 六冊

310000－0243－0001133 694300/1700.01

伊川擊壤集二十卷 （宋）邵雍撰 （宋）邵滄來重訂 明嘉興楞嚴寺刻本 四冊

310000－0243－0001134 694300/1779.1

司馬文正公集略三十一卷詩集七卷 （宋）司馬光撰 明嘉靖十八年（1539）江西虔州俞文峰刻本 十冊

310000－0243－0001135 694300/254026

朱子全書六十六卷 （宋）朱熹撰 （清）李光地等編 清康熙五十二年（1713）武英殿刻本 三十二冊

310000－0243－0001136 694300/2548

韋齋集十二卷首一卷 （宋）朱松撰 **附玉瀾集一卷** （宋）朱槹撰 （清）朱玉重輯 清雍正七年（1729）考亭書院刻本 四冊

310000－0243－0001137 694300/2880.02

徐公文集三十卷 （宋）徐鉉撰 清影宋抄本 十冊

310000－0243－0001138 694300/3116

湖山類稿五卷附錄一卷水雲集一卷附錄三卷 （宋）汪元量撰 （宋）劉辰翁批點 清光緒二十三年（1897）褚德儀朱印本 二冊

310000－0243－0001139 694300/3432

盤洲文集八十卷 （宋）洪适撰 **拾遺一卷** （清）陳威撰 清乾隆二十一年（1756）陳威抄本 二十冊

310000－0243－0001140 694300/347401

龜溪集十二卷 （宋）沈與求撰 清乾隆抄本 二冊

310000－0243－0001141 694300/4004

東塘集二十卷 （宋）袁說友撰 清乾隆文瀾閣抄本 二冊 存四卷（十一至十四）

310000－0243－0001142 694300/4027.1

宋李忠定公文集選四卷奏議選六卷 （宋）李綱撰 （明）左光先等編 明崇禎十二年（1639）建寧縣署崇本堂刻本 四冊

310000－0243－0001143 694300/4414

安陽集五十卷序例一卷家傳十卷別錄二卷 （宋）韓琦撰 清乾隆三十五年（1770）同安黃邦寧書錦堂刻本 十冊

310000－0243－0001144 694300/4414.01

安陽集五十卷附忠獻韓魏王家傳十卷別錄三卷遺事一卷 （宋）韓琦撰 清乾隆五年（1740）蔣緘三補刻本 十冊

310000－0243－0001145 694300/4423.01

范文正公全集四十八卷 （宋）范仲淹撰 清康熙四十六年（1707）歲寒堂刻本 十一冊

310000－0243－0001146 694300/4453.3

東坡集選八卷 （宋）蘇軾撰 （明）□□選 明萬曆刻本 四冊

310000－0243－0001147 694300/445301

施註蘇詩四十二卷目錄二卷年譜一卷蘇詩續補遺二卷 （宋）蘇軾撰 （宋）施元之等註 清康熙三十八年（1699）刻本 十冊

310000－0243－0001148 694300/445349

東坡先生編年詩補註五十卷 （宋）蘇軾撰 （清）查慎行補註 清乾隆二十六年（1761）香雨齋刻本 十六冊

310000－0243－0001149 694300/445349.01

東坡先生編年詩補註五十卷 （宋）蘇軾撰 （清）查慎行補註 清乾隆二十六年（1761）香雨齋刻本 十六冊

310000－0243－0001150 694300/445349.01

東坡先生編年詩補註五十卷　(宋)蘇軾撰　(清)查慎行補註　清乾隆二十六年(1761)香雨齋刻本　二十四册

310000－0243－0001151　694300/445377
蘇東坡詩集二十五卷　(宋)蘇軾撰　(宋)劉辰翁批點　明天啟刻本　六册

310000－0243－0001152　694300/445389
東坡文選二十卷　(宋)蘇軾撰　(明)鍾惺評選　明泰昌元年(1620)刻本　六册

310000－0243－0001153　694300/4467
霽山先生詩文集五卷　(宋)林景熙撰　清康熙三十二年(1693)刻本　一册

310000－0243－0001154　694300/4664
楊龜山先生集四十二卷首一卷　(宋)楊時撰　清康熙四十六年(1707)道南祠玉華山館刻本　十册

310000－0243－0001155　694300/4714
雙湖先生文集十卷　(元)胡一桂撰　清康熙四十二年(1703)刻本　二册

310000－0243－0001156　694300/4847
宛陵先生文集六十卷　(宋)梅堯臣撰　清康熙四十一年(1702)震澤徐惇復白華書屋刻本　四册

310000－0243－0001157　694300/5046.02
淮海集十七卷後集二卷淮海詞一卷附補遺續補遺　(宋)秦觀撰　(清)王敬之等輯　清道光十七年(1837)高郵王敬之等刻本　六册

310000－0243－0001158　694300/5722.01
鐔津文集十九卷首一卷　(宋)契嵩撰　明萬曆三十五年(1607)經山寂照庵刻本　八册

310000－0243－0001159　694300/7438
放翁題跋六卷　(明)毛晉輯　明崇禎三年(1630)虞山毛氏汲古閣刻本　四册

310000－0243－0001160　694300/7438.101
渭南文集五十二卷目錄二卷　(宋)陸遊撰　明萬曆四十年(1612)陸夢祖刻本　十二册

310000－0243－0001161　694300/743807
李杜精神一卷　(宋)陸遊撰　清抄本　一册

310000－0243－0001162　694300/743827
陸放翁劍南詩選六卷　(清)朱陖選　清康熙二十五年(1686)朱氏亦巢刻本　八册

310000－0243－0001163　694300/743844
劍南詩鈔不分卷　(清)楊大鶴選　清康熙二十四年(1685)楊氏野雪軒刻本　八册

310000－0243－0001164　694300/743844.01
劍南詩鈔不分卷　(宋)陸遊撰　(清)楊大鶴選　清同治八年(1869)群玉齋木活字印本　六册

310000－0243－0001165　694300/7534
江湖長翁文集四十卷　(宋)陳造撰　明萬曆四十六年(1618)仁和李之藻高郵刻本　八册

310000－0243－0001166　694300/8017.01
南豐先生元豐類稿五十卷集外文二卷附錄一卷　(宋)曾鞏撰　(清)顧松齡校　清康熙五十六年(1717)顧氏刻本　十册

310000－0243－0001167　694300/8080
白石道人詩集二卷集外詩附錄歌曲四卷別集一卷　(宋)姜夔撰　清乾隆八年(1743)江都陸氏刻本　二册

310000－0243－0001168　694400/1047
遺山先生文集四十卷附錄一卷　(金)元好問撰　清康熙四十六年(1707)刻本　十册

310000－0243－0001169　694400/1047.01
遺山先生詩集二十卷　(金)元好問撰　明崇禎十一年(1638)毛氏汲古閣刻本　六册

310000－0243－0001170　694500/2237
栲栳山人詩集一卷　(元)岑安卿撰　清乾隆五十四年(1789)刻本　一册

310000－0243－0001171　694500/2714.2
倪雲林先生詩集六卷附錄一卷　(元)倪瓚撰　(清)倪大培增訂　清乾隆六年(1741)廣春樓刻本　四册

310000－0243－0001172　694500/2714.3
清閟閣全集十二卷　(元)倪瓚撰　(清)曹培

廉編校　清康熙五十二年(1713)曹氏城書室刻本　四册

310000-0243-0001173　694500/3080
翠寒集一卷　(元)宋無撰　明崇禎虞山毛氏汲古閣刻本　一册

310000-0243-0001174　694500/4624.2
鐵崖逸編註四卷　(元)楊維楨撰　(清)樓卜瀍註　清乾隆三十九年(1774)聯桂堂刻本　一册

310000-0243-0001175　694500/4624.3
楊鐵崖先生詠史古樂府四卷　(元)楊維楨撰　(清)王榮紘輯　清乾隆三十七年(1772)刻本　四册

310000-0243-0001176　694500/7540
鹿皮子陳先生文集四卷　(元)陳樵撰　清道光于秋淏抄本　三册

310000-0243-0001177　694500/8073
仁山金先生文集二卷　(元)金履祥撰　(清)金弘勳校輯　清初刻本　一册

310000-0243-0001178　694600/0030.1
袁中郎先生批評唐伯虎彙集四卷外集一卷傳贊一卷紀事一卷　(明)祝允明撰　(明)唐寅輯　(明)袁宏道評　明萬曆坊刻本　四册

310000-0243-0001179　694600/0038-1
康對山先生文集十卷　(明)康海撰　(清)孫景烈輯　清乾隆二十六年(1761)刻本　六册

310000-0243-0001180　694600/003884
青邱高季迪先生詩集十八卷首一卷　(明)高啟撰　(清)金檀輯註　清雍正六年(1728)墨華池館寫刻本　四册

310000-0243-0001181　694600/003884.1
鳧藻集五卷　(明)高啟撰　(清)金檀輯註　清雍正六年(1728)墨華池館寫刻本　一册

310000-0243-0001182　694600/0115
夘菴訂定譚子詩歸十卷自題一卷　(明)譚元春撰　明末譚氏岳歸堂刻本　四册

310000-0243-0001183　694600/1003
疑雨集四卷　(明)王彥泓撰　清康熙味蘭軒刻本　四册

310000-0243-0001184　694600/1027
王西樓先生詩集一卷　(明)王磐撰　(明)王體編　明刻清康熙三十三年(1694)王英重修刻本　一册

310000-0243-0001185　694600/1032
王陽明先生全集二十二卷首一卷　(明)王守仁撰　(清)俞嶙重編　清康熙十二年(1673)是政堂刻本　二十二册

310000-0243-0001186　694600/1032.2
陽明先生文錄五卷外集九卷別錄十卷　(明)王守仁撰　(明)錢德洪等輯　明嘉靖三十六年(1557)新安胡宗憲吳中刻本　二十册

310000-0243-0001187　694600/1042
弇州山人四部稿一百七十四卷目錄十二卷　(明)王世貞撰　明萬曆五年(1577)吳郡王氏世經堂刻本　二十四册

310000-0243-0001188　694600/1058
王文恪公集三十六卷　(明)王鏊撰　(明)朱國楨訂　明萬曆震澤王氏三槐堂寫刻本　六册

310000-0243-0001189　694600/1058.1
震澤先生集三十六卷　(明)王鏊撰　明嘉靖十五年(1536)鶴來堂刻萬曆印本　十册

310000-0243-0001190　694600/1133
張龍湖先生文集十五卷　(明)張治撰　(清)彭思春編　清雍正四年(1726)刻本　四册

310000-0243-0001191　694600/1730
容春堂集前集十二卷後集十四卷續集十八卷別集九卷　(明)邵寶撰　明正德十二年(1517)刻清雍正十年(1732)錫山華希閔補版重印本　十六册

310000-0243-0001192　694600/1760
石臼集前集九卷後集七卷　(明)邢昉撰　(清)王逢等編　清乾隆十六年(1751)高淳邢氏刻本　八册

310000－0243－0001193　694600/2615
蓬蒿園詩集八卷　（明）吳晉書撰　（明）王思任等評點　明崇禎十五年（1642）吳氏刻本　四册

310000－0243－0001194　694600/2650
巽隱程先生詩集二卷　（明）程本立撰　（清）金檀輯　清康熙五十八年（1719）婁東金氏燕翼堂刻本　二册

310000－0243－0001195　694600/2650.01
程巽隱先生全集四卷　（明）程本立撰　（清）金檀輯　清康熙五十八年（1719）婁東金氏燕翼堂刻本　二册

310000－0243－0001196　694600/2721
解文毅公集十六卷首一卷附錄一卷　（明）解縉撰　清乾隆敦仁堂刻本　六册

310000－0243－0001197　694600/2749
震川先生集三十卷别集十卷　（明）歸有光撰　清康熙十四年（1675）顧氏刻本　九册

310000－0243－0001198　694600/2749.1
震川大全集三十卷别集十卷補集八卷餘集八卷　（明）歸有光撰　清咸豐元年（1851）張氏萬卷樓刻本　十四册

310000－0243－0001199　694600/3610
邊華泉集八卷　（明）邊貢撰　（明）劉天民輯　明嘉靖十七年（1538）司馬魯瞻刻本　四册

310000－0243－0001200　694600/3663.2
玉茗堂全集四十六卷　（明）湯顯祖撰　（明）韓敬輯　明天啟元年（1621）韓氏刻本　三十二册

310000－0243－0001201　694600/3747
蘭汀存稿八卷　（明）梁有譽撰　明嘉靖四十四年（1565）京師刻本　二册

310000－0243－0001202　694600/4040
滄溟先生集三十卷附錄一卷　（明）李攀龍撰　明隆慶六年（1572）徐履道起鳳館刻本　八册

310000－0243－0001203　694600/4040.01
滄溟先生集三十卷附錄一卷　（明）李攀龍撰　明萬曆三十四年（1606）歷下陸陛刻本　十二册

310000－0243－0001204　694600/4047
空同子集六十六卷目錄三卷　（明）李夢陽撰　（明）鄧雲霄　（明）潘之恒輯　明萬曆三十年（1602）東莞鄧雲霄長洲刻本　二十八册

310000－0243－0001205　694600/404749
空同詩選一卷　（明）李夢陽撰　（明）楊慎評　明萬曆四十六年（1618）吳興閔齊伋朱墨套印本　一册

310000－0243－0001206　694600/4053
瀟碧堂集二十卷　（明）袁宏道撰　明萬曆三十六年（1608）勾吳袁叔度書種堂刻本　十册

310000－0243－0001207　694600/4413
文清公薛先生文集二十四卷　（明）薛瑄撰　（明）張鼎編校　清雍正十二年（1734）刻本　六册

310000－0243－0001208　694600/4444
天傭子全集十卷　（明）艾南英撰　（清）艾爲珖　（清）艾曰芬輯　清康熙三十八年（1699）刻本　六册

310000－0243－0001209　694600/4622
夢山存家詩稿八卷　（明）楊巍撰　明萬曆三十年（1602）維揚楊岑寫刻本　二册

310000－0243－0001210　694600/5077
吳歈小草十卷補遺一卷　（明）婁堅撰　（明）馬元調編　清康熙三十三年（1694）陸廷燦刻本　四册

310000－0243－0001211　694600/6017
貝清江先生全集四十卷　（明）貝瓊撰　（清）金檀編　清康熙五十八年（1719）婁東金氏燕翼堂刻本　六册

310000－0243－0001212　694600/7237
劉蕺山先生集二十四卷首一卷　（明）劉宗周撰　清乾隆十七年（1752）刻本　八册

310000－0243－0001213　694600/7521

白沙子全集九卷首一卷附錄一卷　(明)陳獻章撰　(明)張詡編　明萬曆四十年(1612)何上新刻本　八册

310000－0243－0001214　694600/7522.1
眉公詩鈔四卷　(明)陳繼儒撰　明崇禎九年(1636)刻本　二册

310000－0243－0001215　694600/779825
思玄集十六卷首一卷附錄一卷　(明)桑悦撰　(明)徐威注　明萬曆四十四年(1616)翁憲祥刻本　四册

310000－0243－0001216　694600/8296.1
隱秀軒詩集八卷　(明)鍾惺撰　明天啟二年(1622)海虞沈春澤刻本　八册

310000－0243－0001217　694600/8700
平橋稿十八卷附錄一卷　(明)鄭文康撰　清康熙三十三年(1694)鄭起泓、鄭定遠刻本　三册

310000－0243－0001218　695000/0011
栖雲閣文集十五卷詩集十六卷拾遺三卷　(清)高珩撰　清乾隆三年至四十四年(1738－1779)刻本　十二册

310000－0243－0001219　695000/0023
高戸部詩不分卷　(清)高以永撰　清康熙三十四年(1695)刻本　二册

310000－0243－0001220　695000/0027－1
質園詩集三十二卷　(清)商盤撰　清乾隆刻本　十六册

310000－0243－0001221　695000/0044－1
苑西集十二卷　(清)高士奇撰　清康熙二十九年(1690)高氏清吟堂刻本　四册

310000－0243－0001222　695000/0044－1.1
隨輦集六卷　(清)高士奇撰　清康熙刻本　二册

310000－0243－0001223　695000/0053
知不足齋文鈔一卷　(清)章甫撰　清抄本　一册

310000－0243－0001224　695000/0450
改亭詩集六卷　(清)計東撰　(清)計默編　(清)計瓚　(清)計嘉禾重校　**改亭文集十六卷**　(清)計東撰　(清)計琮　(清)計嘉禾重編　清康熙三十二年(1693)讀書樂園刻本　四册

310000－0243－0001225　695000/0870
施愚山先生全集八十九卷　(清)施閏章撰　**隨村先生遺集六卷**　(清)施瑮撰　清康熙至乾隆刻本　十八册

310000－0243－0001226　695000/0870.1
施愚山先生學餘文集二十八卷詩集五十卷　(清)施閏章撰　清康熙四十七年(1708)曹寅楝亭刻本　十二册

310000－0243－0001227　695000/1003
夢樓詩集二十二卷　(清)王文治撰　清乾隆六十年(1795)食舊堂刻本　五册

310000－0243－0001228　695000/1008
也儂詩草十卷　(清)王慶善撰　清光緒二十七年(1901)金陵宜春閣木活字印本　四册

310000－0243－0001229　695000/1028
青箱堂詩三十三卷　(清)王崇簡撰　(清)宋琬刪訂　清康熙十四年(1675)宛平王氏刻本　六册

310000－0243－0001230　695000/1032－1
橫雲山人集三十一卷　(清)王鴻緒撰　清康熙五十二年(1713)王氏刻本　八册

310000－0243－0001231　695000/1041－1
獨學廬初稿二卷附雲留舊草一卷　(清)石韞玉撰　清乾隆刻本　一册

310000－0243－0001232　695000/1043.1
帶經堂集九十二卷　(清)王士禛撰　(清)程哲編校　清康熙四十九年至五十一年(1710－1712)歙縣程氏七略書堂刻本　三十六册

310000－0243－0001233　695000/1043.2
漁洋山人精華錄十卷　(清)王士禛撰　(清)林佶編　清康熙三十九年(1700)侯官林佶耕煙閣寫刻本　四册

310000－0243－0001234　695000/104320
漁洋山人精華録會心偶筆六卷　(清)王士禛撰　(清)伊應鼎編　清康熙二十九年(1690)袁氏刻本　四册

310000－0243－0001235　695000/104333
阮亭詩鈔一卷　(清)王士禛撰　(清)沈道寬録　清道光六年(1826)沈氏話山草堂抄本　一册

310000－0243－0001236　695000/1065
西莊始存稿三十卷附録一卷　(清)王鳴盛撰　(清)張燾　(清)蕭芝編校　清乾隆三十一年(1766)刻本　四册

310000－0243－0001237　695000/1095
樸廬遺稿　(清)王愫撰　(清)沈德潛選　清乾隆三十二年(1767)太倉王氏愛日堂刻本　二册

310000－0243－0001238　695000/1112
蒿菴集三卷　(清)張爾岐撰　(清)胡德琳編　清乾隆三十八年(1773)濟陽縣署刻本　三册

310000－0243－0001239　695000/1115
文貞公集十二卷　(清)張玉書撰　清乾隆五十七年(1792)松蔭堂刻本　六册

310000－0243－0001240　695000/1131
匏野文集二十卷　(清)張汝瑚撰　清康熙三十年(1691)視古堂刻本　八册

310000－0243－0001241　695000/1171
南華山人詩鈔十六卷　(清)張鵬翀撰　清乾隆七年(1742)寫刻本　四册

310000－0243－0001242　695000/1271
樂善堂全集四十卷目録四卷　(清)高宗弘曆撰　清乾隆二年(1737)内府刻本　十六册

310000－0243－0001243　695000/127104
聖制詩註合編七十三卷　(清)高宗弘曆撰　(清)□□編　清道光抄本　四十八册

310000－0243－0001244　695000/204231
西河文選十一卷　(清)毛奇齡撰　(清)汪霦選評　清康熙三十五年(1696)刻本　四册

310000－0243－0001245　695000/2477.01
在陸草堂文集六卷　(清)儲欣撰　(清)吴之彦　(清)邢維信編　清雍正元年(1723)宜興儲掌文淑慎堂刻本　四册

310000－0243－0001246　695000/2528
曝書亭集八十卷附録一卷　(清)朱彝尊撰　清康熙四十七年(1708)刻本　十五册

310000－0243－0001247　695000/2528.02
曝書亭集八十卷附録一卷　(清)朱彝尊撰　(清)朱昆田撰　清乾隆貽安書屋刻本　十六册

310000－0243－0001248　695000/2528.2
曝書亭集詩註二十二卷　(清)朱彝尊撰　(清)楊謙注　清康熙五十三年(1714)刻本　十二册

310000－0243－0001249　695000/2612
香亭文稿十二卷　(清)吴玉綸撰　清乾隆六十年(1795)滋德堂刻本　十二册

310000－0243－0001250　695000/2617
與稽齋叢稿十八卷　(清)吴翌鳳撰　清嘉慶十六年(1811)周倬刻本　四册

310000－0243－0001251　695000/2619
蜀遊吟稿不分卷　(清)吴玉輝撰　清道光稿本　二册

310000－0243－0001252　695000/2623.2
吴詩集覽二十卷附吴詩談藪一卷　(清)吴偉業撰　(清)顧湄編　(清)靳榮藩集覽　清乾隆四十六年(1781)淩雲亭刻本　十六册

310000－0243－0001253　695000/2624
林蕙堂全集二十六卷　(清)吴綺撰　清乾隆四十一年(1776)刻本　十四册

310000－0243－0001254　695000/2624－1
寒松堂集十二卷　(清)魏象樞撰　清康熙四十七年(1708)寫刻本　十二册

310000－0243－0001255　695000/2646
今有堂詩集四卷後集三卷　(清)程夢星撰

清乾隆四十二年(1777)江都程氏刻本　六冊

310000－0243－0001256　695000/2741－1
託素齋詩集四卷文集六卷附行述一卷　(清)黎士弘撰　清雍正二年(1724)黎致遠刻本　十冊

310000－0243－0001257　695000/2800
阮亭選徐詩二卷　(清)徐夜撰　(清)王士禛批點　清康熙三十七年(1698)王士禛京師刻本　一冊

310000－0243－0001258　695000/2884
南州草堂集三十卷附楓江漁父題詞青門贈別詩　(清)徐釚撰　清康熙菊莊刻本　五冊

310000－0243－0001259　695000/3013
安雅堂全集六種二十卷　(清)宋琬撰　清乾隆刻本　十三冊

310000－0243－0001260　695000/3036.1
芋香詩鈔四卷附芋香贈言一卷　(清)釋宗渭撰　清康熙吳中刻本　一冊

310000－0243－0001261　695000/3062
留讀齋詩集六卷　(清)宣昌緒撰輯　清宣統二年(1910)木活字印本　二冊

310000－0243－0001262　695000/3099
綿津山人詩集二十七卷　(清)宋犖撰　清康熙刻本　四冊

310000－0243－0001263　695000/3099.2
西陂類稿五十卷　(清)宋犖撰　(清)周龍藻編　清康熙五十年(1711)毛扆刻本　十六冊

310000－0243－0001264　695000/3113.1
鈍翁類稿二十四卷附說鈴一卷續稿三十卷　(清)汪琬撰　(清)汪筠編　**寸碧堂詩集一卷**　(明)汪膺撰　清康熙九年(1670)刻本　八冊

310000－0243－0001265　695000/3149
顧雙溪集九卷　(清)顧奎光撰　清光緒二十一年(1895)木活字印本　二冊

310000－0243－0001266　695000/3194
響泉集詩十七卷文一卷詞二卷　(清)顧光旭撰　清宣統二年(1910)無錫顧氏木活字印本　四冊

310000－0243－0001267　695000/3200
南村詩稿二十三卷詞一卷　(清)潘高撰　**句溪詩稿三卷**　(清)潘玠撰　清康熙鶴江草堂刻本　四冊

310000－0243－0001268　695000/3250
遂初堂詩集十六卷文集二十卷別集四卷　(清)潘耒撰　清康熙刻本　十六冊

310000－0243－0001269　695000/3404.4
卷施閣文乙集八卷　(清)洪亮吉撰　清乾隆五十一年(1786)序刻本　二冊

310000－0243－0001270　695000/3423
歸愚詩鈔二十卷餘集十卷年譜一卷歸愚詩餘一卷附集一卷　(清)沈德潛撰　清乾隆三十一年(1766)教忠堂刻本　九冊

310000－0243－0001271　695000/3423.1
矢音集四卷　(清)沈德潛撰　清乾隆十八年(1753)刻本　一冊

310000－0243－0001272　695000/3603
湯子遺書十卷附錄　(清)湯斌撰　清康熙四十二年(1703)王氏太倉愛日堂刻本　十冊

310000－0243－0001273　695000/3633
隨園詩草八卷　(清)邊連寶撰　清乾隆四十年(1775)刻本　四冊

310000－0243－0001274　695000/3648
懷清堂集二十卷　(清)湯右曾撰　清乾隆十一年(1746)刻本　四冊

310000－0243－0001275　695000/4032.1
蔗塘未定稿一卷　(清)查爲仁撰　清乾隆八年(1743)刻本　一冊

310000－0243－0001276　695000/4032－2
寄鴻堂文集四卷　(清)李宗傳撰　清同治二年(1863)稿本　二冊

310000－0243－0001277　695000/4037
笠翁一家言全集十六卷　(清)李漁撰　清雍

正八年(1730)芥子園刻本　十六冊

310000－0243－0001278　695000/4037.01

笠翁一家言全集十六卷　(清)李漁撰　清乾隆刻本　十六冊

310000－0243－0001279　695000/4048.2

越縵堂遺稿二卷　(清)李慈銘撰　清同治手稿本　二冊

310000－0243－0001280　695000/404814

袁文箋正十六卷　(清)袁枚撰　(清)石韞玉箋並輯　清嘉慶十七年(1812)鶴壽山堂刻本　六冊

310000－0243－0001281　695000/4061

查浦詩鈔十二卷　(清)查嗣瑮撰　清康熙六十一年(1722)寫刻本　四冊

310000－0243－0001282　695000/4092

敬業堂集五十卷　(清)查慎行撰　清康熙五十八年(1719)刻本　二十冊

310000－0243－0001283　695000/409233

查悔餘詩選　(清)查慎行撰　(清)沈道寬選　清道光二十一年(1841)簡庵抄本　一冊

310000－0243－0001284　695000/4232

芝庭文稿八卷　(清)彭啟豐撰　清乾隆三十三年(1768)陳一鳴寫刻本　二冊

310000－0243－0001285　695000/4234－1

補籬遺稿八卷　(清)姚福均撰　(清)王伊編　清光緒三十一年(1905)木活字印本　二冊

310000－0243－0001286　695000/4245.2

通藝閣詩遺稿一卷白石鈍樵遺稿一卷雙紅豆館詞草一卷　(清)姚椿　(清)姚楗撰　清光緒十年(1884)木活字印本　一冊

310000－0243－0001287　695000/4432

唐堂集五十卷補遺二卷續集八卷附刻冬錄一卷　(清)黄之雋撰　清乾隆刻本　十二冊

310000－0243－0001288　695000/4448－1

且間亭初編八卷二編八卷　(清)葛松撰　清康熙四十三年(1704)刻本　四冊

310000－0243－0001289　695000/4474

補瓢存稿六卷　(清)韓騏撰　(清)韓學田　(清)韓暢編　(清)沈德潛删定　清乾隆二十三年(1758)雲東韓裕生南蔭書屋刻本　二冊

310000－0243－0001290　695000/4474.01

補瓢存稿六卷　(清)韓騏撰　(清)韓學田　(清)韓暢編　(清)沈德潛删定　清乾隆二十三年(1758)雲東韓裕生南蔭書屋刻本　二冊

310000－0243－0001291　695000/4494

范伯子文集十二卷　(清)范當世撰　清末浙西徐氏刻朱印本　二冊

310000－0243－0001292　695000/4691

雲濤散人集六卷　(清)賀炳著　清康熙三十八年(1699)序刻本　一冊

310000－0243－0001293　695000/4905

娵隅集十卷　(清)趙文哲撰　清乾隆五十四年(1789)刻本　二冊

310000－0243－0001294　695000/4917

甌北詩鈔二十卷　(清)趙翼撰　清乾隆五十六年(1791)湛貽堂刻本　八冊

310000－0243－0001295　695000/4920

趙裘萼公剩稿四卷　(清)趙熊詔撰　(清)趙侗敩編　清乾隆刻本　二冊

310000－0243－0001296　695000/4942－1

韻丞遺稿一卷　(清)趙世修撰　清謄抄本　一冊

310000－0243－0001297　695000/4943

四百三十二峰草堂詩鈔十九卷　(清)趙希璜撰　清乾隆五十八年(1793)安陽縣署刻本　四冊

310000－0243－0001298　695000/4952

趙恭毅公剩稿八卷　(清)趙申喬撰　(清)趙侗敩編　清乾隆刻本　四冊

310000－0243－0001299　695000/5533

靜惕堂詩集四十四卷　(清)曹溶撰　清雍正三年(1725)刻本　十六冊

310000－0243－0001300　695000/7437

話山先生詩稿十二卷文稿十七卷別錄七卷

(清)陸治原撰　清康熙四十一年(1702)陸氏志遠堂刻本　八冊

310000－0243－0001301　695000/7474
三魚堂文集十二卷外集六卷附錄一卷　(清)陸隴其撰　清康熙四十年(1701)刻本　五冊

310000－0243－0001302　695000/7474
三魚堂文集十二卷外集六卷附錄一卷　(清)陸隴其撰　清康熙四十年(1701)刻本　六冊

310000－0243－0001303　695000/7514－1
午亭文編五十卷　(清)陳廷敬撰　(清)林佶輯錄　清康熙侯官林佶寫刻本　十六冊

310000－0243－0001304　695000/7522
湖海樓全集四十八卷　(清)陳維崧撰　清康熙二十八年(1689)患立堂刻本　十二冊

310000－0243－0001305　695000/7532－1
寶綸堂集十卷附拾遺　(清)陳洪綬撰　清光緒十四年(1888)取斯家塾木活字印本　八冊

310000－0243－0001306　695000/7534.1
陳司業文集四卷　(清)陳祖范撰　(清)陳士林校　清乾隆二十九年(1764)序刻本　二冊

310000－0243－0001307　695000/7535
春柳草堂集四卷　(清)陳澤泰撰　清乾隆五十八年(1793)刻本　四冊

310000－0243－0001308　695000/7578
道榮堂文集六卷首一卷滄州近詩十卷　(清)陳鵬年撰　清乾隆二十五年(1760)刻本　十二冊

310000－0243－0001309　695000/7701.101
賴古堂集二十四卷目錄一卷　(清)周亮工撰　清康熙十六年(1677)周在浚等刻本　十二冊

310000－0243－0001310　695000/7724
西澗草堂集四卷　(清)閻循觀撰　清乾隆三十八年(1773)樹滋堂刻本　二冊

310000－0243－0001311　695000/7744
道援堂詩集十三卷　(清)屈大均撰　清初刻本　八冊

310000－0243－0001312　695000/8026.2
祖香詩鈔二卷　(清)金和撰　清光緒木活字印本　一冊

310000－0243－0001313　695000/8055
冬心先生集四卷　(清)金農撰　清末石印本　二冊

310000－0243－0001314　695000/8308.01
牧齋初學集詩註二十卷牧齋有學集詩註十四卷　(清)錢謙益撰　(清)錢曾注　清乾隆玉詔堂刻本　十二冊

310000－0243－0001315　695000/8371
香樹齋詩集十八卷　(清)錢陳群撰　清乾隆十六年(1751)刻本　六冊

310000－0243－0001316　695000/8733
寒村雜錄二卷附補錄一卷　(清)鄭梁撰　(清)王正路錄　清康熙刻本　二冊

310000－0243－0001317　695000/9930
靜觀堂詩集二十三卷　(清)勞之辨撰　清康熙四十一年(1702)勞氏刻本　十冊

310000－0243－0001318　696000/0820
蛻塵軒詩存二卷聊復軒詩存一卷聊復軒詩餘附存吳興家粹輯存一卷　(清)施贊唐撰　清宣統三年(1911)木活字印本　四冊

310000－0243－0001319　701400/0032
稗海四十七種續集二十二種　(明)商濬輯　明萬曆會稽商氏半野山房刻本　三十四冊

310000－0243－0001320　701400/4434
漢魏別解十六卷　(明)黃澍　(明)葉紹泰編　明崇禎十一年(1638)香谷山房刻本　十六冊

310000－0243－0001321　701400/773271.01
說郛一百二十卷　(明)陶宗儀編　(明)陶珽重輯　清順治三年(1646)周南李際期宛委山堂刻本　二百二十冊

310000－0243－0001322　701400/773271.1
說郛續四十六卷　(明)陶珽編　清順治三年(1646)周南李際期宛委山堂刻本　八十冊

310000－0243－0001323　701500/1004
增訂漢魏叢書八十六種　(清)王謨輯　清乾隆五十六年(1791)金溪王氏刻本　七十一册

310000－0243－0001324　701500/1004.1
增訂漢魏叢書九十六種　(清)王謨原輯　(清)張賽增輯　清宣統三年(1911)上海大通書局石印本　三十二册

310000－0243－0001325　701500/1061
檀几叢書初集五十種二集五十種餘集二卷　(清)王晫　(清)張潮輯　清康熙三十四年(1695)新安張氏霞舉堂刻本　十二册

310000－0243－0001326　701500/2101
群書拾補三十七種　(清)盧文弨撰　清光緒十三年(1887)上海蜚英館石印本　八册

310000－0243－0001327　701500/2168
雅雨堂叢書十二種　(清)盧見曾校刻　清乾隆二十一年(1756)刻本　二十二册

310000－0243－0001328　701500/2610
說鈴前集三十三種後集十九種　(清)吳震方輯　清康熙刻本　十六册

310000－0243－0001329　701500/2630
愚谷叢書二十二種　(清)吳騫輯　清乾隆四十五年至五十九年(1780－1794)吳氏拜經樓刻本　十六册

310000－0243－0001330　701500/2826
會稽徐氏初學堂群書輯錄三十六種　(清)徐維則輯　清光緒二十年(1894)會稽徐氏鑄學齋抄本　三十六册

310000－0243－0001331　701500/4240
硯北偶鈔十二種　(清)姚培謙　(清)張景星輯錄　清乾隆二十七年(1762)草草巢刻本　六册

310000－0243－0001332　701500/4321
西政叢書三十二種　梁啟超編　清光緒二十三年(1897)上海慎記書莊石印本　三十二册

310000－0243－0001333　701500/4474.1
鐵華館叢書六種　(清)蔣鳳藻輯　清光緒九年至十一年(1883－1885)長州蔣氏影刻本　十册

310000－0243－0001334　701500/4738
漸學廬叢書十五種　(清)胡祥鑅輯　清光緒二十三年至二十五年(1897－1899)元和胡氏石印本　十册

310000－0243－0001335　701500/6031
經訓堂叢書二十一種　(清)畢沅輯　清光緒十三年(1887)上海大同書局石印本　二十册

310000－0243－0001336　701500/7542
清異錄二卷　(宋)陶穀撰　(清)陳世修輯
表異錄二十卷　(明)王志堅撰　(清)陳世修輯　清康熙四十七年(1708)鹽官陳氏最宜草堂刻本　四册

310000－0243－0001337　701500/7733
稷山讀書樓叢鈔六種　陶濬宣輯　清同治十一年(1872)會稽陶氏讀書樓稿本　一册

310000－0243－0001338　701500/8077
屑玉叢譚初集二十種　尊聞閣主輯　清光緒四年(1878)上海中華圖書館石印本　二册

310000－0243－0001339　701600/2741.1
對雨樓叢書四種　繆荃孫輯　清光緒三十一年(1905)江陰繆氏刻本　四册

310000－0243－0001340　702000/4487
毘陵六逸詩鈔二十三卷　(清)莊令輿　(清)徐永宣輯　清康熙五十六年(1717)山陰孫讜壽南堂刻本　十二册

310000－0243－0001341　702000/7260
中州名賢文表三十卷　(明)劉昌編　(清)宋犖重訂　清光緒三十年(1904)上海鴻文書局石印本　六册

310000－0243－0001342　702000/7260
中州名賢文表三十卷　(明)劉昌編　(清)宋犖重訂　清光緒三十年(1904)上海鴻文書局石印本　十册

310000－0243－0001343　703100/4033
袁中郎集十種　(明)袁宏道撰　(明)周應麐

編　明萬曆周應麐刻本　六册

310000－0243－0001344　703100/7438
陸放翁全集六種　(宋)陸遊撰　清康熙虞山張氏詩禮堂據汲古閣本刻本　四十册

310000－0243－0001345　703100/7438.01
陸放翁全集六種　(宋)陸遊撰　清光緒五年(1879)益陽丁氏養雲書屋木活字印本　四十六册

310000－0243－0001346　703200/1083
世德堂遺書五種　(清)王鉞纂　清康熙五十三年(1714)刻本　六册

310000－0243－0001347　703200/1144
篤素堂全集六種　(清)張英撰　清康熙四十年(1701)刻本　三十二册

310000－0243－0001348　703200/2042
西河合集一百十五種　(清)毛奇齡撰　(清)毛覽輝重輯　清乾隆三十五年(1770)蕭山陸氏凝瑞堂補刻本　一百册

310000－0243－0001349　703200/2210
心齋十種附心齋集二卷　(清)任兆麟撰　清乾隆至嘉慶刻本　八册

310000－0243－0001350　703200/2244
燕禧堂五種　(清)任大椿撰輯　清乾隆五十二年(1787)刻本　九册

310000－0243－0001351　703200/2244
燕禧堂五種　(清)任大椿撰輯　清乾隆五十二年(1787)刻本　四册

310000－0243－0001352　703200/2616
通藝録十八種　(清)程瑤田撰　清嘉慶刻本　十二册

310000－0243－0001353　703200/4047
杭大宗叢書七種　(清)杭世駿撰　清乾隆五十七年(1792)刻本　四册

310000－0243－0001354　703200/4094
安溪李文貞公解義三種　(清)李光地撰　清康熙五十八年(1719)刻本　一册

310000－0243－0001355　703200/4310
戴氏遺書十二種　(清)戴震撰　清乾隆微波榭刻本　十册

310000－0243－0001356　703200/4327.1
西堂餘集十二種　(清)尤侗撰　清康熙刻本　二十四册

310000－0243－0001357　703200/4421
鹿洲全集七種　(清)藍鼎元撰　清雍正十年(1732)漳州義利棧刻光緒五年(1879)印本　二十四册

310000－0243－0001358　703200/6010
古歡堂集文二十二卷詩十四卷山薑詩選四卷黔書二卷長河志籍考十卷蒙齋年譜一卷補年譜一卷附有懷堂文集一卷有懷堂詩集一卷　(清)田雯撰　清乾隆刻本　十二册

310000－0243－0001359　706400/2123
秋水山房偶鈔群書八編　(清)□□輯　清道光抄本　八册

310000－0243－0001360　707200/0028
通雅五十二卷首三卷　(清)方以智輯　清康熙五年(1666)浮山此藏軒刻本　二十册

310000－0243－0001361　707200/0028.01
通雅五十二卷首三卷　(清)方以智輯　清康熙四十一年(1702)立教館刻本　二十八册

310000－0243－0001362　707200/1000
困學紀聞二十卷　(宋)王應麟撰　(清)閻若璩箋　清康熙三十七年(1698)祁門馬氏叢書樓精刻本　十二册

310000－0243－0001363　707200/1000.05
困學紀聞二十卷　(宋)王應麟撰　(清)閻若璩校　清康熙三十七年(1698)祁門馬氏叢書樓刻乾隆三十三年(1768)印本　八册

310000－0243－0001364　707200/1042
讀書後八卷　(明)王世貞撰　清乾隆二十一年(1756)味菜廬刻本　四册

310000－0243－0001365　707200/1044
野客叢書三十卷　(宋)王楙撰　附錄野老紀

聞一卷　（宋）□□撰　明嘉靖四十一年(1562)蘇州府長洲吳曜、王穀祥寫刻本　十冊

310000－0243－0001366　707200/1136
雲谷雜記四卷首一卷末一卷　（宋）張淏撰　清乾隆武英殿木活字印本　一冊

310000－0243－0001367　707200/1136.01
雲谷雜記四卷首一卷末一卷　（宋）張淏撰　清刻本　二冊

310000－0243－0001368　707200/2077
焦氏說楛七卷　（明）焦周撰　明萬曆二十一年(1593)焦氏刻本　四冊

310000－0243－0001369　707200/2101
鍾山札記四卷　（清）盧文弨撰　清乾隆五十五年(1790)杭州盧氏抱經堂刻本　一冊

310000－0243－0001370　707200/2191
義門讀書記五十八卷　（清）何焯撰　清乾隆三十四年(1769)刻本　六冊

310000－0243－0001371　707200/2763
二初齋讀書記十卷首一卷　（清）倪思寬撰　清乾隆四十七年(1782)刻本　二冊

310000－0243－0001372　707200/3141
客座贅語十卷　（明）顧起元輯　（清）傅春官校　清光緒三十年(1904)朱印本　六冊

310000－0243－0001373　707200/3191.05
日知錄三十二卷　（清）顧炎武撰　清康熙三十四年(1695)建陽潘耒遂初堂刻本　八冊

310000－0243－0001374　707200/3191.02
日知錄三十二卷　（清）顧炎武撰　清嘉慶抄本　十二冊

310000－0243－0001375　707200/4410
慈溪黃氏日鈔分類九十七卷附古今紀要十九卷　（宋）黃震編輯　清乾隆三十二年(1767)新安汪佩鍔據元版刻本　三十二冊

310000－0243－0001376　707200/4422
茅亭客話十卷　（宋）黃休復撰　（明）毛晉訂　明崇禎三年(1630)虞山毛氏汲古閣刻本　四冊

310000－0243－0001377　707200/4694.3
丹鉛總錄二十五卷　（明）楊慎撰　清乾隆三十年(1765)楊昶刻本　十八冊

310000－0243－0001378　707200/7437
儼山外集二十四種四十卷　（明）陸深撰　明嘉靖二十四年(1545)上海陸楫刻本　四冊

310000－0243－0001379　707200/7580
捫虱新話四卷　（宋）陳善撰　清乾隆木活字印本　四冊

310000－0243－0001380　707200/7730.01
志雅堂雜鈔二卷　（宋）周密撰　清嘉慶十四年(1809)杭郡余集寫刻本　二冊

310000－0243－0001381　707300/0847
珊瑚舌雕談初筆八卷　（清）許起撰　清光緒十一年(1885)弢園王氏木活字印本　四冊

310000－0243－0001382　707300/1004
柳南隨筆六卷　（清）王應奎撰　清乾隆五年(1740)親仁堂刻本　三冊

310000－0243－0001383　707300/1043
池北偶談二十六卷　（清）王士禛撰　清康熙四十年(1701)新城王氏刻本　五冊

310000－0243－0001384　707300/1043
池北偶談二十六卷　（清）王士禛撰　清康熙四十年(1701)新城王氏刻本　八冊

310000－0243－0001385　707300/1043.1
香祖筆記十二卷　（清）王士禛撰　清康熙四十四年(1705)刻本　四冊

310000－0243－0001386　707300/1043.202
分甘餘話四卷　（清）王士禛撰　清康熙四十八年(1709)歙縣程哲七略書堂精刻本　四冊

310000－0243－0001387　707300/1043.3
居易錄三十四卷　（清）王士禛撰　清康熙刻本　八冊

310000－0243－0001388　707300/1043.4
古夫于亭雜錄五卷　（清）王士禛撰　清康熙

六十年(1721)刻本　一册

310000－0243－0001389　707300/1144
游宦紀聞十卷　(宋)張世南撰　清乾隆四十八年(1783)嘉興鮑氏知不足齋刻本　二冊

310000－0243－0001390　707300/2004
焦氏筆乘六卷續集八卷　(明)焦竑輯　明萬曆三十四年(1606)謝興棟刻本　十二冊

310000－0243－0001391　707300/2143
讀書樂趣八卷　(清)伍涵芬撰　清乾隆十年(1745)伍氏華日堂刻本　三冊

310000－0243－0001392　707300/2800－1
管城碩記三十卷　(清)徐文靖撰　清乾隆志寧堂刻本　十冊

310000－0243－0001393　707300/2862
棻堂節錄二十卷　(清)徐時作輯　清乾隆三十年(1765)崇本堂刻本　五冊

310000－0243－0001394　707300/3333
雕丘雜錄十八卷　(清)梁清遠撰　清康熙二十一年(1682)太平園刻本　三冊

310000－0243－0001395　707300/4045
書隱叢説十九卷　(清)袁棟撰　清乾隆十四年(1749)鋤經樓自刻本　八冊

310000－0243－0001396　707300/4412
暇老齋雜記六卷　(明)茅元儀撰　明崇禎刻本　一冊

310000－0243－0001397　707300/4440
考古質疑六卷　(宋)葉大慶撰　清刻本　二冊

310000－0243－0001398　707300/4440
考古質疑六卷　(宋)葉大慶撰　清刻本　二冊

310000－0243－0001399　707300/5311
柚堂筆談四卷　(清)盛百二撰　清乾隆三十四年(1769)秀水盛氏刻本　一冊

310000－0243－0001400　707300/7438.02
老學庵筆記十卷附家世舊聞一卷　(宋)陸遊撰　明崇禎虞山毛氏汲古閣刻本　二冊

310000－0243－0001401　707300/7701
因樹屋書影十卷　(清)周亮工撰　清雍正三年(1725)周在延懷德堂刻本　六冊

310000－0243－0001402　707300/7730
齊東野語二十卷　(宋)周密撰　明正德十年(1515)胡文璧刻本　四冊

310000－0243－0001403　707300/7732
南村輟耕錄三十卷　(明)陶宗儀撰　明嘉靖玉蘭草堂原刻萬曆三十六年(1608)王圻重修本　六冊

310000－0243－0001404　707300/7742
小柴桑喃喃錄二卷　(明)陶奭齡撰　明崇禎八年(1635)李爲芝校今是堂刻本　四冊

310000－0243－0001405　707400/4944
寄園寄所寄十二卷　(清)趙吉士輯　清康熙刻本　十八冊

310000－0243－0001406　707400/4981
自警編九卷　(宋)趙善璙輯　(明)陳光哲校　明嘉靖十九年(1540)馮時雍薇垣精舍刻本　八冊

310000－0243－0001407　707600/2129
省軒考古類編十二卷　(清)柴紹炳纂　(清)姚廷謙評　清雍正四年(1726)澹成堂刻本　四冊

310000－0243－0001408　707600/8014
香墅漫鈔四卷續鈔四卷又續鈔四卷　(清)曾廷枚輯　清乾隆六十年(1795)南城曾氏家塾刻嘉慶二年(1797)續補刻本　八冊

310000－0243－0001409　301100/2504
十三經札記二十二卷　(清)朱亦棟撰　清光緒四年(1878)武林竹簡齋刻本　六冊

310000－0243－0001410　301100/2504.01
十三經札記二十二卷　(清)朱亦棟撰　清光緒四年(1878)武林竹簡齋刻本　六冊

310000－0243－0001411　301100/2504.1
群書札記十六卷　(清)朱亦棟撰　清光緒四

年(1878)武林竹簡齋刻本　六冊

310000－0243－0001412　301100/2863
十三經考略　(清)徐賦輯　清刻本　一冊

310000－0243－0001413　301200/4664
十一經音訓　(清)楊國楨輯　清道光十一年(1831)序刻本　二十六冊

310000－0243－0001414　301220/7211
相臺岳氏本古注五經　(宋)岳珂校編　清廣雅書局刻本　十六冊

310000－0243－0001415　301250/7110
十三經註疏四百十六卷附校勘記　(清)阮元輯　清道光六年(1826)江西南昌府學刻本　一百六十冊

310000－0243－0001416　301250/7110.01
十三經註疏四百二卷　(清)阮元輯　清同治十二年(1873)江西書局刻本　一百七十四冊

310000－0243－0001417　301250/7110.02
十三經註疏附校勘記　(清)阮元輯　清光緒十三年(1887)點石齋鉛印本　十冊　存三十三卷(毛詩註疏八卷、論語註疏四卷、孝經註疏一卷、尚書註疏四卷、儀禮註疏八卷、周禮註疏四卷、孟子註疏四卷)

310000－0243－0001418　301250/7110.03
十三經註疏四百十六卷　(清)阮元輯　清光緒二十四年(1898)點石齋石印本　三十二冊

310000－0243－0001419　301300/1013
經義述聞三十二卷　(清)王引之撰　清道光七年(1827)刻本　二十四冊

310000－0243－0001420　301300/1204
孔叢伯説經五稿三十七卷　(清)孔廣林撰　清光緒十六年(1890)山東書局刻本　十一冊

310000－0243－0001421　301300/2542
經傳考證八卷　(清)朱彬撰　清道光十六年(1836)刻本　二冊

310000－0243－0001422　301300/2542
經傳考證八卷　(清)朱彬撰　清道光十六年(1836)刻本　二冊

310000－0243－0001423　301300/3191
五經同異三卷　(清)顧炎武撰　清省吾堂刻本　二冊

310000－0243－0001424　301300/3191
五經同異三卷　(清)顧炎武撰　清省吾堂刻本　六冊

310000－0243－0001425　301300/4438
七經精義四十二卷　(清)黄淦纂　清嘉慶九年(1804)尊德堂刻本　十四冊

310000－0243－0001426　301300/5013
尚書繹聞一卷讀左評餘一卷　(清)史致準撰　清光緒三年(1877)刻本　一冊

310000－0243－0001427　301300/7521
戢經筆記附世本　(清)陳倬撰　清光緒十二年(1886)吳縣朱氏行素草堂刻本　一冊

310000－0243－0001428　301300/7521.01
戢經筆記一卷　(清)陳倬撰　清刻本　一冊

310000－0243－0001429　301300/8725
愚一錄十二卷　(清)鄭獻甫撰　(清)周幹臣校　清光緒二年(1876)黔南刻本　六冊

310000－0243－0001430　301400/6616
娱親雅言六卷　(清)嚴元照撰　清光緒十一年(1885)木活字印本　四冊

310000－0243－0001431　301400/7524
羣經質二卷　(清)陳僅撰　清光緒十一年(1885)四明文則樓陳氏木活字印本　二冊

310000－0243－0001432　301500/1013
經傳釋詞十卷　(清)王引之撰　清嘉慶二十四年(1819)刻本　四冊

310000－0243－0001433　301500/1064
羣經音辨七卷　(宋)賈昌朝撰　清光緒三年(1877)刻本　二冊

310000－0243－0001434　301500/1127
經字異同四十八卷　(清)張維屏輯　清光緒五年(1879)清泉精舍刻本　四冊

310000－0243－0001435　301500/2667

十三經文字偏旁考略二卷　(清)吳照撰　清道光二十五年(1845)得一齋刻本　四册

310000－0243－0001436　301500/2669
經詞衍釋十卷　(清)吳昌瑩撰　清同治十二年(1873)成都書局刻本　四册

310000－0243－0001437　301500/2669
經詞衍釋十卷　(清)吳昌瑩撰　清同治十二年(1873)成都書局刻本　四册

310000－0243－0001438　301500/4433
五經小學述二卷　(清)莊述祖撰　清光緒九年(1883)刻本　一册

310000－0243－0001439　301500/462682
九經補韻考證　(宋)楊伯喦撰　(清)錢侗考證　清光緒十年(1884)常熟鮑氏刻本　一册

310000－0243－0001440　301500/7110
經籍籑詁一百六卷　(清)阮元輯　清嘉慶四年(1799)儀征阮氏琅嬛仙館刻本　六十四册

310000－0243－0001441　301500/7110.01
經籍籑詁一百六卷　(清)阮元輯　清光緒十四年(1888)鴻文書局石印本　十六册

310000－0243－0001442　301500/7426
經典釋文三十卷　(唐)陸德明撰　清同治八年(1869)湖北崇文書局刻本　十二册

310000－0243－0001443　301500/7739
經字辨體九卷　(清)邱家煒撰　清光緒十一年(1885)蒲圻但氏刻本　四册

310000－0243－0001444　301500/8014
羣經字考四卷　(清)曾廷枚輯　清光緒刻本　二册

310000－0243－0001445　301500/8043
古經解鉤沈三十卷　(清)余蕭客撰　清光緒二十一年(1895)杭州竹簡齋石印本　十二册

310000－0243－0001446　301810/1020
清經解續編一千四百三十卷　王先謙輯　清光緒十四年(1888)刻本　三百二十册

310000－0243－0001447　301810/1020.01
清經解續編一千四百三十卷　王先謙輯　清光緒十五年(1889)上海蜚英書局石印本　三十二册

310000－0243－0001448　301810/1020.02
清經解續編一千四百三十卷　王先謙輯　清光緒十七年(1891)石印本　三十四册

310000－0243－0001449　301810/2847
通志堂經解一千八百二卷　(清)徐乾學　(清)納蘭成德輯　清同治十二年(1873)粵東書局刻本　三百二十册

310000－0243－0001450　301810/7110
清經解一千四百卷　(清)阮元等輯　清道光九年(1829)刻本　三百六十册

310000－0243－0001451　301810/7110.01
清經解一千四百卷　(清)阮元等輯　清光緒十三年(1887)上海書局石印本　六十四册

310000－0243－0001452　301810/7110.02
清經解一千四百卷　(清)阮元等輯　清光緒十七年(1891)石印本　二十四册

310000－0243－0001453　301810/8208
古經解彙函一百二十六卷　(清)鍾謙鈞輯　清同治十二年(1873)粵東書局刻本　三十五册

310000－0243－0001454　301820/4434
范氏經學三十四卷　(清)范家相輯　清光緒十三年(1887)會稽范氏墨潤堂刻本　六册

310000－0243－0001455　301820/4444
萬充宗先生經學五書十九卷　(清)萬斯大撰　清嘉慶辨志堂刻本　四册

310000－0243－0001456　301820/5045
惠氏經學叢書二十七卷　(清)惠棟撰　清省吾堂刻本　十二册

310000－0243－0001457　301820/5045
惠氏經學叢書二十七卷　(清)惠棟撰　清省吾堂刻本　十册

310000－0243－0001458　301830/0010
四益館經學叢書四種五卷　廖平撰　清光緒

十二年(1886)成都刻本　四册

310000－0243－0001459　301830/1099
鄂宰四種四卷　(清)王筠撰　清光緒八年(1882)牟山王氏刻本　四册

310000－0243－0001460　301830/870048
鄭氏佚書四種二十二卷　(漢)鄭玄撰　(清)袁鈞輯　清光緒十年(1884)四明觀稼樓刻本　四册

310000－0243－0001461　301830/870048.01
鄭氏佚書二十三種七十九卷　(漢)鄭玄撰　(清)袁鈞輯　清光緒十四年(1888)浙江書局刻本　十册

310000－0243－0001462　301900/0010
今古學考二卷　廖平撰　清末公孚印刷所鉛印本　一册

310000－0243－0001463　302200/02461
周易指四十五卷　(清)端木國瑚撰　清道光刻本　二十册

310000－0243－0001464　302200/1033
易見九卷　(清)貢渭濱輯　(清)沈德潛(清)廖南崖鑒定　清嘉慶元年(1796)郁文堂刻本　十六册

310000－0243－0001465　302200/1072
易經懸鑑六卷　(清)王鳳翽撰　清嘉慶十八年(1813)繡林山閣刻本　六册

310000－0243－0001466　302200/1147
吴園周易解九卷　(宋)張根撰　清乾隆四十六年(1781)刻本　三册

310000－0243－0001467　302200/1150
周易虞氏義九卷　(清)張惠言撰　清嘉慶八年(1803)刻本　四册

310000－0243－0001468　302200/1150
周易虞氏義九卷　(清)張惠言撰　清嘉慶八年(1803)刻本　二册

310000－0243－0001469　302200/1290
漢魏二十一家易注二十一卷　(清)孫堂輯　清嘉慶四年(1799)刻本　八册

310000－0243－0001470　302200/2540.01
周易本義四卷　(宋)朱熹撰　清光緒十八年(1892)寶善堂刻本　二册

310000－0243－0001471　302200/2540.02
周易本義四卷　(宋)朱熹撰　清光緒十九年(1893)常郡千秋坊宛委山莊刻本　二册

310000－0243－0001472　302200/2540.1
易經本義十二卷　(宋)朱熹撰　清光緒十九年(1893)江南書局刻本　二册

310000－0243－0001473　302200/2540.2
周易四卷　(宋)朱熹註　清光緒二年(1876)常熟麟玉山房刻本　二册

310000－0243－0001474　302200/2540.201
周易四卷　(宋)朱熹註　清末姜文奎堂刻本　二册

310000－0243－0001475　302200/2671
易經十二卷　(宋)程頤傳　清同治五年(1866)金陵書局刻本　四册

310000－0243－0001476　302200/2672
易説旁通十卷　(清)吴岳輯　清同治十年(1871)佑啟堂刻本　十册

310000－0243－0001477　302200/2734
黎氏學易五卷　(清)黎定攀撰　清同治三年(1864)刻本　六册

310000－0243－0001478　302200/2740
河上易注八卷　(清)黎世序撰　清道光元年(1821)謙豫齋刻本　六册

310000－0243－0001479　302200/2811
睿川易義合編正編十種副編六種　徐天璋撰　清宣統三年(1911)鉛印本　六册

310000－0243－0001480　302200/2840
周易舊註十二卷　(清)徐鼒輯　清光緒十二年(1886)六合徐承祖扶桑使廨刻本　六册

310000－0243－0001481　302200/3191
易經如話十二卷　(清)汪烜撰　清同治十二年(1873)婺源振儒社鉛印本　六册

310000－0243－0001482　302200/4082.01
易經來註十五卷　（明）來知德撰　清嘉慶十四年(1809)寧遠堂刻本　二十册

310000－0243－0001483　302200/4094.1
御纂周易折中二十二卷　（清）李光地等撰　清同治六年(1867)摹刻本　十册

310000－0243－0001484　302200/4217
集百家易注六卷　（清）彭珣集注　清刻本　六册

310000－0243－0001485　302200/5043
易經詳説五十卷　（清）冉覲祖輯　清同治九年(1870)寄原堂刻本　二十五册

310000－0243－0001486　302200/6022
周易問津八卷　（清）羅歸德輯　清同治七年(1868)清德堂刻本　八册

310000－0243－0001487　302200/7216
周易闡真四卷　（清）劉一明撰　清嘉慶刻本　四册

310000－0243－0001488　302200/7548
周易廓二十四卷　（清）陳世鎔撰　清咸豐元年(1851)獨秀山莊刻本　十二册

310000－0243－0001489　302200/8751
讀易輯要淺釋三卷　（清）鄭本玉輯　清同治三年(1864)友竹軒刻本　三册

310000－0243－0001490　302300/0047
傳家易傳義存疑三卷　（清）章世臣輯　清光緒十三年(1887)姑孰傳聚文堂刻本　二册

310000－0243－0001491　302300/1012
周易象理指掌六卷　（清）王登撰　清道光二十三年(1843)碧峰書室刻本　六册

310000－0243－0001492　302300/1150
易義別錄十四卷　（清）張惠言輯　清刻本　二册

310000－0243－0001493　302300/2233
周易洗心十卷　（清）任啟運撰　清光緒八年(1882)一本堂刻本　六册

310000－0243－0001494　302300/2744
易問六卷　（清）紀大奎撰　清嘉慶六年(1801)刻本　六册

310000－0243－0001495　302300/2744.1
觀易外篇六卷　（清）紀大奎撰　清嘉慶六年(1801)刻本　六册

310000－0243－0001496　302300/3481
需時眇言十卷　（清）沈善登撰　清光緒二十八年(1902)豫恕堂刻本　十册

310000－0243－0001497　302300/4030
讀易慎疑十卷　（清）李祥賡撰　清道光六年(1826)刻本　五册

310000－0243－0001498　302300/4483
易拇十五卷　（清）萬年淳撰　清道光四年(1824)刻本　十册

310000－0243－0001499　302300/4748
易領四卷　（明）郝敬撰　清光緒十七年(1891)三餘草堂刻本　二册

310000－0243－0001500　302300/7517
槎溪學易三卷　（清）陳鼒撰　清同治十三年(1874)保定蓮花池刻本　二册

310000－0243－0001501　302300/7517
槎溪學易三卷　（清）陳鼒撰　清同治十三年(1874)保定蓮花池刻本　二册

310000－0243－0001502　302300/7731
周易爻徵廣義六卷　（清）閻汝弼輯　清光緒元年(1875)刻本　八册

310000－0243－0001503　302700/1027
學易五種十四卷　（清）王甗撰　清道光二年(1822)鑪雪山房刻本　六册

310000－0243－0001504　303100/237980
尚書大傳四卷　（漢）伏勝撰　（漢）鄭玄註　清嘉慶五年(1800)愛日草廬刻本　一册

310000－0243－0001505　303200/0830
書經述六卷　（清）許祖京注　清嘉慶十七年(1812)陔華堂刻本　一册

310000－0243－0001506　303200/1236
書經二十卷　(漢)孔安國傳　(明)葛鼒訂　清永懷堂刻本　四册

310000－0243－0001507　303200/2802
書經增訂旁訓四卷　(宋)蔡沈集傳　(清)徐立綱訓解　清吳郡山淵堂刻本　一册

310000－0243－0001508　303200/4428
尚書精義五十卷　(宋)黄倫撰　清道光二十六年(1846)刻本　十二册

310000－0243－0001509　303200/4434
狀元尚書六卷　(宋)蔡沈集傳　清光緒三十年(1904)錫山玉海山房刻本　四册

310000－0243－0001510　303200/4434.1
書經六卷　(宋)蔡沈集傳　清光緒七年(1881)金陵書局刻本　四册

310000－0243－0001511　303200/443422
書傳音釋六卷　(宋)蔡沈集傳　(明)鄒季友音釋　清咸豐五年(1855)浦城與古齋祝氏刻本　六册

310000－0243－0001512　303200/7115
古文尚書十卷尚書逸文二卷　(漢)馬融　(漢)鄭玄注　(宋)王應麟集　(清)孫星衍補集　清光緒六年(1880)綿竹墨池書舍刻本　二册

310000－0243－0001513　303200/8344
尚書離句六卷　(清)錢在培輯　清宣統元年(1909)善成堂刻本　二册

310000－0243－0001514　303200/8840
尚書集註述疏三十三卷　(清)簡朝亮撰　清光緒三十三年(1907)讀書堂刻本　十八册

310000－0243－0001515　303300/1030
尚書讀法二卷　(清)王汝謙撰　清光緒二十年(1894)周南書院刻本　二册

310000－0243－0001516　303300/3078
尚書考辨四卷　(清)宋鑑撰　清刻本　二册

310000－0243－0001517　303300/4081
尚書古文考實一卷召誥日名考一卷　(清)皮錫瑞撰　清光緒二十二年(1896)思賢書局刻本　一册

310000－0243－0001518　303300/7444
尚書彙纂十二卷　(清)陸士楷輯　清光緒十五年(1889)雅浦陸氏善慶堂家塾刻本　四册

310000－0243－0001519　303300/8722
敷文書說　(宋)鄭伯熊撰　清刻本　一册

310000－0243－0001520　303400/1231
書經圖說五十卷　(清)孫家鼐等撰　清光緒三十一年(1905)石印本　十六册

310000－0243－0001521　303500/4664
書經音訓四卷　(清)楊國楨註　清道光十年(1830)刻本　一册

310000－0243－0001522　303610/0033
禹貢分牋七卷　(清)方溶輯　清道光二年(1822)銀花藤館序刻本　二册

310000－0243－0001523　303610/1228
禹貢釋詁一卷　(清)孫喬年輯　清道光五年(1825)關心閣刻本　一册

310000－0243－0001524　303610/2741
禹貢古今註通釋六卷　(清)侯楨輯　清光緒六年(1880)古抒秋館刻本　二册

310000－0243－0001525　303610/2741
禹貢古今註通釋六卷　(清)侯楨輯　清光緒六年(1880)古抒秋館刻本　二册

310000－0243－0001526　303610/2800
禹貢會箋十二卷　(清)徐文靖撰　清乾隆十八年(1753)志寧堂刻補版後印本　三册

310000－0243－0001527　303610/3601
禹貢方域考一卷　(清)湯奕瑞輯　清刻本　一册

310000－0243－0001528　303610/4092
禹貢易知編十二卷　(清)李慎儒輯　清光緒二十五年(1899)丹徒李氏刻本　四册

310000－0243－0001529　303610/4203
禹貢正詮四卷　(清)姚彥渠輯　清同治九年

(1870)刻本　一冊

310000－0243－0001530　303610/5348
禹貢班義述三卷　(清)成蓉鏡撰　清光緒十一年(1885)刻本　一冊

310000－0243－0001531　303610/5348
禹貢班義述三卷　(清)成蓉鏡撰　清光緒十一年(1885)刻本　一冊

310000－0243－0001532　303650/4983
洪範統一一卷　(宋)趙善湘撰　清道光二十六年(1846)刻本　一冊

310000－0243－0001533　304200/1032
詩經傳説彙纂二十一卷　(清)王鴻緒纂　清同治七年(1868)刻本　十七冊

310000－0243－0001534　304200/1044
毛詩讀三十卷　(清)王劼撰　清咸豐九年(1859)重慶晚晴樓刻本　十冊

310000－0243－0001535　304200/1787
詩經繹參四卷　(清)鄧翔撰　清同治六年(1867)孔氏刻本　四冊

310000－0243－0001536　304200/200024
詩經集傳八卷　(漢)毛亨撰　(宋)朱熹集傳　清光緒二十二年(1896)金陵書局刻本　四冊

310000－0243－0001537　304200/200024.01
詩經集傳八卷　(漢)毛亨撰　(宋)朱熹集傳　清同治五年(1866)刻本　四冊

310000－0243－0001538　304200/200072.01
毛詩二十卷　(漢)毛亨傳　(漢)鄭玄箋　(唐)陸德明音義　清江南書局刻本　六冊

310000－0243－0001539　304200/200072.02
毛鄭詩二十卷　(漢)毛亨傳　(漢)鄭玄箋　(唐)陸德明釋文　清嘉慶二十一年(1816)木瀆周氏枕經樓刻本　五冊

310000－0243－0001540　304200/200072.03
毛詩二十卷　(漢)毛亨撰　(漢)鄭玄箋　(唐)陸德明音義　清同治十一年(1872)五雲堂刻本　五冊

310000－0243－0001541　304200/200080
毛詩二十卷　(漢)毛亨傳　(漢)鄭玄箋　清同治十一年(1872)江南書局刻本　四冊

310000－0243－0001542　304200/200080.1
毛詩故訓傳鄭箋三十卷　(漢)毛亨傳　(漢)鄭玄箋　清同治十一年(1872)五雲堂刻本　六冊

310000－0243－0001543　304200/2141
詩經世本古義二十八卷　(明)何楷撰　清嘉慶二十四年(1819)溪邑文林堂謝氏刻本　二十冊

310000－0243－0001544　304200/2391
御纂詩義折中二十卷　(清)傅恒等撰　清光緒刻本　六冊

310000－0243－0001545　304200/2391.01
御纂詩義折中二十卷　(清)傅恒等撰　清道光、咸豐刻本　六冊

310000－0243－0001546　304200/2531
詩志八卷　(清)牛運震撰　清嘉慶五年(1800)空山堂刻本　四冊

310000－0243－0001547　304200/2540
詩經集傳八卷　(宋)朱熹集傳　清同治五年(1866)金陵書局刻本　五冊

310000－0243－0001548　304200/2540.01
詩經集傳八卷　(宋)朱熹集傳　清光緒三年(1877)綠蔭堂刻本　四冊

310000－0243－0001549　304200/2540.1
詩經二十卷　(宋)朱熹集傳　清光緒十五年(1889)上海守經堂刻本　四冊

310000－0243－0001550　304200/2540.101
詩經八卷　(宋)朱熹集傳　清光緒十九年(1893)浙江書局刻本　四冊

310000－0243－0001551　304200/2540.102
詩經八卷　(宋)朱熹集傳　清光緒二十五年(1899)上海文政堂刻本　四冊

310000－0243－0001552　304200/2540.103
詩經八卷　(宋)朱熹集傳　清光緒三十一年

(1905)上海掃葉山房鉛印本　四冊

310000－0243－0001553　304200/2643
毛詩復古錄十二卷　(清)吳懋清撰　清光緒二十年(1894)廣州刻本　六冊

310000－0243－0001554　304200/2644
詩經申義十卷　(清)吳士模撰　清光緒十七年(1891)刻本　六冊

310000－0243－0001555　304200/2842
詩故考異三十二卷　(清)徐華嶽輯　清道光十二年(1832)咫聞齋刻本　十六冊

310000－0243－0001556　304200/3191
詩經詮義十二卷　(清)汪烜纂　清道光二十三年(1843)延川金氏世德堂刻本　十五冊

310000－0243－0001557　304200/4022
詩義旁通十二卷　(清)李允升輯　清咸豐二年(1852)易簡堂刻本　六冊

310000－0243－0001558　304200/431672
讀風臆補十五卷　(明)戴君恩撰　(清)陳繼揆補　清光緒六年(1880)拜經館刻本　二冊

310000－0243－0001559　304200/4711
毛詩後箋三十卷　(清)胡承珙撰　清道光十七年(1837)求是堂刻本　二十冊

310000－0243－0001560　304200/6627
詩緝三十六卷　(宋)嚴粲撰　清嘉慶十五年(1810)溪上聽彝堂刻本　十六冊

310000－0243－0001561　304200/6627.01
詩緝三十六卷　(宋)嚴粲撰　清光緒三年(1877)嶺南述古堂刻本　十四冊

310000－0243－0001562　304200/7231
詩經恒解六卷　(清)劉沅註　清光緒三十一年(1905)豫誠堂刻本　六冊

310000－0243－0001563　304200/7527
詩毛氏傳疏三十卷　(清)陳奐撰　清光緒十年(1884)吳門陳氏刻本　十二冊

310000－0243－0001564　304200/7527
詩毛氏傳疏三十卷　(清)陳奐撰　清光緒十年(1884)吳門陳氏刻本　十二冊

310000－0243－0001565　304200/7772
毛詩本義十六卷　(宋)歐陽修撰　清道光十四年(1834)瀛塘別墅刻本　四冊

310000－0243－0001566　304200/870012
毛詩注疏三十卷　(漢)鄭玄撰　(唐)孔穎達疏　清同治十年(1871)刻本　十八冊

310000－0243－0001567　304300/0044
朱子詩義補正八卷　(清)方苞撰　(清)單作哲編　清光緒三年(1877)刻本　二冊

310000－0243－0001568　304300/1000
詩地理考六卷　(宋)王應麟撰　清光緒九年(1883)浙江書局刻本　一冊

310000－0243－0001569　304300/1728
詩地理考略二卷　(清)尹繼美撰　清同治三年(1864)鼎吉堂刻本　一冊

310000－0243－0001570　304300/2530
毛詩補禮六卷　(清)朱濂撰　清道光十九年(1839)刻本　二冊

310000－0243－0001571　304300/2530
毛詩補禮六卷　(清)朱濂撰　清道光十九年(1839)刻本　二冊

310000－0243－0001572　304300/2618
毛詩要義二十卷　(宋)魏了翁撰　清光緒十二年(1886)江蘇書局刻本　十二冊

310000－0243－0001573　304300/2618
毛詩要義二十卷　(宋)魏了翁撰　清光緒十二年(1886)江蘇書局刻本　十二冊

310000－0243－0001574　304300/2631
詩古微二十卷　(清)魏源輯　清光緒刻本　十二冊

310000－0243－0001575　304300/2749
毛詩禮徵十卷　(清)包世榮撰　清道光八年(1828)刻本　六冊

310000－0243－0001576　304300/2864
山中學詩記五卷　(清)徐時棟撰　清光緒五

年(1879)西河別墅葉氏刻本　二冊

310000－0243－0001577　304300/3101
毛詩異義四卷　(清)汪龍撰　清光緒四年(1878)蘭穌松靜軒刻本　四冊

310000－0243－0001578　304300/3107
學詩詳說三十卷正詁五卷　(清)顧廣譽撰　清光緒三年(1877)吳大澂刻本　十冊

310000－0243－0001579　304300/3107
學詩詳說三十卷正詁五卷　(清)顧廣譽撰　清光緒三年(1877)吳大澂刻本　十冊

310000－0243－0001580　304300/3140
毛詩訂詁八卷　(清)顧棟高撰　清光緒二十二年(1896)江蘇書局刻本　四冊

310000－0243－0001581　304300/3140
毛詩訂詁八卷　(清)顧棟高撰　清光緒二十二年(1896)江蘇書局刻本　四冊

310000－0243－0001582　304300/4031
毛詩紬義二十四卷　(清)李黼平撰　清道光七年(1827)箸華庵刻本　八冊

310000－0243－0001583　304300/4434
詩瀋二十卷　(清)范家相輯　清嘉慶十五年(1810)刻本　五冊

310000－0243－0001584　304300/4462
詩玉尺二卷　(清)林昌彝撰　清同治八年(1869)廣州海天刊舫刻本　一冊

310000－0243－0001585　304300/5079
詩說三卷　(清)惠周惕撰　清嘉慶十七年(1812)吳趨王氏藉蘭館刻本　一冊

310000－0243－0001586　304300/5079.01
詩說二卷　(清)惠周惕撰　清嘉慶十七年(1812)真意堂刻本　一冊

310000－0243－0001587　304300/5327
詩說考畧十二卷　(清)成僎撰　清道光十年(1830)王氏信芳閣刻本　六冊

310000－0243－0001588　304300/753302
毛詩稽古編三十卷　(清)陳啟源述　(清)龐佑清校　清嘉慶二十年(1815)刻本　八冊

310000－0243－0001589　304400/0188
毛詩序說三十二卷　(清)龔鑑撰　清錢塘龔氏刻本　十冊

310000－0243－0001590　304400/2000
毛詩序論　(清)□□撰　清抄本　一冊

310000－0243－0001591　304400/8091
詩序廣義二十四卷　(清)姜炳璋輯　清嘉慶二十年(1815)刻本　十冊

310000－0243－0001592　304400/870016
鄭氏詩譜考正　(漢)鄭玄撰　(清)丁晏輯　清邵武徐氏刻本　一冊

310000－0243－0001593　304500/0808.1
詩集傳音釋二十卷　(宋)朱熹集傳　(元)許謙音釋　(元)羅復輯　清咸豐七年(1857)海昌蔣氏衍芬草堂刻本　五冊

310000－0243－0001594　304500/0808.1
詩集傳音釋二十卷　(宋)朱熹集傳　(元)許謙音釋　(元)羅復輯　清咸豐七年(1857)海昌蔣氏衍芬草堂刻本　六冊

310000－0243－0001595　304500/0808.101
詩經集傳音釋二十卷　(宋)朱熹集傳　(元)許謙音釋　(元)羅復輯　清光緒十五年(1889)江南書局刻本　四冊

310000－0243－0001596　304500/1069
三百篇原聲七卷　(清)夏味堂撰　清嘉慶十二年(1807)棣華書屋刻本　一冊

310000－0243－0001597　304500/1088.1
詩雙聲疊韻譜　(清)王筠撰　清同治元年(1862)刻本　一冊

310000－0243－0001598　304500/1088.1
詩雙聲疊韻譜　(清)王筠撰　清同治元年(1862)刻本　一冊

310000－0243－0001599　304500/1144
詩經音韻譜五卷　(清)甄士林音釋　清道光五年(1825)刻本　五冊

310000－0243－0001600　304500/2648
讀詩考字二卷　(清)程大鏞纂　清道光二十五年(1845)叢桂軒刻本　二册

310000－0243－0001601　304500/4480
毛詩呁訂十卷　(清)苗夔撰　清咸豐元年(1851)漢專亭刻本　二册

310000－0243－0001602　304500/4493
讀詩辨字畧三卷　(清)韓怡撰　清刻本　一册

310000－0243－0001603　304500/4784
詩古音釋一卷　(清)胡錫燕編　清長沙胡氏刻本　一册

310000－0243－0001604　304500/4784
詩古音釋一卷　(清)胡錫燕編　清長沙胡氏刻本　一册

310000－0243－0001605　304500/7233
詩聲衍一卷　(清)劉逢禄撰　清光緒二十二年(1896)思賢書局刻本　一册

310000－0243－0001606　304500/7412
毛詩草木鳥獸蟲魚疏二卷　(三國吳)陸璣撰　羅振玉校正　清光緒十二年(1886)鉛印本　一册

310000－0243－0001607　304500/7412
毛詩草木鳥獸蟲魚疏二卷　(三國吳)陸璣撰　羅振玉校正　清光緒十二年(1886)鉛印本　一册

310000－0243－0001608　304500/7426
毛詩音義三卷　(唐)陸德明撰　清刻本　二册

310000－0243－0001609　304500/7540
詩傳名物集覽十二卷　(清)陳大章撰　清道光十三年(1833)刻本　四册

310000－0243－0001610　304500/7588
毛詩古音考五卷　(明)陳第撰　清光緒六年(1880)武昌張氏刻本　四册

310000－0243－0001611　304500/7588
毛詩古音考五卷　(明)陳第撰　清光緒六年(1880)武昌張氏刻本　四册

310000－0243－0001612　304500/7714
詩經小學三十卷　(清)段玉裁撰　清道光五年(1825)抱經堂刻本　四册

310000－0243－0001613　304600/1000
詩考一卷　(宋)王應麟撰　清光緒九年(1883)浙江書局刻本　一册

310000－0243－0001614　304600/4434
三家詩拾遺十卷　(清)范家相輯　清嘉慶十五年(1810)古趣亭刻本　三册

310000－0243－0001615　304600/7110
三家詩補遺三卷　(清)阮元撰　清光緒二十五年(1899)長沙葉氏郎園刻本　四册

310000－0243－0001616　304670/3113
韓詩遺説續考四卷　(清)顧震福撰　清光緒十九年(1893)刻本　一册

310000－0243－0001617　304670/4466
韓詩外傳十卷　(漢)韓嬰撰　清刻本　二册

310000－0243－0001618　304670/4466.01
韓詩外傳十卷　(漢)韓嬰撰　清光緒三年(1877)湖北崇文書局刻本　二册

310000－0243－0001619　304900/7524
詩緯集證四卷　(清)陳喬樅撰　清道光二十六年(1846)小嫏嬛館刻本　二册

310000－0243－0001620　310300/1064
讀禮條考二十卷　(清)王曜南撰　清光緒二十三年(1897)武林尚友齋石印本　六册

310000－0243－0001621　310300/4453
開卷偶得四卷　(清)林春溥撰　清道光二十九年(1849)竹柏山房刻本　一册

310000－0243－0001622　310300/7474
讀禮志疑　(清)陸隴其撰　清嘉慶二十一年(1816)刻本　一册

310000－0243－0001623　311000/1031
周官新義十六卷附考工記解二卷　(宋)王安石撰　清道光二十六年(1846)刻本　四册

310000－0243－0001624　311000/1032
周官參證二卷　(清)王寶仁輯　清同治十三年(1874)舊香居刻本　一冊

310000－0243－0001625　311000/1200
九旗古義述七卷　(清)孫詒讓撰　清光緒二十八年(1902)刻本　一冊

310000－0243－0001626　311000/1200.1
周禮政要二卷　(清)孫詒讓撰　清光緒二十八年(1902)瑞安普通學堂刻本　二冊

310000－0243－0001627　311000/442124
周禮節訓六卷　(清)黄叔琳編訂　(清)姚培謙重訂　清刻本　二冊

310000－0243－0001628　311000/6715.01
周官義疏四十八卷　(清)鄂爾泰等撰　清同治十一年(1872)江西書局刻本　三十二冊

310000－0243－0001629　312000/1112
儀禮鄭註句讀　(漢)鄭玄註　(清)張爾岐句讀　清同治七年(1868)金陵書局刻本　四冊

310000－0243－0001630　312000/4775
儀禮釋官九卷　(清)胡匡衷撰　清同治八年(1869)研六閣刻本　四冊

310000－0243－0001631　312040/2233
宮室考一卷　(清)任啟運撰　清嘉慶九年(1804)刻本　一冊

310000－0243－0001632　312040/2233.1
天子肆獻祼饋食禮二卷　(清)任啟運纂　清嘉慶九年(1804)刻本　一冊

310000－0243－0001633　312040/3150
喪服答問紀實一卷　(清)汪中撰　清刻本　一冊

310000－0243－0001634　312040/8300
儀禮纂略一卷　(清)錢唐纂　清光緒二十年(1894)尊經閣刻本　一冊

310000－0243－0001635　312040/8341
車制考一卷　(清)錢坫撰　清刻本　一冊

310000－0243－0001636　313000/2337
欽定禮記義疏八十二卷首一卷　(清)允禄等撰　清刻本　三十二冊

310000－0243－0001637　313000/3123
禮記章句十卷　(清)汪紱撰　清光緒二十一年(1895)刻本　十冊

310000－0243－0001638　313000/7534
禮記十卷　(元)陳澔集說　清嘉慶三年(1798)金閶三槐堂刻本　十冊

310000－0243－0001639　313000/7534.01
禮記十卷　(元)陳澔集說　清道光十六年(1836)揚郡刻本　十冊

310000－0243－0001640　313000/7534.02
禮記十卷　(元)陳浩集說　清光緒八年(1882)江蘇書局刻本　十冊

310000－0243－0001641　313000/7534.03
禮記十卷　(元)陳澔集說　清光緒十九年(1893)江南書局刻本　十冊

310000－0243－0001642　313000/7534.04
禮記十卷　(元)陳澔集說　清刻本　十冊

310000－0243－0001643　313070/3123
六禮或問十二卷　(清)汪紱撰　清光緒二十一年(1895)刻本　四冊

310000－0243－0001644　313076/1032
夏小正戴氏傳刻訓解四卷　(清)王寶仁撰　清同治十三年(1874)舊香居刻本　一冊

310000－0243－0001645　313076/1088
夏小正正義一卷　(清)王筠撰　清咸豐二年(1852)序刻本　一冊

310000－0243－0001646　313076/1262
夏小正二卷　(清)孫星衍校　清嘉慶三年(1798)蘭陵孫氏兖郡刻本　二冊

310000－0243－0001647　313076/3308
夏小正通釋　(清)梁章鉅輯　清光緒十三年(1887)浙江書局刻本　一冊

310000－0243－0001648　313076/7120
夏小正箋疏四卷　(清)馬徵慶撰　清末思古

書堂刻本　一册

310000－0243－0001649　330100/0043
春秋董氏學八卷　康有爲撰　清光緒十九年(1893)萬木草堂刻本　四册

310000－0243－0001650　330100/0043
春秋董氏學八卷　康有爲撰　清光緒十九年(1893)萬木草堂刻本　四册

310000－0243－0001651　330100/0050
春秋内外傳筮辭考證三卷　(清)章耒撰　清光緒九年(1883)刻本　一册

310000－0243－0001652　330100/1022
春秋例表二十四卷　(清)王代豐撰　清刻本　一册

310000－0243－0001653　330100/1053
春秋世論五卷　(清)王夫之撰　清同治四年(1865)湘鄉曾氏金陵書署刻本　二册

310000－0243－0001654　330100/1058
春秋詞命三卷　(明)王鏊輯　清宣統二年(1910)通州翰墨林書局鉛印本　一册

310000－0243－0001655　330100/1059.01
欽定春秋傳説彙纂三十八卷　(清)王掞等撰　清同治九年(1870)刻本　二十册

310000－0243－0001656　330100/267143
春秋增訂旁訓四卷　(宋)程頤　(宋)胡安國集傳　(清)徐立綱訓解　清道光狀元閣刻本　二册

310000－0243－0001657　330100/2746
春秋或問六卷　(清)郜坦撰　清光緒二年(1876)淮南書局刻本　二册

310000－0243－0001658　330100/2833
春秋四傳私考二卷　(明)徐浦撰　清留香室刻本　四册

310000－0243－0001659　330100/3140－1.01
春秋大事表五十卷　(清)顧棟高撰　清同治十二年(1873)山東尚志堂刻本　二十册

310000－0243－0001660　330100/3140－1.02
春秋大事表五十卷　(清)顧棟高撰　清光緒十四年(1888)陝西求友齋刻本　二十四册

310000－0243－0001661　330100/4072
春秋紀傳五十一卷　(清)李鳳雛撰　清光緒二十一年(1895)古大化里刻本　十二册

310000－0243－0001662　330100/4406
春秋會義二十六卷　(宋)杜諤撰　清光緒十八年(1892)孫氏山淵閣刻本　十二册

310000－0243－0001663　330100/4406
春秋會義二十六卷　(宋)杜諤撰　清光緒十八年(1892)孫氏山淵閣刻本　十二册

310000－0243－0001664　330100/4480
春秋比事參義十六卷　(清)桂含章輯　清光緒八年(1882)石埭務本堂桂氏刻本　十六册

310000－0243－0001665　330100/7298
春秋權衡十七卷　(宋)劉敞撰　清通志堂刻本　三册

310000－0243－0001666　330100/7430
春秋啖趙二先生集傳辨疑十卷　(唐)陸淳撰　清同治十二年(1873)錢塘龔氏玉玲瓏閣刻本　二册

310000－0243－0001667　330100/7430.1
春秋微旨三卷　(唐)陸淳撰　清同治十二年(1873)嘉興錢氏經苑刻本　一册

310000－0243－0001668　330100/7571
春秋述義拾遺八卷　(清)陳熙晉撰　清光緒十七年(1891)廣雅書局刻本　三册

310000－0243－0001669　330100/7579
春秋世族譜　(清)陳厚耀撰　清道光十九年(1839)揚州寶翰樓刻本　一册

310000－0243－0001670　330100/8096
春秋求故四卷　(清)余煌撰　清道光十年(1830)刻本　二册

310000－0243－0001671　330200/1043
左傳通釋四卷　(清)王士濂撰　清乾隆刻鶴壽堂叢書本　二册

310000－0243－0001672　330200/3191
左傳杜解補正三卷　（清）顧炎武撰　清道光九年（1829）錢塘汪氏振綺堂刻光緒元年（1875）補版重印本　一冊

310000－0243－0001673　330200/3372
左通補釋三十二卷　（清）梁履繩撰　清道光九年（1829）錢塘汪氏振綺堂刻光緒元年（1875）補刻本　十二冊

310000－0243－0001674　330200/3372
左通補釋三十二卷　（清）梁履繩撰　清道光九年（1829）錢塘汪氏振綺堂刻光緒元年（1875）補刻本　十冊

310000－0243－0001675　330200/4022
左傳快讀十八卷　（清）李紹崧選　清兩儀堂刻本　十六冊

310000－0243－0001676　330200/4062
春秋左氏傳賈服注輯述二十卷　（清）李貽德撰　清同治五年（1866）代州馮志沂刻本　六冊

310000－0243－0001677　330200/4062.01
春秋左氏傳賈服注輯述二十卷　（清）李貽德撰　清光緒八年（1882）江蘇書局刻本　六冊

310000－0243－0001678　330200/407641
春秋左傳三十卷　（春秋）左丘明撰　（晉）杜預集解　（明）金蟠校訂　清永懷堂刻本　十二冊

310000－0243－0001679　330200/407672
春秋左傳註疏六十卷　（春秋）左丘明撰　（唐）孔穎達疏　（唐）陸德明釋文　清嘉慶二十年（1815）江西南昌府學刻本　二十一冊

310000－0243－0001680　330200/4426
欽定春秋左傳讀本三十卷　（清）英和等撰　清同治八年（1869）刻本　十六冊

310000－0243－0001681　330200/4444
左傳句解六卷　（清）韓菼重訂　清狀元閣刻本　六冊

310000－0243－0001682　330200/4444.1
評點春秋綱目左傳句解彙雋六卷　（清）韓菼重訂　清光緒三十三年（1907）善化書局刻本　六冊

310000－0243－0001683　330200/5045
春秋左傳補註六卷　（清）惠棟撰　清光緒二十四年（1898）潮陽縣衙刻本　二冊

310000－0243－0001684　330200/603047
東萊博議二十五卷　（宋）吕祖謙撰　（清）胡鳳丹校　清同治七年（1868）刻金華叢書本　六冊

310000－0243－0001685　330200/7175
左傳事緯十二卷　（清）馬驌撰　清光緒四年（1878）敏德堂刻本　十二冊

310000－0243－0001686　330200/7203
左傳舊疏考證八卷　（清）劉文淇撰　清光緒三年（1877）湖北崇文書局刻本　四冊

310000－0243－0001687　330200/7203
左傳舊疏考證八卷　（清）劉文淇撰　清光緒三年（1877）湖北崇文書局刻本　四冊

310000－0243－0001688　330200/7244
左傳文法讀本十二卷　劉培極　吳闓生撰　清宣統元年（1909）鉛印本　六冊

310000－0243－0001689　330200/7513
春秋經傳通釋六卷　（清）陳聖清輯註　清嘉慶十年（1805）刻本　六冊

310000－0243－0001690　330200/8091
讀左補義五十卷　（清）姜炳璋輯　清三多堂刻本　十六冊

310000－0243－0001691　330200/8296
鍾評左傳三十卷　（明）鍾惺評點　清雁谷子刻本　六冊

310000－0243－0001692　330300/1132
公羊臆三卷　（清）張憲和撰　清宣統刻本　二冊

310000－0243－0001693　330300/1132.1
讀公羊註記疑三卷　（清）張憲和撰　清宣統刻本　二冊

310000－0243－0001694　330300/30136
公羊方言箋疏一卷　(清)淳于鴻恩撰　清光緒三十四年(1908)金泉精舍刻本　一册

310000－0243－0001695　330300/442836
春秋繁露十七卷　(漢)董仲舒撰　(清)淩曙注　清嘉慶二十年(1815)刻本　四册

310000－0243－0001696　330300/808020
監本附音春秋公羊註疏二十八卷　(戰國)公羊高傳　(漢)何休解詁　(唐)徐彦疏　清嘉慶二十年(1815)刻本　八册

310000－0243－0001697　330300/808022
春秋公羊傳二十八卷　(戰國)公羊高撰　(漢)何休解詁　清永懷堂刻本　四册

310000－0243－0001698　330300/808022.03
春秋公羊經傳解詁十二卷　(戰國)公羊高撰　(漢)何休解詁　清同治二年(1863)揚州汪氏問禮堂刻本　二册

310000－0243－0001699　330400/4430.01
春秋穀梁傳二十卷　(晉)范甯集解　(明)金蟠校訂　清永懷堂刻本　四册

310000－0243－0001700　330400/4646
春秋穀梁傳二十卷　(晉)范甯集解　(唐)陸德明音義　(唐)楊士勳疏　清同治十年(1871)刻本　六册

310000－0243－0001701　330400/4646.01
監本附音春秋穀梁註疏二十卷　(漢)穀梁赤傳　(晉)范甯集解　(唐)楊士勳疏　清嘉慶二十年(1815)南昌府學刻本　四册

310000－0243－0001702　330800/2844
春秋釋地韻編五卷　(清)徐壽基輯　清光緒十二年(1886)刻本　二册

310000－0243－0001703　331100/004413.01
左傳義法舉要一卷附平點二卷　(清)方苞撰　(清)王兆符　程崟輯　清光緒十九年(1893)刻本　三册

310000－0243－0001704　340000/4074
孝經一卷　(唐)玄宗李隆基註　清光緒十七年(1891)刻本　一册

310000－0243－0001705　340000/5511
孝經學七卷　曹元弼撰　清光緒三十四年(1908)江蘇存古學堂刻本　一册

310000－0243－0001706　340000/5511
孝經學七卷　曹元弼撰　清光緒三十四年(1908)江蘇存古學堂刻本　一册

310000－0243－0001707　340000/8700
孝經九卷　(漢)鄭玄注　(明)金蟠校訂　清刻本　一册

310000－0243－0001708　340000/8700.01
孝經一卷　(漢)鄭玄註　清光緒十八年(1892)清馨榭顧氏刻本　一册

310000－0243－0001709　340000/8700.01
孝經一卷　(漢)鄭玄註　清光緒十八年(1892)清馨榭顧氏刻本　一册

310000－0243－0001710　350100/1134
四書訓解參證十二卷　(清)張定鋆撰　清咸豐二年(1852)刻本　六册

310000－0243－0001711　350100/1731
四書考異總考三十六篇條考三十六篇　(清)翟灝撰　清光緒武林竹簡齋刻本　十册

310000－0243－0001712　350100/2042
四書改錯二十二卷　(清)毛奇齡撰　清嘉慶十六年(1811)刻本　六册

310000－0243－0001713　350100/2042
四書改錯二十二卷　(清)毛奇齡撰　清嘉慶十六年(1811)刻本　六册

310000－0243－0001714　350100/2540
四書集注十九卷　(宋)朱熹集註　清字源堂刻本　十四册

310000－0243－0001715　350100/2540.01
四書集註二十九卷　(宋)朱熹集註　清末刻本　十册

310000－0243－0001716　350100/2645
四書逸箋六卷　(清)程大中撰　清嘉慶十四

年(1809)刻本　一册

310000－0243－0001717　350100/2645.01
四書逸箋六卷　(清)程大中撰　清道光三十年(1850)刻粤雅堂叢書本　一册

310000－0243－0001718　350100/4434
新訂四書補注備旨十卷　(明)鄭林撰　(清)杜定基增訂　清刻本　六册

310000－0243－0001719　350100/4491
四書圖考十三種　(清)杜炳輯　清道光七年(1827)刻本　十二册

310000－0243－0001720　350100/4491
四書圖考十三種　(清)杜炳輯　清道光七年(1827)刻本　十册

310000－0243－0001721　350100/774141
四書釋地補六卷　(清)閻若璩原本　(清)樊廷枚校補　清嘉慶二十一年(1816)梅陽海涵堂刻本　六册

310000－0243－0001722　350100/774141
四書釋地補六卷　(清)閻若璩原本　(清)樊廷枚校補　清嘉慶二十一年(1816)梅陽海涵堂刻本　一册

310000－0243－0001723　350100/774141.1
四書釋地又續補　(清)閻若璩原本　(清)樊廷枚校補　清刻本　一册

310000－0243－0001724　350100/774141.2
四書釋地三續補　(清)閻若璩原本　(清)樊廷枚校補　清刻本　一册

310000－0243－0001725　350200/103117
論語經正錄二十卷　(清)王肇晉　(清)王用誥撰　清光緒二十年(1894)刻本　十册

310000－0243－0001726　350200/103117.01
論語經正錄二十卷　(清)王肇晉　(清)王用誥撰　清光緒二十年(1894)刻本　十一册

310000－0243－0001727　350200/1760
論語註疏解經二十卷　(三國魏)何晏集解　(宋)邢昺疏　清初汲古閣刻本　四册

310000－0243－0001728　350200/2160
論語二十卷　(三國魏)何晏集解　(明)金蟠校訂　清永懷堂刻本　二册

310000－0243－0001729　350200/2160.01
唐卷子本論語十卷　(三國魏)何晏集解　清光緒十五年(1889)德清傅氏日本刻籑喜廬叢書本　二册

310000－0243－0001730　350200/216022
論語集解義疏十卷　(三國魏)何晏集解　(南朝梁)皇侃義疏　清同治十二年(1873)刻古經解彙函本　四册

310000－0243－0001731　350200/254084
論語集註補正述疏十卷　(宋)朱熹集註　(清)簡朝亮述疏　清乾隆鮑氏知不足齋刻本　十六册

310000－0243－0001732　350200/3224
論語古注集箋十卷　(清)潘維城注　清光緒七年(1881)刻本　六册

310000－0243－0001733　350200/3224－1
朱子論語集註訓詁考二卷　(清)潘衍桐輯　清光緒十七年(1891)刻本　一册

310000－0243－0001734　350200/4307
戴氏注論語二十卷釋文二卷　(清)戴望注　清同治十年(1871)刻本　一册

310000－0243－0001735　350200/7234
論語正義二十四卷　(清)劉寶楠撰　清同治五年(1866)東京文求堂刻本　八册

310000－0243－0001736　350200/7246
論語正義補一卷　(清)劉恭冕撰　清抄本　一册

310000－0243－0001737　350200/7531
論語話解十卷　(清)陳濬述　清宣統元年(1909)石印本　四册

310000－0243－0001738　350300/1240
孟子註疏十四卷　(宋)孫奭撰　清同治十二年(1873)刻本　七册

310000－0243－0001739　350500/4443
中庸順講一卷　(明)芮城撰　清光緒七年

(1881)刻本　一册

310000－0243－0001740　360200/6614
唐石經校文十卷　(清)嚴可均纂　清嘉慶九年(1804)刻本　四册

310000－0243－0001741　360200/6614.01
唐石經校文十卷　(清)嚴可均纂　清末元尚居刻本　四册

310000－0243－0001742　360300/7537
蜀石經毛詩殘字二卷　(清)陳宗彝覆刻　清道光六年(1826)石印本　一册

310000－0243－0001743　360800/1247
古微書七十二種三十六卷　(明)孫瑴編　清光緒十四年(1888)刻本　六册

310000－0243－0001744　360800/1247.01
古微書三十六卷　(明)孫瑴撰　清光緒二十一年(1895)石印本　二册　存十八卷(一至十八)

310000－0243－0001745　371400/1033
雷刻八種三十三卷　(清)雷浚撰　清光緒九年(1883)刻本　十册

310000－0243－0001746　371400/4030
小學類編七種三十五卷　(清)李祖望輯　清咸豐二年(1852)李氏半畝園刻本　五册

310000－0243－0001747　371400/4480
苗氏小學四種二十卷　(清)苗夔撰　清咸豐元年(1851)漢專亭刻本　四册

310000－0243－0001748　371400/8208
小學彙函十四種一百三十六卷　(清)鍾謙鈞輯　清同治十二年(1873)抱經堂刻本　三十一册

310000－0243－0001749　372100.2/0712
爾雅三卷　(晉)郭璞註　(唐)陸德明音義　清同治十三年(1874)尊經閣刻本　三册

310000－0243－0001750　372100.2/1073
爾雅王氏集解十九卷　王闓運集解　清光緒二十七年(1901)衡陽東洲講舍刻本　四册

310000－0243－0001751　372100.2/1135
爾雅註疏本正誤五卷　(清)張宗泰撰　清光緒二十六年(1900)刻本　一册

310000－0243－0001752　372100.2/1731
爾雅補郭二卷　(清)翟灝撰　清光緒八年(1882)刻本　一册

310000－0243－0001753　372100.2/1731.01
爾雅補郭二卷　(清)翟灝撰　清刻本　一册

310000－0243－0001754　372100.2/1760.01
爾雅疏十卷　(宋)邢昺疏　清光緒四年(1878)十萬卷樓刻本　一册

310000－0243－0001755　372100.2/2571
爾雅諍郭二卷　(清)朱學聃撰　清光緒十六年(1890)刻本　一册

310000－0243－0001756　372100.2/3144
爾雅小箋三卷　(清)江藩撰　清光緒十九年(1893)刻本　二册

310000－0243－0001757　372100.2/3224
爾雅正郭三卷　(清)潘衍桐撰　清光緒十七年(1891)刻本　一册

310000－0243－0001758　372100.2/4399
爾雅郭註補正九卷　(清)戴鎣撰　清光緒十一年(1885)海陽韓氏刻本　六册

310000－0243－0001759　372100.2/4440
爾雅古義十一種十二卷　(清)黄奭輯　清道光刻本　六册

310000－0243－0001760　372100.2/4443
爾雅古註斠三卷　(清)葉蕙心撰　清光緒二年(1876)李氏半畝園刻本　一册

310000－0243－0001761　372100.2/4742
爾雅義疏二十卷　(清)郝懿行撰　清同治四年(1865)刻本　八册

310000－0243－0001762　372100.2/4742
爾雅義疏二十卷　(清)郝懿行撰　清同治四年(1865)刻本　八册

310000－0243－0001763　372100.2/6616

爾雅匡名二十卷 (清)嚴元照撰 清光緒十一年(1885)吳興陸氏守先閣刻本 六册

310000－0243－0001764 372100.2/7210
爾雅補註殘本一卷 (清)劉玉麐撰 清光緒十四年(1888)刻本 一册

310000－0243－0001765 372100.2/7724
爾雅訓纂一卷 (清)周繪藻撰 (清)周紱藻輯 清光緒三十一年(1905)石印本 一册

310000－0243－0001766 372100.2/8740
爾雅鄭註三卷 (宋)鄭樵註 清道光晉祁書業堂刻本 一册

310000－0243－0001767 372100.3/6724
爾雅易讀不分卷 (清)路德撰 (清)李恩綬校 清光緒十七年(1891)狀元閣刻本 一册

310000－0243－0001768 372100.4/0712
爾雅音圖三卷 (晉)郭璞註 清光緒十年(1884)上海同文書局石印本 二册

310000－0243－0001769 372100.4/0712.01
爾雅音圖三卷 (晉)郭璞註 清光緒八年(1882)上海同文書局缩印本 二册

310000－0243－0001770 372100.4/071261
爾雅圖贊 (晉)郭璞撰 (清)嚴可均輯 清光緒二十一年(1895)長沙葉氏郎園刻本 一册

310000－0243－0001771 372100.4/6614
爾雅圖贊一卷山海經圖贊二卷 (清)嚴可均撰 清光緒二十一年(1895)長沙葉氏郎園刻本 一册

310000－0243－0001772 372100.4/7750
爾雅補註四卷 (清)周春撰 清光緒三十四年(1908)長沙葉氏刻本 二册

310000－0243－0001773 372200.1/115614
廣雅補疏四卷 (三國魏)張揖撰 王樹枏補疏 清光緒刻本 一册

310000－0243－0001774 372200.1/115618
廣雅疏證十卷 (三國魏)張揖撰 (清)王念孫疏證 清嘉慶元年(1796)刻本 八册

310000－0243－0001775 693300/0094.03
全唐詩九百卷 (清)曹寅等編 清康熙四十六年(1707)揚州詩局刻本 一百二十册

310000－0243－0001776 372200.1/122416
小爾雅疏八卷 (漢)孔鮒撰 (清)王煦註疏 清光緒十一年(1885)刻本 二册

310000－0243－0001777 372200.1/122437
小爾雅訓纂六卷 (漢)孔鮒撰 (清)宋翔鳳註 清光緒十六年(1890)廣雅書局刻本 一册

310000－0243－0001778 372200.1/122441
小爾雅義證十三卷 (漢)孔鮒撰 (清)胡承珙義證 清末刻聚學軒叢書本 二册

310000－0243－0001779 372200.1/122441.01
小爾雅義證十三卷 (漢)孔鮒撰 (清)胡承珙義證 清道光七年(1827)求是堂刻本 二册

310000－0243－0001780 372200.1/122444
小爾雅疏證五卷 (漢)孔鮒撰 (清)葛其仁疏證 清光緒歸安姚氏刻咫進齋叢書本 一册

310000－0243－0001781 372200.1/7277.01
釋名定本八卷 (漢)劉熙撰 清璜川吳氏刻本 二册

310000－0243－0001782 693300/009475
御選唐詩三十二卷目錄三卷 (清)聖祖玄燁輯 (清)陳廷敬等纂註 清康熙五十二年(1713)內府朱墨套印本 十五册

310000－0243－0001783 693300/3031
網師園唐詩箋十八卷 (清)宋宗元輯 清乾隆三十二年(1767)尚絅堂刻本 六册

310000－0243－0001784 372200.1/7277.1
釋名疏證補八卷續釋名釋名補遺共一卷疏證補坿一卷 (漢)劉熙撰 (清)畢沅疏證 王先謙撰集 清光緒二十二年(1896)刻本 四册

310000－0243－0001785 372200.3/3433

輔行記四十卷 （唐）釋湛然撰 （清）張心泰輯 清光緒十一年(1885)刻本 二册

310000－0243－0001786 372200.4/607137
爾雅翼併音釋三十二卷 （宋）羅願撰 （元）洪焱祖音釋 清光緒十年(1884)刻本 六册

310000－0243－0001787 372200.5/250424
駢雅十卷序目一卷駢雅訓纂十六卷 （明）朱謀瑋撰 （清）魏茂林訓纂 清光緒七年(1881)瀹雅齋刻本 六册

310000－0243－0001788 372200.5/250424.01
駢雅十卷序目一卷駢雅訓纂十六卷 （明）朱謀瑋撰 （清）魏茂林訓纂 清道光二十九年(1849)有不爲齋刻本 八册

310000－0243－0001789 372200.5/4043
爾雅蒙求二卷 （清）李拔式撰 清嘉慶三年(1798)姑蘇七映堂刻本 一册

310000－0243－0001790 372200.6/1069
拾雅二十卷 （清）夏味堂撰 清嘉慶二十五年(1820)刻本 十册

310000－0243－0001791 372200.6/1069
拾雅二十卷 （清）夏味堂撰 清嘉慶二十五年(1820)刻本 十册

310000－0243－0001792 372200.6/1069.01
拾雅二十卷 （清）夏味堂撰 清嘉慶二十五年(1820)遂園刻本 八册

310000－0243－0001793 372200.6/1181
廣釋名二卷 （清）張金吾撰 清咸豐十年(1860)刻粤雅堂叢書本 一册

310000－0243－0001794 372200.6/2615
別雅五卷 （清）吴玉搢輯 清道光二十九年(1849)小蓬萊山館刻本 五册

310000－0243－0001795 372200.6/2615
別雅五卷 （清）吴玉搢輯 清道光二十九年(1849)小蓬萊山館刻本 五册

310000－0243－0001796 372200.6/2615.01
別雅訂五卷 （清）吴玉搢輯 清光緒三年(1877)吴縣潘氏刻本 一册

310000－0243－0001797 372200.6/2626
選雅二十卷 （清）程先甲撰 清光緒二十八年(1902)千一齋刻本 八册

310000－0243－0001798 372200.6/4001
通詁二卷 （清）李調元撰 清刻函海叢書本 一册

310000－0243－0001799 372200.6/4425
增注字詁義府合編四卷 （清）黄生撰 清光緒三年(1877)歙西黄氏刻本 四册

310000－0243－0001800 372200.6/5044
疊雅十三卷 （清）史夢蘭撰 清光緒三年(1877)止園刻本 四册

310000－0243－0001801 372200.6/7297
續廣雅三卷 （清）劉燦撰 清道光六年(1826)刻本 一册

310000－0243－0001802 372200.6/7297.1
支雅二卷 （清）劉燦編 清道光二十五年(1845)刻本 一册

310000－0243－0001803 372200.6/7533
羼雅二十五卷 （清）陳肇波撰 清道光十六年(1836)陳氏稿本 一册

310000－0243－0001804 372300.1/0441
顧曲録四卷 （清）謝嘉玉輯 清嘉慶十五年(1810)刻本 一册

310000－0243－0001805 372300.1/7750
佛爾雅二卷 （清）周春撰 清嘉慶二十一年(1816)刻本 一册

310000－0243－0001806 372300.2/1192
廣釋親一卷 張慎儀補輯 清宣統三年(1911)刻薆園叢書本 一册

310000－0243－0001807 372300.2/4429
釋人疏證二卷 葉德輝撰 清光緒二十八年(1902)長沙葉氏自刻本 一册

310000－0243－0001808 372300.2/4429
釋人疏證二卷 葉德輝撰 清光緒二十八年(1902)長沙葉氏自刻本 一册

310000－0243－0001809　372300.3/0427
虚字闡義讀書說約合編　(清)謝鼎卿撰　清光緒元年(1875)刻本　一册

310000－0243－0001810　372300.3/7115
馬氏文通十卷　(清)馬建忠撰　清光緒二十八年(1902)紹興刻本　十册

310000－0243－0001811　372400.1/1192
方言別錄四卷　張慎儀輯　清宣統三年(1911)刻本　二册

310000－0243－0001812　372400.1/2626
廣續方言四卷　(清)程先甲輯　清光緒二十三年(1897)木活字印本　一册

310000－0243－0001813　372400.1/2626
廣續方言四卷　(清)程先甲輯　清光緒二十三年(1897)木活字印本　一册

310000－0243－0001814　372400.1/2816
續方言又補二卷　徐乃昌撰　清光緒二十一年(1895)南陵徐氏刻本　一册

310000－0243－0001815　372400.1/3428
續方言疏證二卷　(清)沈齡撰　清刻本　二册

310000－0243－0001816　372400.1/404719
續方言新校補二卷　(清)杭世駿輯　(清)程際盛補　(清)張慎儀新校補　清宣統三年(1911)刻薆園叢書本　一册

310000－0243－0001817　372400.1/564001.02
方言十三卷續二卷續補一卷　(漢)揚雄撰　(晉)郭璞註　清光緒十七年(1891)思賢講舍刻本　二册

310000－0243－0001818　372400.1/564001.03
方言註十三卷　(漢)揚雄撰　(晉)郭璞註　清同治、光緒福山王氏天壤閣鉛印本　二册

310000－0243－0001819　372400.1/564041
方言疏證十三卷　(漢)揚雄撰　(晉)郭璞註　(清)戴震疏證　清光緒八年(1882)汗青簃刻本　四册

310000－0243－0001820　372400.1/564041
方言疏證十三卷　(漢)揚雄撰　(晉)郭璞註　(清)戴震疏證　清光緒八年(1882)汗青簃刻本　四册

310000－0243－0001821　372400.1/564082
方言箋疏十三卷　(漢)揚雄撰　(晉)郭璞注　(清)錢繹箋　清光緒十六年(1890)紅蝠山房刻本　六册

310000－0243－0001822　372400.1/564082
方言箋疏十三卷　(漢)揚雄撰　(晉)郭璞注　(清)錢繹箋　清光緒十六年(1890)紅蝠山房刻本　六册

310000－0243－0001823　372400.2/4402
越言釋二卷　(清)茹敦和撰　清道光二十九年(1849)嘯園自刻本　一册

310000－0243－0001824　372400.2/4430
越諺三卷　(清)范寅輯　清光緒八年(1882)谷應山房刻本　三册

310000－0243－0001825　372400.2/4430
越諺三卷　(清)范寅輯　清光緒八年(1882)谷應山房刻本　三册

310000－0243－0001826　372400.2/4430
越諺三卷　(清)范寅輯　清光緒八年(1882)谷應山房刻本　三册

310000－0243－0001827　372400.2/4430
越諺三卷　(清)范寅輯　清光緒八年(1882)谷應山房刻本　三册

310000－0243－0001828　372400.5/1192
蜀方言二卷　張慎儀輯　清宣統三年(1911)刻薆園叢書本　一册

310000－0243－0001829　372500/1731
通俗編三十八卷　(清)翟灝撰　清光緒武林竹簡齋刻本　十二册

310000－0243－0001830　372500/4732－1
姚江俗語巧對一卷　(清)胡啟俊撰　(清)胡壽祖音義　清咸豐六年(1856)索笈堂刻本　一册

310000－0243－0001831　402130/1102

史記集解索隱正義劄記　(清)張文虎撰　清同治十一年(1872)金陵書局刻本　二册

310000－0243－0001832　372500/5044
燕説四卷　(清)史夢蘭撰　清同治六年(1867)止園自刻本　一册

310000－0243－0001833　372500/8346
邇言六卷　(清)錢大昭撰　清末嘯園刻本　二册

310000－0243－0001834　373100.1/1748
小學或問　(清)尹嘉銓輯　清同治十年(1871)尊道堂刻本　一册

310000－0243－0001835　373100.2/1262
倉頡篇三卷續一卷補二卷　(清)孫星衍輯　(清)任大椿續　清光緒十六年(1890)江蘇書局刻本　二册

310000－0243－0001836　373100.2/1262
倉頡篇三卷續一卷補二卷　(清)孫星衍輯　(清)任大椿續　清光緒十六年(1890)江蘇書局刻本　二册

310000－0243－0001837　373100.2/3308
倉頡篇校證三卷　(清)梁章鉅撰　清光緒五年(1879)寫刻本　二册

310000－0243－0001838　373100.2/5038.01
急就篇一卷　(漢)史游撰　清光緒遵義黎氏刻古逸叢書本　一册

310000－0243－0001839　373100.4/4002
字鑑五卷　(元)李文仲編　清光緒十六年(1890)慎自恙軒刻本　一册

310000－0243－0001840　373100.4/4027
字通一卷　(宋)李從周撰　清乾隆刻知不足齋叢書本　一册

310000－0243－0001841　373100.4/5042
班馬字類五卷　(宋)婁機撰　清光緒九年(1883)鮑氏刻本　二册

310000－0243－0001842　373100.6/2244
字林考逸八卷補一卷　(清)任大椿輯　(清)陶方琦撰　清光緒十六年(1890)刻本　四册

310000－0243－0001843　373100.6/2244
字林考逸八卷補一卷　(清)任大椿輯　(清)陶方琦撰　清光緒十六年(1890)刻本　四册

310000－0243－0001844　373100.6/2244.01
字林考逸八卷　(清)任大椿撰　清光緒七年(1881)章氏刻本　二册

310000－0243－0001845　373100.6/2244.1
小學鉤沈三十八種十九卷　(清)任大椿輯　清光緒十年(1884)龍氏刻本　二册

310000－0243－0001846　373100.6/2244.1
小學鉤沈三十八種十九卷　(清)任大椿輯　清光緒十年(1884)龍氏刻本　二册

310000－0243－0001847　373100.6/2244.2
小學鉤沈續編四十八種八卷　(清)顧震福輯　清光緒十八年(1892)刻本　四册

310000－0243－0001848　373100.6/2643
字説一卷　(清)吳大澂撰　清刻本　一册

310000－0243－0001849　373100.6/2643
字説一卷　(清)吳大澂撰　清刻本　一册

310000－0243－0001850　373100.6/3030
增訂金壺字考一卷　(清)釋適之原編　(清)郝在田增訂　清同治十三年(1874)京都琉璃廠東龍雲齋刻本　一册

310000－0243－0001851　373100.6/3030.1
翰苑校增金壺字考　(清)釋適之原編　(清)郝普霖增訂　清光緒九年(1883)京都琉璃廠懿文齋刻本　二册

310000－0243－0001852　373200/089428.01
説文解字十五卷　(漢)許慎撰　(宋)徐鉉等補註　清嘉慶十四年(1809)刻本　三册

310000－0243－0001853　373200/089428.02
説文解字十五卷　(漢)許慎撰　(宋)徐鉉校　清嘉慶十四年(1809)刻本　四册

310000－0243－0001854　373200/089428.03
説文解字十五卷　(漢)許慎撰　(宋)徐鉉校　清光緒七年(1881)淮南書局刻本　五册

310000－0243－0001855　373200/089428.04
說文解字十五卷　(漢)許慎撰　(宋)徐鉉校　清光緒八年(1882)覆宋刻本　七册

310000－0243－0001856　373200/089428.05
說文解字十五卷　(漢)許慎撰　(宋)徐鉉校　清光緒十一年(1885)蕉心室刻本　八册

310000－0243－0001857　373200/089428.08
仿宋許氏說文解字十五卷　(漢)許慎撰　(宋)徐鉉校　清末鑄記書局石印本　四册

310000－0243－0001858　373200/1198
許學叢書十四種五十七卷　(清)張炳翔輯　清光緒十三年(1887)刻本　二十四册

310000－0243－0001859　373200/2881
說文解字通釋四十卷　(五代)徐鍇傳釋　清道光十九年(1839)新安汪氏刻本　十册

310000－0243－0001860　373200/2881
說文解字通釋四十卷　(五代)徐鍇傳釋　清道光十九年(1839)新安汪氏刻本　十册

310000－0243－0001861　373200/2881.01
說文解字通釋四十卷　(五代)徐鍇傳釋　清光緒元年(1875)刻本　八册

310000－0243－0001862　373300.1/7721
說文字原一卷　(元)周伯琦撰　清末十竹齋刻本　一册

310000－0243－0001863　373300.2/089471.01
說文解字註三十卷附六書音均表　(清)段玉裁撰　清嘉慶十三年(1808)經韻樓刻本　十六册

310000－0243－0001864　373300.2/089471.02
補刻段氏說文解字注三十二卷　(漢)許慎撰　(清)段玉裁注　清同治六年(1867)蘇州保息局刻本　十六册

310000－0243－0001865　373300.2/089471.03
段氏說文解字註三十卷附六書音均表　(清)段玉裁註　清光緒七年(1881)刻本　二十四册

310000－0243－0001866　373300.2/089471.1
汲古閣說文訂一卷　(清)段玉裁撰　清光緒五年(1879)歸安姚氏刻咫進齋叢書本　一册

310000－0243－0001867　373300.3/1024.01
說文段注訂補十四卷　(清)王紹蘭撰　(清)胡燏棻編　清光緒十四年(1888)刻本　八册

310000－0243－0001868　373300.3/1163
段氏說文解字註錄要　(清)張景宣撰　清張氏手稿本　一册

310000－0243－0001869　373300.3/2831.01
說文解字註箋十四卷　(清)段玉裁注　(清)徐灝箋　清光緒二十年(1894)刻民國三年(1914)京師補刻本　三十二册

310000－0243－0001870　373300.3/2848
說文段註校三種四卷　(清)徐松等撰　清光緒二十八年(1902)長沙葉氏刻本　一册

310000－0243－0001871　373300.3/7142
說文段註撰要九卷　(清)馬壽齡撰　清光緒九年(1883)金陵胡氏愚園刻本　六册

310000－0243－0001872　373300.3/8741
段氏說文註訂八卷　(清)鈕樹玉撰　清同治五年(1866)碧螺山館刻本　二册

310000－0243－0001873　373300.3/8741
段氏說文註訂八卷　(清)鈕樹玉撰　清同治五年(1866)碧螺山館刻本　二册

310000－0243－0001874　373300.4/0080
說文字通十四卷　(清)高翔麟撰　清道光十九年(1839)刻本　四册

310000－0243－0001875　373300.4/0833
說文徐氏未詳說一卷　(清)許溎祥輯　清光緒十六年(1890)海寧許氏古均閣刻本　一册

310000－0243－0001876　373300.4/0838
某先生校桂註說文條辨　(清)許瀚撰　清道光刻許印林遺著本　一册

310000－0243－0001877　373300.4/0843
讀說文雜識一卷　(清)許棫撰　清光緒七年(1881)刻本　一册

310000－0243－0001878　373300.4/0845
古均閣遺著讀說文記　(清)許棟撰　清光緒十四年(1888)刻古均閣遺著本　一册

310000－0243－0001879　373300.4/1014
說文拈字七卷　(清)王玉樹撰　清嘉慶八年(1803)芳梫堂刻本　八册

310000－0243－0001880　373300.4/1053
說文廣義三卷　(清)王夫之撰　清同治四年(1865)刻船山遺書本　三册

310000－0243－0001881　373300.4/1067
說文五翼八卷　(清)王煦撰　清光緒八年(1882)上虞觀海樓刻本　二册

310000－0243－0001882　373300.4/1081
說文解字校勘記殘稿一卷　(清)王念孫撰　(清)桂馥鈔存　清宣統元年(1909)晨風閣木活字印本　一册

310000－0243－0001883　373300.4/1088
說文釋例二十卷附論文集傳校錄　(清)王筠撰　清同治四年(1865)刻本　十六册

310000－0243－0001884　373300.4/1088.1
說文句讀三十卷　(清)王筠撰　清同治四年(1865)刻本　十六册

310000－0243－0001885　373300.4/1100
說文解字索隱一卷補例一卷　(清)張度撰　清光緒二十二年(1896)刻本　一册

310000－0243－0001886　373300.4/1122
說文发疑七卷　(清)張行孚撰　清光緒九年(1883)張氏自刻本　三册

310000－0243－0001887　373300.4/1741
廣潛研堂說文答問疏證八卷　(清)承培元撰　清光緒十八年(1892)廣雅書局刻本　一册

310000－0243－0001888　373300.4/2075
說文解字述誼二卷　(清)毛際盛撰　清道光二十四年(1844)刻聚學軒叢書本　二册

310000－0243－0001889　373300.4/2075.01
說文解字述誼二卷　(清)毛際盛撰　清道光二十四年(1844)刻本　三册

310000－0243－0001890　373300.4/2683
說文廣義校訂四卷　(清)吳善述撰　清同治十三年(1874)刻本　二册

310000－0243－0001891　373300.4/3104
說文辨疑一卷　(清)顧廣圻撰　清光緒三年(1877)湖北崇文書局刻本　一册

310000－0243－0001892　373300.4/3130
說文繫傳考異四卷附錄一卷　(清)汪憲撰　清光緒八年(1882)八杉齋刻本　二册

310000－0243－0001893　373300.4/3131
說文釋例二卷　(清)江沅撰　清咸豐元年(1851)李氏半畝園刻本　一册

310000－0243－0001894　373300.4/3202
說文解字通正十四卷　(清)潘奕雋撰　清同治刻聚學軒叢書本　二册

310000－0243－0001895　373300.4/3202.02
說文蠡箋十四卷　(清)潘奕雋撰　清同治十三年(1874)三松堂刻本　二册

310000－0243－0001896　373300.4/4206
說文校議三十卷　(清)姚文田　(清)嚴可均同撰　清同治十三年(1874)歸安姚氏刻本　五册

310000－0243－0001897　373300.4/4221
小學述聞寒秀草堂筆記二卷　(清)姚衡撰　清刻本　一册

310000－0243－0001898　373300.4/4428
說文解字義證五十卷　(清)桂馥撰　清同治九年(1870)湖北崇文書局刻本　三十二册

310000－0243－0001899　373300.4/4722
說文管見三卷　(清)胡秉虔撰　清同治十二年(1873)刻聚學軒叢書本　一册

310000－0243－0001900　373300.4/4722.01
說文管見三卷　(清)胡秉虔撰　清光緒七年(1881)刻本　一册

310000－0243－0001901　373300.4/6034
小學韻語　(清)羅澤南撰　清光緒二年(1876)刻本　一册

310000－0243－0001902　373300.4/8341
說文解字斠詮十四卷　(清)錢坫撰　清光緒九年(1883)刻本　六册

310000－0243－0001903　373300.4/8346
說文統釋自序一卷　(清)錢大昭撰并註　清光緒八年(1882)金峨山館刻本　一册

310000－0243－0001904　373300.4/8741
說文解字校録十五卷　(清)鈕樹玉撰　清光緒十一年(1885)刻本　十四册

310000－0243－0001905　373300.5/1153
許書微五卷　張捄撰　清光緒三十二年(1906)鉛印本　一册

310000－0243－0001906　373300.5/6029
說文二徐箋異十四卷　田吳炤撰　清宣統元年(1909)石印本　二册

310000－0243－0001907　373300/089444
仿唐寫本說文解字木部箋異　(漢)許慎撰　(清)莫友芝箋異　清同治三年(1864)刻本　一册

310000－0243－0001908　373400.4/3026
諧聲補逸十四卷　(清)宋保撰　清嘉慶八年(1803)刻本　二册

310000－0243－0001909　373400.6/2574
六書假借經証四卷　(清)朱駿聲撰　清光緒十八年(1892)刻本　三册

310000－0243－0001910　373400/0010
六書舊義一卷　廖平撰　清光緒十三年(1887)廖氏自刻本　一册

310000－0243－0001911　373400/0423
六書例說一卷　(清)謝崧梁撰　清光緒二十年(1894)湘鄉掔經榭刻本　一册

310000－0243－0001912　373400/1010
六書辯僞輯要三卷　(清)王田鑽輯　清乾隆五十二年(1787)刻三餘書屋叢書本　一册

310000－0243－0001913　373400/1092
六書轉註說二卷　(清)夏炘撰　清咸豐三年(1853)刻本　一册

310000－0243－0001914　373400/2680
六書類纂八卷　(清)吳錦章撰　清光緒二十三年(1897)崇雅精舍刻本　六册

310000－0243－0001915　373400/3232
六書會原十卷　(清)潘肇豐撰　清嘉慶六年(1801)鳴鳳堂刻本　四册

310000－0243－0001916　373400/3404
六書轉註録　(清)洪亮吉撰　清光緒四年(1878)授經堂刻本　四册

310000－0243－0001917　411200/7508
西石城風俗志　(清)陳慶年撰　清光緒三十四年(1908)鉛印本　一册

310000－0243－0001918　412400/4021
使琉球記六卷　(清)李鼎元撰　清光緒五年(1879)申報館鉛印本　二册

310000－0243－0001919　373400/7721
六書正譌五卷　(元)周伯琦編注　清古香閣刻本　三册

310000－0243－0001920　373500/1088
說文韻譜校五卷　(清)王筠撰　清光緒十七年(1891)刻本　二册

310000－0243－0001921　373500/1122
說文審音十六卷　(清)張行孚撰　清光緒二十四年(1898)芳郭里通隱堂刻本　四册

310000－0243－0001922　373500/1714.1
說文雙聲疊韻　(清)鄧廷楨撰　清光緒九年(1883)同文書局刻縮印本　一册

310000－0243－0001923　373500/2574
說文通訓定聲十八卷附柬韻一卷說雅十九篇古今韻準一卷行狀一卷　(清)朱駿聲撰　清同治九年(1870)刻本　二十四册

310000－0243－0001924　373500/2574
說文通訓定聲十八卷附柬韻一卷說雅十九篇古今韻準一卷行狀一卷　(清)朱駿聲撰　清同治九年(1870)刻本　二十四册

310000－0243－0001925　373500/2574
說文通訓定聲十八卷附柬韻一卷說雅十九篇

古今韻準一卷行狀一卷　(清)朱駿聲撰　清同治九年(1870)刻本　二十四册

310000－0243－0001926　373500/4206
說文聲系十四卷　(清)姚文田撰　清嘉慶九年(1804)家刻本　四册

310000－0243－0001927　373500/4480
說文聲讀表七卷　(清)苗夔纂　清道光二十二年(1842)刻天壤閣叢書本　二册

310000－0243－0001928　373500/4712
說文舊音補注三卷　(清)胡玉縉撰　清光緒十三年(1887)刻本　一册

310000－0243－0001929　373500/4720
說文字原韻表二卷　(清)胡重撰　清嘉慶十六年(1811)秀水金氏月香書屋刻本　一册

310000－0243－0001930　373500/7274
說文疊韻二卷　(清)劉熙載撰　清光緒五年(1879)刻本　二册

310000－0243－0001931　373500/7500
說文諧聲孳生述十九卷　(清)陳立撰　清光緒十七年(1891)徐氏積學齋刻本　二册

310000－0243－0001932　373600.1/0080
說文經典異字釋一卷　(清)高翔麟撰　清光緒九年(1883)萬卷樓刻本　一册

310000－0243－0001933　373600.1/0704
說文經字正誼四卷　(清)郭慶藩撰　清光緒二十年(1894)郭氏自刻本　四册

310000－0243－0001934　373600.1/1033
說文引經例辨三卷　(清)雷浚撰　清光緒八年(1882)刻本　一册

310000－0243－0001935　373600.1/1741
說文引經證例二十四卷　(清)承培元撰　清光緒二十一年(1895)廣雅書局刻本　六册

310000－0243－0001936　373600.1/1741
說文引經證例二十四卷　(清)承培元撰　清光緒二十一年(1895)廣雅書局刻本　六册

310000－0243－0001937　373600.1/2615
說文引經考二卷　(清)吴玉搢撰　清道光元年(1821)刻本　二册

310000－0243－0001938　373600.1/2615.01
說文引經考二卷　(清)吴玉搢撰　清道光元年(1821)刻咫進齋叢書本　二册

310000－0243－0001939　373600.1/2615.02
說文引經考二卷　(清)吴玉搢撰　清光緒八年(1882)雙峰書屋刻本　二册

310000－0243－0001940　373600.1/3434
說文古本考十四卷　(清)沈濤撰　清光緒十年(1884)吴縣潘氏滂喜齋刻本　八册

310000－0243－0001941　373600.1/4031
說文辨字正俗八卷　(清)李富孫撰　清嘉慶二十三年(1818)刻本　二册

310000－0243－0001942　373600.1/4031.01
說文辨字正俗八卷　(清)李富孫撰　清同治九年(1870)校經廎刻本　二册

310000－0243－0001943　373600.1/4611
說文經斠十三卷正俗一卷附經斠補遺一卷　(清)楊廷瑞撰　清光緒十七年(1891)刻澂園叢書本　二册

310000－0243－0001944　373600.1/4793
說文引經考異十六卷　(清)柳榮宗撰　清咸豐五年(1855)刻本　四册

310000－0243－0001945　373600.1/7517
說文引經考證七卷　(清)陳瑑撰　清刻本　二册

310000－0243－0001946　373600.1/7517.01
說文引經考證七卷附互異說　(清)陳瑑撰　清光緒十年(1884)刻三益廬叢書本　四册

310000－0243－0001947　373600.1/754388
說文經字疏證六卷　(清)陳壽祺原本　(清)錢人龍疏證　清光緒二十三年(1897)鉛印本　二册

310000－0243－0001948　373600.1/834614
廣潛研堂說文答問疏證八卷　(清)承培元撰　清光緒十八年(1892)廣雅書局刻本　二册

310000－0243－0001949　373600.1/834642
潛研堂說文答問疏證六卷　（清）錢大昕撰　（清）薛傳均註　清光緒十七年（1891）刻本　一册

310000－0243－0001950　373600.1/834642.01
潛研堂說文答問疏證六卷　（清）錢大昕撰　（清）薛傳均註　清道光十七年（1837）刻本　一册

310000－0243－0001951　373600.1/834642.02
說文答問疏證六卷　（清）錢大昕撰　（清）薛傳均疏證　清光緒八年（1882）紫薇山館刻本　二册

310000－0243－0001952　373600.1/834642.03
說文答問疏證六卷　（清）錢大昕撰　（清）薛傳均註　清光緒七年（1881）刻本　一册

310000－0243－0001953　373600.1/834642.04
說文答問疏證六卷　（清）錢大昕撰　（清）薛傳均註　清光緒十年（1884）金峨山館刻本　二册

310000－0243－0001954　373600.3/1014
說文正字二卷　（清）王石蘋　（清）孫馮翼撰　清嘉慶六年（1801）承德孫氏自刻本　二册

310000－0243－0001955　373600.3/1122
說文楬原二卷　張行孚撰　清光緒十年（1884）鮑氏刻本　一册

310000－0243－0001956　373600.3/1122.01
說文楬原二卷　（清）張行孚撰　清光緒十一年（1885）維揚識小居刻本　二册

310000－0243－0001957　373600.3/1200
名原二卷　（清）孫詒讓撰　清光緒三十一年（1905）自刻本　一册

310000－0243－0001958　373600.3/2142
說文字原引一卷　（清）何其傑撰　清光緒十八年（1892）刻本　一册

310000－0243－0001959　373600.3/2643
說文古籀補十四卷　（清）吳大澂撰　清光緒七年（1881）寫刻本　四册

310000－0243－0001960　373600.3/2643.02
說文古籀補十四卷　（清）吳大澂撰　清光緒九年（1883）刻本　二册

310000－0243－0001961　373600.3/4409
說文字辨十四卷　（清）林慶炳撰　清同治四年（1865）刻本　二册

310000－0243－0001962　373600.3/4433
說文古籀疏證六卷　（清）莊述祖撰　清光緒二十年（1894）刻本　六册

310000－0243－0001963　373600.3/4433
說文古籀疏證六卷　（清）莊述祖撰　清光緒二十年（1894）刻本　四册

310000－0243－0001964　373600.3/8787
說文本經答問　（清）鄭知同撰　清光緒十六年（1890）廣雅書局刻本　一册

310000－0243－0001965　373600.3/8787
說文本經答問　（清）鄭知同撰　清光緒十六年（1890）廣雅書局刻本　一册

310000－0243－0001966　373600.4/1080
重文二卷　（清）丁午輯　清光緒九年（1883）丁氏家刻本　一册

310000－0243－0001967　373600.4/8023
說文重文本部考一卷　（清）曾紀澤撰　清同治八年（1869）刻本　一册

310000－0243－0001968　373600.5/4444
唐寫本說文木部箋異一卷　（清）莫友芝撰　清同治二年（1863）曾氏刻本　一册

310000－0243－0001969　373600.6/1012
說文佚字輯說四卷　（清）王廷鼎撰　清光緒十五年（1889）刻本　一册

310000－0243－0001970　373600.6/1161
說文佚字考四卷　（清）張鳴珂撰　清光緒十三年（1887）豫章刻本　一册

310000－0243－0001971　373600.6/8346
說文徐氏新補新附考證一卷　（清）錢大昭撰　清光緒十六年（1890）刻本　一册

310000－0243－0001972　373600.6/8718
說文新附考六卷　(清)鄭珍撰　清光緒五年(1879)刻本　三冊

310000－0243－0001973　373600.6/8718.01
說文新附考六卷　(清)鄭珍撰　清光緒七年(1881)刻本　六冊

310000－0243－0001974　373600.6/8718.1
說文逸字二卷　(清)鄭珍撰　(清)鄭知同撰　清咸豐八年(1858)刻本　二冊

310000－0243－0001975　373600.6/8718.101
說文逸字二卷　(清)鄭珍撰　(清)鄭知同撰　清光緒九年(1883)刻本　三冊

310000－0243－0001976　373600.6/871844
說文逸字辨證二卷　(清)鄭珍原本　(清)李楨辨證　清光緒十一年(1885)自刻本　二冊

310000－0243－0001977　373600.6/8741
說文新附考六卷　(清)鈕樹玉撰　清同治五年(1866)非石居刻本　二冊

310000－0243－0001978　373600.7/0090
小學答問　章炳麟撰　清宣統元年(1909)刻本　一冊

310000－0243－0001979　373600.7/1043
說文部首均言一卷　(清)王樹之撰　清光緒十年(1884)刻本　一冊

310000－0243－0001980　373600.7/1088
文字蒙求四卷　(清)王筠撰　清光緒五年(1879)刻本　一冊

310000－0243－0001981　373600.7/1088.01
文字蒙求四卷　(清)王筠撰　清石印本　一冊

310000－0243－0001982　373600.7/108849
文字蒙求廣義四卷　(清)王筠原本　(清)蒯光典撰　清光緒二十七年(1901)江楚書局刻本　五冊

310000－0243－0001983　373600.7/4447.01
說文部首韻語一卷　黄壽鳳編　清光緒二十三年(1897)溧陽王氏刻本　一冊

310000－0243－0001984　373600.7/4607
漢字母音譯二卷　(清)楊敦臣撰　(清)李培鶚註釋　清光緒三十年(1904)石印本　二冊

310000－0243－0001985　373600.7/4745
說文解字五百四十部目　(清)胡荄甫書　清光緒三十年(1904)江陰李氏刻本　一冊

310000－0243－0001986　373600.7/8497
文字存真二種十五卷　饒炯撰　清光緒三十年(1904)達古軒刻本　四冊

310000－0243－0001987　373600.8/0833
許學叢刊九種九卷　(清)許溎祥輯　清光緒十三年(1887)海寧許氏古均閣刻本　二冊

310000－0243－0001988　373600.8/1033
雷氏說文四種二十卷　(清)雷浚撰　清光緒十年(1884)自刻本　六冊

310000－0243－0001989　373700/2004
說文檢字二卷　(清)毛謨編　繆荃孫補　清光緒二年(1876)刻本　一冊

310000－0243－0001990　373700/2574
說文聲母歌括四卷　(清)朱駿聲原韻　(清)宣澍甘編註　清宣統元年(1909)石印本　一冊

310000－0243－0001991　373800/1115.1
字典考證十二集　(清)奕繪等輯　清道光七年(1827)愛日堂刻本　八冊

310000－0243－0001992　373800/1115.101
字典考證十二集　(清)奕繪等輯　清光緒二年(1876)崇文書局刻本　六冊

310000－0243－0001993　373800/1779
類篇四十五卷　(宋)司馬光等撰　清光緒十二年(1886)刻本　十四冊

310000－0243－0001994　373800/3161.01
大廣益會玉篇三十卷　(南朝梁)顧野王撰　清刻本　三冊

310000－0243－0001995　373800/3161.03
玉篇殘卷四卷　(南朝梁)顧野王撰　清光緒遵義黎氏刻古逸叢書本　三冊

310000－0243－0001996　373800/3161.04
大廣益會玉篇三十卷　(南朝梁)顧野王撰　(宋)陳彭年等纂　**附校刊札記三卷**　(清)鄧顯鶴述　清道光三十年(1850)刻本　六册

310000－0243－0001997　373800/3940
藝文備覽一百卷　(清)沙木撰　清嘉慶二十三年(1818)刻本　四十二册

310000－0243－0001998　373800/4803.01
字彙十二卷　(明)梅膺祚音釋　清嘉慶五年(1800)刻本　十三册

310000－0243－0001999　373800/6043
古今文字通釋十四卷　(清)呂世宜撰　清光緒五年(1879)刻本　七册

310000－0243－0002000　373900.1/8709
揚雄說故十二篇　鄭文焯撰　清光緒鄭氏自刻本　一册

310000－0243－0002001　373900.1/8709
揚雄說故十二篇　鄭文焯撰　清光緒鄭氏自刻本　一册

310000－0243－0002002　373900.3/0754.02
汗簡三卷　(宋)郭忠恕撰　清光緒九年(1883)上海涵芬樓石印本　一册

310000－0243－0002003　414200/3193
病榻夢痕錄二卷錄餘一卷　(清)汪輝祖撰　清同治十一年(1872)刻本　四册

310000－0243－0002004　373900.3/075481
汗簡箋正七卷　(宋)郭忠恕撰　(清)鄭珍箋　清光緒十五年(1889)刻本　四册

310000－0243－0002005　373900.3/075481.01
汗簡箋正六卷　(宋)郭忠恕撰　(清)鄭珍箋正　清光緒十七年(1891)廣雅書局刻本　三册

310000－0243－0002006　373900.3/1140.02
復古編二卷　(宋)張有撰　清光緒八年(1882)淮南書局刻本　三册

310000－0243－0002007　373900.3/1140.1
續復古編四卷　(元)曹本撰　清光緒十二年(1886)抄本　四册

310000－0243－0002008　373900.3/1140.1
續復古編四卷　(元)曹本撰　清光緒十二年(1886)抄本　四册

310000－0243－0002009　373900.3/3100
鐘鼎字源五卷　(清)汪立集刻　清光緒二年(1876)一隅草堂刻本　三册

310000－0243－0002010　373900.4/1744
漢隸辨體四卷　(清)尹彭壽撰　清光緒二十一年(1895)尚志堂刻本　四册

310000－0243－0002011　373900.4/3144
隸辨八卷　(清)顧藹吉撰　清光緒十三年(1887)石印本　八册

310000－0243－0002012　373900.4/3144.02
隸辨八卷　(清)顧藹吉撰　清同治十二年(1873)漁古山房刻本　八册

310000－0243－0002013　373900.4/3430
隸釋二十七卷　(宋)洪适撰　清同治十年(1871)皖南洪氏晦木齋刻本　五册

310000－0243－0002014　373900.4/3430.1
隸續二百十七卷　(宋)洪适撰　清同治十年(1871)皖南洪氏晦木齋刻本　二册

310000－0243－0002015　373900.4/4454
漢隸異同十二卷　(清)甘揚聲輯　清道光元年(1821)序刻本　二册

310000－0243－0002016　373900.4/5042
漢隸字源六卷　(宋)婁機輯　清光緒三年(1877)川東官舍刻本　六册

310000－0243－0002017　373900.4/6612
隸篇十五卷　(清)瞿云升撰　清道光十八年(1838)刻本　十册

310000－0243－0002018　373900.7/0111
干祿字書一卷　(唐)顔元孫撰　清光緒八年(1882)常熟鮑氏後知不足齋刻本　一册

310000－0243－0002019　373900.7/0111.01
干祿字書一卷　(唐)顔元孫撰　清嘉慶十年

(1805)刻本　一册

310000－0243－0002020　373900.7/0131
字學舉隅　(清)龍啟瑞輯　清同治十一年(1872)琉璃廠書坊刻本　一册

310000－0243－0002021　373900.7/0754
佩觿三卷　(宋)郭忠恕撰　(清)梅雨田校　清光緒十六年(1890)刻本　一册

310000－0243－0002022　373900.7/1088
正字略一卷　(清)王筠撰　(清)鍾文補輯　清道光五年(1825)芸香館刻本　二册

310000－0243－0002023　373900.7/3186
增補字學舉隅續編二卷　(清)汪敘疇撰　清宣統三年(1911)文淵閣石印本　一册

310000－0243－0002024　373900.7/3240
楷法溯源十四卷　(清)潘存原輯　楊守敬編　清光緒四年(1878)刻本　十五册

310000－0243－0002025　373900.7/7211
楷體蒙求八卷　(清)劉廷玉輯　清同治十年(1871)常郡一枝山房刻本　二册

310000－0243－0002026　373900.9/4051.01
問奇一覽二卷　(清)李書雲輯　清光緒十年(1884)刻本　一册

310000－0243－0002027　373900.9/6031
音同義異辨一卷　(清)畢沅撰　清光緒八年(1882)金峨山館刻本　一册

310000－0243－0002028　374200.1/7535
切韻考外篇三卷　(清)陳澧撰　清光緒五年(1879)鉛印本　一册

310000－0243－0002029　374200.1/7535.1
切韻考六卷　(清)陳澧撰　清光緒三十一年(1905)成都書局刻本　三册

310000－0243－0002030　374200.1/7548.04
元泰定本廣韻五卷　(宋)陳彭年等撰　清光緒十年(1884)刻本　二册

310000－0243－0002031　374200.3/1000
集韻十卷　(宋)丁度等編　清嘉慶十九年(1814)浙甯簡香刻本　十册

310000－0243－0002032　374200.3/1000
集韻十卷　(宋)丁度等編　清嘉慶十九年(1814)浙甯簡香刻本　十册

310000－0243－0002033　374200.3/1779.102
切韻指掌圖二卷　(宋)司馬光撰　清嘉慶十六年(1811)刻本　一册

310000－0243－0002034　374200.5/4482
古今韻會舉要三十卷　(元)黄公紹輯　(清)熊忠舉要　清光緒九年(1883)淮南書局刻本　十册

310000－0243－0002035　374200.5/7865
新增說文韻府群玉二十卷　(元)陰時夫編　清務本堂刻本　十二册

310000－0243－0002036　374200.7/0037
韻詁五卷　(清)方濬頤撰　清光緒四年(1878)淮南書局刻本　六册

310000－0243－0002037　374200.7/0131
古韻通說二十卷　(清)龍啟瑞撰　清同治六年(1867)刻本　四册

310000－0243－0002038　374200.7/0412
韻辨一隅八卷　(清)諸玉衡撰　清道光二十二年(1842)味經腴閣刻本　四册

310000－0243－0002039　374200.7/1033
韻府鉤沈五卷　(清)雷浚撰　清光緒十三年(1887)刻本　二册

310000－0243－0002040　374200.7/1061
韻學蠡言舉要二卷　(清)丁顯撰　清光緒二十六年(1900)刻本　一册

310000－0243－0002041　374200.7/1061.1
諧聲譜二卷　(清)丁顯撰　清光緒三十年(1904)刻本　二册

310000－0243－0002042　374200.7/1079
形聲類篇五卷　(清)丁履恒撰　清光緒十四年(1888)刻大亭山館叢書本　一册

310000－0243－0002043　374200.7/1711

切音捷訣一卷　(清)鄺珩輯　清光緒六年(1880)諸暨摭古堂刻本　一册

310000－0243－0002044　374200.7/1774.01
古今韻略五卷　(清)邵長蘅撰　清康熙三十五年(1696)刻後印本　五册

310000－0243－0002045　374200.7/2347
古音類表九卷　(清)傅壽彤撰　清光緒二年(1876)刻本　四册

310000－0243－0002046　374200.7/2630
射聲小譜　(清)程定謨編　清道光十九年(1839)詒陶閣刻本　二册

310000－0243－0002047　374200.7/2738
唐韻考五卷　(清)紀容舒撰　清金山錢氏守山閣刻本　二册

310000－0243－0002048　414560/005103
章午峰[錫卿]年譜一卷　章家祚編　清光緒十八年(1892)刻本　一册

310000－0243－0002049　374200.7/3046
字音考異一卷　(清)□□撰　清光緒八年(1882)琉璃廠懿文齋書店刻本　一册

310000－0243－0002050　374200.7/3083
古韻溯源八卷　(清)安念祖　(清)華湛恩輯　清道光十九年(1839)親仁堂刻本　四册

310000－0243－0002051　374200.7/3130.1
音學辨微一卷　(清)江永撰　清宣統元年(1909)國學保存社據手稿本石印本　一册

310000－0243－0002052　374200.7/3130.1
音學辨微一卷　(清)江永撰　清宣統元年(1909)國學保存社據手稿本石印本　一册

310000－0243－0002053　374200.7/3130.1
音學辨微一卷　(清)江永撰　清宣統元年(1909)國學保存社據手稿本石印本　一册

310000－0243－0002054　374200.7/3130.101
音學辨微一卷　(清)江永撰　清同治三年(1864)渭南嚴氏孝義家塾刻本　一册

310000－0243－0002055　374200.7/3146
五音集字十卷　(清)汪朝恩纂輯　清光緒三十四年(1908)城渝聖家書居刻本　十二册

310000－0243－0002056　374200.7/3160
韻歧五卷　(清)江昱輯　清光緒七年(1881)刻本　二册

310000－0243－0002057　374200.7/3160
韻歧五卷　(清)江昱輯　清光緒七年(1881)刻本　二册

310000－0243－0002058　374200.7/3233
正音通俗表一卷　(清)潘逢禧撰　清同治九年(1870)逸秀齋刻本　二册

310000－0243－0002059　374200.7/4012
古今韻考四卷　(清)李子德撰　清咸豐七年(1857)刻本　一册

310000－0243－0002060　374200.7/4013
佩文廣韻彙編五卷　(清)李元祺編輯　清同治十年(1871)金陵書局刻本　二册

310000－0243－0002061　374200.7/4031
李氏音鑑六卷　(清)李汝珍撰　清同治七年(1868)木樨山房刻本　四册

310000－0243－0002062　374200.7/4031.01
李氏音鑑六卷　(清)李汝珍撰　清光緒十四年(1888)掃葉山房刻本　四册

310000－0243－0002063　374200.7/4400
初學審音二卷　(清)葉庭鑾輯　清光緒三年(1877)刻本　一册

310000－0243－0002064　374200.7/4447
音隅不分卷　(清)蒙求氏輯　清稿本　十二册

310000－0243－0002065　374200.7/447784
五方元音二卷　(清)樊騰鳳撰　(清)年希堯增補　清光緒十三年(1887)兩儀堂刻本　二册

310000－0243－0002066　374200.7/4722
古韻論三卷　(清)胡秉虔撰　清光緒二年(1876)世澤樓刻本　一册

310000－0243－0002067　374200.7/4741
古今中外音韻通例一卷　（清）胡垣撰　清光緒十四年（1888）刻本　四冊

310000－0243－0002068　374200.7/4944
剔弊元音新編二卷　（清）趙培梓輯　清道光二十六年（1846）步雲閣刻本　一冊

310000－0243－0002069　374200.7/5374
漢學諧聲二十四卷　（清）戚學標撰　清嘉慶九年（1804）自刻本　八冊

310000－0243－0002070　374200.7/6059
伸顧一卷　（清）易本烺撰　清光緒十七年（1891）三餘草堂刻本　一冊

310000－0243－0002071　374200.7/6404
聲譜二卷　（清）時庸勱撰　清光緒十八年（1892）河南星使行臺刻聽古廬聲學十書本　四冊

310000－0243－0002072　374200.7/7734
佩文詩韻釋要五卷　（清）周兆基編　清光緒十八年（1892）廣東學院刻本　一冊

310000－0243－0002073　374200.7/8374
韻目表一卷　（清）錢學嘉撰　清光緒七年（1881）歸安錢氏刻本　一冊

310000－0243－0002074　374200.8/4946
韻學一卷　趙世昌撰　清宣統二年（1910）國學扶輪社鉛印本　一冊

310000－0243－0002075　374200.8/9913
重訂合聲簡字譜一卷　勞乃宣撰　清光緒三十一年（1905）奉賢礪金公學刻本　一冊

310000－0243－0002076　374200.8/9913.01
重訂合聲簡字譜一卷　勞乃宣撰　清光緒三十二年（1906）江寧矩齋刻本　一冊

310000－0243－0002077　374300.3/4239
經韻集字析解二卷　（清）彭良敞集註　清道光十年（1830）濼源書院刻本　二冊

310000－0243－0002078　374300.3/4626
九經補韻一卷　（宋）楊伯嵒撰　清光緒十年（1884）常熟鮑氏刻本　一冊

310000－0243－0002079　374300.4/5040
聲律啟蒙撮要二卷　（清）車萬育撰　（清）聶銑敏重訂　清光緒九年（1883）墨耕堂刻本　一冊

310000－0243－0002080　374300.5/3130
四声切韻表一卷　（清）江永撰　清道光汚陽陸建瀛刻本　一冊

310000－0243－0002081　374300.5/313036
四聲切韻表補正四卷　（清）江永撰　（清）汪曰楨補正　清光緒三年（1877）刻本　四冊

310000－0243－0002082　374300.5/4206
四聲易知錄四卷　（清）姚文田輯　清嘉慶十七年（1812）刻本　二冊

310000－0243－0002083　374300.5/4206.01
四聲易知錄四卷　（清）姚文田輯　清光緒八年（1882）廣州刻本　二冊

310000－0243－0002084　374300.7/2004
韻字略十二卷　（清）毛謨撰　清光緒元年（1875）湖北崇文書局刻本　二冊

310000－0243－0002085　374300.7/4013.01
佩文廣韻彙編五卷　（清）李元祺編輯　清同治十一年（1872）金陵書局刻本　二冊

310000－0243－0002086　374300.8/1061
丁酉圃叢書六種十九卷　（清）丁顯撰　清光緒二十六年（1900）刻本　八冊

310000－0243－0002087　374300.8/3191
音學五書三十八卷　（清）顧炎武撰　清光緒十六年（1890）思賢講舍刻本　十二冊

310000－0243－0002088　374300.8/3191
音學五書三十八卷　（清）顧炎武撰　清光緒十六年（1890）思賢講舍刻本　十二冊

310000－0243－0002089　374300.8/3191
音學五書三十八卷　（清）顧炎武撰　清光緒十六年（1890）思賢講舍刻本　十二冊

310000－0243－0002090　374300.8/3191.01
音學五書三十八卷　（清）顧炎武撰　清光緒十一年（1885）四明觀稼樓刻本　十六冊

310000－0243－0002091　374300.8/3191.02
音學五書三十八卷　(清)顧炎武撰　清光緒十一年(1885)湘陰郭氏岵瞻堂刻本　十六册

310000－0243－0002092　401100/0070
文史通義内篇五卷外篇三卷　(清)章學誠撰　清光緒三年(1877)貴陽刻本　四册

310000－0243－0002093　401100/2767
史通削繁四卷　(清)紀昀撰　清道光十三年(1833)兩廣節署刻本　四册

310000－0243－0002094　401100/2767
史通削繁四卷　(清)紀昀撰　清道光十三年(1833)兩廣節署刻本　八册

310000－0243－0002095　401100/7224
中國歷史教科書　劉師培撰　清光緒三十一年(1905)國粹學報館鉛印本　一册

310000－0243－0002096　401100/728234.01
史通通釋二十卷　(唐)劉知幾撰　(清)浦起龍釋　清翰墨園刻本　八册

310000－0243－0002097　401230/0175.1
唐書二百二十五卷附唐書釋音二十五卷　(宋)歐陽修撰　清乾隆四年(1739)刻本　五十册

310000－0243－0002098　401230/1350
二十四史三千二百六十六卷　(清)弘晝(清)張照等輯校　清乾隆四年(1739)、十二年(1747)刻本　七百四十五册

310000－0243－0002099　401230/1350.01
二十四史三千二百六十六卷　(清)弘晝(清)張照等輯　清光緒十年(1884)上海同文書局石印本　七百十一册

310000－0243－0002100　401520/2841
寰宇分合志八卷　(明)徐樞編輯　清光緒二十八年(1902)刻本　八册

310000－0243－0002101　401530/0014
歷代帝王年表三卷　(清)齊召南編　(清)阮福續編　清光緒十二年(1886)掃葉山房刻本　三册

310000－0243－0002102　401530/1284
五千年大事一覽表不分卷　(日本)□□編　清光緒浙西書林鉛印本　二十册

310000－0243－0002103　401530/2546
多識錄四卷　(清)練恕撰　清道光十八年(1838)上海刻本　二册

310000－0243－0002104　401530/2635
歷代治權分合系統表　吴寶忠撰　清光緒三十四年(1908)上海千頃堂、寧波汲綆齋、商務印書館石印本　一册

310000－0243－0002105　401530/4074
四裔編年表四卷　(清)李鳳苞編　清光緒二十三年(1897)石印本　四册

310000－0243－0002106　401530/4074.01
四裔編年表四卷　(清)李鳳苞編　清刻本　四册

310000－0243－0002107　401530/4444
歷代帝王年表一卷　(清)黄大華撰　清光緒二十六年(1900)夢紅豆村刻本　一册

310000－0243－0002108　401530/4453
古史考年異同表二卷　(清)林春溥編　清道光十八年(1838)竹柏山房刻本　一册

310000－0243－0002109　401530/5525.01
東西年表不分卷　(日本)井上賴圀　(日本)大槻如電編　清光緒二十七年(1901)清河王氏小方壺齋石印本　一册

310000－0243－0002110　401560/3481
史目表二卷　(清)洪飴孫撰　清道光二年(1822)刻本　一册

310000－0243－0002111　401570/3193
史姓韻編六十四卷　(清)汪輝祖輯　清光緒十年(1884)耕餘樓書局鉛印本　十六册

310000－0243－0002112　401570/3246
讀史鏡古編三十二卷　(清)潘世恩輯　清同治十三年(1874)飛霞閣刻本　六册

310000－0243－0002113　401570/4242
讀史探驪錄不分卷　(清)姚芝生撰　清末上

海申報館鉛印本　五冊

310000－0243－0002114　401580.1/0014
紀元編三卷　(清)六承如輯錄　清同治十年(1871)合肥李氏刻本　一冊

310000－0243－0002115　401580.1/0014.01
紀元編三卷　(清)六承如輯錄　清光緒十八年(1892)金陵書局刻本　三冊

310000－0243－0002116　401580.1/1024
甲子紀元不分卷　(清)王維翰輯　(清)陳霖校　清光緒三年(1877)刻本　一冊

310000－0243－0002117　401580.1/7221
歷代紀元部表二卷　(清)□□編　清乾隆二十一年(1756)雲灣潛德堂刻本　二冊

310000－0243－0002118　401580.2/4033
紀元編三卷　(清)李兆洛編　清道光十一年(1831)輩學齋刻本　三冊

310000－0243－0002119　401580.2/4420
紀元通考十二卷　(清)葉維庚撰　清道光八年(1828)鍾秀山房刻本　四冊

310000－0243－0002120　401600/1068
常熟丁氏叢書二種十一卷　丁國鈞撰　清光緒二十九年(1903)木活字印本　四冊

310000－0243－0002121　401600/5735
史學叢書四十三種三百十七卷　(清)□□輯　清光緒二十八年(1902)上海文瀾書局石印本　三十二冊

310000－0243－0002122　402120/177317
史記一百三十卷　(漢)司馬遷撰　(南朝宋)裴駰集解　(唐)司馬貞索隱　(唐)張守節正義　清光緒四年(1878)金陵書局刻本　十六冊

310000－0243－0002123　402120/177317.01
史記一百三十卷　(漢)司馬遷撰　(南朝宋)裴駰集解　(唐)司馬貞索隱　(唐)張守節正義　清光緒十八年(1892)武林竹簡齋石印本　八冊

310000－0243－0002124　402120/177317.02
史記一百三十卷　(漢)司馬遷撰　(南朝宋)裴駰集解　(唐)司馬貞索隱　(唐)張守節正義　清光緒二十一年(1895)上海畊餘主人石印本　十冊

310000－0243－0002125　402120/177317.07
史記集解索隱正義合刊本一百三十卷　(漢)司馬遷撰　(南朝宋)裴駰集解　(唐)司馬貞索隱　(唐)張守節正義　清同治五年(1866)金陵書局刻本　二十二冊

310000－0243－0002126　402120/177317.08
影宋百衲本史記一百三十卷　(漢)司馬遷撰　(南朝宋)裴駰集解　(唐)司馬貞索隱　清宣統元年(1909)上海商務印書館影印本　二十四冊

310000－0243－0002127　402120/177324
歸方評點本史記一百三十四卷　(漢)司馬遷撰　(明)歸有光　(清)方苞評點　清光緒二年(1876)武昌張氏刻本　二十冊

310000－0243－0002128　402120/751022
史記測議二百三十卷　(明)陳子龍　(明)徐孚遠測議　清三畏堂刻本　三十二冊

310000－0243－0002129　402130/1102
史記集解索隱正義劄記　(清)張文虎撰　清同治十一年(1872)金陵書局刻本　二冊

310000－0243－0002130　402130/1102
史記集解索隱正義劄記　(清)張文虎撰　清同治十一年(1872)金陵書局刻本　二冊

310000－0243－0002131　402130/2230
史記探源八卷　(清)崔適撰　清宣統二年(1910)湖州文光齋大房刻字書坊刻本　四冊

310000－0243－0002132　402130/3312
史記志疑三十六卷　(清)梁玉繩撰　清光緒十三年(1887)廣雅書局刻本　十四冊

310000－0243－0002133　402130/3312.01
史記志疑三十六卷　(清)梁玉繩撰　清光緒十四年(1888)餘姚朱氏刻本　十六冊

310000－0243－0002134　402300.1/0044

左傳紀事本末五十三卷 (清)高士奇撰 清同治十二年(1873)江西書局刻本 十二册

310000-0243-0002135 402300.1/0044
左傳紀事本末五十三卷 (清)高士奇撰 清同治十二年(1873)江西書局刻本 十二册

310000-0243-0002136 402300.1/0044
左傳紀事本末五十三卷 (清)高士奇撰 清同治十二年(1873)江西書局刻本 十二册

310000-0243-0002137 402300.1/0077
季漢書九十卷 (清)章陶纂 清道光九年(1829)青山環漪軒刻本 十六册

310000-0243-0002138 402300.1/1083
西漢年紀三十卷 (宋)王益之撰 (清)胡鳳丹校 清同治十二年(1873)退補齋刻本 十册

310000-0243-0002139 402300.1/1090
漢書補注七卷 (清)王榮商撰 清光緒十七年(1891)刻本 二册

310000-0243-0002140 402300.1/1114
戰國策釋地二卷 (清)張琦撰 清光緒二十六年(1900)廣雅書局刻本 二册

310000-0243-0002141 402300.1/116012
前漢書補注一百二十卷 (漢)班固撰 (唐)顔師古注 王先謙補注 清光緒二十六年(1900)長沙王氏刻本 三十二册

310000-0243-0002142 402300.1/116012
前漢書補注一百二十卷 (漢)班固撰 (唐)顔師古注 王先謙補注 清光緒二十六年(1900)長沙王氏刻本 三十二册

310000-0243-0002143 402300.1/1200
周書斠補四卷 (清)孫詒讓撰 清光緒二十六年(1900)刻本 一册

310000-0243-0002144 402300.1/1200
周書斠補四卷 (清)孫詒讓撰 清光緒二十六年(1900)刻本 二册

310000-0243-0002145 402300.1/2548
逸周書集訓校釋十一卷 (清)朱右曾撰 清光緒三年(1877)湖北崇文書局刻本 一册

310000-0243-0002146 402300.1/2548.1
汲冢紀年存真二卷 (清)朱右曾輯錄 清歸硯齋刻本 二册

310000-0243-0002147 402300.1/2622
兩漢刊誤補遺十卷 (宋)吴仁傑撰 清同治七年(1868)金陵書局木活字印本 二册

310000-0243-0002148 402300.1/2731
漢書引經異文錄證六卷 (清)繆祐孫撰 清光緒十一年(1885)刻本 二册

310000-0243-0002149 402300.1/2816
續後漢儒林傳補逸 徐乃昌編 清光緒二十二年(1896)刻本 一册

310000-0243-0002150 402300.1/2848
漢書西域傳補注二卷 (清)徐松撰 清刻本 一册

310000-0243-0002151 402300.1/3104
七家後漢書二十卷 (清)汪文壹輯 (清)孔茂德重校 清光緒十三年(1887)刻本 六册

310000-0243-0002152 402300.1/3131
國語校注本三種二十九卷 (清)汪遠孫撰 清道光二十六年(1846)武林富元熙寫刻本 五册

310000-0243-0002153 402300.1/3131
國語校注本三種二十九卷 (清)汪遠孫撰 清道光二十六年(1846)武林富元熙寫刻本 六册

310000-0243-0002154 402300.1/3149
國策編年一卷 (清)顧觀光撰 清光緒五年(1879)刻本 一册

310000-0243-0002155 402300.1/3482
後漢書注補 (清)沈銘彝撰 清光緒十四年(1888)廣雅書局刻本 一册

310000-0243-0002156 402300.1/4047
兩漢蒙拾 (清)杭世駿撰 清光緒十年(1884)上海同文書局石印本 二册

310000－0243－0002157　402300.1/4411
戰國策三十二卷　(清)黄丕烈撰　清嘉慶八年(1803)刻本　五冊

310000－0243－0002158　402300.1/4422
後漢十意十六卷　(漢)蔡邕撰　(清)于文華輯　清光緒東陽於氏味腴草堂木活字印本　二冊

310000－0243－0002159　402300.1/4422
後漢十意十六卷　(漢)蔡邕撰　(清)于文華輯　清光緒東陽於氏味腴草堂木活字印本　二冊

310000－0243－0002160　402300.1/4441
周季編略九卷　(清)黄式三纂　清同治十二年(1873)浙江書局刻本　四冊

310000－0243－0002161　402300.1/4453
開闢傳疑二卷　(清)林春溥編　清道光十五年(1835)竹柏山房刻本　一冊

310000－0243－0002162　402300.1/4453.01
開闢傳疑二卷　(清)林春溥編　清道光九年(1829)刻本　一冊

310000－0243－0002163　402300.1/4453.1
武王克殷日紀一卷　(清)林春溥纂　清道光二十九年(1849)刻本　一冊

310000－0243－0002164　402300.1/4453.1
武王克殷日紀一卷　(清)林春溥纂　清道光二十九年(1849)刻本　一冊

310000－0243－0002165　402300.1/4464
後漢書一百二十卷　(南朝宋)范曄撰　(唐)李賢注　清光緒二十一年(1895)上海畊餘主人石印本　十二冊

310000－0243－0002166　402300.1/4464.1
後漢書本紀十卷列傳八十卷　(南朝宋)范曄撰　(唐)李賢注　**志三十卷**　(晉)司馬彪撰　(南朝梁)劉昭注　清同治八年(1869)金陵書局刻本　十六冊

310000－0243－0002167　402300.1/4483
漢雋十卷　(宋)林鉞輯　清嘉慶十七年(1812)固陵吳氏刻本　四冊

310000－0243－0002168　402300.1/4490
續後漢書四十二卷　(宋)蕭常撰　清道光二十一年(1841)刻宜稼堂叢書本　六冊

310000－0243－0002169　402300.1/4490
續後漢書四十二卷　(宋)蕭常撰　清道光二十一年(1841)刻宜稼堂叢書本　四冊

310000－0243－0002170　402300.1/4626.01
兩漢博聞十二卷　(宋)楊侃撰　(明)黄魯增刻　清光緒上海申報館鉛印本　六冊

310000－0243－0002171　402300.1/4634
魯史榷三卷　(清)楊兆鋆撰　清光緒二十四年(1898)湯明林刻本　一冊

310000－0243－0002172　402300.1/496421
吳越春秋十卷　(漢)趙曄撰　(元)徐天祐注　清末南陵徐乃昌刻朱印本　二冊

310000－0243－0002173　402300.1/5045
後漢書補注二十四卷　(清)惠棟撰　清嘉慶九年(1804)德裕堂刻本　四冊

310000－0243－0002174　402300.1/6033.01
路史四十七卷　(宋)羅泌撰　(宋)羅華注　清紅杏山房刻本　十六冊

310000－0243－0002175　402300.1/603300
路史節讀前後紀十卷　(宋)羅泌纂　(清)廖文錦節訂　清光緒二十八年(1902)刻本　四冊

310000－0243－0002176　402300.1/7267
續漢書八志三十卷　(南朝梁)劉昭撰　清刻本　二冊

310000－0243－0002177　402300.1/7474
戰國策去毒二卷編年一卷　(清)陸隴其評選　(清)陸宸徵編　清同治九年(1870)六安求我齋刻本　二冊

310000－0243－0002178　402300.1/7535
漢書地理志水道圖説七卷　(清)陳澧撰　清道光二十八年(1848)刻本　二冊

310000－0243－0002179　402300.1/7536
采菽堂評選戰國策十二卷　（清）陳祚明評選　（清）翁嵩年　（清）沈文菁注　清康熙四十九年（1710）武林翁氏刻本　四册

310000－0243－0002180　402300.1/8341
新斠注地理志集釋十六卷　（清）錢坫撰　（清）徐松集釋　清同治十三年（1874）會稽張氏刻本　四册

310000－0243－0002181　402300.1/8346
後漢書補表八卷　（清）錢大昭撰　清嘉慶三年（1798）刻竹筠齋叢書本　六册

310000－0243－0002182　402300.2/0436
西魏書二十四卷　（清）謝啟昆撰　清光緒九年（1883）樹經堂刻本　六册

310000－0243－0002183　402300.2/340408
三國疆域志補注十九卷　（清）洪亮吉撰　（清）謝鍾英補注　清光緒二十四年（1898）湖南湘中刻本　八册

310000－0243－0002184　402300.2/3424
南北史識小錄南史十四卷北史十四卷　（清）沈名蓀　（清）朱昆田原輯　（清）張應昌補正　清同治十年（1871）武林吴氏清來堂刻本　十二册

310000－0243－0002185　402300.2/3424.01
南北史識小錄十六卷　（清）沈名蓀　（清）朱昆田輯　清抄本　四册

310000－0243－0002186　402300.2/3427
宋書一百卷　（南朝梁）沈約撰　清光緒十八年（1892）武林竹簡齋石印本　六册

310000－0243－0002187　402300.2/4014
南史八十卷　（唐）李延壽撰　清光緒十八年（1892）武林竹簡齋石印本　六册

310000－0243－0002188　402300.2/4014.1
北史一百卷　（唐）李延壽撰　清光緒十八年（1892）武林竹簡齋石印本　八册

310000－0243－0002189　402300.2/4014－1
北齊書五十卷　（唐）李百藥撰　清光緒十八年（1892）武林竹簡齋石印本　二册

310000－0243－0002190　402300.2/4260
陳書三十六卷　（唐）姚思廉撰　清光緒十八年（1892）武林竹簡齋石印本　一册

310000－0243－0002191　402300.2/4416
南齊書五十九卷　（南朝梁）蕭子顯撰　清光緒十八年（1892）石印本　二册

310000－0243－0002192　402300.2/4742
宋瑣語　（清）郝蘭皋撰　清嘉慶二十一年（1816）曬書堂刻本　一册

310000－0243－0002193　402300.2/7540
三國志六十五卷　（晉）陳壽撰　（南朝宋）裴松之注　清光緒十八年（1892）武林竹簡齋石印本　四册

310000－0243－0002194　402300.2/7540.01
三國志六十五卷　（晉）陳壽撰　（南朝宋）裴松之注　清光緒二十一年（1895）上海畊餘主人石印本　六册

310000－0243－0002195　402300.2/7730
晉略六十五卷　（清）周濟撰　清光緒二年（1876）味雋齋刻本　十册

310000－0243－0002196　402300.2/80424.01
周書五十卷　（唐）令狐德棻撰　清光緒十八年（1892）武林竹簡齋石印本　二册

310000－0243－0002197　402300.2/8324
三國志證聞三卷　（清）錢儀吉撰　清光緒十一年（1885）江蘇書局刻本　二册

310000－0243－0002198　402300.2/8324
三國志證聞三卷　（清）錢儀吉撰　清光緒十一年（1885）江蘇書局刻本　四册

310000－0243－0002199　402300.2/8346
三國志辨疑三卷　（清）錢大昭撰　清光緒三十年（1904）刻本　一册

310000－0243－0002200　402300.3/1032
唐摭言十五卷　（五代）王定保撰　清光緒五年（1879）刻本　四册

310000－0243－0002201　402300.3/2627
十國春秋一百十六卷　(清)吳任臣撰　清光緒十二年(1886)海虞陳氏補刻本　十六册

310000－0243－0002202　402300.3/3314
南漢書十八卷　(清)梁廷枏撰　清道光刻本　八册

310000－0243－0002203　402300.3/4260
梁書五十六卷　(唐)姚思廉撰　清光緒十八年(1892)武林竹簡齋石印本　二册

310000－0243－0002204　402300.3/4447
吳越備史四卷　(宋)范坰　(宋)林禹撰　清光緒二十一年(1895)錢塘丁氏嘉惠堂刻本　二册

310000－0243－0002205　402300.3/4471
舊五代史一百五十卷　(宋)薛居正等撰　清光緒十四年(1888)上海圖書集成印書局鉛印本　十二册

310000－0243－0002206　402300.3/4471.01
舊五代史一百五十卷　(宋)薛居正等撰　清光緒十八年(1892)武林竹簡齋石印本　六册

310000－0243－0002207　402300.3/4634
隋書地理志考證九卷　楊守敬撰　清光緒二十七年(1901)刻本　六册

310000－0243－0002208　402300.3/7180.1
南唐書合刻二種四十九卷　(宋)馬令　(宋)陸遊撰　清同治十三年(1874)刻本　十册

310000－0243－0002209　402300.3/7267
舊唐書二百卷　(五代)劉昫撰　清同治十一年(1872)浙江書局刻本　四十八册

310000－0243－0002210　402300.3/7294
五代史校勘劄記　(清)劉光蕡輯　清光緒十七年(1891)刻本　四册

310000－0243－0002211　402300.3/7438.02
南唐書十八卷　(宋)陸遊撰　(元)戚光音釋　清光緒九年(1883)刻本　四册

310000－0243－0002212　402300.3/7520
續唐書七十卷　(清)陳鱣撰　清光緒二十一年(1895)廣雅書局刻本　十册

310000－0243－0002213　402300.3/7772
新五代史七十四卷　(宋)歐陽修撰　(宋)徐無黨注　清光緒十八年(1892)武林竹簡齋石印本　二册

310000－0243－0002214　402300.3/777241
五代史記七十四卷　(宋)歐陽修撰　(宋)徐無黨原注　(清)彭元瑞注　清嘉慶二十年(1815)刻本　四十册

310000－0243－0002215　402300.3/777241.01
五代史記七十四卷　(宋)歐陽修撰　(宋)徐無黨原注　(清)彭元瑞注　清道光八年(1828)汪氏德堂刻本　四十册

310000－0243－0002216　402300.4/004274
王安石新法論　(日本)高橋作衛撰　(清)陳超譯　清光緒二十八年(1902)廣智書局鉛印本　一册

310000－0243－0002217　402300.4/0863.1
金史詳校十卷　(清)施國祁撰　清光緒六年(1880)會稽章氏刻本　十二册

310000－0243－0002218　402300.4/1014
青溪弄兵錄一卷　(宋)王彌大輯　清刻本　一册

310000－0243－0002219　402300.4/1021
東都事略一百三十卷　(宋)王稱撰　清嘉慶三年(1798)掃葉山房刻本　八册

310000－0243－0002220　402300.4/1371
遼金元三史國語解四十六卷　(清)高宗弘曆編　清光緒四年(1878)江蘇書局刻本　十册

310000－0243－0002221　402300.4/1371
遼金元三史國語解四十六卷　(清)高宗弘曆編　清光緒四年(1878)江蘇書局刻本　十册

310000－0243－0002222　402300.4/30046
大金國志四十卷　(宋)宇文懋昭撰　清嘉慶二年(1797)掃葉山房刻本　二册

310000－0243－0002223　402300.4/3114
宋史紀事本末一百九卷附西夏紀事本末三十

六卷元史紀事本末二十七卷 (明)馮琦撰 (明)陳邦瞻增訂 清光緒十四年(1888)上海書業公所崇德堂石印本 十二册

310000－0243－0002224 402300.4/3114.02
宋史紀事本末一百九卷 (明)馮琦撰 (明)陳邦瞻增訂 清同治十三年(1874)江西書局刻本 二十册

310000－0243－0002225 402300.4/3464
松漠紀聞一卷 (宋)洪晧撰 清同治十二年(1873)涇縣洪氏三端堂刻本 一册

310000－0243－0002226 402300.4/4032
舊聞證誤四卷 (宋)李心傳撰 清光緒二十六年(1900)刻本 一册

310000－0243－0002227 402300.4/4044
吴中舊事 (清)李模編 清光緒十七年(1891)刻本 二册

310000－0243－0002228 402300.4/4049
遼史紀事本末四十卷 (清)李有棠編纂 清光緒十九年(1893)同文書局石印本 十册

310000－0243－0002229 402300.4/4049.01
遼史紀事本末四十卷 (清)李有棠編纂 清光緒十九年(1893)同文書局石印本 四册

310000－0243－0002230 402300.4/4049.1
金史紀事本末五十二卷 (清)李有棠編纂 清光緒二十七年(1901)廣雅書局刻本 六册

310000－0243－0002231 402300.4/4092
遼史地理考五卷 (清)李慎儒撰 清光緒二十八年(1902)丹徒李氏刻本 二册

310000－0243－0002232 402300.4/4473
契丹國志二十七卷 (宋)葉隆禮撰 清掃葉山房刻本 一册

310000－0243－0002233 402300.4/5245
遼史一百十六卷 (元)托克托撰 清光緒十八年(1892)武林竹簡齋石印本 三册

310000－0243－0002234 402300.4/5245.1
金史一百三十五卷 (元)托克托撰 清光緒十八年(1892)武林竹簡齋石印本 八册

310000－0243－0002235 402300.4/7167
遼史拾遺二十四卷 (清)厲鶚撰 清光緒元年(1875)江蘇書局刻本 八册

310000－0243－0002236 402300.4/7211
鄂國金佗稡編二十八卷 (宋)岳珂編 清光緒九年(1883)浙江書局刻本 十二册

310000－0243－0002237 402300.4/7211
鄂國金佗稡編二十八卷 (宋)岳珂編 清光緒九年(1883)浙江書局刻本 十二册

310000－0243－0002238 402300.4/8342
南宋書六十八卷 (明)錢士升撰 (清)許重熙贊 清嘉慶二年(1797)掃葉山房刻本 十二册

310000－0243－0002239 402300.5/110222
校正元聖武親征錄 (元)□□撰 (清)何秋濤編校 清光緒二十年(1894)小漚巢刻本 一册

310000－0243－0002240 402300.5/2631
元史新編九十五卷 (清)魏源撰 清光緒三十一年(1905)邵陽鎮慎微堂刻本 三十二册

310000－0243－0002241 402300.5/3030
元史二百十卷 (明)宋濂等撰 清光緒十八年(1892)武林竹簡齋石印本 十四册

310000－0243－0002242 402300.5/316177
蒙古史二卷 (日本)河野三元撰 歐陽瑞驊譯 清宣統三年(1911)南陽印刷官廠鉛印本 二册

310000－0243－0002243 402300.5/3193
元史本證五十卷 (清)汪輝祖撰 清嘉慶七年(1802)刻本 六册

310000－0243－0002244 402300.5/4448
太祖大事略四卷 范壽金編輯 清光緒三十三年(1907)石印本 一册

310000－0243－0002245 402300.5/8000
元書一百二卷 (清)曾廉撰 清宣統三年(1911)層漪堂刻本 二十册

310000－0243－0002246 402300.6/0020

先撥志始二卷　(明)文秉撰　清同治二年(1863)江西刻本　二册

310000－0243－0002247　402300.6/0021
明史分稿殘編二卷　(清)方象瑛撰　清末刻振綺堂叢書本　二册

310000－0243－0002248　402300.6/0047
青燐屑二卷　(明)應喜臣撰　清刻本　一册

310000－0243－0002249　402300.6/0146
明大政纂要四十三卷　(明)譚希思撰　清湖南思賢書局刻本　二十八册

310000－0243－0002250　402300.6/1111
明史三百三十二卷　(清)張廷玉等編　清光緒八年(1882)武林竹簡齋石印本　二十四册

310000－0243－0002251　402300.6/1177
讀鑑繹義三十二卷　(清)張鵬展撰　清道光十七年(1837)穀詒堂刻本　八册

310000－0243－0002252　402300.6/1237
二申野錄八卷　(清)孫之騄輯　清同治六年(1867)吟香館刻本　四册

310000－0243－0002253　402300.6/2608
東林本末三卷　(明)吴應箕纂　清同治三年(1864)文江官廨刻本　一册

310000－0243－0002254　402300.6/2608.1
兩朝剥復録六卷　(明)吴應箕輯　(清)夏燮校證　清同治二年(1863)江西樓山堂刻本八册

310000－0243－0002255　402300.6/2615
甲申紀事　(明)程正揆撰　清刻本　一册

310000－0243－0002256　402300.6/2623
綏寇紀略六卷　(清)吴偉業撰　清刻本二册

310000－0243－0002257　402300.6/2623.1
綏寇紀略十二卷　(清)吴偉業輯　清光緒三年(1877)申報館鉛印本　八册

310000－0243－0002258　402300.6/2710
建文遜國之際月表二卷　(清)劉廷鑾撰　清光緒元年(1875)劉氏唐石簃刻貴池先哲遺書續刊本　二册

310000－0243－0002259　402300.6/2746
續明紀事本末十八卷　(清)倪在田輯　清光緒二十九年(1903)上海書局鉛印本　六册

310000－0243－0002260　402300.6/2840
小腆紀年附考二十卷　(清)徐鼒撰　清咸豐十一年(1861)刻本　十册

310000－0243－0002261　402300.6/2840.1
小腆紀傳補遺不分卷　(清)徐鼒撰　清光緒十三年(1887)金陵刻本　十六册

310000－0243－0002262　402300.6/3140
紀載彙編十種　(明)馮夢龍等撰　清末申報館鉛印本　二册

310000－0243－0002263　402300.6/314045
燕都日記一卷　(明)馮夢龍撰　(清)莫釐山人增補　清刻本　一册

310000－0243－0002264　402300.6/3410
南天痕二十六卷　(清)淩雪撰　清宣統二年(1910)鉛印本　六册

310000－0243－0002265　402300.6/3428
野獲編三十卷　(明)沈德符撰　(清)錢枋輯　清道光七年(1827)扶荔山房刻本　十六册

310000－0243－0002266　402300.6/3428.01
野獲編三十卷　(明)沈德符撰　(清)錢枋輯　清同治八年(1869)扶荔山房重校補刻本二十册

310000－0243－0002267　402300.6/3603
潛菴先生擬明史稿二十卷　(清)湯斌撰　清刻本　十四册

310000－0243－0002268　402300.6/4012
南疆繹史三十卷　(清)李瑤撰　清道光十年(1830)都城琉璃廠半松居士木活字印本　十六册

310000－0243－0002269　402300.6/4012.1
繹史摭遺十八卷　(清)李瑤纂　清道光十年(1830)城南草堂補刻本　四册

310000－0243－0002270　402300.6/4033.1
崇禎朝紀事四卷　（清）李遜之撰　清光緒二十三年（1897）武進盛氏刻本　二冊

310000－0243－0002271　402300.6/4097
守汴日誌　（明）李光壂編　清道光五年（1825）刻本　一冊

310000－0243－0002272　402300.6/4233
蜀碧四卷　（清）彭遵泗編　清嘉慶十年（1805）肇經堂刻本　二冊

310000－0243－0002273　402300.6/4233.01
蜀碧四卷　（清）彭遵泗編　清末申報館鉛印本　二冊

310000－0243－0002274　402300.6/4233.02
蜀碧四卷　（清）彭遵泗編　清光緒二十六年（1900）宏道堂刻本　一冊

310000－0243－0002275　402300.6/4462
葉奕武先生守城記　（明）葉景先撰　清咸豐三年（1853）吳中晚晴閣刻本　一冊

310000－0243－0002276　402300.6/4653
通紀彙編九卷　（清）楊本源纂輯　清刻本　九冊

310000－0243－0002277　402300.6/5676
東明聞見錄一卷　（明）□□撰　清刻本　一冊

310000－0243－0002278　402300.6/6225
明季稗史彙編二十七卷　（清）□□撰　清光緒掃葉山房刻本　十冊

310000－0243－0002279　402300.6/6225.01
明季稗史彙編十六種二十七卷　（清）□□編　清光緒刻本　六冊

310000－0243－0002280　402300.6/7246
明宮史八卷　（明）劉若愚編述　清宣統二年（1910）國學扶輪社鉛印本　二冊

310000－0243－0002281　402300.6/7262
蜀龜鑑七卷　（清）劉景伯輯　清咸豐八年（1858）刻本　二冊

310000－0243－0002282　402300.6/7547
明史綱目管窺四卷　（清）陳杞撰　清嘉慶十三年（1808）刻本　二冊

310000－0243－0002283　402300.6/8005
明史論四卷　（清）谷應泰撰　清刻本　一冊

310000－0243－0002284　402300.6/8005.1
明史紀事本末八十卷　（清）谷應泰撰　清同治十三年（1874）江西書局刻本　二十冊

310000－0243－0002285　402300.6/8005.101
明史紀事本末七十九卷　（清）谷應泰撰　清光緒十四年（1888）上海書業公所崇德堂鉛印本　九冊

310000－0243－0002286　402300.6/8034.01
海東逸史十八卷　（清）翁洲老民編　清邵武徐氏刻本　一冊

310000－0243－0002287　402300.6/8238
明季稗史正編十六種二十七卷　（清）□□編　（清）劍心簃主人校　清光緒二十九年（1903）鉛印本　六冊

310000－0243－0002288　402300.6/8333
所知錄六卷　（明）錢澄之撰　清宣統三年（1911）殷鑑社鉛印本　二冊

310000－0243－0002289　402300.6/8333
所知錄六卷　（明）錢澄之撰　清宣統三年（1911）殷鑑社鉛印本　二冊

310000－0243－0002290　402300.6/8376
甲申傳信錄十卷　（清）錢軹撰　清光緒三年（1877）申報館鉛印本　四冊

310000－0243－0002291　402300.7/0020
庚子日記四卷　高給諫撰　清光緒三十年（1904）鉛印本　三冊

310000－0243－0002292　402300.7/0031
庚子北京事變紀略　（清）鹿完天編　清光緒二十七年（1901）刻本　一冊

310000－0243－0002293　402300.7/0043
公車上書記　康有爲等撰　清光緒二十一年（1895）上海石印書局石印本　一冊

310000－0243－0002294　402300.7/0043.1
南海先生四上書記一卷　康有爲撰　清光緒上海時務報館石印本　一册

310000－0243－0002295　402300.7/0043.2
南海先生五上書記一卷　康有爲撰　清上海大同譯書局石印本　二册

310000－0243－0002296　402300.7/0043.3
戊戌奏稿　康有爲撰　（清）麥仲華編　清宣統三年（1911）鉛印本　一册

310000－0243－0002297　402300.7/0043.3
戊戌奏稿　康有爲撰　（清）麥仲華編　清宣統三年（1911）鉛印本　一册

310000－0243－0002298　402300.7/0043.3
戊戌奏稿　康有爲撰　（清）麥仲華編　清宣統三年（1911）鉛印本　一册

310000－0243－0002299　402300.7/0043.301
戊戌奏稿　康有爲撰　清宣統三年（1911）鉛印本　一册

310000－0243－0002300　402300.7/0062
請纓日記十卷　（清）唐景崧撰　清光緒十九年（1893）臺灣布政使署刻本　四册

310000－0243－0002301　402300.7/0422
粤氛紀事十三卷　（清）謝山居士輯　清同治八年（1869）刻本　八册

310000－0243－0002302　402300.7/0819
談浙四卷　（清）許瑶光纂輯　清光緒十四年（1888）刻本　二册

310000－0243－0002303　402300.7/0839
客韓筆記一卷　（清）許寅輝撰　清光緒三十二年（1906）長沙刻本　一册

310000－0243－0002304　402300.7/1001
石渠餘記六卷　（清）王慶雲纂　清光緒十四年（1888）刻本　六册

310000－0243－0002305　402300.7/1001.02
熙朝政紀八卷　（清）王慶雲撰　清光緒二十八年（1902）上海石印本　四册

310000－0243－0002306　402300.7/1010
庚辛泣杭錄十六卷　（清）丁丙撰　清光緒二十一年（1895）錢塘丁氏刻本　六册

310000－0243－0002307　402300.7/1020
九朝東華錄一百二十卷　王先謙編　清光緒石印本　六十册

310000－0243－0002308　402300.7/1020.1
十朝東華錄五百二十五卷　王先謙編　清光緒二十年（1894）上海積山書局石印本　六十四册

310000－0243－0002309　402300.7/1020.2
十一朝東華錄一百九十五卷　王先謙編　清光緒十三年（1887）廣百宋齋鉛印本　三十二册

310000－0243－0002310　402300.7/1020.3
東華續錄二百三十卷（乾隆朝至道光朝）　王先謙編　清光緒二十四年（1898）廣百宋齋鉛印本　四十四册

310000－0243－0002311　402300.7/1020.4
同治朝東華續錄一百卷　王先謙編　清光緒二十四年（1898）文瀾書局石印本　二十四册

310000－0243－0002312　402300.7/1023
皇朝四裔藩屬考　王師汾撰　清光緒二十八年（1902）樂山王氏喟觚齋刻本　一册

310000－0243－0002313　402300.7/1033
漢族光復史初編　三戶遺民撰　清宣統二年（1910）申報館鉛印本　一册

310000－0243－0002314　402300.7/1033－1
湘軍記二十卷　（清）王定安撰　清光緒十五年（1889）江南書局刻本　八册

310000－0243－0002315　402300.7/1036
春融堂雜記八種八卷　（清）王昶撰　清光緒申報館鉛印本　四册

310000－0243－0002316　402300.7/1043
夷氛聞記四卷　（清）□□撰　清同治十三年（1874）崦廬叢刊鉛印本　一册

310000－0243－0002317　402300.7/1073－1

湘軍志十六卷　王闓運撰　清光緒十一年(1885)刻本　四冊

310000－0243－0002318　402300.7/1073－1

湘軍志十六卷　王闓運撰　清光緒十一年(1885)刻本　四冊

310000－0243－0002319　402300.7/1099

中西紀事二十四卷　(清)夏燮撰　清同治五年(1866)刻本　六冊

310000－0243－0002320　402300.7/1099

中西紀事二十四卷　(清)夏燮撰　清同治五年(1866)刻本　六冊

310000－0243－0002321　402300.7/1099－1

中日戰輯六卷　(清)王炳耀輯　清光緒二十一年(1895)森寶閣鉛印本　四冊

310000－0243－0002322　402300.7/1099－1

中日戰輯六卷　(清)王炳耀輯　清光緒二十一年(1895)森寶閣鉛印本　三冊

310000－0243－0002323　402300.7/1114

兩淮勘亂記一卷　(清)張瑞墀撰　清宣統元年(1909)夢雨樓鉛印本　一冊

310000－0243－0002324　402300.7/1167

山東軍興紀略二十二卷　(清)張曜編撰　清光緒十一年(1885)徑北草堂刻本　十冊

310000－0243－0002325　402300.7/1227

普天忠憤全集十四卷　(清)孔魯陽編　清光緒二十一年(1895)石印本　十二冊

310000－0243－0002326　402300.7/1626

播變紀略一卷　(清)碧山野史編　清光緒二十年(1894)川東道署刻本　一冊

310000－0243－0002327　402300.7/1630

金壇見聞記二卷　(清)強汝詢撰　清光緒二十四年(1898)北京正蒙印書局刻本　一冊

310000－0243－0002328　402300.7/1751

豫軍紀略十二卷　(清)尹耕雲等纂　清同治十一年(1872)刻本　十二冊

310000－0243－0002329　402300.7/1751

豫軍紀略十二卷　(清)尹耕雲等纂　清同治十一年(1872)刻本　十二冊

310000－0243－0002330　402300.7/1751.01

豫軍紀略十二卷　(清)尹耕雲等纂　清光緒三年(1877)申報館鉛印本　六冊

310000－0243－0002331　402300.7/202452

中國六十年戰史十三章　(英國)愛特華撰　(清)史悠明　(清)程履祥編譯　清光緒二十九年(1903)上海美華書館鉛印本　六冊

310000－0243－0002332　402300.7/2113

庚子教會華人流血史　(清)柴栗棨編輯　清宣統三年(1911)上海美華書館鉛印本　一冊

310000－0243－0002333　402300.7/2113

庚子教會華人流血史　(清)柴栗棨編輯　清宣統三年(1911)上海美華書館鉛印本　一冊

310000－0243－0002334　402300.7/2134

十一朝東華錄分類輯要二十四卷　(清)何良棟輯　清光緒二十九年(1903)鴻寶書局石印本　二十四冊

310000－0243－0002335　402300.7/2138

新政真詮六編　(清)何啟　(清)胡禮垣編　清光緒二十六年(1900)格致新報鉛印本　六冊

310000－0243－0002336　402300.7/2242

拳事紀略八卷前編二卷後編二卷　僑析生輯　清光緒二十九年(1903)上海書局石印本　六冊

310000－0243－0002337　402300.7/2242

拳事紀略八卷前編二卷後編二卷　僑析生輯　清光緒二十九年(1903)上海書局石印本　六冊

310000－0243－0002338　402300.7/2242

拳事紀略八卷前編二卷後編二卷　僑析生輯　清光緒二十九年(1903)上海書局石印本　六冊

310000－0243－0002339　402300.7/2478

義和團紀事六卷　(日本)佐原篤介　(清)浙

西謳隱同輯　清光緒二十七年(1901)鉛印本　六冊

310000-0243-0002340　402300.7/2484
清一統史十一卷　(日本)佐籐楚材編輯　清光緒二十八年(1902)理文軒中外書會刻本　十二冊

310000-0243-0002341　402300.7/2547
光緒朝東華續錄二百二十卷　(清)朱壽朋編　清宣統元年(1909)上海集成圖書公司鉛印本　六十四冊

310000-0243-0002342　402300.7/2631
聖武記十四卷　(清)魏源撰　清道光二十六年(1846)古微堂刻本　十二冊

310000-0243-0002343　402300.7/2631.01
聖武記十四卷　(清)魏源撰　清光緒四年(1878)上海申報館鉛印本　十冊

310000-0243-0002344　402300.7/2631.01
聖武記十四卷　(清)魏源撰　清光緒四年(1878)上海申報館鉛印本　十冊

310000-0243-0002345　402300.7/2694
勘定新疆記八卷　(清)魏光燾輯　清光緒二十五年(1899)鉛印本　四冊

310000-0243-0002346　402300.7/2694.01
勘定新疆記八卷　(清)魏光燾輯　清光緒二十五年(1899)鉛印本　二冊

310000-0243-0002347　402300.7/273145
榆關紀事四卷　(清)鄒渭三　(清)淩登嶽撰　(清)蘆中穹士刪改　清光緒三十年(1904)石印本　四冊

310000-0243-0002348　402300.7/2742
國朝史論約鈔　(清)繆楷　(清)章國華鈔錄　清光緒二十七年(1901)江陰章氏紫荆書屋刻本　四冊

310000-0243-0002349　402300.7/2827
都門紀變百詠一卷　(清)復儂氏　(清)杞廬氏撰　清光緒二十六年(1900)石印本　一冊

310000-0243-0002350　402300.7/3012
江南鐵淚圖新編　(清)寄雲山人編　清同治四年(1865)寧城刻本　一冊

310000-0243-0002351　402300.7/3048
讀東華錄一卷　竇士鏞撰　清宣統三年(1911)鉛印本　一冊

310000-0243-0002352　402300.7/3100
逆黨禍蜀記　(清)汪堃輯　清同治五年(1866)不懼無悶齋刻本　一冊

310000-0243-0002353　402300.7/3100
逆黨禍蜀記　(清)汪堃輯　清同治五年(1866)不懼無悶齋刻本　二冊

310000-0243-0002354　402300.7/3334
戊戌政變記九卷　梁啟超撰　清刻本　三冊

310000-0243-0002355　402300.7/3337
冤海述聞　(清)□□輯　清刻本　一冊

310000-0243-0002356　402300.7/3408
臺灣戰紀二卷　(清)洪棄父纂　清光緒三十二年(1906)鉛印本　二冊

310000-0243-0002357　402300.7/3408
臺灣戰紀二卷　(清)洪棄父纂　清光緒三十二年(1906)鉛印本　二冊

310000-0243-0002358　402300.7/3408.1
中東戰紀一卷　(清)洪棄父纂　清光緒三十二年(1906)鉛印本　一冊

310000-0243-0002359　402300.7/3420
國朝事略六卷　江楚編譯官書局編　清光緒同文官印書館鉛印本　二冊

310000-0243-0002360　402300.7/3420.03
國朝事略五卷　江楚編譯官書局編　清光緒三十三年(1907)廣東學務公所印刷處鉛印本　一冊

310000-0243-0002361　402300.7/3526
中東戰史二卷　(日本)清香田村　維則編　清末鉛印本　二冊

310000-0243-0002362　402300.7/3704
皇朝藩部要略十八卷　(清)祁韻士纂　(清)

毛嶽生編　清光緒十年(1884)浙江書局刻本　八冊

310000－0243－0002363　402300.7/4001
變法平議酌　(清)李應玨撰　清光緒二十七年(1901)刻本　一冊

310000－0243－0002364　402300.7/4024
行素齋雜記二卷　(清)李佳撰　清光緒二十七年(1901)湖南臬署刻本　二冊

310000－0243－0002365　402300.7/4025
忠王李秀成自傳　(清)李秀成撰　清同治刻本　一冊

310000－0243－0002366　402300.7/4025.01
忠王李秀成自傳　(清)李秀成撰　清同治刻本　一冊

310000－0243－0002367　402300.7/4032
程中丞庚子函牘鈔略　李遜編輯　清宣統元年(1909)鉛印本　一冊

310000－0243－0002368　402300.7/4032.1
庚子交涉隅錄　李遜編輯　清宣統元年(1909)鉛印本　一冊

310000－0243－0002369　402300.7/4034
中興別記六十一卷末一卷　李濱古撰　清宣統二年(1910)鉛印本　十二冊

310000－0243－0002370　402300.7/4036
袁京卿請剿拳匪奏疏遺墨　(清)袁昶撰　清末石印本　一冊

310000－0243－0002371　402300.7/4036.1
袁太常戊戌條陳　(清)袁昶撰　清光緒二十八年(1902)平原村舍鉛印本　一冊

310000－0243－0002372　402300.7/4040
思痛記二卷　(清)李圭撰　清光緒六年(1880)師一齋刻本　一冊

310000－0243－0002373　402300.7/4040
思痛記二卷　(清)李圭撰　清光緒六年(1880)師一齋刻本　一冊

310000－0243－0002374　402300.7/4040.1
金陵兵事彙略四卷　(清)李圭撰　清光緒十三年(1887)甬上厲齋刻本　二冊

310000－0243－0002375　402300.7/4045
浣香園筆記　(清)李大本撰　清道光二十五年(1845)刻本　一冊

310000－0243－0002376　402300.7/4049
川鄂大事綱目　李薛榮輯　清宣統鉛印本　四冊

310000－0243－0002377　402300.7/4063
西巡大事本末記六卷　(日本)吉田良太郎著　清光緒二十七年(1901)上海書局石印本　六冊

310000－0243－0002378　402300.7/4063
西巡大事本末記六卷　(日本)吉田良太郎著　清光緒二十七年(1901)上海書局石印本　六冊

310000－0243－0002379　402300.7/406380
西巡迴鑾始末記六卷　(日本)吉田良太郎口譯　(清)八詠樓主人筆述　清光緒二十八年(1902)石印本　六冊

310000－0243－0002380　402300.7/4238
紫光閣功臣小像並湘軍平定粵匪戰圖　(清)彭鴻年編　清光緒二十七年(1901)石印本　一冊

310000－0243－0002381　402300.7/4281
東方兵事紀略五卷　(清)姚錫光撰　清光緒二十三年(1897)武昌刻本　二冊

310000－0243－0002382　402300.7/4400
防海紀略二卷　(清)芍唐居士編　清光緒六年(1880)上洋文藝齋刻本　二冊

310000－0243－0002383　402300.7/4400
防海紀略二卷　(清)芍唐居士編　清光緒六年(1880)上洋文藝齋刻本　二冊

310000－0243－0002384　402300.7/4403
平定粵匪紀略十八卷附記四卷　(清)杜文瀾等編　清末上海申報館鉛印本　六冊

310000－0243－0002385　402300.7/4403.01

平定粵寇紀略十八卷附記四卷 （清）杜文瀾等編 清光緒元年(1875)詒穀堂刻本 八冊

310000－0243－0002386 402300.7/4403.01
平定粵寇紀略十八卷附記四卷 （清）杜文瀾等編 清光緒元年(1875)詒穀堂刻本 八冊

310000－0243－0002387 402300.7/4403.1
蕩平髮逆圖記二十二卷首圖一卷 （清）杜文瀾纂輯 清光緒上海石印本 四冊

310000－0243－0002388 402300.7/4403.101
蕩平髮逆圖記二十二卷 （清）杜文瀾纂輯 清光緒十九年(1893)上海寶文書局石印本 四冊

310000－0243－0002389 402300.7/4404
中倭戰守始末記四卷中俄中法交涉一卷 （清）黃慶蘭等撰 清光緒二十一年(1895)刻本 四冊

310000－0243－0002390 402300.7/4428
中東戰紀本末八卷 （美國）林樂知撰 蔡爾康纂輯 上海廣學會譯 清光緒二十二年(1896)圖書集成書局鉛印本 十二冊

310000－0243－0002391 402300.7/4428.01
中東戰紀本末八卷 （美國）林樂知撰 蔡爾康纂輯 上海廣學會譯 清光緒二十二年(1896)圖書集成書局鉛印本 十六冊

310000－0243－0002392 402300.7/4433
西寧等處軍務紀略 （清）董福祥 （清）奎順撰 清末上海進步書局石印本 一冊

310000－0243－0002393 402300.7/4435
浙東籌防錄 （清）薛福成纂輯 清光緒十三年(1887)刻本 五冊

310000－0243－0002394 402300.7/4448
滇事總錄二卷 （清）莊士敏撰 清光緒十六年(1890)湖北崇文書局刻本 一冊

310000－0243－0002395 402300.7/4470
廣西昭忠錄四種二十七卷附一卷 （清）蘇鳳文輯 清光緒十五年(1889)刻本 八冊

310000－0243－0002396 402300.7/4477
秋雨秋風不分卷 黃民編纂 清光緒三十三年(1907)鉛印本 一冊

310000－0243－0002397 402300.7/4629
虎口日記一卷 （清）楊德榮撰 清光緒二十二年(1896)福州刻本 一冊

310000－0243－0002398 402300.7/4663
平定關隴略十三卷 （清）楊昌濬輯 清光緒十三年(1887)刻本 八冊

310000－0243－0002399 402300.7/4917－1
皇朝武功紀盛四卷 （清）趙翼撰 清湛詒堂刻本 一冊

310000－0243－0002400 402300.7/4917－1
皇朝武功紀盛四卷 （清）趙翼撰 清湛詒堂刻本 一冊

310000－0243－0002401 402300.7/4917－1.01
皇朝武功紀盛四卷 （清）趙翼撰 清嘉慶十九年(1814)刻本 二冊

310000－0243－0002402 402300.7/4944
黎陽見聞錄一卷 （清）趙如椿撰 清刻本 一冊

310000－0243－0002403 402300.7/5023
平浙紀略十六卷 （清）秦緗業編 清同治十二年(1873)刻本 四冊

310000－0243－0002404 402300.7/5023
平浙紀略十六卷 （清）秦緗業編 清同治十二年(1873)刻本 四冊

310000－0243－0002405 402300.7/5023.01
平浙紀略十六卷 （清）秦緗業 （清）陳鍾英撰 清光緒元年(1875)申報館鉛印本 四冊

310000－0243－0002406 402300.7/5023.01
平浙紀略十六卷 （清）秦緗業 （清）陳鍾英撰 清光緒元年(1875)申報館鉛印本 四冊

310000－0243－0002407 402300.7/5036
補天錄五卷 （日本）東海星郎輯 清光緒二十六年(1900)鉛印本 二冊

310000－0243－0002408 402300.7/5344

靖逆記六卷　(清)盛大士撰　清嘉慶二十五年(1820)正道堂刻本　四册

310000－0243－0002409　402300.7/5344.01
靖逆記六卷　(清)盛大士纂　清嘉慶二十五年(1820)文聖堂刻本　一册

310000－0243－0002410　402300.7/5344.01
靖逆記六卷　(清)盛大士纂　清嘉慶二十五年(1820)文聖堂刻本　二册

310000－0243－0002411　402300.7/6033
庚子海外紀事八卷　(清)吕海寰輯　清光緒二十八年(1902)上海辦理商記行轅刻本　四册

310000－0243－0002412　402300.7/6033.01
庚子海外紀事詩四卷　(清)吕海寰編　清光緒二十七年(1901)上海辦理商記行轅刻本　四册

310000－0243－0002413　402300.7/7221
礦政輯略　(清)劉嶽雲撰　清光緒二十九年(1903)教育世界社石印本　八册

310000－0243－0002414　402300.7/7225
庭聞錄六卷　(清)劉健撰　清光緒申報館鉛印本　一册

310000－0243－0002415　402300.7/7227
越事備考三卷　(清)劉名譽編輯　清光緒二十一年(1895)桂林刻本　一册

310000－0243－0002416　402300.7/7241
江楚會奏變法全摺　(清)劉坤一　(清)張之洞撰　清光緒二十七年(1901)富強齋石印本　三册

310000－0243－0002417　402300.7/7241.1
變法奏議叢鈔　(清)劉坤等撰　清石印本　二册

310000－0243－0002418　402300.7/7241.1
變法奏議叢鈔　(清)劉坤等撰　清石印本　四册

310000－0243－0002419　402300.7/7259
畿南濟變紀略一卷　(清)劉春堂撰　清光緒二十七年(1901)鉛印本　一册

310000－0243－0002420　402300.7/7282
克復金陵勳德記一卷　(清)劉毓崧撰　清同治五年(1866)曼陀羅華閣刻本　一册

310000－0243－0002421　402300.7/7503.1
燕下鄉脞錄(郎潛紀聞二筆)十六卷　(清)陳康祺撰　清光緒七年(1881)暨陽刻本　四册

310000－0243－0002422　402300.7/7521
戊戌變法榷議一卷　(清)陳衍撰　清光緒刻本　一册

310000－0243－0002423　402300.7/7532
江表忠略二十卷　(清)陳澹然撰　清光緒二十八年(1902)長沙刻本　四册

310000－0243－0002424　402300.7/7532
江表忠略二十卷　(清)陳澹然撰　清光緒二十八年(1902)長沙刻本　四册

310000－0243－0002425　402300.7/7560
霆軍紀略十六卷　(清)陳昌編輯　清光緒八年(1882)夔門刻本　六册

310000－0243－0002426　402300.7/7560.01
霆軍紀略十六卷　(清)陳昌編輯　清光緒上海申報館鉛印本　六册

310000－0243－0002427　402300.7/7704
彭玉麟戰略一卷　(清)關奕基輯　清光緒十八年(1892)粤東守經堂刻本　一册

310000－0243－0002428　402300.7/7704.1
中東戰紀一卷　(清)關奕基輯　清光緒十八年(1892)刻本　一册

310000－0243－0002429　402300.7/7704.2
張之洞奏議一卷　(清)關奕基輯　清光緒十八年(1892)粤東守經堂刻本　一册

310000－0243－0002430　402300.7/7704.3
續刻名臣奏議一卷　(清)關奕基輯　清光緒十八年(1892)粤東守經堂刻本　一册

310000－0243－0002431　402300.7/7743
淮軍平撚記十二卷　(清)周世澄輯　清同治

刻本　四册

310000－0243－0002432　402300.7/7743
淮軍平撚記十二卷　(清)周世澄輯　清同治刻本　四册

310000－0243－0002433　402300.7/7743
淮軍平撚記十二卷　(清)周世澄輯　清同治刻本　二册

310000－0243－0002434　402300.7/7748
平定猺匪述略二卷　(清)周存義撰　清道光十三年(1833)刻本　一册

310000－0243－0002435　402300.7/7767
貞豐里庚申見聞錄二卷　(清)陶煦撰　清光緒八年(1882)陶氏儀一堂刻本　二册

310000－0243－0002436　402300.7/77732
榾柮談屑　(清)歐陽兆熊撰　清光緒二十一年(1895)孫述謹刻本　一册

310000－0243－0002437　402300.7/7780
劉永福兵書一卷　(清)關錦章輯　清光緒十八年(1892)藍格刻本　一册

310000－0243－0002438　402300.7/8036
秦隴回務紀略四卷　(清)余澍疇撰　清光緒六年(1880)鎮平縣署刻本　一册

310000－0243－0002439　402300.7/8064
湘軍水陸戰記十六卷　(清)曾國藩撰　清光緒十一年(1885)京都同文堂石印本　二册

310000－0243－0002440　402300.7/8064
湘軍水陸戰記十六卷　(清)曾國藩撰　清光緒十一年(1885)京都同文堂石印本　二册

310000－0243－0002441　402300.7/8064.01
湘軍水陸戰記十六卷　(清)曾國藩撰　清光緒十二年(1886)鉛印本　二册

310000－0243－0002442　402300.7/8080
熙朝新語十二卷　(清)余金輯　清嘉慶二十三年(1818)鳴盛堂刻本　二册

310000－0243－0002443　402300.7/8080.01
熙朝新語十六卷　(清)余金輯　清光緒十三年(1887)上海大文書局鉛印本　二册

310000－0243－0002444　402300.7/8244
南平捍寇日記　(清)鍾范撰　清光緒二十八年(1902)刻本　一册

310000－0243－0002445　402300.7/8364
吴中平寇記八卷　(清)錢勖撰　清光緒元年(1875)申報館鉛印本　一册

310000－0243－0002446　402300.7/8364.01
吴中平寇記八卷　(清)錢勖撰　清同治四年(1865)刻本　二册

310000－0243－0002447　402300.7/8364.01
吴中平寇記八卷　(清)錢勖撰　清同治四年(1865)刻本　二册

310000－0243－0002448　402300.7/8364.01
吴中平寇記八卷　(清)錢勖撰　清同治四年(1865)刻本　二册

310000－0243－0002449　402300.7/991364
拳教析疑説　勞乃宣原撰　(清)恩壽重編　清光緒刻本　一册

310000－0243－0002450　402300.7/991364
拳教析疑説　勞乃宣原撰　(清)恩壽重編　清光緒刻本　一册

310000－0243－0002451　403100/1073.1
竹書紀年十四卷　(清)雷學淇校訂　清刻本　二册

310000－0243－0002452　403100/3427.01
竹書紀年二卷　(南朝梁)沈約注　(清)洪頤煊校　清嘉慶十一年(1806)平津館刻本　一册

310000－0243－0002453　403100/4493
竹書紀年辨正四卷　(清)韓怡撰　清嘉慶十二年(1807)木存堂刻本　一册

310000－0243－0002454　403100/4742
竹書紀年校正十四卷　(清)郝懿行撰　清光緒五年(1879)刻本　二册

310000－0243－0002455　403100/7532

竹書紀年集證五十卷 （清）陳逢衡撰　清嘉慶十八年（1813）裛露軒刻本　二十四册

310000－0243－0002456　403200/1779
稽古錄二十卷 （宋）司馬光撰　清同治十一年（1872）湖北崇文書局刻本　四册

310000－0243－0002457　403200/1779.01
稽古錄二十卷 （宋）司馬光撰　清光緒五年（1879）江蘇書局刻本　四册

310000－0243－0002458　403310/0051
讀通鑑綱目劄記二十卷 （清）章邦元撰　清光緒十八年（1892）銅陵章氏刻本　八册

310000－0243－0002459　403310/1100
通鑑綱目釋地補注六卷 （清）張庚撰　清乾隆濟美堂刻本　一册

310000－0243－0002460　403310/1102
資治通鑑刊本識誤三卷 （清）張敦仁撰　清光緒十二年（1886）新陽趙氏刻本　三册

310000－0243－0002461　403310/4034
讀通鑑綱目條記二十卷 （清）李述來撰　清刻本　六册

310000－0243－0002462　403330/2528
經義考二百九十八卷 （清）朱彝尊撰　清光緒二十二年（1896）浙江書局刻本　五十册

310000－0243－0002463　403340/7124
通鑑類纂二十卷 （清）馬佳松椿纂　清光緒二十四年（1898）長白馬佳氏督漕節署刻本　四十册

310000－0243－0002464　403400/1779
資治通鑑補二百九十四卷 （宋）司馬光編（元）胡三省音注　（明）嚴衍補　清光緒二年（1876）思補樓刻本　八十册

310000－0243－0002465　403400/4040
續資治通鑑長編五百二十卷 （宋）李燾撰　清光緒七年（1881）浙江書局刻本　一百二十册

310000－0243－0002466　403500/1042
綱鑑會纂三十九卷 （明）王世貞編　清光緒二十五年（1899）上海美華書局石印本　十册

310000－0243－0002467　403500/1111
御纂資治通鑑綱目五卷 （清）張廷玉等編　清光緒二十五年（1899）石印本　二册

310000－0243－0002468　403500/17260
綱鑑擇語十卷 （清）司徒則盧輯　清同治六年（1867）刻本　六册

310000－0243－0002469　403500/3186
綱鑑正史約三十六卷 （明）顧錫疇編　（清）陳宏謀增訂　清同治八年（1869）浙江書局刻本　二十册

310000－0243－0002470　403500/3186
綱鑑正史約三十六卷 （明）顧錫疇編　（清）陳宏謀增訂　清同治八年（1869）浙江書局刻本　二十册

310000－0243－0002471　403500/3186
綱鑑正史約三十六卷 （明）顧錫疇編　（清）陳宏謀增訂　清同治八年（1869）浙江書局刻本　二十册

310000－0243－0002472　404100/0757
七朝紀事本末六百卷 廣雅書局校刻　清光緒二十六年（1900）廣雅書局刻本　一百六十册

310000－0243－0002473　404100/2509
歷朝紀事本末六百五十八卷 （清）朱記榮（清）陳如升編　清光緒二十五年（1899）慎記書莊石印本　五十六册

310000－0243－0002474　404100/4041
通鑑紀事本末二百三十九卷 （宋）袁樞編輯（明）張溥論正　清同治十二年（1873）江西書局刻本　八十册

310000－0243－0002475　404100/4041.01
通鑑紀事本末二百三十九卷 （宋）袁樞撰　清光緒十四年（1888）上海崇德堂刻本　二十四册

310000－0243－0002476　404100/4623
通鑑長編紀事本末一百五十卷 （宋）楊仲良

撰　清光緒十九年(1893)廣雅書局刻本　二十四册

310000－0243－0002477　404100/7175
繹史一百六十卷　(清)馬驌撰　清光緒三十年(1904)浙江書局刻本　五十册

310000－0243－0002478　405300/4391
東牟守城紀略一卷　(清)戴燮元輯　清同治八年(1869)廣州刻本　一册

310000－0243－0002479　405600/2544
歷代邊事彙鈔十二卷　(清)朱克敬編輯　清光緒二十八年(1902)捷記書局石印本　四册

310000－0243－0002480　405600/2544.1
邊事彙鈔十二卷　(清)朱克敬編輯　清光緒六年(1880)長沙刻本　十二册

310000－0243－0002481　405800/4024－1
大唐傳載一卷　(唐)□□撰　**賈氏譚録一卷**　(宋)張洎撰　**東齋記事五卷附補遺**　(宋)范鎮撰　清道光刻守山閣叢書本　一册

310000－0243－0002482　405800/8720
明皇雜録　(唐)鄭處誨撰　(清)錢熙祚校　清刻本　一册

310000－0243－0002483　406000/3115
滇考二卷　(清)馮甦編　清道光元年(1821)林海宋氏刻本　二册

310000－0243－0002484　406000/3150
廣陵通典十卷　(清)汪中撰　清同治八年(1869)揚州書局刻本　二册

310000－0243－0002485　406000/3150
廣陵通典十卷　(清)汪中撰　清同治八年(1869)揚州書局刻本　二册

310000－0243－0002486　406000/3150.01
廣陵通典十卷　(清)汪中撰　清同治揚州書局刻本　二册

310000－0243－0002487　406000/4611
東瀛紀事　(清)楊廷理輯　清道光十七年(1837)擁書樓刻本　一册

310000－0243－0002488　406000/4694
增訂南詔野史二卷　(明)楊慎編輯　(清)胡蔚訂正　清光緒六年(1880)雲南書局刻本　二册

310000－0243－0002489　406000/6042
滇粹　呂志伊　李根源輯　清光緒三十四年(1908)鉛印本　一册

310000－0243－0002490　406000/6062
羅景山臺灣海防並開山日記　(清)羅景山撰　清同治石印本　一册

310000－0243－0002491　406000/6062
羅景山臺灣海防並開山日記　(清)羅景山撰　清同治石印本　一册

310000－0243－0002492　406000/7241
貴池縣沿革表一卷　劉世珩撰　清光緒二十三年(1897)刻本　一册

310000－0243－0002493　406000/779213
澳門記略二卷　(清)印光任　(清)張汝霖纂　清刻本　二册

310000－0243－0002494　407100/1338
雍正上諭内閣一百五十九卷　(清)允祥等編　清乾隆六年(1741)刻本　三十二册

310000－0243－0002495　407200/0128
龔端毅公奏疏八卷附卷一卷附山政譜二卷　(清)龔鼎孳撰　清光緒九年(1883)旺彝書屋刻本　五册

310000－0243－0002496　407200/0724
郭侍郎奏疏十二卷　(清)郭嵩燾撰　清光緒十八年(1892)刻本　十二册

310000－0243－0002497　407200/1017
皇朝道咸同光奏議六十四卷　(清)王延熙　(清)王樹敏輯　清光緒二十八年(1902)上海久敬齋石印本　二十八册

310000－0243－0002498　407200/1104
張大司馬奏稿四卷　(清)張亮基撰　清光緒十七年(1891)刻本　四册

310000－0243－0002499　407200/1144

張文毅公奏稿八卷 （清）張芾撰 （清）江長貴輯 清光緒二年（1876）刻本 四册

310000－0243－0002500 407200/1724
孟忠毅公奏疏二卷附録一卷 （清）孟喬芳撰 清道光二十年（1840）刻本 四册

310000－0243－0002501 407200/2234
山公啟事一卷 （晉）山濤撰 葉德輝輯 **山公佚事一卷** 劉肇隅輯 清光緒二十六年（1900）刻本 一册

310000－0243－0002502 407200/2610
孤忠録二卷 （清）吴可讀撰 清光緒十二年（1886）上海文瑞樓刻本 一册

310000－0243－0002503 407200/2700
内閣撰擬文字二卷 （清）鮑康輯 清同治七年（1868）刻本 二册

310000－0243－0002504 407200/2757
孝肅包公奏議十卷 （宋）包拯撰 清道光十四年（1834）木活字印本 八册

310000－0243－0002505 407200/2757.01
包孝肅奏議十卷 （宋）包拯撰 清同治二年（1863）省心閣刻本 四册

310000－0243－0002506 407200/2813
嘉定長白兩先生奏議四卷 （清）徐致祥 （清）寶廷撰 清宣統二年（1910）鉛印本 二册

310000－0243－0002507 407200/3181
贛中寸牘 汪鍾霖撰 清光緒三十四年（1908）鉛印本 一册

310000－0243－0002508 407200/3454
堅正堂折稿二卷 （清）褚成博撰 清光緒三十一年（1905）刻本 二册

310000－0243－0002509 407200/4030
合肥李勤恪公政書十卷 （清）李瀚章撰 （清）李經佘等編輯 清末石印本 十册

310000－0243－0002510 407200/403003
李肅毅伯奏議二十卷 （清）李鴻章撰 （清）章洪鈞 （清）吴汝綸編輯 清光緒二十五年（1899）上海鴻文書局石印本 二十册

310000－0243－0002511 407200/4038
開縣李尚書政書八卷首一卷 （清）李宗羲撰 （清）李本方輯 清光緒十一年（1885）武昌刻本 五册

310000－0243－0002512 407200/4039
左恪靖伯奏稿三十八稿 （清）左宗棠撰 清同治七年（1868）刻本 三十八册

310000－0243－0002513 407200/4210
彭剛直公奏稿八卷 （清）彭玉麟撰 清光緒十七年（1891）吴氏刻本 六册

310000－0243－0002514 407200/4210
彭剛直公奏稿八卷 （清）彭玉麟撰 清光緒十七年（1891）吴氏刻本 六册

310000－0243－0002515 407200/4210.01
彭剛直公奏稿八卷 （清）彭玉麟撰 清光緒十七年（1891）吴氏鉛印本 四册

310000－0243－0002516 407200/4253
靳文襄公奏疏八卷 （清）靳輔撰 （清）靳治豫編 清嘉慶刻本 八册

310000－0243－0002517 407200/4430
南屏贅語八卷 （清）董沛撰 清光緒十二年（1886）刻本 二册

310000－0243－0002518 407200/4462
林文忠公政書三集 （清）林則徐撰 清光緒三年（1877）刻本 十六册

310000－0243－0002519 407200/4743
明胡端敏公奏議十卷 （明）胡世寧撰 清浙江書局刻本 四册

310000－0243－0002520 407200/7113
桐城馬太僕奏略四卷 （明）馬孟禎撰 清光緒六年（1880）刻本 二册

310000－0243－0002521 407200/722121
劉文莊公奏議八卷 （清）劉秉璋撰 （清）朱孔彰編 清光緒鉛印本 八册

310000－0243－0002522 407200/7244

劉中丞奏議二十卷　(清)劉蓉撰　清光緒十一年(1885)思賢講舍刻本　十冊

310000－0243－0002523　407200/7444
唐陸宣公奏議十五卷制誥十卷附年譜一卷　(唐)陸贄撰　清光緒十二年(1886)淮南書局刻本　四冊

310000－0243－0002524　407200/744472
唐陸宣公奏議讀本四卷　(唐)陸贄撰　(清)汪銘謙編輯　(宋)劉辰翁評點　清宣統元年(1909)會稽馬氏石印本　二冊

310000－0243－0002525　407200/7512
同治光緒中興奏議選八卷　(清)陳弢編錄　清光緒元年(1875)京都小酉山房刻本　四冊

310000－0243－0002526　407200/7512.1
同治中興京外奏議約編八卷　(清)陳弢輯　清光緒元年(1875)篋劍囊琴之室刻本　八冊

310000－0243－0002527　407200/7530
培遠堂偶存稿四十八卷　(清)陳宏謀撰　(清)龍錫慶重訂　清光緒二十二年(1896)鄂藩署鉛印本　二十四冊

310000－0243－0002528　407200/7720
駱大司馬奏稿十六卷　(清)駱秉章撰　清刻本　八冊

310000－0243－0002529　407200/7720.1
駱文忠公奏稿十卷　(清)駱秉章撰　清光緒十七年(1891)刻本　十冊

310000－0243－0002530　407200/8064
鳴原堂論文二卷　(清)曾國藩撰　(清)曾國荃審訂　清同治十二年(1873)勵志堂刻本　一冊

310000－0243－0002531　407200/8064.01
鳴原堂論文二卷　(清)曾國藩撰　清同治十二年(1873)勵志堂刻本　二冊

310000－0243－0002532　407200/8328
錢敏肅公奏議七卷　(清)錢鼎銘撰　清光緒六年(1880)存素堂刻本　四冊

310000－0243－0002533　408100/301345
歷代職官表六卷　(清)永瑢等原輯　(清)黃本驥注　清光緒八年(1882)上海王氏刻本　三冊

310000－0243－0002534　408100/4457
歷代職官表六卷　(清)黃本驥重編　清光緒八年(1882)上海王氏刻本　三冊

310000－0243－0002535　408700/0011
宦游紀略二卷　(清)高廷瑤撰　清光緒九年(1883)資州官舍刻本　一冊

310000－0243－0002536　408700/0011.01
宦游紀略二卷　(清)高廷瑤撰　清光緒二十六年(1900)湖北蘄水縣官廨刻本　二冊

310000－0243－0002537　408700/0011.1
宦游紀略纂要二卷　(清)高廷瑤撰　清光緒十二年(1886)瀘州官舍刻本　一冊

310000－0243－0002538　408700/3033
救荒百策　(清)寄湘漁父輯　清光緒十年(1884)甘肅秦州署刻本　一冊

310000－0243－0002539　408700/3430
張文襄幕府紀聞二卷　漢濱讀易者撰　清宣統二年(1910)鉛印本　二冊

310000－0243－0002540　408700/3430
張文襄幕府紀聞二卷　漢濱讀易者撰　清宣統二年(1910)鉛印本　二冊

310000－0243－0002541　408700/4421
陸清獻公莅嘉遺蹟三卷　(清)黃維玉編輯　清嘉慶三年(1798)中本堂刻本　一冊

310000－0243－0002542　408700/7190
夢談隨錄二卷　(清)厲秀芳撰　清咸豐五年(1855)刻本　一冊

310000－0243－0002543　409000/1034
讀史提要錄十二卷　(清)夏之蓉編　清乾隆三十七年(1772)刻本　六冊

310000－0243－0002544　409000/1065
十七史商榷一百卷　(清)王鳴盛撰　清光緒十九年(1893)廣雅書局刻本　十四冊

310000－0243－0002545　409000/109246
于文定公讀史漫錄二十卷　(明)于慎行撰　(清)黄恩彤校訂　清道光二十六年(1846)存素齋刻本　十册

310000－0243－0002546　409000/1126
史微四卷　張采田撰　清光緒三十四年(1908)鉛印本　二册

310000－0243－0002547　409000/1133
歷代史論一編四卷　(明)張溥撰　清光緒五年(1879)敏德堂刻本　四册

310000－0243－0002548　409000/2632
歷代史案二十卷　(清)吳裕垂撰　(清)洪亮吉編　清刻本　六册

310000－0243－0002549　409000/2700
國朝謚法考五卷　(清)鮑康輯　清同治三年(1864)刻本　一册

310000－0243－0002550　409000/2760
班馬異同三十五卷　(宋)倪思編　(宋)劉辰翁評　清刻本　六册

310000－0243－0002551　409000/3404
四史發伏十卷　(清)洪亮吉撰　清光緒八年(1882)小石山房刻本　二册

310000－0243－0002552　409000/3479
諸史考異十八卷　(清)洪頤煊撰　清光緒十五年(1889)廣雅書局刻本　二册

310000－0243－0002553　409000/3917
讀史大略六十卷　(清)沙一卿撰　清咸豐七年(1857)恭壽堂刻本　十二册

310000－0243－0002554　409000/3917.01
讀史大略六十卷　(清)沙一卿撰　清光緒二十六年(1900)刻本　十二册

310000－0243－0002555　409000/4407
讀史論略二卷　(清)杜詔撰　清光緒二十五年(1899)馬氏家塾刻本　一册

310000－0243－0002556　409000/4684
史筌五卷　(清)楊銘柱輯　清道光二十六年(1846)寄雲書屋刻本　二册

310000－0243－0002557　409000/5302
讀史瑣言八卷　(清)盛慶紱撰　清光緒二十四年(1898)刻本　四册

310000－0243－0002558　410100/1049
歷代帝王紀要十二卷　(清)王大煇原編　(清)鄭瑞棟重訂　清光緒七年(1881)蛟龍書堂刻本　二册

310000－0243－0002559　410100/2622
廿二史紀事提要八卷　(清)吳綏纂　清道光二十三年(1843)刻本　四册

310000－0243－0002560　410100/3444
史學叢鈔　江蘇存古學堂編　清末鉛印本　四册

310000－0243－0002561　410100/7256
歷代史略六卷　(清)□□撰　清江楚書局刻本　八册

310000－0243－0002562　410100/7256
歷代史略六卷　(清)□□撰　清江楚書局刻本　八册

310000－0243－0002563　410100/8710
校補廿一史約編八卷首一卷　(清)鄭元慶述　清光緒六年(1880)得月樓刻本　八册

310000－0243－0002564　410100/8710.01
廿一史約編八卷　(清)鄭元慶撰　清魚計亭刻本　八册

310000－0243－0002565　410300/4622
讀史四集四卷　(清)楊以任輯　清道光三十年(1850)豐城萬氏防未然齋刻本　四册

310000－0243－0002566　410500/1120
鑑綱詠略八卷　(清)張師誠鑒定　(清)柯龍章輯注　清同治十二年(1873)刻本　八册

310000－0243－0002567　410500/2756
史鑑節要便讀六卷　(清)鮑東里編輯　清同治六年(1867)刻本　二册

310000－0243－0002568　411000/606777
中國文明小史　(日本)田口卯吉撰　(清)劉陶譯　清光緒二十八年(1902)上海廣智書局

鉛印本　一册

310000－0243－0002569　411000/7713
支那通史四卷　（日本）那珂通世編　清光緒二十五年（1899）東方學社石印本　五册

310000－0243－0002570　411200/0014.01
風俗通義十卷　（漢）應劭撰　清刻本　二册

310000－0243－0002571　411200/0036
直省釋奠禮樂記六卷首一卷末一卷　（清）應寶時等纂輯　清同治十二年（1873）刻本　四册

310000－0243－0002572　411200/0081
文廟祀考五十卷首一卷　（清）龐鍾璐編輯　清光緒五年（1879）刻本　八册

310000－0243－0002573　411200/1779
司馬氏書儀十卷　（宋）司馬光撰　清同治七年（1868）上海千頃堂刻本　一册

310000－0243－0002574　411200/2204
歲時藻玉八卷　（清）崔應榴纂　（清）周廣業參　清刻本　三册

310000－0243－0002575　411200/2544
文廟通考六卷首一卷　（清）牛樹梅纂　清同治十一年（1872）浙江書局刻本　二册

310000－0243－0002576　411200/2814
冬日百詠一卷　（清）徐琪撰　清光緒元年（1875）刻本　一册

310000－0243－0002577　411200/3030
燕京歲時記　（清）富察敦崇撰　清光緒三十二年（1906）琉璃廠文德齋刻本　一册

310000－0243－0002578　411200/3131
聖廟祀典圖考三卷首一卷附聖跡圖一卷孟子聖跡圖一卷　（清）顧沅撰　清光緒上海同文書局石印本　四册

310000－0243－0002579　411200/3463
澤宮序次舉要二卷　（清）洪恩波編　清光緒二十三年（1897）刻本　二册

310000－0243－0002580　411200/442822
全地五大洲女俗通考十集二十二卷　（美國）林樂知輯　（清）任保羅譯述　清光緒二十九年（1903）鉛印本　二十一册

310000－0243－0002581　411200/4433
杭俗遺風一卷　（清）范祖述撰　清同治六年（1867）刻本　一册

310000－0243－0002582　411200/4433
杭俗遺風一卷　（清）范祖述撰　清同治六年（1867）刻本　一册

310000－0243－0002583　411200/5064
月令粹編二十四卷圖説一卷　（清）秦味芸輯　清嘉慶十七年（1812）琳琅仙館刻本　四册

310000－0243－0002584　411200/6028
七十二候表　（清）羅以智纂　清光緒八年（1882）海昌芈氏刻本　一册

310000－0243－0002585　411200/7241
文廟上丁禮樂備考四卷　（清）劉坤一編纂　清同治九年（1870）藜齋刻本　四册

310000－0243－0002586　411200/7431
峒溪纖志三卷志餘一卷　（清）陸次雲撰　清刻本　一册

310000－0243－0002587　411200/7508
西石城風俗志　（清）陳慶年撰　清光緒三十四年（1908）鉛印本　一册

310000－0243－0002588　411200/7515
歲時廣記四十卷首一卷末一卷　（宋）陳元靚編　清刻本　八册

310000－0243－0002589　411200/7550
問俗錄六卷　（清）陳盛韶撰　清道光十三年（1833）刻本　二册

310000－0243－0002590　411200/7732
丁祭禮樂備考三卷　（清）邱之稑編　清道光二十年（1840）刻本　一册

310000－0243－0002591　411200/8030.01
金山衛廟學紀略　（清）翁淳輯　（清）周啟藩輯　清光緒三十四年（1908）刻本　一册

310000－0243－0002592　411300/1044
歐洲族類源流略五卷　王樹枏撰　清光緒二十八年(1902)中衛縣署刻本　二册

310000－0243－0002593　411300/7144
滿洲源流考二十卷　(清)阿桂等編　清光緒三十年(1904)中西書局石印本　四册

310000－0243－0002594　412200/3416
經略洪承疇奏對筆記二卷　(清)洪承疇撰　清刻本　一册

310000－0243－0002595　412300/7134
陳留支祠義田記　(清)阮祥藻編　清光緒二十二年(1896)蘇州刻本　一册

310000－0243－0002596　412400/1144
三洲日記八卷　(清)張蔭桓撰　清光緒二十二年(1896)刻本　八册

310000－0243－0002597　412400/1331
丙午年交涉要覽下篇四卷　北洋洋務局纂輯　清光緒鉛印本　四册

310000－0243－0002598　412400/4021
使琉球記六卷　(清)李鼎元撰　清光緒五年(1879)申報館鉛印本　二册

310000－0243－0002599　412400/4030
李文忠公外部函稿二十八卷　(清)李鴻章撰　(清)吴汝綸編輯　清光緒二十八年(1902)蓮池書社鉛印本　十四册

310000－0243－0002600　412400/4351
英軺日記十二卷　(清)載振撰　清光緒二十九年(1903)上海文明編譯書局鉛印本　四册

310000－0243－0002601　412400/4435
籌洋芻議　(清)薛福成撰　清光緒十一年(1885)刻本　一册

310000－0243－0002602　412400/5000
五千年中外交涉史九十七卷　屯廬主人輯　清光緒二十九年(1903)鉛印本　二十册

310000－0243－0002603　412400/710060
英俄印度交涉書　(英國)馬文撰　(英國)羅亨利　(清)瞿昂來譯　清光緒七年(1881)刻本　一册

310000－0243－0002604　412400/8280
西疆交涉志要六卷　鍾鏞撰　清宣統三年(1911)鉛印本　二册

310000－0243－0002605　412500/2123
北徼彙編十九種六卷　(清)何秋濤編輯　清同治四年(1865)京都龍威閣刻本　六册

310000－0243－0002606　412500/262823
黑龍江邊事紀要叢編五種二十八卷　程德全撰　多祿等編　清宣統二年(1910)鉛印本　十八册

310000－0243－0002607　412500/4611
議開臺灣後山噶瑪蘭即蛤仔難節略　(清)楊廷理撰　清道光十七年(1837)擁書樓刻本　一册

310000－0243－0002608　412600/4071
教務紀略四卷　(清)李剛己編　(清)魏家驊增訂　清光緒三十年(1904)山東印書局鉛印本　五册

310000－0243－0002609　412600/4071.01
教務紀略四卷　(清)李剛己編　(清)楊文鼎等校補　清光緒三十一年(1905)刻本　四册

310000－0243－0002610　412800/3326
津案紀略　(清)□□編　清光緒刻本　一册

310000－0243－0002611　412900/3033
皇朝掌故彙編内編六十卷外編四十卷　宋澄之編　清光緒二十八年(1902)求實書社鉛印本　六十册

310000－0243－0002612　412900/3033.1
皇朝掌故彙編外編　宋澄之編　清光緒二十八年(1902)求實書社鉛印本　二十四册

310000－0243－0002613　412900/5179
時報初選二卷　撫郡學堂輯　清光緒二十八年(1902)撫郡學堂木活字印本　六册　存辛丑下、壬寅上

310000－0243－0002614　412900/7237
人譜類記六卷　(明)劉宗周著　清光緒三年

(1877)湖北崇文書局刻本　一册

310000－0243－0002615　413000/1042
普法戰紀二十卷　(清)張宗良口譯　(清)王韜輯　清光緒二十一年(1895)弢園王氏鉛印本　十册

310000－0243－0002616　413000/104217
韓國沿革史二卷　(日本)西村豐撰　王履康譯　清光緒二十八年(1902)上海鉛印本　二册

310000－0243－0002617　413000/1044
歐洲列國戰事本末二十二卷　王樹枏撰　清光緒二十八年(1902)刻本　六册

310000－0243－0002618　413000/114143
土耳機史　(日本)北村三郎編述　(清)趙必振譯　清光緒二十八年(1902)上海廣智書局鉛印本　一册

310000－0243－0002619　413000/290630
世界諸國名義考　(日本)秋鹿見二撰　(清)沈誦清譯　清光緒二十九年(1903)廣智書局鉛印本　一册

310000－0243－0002620　413000/3002
采風記四卷　(清)宋育仁編　清光緒二十二年(1896)神海山房石印本　三册

310000－0243－0002621　413000/400166
歐洲東方交涉記十二卷　(英國)麥高爾撰　(清)瞿昂來等譯　清光緒六年(1880)刻本　二册

310000－0243－0002622　413000/400166
歐洲東方交涉記十二卷　(英國)麥高爾撰　(清)瞿昂來等譯　清光緒六年(1880)刻本　二册

310000－0243－0002623　413000/406241.1
萬國通史續編十卷　(英國)李思倫白輯譯　(清)曹會涵纂述　清光緒三十年(1904)上海廣東學會鉛印本　十册

310000－0243－0002624　413000/4444
東藩紀要十二卷　(清)薛培榕編輯　清光緒八年(1882)上海申報館鉛印本　四册

310000－0243－0002625　413000/445574
朝鮮近世史二卷　(日本)林泰輔編　劉世珩譯　清光緒二十九年(1903)鴻寶書局石印本　二册

310000－0243－0002626　413000/7020
印度國志　學部編譯圖書局編纂　清光緒三十三年(1907)學部圖書局鉛印本　一册

310000－0243－0002627　413000/712170
泰西新史攬要八卷　(英國)馬懇西撰　(英國)李提摩太譯　清光緒二十七年(1901)夢坡室刻本　二册

310000－0243－0002628　413000/7733
奥簃朝鮮三種四卷　(清)周家祿撰　清光緒二十五年(1899)序刻本　一册

310000－0243－0002629　413000/7757
萬國史記二十卷　(日本)岡本監輔撰　清光緒鉛印本　十册

310000－0243－0002630　413000/777749
東洋史要二卷　(日本)桑原隲藏撰　樊炳清譯　清光緒二十五年(1899)東文學社石印本　四册

310000－0243－0002631　413000/8033
東倭表一卷東倭考一卷　(清)金安清撰　清光緒二十一年(1895)鉛印本　一册

310000－0243－0002632　413000/8033
東倭表一卷東倭考一卷　(清)金安清撰　清光緒二十一年(1895)鉛印本　一册

310000－0243－0002633　413000/882122
歐羅巴通史　(日本)箕作元八　(日本)峰岸米造纂　徐有成等譯　清光緒二十七年(1901)東亞譯書會鉛印本　四册

310000－0243－0002634　414100/0011
姑蘇名賢小記二卷　(明)文震孟撰　清光緒八年(1882)江西蔣氏心規齋刻本　二册

310000－0243－0002635　414100/0833
海寧鄉賢錄　(清)許湝祥輯　清光緒二十九

年(1903)刻本　二册

310000－0243－0002636　414100/1028
於越先賢像傳贊二卷　(清)王齡撰　清光緒三年(1877)王氏養和堂刻本　二册

310000－0243－0002637　414100/1028
於越先賢像傳贊二卷　(清)王齡撰　清光緒三年(1877)王氏養和堂刻本　二册

310000－0243－0002638　414100/1200
甌海軼聞　(清)孫衣言輯　清光緒刻本　二十册

310000－0243－0002639　414100/2510
中興名臣事略八卷　(清)朱孔彰撰　清光緒二十四年(1898)山東官印書局鉛印本　四册

310000－0243－0002640　414100/2510.1
國朝先正事略續編三十卷　(清)朱孔彰撰　清光緒二十九年(1903)上海洪文閣印本　四册

310000－0243－0002641　414100/2650
高士傳圖像三卷　(晉)皇甫謐撰　清光緒三年(1877)王氏養和堂刻本　二册

310000－0243－0002642　414100/2650
高士傳圖像三卷　(晉)皇甫謐撰　清光緒三年(1877)王氏養和堂刻本　二册

310000－0243－0002643　414100/2741
續碑傳集八十六卷　繆荃孫纂録　清宣統二年(1910)江蘇編譯書局刻本　二十四册

310000－0243－0002644　414100/2830
晥學編十三卷首一卷　徐定文纂輯　清宣統元年(1909)徐氏萬卷樓刻本　六册

310000－0243－0002645　414100/3131
吴郡名賢圖傳贊二十卷　(清)顧沅繪輯　清道光九年(1829)長洲顧氏刻本　八册

310000－0243－0002646　414100/3144
周列士傳一卷　(清)顧壽楨撰　清同治五年(1866)見素抱樸齋刻本　一册

310000－0243－0002647　414100/4010
國朝先正事略六十卷　(清)李元度撰　清同治五年(1866)山東官印書局鉛印本　十册

310000－0243－0002648　414100/4010.02
國朝先正事略六十卷　(清)李元度撰　清光緒十三年(1887)石印本　八册

310000－0243－0002649　414100/4290
金山衛佚史　(清)姚光撰　清宣統三年(1911)鉛印本　一册

310000－0243－0002650　414100/4290
金山衛佚史　(清)姚光撰　清宣統三年(1911)鉛印本　一册

310000－0243－0002651　414100/4442
寶應耆舊傳二卷　(清)范士齡撰　清道光六年(1826)刻本　二册

310000－0243－0002652　414100/5570
上海曹氏鄉賢録　(清)曹驤編　清宣統三年(1911)鉛印本　一册

310000－0243－0002653　414100/7143
桐城耆舊集十二卷　馬其昶撰　清宣統三年(1911)合肥張文運署檢刻本　六册

310000－0243－0002654　414100/7521
金陵通傳四十五卷補遺四卷韻編一卷　(清)陳作霖纂述　清光緒三十年(1904)瑞華館刻本　十册

310000－0243－0002655　414100/7522
留溪外傳十八卷　(清)陳鼎撰　清刻本　四册

310000－0243－0002656　414100/7564
東越文苑六卷　(明)陳鳴鶴撰　(清)趙世顯訂正　(清)郭柏蔚增訂　清同治十二年(1873)刻本　二册

310000－0243－0002657　414100/77757
晉陵先賢傳　(清)歐陽東鳳撰　清同治七年(1868)集益齋木活字印本　一册

310000－0243－0002658　414100/77757
晉陵先賢傳　(清)歐陽東鳳撰　清同治七年(1868)集益齋木活字印本　一册

310000－0243－0002659　414100/77757
晉陵先賢傳　(清)歐陽東鳳撰　清同治七年(1868)集益齋木活字印本　二册

310000－0243－0002660　414100/8324
碑傳集一百六十卷　(清)錢儀吉纂錄　清光緒十九年(1893)江蘇書局刻本　六十册

310000－0243－0002661　414100/8324
碑傳集一百六十卷　(清)錢儀吉纂錄　清光緒十九年(1893)江蘇書局刻本　六十册

310000－0243－0002662　414100/8344
文獻徵存錄十卷　(清)錢林　(清)王藻編　清咸豐八年(1858)有嘉樹軒刻本　十册

310000－0243－0002663　414100/8344
文獻徵存錄十卷　(清)錢林　(清)王藻編　清咸豐八年(1858)有嘉樹軒刻本　十册

310000－0243－0002664　414100/8742
勝朝殉節諸臣錄十二卷首八卷　(清)舒赫德　(清)于敏中等纂　清刻本　六册

310000－0243－0002665　414200/002102
襲芳錄　(清)高德泰輯　清同治十三年(1874)刻本　一册

310000－0243－0002666　414200/044017
諸葛忠武誌十卷　(清)張鵬翮輯　(清)劉廷璣等校　清嘉慶十九年(1814)刻本　六册

310000－0243－0002667　414200/101010
宜堂類編二十五卷　(清)丁立中編　清光緒二十六年(1900)嘉惠堂丁氏刻本　八册

310000－0243－0002668　414200/106210
忠孝錄　(清)王庭楨編　清同治七年(1868)漢陽刻本　二册

310000－0243－0002669　414200/111670
張文達公榮哀錄四卷　陳毅編　清宣統元年(1909)北京德馨堂印字局鉛印本　一册

310000－0243－0002670　414200/113212
張中丞事實集錄三卷首一卷　(清)王德茂編　清道光二十年(1840)刻本　二册

310000－0243－0002671　414200/113212.01
張中丞事實集錄三卷首一卷　(清)王德茂編　清光緒九年(1883)刻本　二册

310000－0243－0002672　414200/116470
張忠武事錄四卷　(清)陳慶年編　清光緒三十二年(1906)鎮江善化堂刻本　四册

310000－0243－0002673　414200/1188
眉山詩案廣證六卷　(清)張鑑撰　(清)郁士楨校　清光緒十年(1884)江蘇書局刻本　二册

310000－0243－0002674　414200/120024
孫徵君哀挽錄　吳士鑑撰　清宣統二年(1910)鉛印本　一册

310000－0243－0002675　414200/121934
孫公祟祀鄉賢錄一卷　(清)顧樹基等撰　清光緒刻本　一册

310000－0243－0002676　414200/202221
焦循事略一卷　(清)焦廷琥撰　清道光八年(1828)受古書店刻本　一册

310000－0243－0002677　414200/271447
清賢記六卷　(明)尤長鐙輯　清宣統三年(1911)上海國學扶輪社鉛印本　一册

310000－0243－0002678　414200/271447
清賢記六卷　(明)尤長鐙輯　清宣統三年(1911)上海國學扶輪社鉛印本　二册

310000－0243－0002679　414200/315343
江忠烈公行狀　(清)左宗棠　(清)郭嵩燾撰　清咸豐五年(1855)刻本　一册

310000－0243－0002680　414200/3193
病榻夢痕錄二卷錄餘一卷　(清)汪輝祖撰　清同治十一年(1872)刻本　三册

310000－0243－0002681　414200/400342
褒忠錄四卷　(清)李繼彪重編　清道光四年(1824)英台樓刻本　一册

310000－0243－0002682　414200/4029
袁督師列傳一卷　(清)□□編　清嘉慶刻本　一册

310000－0243－0002683　414200/403023
李文忠公事略一卷　(清)吳汝綸撰　清光緒二十八年(1902)三省堂書店石印本　一冊

310000－0243－0002684　414200/403033
李鴻章　梁啟超撰　清光緒鉛印本　一冊

310000－0243－0002685　414200/403033.01
李鴻章中國四十年來大事記　梁啟超撰　清光緒二十七年(1901)鉛印本　一冊

310000－0243－0002686　414200/403033.01
李鴻章中國四十年來大事記　梁啟超撰　清光緒二十七年(1901)鉛印本　一冊

310000－0243－0002687　414200/403346
袁石公遺事錄五卷　(清)袁照輯　清同治八年(1869)繼善書屋刻本　二冊

310000－0243－0002688　414200/4041
國朝耆獻類徵初編七百二十卷國朝賢媛類徵初編十二卷　(清)李桓編纂　清光緒十六年(1890)湘陽李氏刻本　三百冊

310000－0243－0002689　414200/406344
李文恭公行述　(清)李概等撰　清刻本　一冊

310000－0243－0002690　414200/407527
臺灣殉節傳　(清)徐原等撰　清刻本　一冊

310000－0243－0002691　414200/4099
宋儒袁正獻公從祀錄六卷　(清)□□編　清刻本　一冊

310000－0243－0002692　414200/443423
漢關侯事蹟彙編八卷附錄四卷　(清)萬之蘅　(清)吳寶彝輯　清嘉慶十一年(1806)刻本　四冊

310000－0243－0002693　414200/476588
明郝太僕褒忠錄六卷　(清)姜念熊重編　清道光十八年(1838)刻本　一冊

310000－0243－0002694　414200/600060
雲郎小史一卷　冒廣生輯　清光緒二十八年(1902)刻本　一冊

310000－0243－0002695　414200/722177
劉文莊行狀　劉體乾等撰　清光緒刻本　一冊

310000－0243－0002696　414200/723743
子劉子行狀二卷　(清)黃宗羲撰　清道光六年(1826)慈谿葉氏刻本　一冊

310000－0243－0002697　414200/723773
海天旭日硯記一卷　(清)劉瀚輯　清光緒十六年(1890)刻本　一冊

310000－0243－0002698　414200/7241
劉忠誠事略　(清)□□編　清光緒二十九年(1903)石印本　一冊

310000－0243－0002699　414200/772644
周忠介公遺事　(清)姚布孟等撰　清刻本　一冊

310000－0243－0002700　414200/774474
陶方之行述　(清)陶葆廉　(清)陶葆霖撰　清刻本　一冊

310000－0243－0002701　414200/803823
金福曾行狀一卷　(清)熊祖詒撰　清光緒刻本　一冊

310000－0243－0002702　414200/806420
曾太傅毅勇侯傳略　(清)黎庶昌撰　清光緒刻本　一冊

310000－0243－0002703　414200/806420
曾太傅毅勇侯傳略　(清)黎庶昌撰　清光緒刻本　一冊

310000－0243－0002704　414200/8331
錢中丞公崇祀錄　(清)□□輯　清光緒刻本　一冊

310000－0243－0002705　414210/1010
歷代仙史八卷　(清)王建章纂輯　清光緒七年(1881)常熟抱芳閣刻本　六冊

310000－0243－0002706　414210/1048
童蒙觀鑑六卷附錄一卷　(清)丁有美纂輯　清刻本　四冊

310000－0243－0002707　414210/1066

列仙傳校正本二卷附列仙傳讀一卷　（清）王圓照校　清嘉慶十七年（1812）刻本　一冊

310000－0243－0002708　414210/1143

漢丞相諸葛忠武侯傳　（宋）張栻撰　清刻本　一冊

310000－0243－0002709　414210/252112

道南源委六卷　（明）朱衡撰　（清）張伯行重訂　清同治五年（1866）福州正館書局刻本　六冊

310000－0243－0002710　414210/4047

詞科掌錄十七卷餘話七卷　（清）杭世駿編　清刻本　六冊

310000－0243－0002711　414210/6018

船山師友記十七卷首一卷　（清）羅正鈞纂　清光緒三十三年（1907）會稽吳汝梢刻本　四冊

310000－0243－0002712　414210/7433

元祐黨人傳十卷　（清）陸心源纂　清光緒十五年（1889）刻本　四冊

310000－0243－0002713　414220/0175

涵芬樓古今文抄小傳　商務印書館編譯所輯　清宣統三年（1911）商務印書館鉛印本　一冊

310000－0243－0002714　414220/4432

墨林今話十六卷　（清）蔣寶齡撰　清咸豐二年（1852）刻本　十冊

310000－0243－0002715　414230/0175

涵芬樓古今文鈔小傳四卷　商務印書館編纂　清宣統三年（1911）商務印書館鉛印本　一冊

310000－0243－0002716　414230/1087

國朝書人輯略十一卷首一卷　（清）震鈞輯　清光緒三十四年（1908）刻本　八冊

310000－0243－0002717　414230/1127

國朝詩人徵略六十卷　（清）張維屏輯　清道光十年（1830）廣州富文齋刻本　十冊

310000－0243－0002718　414230/1127

國朝詩人徵略六十卷　（清）張維屏輯　清道光十年（1830）廣州富文齋刻本　十冊

310000－0243－0002719　414230/1127.1

國朝詩人徵略二編六十四卷　（清）張維屏輯　清道光二十年（1840）珠海張維屏聽松廬刻本　六冊

310000－0243－0002720　414230/2627

昭代名人尺牘小傳二十四卷　（清）吳修編　清光緒七年（1881）杭州亦鹵齋刻本　二冊

310000－0243－0002721　414230/3084

國朝書畫家筆錄四卷　（清）竇鎮輯　清宣統三年（1911）鉛印本　八冊

310000－0243－0002722　414230/3631

玉台書史五卷別錄一卷　（清）湯漱玉輯　清道光十一年（1831）錢塘江氏振綺堂刻本　三冊

310000－0243－0002723　414230/4020

鶴徵錄八卷後錄十二卷　（清）李集輯　（清）李富孫　（清）李遇孫續輯　清同治十一年（1872）漾葭老屋刻本　八冊

310000－0243－0002724　414230/4241.01

歷代畫史彙傳七十二卷首二卷附錄二卷　（清）彭蘊璨編　清宣統二年（1910）上海文瑞樓石印本　十二冊

310000－0243－0002725　414230/4487

國朝畫家書小傳四卷　葉銘輯　清宣統元年（1909）西泠印社鉛印本　一冊

310000－0243－0002726　414230/4487.1

廣印人傳十六卷補遺一卷　葉銘輯　清宣統二年（1910）西泠印社刻本　四冊

310000－0243－0002727　414230/4487.1

廣印人傳十六卷補遺一卷　葉銘輯　清宣統二年（1910）西泠印社刻本　四冊

310000－0243－0002728　414230/8025

無聲詩史七卷　（清）姜紹書輯　清觀妙齋刻本　二冊

310000－0243－0002729　414240/1042
古今長者錄八卷　(清)丁蓮侶原本　(清)曾洲校刻　清同治八年(1869)刻本　四冊

310000－0243－0002730　414240/1042.1
古今長者錄八卷附華疇一卷讀書簡要一卷　(清)丁蓮侶撰　清嘉慶七年(1802)刻本　二冊

310000－0243－0002731　414240/1160
漢武帝内傳飛燕外傳雜事秘辛　(漢)班固等撰　清刻本　一冊

310000－0243－0002732　414240/2022
元書後妃公主列傳附琿牘偶存　(清)毛嶽生撰　清光緒二十五年(1899)漸學廬刻本　一冊

310000－0243－0002733　414240/2510
中興將帥别傳續編六卷　(清)朱孔彰撰　清光緒三十二年(1906)江寧刻本　二冊

310000－0243－0002734　414240/2540.1
宋名臣言行錄前集十卷後集十四卷續集八卷别集二十六卷外集十七卷　(宋)朱熹輯　(宋)李幼武纂　清道光十年(1830)刻本　二十冊

310000－0243－0002735　414240/2540.101
宋名臣言行錄前集十卷後集十四卷續集八卷别集二十六卷外集十七卷　(宋)朱熹輯　(清)李衡校正　清同治七年(1868)臨川桂氏刻本　十二冊

310000－0243－0002736　414240/2541
歷代名臣言行錄二十四卷　(清)朱桓纂輯　清同治四年(1865)刻本　三十二冊

310000－0243－0002737　414240/2541.01
歷代名臣言行錄二十四卷　(清)朱桓編　(清)潘永季　(清)許時庚校　清光緒十七年(1891)上海廣百宋齋鉛印本　十二冊

310000－0243－0002738　414240/2541.02
歷代名臣言行錄二十四卷　(清)朱桓編輯　(清)沈維埼重校　清光緒二十八年(1902)鴻寶書局鉛印本　十二冊

310000－0243－0002739　414240/2625
安危注四卷　(明)吴甡輯　清南菁書院刻本　六冊

310000－0243－0002740　414240/3558.102
貳臣傳十二卷附逆臣傳四卷　(清)史館編　清琉璃廠半松居士木活字印本　八冊

310000－0243－0002741　414240/4435
兩浙令長考三卷　(清)董沛輯　清光緒六年(1880)刻本　一冊

310000－0243－0002742　414240/4435
兩浙令長考三卷　(清)董沛輯　清光緒六年(1880)刻本　一冊

310000－0243－0002743　414240/4441
歷代名臣傳節錄三十卷　(清)蕭培元錄訂　(清)崇厚增輯　清同治九年(1870)雲蔭堂刻本　十冊

310000－0243－0002744　414240/4914
孔子編年四卷　(清)狄子奇撰　清光緒十三年(1887)浙江書局刻本　一冊

310000－0243－0002745　414240/4914
孔子編年四卷　(清)狄子奇撰　清光緒十三年(1887)浙江書局刻本　一冊

310000－0243－0002746　414240/4914.1
孟子編年四卷　(清)狄子奇撰　清光緒十三年(1887)浙江書局刻本　一冊

310000－0243－0002747　414240/7742
百越先賢志四卷　(明)歐大任撰　清同治文字歡娛室刻本　二冊

310000－0243－0002748　414240/8324
續良吏述一卷　(清)錢儀吉撰　清光緒三年(1877)廣州刻本　一冊

310000－0243－0002749　414240/8764
皇朝聖師考七卷　(清)鄭曉如撰　清同治八年(1869)廣州文堂刻本　四冊

310000－0243－0002750　414260/1043

正氣集十卷　王式輯　清宣統三年(1911)不讀非道書齋鉛印本　四册

310000－0243－0002751　414260/3145
史外八卷　(清)汪有典撰　清同治四年(1865)陝甘公所刻本　八册

310000－0243－0002752　414260/3444
江西忠義錄十二卷首一卷　(清)沈葆楨修　(清)何應基纂　清同治十二年(1873)刻本　四册

310000－0243－0002753　414260/4420
碧血錄五卷　(清)莊仲方撰　清光緒八年(1882)上海同文書局石印本　五册

310000－0243－0002754　414260/4420
碧血錄五卷　(清)莊仲方撰　清光緒八年(1882)上海同文書局石印本　五册

310000－0243－0002755　414260/7241
秋浦雙忠錄四十卷　劉世珩編刻　清光緒二十八年(1902)刻本　八册

310000－0243－0002756　414260/7521
忠義紀聞錄三十卷　(清)陳繼聰撰　清光緒八年(1882)刻本　八册

310000－0243－0002757　414270/2650
高士傳三卷　(晉)皇甫謐撰　清刻本　一册

310000－0243－0002758　414280/4001
樂府侍兒小名　(清)李調元撰　清刻本　一册

310000－0243－0002759　414280/4442
西洞庭節孝貞烈志略　(清)蔡九齡編輯　清道光二年(1822)蘇城李渭璜局刻本　五册

310000－0243－0002760　414280/4457
賢母錄四卷附茶香閣遺草一卷附錄一卷　(清)黄本騏撰　清道光二十八年(1848)穀詒堂刻本　二册

310000－0243－0002761　414280/4497
宫閨聯名譜十八卷補遺三卷附錄一卷　(清)董恂輯　(清)陸纘補輯　清光緒二年(1876)上海申報館鉛印本　十册

310000－0243－0002762　414280/4904
青樓小名錄八卷　(清)趙慶楨輯　清咸豐二年(1852)師竹書屋刻本　二册

310000－0243－0002763　414280/4940
虞陽旌表姓氏三錄三卷　(清)狄嘉麟輯　清光緒二十一年(1895)刻本　二册

310000－0243－0002764　414280/7224
歷代名媛圖説二卷　(明)汪道昆增輯　清光緒五年(1879)上海點石齋石印本　二册

310000－0243－0002765　414280/7227
古列女傳七卷續傳一卷　(漢)劉向編撰　(晉)顧凱之圖畫　清道光五年(1825)揚州阮氏刻本　四册

310000－0243－0002766　414280/7777
蔣三烈題辭　(清)周殿臣輯　清光緒二十七年(1901)尊經閣刻本　一册

310000－0243－0002767　414280/8090
中國女史二十一卷　(清)金炳麟　(清)王以銓輯　清宣統元年(1909)杭州中和公司鉛印本　六册

310000－0243－0002768　414290/1048
武林西湖高僧事略一卷續一卷　(宋)釋元敬　(宋)釋元復撰　清光緒七年(1881)錢塘丁氏刻本　一册

310000－0243－0002769　414290/3830
高僧傳二集　(唐)釋道宣撰　清光緒十六年(1890)刻本　十册

310000－0243－0002770　414290/5520
高僧傳初集十五卷　(南朝梁)釋慧皎撰　清光緒十年(1884)金陵刻經處刻本　四册

310000－0243－0002771　414290/5520.1
高僧傳初集十五卷二集四十卷三集三十卷四集六卷　(南朝梁)釋慧皎等撰　清光緒十年至十八年(1884－1892)刻經處刻本　二十四册

310000－0243－0002772　414290/5520.1
高僧傳初集十五卷二集四十卷三集三十卷四

集六卷　(南朝梁)釋慧皎等撰　清光緒十年至十八年(1884－1892)刻經處刻本　二十四册

310000－0243－0002773　414320/2137
晚笑堂竹莊畫傳　(清)上官周繪　清嘉慶八年(1803)刻本　一册

310000－0243－0002774　414320/2137
晚笑堂竹莊畫傳　(清)上官周繪　清嘉慶八年(1803)刻本　一册

310000－0243－0002775　414320/2137.1
明太祖功臣圖　(清)上官周繪　清嘉慶八年(1803)刻本　一册

310000－0243－0002776　414320/2137.1
明太祖功臣圖　(清)上官周繪　清嘉慶八年(1803)刻本　一册

310000－0243－0002777　414320/2630
練川名人畫像六卷續編三卷　(清)程祖慶編輯　清光緒四年(1878)程氏陔南草塘刻本　二册

310000－0243－0002778　414320/3131
滄浪亭五百名賢像贊十卷　(清)顧沅輯　(清)孔繼堯繪　(清)沈鈺刻　清道光七年(1827)刻本　十册

310000－0243－0002779　414320/3318
聖諭像解十八卷　(清)梁延年編輯　清光緒二十九年(1903)江蘇撫署石印本　十册

310000－0243－0002780　414320/5574
東軒吟社畫像　(清)費丹旭繪　(清)黄士珣記　(清)諸可寶撰小傳　清光緒二年(1876)刻本　一册

310000－0243－0002781　414330/0808
浙江同官錄　(清)許應鑅編　清光緒十二年(1886)刻本　七册

310000－0243－0002782　414330/2648
樞垣題名二卷　(清)吳孝銘編　清道光十八年(1838)七峰別墅刻本　一册

310000－0243－0002783　414330/3127
湖北仕學院同學錄　湖北仕學院編　清光緒刻本　一册

310000－0243－0002784　414330/3312
人表考　(清)梁玉繩撰　清光緒十四年(1888)廣雅書局刻本　四册

310000－0243－0002785　414330/3528
清搢紳全書　□□編　清同治二年(1863)刻本　四册

310000－0243－0002786　414330/3528.1
清搢紳全書　斌陞堂主人編　清光緒六年(1880)斌陞堂刻本　四册

310000－0243－0002787　414330/3528.2
清搢紳全書　□□編　清光緒二十二年(1896)刻本　四册

310000－0243－0002788　414330/3528.3
清搢紳全書　榮寶齋編　清光緒二十八年(1902)榮寶齋刻本　六册

310000－0243－0002789　414330/3528.4
清搢紳全書　榮祿堂編　清光緒二十九年(1903)榮祿堂刻本　四册

310000－0243－0002790　414330/3528.5
清搢紳全書　榮祿堂編　清光緒三十年(1904)榮祿堂刻本　六册

310000－0243－0002791　414330/3528.5
清搢紳全書　榮祿堂編　清光緒三十年(1904)榮祿堂刻本　六册

310000－0243－0002792　414330/3528.6
清搢紳全書　榮祿堂編　清光緒三十一年(1905)榮祿堂刻本　四册

310000－0243－0002793　414330/3528.7
清搢紳全書　榮祿堂編　清宣統二年(1910)榮祿堂刻本　四册

310000－0243－0002794　414330/4664
中州同官錄(清道光十二年壬辰)　(清)楊國楨編　清道光十二年(1832)刻本　六册

310000－0243－0002795　414330/6022

順治丙戌搢紳錄略一卷清朝年表一卷 易順鼎撰輯 清光緒琴志樓刻本 一冊

310000－0243－0002796 414340/4206
歷代世系紀年編 （清）姚文田增輯 清咸豐六年（1856）兩廣督署刻本 一冊

310000－0243－0002797 414390/0175
日本近世豪傑小史 商務印書館編輯所編 清光緒二十九年（1903）商務印書館鉛印本 一冊

310000－0243－0002798 414390/1011
東南大學各國名人事略二十卷 雷瑨編輯 清光緒三十一年（1905）硯耕山莊石印本 六冊

310000－0243－0002799 414390/7757
日本中興先黨志 （日本）岡本監輔撰 清光緒二十七年（1901）開導社刻本 二冊

310000－0243－0002800 414390/8018
拿破崙本紀 （英國）洛加德撰 清光緒三十一年（1905）京師學務處官書局鉛印本 四冊

310000－0243－0002801 414390/8018
拿破崙本紀 （英國）洛加德撰 清光緒三十一年（1905）京師學務處官書局鉛印本 四冊

310000－0243－0002802 414400/0040
各省選拔同年明經通譜（清光緒丁酉科） 文奎齋等輯 清光緒京都文奎齋等十家刻字鋪刻本 四冊

310000－0243－0002803 414400/1018
國朝虞陽科名錄二十卷 （清）王元鍾編輯 清道光三十年（1850）清暉書局刻本 十冊

310000－0243－0002804 414400/1086
國朝太鎮諸生譜二卷 （清）王鈞照纂集 清光緒十七年（1891）刻本 二冊

310000－0243－0002805 414400/1217
嘉善入泮題名錄 （清）孫元匡等編校 清光緒三年（1877）嘉善林本立堂刻本 一冊

310000－0243－0002806 414400/1730
光緒乙亥年恩蔭生同年齒錄 （清）闕名編 清光緒元年（1875）琉璃廠聚元齋刻本 一冊

310000－0243－0002807 414400/1733.01
錫山遊庠錄二卷首一卷 （清）邵涵初輯 清光緒四年（1878）尙德書院刻本 二冊

310000－0243－0002808 414400/2435
明清歷科題名碑錄 （清）德沛等編 清刻本 十四冊

310000－0243－0002809 414400/2537
海寧州采芹錄 朱逢辰編 清宣統三年（1911）鉛印本 二冊

310000－0243－0002810 414400/2882
青浦人泮錄 （清）徐公修編 清光緒二十五年（1899）求志居刻本 二冊

310000－0243－0002811 414400/3124
海昌科名錄 （清）汪以莊輯 清光緒九年（1883）刻本 一冊

310000－0243－0002812 414400/3127
明狀元圖考三卷 （明）顧鼎臣 （明）孫祖訓彙編 （明）黃應澄繪圖 （明）黃應瓚書考
三元喜讌詩二卷 （清）翁方綱等撰 清咸豐六年（1856）福元書室刻本 四冊

310000－0243－0002813 414400/3127.1
明狀元圖考三卷 （明）顧鼎臣 （明）孫祖訓彙編 清抄本 一冊

310000－0243－0002814 414400/3193
湖北省江蘇同官錄 （清）□□編 清光緒六年（1880）、八年（1882）刻本 三冊

310000－0243－0002815 414400/3243
蘇州府學明倫堂扁額志 （清）潘世湉輯 清同治八年（1869）刻本 一冊

310000－0243－0002816 414400/3373
浙江同官錄 （□）□□輯 清光緒刻本 一冊

310000－0243－0002817 414400/3414
國朝歷科館選錄 （清）沈廷芳原輯 （清）陸費墀重訂 清光緒總賢講舍刻本 二冊

310000－0243－0002818　414400/3473
江蘇同官錄　(清)□□編　清光緒刻本　一冊

310000－0243－0002819　414400/4307
松江府屬歷科采芹錄　(□)□□編　清宣統元年(1909)上海時中書局鉛印本　二冊

310000－0243－0002820　414400/4317
吳興科第表　(清)戴璐輯　(清)毛謨續輯　清同治十一年(1872)精遠堂刻本　二冊

310000－0243－0002821　414400/4424
明貢舉考略二卷　(清)黄崇蘭輯　清嘉慶八年(1803)刻本　二冊

310000－0243－0002822　414400/4424.1
清貢舉考略二卷　(清)黄崇蘭輯　清嘉慶八年(1803)刻本　四冊

310000－0243－0002823　414400/4424.2
國朝貢舉年表三卷　(清)黄崇蘭編　清鉛印本　二冊

310000－0243－0002824　414400/4432
清兩浙科名錄　(清)黄安綬編　清咸豐七年(1857)京師刻本　二冊

310000－0243－0002825　414400/4432
清兩浙科名錄　(清)黄安綬編　清咸豐七年(1857)京師刻本　四冊

310000－0243－0002826　414400/4977
毘陵科第考八卷附毘陵鄉貢考五卷　(清)趙熙編　(清)錢濟世等續編　(清)陸瀫思校補　清同治七年(1868)刻本　三冊

310000－0243－0002827　414400/5030
己未詞科錄十二卷首一卷　(清)秦瀛輯　清刻本　十二冊

310000－0243－0002828　414400/6621
明題名碑錄　(明)□□輯　清刻本　七冊

310000－0243－0002829　414400/7442
國朝蘇州府長元吳三邑科第譜　(清)陸懋修原輯　(清)陸潤庠補編　清光緒三十二年(1906)刻本　二冊

310000－0243－0002830　414400/7727.1
浙江鄉試硃卷(第肆房)　(□)□□輯　清光緒刻本　一冊

310000－0243－0002831　414400/8038
國朝崑新青衿錄　余鴻鈞輯　清光緒三十一年(1905)刻本　二冊

310000－0243－0002832　414410/127210
先聖生卒年月日考二卷　(清)孔廣牧撰　清光緒十五年(1889)廣雅書局刻本　一冊

310000－0243－0002833　414410/127210.01
先聖生卒年月日考二卷　(清)孔廣牧撰　清光緒十九年(1893)浙江書局刻本　一冊

310000－0243－0002834　414410/2622
人壽金鑑二十二卷　(清)程得齡撰　清嘉慶二十五年(1820)柳依園刻本　六冊

310000－0243－0002835　414410/7433
三續疑年錄　(清)陸心源編　清光緒五年(1879)刻本　三冊

310000－0243－0002836　414410/8346
疑年錄四卷續錄四卷　(清)錢大昕編　(清)吳修續編　清嘉慶二十三年(1818)刻本　一冊

310000－0243－0002837　414410/8346.01
疑年錄四卷續錄四卷　(清)錢大昕編　(清)吳修校　清嘉慶二十三年(1818)刻本　二冊

310000－0243－0002838　414410/8346.1
疑年錄四卷　(清)錢大昕編　(清)吳修校　清同治十三年(1874)刻本　一冊

310000－0243－0002839　414420/3651
武陽庚申忠義錄　(清)湯成烈編　清同治十二年(1873)鉛印本　四冊

310000－0243－0002840　414420/7234
勝朝殉揚錄三卷　(清)劉寶楠輯　清同治十年(1871)淮南書局刻本　一冊

310000－0243－0002841　414430/0038
增廣尚友錄統編二十二卷　(清)應祖錫編輯　清光緒二十八年(1902)鴻寶齋石印本　十

二册

310000－0243－0002842　414430/0038

增廣尚友錄統編二十二卷　(清)應祖錫編輯　清光緒二十八年(1902)鴻寶齋石印本　十二册

310000－0243－0002843　414430/2343

宗室王公世職章京爵秩襲次全表十卷　(清)牟其汶編　清光緒三十二年(1906)石印本　十册

310000－0243－0002844　414520/1060

頤志齋四譜　(清)丁晏編　清道光二十三年(1843)刻本　一册

310000－0243－0002845　414520/1220

金稷山段氏[金克己金成己]二妙年譜二卷　孫德謙編纂　劉承幹參校　清宣統三年(1911)求素齋刻本　一册

310000－0243－0002846　414560/2046

丹魁堂[季芝昌]自訂年譜一卷附感遇錄一卷　(清)季芝昌撰　清同治三年(1864)崇州文成堂刻本　二册

310000－0243－0002847　414520/2699.01

歷代名人年譜十卷附一卷　(清)吳榮光撰　(清)瞿樹辰　(清)吳禰光編　清天祿閣寶經堂刻本　十册

310000－0243－0002848　414560/2046

丹魁堂[季芝昌]自訂年譜一卷附感遇錄一卷　(清)季芝昌撰　清同治三年(1864)崇州文成堂刻本　二册

310000－0243－0002849　414520/3434

四洪[洪皓洪适洪遵洪邁]年譜　洪汝奎編輯　清宣統元年(1909)晦林齋刻本　一册

310000－0243－0002850　414520/4453

鄭[園]蔡[邕]年譜合表　(清)林春溥編　清光緒九年(1883)冠晦堂刻本　一册

310000－0243－0002851　414520/448064

韓[愈]柳[宗元]年譜　(宋)吕大防　(宋)文安禮編　清光緒元年(1875)小玲瓏山館刻本　一册

310000－0243－0002852　414520/4647.1

豫章先賢九家年譜十五卷　(清)楊希閔編　清光緒四年(1878)刻本　十册

310000－0243－0002853　414520/8023

歸[有光]顧[炎武]朱[用純]三先生年譜合刻五卷附觀復堂稿略一卷　(清)金吳瀾編纂　清光緒六年(1880)刻本　六册

310000－0243－0002854　414520/8346

孱守齋所編年譜五種附通鑑注辯正二卷　(清)錢大昕編　清嘉慶孱守齋刻本　一册

310000－0243－0002855　414520/8346

孱守齋所編年譜五種附通鑑注辯正二卷　(清)錢大昕編　清嘉慶孱守齋刻本　一册

310000－0243－0002856　414530/1286

學宫譜一卷　(清)孫錫疇撰　清同治十一年(1872)常州顧孝子專祠刻本　一册

310000－0243－0002857　414540/409343

左忠毅公[光斗]年譜一卷　(清)左宰編　清光緒嗷椒堂刻本　一册

310000－0243－0002858　414540/409343

左忠毅公[光斗]年譜一卷　(清)左宰編　清光緒嗷椒堂刻本　一册

310000－0243－0002859　414550/1050

金氏世德紀二卷　(清)丁申　(清)丁丙編纂　清光緒二十二年(1896)武林八千卷樓刻本　一册

310000－0243－0002860　414560/319180

雙池先生[汪紱]年譜四卷　(清)余龍光編　清同治五年(1866)沱川理源刻本　二册

310000－0243－0002861　414550/1144.1

[上海徐匯]南塘張氏族譜八卷　(清)張觀吉重修　清光緒十九年(1893)刻本　三册

310000－0243－0002862　414550/2622

[江蘇常州]吳氏家譜　(清)吳鼎科重刻　清光緒二年(1876)刻本　二册

310000－0243－0002863　414560/747429
陸清獻公［隴其］年譜一卷　（清）吳光酉編　（清）陸宸徵　（清）李鉉輯　清同治七年（1868）武林薇署刻本　一册

310000－0243－0002864　414550/2704
［江蘇蘇州］江震殷氏族譜七卷　殷文模重修　清光緒二十九年（1903）刻本　二册

310000－0243－0002865　414550/4299
姚氏先德傳六卷　（清）姚瑩撰　清刻本　一册

310000－0243－0002866　414560/0027402
阿文成公［桂］年譜三十四卷　（清）章佳那彦成纂　（清）盧蔭溥專修　清嘉慶十八年（1813）刻本　二十四册

310000－0243－0002867　414560/0027402.01
阿文成公［桂］年譜三十四卷　（清）章佳那彦成纂　（清）盧蔭溥增修　清嘉慶十八年（1813）刻本　十九册

310000－0243－0002868　414560/003100
桐城方文通先生［士超］年譜略　（清）方敦吉撰　清光緒二十九年（1903）蘇州刻本　一册

310000－0243－0002869　414560/004042
高忠憲公［攀龍］年譜一卷　（明）華元誠輯　清刻本　一册

310000－0243－0002870　432000/18/3622.78
［光緒］太平縣續志十八卷　（清）陳汝霖修　（清）王棻等纂　清光緒二十二年（1896）刻本　八册

310000－0243－0002871　414560/0043
啖蔗軒［方士淦］自訂年譜一卷　（清）方士淦撰　清同治四年（1865）刻本　一册

310000－0243－0002872　414560/004503
唐公［友耕］年譜　唐鴻學撰　清光緒三十四年（1908）石印本　一册

310000－0243－0002873　414560/005103
章午峰［錫卿］年譜一卷　章家祚編　清光緒十八年（1892）刻本　一册

310000－0243－0002874　414560/012126
定盦先生［龔自珍］年譜　吳昌綬編　清光緒三十四年（1908）金陵刻朱印本　一册

310000－0243－0002875　414560/071201
華野郭公［琇］年譜一卷　（清）郭廷翼撰　清道光二十一年（1841）勝溪草堂刻本　一册

310000－0243－0002876　414560/101016
王忠銘公［弘海］年譜二卷　王國憲輯　清刻本　二册

310000－0243－0002877　414560/1020
王先謙自定年譜三卷　王先謙撰　清光緒三十四年（1908）長沙王氏刻本　三册

310000－0243－0002878　414560/1032
行年紀略一卷　（清）王寶仁撰　清光緒九年（1883）刻本　一册

310000－0243－0002879　414560/1032
行年紀略一卷　（清）王寶仁撰　清光緒九年（1883）刻本　一册

310000－0243－0002880　414560/103244
陽明先生［王守仁］年譜二卷　（明）李贄編　清道光六年（1826）刻本　二册

310000－0243－0002881　414560/103244.01
明王文成公［守仁］年譜節鈔一卷　（清）錢德洪原編　（清）楊希閔鈔　清光緒四年（1878）刻本　一册

310000－0243－0002882　414560/103244.01
明王文成公［守仁］年譜節鈔一卷　（清）錢德洪原編　（清）楊希閔鈔　清光緒四年（1878）刻本　一册

310000－0243－0002883　414560/103669
述庵先生［王昶］年譜二卷　（清）嚴榮編　清光緒十八年（1892）刻本　一册

310000－0243－0002884　414560/104749
廣元遺山［好問］年譜二卷　（清）李光廷編　清同治五年（1866）刻適園叢書本　二册

310000－0243－0002885　414560/105313
王船山公［夫之］年譜前後編二卷　（清）王之春輯　清光緒十九年（1893）刻本　二册

310000－0243－0002886　414560/105378
王船山先生［夫之］年譜二卷　（清）劉毓崧編　清光緒十二年（1886）江南書局刻本　二册

310000－0243－0002887　414560/105378
王船山先生［夫之］年譜二卷　（清）劉毓崧編　清光緒十二年（1886）江南書局刻本　二册

310000－0243－0002888　414560/105378
王船山先生［夫之］年譜二卷　（清）劉毓崧編　清光緒十二年（1886）江南書局刻本　二册

310000－0243－0002889　414560/108321
右軍［王維］年譜一卷　（清）魯一同編　清咸豐五年（1855）刻本　一册

310000－0243－0002890　414560/1111
澄懷主人［張廷玉］自訂年譜六卷　（清）張廷玉撰　清光緒六年（1880）龐山刻本　二册

310000－0243－0002891　414560/112212
張清恪公［伯行］年譜二卷　（清）張師栻（清）張師載編　清末鉛印本　一册

310000－0243－0002892　414560/114424
裴光祿［蔭森］年譜四卷　（清）徐嘉編（清）裴士騏等輯　清光緒二十五年（1899）刻本　二册

310000－0243－0002893　414560/115317
南軒公［張栻］年譜一卷　（清）王開琸編　清道光十九年（1839）冠英堂刻本　一册

310000－0243－0002894　414560/117349
張楊園先生［履祥］年譜一卷　（清）蘇惇元纂訂重編　清道光二十一年（1841）刻本　一册

310000－0243－0002895　414560/119043
張忠烈公［煌言］年譜一卷　（清）趙之謙撰　清光緒二十二年（1896）慈谿童氏刻本　一册

310000－0243－0002896　414560/119043.01
張忠烈公［煌言］年譜一卷　（清）趙之謙纂輯　清光緒刻本　一册

310000－0243－0002897　414560/121318
高陽太傅孫文正公［承宗］年譜五卷　（明）孫銓編輯　（清）孫奇逢訂正　清師儉堂刻本　二册

310000－0243－0002898　414560/126212
孫淵如先生［星衍］年譜二卷　（清）張紹南撰　清光緒二十四年（1898）刻本　一册

310000－0243－0002899　414560/126212
孫淵如先生［星衍］年譜二卷　（清）張紹南撰　清光緒二十四年（1898）刻本　一册

310000－0243－0002900　414560/127233
孔子［丘］年譜輯注　（清）江永撰　（清）黄定宜輯注　清道光十七年（1837）刻本　一册

310000－0243－0002901　414560/171415
鄧尚書［廷楨］年譜一卷　鄧邦康編　清宣統元年（1909）刻本　一册

310000－0243－0002902　414560/1723
鄧忠武公［紹良］榮哀錄一卷　（清）□□編　清刻本　一册

310000－0243－0002903　414560/2046
丹魁堂［季芝昌］自訂年譜一卷附感遇錄一卷　（清）季芝昌撰　清同治三年（1864）崇州文成堂刻本　一册

310000－0243－0002904　414560/2131
知所止齋［何汝霖］自訂年譜一卷　（清）何汝霖撰　清咸豐三年（1853）刻本　一册

310000－0243－0002905　414560/251428
朱南厓先生［珪］年譜三卷　（清）朱錫經撰　清刻本　一册

310000－0243－0002906　414560/252944
建文［朱允炆］年譜四卷　（清）趙士喆纂修（清）趙濤　趙瀚音注　清道光二十九年（1849）味塵軒木活字印本　四册

310000－0243－0002907　414560/254014.01
朱子［熹］年譜四卷附年譜考異四卷年譜附錄二卷　（清）王懋竑纂訂　清乾隆十七年

(1752)白田草堂刻本　四冊

310000－0243－0002908　414560/257282
朱柏廬先生[用純]編年毋欺錄三卷補遺一卷　(清)金吳瀾編　(清)李祖榮校輯　清光緒八年(1882)刻本　四冊

310000－0243－0002909　414560/260828
吳文節[文鎔]年譜　(清)吳養源撰　清咸豐四年(1854)刻本　一冊

310000－0243－0002910　414560/262332
吳梅村先生[偉業]年譜四卷　(清)顧師軾編　清道光二十五年(1845)婁東張燮臣刻本　一冊

310000－0243－0002911　414560/262332
吳梅村先生[偉業]年譜四卷　(清)顧師軾編　清道光二十五年(1845)婁東張燮臣刻本　一冊

310000－0243－0002912　414560/262663
程竹溪先生[仁恩]年譜一卷　(清)嚴寶枝　(清)謝家樹同編　清光緒刻本　一冊

310000－0243－0002913　414560/2671
吳聘君[與弼]年譜　(清)楊希閔編　清光緒四年(1878)刻本　一冊

310000－0243－0002914　414560/271128
倪文正公[元璐]年譜四卷　(清)倪會鼎述　清咸豐四年(1854)刻本　二冊

310000－0243－0002915　414560/273443
鄒道鄉公[浩]年譜一卷　(清)李兆洛編　清道光十三年(1833)刻本　一冊

310000－0243－0002916　414560/2834
斯未信齋[徐宗幹]主人年譜一卷　(清)徐宗幹撰　清同治五年(1866)吳玉田刻本　一冊

310000－0243－0002917　414560/2840
敝帚齋主人[徐鼒]年譜一卷補錄一卷　(清)同里諸子編輯　(清)徐承禧等注　清同治十三年(1874)鉛印本　一冊

310000－0243－0002918　414560/3024
宋白樓年譜一卷　(清)宋白樓撰　清光緒二十七年(1901)賦梅堂刻本　一冊

310000－0243－0002919　414560/313532
顧文端公[憲成]年譜四卷　(清)顧貞觀編輯　(清)顧鍾英等校錄　清刻本　一冊

310000－0243－0002920　414560/315034
汪中年表一卷　(清)汪喜孫撰　清刻本　一冊

310000－0243－0002921　414560/318041
顧襄敏公[養謙]年譜一卷　(清)楊廷撰編輯　清道光二年(1822)一經堂刻本　一冊

310000－0243－0002922　414560/319112
顧亭林先生[炎武]年譜一卷　(清)張穆編　清道光二十四年(1844)刻本　一冊

310000－0243－0002923　414560/319126
顧亭林先生[炎武]年譜附亭林先生軼詩　(清)吳映奎輯　清光緒四年(1878)刻本　一冊

310000－0243－0002924　414560/319126
顧亭林先生[炎武]年譜附亭林先生軼詩　(清)吳映奎輯　清光緒四年(1878)刻本　一冊

310000－0243－0002925　414560/319126.01
校補顧亭林先生[炎武]年譜　(清)吳映奎　(清)車持謙輯　(清)錢邦彥校補　清光緒三十四年(1908)鉛印本　一冊

310000－0243－0002926　414560/319126.01
校補顧亭林先生[炎武]年譜　(清)吳映奎　(清)車持謙輯　(清)錢邦彥校補　清光緒三十四年(1908)鉛印本　一冊

310000－0243－0002927　414560/319180
雙池先生[汪紱]年譜四卷　(清)余龍光編　清同治五年(1866)沱川理源刻本　二冊

310000－0243－0002928　414560/3194
顧響泉先生[光旭]年譜　(清)顧光旭撰　清光緒二十二年(1896)刻本　一冊

310000－0243－0002929　414560/3246
思補老人[潘世恩]手訂年譜一卷　(清)潘世

恩撰　清道光蘇州甘朝士刻字鋪刻本　一册

310000－0243－0002930　414560/3282
潘曾綬自訂年譜一卷　(清)潘曾綬撰　清光緒九年(1883)刻本　一册

310000－0243－0002931　414560/340464
洪北江先生[亮吉]年譜　(清)吕培等同編　清光緒三年(1877)授經堂刻本　一册

310000－0243－0002932　414560/340464
洪北江先生[亮吉]年譜　(清)吕培等同編　清光緒三年(1877)授經堂刻本　一册

310000－0243－0002933　414560/343632
沈端恪公[近思]年譜二卷附勵志録二卷　(清)沈曰富纂　清同治十二年(1873)浙江書局刻本　二册

310000－0243－0002934　414560/343632.01
沈端恪公[近思]年譜二卷　(清)沈曰富纂　清光緒二十二年(1896)刻本　一册

310000－0243－0002935　414560/403961
左文襄公[宗棠]年譜十卷　(清)羅正鈞纂　清光緒二十三年(1897)湘陰左氏刻本　四册

310000－0243－0002936　414560/404803
隨園先生[袁枚]年譜一卷　(清)方濬師編　清同治十年(1871)肇羅道署刻本　一册

310000－0243－0002937　414560/405734
明李文正公[東陽]年譜五卷　(清)法式善輯　(清)唐仲冕增補　清嘉慶八年(1803)樗園刻本　一册

310000－0243－0002938　414560/406151
歷年紀略一卷附潛確録一卷　(清)惠靇嗣編　清同治五年(1866)刻本　一册

310000－0243－0002939　414560/407686
露桐先生[殿圖]年譜前編四卷　(清)錢景星編　清嘉慶八年(1803)刻本　四册

310000－0243－0002940　414560/409443
榕村譜録合考二卷　(清)李清馥纂輯　清道光六年(1826)刻本　二册

310000－0243－0002941　414560/4240
詒穀老人[彭蘊章]手訂年譜　(清)彭蘊章撰　清同治十一年(1872)刻本　一册

310000－0243－0002942　414560/4240.1
彭文敬公[蘊章]年譜　(清)彭蘊章撰　清光緒刻本　一册

310000－0243－0002943　414560/440511
堵文忠公[允錫]年譜　(清)張夏編　清光緒十三年(1887)刻本　二册

310000－0243－0002944　414560/440744
黄文節公[庭堅]年譜　(清)楊希閔編　清光緒四年(1878)福州刻本　一册

310000－0243－0002945　414560/441113
薛仁齋先生[于瑛]年譜　(清)王守恭編　清光緒十四年(1888)鉛印本　一册

310000－0243－0002946　414560/441134
黄蕘圃先生[丕烈]年譜二卷　(清)江標輯　清光緒二十三年(1897)長沙史院朱印本　一册

310000－0243－0002947　414560/4425
楊忠湣公[繼盛]自著年譜一卷　(明)楊繼盛撰　清光緒十三年(1887)刻本　一册

310000－0243－0002948　414560/443736
黄子[道周]年譜一卷　(清)洪思撰　清道光二十四年(1844)刻本　一册

310000－0243－0002949　414560/443736
黄子[道周]年譜一卷　(清)洪思撰　清道光二十四年(1844)刻本　一册

310000－0243－0002950　414560/443789
先儒黄子[道周]年譜一卷　(清)金光耀增輯　清刻本　一册

310000－0243－0002951　414560/443849
黄梨洲先生[宗羲]年譜三卷　(清)黄炳垕編輯　清同治十二年(1873)刻本　一册

310000－0243－0002952　414560/444347
鑒園主人[林希祖]年譜一卷　(清)林履莊編　清光緒十一年(1885)大梁刻本　一册

310000－0243－0002953　414560/4446
杜文端公[受田]自訂年譜一卷　（清）杜堮撰　清咸豐刻本　一册

310000－0243－0002954　414560/445813
蘇潁濱[轍]年表一卷　（宋）孫汝聽編　清宣統元年(1909)刻本　一册

310000－0243－0002955　414560/448343
黄鉞年譜一卷　（清）黄富民編　清同治五年(1866)刻本　一册

310000－0243－0002956　414560/448549
黄忠端公[尊素]年譜二卷　（清）黄炳垕編輯　清光緒二年(1876)春種閣刻本　一册

310000－0243－0002957　414560/4497
還讀我書室老人[董恂]手訂年譜二卷　（清）董恂撰　清光緒十八年(1892)刻本　二册

310000－0243－0002958　414560/463546
忠武公[楊遇春]年譜一卷　（清）楊國佐（清）楊國楨編　清道光二十年(1840)刻本　一册

310000－0243－0002959　414560/4967
遂翁[趙昀]自訂年譜一卷　（清）趙昀撰　清光緒刻本　一册

310000－0243－0002960　414560/4991
收庵居士[趙懷玉]自敍年譜略二卷　（清）趙懷玉撰　清道光十二年(1832)刻本　一册

310000－0243－0002961　414560/5583
曹劍亭先生[錫寶]年譜一卷　（清）曹錫寶撰　清光緒二十三年(1897)印書公會鉛印本　一册

310000－0243－0002962　414560/600060
冒巢民先生[襄]年譜一卷　冒廣生編　清光緒二十三年(1897)刻冒氏叢書本　一册

310000－0243－0002963　414560/603158
弇山畢公[沅]年譜一卷　（清）史善長撰　清同治十一年(1872)刻本　一册

310000－0243－0002964　414560/6067
羅壯勇公[思舉]年譜二卷　（清）羅思舉撰　清末刻振綺堂叢書本　二册

310000－0243－0002965　414560/609268
羅文恪公[惇衍]年譜一卷　（清）羅棨等編　清同治十三年(1874)刻本　一册

310000－0243－0002966　414560/710670
馬端敏公[新貽]年譜一卷　（清）馬新祐編　清光緒三年(1877)武林任有容齋刻本　一册

310000－0243－0002967　414560/711018
雷塘庵主第子記八卷附浙江專祠錄阮公鄉賢錄一卷　（清）張鑑編錄　（清）阮福續錄　清咸豐甘泉羅世林刻本　二册

310000－0243－0002968　414560/723773
蕺山先生[劉宗周]年譜二卷　（清）劉汋編　清光緒二十三年(1897)海天旭日硯齋刻本　二册

310000－0243－0002969　414560/744346
陸文安公[九淵]年譜二卷　（清）楊希閔編　清光緒四年(1878)福州吴玉田刻本　一册

310000－0243－0002970　414560/744444
陸宣公[贄]年譜一卷　（清）楊希閔編　清光緒四年(1878)福州吴玉田刻本　一册

310000－0243－0002971　414560/747429
陸清獻公[隴其]年譜一卷　（清）吴光酉編（清）陸宸徵　（清）李鉉輯　清同治七年(1868)武林薇署刻本　一册

310000－0243－0002972　414560/747429.1
陸清獻公[隴其]年譜定本二卷　（清）吴光酉重輯　清光緒八年(1882)廣仁堂刻本　三册

310000－0243－0002973　414560/747473.01
陸稼書先生[隴其]年譜一卷　（清）陸宸徵撰　清刻本　一册

310000－0243－0002974　414560/751773
陳安道公[瑚]年譜二卷　（清）陳溥撰　清光緒十八年(1892)東倉書庫叢刻本　一册

310000－0243－0002975　414560/751773
陳安道公[瑚]年譜二卷　（清）陳溥撰　清光緒十八年(1892)東倉書庫叢刻本　一册

310000－0243－0002976　414560/754279
陳文肅公[大受]年譜一卷　(清)陳輝祖等輯　清光緒十六年(1890)嘉平素園刻本　一冊

310000－0243－0002977　414560/771743
關帝[羽]年譜一卷　(清)柯汝霖編　清同治八年(1869)烏程學社刻本　一冊

310000－0243－0002978　414560/772014
駱文忠公[秉章]年譜二卷　(清)張蔭垣校　清光緒二十一年(1895)粵東新館刻本　二冊

310000－0243－0002979　414560/773116
邱文莊公[濬]年譜一卷　(清)王國棟輯　清光緒二十四年(1898)肇經書院刻本　一冊

310000－0243－0002980　414560/774112
閻潛業先生[若璩]年譜一卷　(清)張穆編　清道光二十七年(1847)壽陽祁氏刻本　一冊

310000－0243－0002981　414560/774112
閻潛業先生[若璩]年譜一卷　(清)張穆編　清道光二十七年(1847)壽陽祁氏刻本　一冊

310000－0243－0002982　414560/806413
曾文正公[國藩]大事記四卷　(清)王定安撰　清同治、光緒鉛印本　二冊

310000－0243－0002983　414560/806420
曾文正公[國藩]年譜十二卷　(清)黎庶昌編輯　清光緒二年(1876)傳忠書局刻本　四冊

310000－0243－0002984　414560/8075
瓶齋[翁同書]自訂年譜一卷　(清)翁同書撰　(清)翁同龢續補　清刻本　一冊

310000－0243－0002985　414560/832285
太常公[錢薇]年譜一卷　(清)錢泰吉輯　清光緒三十年(1904)刻本　一冊

310000－0243－0002986　414560/8331
頤壽老人[錢寶琛]年譜二卷　(清)錢寶琛撰　清同治八年(1869)刻本　一冊

310000－0243－0002987　414560/8346
錢辛楣先生[大昕]年譜一卷　(清)錢大昕編　(清)錢慶曾校注　清咸豐十年(1860)刻本　一冊

310000－0243－0002988　414560/835480
錢警石[泰吉]年譜一卷　(清)錢應溥撰　清同治三年(1864)刻本　一冊

310000－0243－0002989　414560/837182
文瑞公[陳群]年譜三卷首一卷　(清)錢儀吉編　(清)錢志澄增訂　清光緒二十年(1894)刻本　三冊

310000－0243－0002990　414560/873382
鄭寒村[梁]年譜一卷　(清)鄭勳撰　清嘉慶十三年(1808)刻本　一冊

310000－0243－0002991　414560/8767
天山[鄭鄤]自敍年譜一卷　(明)鄭鄤撰　清宣統二年(1910)刻本　一冊

310000－0243－0002992　414570/104624
百家姓考略　(清)王相纂　(清)徐士業校　清掃葉山房刻本　一冊

310000－0243－0002993　414570/2893
自號錄一卷　(宋)徐光溥撰　清刻本　二冊

310000－0243－0002994　414570/3308
稱謂錄三十二卷　(清)梁章鉅撰　(清)梁恭辰校　清同治三年至光緒元年(1864－1875)刻本　八冊

310000－0243－0002995　414570/4430
元和姓纂十卷　(唐)林寶撰　清嘉慶七年(1802)刻本　八冊

310000－0243－0002996　414570/4457
姓氏解紛十卷　(清)黃本驥編　清道光二十六年(1846)三長物齋刻本　二冊

310000－0243－0002997　414570/7424
小名錄一卷外四種四卷　(唐)陸龜蒙撰　清刻本　一冊

310000－0243－0002998　414570/7588
武陵陳氏鄉賢錄　陳鋭編　清宣統元年(1909)靖江縣署刻本　一冊

310000－0243－0002999　414570/8092
增廣姓氏志略　(清)姜炳然編注　清道光四年(1824)述古草堂刻本　二冊

310000－0243－0003000　414570/8718
親屬記二卷　（清）鄭珍撰　清光緒十二年（1886）悟蘭吟館刻本　一册

310000－0243－0003001　415100/0090
訄書　章炳麟撰　清光緒二十五年（1899）刻本一册

310000－0243－0003002　415100/1035
皇朝畜艾文編八十卷　（清）于寶軒輯　清光緒二十八年（1902）上海官書局鉛印本　四十册

310000－0243－0003003　415100/1063
中西聞見録　（清）丁韙良選輯　清光緒三年（1877）刻本　四册

310000－0243－0003004　415100/1094
戊戌蜀報論譔　（清）王榮懋等撰　清刻本一册

310000－0243－0003005　415100/1240
鄭齋芻論　孫雄撰　清光緒石印本　一册

310000－0243－0003006　415100/2684
覆剖叢談二卷　（清）吳曾英撰　清光緒十二年（1886）刻本　一册

310000－0243－0003007　415100/3027
躬耻齋經世十八篇　（清）宗稷辰撰　清光緒二十七年（1901）鉛印本　一册

310000－0243－0003008　415100/3144
校邠廬抗議二卷　（清）馮桂芬撰　清光緒十八年（1892）敏德堂刻本　二册

310000－0243－0003009　415100/3334
中國魂二卷　梁啟超編輯　清光緒二十八年（1902）上海廣智書局刻本　一册

310000－0243－0003010　415100/3424
己亥談時二卷　（清）泔上老漁撰　清末鉛印本　二册

310000－0243－0003011　415100/3433
篷窗隨録十四卷　（清）沈兆澐輯　清咸豐七年（1857）刻本　十四册

310000－0243－0003012　415100/3444
沈文肅公政書七卷　（清）沈葆楨撰　清光緒六年（1880）木活字印本　十二册

310000－0243－0003013　415100/4443
皇朝經世文續編一百二十卷　（清）葛士濬輯　清光緒二十三年（1897）掃葉山房石印本　三十册

310000－0243－0003014　415100/4443.1
皇朝經世文續編一百二十卷　（清）葛士濬編　清光緒十四年（1888）圖書集成局鉛印本　三十二册

310000－0243－0003015　415100/4443－1
樊山政書二十卷　樊增祥撰　清宣統二年（1910）金陵刻本　十册

310000－0243－0003016　415100/4672
皇朝經世文編一百二十卷　（清）賀長齡（清）魏源編　清道光七年（1827）刻本　八十册

310000－0243－0003017　415100/4672.01
皇朝經世文編一百二十卷　（清）賀長齡撰　清光緒二十二年（1896）掃葉山房石印本　二十四册

310000－0243－0003018　415100/7493
切問齋文鈔三十卷　（清）陸耀朗輯　清道光五年（1825）刻本　十二册

310000－0243－0003019　415100/7552
皇朝經世文三編八十卷　（清）陳忠倚輯　清光緒二十四年（1898）石印本　十六册

310000－0243－0003020　415100/7724
兩漢策要十二卷　（宋）陶叔獻等編　清光緒十三年（1887）上海同文書局石印本　八册

310000－0243－0003021　415200/0031
星軺日記類編七十六卷　（清）席裕琨編輯　清光緒二十八年（1902）麗澤學會石印本　十六册

310000－0243－0003022　415200/0047
康熙政要二十四卷　（清）章梫纂　清鉛印本　十二册

310000－0243－0003023　415200/0175

清宣統新法令　商務印書館編纂　清宣統二年(1910)上海商務印書館鉛印本　五册

310000－0243－0003024　415200/0175.1
清光緒新法令　商務印書館編　清宣統二年(1910)上海商務印書館鉛印本　二十册

310000－0243－0003025　415200/0845
洗冤録詳義四卷摭遺二卷　(清)許槤編校　清光緒十三年(1887)琉璃廠榮禄堂刻本　六册

310000－0243－0003026　415200/1042
不礙軒讀律六種　(清)王有孚撰　清嘉慶十年(1805)經鉏堂刻本　四册

310000－0243－0003027　415200/1133
會典簡明録　(清)張祥河訂　清光緒二十三年(1897)刻本　一册

310000－0243－0003028　415200/1171
漢律類纂　張鵬一纂　清光緒三十三年(1907)奉天學務公所鉛印本　一册

310000－0243－0003029　415200/1213
元朝典故編年考十卷　(清)孫承澤撰　清刻螺樹山房叢書本　四册

310000－0243－0003030　415200/2535
漢唐事箋前集十二卷後集八卷　(元)朱禮撰　清道光二年(1822)李氏刻本　四册

310000－0243－0003031　415200/2699
吾學録初編二十四卷　(清)吴榮光撰　清同治九年(1870)江蘇書局刻本　六册

310000－0243－0003032　415200/308017
補注洗冤録集證八卷　(宋)宋慈撰　(清)王又槐增輯　清同治十一年(1872)刻本　六册

310000－0243－0003033　415200/3585.1
清會典一百卷　(清)崑岡等編　清光緒三十四年(1908)商務印書館石印本　十册

310000－0243－0003034　415200/3585.2
清會典事例一千二百二十卷　(清)李鴻章等修　清宣統元年(1909)商務印書館石印本　一百五十册

310000－0243－0003035　415200/4037
資治新書初集十四卷二集二十卷　(清)李漁撰　(清)沈心友訂　清光緒二十年(1894)上海圖書集成印書局石印本　十二册

310000－0243－0003036　415200/4338
列國政要一百三十二卷　(清)戴鴻慈　(清)端方輯　清光緒三十三年(1907)商務印書館石印本　三十二册

310000－0243－0003037　415200/4338.1
列國政要續編九十四卷　(清)戴鴻慈　(清)端方輯　清宣統三年(1911)商務印書館石印本　三十二册

310000－0243－0003038　415200/4424
爽鳩要録二卷　(清)蔣超伯輯　清光緒四年(1878)刻本　一册

310000－0243－0003039　415200/4713－1
歷代政要表二卷　(清)胡子清編輯　清光緒二十九年(1903)長沙刻本　二册

310000－0243－0003040　415200/6700
五軍道里表　(清)明亮　(清)常泰纂修　清同治十二年(1873)江蘇書局刻本　十八册

310000－0243－0003041　415200/71181.1
唐律疏義三十卷　(唐)長孫無忌撰　清嘉慶十三年(1808)刻本　六册

310000－0243－0003042　415200/7207
洗冤録義證四卷經驗方一卷　(清)剛毅編輯　清光緒二十五年(1899)浙江藩署刻本　四册

310000－0243－0003043　415200/7773
大清律例增修統纂集成四十卷　(清)陶駿　(清)陶念霖增修　清光緒三十一年(1905)上海文淵山房刻本　二十四册

310000－0243－0003044　415200/8397
五洲各國政治考八卷　錢恂纂　清光緒二十七年(1901)石印本　十二册

310000－0243－0003045　415300/0002
剿平粤匪方略四百二十卷　(清)奕訢修

(清)朱學勤纂　清同治十一年(1872)木活字印本　四百二十二册

310000－0243－0003046　415300/0002.1

剿平捻匪方略三百二十卷　(清)奕訢修　(清)朱學勤纂　清同治十一年(1872)木活字印本　三百二十一册

310000－0243－0003047　415300/0002.2

平定雲南回匪方略五十卷　(清)奕訢修　(清)陳邦瑞等纂　清光緒二十二年(1896)木活字印本　九十一册

310000－0243－0003048　415300/0002.3

平定陝甘新疆回匪方略三百二十卷　(清)奕訢修　(清)陳邦瑞等纂　清光緒二十二年(1896)木活字印本　三百二十二册

310000－0243－0003049　415300/2129

九通提要十二卷　(清)柴紹炳纂　清光緒二十八年(1902)鉛印本　六册

310000－0243－0003050　415300/2314

續通典一百五十卷　(清)嵇璜　(清)曹仁虎等纂修　清光緒十二年(1886)浙江書局刻本　四十册

310000－0243－0003051　415300/2314.1

皇朝通志一百二十六卷　(清)嵇璜　(清)曹仁虎等纂修　清光緒八年(1882)浙江書局刻本　四十册

310000－0243－0003052　415300/2314.2

皇朝通典一百卷　(清)嵇璜　(清)曹仁虎等纂修　清光緒八年(1882)浙江書局刻本　四十册

310000－0243－0003053　415300/2314.201

皇朝通典一百卷　(清)嵇璜　(清)曹仁虎等纂修　清光緒二十七年(1901)上海圖書集成局鉛印本　十二册

310000－0243－0003054　415300/2314.3

續通志六百四十卷　(清)嵇璜　(清)曹仁虎等纂修　清光緒十二年(1886)浙江書局刻本　一百九十九册

310000－0243－0003055　415300/2314.4

續文獻通考二百五十卷　(清)嵇璜　(清)曹仁虎等纂修　清光緒十三年(1887)浙江書局刻本　一百二十册

310000－0243－0003056　415300/2314.5

皇朝文獻通考三百卷　(清)嵇璜　(清)曹仁虎等纂修　清光緒八年(1882)浙江書局刻本　一百六十册

310000－0243－0003057　415300/7107.01

文獻通考三百四十八卷　(元)馬端臨撰　清光緒二十二年(1896)刻本　一百四十九册

310000－0243－0003058　415300/7144

皇清開國方略三十二卷　(清)阿桂等編　清光緒十三年(1887)廣百宋齋鉛印本　六册

310000－0243－0003059　415300/8740

通志二百卷　(宋)鄭樵撰　清光緒二十二年(1896)浙江書局刻本　二百册

310000－0243－0003060　432000/18/6030.77

[同治]景寧縣志十四卷　(清)周傑修　(清)嚴用光等纂　清同治十二年(1873)刻本　八册

310000－0243－0003061　415400/0037

淮南鹽法舉略十卷　(清)方濬頤纂修　清同治十二年(1873)淮南書局刻本　六册

310000－0243－0003062　415400/0835

淮北票鹽續略十二卷　(清)許寶書編　清同治九年(1870)刻本　四册

310000－0243－0003063　415400/109462

原富　(英國)亞丹・斯密撰　嚴復譯　清光緒二十八年(1902)南洋公學鉛印本　八册

310000－0243－0003064　415400/2327

甘肅清理財政說明書四編　傅秉鑑編　清宣統石印本　九册

310000－0243－0003065　415400/3203

列國歲計政要續編　海上譯社編　清光緒二十九年(1903)海上譯社鉛印本　一册

310000－0243－0003066　415400/3331

浙江財政説明書　浙江清理財政局編　清光緒浙江清理財政局石印本　六册

310000－0243－0003067　415400/3392

浙江海運漕糧全案新編八卷　浙江糧儲道庫編　清同治四年(1865)糧儲道庫刻本　六册

310000－0243－0003068　415400/3436

江蘇省賦額原科斗則表　江蘇減賦局編　清同治二年(1863)減賦局刻本　一册

310000－0243－0003069　415400/3444

江蘇省松江府青浦縣光緒十九年徵收地漕等項民欠徵信册　江南蘇松常鎮太等處承宣布政使司編　清光緒二年(1876)刻本　一册

310000－0243－0003070　415400/3466

浙志田賦略附浙西各縣糧米科則表　(清)□□編　清光緒鉛印本　一册

310000－0243－0003071　415400/4041

光緒會計録三卷　李希聖集　清光緒上海時務報館石印本　二册

310000－0243－0003072　415400/4327

杭嘉湖三府減漕記略一卷　(清)戴槃撰　清同治七年(1868)刻本　一册

310000－0243－0003073　415400/528442

中國度支考　(英國)哲美森編輯　(美國)林樂知譯　清光緒二十三年(1897)圖書集成局鉛印本　一册

310000－0243－0003074　415400/5707

商辦輪船招商公局股東簽注部批隸部章程　招商局編　清宣統鉛印本　一册

310000－0243－0003075　415400/6048

財政叢書二十一種　昌言報館編輯　清光緒二十九年(1903)上海會文學社石印本　十二册

310000－0243－0003076　415400/7563

譚黔一卷　陳明遠撰　清光緒鉛印本　一册

310000－0243－0003077　415400/7727

揚由常關税則一卷　(□)□□編　清末揚州馬勝業鉛石印刷社鉛印本　一册

310000－0243－0003078　415500/0002

樞垣記畧二十八卷　(清)奕訢等纂　清光緒元年(1875)木活字印本　六册

310000－0243－0003079　415500/0818

宦海指南五種　(清)許乃普輯　清咸豐九年(1859)刻本　五册

310000－0243－0003080　415500/1120

谿州官牘四集　(清)張修府撰　清同治四年(1865)刻本　四册

310000－0243－0003081　415500/1128

天平山等禁採山石文牘及碑文　(清)□□輯　清同治刻本　一册

310000－0243－0003082　415500/1740

地方自治淺説　孟森編纂　清宣統元年(1909)商務印書館鉛印本　一册

310000－0243－0003083　415500/2516

宰湘節録　(清)朱孫貽撰　清同治十二年(1873)長沙廣順堂刻本　一册

310000－0243－0003084　415500/2846

東三省政畧附圖十套　徐世昌編　清宣統三年(1911)鉛印本　四十册　缺附圖中黑龍江奉天吉林全境圖

310000－0243－0003085　415500/2846

東三省政畧附圖十套　徐世昌編　清宣統三年(1911)鉛印本　四十册

310000－0243－0003086　415500/3312

清末憲政法令條例　(清)憲政編查館等編　清鉛印本　三十四册

310000－0243－0003087　415500/3400

江蘇諮議局研究會報告　江蘇諮議局研究會編　清宣統三年(1911)鉛印本　一册

310000－0243－0003088　415600/1029

社會黨二卷　(日本)西川光次郎撰　周子高譯　清光緒二十八年(1902)上海廣智書局刻本　一册

310000－0243－0003089　415600/1083

美國華工禁約紀事初編　平等社編　清光緒三十一年(1905)平等社鉛印本　一冊

310000－0243－0003090　415600/2306

上海育嬰堂徵信錄　上海育嬰堂編　清道光刻本　一冊

310000－0243－0003091　415600/2440

晉災淚盡圖一卷　(清)待鶴齋主人編　清光緒五年(1879)刻本　一冊

310000－0243－0003092　415600/3142

荒政輯要九卷　(清)汪志伊撰　清嘉慶十一年(1806)江寧布政司衙門刻本　二冊

310000－0243－0003093　415600/3589

[嘉定]清節堂徵信錄　清節堂編　清光緒十七年(1891)刻本　一冊

310000－0243－0003094　415600/4662

籌濟編三十二卷首一卷　(清)楊景仁輯　清光緒四年(1878)詒硯齋刻本　六冊

310000－0243－0003095　415600/6049

思恭堂徵信錄　思恭堂編　清光緒二十二年(1896)刻本　一冊

310000－0243－0003096　415700/0797

和約彙抄六卷首一卷　(清)望炊編　清光緒四年(1878)鉛印本　三冊

310000－0243－0003097　415700/1035

國朝柔遠記二十卷　(清)王之春輯　清光緒十七年(1891)廣雅書局刻本　六冊

310000－0243－0003098　415700/1035.1

使俄草八卷　(清)王之春撰　清光緒二十一年(1895)上海文藝齋刻本　四冊

310000－0243－0003099　415700/2121

辛丑各國和約　總理外務部輯　清光緒刻本　一冊

310000－0243－0003100　415700/2126

中俄約章會要三卷　總理各國事務衙門輯　清光緒八年(1882)同文館鉛印本　四冊

310000－0243－0003101　432000/20/0732.77

[同治]贛州府志七十八卷　(清)魏瀛修　(清)鍾音鴻纂　清同治十二年(1873)贛州府學刻本　四十冊

310000－0243－0003102　415700/2323

清代通商章程及中外交涉條約四十四種　上海製造局圖書處編　清光緒上海製造圖書處鉛印本　四十六冊

310000－0243－0003103　415700/2544

中俄交涉記四卷　(清)楊楷撰　清光緒二十二年(1896)積山書局石印本　四冊

310000－0243－0003104　415700/2624

各國條款稅則章程　(清)□□編　清刻本　二十五冊

310000－0243－0003105　415700/2830

通商約章類纂三十五卷　(清)徐宗亮纂編　清光緒二十五年(1899)北洋官書局刻本　二十冊

310000－0243－0003106　415700/3141

咸同以來中俄交涉記六卷　(清)江標譯　清光緒二十一年(1895)陝西味經售書處刻本　一冊

310000－0243－0003107　415700/3212

各國通商條約　(清)總理衙門輯　清光緒二十八年(1902)浙江官書局刻本　七冊

310000－0243－0003108　415700/4410

中東和約一卷　蔡爾康編　清光緒元年(1875)申報館鉛印本　一冊

310000－0243－0003109　415700/4414

隨使隨筆　蔡琦撰　清光緒鉛印本　一冊

310000－0243－0003110　415700/4419

約章分類輯要三十八卷首一卷　蔡乃煌纂　清光緒二十六年(1900)湖南商務局刻本　三十冊

310000－0243－0003111　415700/7412

各國立約始末記三十卷首二卷　(清)陸元鼎編　清光緒三十二年(1906)上海商務印書館

鉛印本　二十二册

310000－0243－0003112　415700/8397
中俄界約斠注七卷　錢恂編　清光緒二十年(1894)謝文瀚齋刻本　二册

310000－0243－0003113　415700/8397
中俄界約斠注七卷　錢恂編　清光緒二十年(1894)謝文瀚齋刻本　二册

310000－0243－0003114　415800/0175
中國歷史教科書七卷　商務印書館編輯　清光緒三十二年(1906)商務印書館鉛印本　二册

310000－0243－0003115　415800/1000
三字經　(宋)王應麟撰　清刻本　一册

310000－0243－0003116　415800/1004
鑑畧四字書　(清)王望如撰　(清)林則徐增補　清光緒十一年(1885)維揚留餘堂刻本　二册

310000－0243－0003117　415800/1046
增訂詳注廣日記故事二卷　(清)王相增注　清刻本　二册

310000－0243－0003118　415800/1133
勸學篇内外二篇　(清)張之洞撰　清光緒二十四年(1898)西湖書院刻本　二册

310000－0243－0003119　415800/1133.01
勸學篇　(清)張之洞撰　清光緒二十七年(1901)抄本　一册

310000－0243－0003120　415800/1133.1
輶軒語　(清)張之洞撰　清光緒二十一年(1895)湖北官書處刻本　一册

310000－0243－0003121　415800/1133.2
四川省城尊經書院記一卷　(清)張之洞撰　清光緒十九年(1893)寫刻本　一册

310000－0243－0003122　415800/1140
增訂本國中等地理教科書三卷　張相文撰　清光緒二十八年(1902)南洋公學石印本　三册

310000－0243－0003123　415800/1142
京師大學堂講義初編七種　張鶴齡等撰　清光緒鉛印本　四册

310000－0243－0003124　415800/1208
百千音義重復校訂洪武正韻　(清)□□撰　清刻本　一册

310000－0243－0003125　415800/2308
上海高等實業學堂章程　上海高等實業學堂編　清光緒鉛印本　一册

310000－0243－0003126　415800/2347
教育法令錄要　上海勸學所編　清宣統三年(1911)鉛印本　一册

310000－0243－0003127　415800/2422
續增科場條例　(清)□□編　清咸豐刻本　一册

310000－0243－0003128　415800/2530
論學述聞　(清)朱福詵撰　清光緒二十六年(1900)刻本　一册

310000－0243－0003129　415800/2632
湘輶叢刻十三卷　吴樹梅撰　章一山編　清光緒二十六年(1900)刻奉菊齋叢書本　六册

310000－0243－0003130　415800/2732
讀書鐙一卷　鄒福保纂　清宣統元年(1909)江蘇存古學堂鉛印本　一册

310000－0243－0003131　415800/3005
安慶府中學堂章程　安慶府中學堂編　清鉛印本　一册

310000－0243－0003132　415800/3104
學堂講語　(清)顧廉塘撰　清光緒元年(1875)上海翼化堂善書局刻本　一册

310000－0243－0003133　415800/3104
學堂講語　(清)顧廉塘撰　清光緒元年(1875)上海翼化堂善書局刻本　一册

310000－0243－0003134　415800/3448
清秘述聞十六卷　(清)法式善編　清嘉慶四年(1799)刻本　四册

310000－0243－0003135　415800/3448
清秘述聞十六卷　(清)法式善編　清嘉慶四年(1799)刻本　六冊

310000－0243－0003136　415800/3448.1
槐廳載筆二十卷　(清)法式善編　清嘉慶四年(1799)刻本　六冊

310000－0243－0003137　415800/3448.1
槐廳載筆二十卷　(清)法式善編　清嘉慶四年(1799)刻本　六冊

310000－0243－0003138　415800/3570
學堂章程　(清)學部編　清光緒鉛印本　一冊

310000－0243－0003139　415800/3570.1
擬訂小學堂章程　(清)學部編　清宣統油印本　一冊

310000－0243－0003140　415800/3570.2
學部奏定教育規程例冊三種　(清)學部編　清光緒三十四年(1908)鉛印本　三冊

310000－0243－0003141　415800/3570.3
奏定學堂章程　(清)學部編　清刻本　五冊

310000－0243－0003142　415800/3570.4
初等小學堂章程各學堂管理通則　(清)學部編　清光緒三十三年(1907)廣東學務公所鉛印本　一冊

310000－0243－0003143　415800/4233162
群學肄言十六卷　(英國)斯賓塞爾撰　嚴復譯　清光緒二十九年(1903)上海文明書局鉛印本　四冊

310000－0243－0003144　415800/4420
千家詩　(清)萍緣主人編　清刻本　一冊

310000－0243－0003145　415800/4631
京師大學堂講義二編七種　楊道霖等撰　清光緒刻本　四冊

310000－0243－0003146　415800/6023
繪圖四千字文　(□)□□撰　清光緒三十一年(1905)奎照樓石印本　一冊

310000－0243－0003147　415800/7410
家庭講話三卷　(清)陸一亭撰　(清)陸韜輯　清同治十年(1871)蘇州掃葉山房刻本　一冊

310000－0243－0003148　415800/7410
家庭講話三卷　(清)陸一亭撰　(清)陸韜輯　清同治十年(1871)蘇州掃葉山房刻本　一冊

310000－0243－0003149　415800/7410
家庭講話三卷　(清)陸一亭撰　(清)陸韜輯　清同治十年(1871)蘇州掃葉山房刻本　一冊

310000－0243－0003150　415800/7426
經典釋文敘錄一卷　(唐)陸德明撰　清光緒江楚書局刻本　一冊

310000－0243－0003151　415800/7507
蛾述集十六卷　(清)陳庭學纂輯　清嘉慶二十年(1815)刻本　四冊

310000－0243－0003152　415800/7708
殿試策　(清)□□編　清光緒刻本　二冊

310000－0243－0003153　415800/777614
百體千字文一卷　(南朝梁)周興嗣編　(清)孫枝秀集篆　清光緒八年(1882)掃葉山房刻本　一冊

310000－0243－0003154　415800/777629
增廣千字文音釋　(南朝梁)周興嗣編　(清)朱炳南增　清同治八年(1869)刻本　四冊

310000－0243－0003155　415800/777636
千字文釋義　(南朝梁)周興嗣編　(清)汪嘯尹纂　(清)孫謙益注　清刻本　一冊

310000－0243－0003156　415800/777636
千字文釋義　(南朝梁)周興嗣編　(清)汪嘯尹纂　(清)孫謙益注　清刻本　一冊

310000－0243－0003157　415800/7777
二十四孝圖　(明)屠隆撰　(清)二泉山人繪圖　清道光二十七年(1847)大成堂緒記書坊刻本　一冊

310000－0243－0003158　415800/8203
益幼雜字　(□)□□撰　清李光明莊刻本　一册

310000－0243－0003159　417100/0087
枕經堂金石書畫題跋三卷　(清)方朔撰　清同治元年(1862)刻本　一册

310000－0243－0003160　417100/0436
粤西金石略十五卷　(清)謝啟昆撰　清嘉慶六年(1801)銅鼓亭刻本　四册

310000－0243－0003161　417100/1022
敦煌石室真跡錄五卷附錄　王仁俊輯錄　清宣統元年(1909)國粹堂石印本　三册

310000－0243－0003162　417100/1050
高麗國永樂好太王碑釋文纂考一卷　(清)丁泰撰　清光緒二十六年(1900)刻本　一册

310000－0243－0003163　417100/1084
濟南金石志四卷　(清)王鎮輯　清道光二十年(1840)刻本　二册

310000－0243－0003164　417100/1123
二銘草堂金石聚十六卷　(清)張德容撰　清同治十一年(1872)衢郡聚秀堂刻本　十六册

310000－0243－0003165　417100/1146
重定金石契　(清)張燕昌纂集　清光緒二十一年(1895)刻本　四册

310000－0243－0003166　417100/1734
金石文字辨異十二卷　(清)邢澍撰　清光緒十九年(1893)刻本　九册

310000－0243－0003167　417100/2074
關中金石文字存逸考十二卷首一卷　(清)毛鳳枝撰　清光緒二十七年(1901)會稽顧氏江西萍鄉縣署刻本　八册

310000－0243－0003168　417100/2509
行素草堂金石叢書二十一種一百五十五卷　(清)朱記榮輯　清光緒十四年(1888)行素草堂刻本　四十册

310000－0243－0003169　417100/2630
吴郡金石目一卷　(清)程祖慶編　清光緒元年(1875)八喜齋刻本　一册

310000－0243－0003170　417100/2642
南漢金石志二卷　(清)吴蘭修撰　清道光三十年(1850)粤雅堂刻本　一册

310000－0243－0003171　417100/2767
金石屑四卷　(清)鮑昌熙摹　清光緒三年(1877)石印本　四册

310000－0243－0003172　417100/2832
隨軒金石文字　(清)徐渭仁撰編　清道光二十三年(1843)刻本　四册

310000－0243－0003173　417100/2874
從古堂款識學十六卷　(清)徐同柏釋文　(清)徐士燕錄　清光緒三十二年(1906)蒙學報館石印本　八册

310000－0243－0003174　417100/3014
山右金石存略目錄摘要　(清)宋琦輯　清光緒二十年(1894)平郡宋宅刻本　一册

310000－0243－0003175　417100/3117
金石索十二卷　(清)馮雲鵬　(清)馮雲鵷同輯　清道光元年(1821)崚陽署齋刻本　十二册

310000－0243－0003176　417100/3147
十二硯齋金石過眼錄十八卷　(清)汪鋆撰　清光緒元年(1875)刻本　四册

310000－0243－0003177　417100/3191
求古錄一卷　(清)顧炎武撰　(清)朱記榮校刻　清光緒十四年(1888)上海掃葉山房刻本　一册

310000－0243－0003178　417100/3191.01
求古錄一卷　(清)顧炎武撰　清光緒朱氏槐廬刻本　一册

310000－0243－0003179　417100/3191.1
山東考古錄一卷　(清)顧炎武撰　清光緒八年(1882)山東書局刻本　一册

310000－0243－0003180　417100/319135
金石文字記六卷　(清)顧炎武撰　(清)潘耒補遺　清刻本　一册

310000－0243－0003181　417100/4031.1
括蒼金石志十二卷續括蒼金石志四卷　(清)李遇孫輯　(清)鄒柏森校補　清同治十三年(1874)刻本　六册

310000－0243－0003182　417100/4351
東甌金石志十二卷　(清)戴咸弼纂輯　(清)孫詒讓校補　清光緒九年(1883)刻本　四册

310000－0243－0003183　417100/4416
學古齋金石叢書十二種七十二卷　(清)葛元煦輯　清光緒刻本　二十四册

310000－0243－0003184　417100/4442
續山東考古錄三十二卷　(清)葉圭綬撰　清光緒八年(1882)山東書局刻本　六册

310000－0243－0003185　417100/4480
敦煌石室遺書十種　蔣斧編纂　清宣統元年(1909)鉛印本　四册

310000－0243－0003186　417100/4713
山右石刻叢編四十卷　(清)胡聘之撰　清光緒二十五年(1899)刻本　三十二册

310000－0243－0003187　417100/4923
安徽金石略十卷　(清)趙紹祖輯　清光緒刻本　四册

310000－0243－0003188　417100/4960.01
金石錄三十卷　(宋)趙明誠撰　清光緒十三年(1887)行素草堂刻本　四册

310000－0243－0003189　417100/4960.02
金石錄三十卷札記一卷　(宋)趙明誠撰　清光緒三十一年(1905)仁和朱氏刻本　四册

310000－0243－0003190　417100/496040
金石錄補續跋七卷　(清)葉奕苞撰　清道光二十六年(1846)海昌蔣氏宜年堂刻本　二册

310000－0243－0003191　417100/6051.3
鳴沙山石室秘錄　羅振玉述　清宣統二年(1910)國粹學報社鉛印本　一册

310000－0243－0003192　417100/6051.5
敦煌石室記一卷　羅振玉撰　清宣統元年(1909)鉛印本　一册

310000－0243－0003193　417100/6644
金石文字　(清)嚴荄根編　清光緒十年(1884)石印本　二册

310000－0243－0003194　417100/7110
兩浙金石志十八卷補遺一卷　(清)阮元編錄　清光緒十六年(1890)浙江書局刻本　十二册

310000－0243－0003195　417100/7110
兩浙金石志十八卷補遺一卷　(清)阮元編錄　清光緒十六年(1890)浙江書局刻本　十二册

310000－0243－0003196　417100/7243
金石苑六卷　(清)劉喜海編　清道光二十六年(1846)刻本　六册

310000－0243－0003197　417100/7243.1
長安獲古編二卷長安獲古編補不分卷　(清)劉喜海撰　清東武劉氏刻本　二册

310000－0243－0003198　417100/7243.2
海東金石苑四卷　(清)劉喜海輯　清光緒七年(1881)二銘草堂刻本　四册

310000－0243－0003199　417100/7433
金石學錄補四卷　(清)陸心源編　清光緒十二年(1886)刻本　一册

310000－0243－0003200　417100/7584
金石摘　(清)陳善墀摹　清同治十二年(1873)瀏陽縣學不求甚解齋刻本　十册

310000－0243－0003201　417100/7772
集古錄十卷　(宋)歐陽修撰　清四留堂刻本　四册

310000－0243－0003202　417100/7772.1
集古錄目五卷　(宋)歐陽棐撰　(清)黃本驥輯　清光緒十三年(1887)朱氏槐廬刻本　二册

310000－0243－0003203　417100/7772.101
集古錄目十卷　(宋)歐陽棐撰　繆荃孫校輯　清光緒十年(1884)江陰繆氏刻本　一册

310000－0243－0003204　417100/7772.2

集古録跋尾十卷　（宋）歐陽修撰　清光緒十四年（1888）行素草堂刻本　三冊

310000－0243－0003205　417100/8002
蘇齋唐碑選一卷　（清）翁方綱撰選　清光緒九年（1883）歸安姚氏刻咫進齋叢書本　一冊

310000－0243－0003206　417100/8002.1
粵東金石略九卷首一卷附二卷　（清）翁方綱輯録　清光緒十七年（1891）廣州石經堂書局石印本　四冊

310000－0243－0003207　417100/8333
錢氏世寶　（清）錢泳輯　清南潯敬恕堂刻本　三冊

310000－0243－0003208　417100/8340
小蓬萊閣金石文字　（清）錢辛楣編　清道光十四年（1834）刻本　五冊

310000－0243－0003209　417100/8346
潛研堂金石文字目録八卷　（清）錢大昕藏編　清光緒十年（1884）長沙龍氏刻本　二冊

310000－0243－0003210　417100/8737
獨笑齋金石考略四卷首一卷　（清）鄭業斆撰　清光緒十三年（1887）刻本　二冊

310000－0243－0003211　417200/0200
陶齋吉金録八卷　（清）端方輯　清光緒三十四年（1908）上海有正書局石印本　八冊

310000－0243－0003212　417200/0200.1
陶齋吉金續録二卷　（清）端方輯　清宣統元年（1909）有正書局石印本　二冊

310000－0243－0003213　417200/1025
西清續鑑甲編二十卷附録一卷　（清）王傑等編　清宣統三年（1911）上海涵芬樓影印本　十一冊

310000－0243－0003214　417200/1200
古籀拾遺三卷附宋政和禮器文字考一卷　（清）孫詒讓撰　清光緒十四年（1888）刻本　一冊

310000－0243－0003215　417200/1200.02
古籀拾遺三卷附宋政和禮器文字考一卷　（清）孫詒讓撰　清光緒石印本　一冊

310000－0243－0003216　417200/1200.1
古籀餘論三卷　（清）孫詒讓撰　清光緒二十九年（1903）籀經樓刻本　二冊

310000－0243－0003217　417200/2547
古金待問録四卷古金待問録餘一卷　（清）朱楓輯　清光緒十六年（1890）常熟鮑氏後知不足齋刻本　二冊

310000－0243－0003218　417200/2610
虢季子白盤銘考　（清）吳雲撰　清同治五年（1866）刻本　一冊

310000－0243－0003219　417200/2610.1
兩罍軒彝器圖釋十二卷　（清）吳雲撰　清同治十一年（1872）石印本　六冊

310000－0243－0003220　417200/2610.1
兩罍軒彝器圖釋十二卷　（清）吳雲撰　清同治十一年（1872）石印本　六冊

310000－0243－0003221　417200/2643.1
毛公鼎一卷　（清）吳大澂輯　清光緒十三年（1887）上海同文書局石印本　一冊

310000－0243－0003222　417200/3234
攀古廔彝器款識二卷　（清）潘祖蔭撰　清同治十一年（1872）京師滂喜齋刻本　二冊

310000－0243－0003223　417200/3301.1
西清古鑑四十卷　（清）梁詩正等編纂　清光緒十四年（1888）上海鴻文書局石印本　二十四冊

310000－0243－0003224　417200/4491.01
歷代鐘鼎彝器款識法帖二十卷　（宋）薛尚功撰　清嘉慶二年（1797）刻本　四冊

310000－0243－0003225　417200/4491.02
歷代鐘鼎彝器款識法帖二十卷　（宋）薛尚功撰　清光緒二十九年（1903）石印本　四冊

310000－0243－0003226　417200/5540
懷米山房吉金圖　（清）曹奎編輯　清道光十九年（1839）拓本　一冊

310000－0243－0003227　417200/5540.1
曹氏吉金圖二卷　(清)曹奎編輯　清光緒十四年(1888)石印本　二冊

310000－0243－0003228　417200/7110
積古齋鐘鼎彝器款識十卷　(清)阮元編錄　清嘉慶九年(1804)刻本　四冊

310000－0243－0003229　417200/7110.01
積古齋鐘鼎彝器款識十卷　(清)阮元編錄　清光緒九年(1883)刻本　四冊

310000－0243－0003230　417200/7110.01
積古齋鐘鼎彝器款識十卷　(清)阮元編錄　清光緒九年(1883)刻本　四冊

310000－0243－0003231　417200/7233
古文審八卷　(清)劉心源撰　清光緒十七年(1891)劉氏龍江樓刻本　四冊

310000－0243－0003232　417200/7282
盤亭小錄一卷　(清)劉銘傳撰　清同治十二年(1873)刻本　一冊

310000－0243－0003233　417200/7508
齊侯罍銘通釋二卷　(清)陳慶鏞撰　清道光二十六年(1846)一鐙書社刻本　一冊

310000－0243－0003234　417200/8333
金塗銅塔考　(清)錢泳撰　清嘉慶元年(1796)刻本　一冊

310000－0243－0003235　417300/0200
陶齋藏石記四十四卷附藏磚記二卷首一卷　(清)端方編纂　(清)龔錫齡校印　清宣統元年(1909)石印本　十二冊

310000－0243－0003236　417300/1023
輿地碑記目四卷　(宋)王象之撰　清同治九年(1870)海喜齋刻本　二冊

310000－0243－0003237　417300/1218
昭陵碑考十二卷　(清)孫三錫撰　清咸豐八年(1858)刻本　六冊

310000－0243－0003238　417300/1230
至聖林廟碑目錄六卷　(清)孔憲庚編　清光緒二十二年(1896)積學齋刻本　一冊

310000－0243－0003239　417300/1262
三字石經考附琴操校本二卷　(清)孫星衍撰　清嘉慶十一年(1806)五松書屋刻本　一冊

310000－0243－0003240　417300/1262.1
寰宇訪碑錄十二卷刊謬一卷　(清)孫星衍　(清)邢澍撰　**補錄五卷**　(清)趙之謙纂　清光緒十一年至十二年(1885－1886)朱氏槐廬家塾刻本　八冊

310000－0243－0003241　417300/2510
漢碑徵經一卷　(清)朱百度撰　清光緒十五年(1889)廣雅書局刻本　一冊

310000－0243－0003242　417300/2661
吴昌碩臨石鼓文　吴昌碩書　清宣統二年(1910)求古齋影印本　一冊

310000－0243－0003243　417300/2741
藝風堂金石文字目十八卷　繆荃孫撰藏　清光緒三十二年(1906)刻本　八冊

310000－0243－0003244　417300/3441
石鼓文定本五卷　(清)沈梧撰　清光緒十六年(1890)古華山館刻本　一冊

310000－0243－0003245　417300/4469
語石十卷　葉昌熾撰　清宣統元年(1909)刻本　四冊

310000－0243－0003246　417300/4469
語石十卷　葉昌熾撰　清宣統元年(1909)刻本　四冊

310000－0243－0003247　417300/4469
語石十卷　葉昌熾撰　清宣統元年(1909)刻本　四冊

310000－0243－0003248　417300/4910
石鼓文纂釋一卷　(清)趙烈文撰　清光緒刻本　一冊

310000－0243－0003249　417300/4923
金石文鈔八卷續鈔二卷　(清)趙紹祖輯　清杭州朱氏抱經堂刻本　十冊

310000－0243－0003250　417300/4930
補寰宇訪碑錄五卷　(清)趙之謙纂集　清同

治三年(1864)刻本　二册

310000－0243－0003251　417300/6051.1

碑別字補五卷　羅振玉輯　清光緒二十七年(1901)刻本　一册

310000－0243－0003252　417300/6051.2

再續寰宇訪碑錄二卷　羅振玉輯　清光緒十九年(1893)面城精舍石印本　二册

310000－0243－0003253　417300/6051.3

昭陵碑錄三卷附錄一卷　羅振玉校錄　清光緒三十四年(1908)晨風閣刻本　二册

310000－0243－0003254　417300/6054

碑別字五卷　羅振鋆輯　清光緒二十年(1894)刻本　二册

310000－0243－0003255　417300/6307

易州龍興觀道德經碑一卷　(清)□□輯　清刻本　一册

310000－0243－0003256　417300/7110

漢延熹西嶽華山碑考四卷　(清)阮元編　清嘉慶十八年(1813)泰華雙碑之館刻本　一册

310000－0243－0003257　417300/7110.01

漢延熹西嶽華山碑考四卷　(清)阮元編　清末據嘉慶十八年(1813)泰華雙碑之館刻本影抄本　一册

310000－0243－0003258　417300/7234

漢石例六卷　(清)劉寶楠撰　清同治八年(1869)刻本　二册

310000－0243－0003259　417300/7560

寶刻叢編二十卷　(宋)陳思纂　清光緒十四年(1888)刻本　十册

310000－0243－0003260　417300/7700

校補石鼓文音訓一卷　(清)周庠撰　清光緒二十三年(1897)刻本　一册

310000－0243－0003261　417300/7732

古刻叢鈔一卷　(明)陶宗儀編　(清)孫星衍整理　清嘉慶十六年(1811)平津館刻本　一册

310000－0243－0003262　417300/7732.01

古刻叢鈔一卷　(明)陶宗儀編　清光緒九年(1883)學古齋刻本　一册

310000－0243－0003263　417400/2644

古玉圖考　(清)吳大澂編訂　清光緒十五年(1889)上海同文書局石印本　四册

310000－0243－0003264　417400/6653

奕載堂古玉圖錄　(清)瞿中溶撰　清道光十二年(1832)瑞安陳氏湫漻齋刻本　一册

310000－0243－0003265　417500/2630

陽羨名陶錄二卷　(清)吳騫編　清刻本　一册

310000－0243－0003266　417500/4433

景德鎮陶錄十卷　(清)藍浦原著　(清)鄭廷桂補輯　清光緒十七年(1891)京都書業堂刻本　四册

310000－0243－0003267　417600/1124

錢志新編二十卷　(清)張崇懿輯　清道光十年(1830)酌春堂刻本　四册

310000－0243－0003268　417600/2700

觀古閣泉說一卷叢稿二卷續叢稿一卷　(清)鮑康撰　**續泉說一卷**　(清)李佐賢撰　清同治十二年(1873)歙縣鮑氏刻本　三册

310000－0243－0003269　417600/2700.01

觀古閣泉說一卷　(清)鮑康撰　**續泉說一卷**　(清)李佐賢撰　清末上海醫學書局石印本　一册

310000－0243－0003270　417600/3438

泉志十五卷　(宋)洪遵撰　清光緒元年(1875)藤溪義學刻本　一册

310000－0243－0003271　417600/4027

古泉彙四集六十卷首四卷續泉彙十四卷補遺二卷　(清)李佐賢輯　清同治三年(1864)利津李氏石泉書屋刻本　二十册

310000－0243－0003272　417600/4410

癖談六卷附清白士集校補　(清)蔡雲撰　清道光七年(1827)刻本　二册

310000－0243－0003273　417600/7548
蒙古西域諸國錢譜四卷　（清）陳其錕譯述　清宣統三年（1911）鉛印本　一册

310000－0243－0003274　417700/2644
封泥考略十卷　（清）吳式芬　（清）陳介祺同輯　清光緒三十年（1904）刻本　十册

310000－0243－0003275　417700/6051
鄭廣所藏泥封　羅振玉輯　清光緒二十九年（1903）石印本　一册

310000－0243－0003276　417800/1200
契文舉例二卷　（清）孫詒讓撰　清末石印本　二册

310000－0243－0003277　417800/1200.01
契文舉例二卷　（清）孫詒讓撰　清光緒十七年（1891）石印本　二册

310000－0243－0003278　417800/6051.1
殷商貞卜文字考一卷　羅振玉撰　清宣統二年（1910）玉簡齋石印本　一册

310000－0243－0003279　417800/7267
鐵雲藏龜　（清）劉鶚纂　清光緒三十年（1904）抱殘守缺齋石印本　三册

310000－0243－0003280　417800/7267.01
鐵雲藏龜　（清）劉鶚纂　清光緒二十九年（1903）抱殘守缺齋石印本　六册

310000－0243－0003281　417800/7267.1
鐵雲藏陶　（清）劉鶚纂　清光緒三十年（1904）抱殘守缺齋石印本　二册

310000－0243－0003282　417900/7433
千甓亭古塼圖釋二十卷　（清）陸心源輯　清光緒十七年（1891）石印本　四册

310000－0243－0003283　420100/4429
觀古堂書目叢刻十五種四十七卷　葉德輝輯　清光緒二十九年（1903）葉氏觀古堂刻本　十六册

310000－0243－0003284　420100/4487
葉氏存古叢書三種四卷　葉銘編輯　清光緒三十年（1904）西泠印社鉛印本　一册

310000－0243－0003285　420200/0247
大學堂圖書館漢文圖書館草目集部附大學堂師範預備科講義目錄　京師大學堂圖書館編　清末謄印本　一册

310000－0243－0003286　420200/1085
天祿琳琅書目十卷　（清）于敏中等編　**續編二十卷**　（清）彭元瑞編　清光緒十年（1884）刻本　十册

310000－0243－0003287　420200/1146
校補玉海瑣記二卷　（清）張大昌撰　清光緒浙江書局刻本　一册

310000－0243－0003288　420200/1241
文瀾閣志二卷首一卷附錄一卷　（清）孫樹理（清）孫峻撰　清光緒二十四年（1898）刻本　三册

310000－0243－0003289　420200/2479
儀董學堂藏書總目　儀董學堂編　清刻本　一册

310000－0243－0003290　420200/2681
萬卷樓藏書總目　黄彭年編　清光緒七年（1881）刻本　一册

310000－0243－0003291　420200/2844
古越藏書樓書目二十卷　（清）徐樹蘭編　清光緒三十年（1904）石印本　八册

310000－0243－0003292　420200/3013
四庫全書總目二百卷　（清）永瑢　（清）紀昀等編纂　清同治七年（1868）刻本　一百册

310000－0243－0003293　420200/3013.3
四庫全書簡明目錄二十卷　（清）永瑢　（清）紀昀等纂　清光緒五年（1879）石印本　十二册

310000－0243－0003294　420200/3013.5
四庫全書總目提要四部類敘一卷　（清）永瑢（清）紀昀等纂　清光緒二十一年（1895）刻本　一册

310000－0243－0003295　420200/3138
經籍訪古志六卷附補遺　（日本）澁江全善

(日本)森立之撰　清光緒十一年(1885)木活字印本　八冊

310000－0243－0003296　420200/3425
榕湖經舍藏書目錄　(清)沈秉成編　清光緒十五年(1889)刻本　二冊

310000－0243－0003297　420200/3744
涵芬樓藏書目錄　涵芬樓編　清宣統三年(1911)鉛印本　一冊

310000－0243－0003298　420200/4157
上海格致書院藏書樓書目　格致書院編　清光緒三十二年(1906)格致書院鉛印本　一冊

310000－0243－0003299　420200/4448
四庫全書表文箋釋四卷　(清)林鶴年纂　清宣統元年(1909)吳興劉氏求恕齋刻本　四冊

310000－0243－0003300　420200/4721
四庫全書附存目錄十卷　(清)胡虔編　清光緒十年(1884)刻本　六冊

310000－0243－0003301　420200/4808
南雍志經籍考二卷　(明)梅鷟撰　清光緒二十八年(1902)長沙葉氏刻朱印本　一冊

310000－0243－0003302　420200/55403
四庫書目略二十卷首一卷附錄一卷　(清)費莫文良編　清同治九年(1870)刻本　十二冊

310000－0243－0003303　420200/7110.01
四庫未收書目提要五卷　(清)阮元編　清光緒石印本　一冊

310000－0243－0003304　420200/7494
學古堂藏書目一卷　(清)□□編　清光緒刻本　一冊

310000－0243－0003305　420200/8027
尊經閣藏書目錄　尊經閣編　清光緒刻本　一冊

310000－0243－0003306　420300/1244
帶經堂書目五卷　(清)孫樹杓編　清宣統三年(1911)神州國光社鉛印本　三冊

310000－0243－0003307　420300/1262
孫氏祠堂書目内編四卷外編三卷　(清)孫星衍藏編　清光緒刻本　四冊

310000－0243－0003308　420300/2053
季滄葦藏書目一卷　(清)季振宜藏編　清光緒元年(1875)刻粵雅堂叢書本　一冊

310000－0243－0003309　420300/3141
海源閣藏書目一卷　(清)江標輯　清光緒十四年(1888)元和江氏師鄦室刻本　一冊

310000－0243－0003310　420300/4042
五萬卷閣書目記　李嘉績藏編　清光緒三十年(1904)華清宮刻本　一冊

310000－0243－0003311　420300/4300
遂初堂書目　(宋)尤袤撰　清光緒二十二年(1896)武進盛氏刻本　一冊

310000－0243－0003312　420300/4423
如園架上書鈔目五卷鈔目補一卷　(清)蕭名湖編　(清)蕭士恒增補　清光緒二十四年(1898)益陽蕭氏刻本　二冊

310000－0243－0003313　420300/4435
天一閣見存書目四卷首一卷末一卷　(清)薛福成編　清光緒十五年(1889)無錫薛氏甬上崇實書院刻本　四冊

310000－0243－0003314　420300/4444
天一閣書目　(清)范懋柱編　清嘉慶十三年(1808)刻本　五冊

310000－0243－0003315　420300/4453
菉竹堂書目六卷附碑目六卷　(明)葉盛編　清咸豐三年(1853)刻粵雅堂叢書本　三冊

310000－0243－0003316　420300/6044
共讀樓書目十卷首一卷　(清)國英編輯　清光緒六年(1880)刻本　二冊

310000－0243－0003317　420300/7524
帶經堂書目四卷　(清)陳徵芝鑒藏　(清)陳樹杓編　(清)周星詒　(清)陸心源批訂　清宣統三年(1911)神州國光社鉛印本　一冊

310000－0243－0003318　420300/8040
文瑞樓藏書目錄十二卷　(清)金檀藏編　清

嘉慶四年(1799)刻本　二册

310000－0243－0003319　420300/8308.1
絳雲樓書目補遺一卷附靜惕堂宋元集目　(清)錢謙益藏編　清光緒二十八年(1902)刻本　一册

310000－0243－0003320　420400/0131
經籍舉要一卷　(清)龍啟瑞撰　清光緒十九年(1893)中江講院刻本　一册

310000－0243－0003321　420400/0131.01
經籍舉要　(清)龍啟瑞撰　清光緒十九年(1893)中江講院刻本　一册

310000－0243－0003322　420400/1021
八千卷樓書目二十卷　丁仁編　清光緒二十五年(1899)錢塘丁氏鉛印本　十册

310000－0243－0003323　420400/1133
書目答問　(清)張之洞撰　清光緒十四年(1888)上海蜚英館石印本　二册

310000－0243－0003324　420400/1133.01
書目答問附輶軒語　(清)張之洞撰　清光緒二十三年(1897)三味堂刻本　四册

310000－0243－0003325　420400/1133.02
書目答問　(清)張之洞撰　清刻本　一册

310000－0243－0003326　420400/1133.03
書目答問　(清)張之洞撰　清刻本　一册

310000－0243－0003327　420400/113338
書目答問箋補四卷　(清)張之洞撰　(清)江人度箋補　清光緒三十年(1904)漢川江氏刻本　四册

310000－0243－0003328　420400/1181
愛日精廬藏書志三十六卷　(清)張金吾編　清道光六年(1826)刻本　四册

310000－0243－0003329　420400/216273
廉石居藏書記二卷　(清)孫星衍撰　(清)陳宗彝編　清光緒刻本　一册

310000－0243－0003330　420400/2528－1
開有益齋讀書志六卷續志一卷金石文字記一卷　(清)朱緒曾撰　清光緒六年(1880)刻本　六册

310000－0243－0003331　420400/2741
藝風堂藏書記八卷續記八卷　繆荃孫撰　清光緒二十六年(1900)刻本　六册

310000－0243－0003332　420400/3334
中西學門徑書七種十卷　梁啟超輯　清光緒二十四年(1898)石印本　三册

310000－0243－0003333　420400/4217
惜抱軒書錄四卷　(清)姚鼐撰　清道光十二年(1832)刻本　一册

310000－0243－0003334　420400/4403
中西普通書目表三卷　(清)黃慶澄編　清光緒二十四年(1898)刻本　二册

310000－0243－0003335　420400/6081.1
昭德先生郡齋讀書志二十卷首一卷　(宋)晁公武撰　(宋)姚應績編　清光緒六年(1880)會稽章氏刻本　八册

310000－0243－0003336　420400/6081.102
昭德先生郡齋讀書志二十卷　(宋)晁公武撰　(宋)姚應績編　清光緒十年(1884)長沙王氏刻本　十册

310000－0243－0003337　420400/6081.103
郡齋讀書記　(宋)晁公武撰　清光緒六年(1880)會稽章氏刻本　八册

310000－0243－0003338　420400/6680
鐵琴銅劍樓藏書目二十四卷　(清)瞿鏞撰　清光緒二十四年(1898)刻本　十册

310000－0243－0003339　420400/7433
皕宋樓藏書志一百二十卷　(清)陸心源編　清光緒八年(1882)刻本　三十六册

310000－0243－0003340　420400/7433.01
皕宋樓藏書志一百二十卷　(清)陸心源輯　清光緒八年(1882)十萬卷樓刻本　六册

310000－0243－0003341　420400/7551
直齋書錄解題二十二卷　(宋)陳振孫撰　清刻本　十六册

310000－0243－0003342　420400/7551.01
直齋書録解題二十二卷　（宋）陳振孫撰　清光緒九年（1883）江蘇書局刻本　六册

310000－0243－0003343　420500/1747
四庫簡明目録標注二十卷附録一卷　（清）邵懿辰撰　清宣統三年（1911）仁和邵氏半巖廬刻本　十册

310000－0243－0003344　420500/1747
四庫簡明目録標注二十卷附録一卷　（清）邵懿辰撰　清宣統三年（1911）仁和邵氏半巖廬刻本　六册

310000－0243－0003345　420500/2509
行素堂目睹書録　（清）朱記榮輯　清光緒十年（1884）古吴白堤孫谿槐廬家刻本　十册

310000－0243－0003346　420500/4422
徵刻唐宋秘本書目一卷　（明）黄虞稷　（清）周在浚編　**考證一卷徵刻書啟五先生事略一卷**　葉德輝撰　清光緒二十八年（1902）長沙葉氏郎園刻本　一册

310000－0243－0003347　420500/4444.01
宋元舊本書經眼録三卷附録二卷　（清）莫友芝撰　清同治十二年（1873）刻本　二册

310000－0243－0003348　420500/4444.1
郘亭知見傳本書目十六卷　（清）莫友芝編　清宣統元年（1909）北京德興堂鉛印本　四册

310000－0243－0003349　420500/4444.101
郘亭知見傳本書目十六卷　（清）莫友芝編　清宣統元年（1909）北京德興堂鉛印本　十册

310000－0243－0003350　420500/4444.102
郘亭知見傳本書目十六卷　（清）莫友芝編　清宣統上海西泠印社鉛印本　四册

310000－0243－0003351　420500/4472
日本國見在藏書目録　（日本）藤原佐世編　清光緒遵義黎氏刻本　一册

310000－0243－0003352　420500/4472
日本國見在藏書目録　（日本）藤原佐世編　清光緒遵義黎氏刻本　一册

310000－0243－0003353　420500/4634
日本訪書志十六卷　楊守敬撰　清光緒二十三年（1897）蘇州刻本　四册

310000－0243－0003354　420500/7230
徵訪明季遺書目一卷　劉蘧六編　清宣統二年（1910）鉛印本　一册

310000－0243－0003355　420500/8000
浙江採集遺書總録十集　（清）鍾音　（清）沈初等纂録　清乾隆三十八年（1773）刻本　十册

310000－0243－0003356　420500/8000
浙江採集遺書總録十集　（清）鍾音　（清）沈初等纂録　清乾隆三十八年（1773）刻本　四册

310000－0243－0003357　420600/1068
補晉書藝文志四卷　丁國鈞撰　清錫山文苑閣木活字印本　二册

310000－0243－0003358　420600/1068.01
補晉書藝文志四卷　丁國鈞撰　清光緒十七年（1891）廣雅書局刻本　二册

310000－0243－0003359　420600/1149
八史經籍志十種三十卷　（清）張壽榮刻　清光緒八年（1882）刻本　十六册

310000－0243－0003360　420600/1262
史記天官書補目補續漢書藝文志　（清）孫星衍輯　清光緒十三年（1887）廣雅書局刻本　一册

310000－0243－0003361　420600/2648
補晉書經籍志四　吴士鑑纂　清光緒二十一年（1895）刻本　一册

310000－0243－0003362　420600/2797
宋史藝文志補一卷　（清）倪燦撰　清光緒十七年（1891）廣雅書局刻本　一册

310000－0243－0003363　420600/2797.1
補遼金元藝文志一卷　（清）倪燦撰　清光緒十七年（1891）廣雅書局刻本　一册

310000－0243－0003364　420600/3141

補五代史藝文志一卷　(清)顧懷三撰　清光緒十七年(1891)廣雅書局刻本　一册

310000－0243－0003365　420600/4253
漢書藝文志條理六卷　(清)姚振宗撰　清光緒十八年(1892)鉛印本　二册

310000－0243－0003366　420600/7118103
隋書經籍志考證十三卷　(唐)長孫無忌撰　(清)章宗源考證　清刻本　四册

310000－0243－0003367　420600/8070
補三史藝文志一卷　(清)金門詔撰　清光緒十七年(1891)廣雅書局刻本　一册

310000－0243－0003368　420600/8070
補三史藝文志一卷　(清)金門詔撰　清光緒十七年(1891)廣雅書局刻本　一册

310000－0243－0003369　420600/8346
元史藝文志四卷　(清)錢大昕撰補　清同治十三年(1874)江蘇書局刻本　一册

310000－0243－0003370　420700/0142
杭州藝文志十卷　(清)龔嘉儁等纂修　清光緒三十四年(1908)刻本　六册

310000－0243－0003371　420700/1734
關右經籍考十一卷　(清)邢澍編　清嘉慶刻本　四册

310000－0243－0003372　420700/2604
襄陽藝文略三卷　(清)吳慶燾述　清光緒二十三年(1897)刻本　一册

310000－0243－0003373　420700/4234
海虞藝文志六卷　(清)姚福均輯　清光緒二十三年(1897)常熟姚氏慕程齋刻本　二册

310000－0243－0003374　420700/4234
海虞藝文志六卷　(清)姚福均輯　清光緒二十三年(1897)常熟姚氏慕程齋刻本　二册

310000－0243－0003375　420700/8013
江陰藝文志二卷校補一卷　金武祥輯　清光緒十七年(1891)刻本　一册

310000－0243－0003376　420800/4036
袁氏藝文志一卷　(清)袁昶編　清光緒二十三年(1897)漸西村舍刻本　一册

310000－0243－0003377　420800/4036
袁氏藝文志一卷　(清)袁昶編　清光緒二十三年(1897)漸西村舍刻本　一册

310000－0243－0003378　420800/4742
績溪金紫胡氏所著書目二卷　(清)胡培系編　清光緒十年(1884)世澤樓刻本　一册

310000－0243－0003379　420800/5570
上海曹氏書存目錄　(清)曹驤編　清同治十一年(1872)積慶堂刻本　一册

310000－0243－0003380　420900/0021.1
史略六卷　(宋)高似孫撰　清光緒九年(1883)虞山鮑氏刻本　二册

310000－0243－0003381　420900/0436
小學考五十卷　(清)謝啟昆錄　清光緒十四年(1888)浙江書局刻本　二十册

310000－0243－0003382　420900/0757
廣雅書局書目　廣雅書局編　清光緒廣雅書局刻本　一册

310000－0243－0003383　420900/0757.01
廣雅書局書目　廣雅書局編　清宣統廣雅書局刻本　一册

310000－0243－0003384　420900/1032.4
算學書目提要三卷　丁福保述　清光緒二十五年(1899)無錫竢學堂刻本　一册

310000－0243－0003385　420900/1042
弢園著述總目　(清)王韜撰　清光緒十五年(1889)鉛印本　一册

310000－0243－0003386　420900/106634
豐潤丁氏持靜齋書目一卷附舊刊本目　(清)丁日昌藏　(清)江標編　清光緒二十一年(1895)刻本　一册

310000－0243－0003387　420900/1203
預備立憲公會報　預備立憲公會編輯所編　清宣統元年(1909)鉛印本　七册

310000－0243－0003388　420900/1223
上善堂宋元版精鈔舊鈔書目一卷　（清）孫從添撰　清刻本　一冊

310000－0243－0003389　420900/1237
虛靜齋宋元明本書目　孫祖同編　清光緒二十六年(1900)油印本　一冊

310000－0243－0003390　420900/1334
譯書提要　（清）政治官報局編　清光緒三十三年(1907)政治官報局鉛印本　一冊

310000－0243－0003391　420900/2010
汲古閣校刻書目一卷　（明）毛晉撰　**補遺一卷**　（清）悔道人輯　清刻本　一冊

310000－0243－0003392　420900/2298
頻伽精舍校刊大藏經目錄　頻伽精舍編　清宣統元年(1909)鉛印本　一冊

310000－0243－0003393　420900/2327
上海科學書局木板書目提要　上海科學書局編　清宣統元年(1909)上海科學書局鉛印本　一冊

310000－0243－0003394　420900/2509
國朝未栞遺書志略一卷　（清）朱記榮輯錄　清光緒十八年(1892)觀自得齋徐氏刻本　一冊

310000－0243－0003395　420900/2528
潛采堂宋元人集目錄二卷　（清）朱彝尊編　**附求古居宋本書目一卷**　（清）黄丕烈編　清宣統三年(1911)葉氏觀古堂刻本　一冊

310000－0243－0003396　420900/2574
結一廬書目四卷　（清）朱學勤編　清宣統元年(1909)刻本　二冊

310000－0243－0003397　420900/2632
暫定各學堂應用書目一卷　（清）吳汝綸編　清光緒二十九年(1903)江楚編譯官書局刻本　一冊

310000－0243－0003398　420900/2674
新學界叢編十四卷　愛國學士編　清光緒三十年(1904)刻本　八冊

310000－0243－0003399　420900/2763
經籍錄要十二卷　（清）倪思寬撰　清嘉慶二十四年(1819)書三味樓刻本　四冊

310000－0243－0003400　420900/2826
東西學書錄二卷附錄一卷　（清）徐維則輯　清光緒二十五年(1899)石印本　一冊

310000－0243－0003401　420900/3048
清議報彙集十六種十八卷　（清）議報館編輯部編纂　清光緒二十五年(1899)鉛印本　九冊

310000－0243－0003402　420900/3141
鐵琴銅劍樓藏宋元本書目　（清）江標輯　清光緒二十三年(1897)刻本　一冊

310000－0243－0003403　420900/3142－1
商務官報十四卷　（清）汪有齡撰　（清）商務官報局編輯　清光緒三十二年(1906)商務工藝局刻本　十四冊

310000－0243－0003404　420900/3148
藝芸書舍宋元本書目二卷　（清）汪士鐘藏編　清同治十二年(1873)滂喜齋刻本　一冊

310000－0243－0003405　420900/3148.01
藝芸書舍宋元本書目　（清）汪士鐘編　清宣統元年(1909)刻本　一冊

310000－0243－0003406　420900/3148.01
藝芸書舍宋元本書目　（清）汪士鐘編　清宣統元年(1909)刻本　一冊

310000－0243－0003407　420900/3334
西學書目表二卷　梁啟超編　清光緒洋務報館刻本　一冊

310000－0243－0003408　420900/3417
癖好堂收藏金石書目　（清）淩瑕撰　清刻本　一冊

310000－0243－0003409　420900/3426
道藏總目洞真部　（清）□□編　清刻本　一冊

310000－0243－0003410　420900/3465.1
江南圖書館書目叢書方志類　江南圖書館編

清光緒鉛印本　一册

310000－0243－0003411　420900/4204
南槎二十二種敘目　(清)姚文棟撰輯　清刻本　一册

310000－0243－0003412　420900/4241
清代禁毁書目四種　(清)姚覲元輯　清光緒九年(1883)歸安姚氏刻咫進齋叢書本　一册

310000－0243－0003413　420900/4426
釋書名一卷　(清)莊綬甲著　清光緒十五年(1889)木活字印本　一册

310000－0243－0003414　420900/4437
直隸津局運售各省書籍總目　直隸津局編　清光緒九年(1883)直隸津局刻本　一册

310000－0243－0003415　420900/4610
新民叢報彙編十一卷　(清)觀雲等撰　清光緒二十九年(1903)鉛印本　四册

310000－0243－0003416　420900/4684
萬國公報一百六卷(丁酉十月第一百零六册)　萬國公報館編　清光緒二十三年(1897)鉛印本　一册

310000－0243－0003417　420900/4743－2
蒙學報零葉合訂本　蒙學報社編　清光緒石印本　二册

310000－0243－0003418　420900/4957
廣西存書總目　桂恒書局編　清光緒十六年(1890)桂恒書局刻本　一册

310000－0243－0003419　420900/6414
時務報　時務報館編　清光緒二十二年(1896)石印本　一册　存第十三至十七册合訂本

310000－0243－0003420　420900/6684
道藏目錄舉要一卷　(清)嚴鐵橋輯　**附大藏經目錄舉要一卷**　(清)王思儼輯　清光緒刻本　一册

310000－0243－0003421　420900/6724
銷毁抽毁書目禁書總目違礙書目奏繳咨禁書目合刻　國學保存會輯　清光緒三十三年(1907)國學保存會鉛印本　一册

310000－0243－0003422　420900/7167
南宋院畫錄八卷　(清)厲鶚撰　清光緒十年(1884)錢塘丁氏刻本　四册

310000－0243－0003423　420900/7592
時事新編六卷　(清)陳耀卿編輯　清光緒二十一年(1895)刻本　六册

310000－0243－0003424　420900/7731－1
皇清經解縮版編目十六卷　(清)陶治元等編輯　清光緒十七年(1891)上海鴻寶齋刻本　二册

310000－0243－0003425　420900/7743
學報彙編　學報社編　清光緒刻本　五册

310000－0243－0003426　420900/8077
申報館書目一卷續書目一卷　尊聞閣主編　清光緒三年(1877)申報館鉛印本　二册

310000－0243－0003427　420900/8208
古經解彙函總目　(清)鍾謙鈞編　清同治十二年(1873)粵東書局刻本　一册

310000－0243－0003428　420900/8344
金山錢氏家刻書目十卷　(清)錢培蓀彙錄　清光緒四年(1878)刻本　四册

310000－0243－0003429　420900/8757
古今算學叢書條目　算學書局編　清光緒二十三年(1897)石印本　一册

310000－0243－0003430　420900/8804
花近樓叢書序跋記　(清)管庭芬撰　清宣統三年(1911)上海扶輪社鉛印本　一册

310000－0243－0003431　421000/2056
續彙刻書目十二卷　(清)傅雲龍輯　**補遺一卷**　(清)胡俊章輯　清光緒二年(1876)善成堂刻本　十六册

310000－0243－0003432　421000/2056.1
彙刻書目外集　(日本)松澤老泉編　清嘉慶二十五年(1820)慶元堂刻本　六册

310000－0243－0003433　421000/2056.2
彙刻書目十卷補編一卷　(清)顧修編輯　(清)吳氏補編　清同治九年(1870)群玉齋木

活字印本　十冊

310000－0243－0003434　421000/2056.3

彙刻書目　（清）朱學勤增補　（清）王懿榮重編　清光緒十二年（1886）刻本　二十冊

310000－0243－0003435　421000/2056.9

彙刻書目　（清）顧修蓃編　清嘉慶二十五年（1820）刻本　十冊

310000－0243－0003436　421000/2528

潛采堂書目四種　（清）朱彝尊編　清宣統元年（1909）刻本　一冊

310000－0243－0003437　421000/3141

江刻書目三種十卷　（清）江標輯　清光緒二十三年（1897）刻本　四冊

310000－0243－0003438　421000/3141

江刻書目三種十卷　（清）江標輯　清光緒二十三年（1897）刻本　四冊

310000－0243－0003439　432000/20/7822.77

［同治］臨川縣志五十四卷　（清）童范儼修　（清）陳慶齡等纂　清同治九年（1870）縣學尊經閣刻本　二十四冊

310000－0243－0003440　421400/2323

華延年室題跋三卷　（清）傅以禮撰　清宣統元年（1909）鉛印本　三冊

310000－0243－0003441　421400/2646

拜經樓藏書題跋五卷附錄一卷　（清）吳壽暘撰　清道光二十七年（1847）刻本　二冊

310000－0243－0003442　421400/2894

重編紅雨樓題跋二卷　（明）徐𤊹撰　繆荃孫輯　清宣統三年（1911）刻本　三冊

310000－0243－0003443　421400/4411

士禮居藏書題跋記六卷　（清）黃丕烈撰　清光緒八年（1882）刻本　二冊

310000－0243－0003444　421400/4411.4

士禮居藏書題跋記六卷續錄一卷　（清）黃丕烈撰　（清）潘祖蔭輯　清光緒十年（1884）滂喜齋刻二十二年（1896）元和江氏湘中續刻本　六冊

310000－0243－0003445　421400/4411.401

士禮居藏書題跋記六卷　（清）黃丕烈撰　（清）潘祖蔭輯　清光緒十年（1884）滂喜齋刻本　四冊

310000－0243－0003446　421400/4425

宋遺民類集序例總目　黃允中編　清宣統三年（1911）京師京華印書局鉛印本　一冊

310000－0243－0003447　421400/4496

東湖叢記六卷　（清）蔣光煦撰　清光緒二十五年（1899）刻本　二冊

310000－0243－0003448　421400/4622

楹書隅錄五卷續編四卷　（清）楊紹和撰　清光緒二十年（1894）海源閣刻本　八冊

310000－0243－0003449　421400/7433

儀顧堂題跋十六卷續跋十六卷　（清）陸心源撰　清光緒十八年（1892）歸安陸氏刻本　八冊

310000－0243－0003450　421400/8354

曝書雜記三卷　（清）錢泰吉撰　清同治七年（1868）刻本　三冊

310000－0243－0003451　421400/8354

曝書雜記三卷　（清）錢泰吉撰　清同治七年（1868）刻本　一冊

310000－0243－0003452　421500/0054

書林揚觶二卷　（清）方東樹撰　清同治十年（1871）望三益齋刻本　二冊

310000－0243－0003453　421500/1050

武林藏書錄三卷首一卷末一卷　（清）丁申撰　清光緒二十六年（1900）嘉惠堂刻本　二冊

310000－0243－0003454　421500/1104

浙江藏書樓志略　張亨嘉編　清光緒三十三年（1907）杭州華豐書局鉛印本　一冊

310000－0243－0003455　421500/2764

皕宋樓藏書源流考　（日本）島田翰撰　清光緒三十三年（1907）刻本　一冊

310000－0243－0003456　421500/2764
皕宋樓藏書源流考　（日本）島田翰撰　清光緒三十三年（1907）刻本　一冊

310000－0243－0003457　421500/3477
江蘇徵獻録　江蘇學院編　清光緒刻本　一冊

310000－0243－0003458　421500/4469
藏書紀事詩六卷　葉昌熾撰　清光緒二十三年（1897）長沙學使署刻本　十二冊

310000－0243－0003459　421500/4469.01
藏書紀事詩六卷　葉昌熾撰　清光緒二十三年（1897）刻本　六冊

310000－0243－0003460　421500/4469.02
藏書紀事詩七卷　葉昌熾撰　清宣統二年（1910）刻本　六冊

310000－0243－0003461　421500/6140
買書記事珠　點梅齋輯　清光緒十三年（1887）廣平堂刻本　一冊

310000－0243－0003462　421500/8047
金陵賣書記二卷　（清）公奴撰　清光緒二十八年（1902）鉛印本　一冊

310000－0243－0003463　421600/0070
校讎通義三卷　（清）章學誠撰　清光緒十九年（1893）刻本　一冊

310000－0243－0003464　421600/3141
宋元本行格表二卷　（清）江標輯　清光緒二十三年（1897）刻本　四冊

310000－0243－0003465　421600/4429
書林清話十卷　葉德輝撰　清宣統三年（1911）刻本　四冊

310000－0243－0003466　421600/7713
古今書刻二卷　（明）周弘祖撰　清光緒三十二年（1906）長沙葉氏觀古堂刻本　二冊

310000－0243－0003467　421600/8346
竹汀先生日記鈔三卷　（清）錢大昕撰　（清）何元錫編　清嘉慶十年（1805）刻本　一冊

310000－0243－0003468　431000.1/2123
朔方備乘六十八卷　（清）何秋濤纂修　清咸豐十年（1860）刻本　二十四冊

310000－0243－0003469　431000/0014
皇朝藩屬輿地叢書六集二十八種　文瑞樓主人輯　清光緒二十九年（1903）上海書局石印本　四十八冊

310000－0243－0003470　431000/0808
九邊圖論　（明）許論撰　清刻本　一冊

310000－0243－0003471　431000/0842
元秘史山川地名考十二卷　（清）施世杰撰　清光緒二十三年（1897）鄦鄦學盧刻本　二冊

310000－0243－0003472　431000/0880
朝鮮雜詠一卷　（清）許午撰　清鉛印本　一冊

310000－0243－0003473　431000/1020.1
鮮虞中山國事表疆域圖說一卷　王先謙撰　清光緒九年（1883）長沙王氏刻本　一冊

310000－0243－0003474　431000/1083
小方壺齋輿地叢鈔一千二百種六十四卷　（清）王錫祺編　清光緒十七年（1891）上海著易堂鉛印本　六十四冊

310000－0243－0003475　431000/1083.1
小方壺齋輿地叢鈔續編五十八種　（清）王錫祺編　清光緒二十年（1894）上海著易堂鉛印本　二十冊

310000－0243－0003476　431000/1083.101
小方壺齋輿地叢鈔續編五十八種　（清）王錫祺編　清光緒二十年（1894）上海著易堂鉛印本　四冊

310000－0243－0003477　431000/1083.2
小方壺齋輿地叢鈔再補編一百八十種　（清）王錫祺編　清光緒二十三年（1897）上海著易堂鑄版鉛印本　十六冊

310000－0243－0003478　431000/2063
支那疆域沿革略說　（日本）重野安繹　（日本）河田羆撰　清光緒輿地協會刻本　一冊

310000－0243－0003479　431000/2353
金陵歷代建置表　(清)傅春官纂　清光緒二十三年(1897)晦齋刻本　一册

310000－0243－0003480　431000/2619
東三省沿革表六卷　吳廷燮撰　清宣統元年(1909)刻本　六册

310000－0243－0003481　431000/2619
東三省沿革表六卷　吳廷燮撰　清宣統元年(1909)刻本　六册

310000－0243－0003482　431000/2722－1
安南志略十九卷首一卷　(越南)黎崱編　清光緒十年(1884)上海樂善堂鉛印本　四册

310000－0243－0003483　431000/2746
京師通各省會城道里記一卷　(清)繆九疇校　清刻本　一册

310000－0243－0003484　431000/2814
越南輯略二卷　(清)徐延旭編　清光緒三年(1877)刻本　二册

310000－0243－0003485　431000/2848
大興徐氏三種八卷　(清)徐松撰　清道光九年(1829)刻本　六册

310000－0243－0003486　431000/3132
讀史方輿紀要一百三十卷　(清)顧祖禹撰　清光緒五年(1879)敷文閣刻本　六十册

310000－0243－0003487　431000/3132.01
讀史方輿紀要一百三十卷　(清)顧祖禹撰　清光緒二十七年(1901)圖書集成局鉛印本　三十二册

310000－0243－0003488　431000/3132.1
讀史方輿紀要圖說四卷　(清)顧祖禹撰　清刻本　五册

310000－0243－0003489　431000/313238
方輿紀要簡覽三十四卷　(清)顧祖禹撰　(清)潘鐸輯錄　清咸豐八年(1858)紅心書屋刻本　十六册

310000－0243－0003490　431000/313240
方輿紀要形勢論略二卷　(清)顧祖禹撰　(清)杜文瀾錄　清同治六年(1867)曼陀羅華閣刻本　二册

310000－0243－0003491　431000/313246
讀史方輿紀要摘鈔十卷　(清)顧祖禹撰　(清)黄冕鈔錄　清道光三十年(1850)刻本　十册

310000－0243－0003492　431000/3149
七國地理考七卷　(清)顧觀光撰　清光緒二十八年(1902)刻本　三册

310000－0243－0003493　431000/3150
方輿類聚十六卷　(清)福申輯　清道光十二年(1832)刻本　四册

310000－0243－0003494　431000/3191
天下郡國利病書一百二十卷　(清)顧炎武輯　清光緒五年(1879)成都桐華書屋薛氏家塾補刻本　六十册

310000－0243－0003495　431000/3191.01
天下郡國利病書一百二十卷　(清)顧炎武輯　清光緒二十七年(1901)上海文瑞樓鉛印本　二十八册

310000－0243－0003496　431000/3191.01
天下郡國利病書一百二十卷　(清)顧炎武輯　清光緒二十七年(1901)上海文瑞樓鉛印本　二十八册

310000－0243－0003497　431000/3404
東晉疆域志四卷　(清)洪亮吉撰　清光緒十七年(1891)廣雅書局刻本　二册

310000－0243－0003498　431000/4032
邊疆簡覽三卷　(清)李鴻儒撰　清光緒二十八年(1902)上海退思軒石印本　一册

310000－0243－0003499　431000/4033
皇朝輿地韻編二卷　(清)李兆洛輯　清刻本　一册

310000－0243－0003500　431000/4033.1
李氏五種合刊二十七卷　(清)李兆洛輯　清同治九年(1870)刻本　十二册

310000－0243－0003501　431000/4040

環遊地球新錄四卷　(清)李圭撰　清光緒三年(1877)刻本　四册

310000－0243－0003502　431000/4040
環遊地球新錄四卷　(清)李圭撰　清光緒三年(1877)刻本　四册

310000－0243－0003503　431000/4081
新嘉坡風土記　(清)李鍾玨撰　清光緒二十一年(1895)長沙使院刻本　一册

310000－0243－0003504　431000/4204
雲南勘界籌邊記二卷　(清)姚文棟撰　清光緒十八年(1892)刻本　二册

310000－0243－0003505　431000/4214
琉球地理小志琉球説略　(清)姚子梁編次　清光緒九年(1883)刻本　一册

310000－0243－0003506　431000/4420
大英國志八卷　(英國)慕維廉譯　清咸豐六年(1856)上海墨海書院刻本　二册

310000－0243－0003507　431000/4433
日本國志四十卷　(清)黄遵憲撰　清光緒二十四年(1898)浙江書局刻本　十册

310000－0243－0003508　431000/4435
明州繫年錄七卷　(清)董沛撰　清光緒二十七年(1901)刻本　三册

310000－0243－0003509　431000/4435－1
滇緬劃界圖説　(清)薛福成撰　清光緒二十八年(1902)無錫傳經樓刻本　一册

310000－0243－0003510　431000/4440
談邊要刪十二卷　(清)黄壽衮輯　清光緒二十七年(1901)石印本　二册

310000－0243－0003511　431000/4442
續山東考古錄三十二卷　(清)葉圭綬撰　清光緒八年(1882)山東書局刻本　六册

310000－0243－0003512　431000/4443
西比利亞鐵路考　(美國)勒芬邇撰　王建極等譯　清光緒二十八年(1902)南洋公學鉛印本　一册

310000－0243－0003513　431000/4453
吴疆域圖説三卷　(清)范本禮撰　清光緒十四年(1888)刻本　一册

310000－0243－0003514　431000/4457
三志合編七卷　(清)黄本驥編　清道光二十七年(1847)刻本　二册

310000－0243－0003515　431000/4462
俄國疆界風俗志　(清)林則徐等輯　清光緒十年(1884)刻本　一册

310000－0243－0003516　431000/4634
歷代輿地沿革險要圖　楊守敬　饒敦秩撰　清光緒五年(1879)刻本　一册

310000－0243－0003517　431000/4634
歷代輿地沿革險要圖　楊守敬　饒敦秩撰　清光緒五年(1879)刻本　一册

310000－0243－0003518　431000/4764
問影樓輿地叢書第一集十五種四十四卷　胡思敬輯　清光緒三十四年(1908)鉛印本　十册

310000－0243－0003519　431000/5512
俄國西伯利亞東編紀要一卷　(清)曹廷杰撰　清光緒漸學廬刻本　一册

310000－0243－0003520　431000/6063
東洋神戸日本竹枝詞一卷　(清)四明浮槎客撰　清光緒十一年(1885)壽墨閣刻本　一册

310000－0243－0003521　431000/7013
歷代沿革圖　(清)厲雲官繪製　清同治三年(1864)刻本　一册

310000－0243－0003522　431000/7203
楚漢諸侯疆域志三卷　(清)劉文淇撰　清光緒二年(1876)金陵書局刻本　一册

310000－0243－0003523　431000/7203
楚漢諸侯疆域志三卷　(清)劉文淇撰　清光緒二年(1876)金陵書局刻本　一册

310000－0243－0003524　431000/7288
埃及近事考　(清)劉鑑譯　清光緒三十三年(1907)江楚編譯局石印本　一册

310000－0243－0003525　431000/7533
麓山精舍叢書二集十七種一百十六卷　陳運溶輯　清光緒二十六年(1900)萃文堂刻本　十二冊

310000－0243－0003526　431000/7548
皇朝直省地名韻語　(清)陳樹鏞纂　(清)韓銘基補　清光緒十九年(1893)刻本　一冊

310000－0243－0003527　431000/7796
琉球國志略十六卷　(清)周煌輯　清光緒十九年(1893)刻本　六冊

310000－0243－0003528　431000/9701
李氏歷代輿地沿革圖校勘記　(清)惲彥琦撰　清光緒十四年(1888)昆陵惲氏家塾刻本　二冊

310000－0243－0003529　432000.1/2123
朔方備乘六十八卷首十二卷　(清)何秋濤纂修　清光緒七年(1881)石印本　八冊

310000－0243－0003530　432000.1/4006
朔方備乘札記一卷　(清)李文田撰　清光緒二十三年(1897)會稽施氏無鄭學廬刻本　一冊

310000－0243－0003531　432000.4/4045
元和郡縣志四十卷　(唐)李吉甫撰　清道光二十七年(1847)刻本　十六冊

310000－0243－0003532　432000.4/4045.1
元和郡縣圖志四十卷附闕卷逸文不分卷　(唐)李吉甫撰　**元和郡縣補志九卷**　(清)嚴觀輯　清光緒六年至八年(1880－1882)金陵書局刻本　八冊

310000－0243－0003533　432000.4/4045.1
元和郡縣圖志四十卷附闕卷逸文不分卷　(唐)李吉甫撰　**元和郡縣補志九卷**　(清)嚴觀輯　清光緒六年至八年(1880－1882)金陵書局刻本　十冊

310000－0243－0003534　432000.4/4045.2
元和郡縣圖志闕卷逸文三卷　繆荃孫輯　清光緒七年(1881)雲自在龕刻本　一冊

310000－0243－0003535　432000.5/1014
北道刊誤志一卷　(宋)王瓘　**河朔訪古記三卷**　(元)納新撰　清刻本　一冊

310000－0243－0003536　432000.5/1023
輿地紀勝二百卷首一卷　(宋)王象之撰　清咸豐五年(1855)粵雅堂刻本　二十二冊

310000－0243－0003537　432000.5/2250
太平寰宇記二百卷　(宋)樂史撰　清光緒八年(1882)刻本　三十六冊

310000－0243－0003538　432000.7/2615
清一統志四百二十四卷　(清)和珅等纂修　清光緒二十三年(1897)杭州竹簡齋石印本　六十冊

310000－0243－0003539　432000.7/3404
清一統輿地新志五十卷　(清)洪亮吉撰　清光緒二十八年(1902)山左輿圖局石印本　十二冊

310000－0243－0003540　432000.7/3404.1
乾隆府廳州縣圖志五十卷　(清)洪亮吉撰　清光緒二十三年(1897)三味堂刻本　二十四冊

310000－0243－0003541　432000.7/740740
增訂廣輿記二十四卷　(明)陸應陽原輯　(清)蔡方炳增輯　清嘉慶七年(1802)聚文堂刻本　十二冊

310000－0243－0003542　432000/1/2110.78
[光緒]順天府志一百三十卷　(清)周家楣修　(清)張之洞　繆荃孫纂　清光緒十二年(1886)刻本　六十四冊

310000－0243－0003543　432000/2/1044
[嘉慶]干巷志六卷　(清)朱棟纂　清嘉慶六年(1801)刻本　六冊

310000－0243－0003544　432000/2/1044.01
[嘉慶]干巷志六卷　(清)朱棟纂　清嘉慶六年(1801)刻民國二十二年(1933)柘湖丁氏種松山房重印本　二冊

310000－0243－0003545　432000/2/2138.74

[嘉慶]上海縣志二十卷　(清)王大同修　(清)李林松纂　清嘉慶十九年(1814)刻本　十六册

310000－0243－0003546　432000/2/2138.77
[同治]上海縣志三十二卷　(清)應寶時修　(清)俞樾　(清)方宗誠纂　清同治十年(1871)吳門臬署刻本　十六册

310000－0243－0003547　432000/2/2138.77
[同治]上海縣志三十二卷　(清)應寶時修　(清)俞樾　(清)方宗誠纂　清同治十年(1871)吳門臬署刻本　十六册

310000－0243－0003548　432000/2/2138.77
[同治]上海縣志三十二卷　(清)應寶時修　(清)俞樾　(清)方宗誠纂　清同治十年(1871)吳門臬署刻本　十六册

310000－0243－0003549　432000/2/2138.77.1
同治上海縣志札記六卷　(清)秦榮光撰　清光緒二十八年(1902)鉛印本　六册

310000－0243－0003550　432000/2/2138.77.1
同治上海縣志札記六卷　(清)秦榮光撰　清光緒二十八年(1902)鉛印本　六册

310000－0243－0003551　432000/2/2239.78
[光緒]川沙廳志十四卷　(清)陳方瀛修　(清)俞樾等纂　清光緒五年(1879)刻本　六册

310000－0243－0003552　432000/2/2239.78
[光緒]川沙廳志十四卷　(清)陳方瀛修　(清)俞樾等纂　清光緒五年(1879)刻本　六册

310000－0243－0003553　432000/2/2267.78
[光緒]崇明縣志十八卷　(清)林達泉　(清)譚泰來修　(清)李聯琇　(清)黄清憲等纂　清光緒七年(1881)刻本　十二册

310000－0243－0003554　432000/2/2267.78
[光緒]崇明縣志十八卷　(清)林達泉　(清)譚泰來修　(清)李聯琇　(清)黄清憲等纂　清光緒七年(1881)刻本　十二册

310000－0243－0003555　432000/2/3022.78
[光緒]寶山縣志十四卷　(清)梁蒲貴　(清)吳康壽修　(清)朱延射　(清)潘履祥纂　清光緒八年(1882)學海書院刻本　十册

310000－0243－0003556　432000/2/3022.78
[光緒]寶山縣志十四卷　(清)梁蒲貴　(清)吳康壽修　(清)朱延射　(清)潘履祥纂　清光緒八年(1882)學海書院刻本　八册

310000－0243－0003557　432000/2/3138.74
[嘉慶]上海縣志修例一卷　(清)陸慶循撰　清漁潭傅茂生據嘉慶二十一年(1816)陸氏虛室刻本傳抄本　一册

310000－0243－0003558　432000/2/4030.78
[光緒]嘉定縣志三十二卷　(清)程其玨修　(清)楊震福等纂　清光緒八年(1882)尊經閣刻本　十六册

310000－0243－0003559　432000/2/4030.78
[光緒]嘉定縣志三十二卷　(清)程其玨修　(清)楊震福等纂　清光緒八年(1882)尊經閣刻本　十六册

310000－0243－0003560　432000/2/4071.78
[光緒]南匯縣志二十二卷　(清)金福曾　(清)顧思賢修　(清)張文虎等纂　清光緒五年(1879)刻本　十二册

310000－0243－0003561　432000/2/4071.78
[光緒]南匯縣志二十二卷　(清)金福曾　(清)顧思賢修　(清)張文虎等纂　清光緒五年(1879)刻本　十二册

310000－0243－0003562　432000/2/4460.78
[光緒]蒸里志略十二卷　(清)葉世熊纂　清宣統二年(1910)鉛印本　二册

310000－0243－0003563　432000/2/4460.78
[光緒]蒸里志略十二卷　(清)葉世熊纂　清宣統二年(1910)鉛印本　二册

310000－0243－0003564　432000/2/4731.78
[光緒]重輯楓涇小志十卷　(清)曹相駿　(清)許光墉纂　清光緒十七年(1891)鉛印本

四冊

310000－0243－0003565　432000/2/4731.79
[宣統]續修楓涇小志十卷　(清)程兼善纂　清宣統三年(1911)鉛印本　四冊

310000－0243－0003566　432000/2/4731.79
[宣統]續修楓涇小志十卷　(清)程兼善纂　清宣統三年(1911)鉛印本　四冊

310000－0243－0003567　432000/2/4831.522
[紹熙]雲間志三卷　(宋)楊潛纂　清嘉慶十九年(1814)古倪園沈氏刻本　二冊

310000－0243－0003568　432000/2/4831.522
[紹熙]雲間志三卷　(宋)楊潛纂　清嘉慶十九年(1814)古倪園沈氏刻本　四冊

310000－0243－0003569　432000/2/4831.522.01
[紹熙]雲間志三卷　(宋)楊潛等編纂　清光緒二十年(1894)觀自得齋徐氏刻本　二冊

310000－0243－0003570　432000/2/4831.74
[嘉慶]松江府志八十四卷　(清)宋如林修　(清)孫星衍纂　清嘉慶二十三年(1818)府學明倫堂刻本　四十冊

310000－0243－0003571　432000/2/4831.74
[嘉慶]松江府志八十四卷　(清)宋如林修　(清)孫星衍纂　清嘉慶二十三年(1818)府學明倫堂刻本　四十冊

310000－0243－0003572　432000/2/4831.74
[嘉慶]松江府志八十四卷　(清)宋如林修　(清)孫星衍纂　清嘉慶二十三年(1818)府學明倫堂刻本　四十冊

310000－0243－0003573　432000/2/4831.78
[光緒]松江府續志四十卷　(清)博潤修　(清)姚光發纂　清光緒十年(1884)刻本　二十四冊

310000－0243－0003574　432000/2/4831.78
[光緒]松江府續志四十卷　(清)博潤修　(清)姚光發纂　清光緒十年(1884)刻本　二十四冊

310000－0243－0003575　432000/2/4831.78.1
[光緒]重修華亭縣志二十四卷　(清)楊開第修　(清)姚光發　(清)張文虎纂　清光緒五年(1879)刻本　十冊

310000－0243－0003576　432000/2/4831.78.1
[光緒]重修華亭縣志二十四卷　(清)楊開第修　(清)姚光發　(清)張文虎纂　清光緒五年(1879)刻本　九冊　缺二卷(二十一至二十二)

310000－0243－0003577　432000/2/4831.78.2
[光緒]婁縣續志二十卷　(清)汪坤厚　(清)程其玨修　(清)張雲望纂　清光緒五年(1879)刻本　六冊

310000－0243－0003578　432000/2/4831.78.2
[光緒]婁縣續志二十卷　(清)汪坤厚　(清)程其玨修　(清)張雲望纂　清光緒五年(1879)刻本　六冊

310000－0243－0003579　432000/2/5033.78
[光緒]青浦縣志三十卷　(清)汪祖綬等修　(清)熊其英　(清)邱式金纂　清光緒五年(1879)尊經閣刻本　十六冊

310000－0243－0003580　432000/2/5033.78
[光緒]青浦縣志三十卷　(清)汪祖綬等修　(清)熊其英　(清)邱式金纂　清光緒五年(1879)尊經閣刻本　十二冊

310000－0243－0003581　432000/2/5077.78
[光緒]重修奉賢縣誌二十卷　(清)韓佩金修　(清)張文虎等纂　清光緒四年(1878)刻本　六冊

310000－0243－0003582　432000/2/5077.78
[光緒]重修奉賢縣誌二十卷　(清)韓佩金修　(清)張文虎等纂　清光緒四年(1878)刻本　六冊

310000－0243－0003583　432000/2/6030.78
[光緒]羅店鎮志八卷　(清)王樹棻修　(清)潘履祥纂　清光緒十五年(1889)鉛印本　四冊

310000－0243－0003584　432000/2/8022.78

［光緒］金山縣志三十卷　（清）龔寶琦（清）崔廷鏞修　（清）黄原本等纂　清光緒四年(1878)刻本　八册

310000－0243－0003585　432000/2/8022.78
［光緒］金山縣志三十卷　（清）龔寶琦（清）崔廷鏞修　清光緒四年(1878)刻本　八册

310000－0243－0003586　432000/3/1035.77
［同治］續天津縣志二十卷首一卷　（清）吳惠元修　（清）俞樾纂　清同治九年(1870)刻本　八册

310000－0243－0003587　432000/3/1035.78
［光緒］重修天津府志三十卷首一卷　（清）徐宗亮等纂　清光緒二十一年(1895)刻本　十六册

310000－0243－0003588　432000/4/1010.75
［道光］補輯石砫廳新志十二卷　（清）王槐齡纂修　清道光二十三年(1843)刻本　六册

310000－0243－0003589　432000/4/2022.78
［光緒］秀山縣志十四卷首一卷　（清）王壽松修　（清）李稽勳等纂　清光緒十八年(1892)刻本　四册

310000－0243－0003590　432000/4/5088.78
［光緒］奉節縣志三十六卷首一卷　（清）曾秀翘修　（清）楊德坤等纂　清光緒十九年(1893)刻本　八册

310000－0243－0003591　432000/4/7022.77
［同治］璧山縣志十卷首一卷　（清）寇用平修　（清）陳錦堂纂　清同治四年(1865)刻本　六册

310000－0243－0003592　432000/4/7744.76
［咸豐］開縣志二十七卷首一卷　（清）李肇奎等修　（清）陳崑等纂　清咸豐三年(1853)刻本　六册

310000－0243－0003593　432000/5/0010.78
［光緒］廣平府志六十三卷首一卷　（清）吳中彦修　（清）胡景桂纂　清光緒二十年(1894)刻本　二十四册

310000－0243－0003594　432000/5/0026.78
［光緒］唐縣志十二卷首一卷　（清）陳詠修（清）張惇德纂　清光緒四年(1878)刻本　十二册

310000－0243－0003595　432000/5/0060.78
［光緒］廣昌縣志十四卷首一卷末一卷　（清）劉榮纂修　清光緒元年(1875)刻本　六册

310000－0243－0003596　432000/5/1043.77
［同治］元城縣志六卷首一卷　（清）吳大鏞修（清）王仲甡纂　清同治十一年(1872)刻本　六册

310000－0243－0003597　432000/5/3544.77
［同治］清苑縣志十八卷首一卷　（清）李逢源修　（清）諸崇儉纂　清同治十二年(1873)刻本　八册

310000－0243－0003598　432000/5/3741.77
深州風土記二十二卷附貞節表五卷　（清）吳汝綸纂　清光緒二十六年(1900)文瑞書院刻本　八册

310000－0243－0003599　434000/0045
績溪雜感詩一卷附錄一卷　（清）高孝本撰（清）汪澤注釋　清同治九年(1870)刻本　一册

310000－0243－0003600　432000/5/5000.74
［嘉慶］束鹿縣志十卷　（清）李符清修（清）沈樂善等纂　清嘉慶四年(1799)刻本　六册

310000－0243－0003601　432000/6/0041.73
［乾隆］襄垣縣志八卷　（清）李廷芳修（清）徐玨纂　清乾隆四十七年(1782)刻光緒六年(1880)重印本　八册

310000－0243－0003602　432000/6/0041.78
［光緒］襄垣縣續志二卷　（清）李汝霖修　清光緒六年(1880)刻本　二册

310000－0243－0003603　432000/6/1021.75
［道光］直隸霍州志二十五卷首一卷　（清）崔

允昭修 (清)錢一桂纂 清道光六年(1826)刻本 十册

310000－0243－0003604 432000/6/1021.78
[光緒]續修霍州志二卷 (清)楊立旭修 (清)白天章纂 清光緒六年(1880)刻本 二册

310000－0243－0003605 432000/6/1024.78
[光緒]夏縣志十卷首一卷 (清)黄縉榮修 (清)張承熊纂 清光緒六年(1880)刻本 四册

310000－0243－0003606 432000/6/1030.78
[光緒]平定州志補一卷 (清)葛士達 (清)李兆勛纂 清光緒十八年(1892)刻本 一册

310000－0243－0003607 432000/6/1037.78
[光緒]平遥縣志十二卷 (清)恩端修 (清)武達材纂 清光緒八年(1882)刻本 八册

310000－0243－0003608 432000/6/2324.78
[光緒]代州志十二卷首一卷 (清)俞廉三修 (清)楊篤纂 清光緒八年(1882)代山書院刻本 六册

310000－0243－0003609 432000/6/2730.78
[光緒]續修鄉寧縣志十五卷 (清)馮安瀾纂修 清光緒七年(1881)刻本 二册

310000－0243－0003610 432000/6/2795.78
[光緒]絳縣志十四卷 (清)劉斌修 (清)張于鑄纂 清光緒六年(1880)刻本 六册

310000－0243－0003611 432000/6/2835.78
[光緒]補修徐溝縣志六卷 (清)王勳祥修 (清)秦憲纂 清光緒七年(1881)刻本 六册

310000－0243－0003612 432000/6/3030.78
[光緒]永濟縣志二十四卷 (清)李榮和 (清)劉鍾麟修 (清)張元懋纂 清光緒十二年(1886)刻本 十四册

310000－0243－0003613 432000/6/3722.78
[光緒]祁縣志十六卷 (清)劉發岏修 (清)李芬纂 清光緒八年(1882)刻本 十册

310000－0243－0003614 432000/6/3731.78
[光緒]渾源州續志十卷 (清)賀澍恩修 (清)程續等纂 清光緒七年(1881)刻本 六册

310000－0243－0003615 432000/6/3810.78
[光緒]汾西縣志八卷首一卷 (清)曹憲等修 (清)周鳳翔纂 清光緒七年(1881)刻本 四册

310000－0243－0003616 432000/6/3876.75
[道光]汾陽縣志十四卷 (清)周貽繏修 (清)曹樹穀纂 清咸豐元年(1851)刻本 八册

310000－0243－0003617 432000/6/4010.75
[道光]太平縣志十六卷 (清)李炳彦修 (清)梁棲鸞纂 清道光五年(1825)刻本 八册

310000－0243－0003618 432000/6/4071.75
[道光]太原縣志十八卷 (清)員佩蘭修 (清)楊國泰纂 清道光六年(1826)刻本 六册

310000－0243－0003619 432000/6/4827.77
[同治]榆次縣志十六卷末一卷 (清)俞世銓修 (清)王平格纂 清同治二年(1863)鳳鳴書院刻本 八册

310000－0243－0003620 432000/6/5532.75
[道光]新修曲沃縣志十二卷 (清)張兆衡修纂 清道光二十二年(1842)刻本 六册

310000－0243－0003621 432000/6/5532.78
[光緒]續修曲沃縣志三十二卷 (清)張鴻逵修 (清)韓子泰纂 清光緒六年(1880)刻本 六册

310000－0243－0003622 432000/6/7655.75
[道光]陽曲縣志十六卷 (清)李培謙修 (清)閻士驤纂 清道光二十三年(1843)刻本 十册

310000－0243－0003623 432000/6/78

[光緒]山西通志一百八十四卷首一卷 （清）曾國荃修 （清）王軒纂 清光緒十八年(1892)刻本 九十六册

310000－0243－0003624 432000/6/8024.74
[嘉慶]介休縣志十四卷 （清）徐品山 （清）陸元鏸修 （清）熊兆占等纂 清嘉慶二十四年(1819)刻本 八册

310000－0243－0003625 432000/6/8024.74
[嘉慶]介休縣志十四卷 （清）徐品山 （清）陸元鏸修 （清）熊兆占等纂 清嘉慶二十四年(1819)刻本 八册

310000－0243－0003626 432000/6/8080.78
[光緒]太谷縣志八卷首一卷末一卷 （清）恩浚等修 （清）王效尊纂 清光緒十二年(1886)鳳山書院刻本 八册

310000－0243－0003627 432000/7/1724.75
[道光]承德府志六十卷首二十六卷 （清）海忠纂修 清光緒十三年(1887)刻本 二十四册

310000－0243－0003628 432000/7/4424.78
[光緒]蔚州志二十卷首一卷 （清）慶之金修 （清）楊篤纂 清光緒三年(1877)羅川公廨刻本 八册

310000－0243－0003629 432000/7/4480.73
[乾隆]萬全縣志十卷首一卷 （清）左承業修纂 （清）施彥士續纂修 清道光十四年(1834)刻本 六册

310000－0243－0003630 432000/8/0277.79
[宣統]新民府志 （清）管鳳龢纂修 清宣統元年(1909)新民府習藝所鉛印本 一册

310000－0243－0003631 432000/8/73
[乾隆]盛京通志四十八卷 （清）呂耀曾等修 （清）魏樞等纂 清咸豐二年(1852)刻本 二十册

310000－0243－0003632 432000/9/1030.79
[宣統]西安縣志略十三卷 （清）雷飛鵬等修 （清）段盛梓等纂 清宣統三年(1911)石印本 二册

310000－0243－0003633 432000/9/78
[光緒]吉林通志一百二十二卷 （清）長順修 （清）李桂林纂 清光緒十七年(1891)刻本 四十九册

310000－0243－0003634 432000/9/78.1
[道光]吉林外記十卷 （清）薩英額纂 清光緒二十一年(1895)漸西村舍刻本 四册

310000－0243－0003635 432000/9/78.1
[道光]吉林外記十卷 （清）薩英額纂 清光緒二十一年(1895)漸西村舍刻本 四册

310000－0243－0003636 432000/10/78
[嘉慶]黑龍江外紀八卷 （清）西清纂 清光緒二十年(1894)刻本 六册

310000－0243－0003637 432000/11/0074.612
[嘉靖]呂涇野先生高陵縣志七卷 （明）呂柟修纂 清光緒十年(1884)刻本 二册

310000－0243－0003638 432000/11/0938.78
[光緒]麟遊縣新志草十卷 （清）彭洵修纂 清光緒九年(1883)刻本 四册

310000－0243－0003639 432000/11/1071.78
[光緒]三原縣新志八卷 （清）焦雲龍修 （清）賀瑞麟纂 清光緒六年(1880)刻本 四册

310000－0243－0003640 432000/11/1071.78
[光緒]三原縣新志八卷 （清）焦雲龍修 （清）賀瑞麟纂 清光緒六年(1880)刻本 四册

310000－0243－0003641 434000/4430
雲間據目抄五卷 （明）范濂撰 清光緒四年(1878)上海申報館鉛印本 一册

310000－0243－0003642 432000/11/2422.73
[乾隆]岐山縣志八卷 （清）平世增修 （清）蔣兆甲纂 清乾隆四十四年(1779)刻本 四册

310000－0243－0003643 432000/11/2422.78
[光緒]岐山縣志八卷 （清）胡昇猷修

（清）張殿元纂　清光緒十年（1884）刻本　四冊

310000－0243－0003644　432000/11/3080.78
［光緒］寧羌州志五卷　（清）馬毓華修　（清）鄭書香纂　清光緒十四年（1888）刻本　五冊

310000－0243－0003645　432000/11/3176.79
［宣統］重修涇陽縣志十六卷　（清）劉懋友修　（清）宋伯魯纂　清宣統三年（1911）天津華新印刷局鉛印本　四冊

310000－0243－0003646　432000/11/3478.74
［嘉慶］漢陰廳志十卷　（清）錢鶴年修　（清）董詔纂　清嘉慶二十三年（1818）刻本　六冊

310000－0243－0003647　432000/11/4044.75
［道光］大荔縣志十六卷　（清）熊兆麟纂修　清道光三十年（1850）刻本　六冊

310000－0243－0003648　432000/11/4443－1.78
［光緒］蒲城縣新志十三卷　（清）李體仁修　（清）王學禮纂　清光緒三十一年（1905）刻本　四冊

310000－0243－0003649　432000/11/4450.66
［隆慶］華州志二十四卷　（明）李可久修　（明）張光孝纂　明萬曆元年（1573）刻本　二冊

310000－0243－0003650　432000/11/4450.78
［光緒］三續華州志十二卷　（清）吳炳南修　（清）劉域纂　清光緒八年（1882）刻本　六冊

310000－0243－0003651　432000/11/4760.64
校正朝邑志二卷　（明）王道修　（明）韓邦靖纂　（清）王元啟訂正　清乾隆四十年（1775）刻本　一冊

310000－0243－0003652　432000/11/7130.74
［嘉慶］長安縣志三十六卷　（清）張聰賢修　（清）董曾臣纂　清嘉慶二十年（1815）刻本　六冊

310000－0243－0003653　432000/11/7410
［道光］陝西志輯要六卷　（清）王志沂纂　清道光七年（1827）賜書堂刻本　十二冊

310000－0243－0003654　432000/11/7410
［道光］陝西志輯要六卷　（清）王志沂纂　清道光七年（1827）賜書堂刻本　九冊

310000－0243－0003655　432000/11/7710.73
［乾隆］興平縣誌二十五卷　（清）顧聲雷修　（清）張塤纂　清乾隆四十四年（1779）刻後印本　六冊

310000－0243－0003656　432000/11/7710.78
興平縣士女續志三卷　（清）王權修　（清）張炯纂　清光緒二年（1876）刻本　一冊

310000－0243－0003657　432000/11/7721.78
［光緒］鳳縣志十卷　（清）朱子春修　（清）段澍霖纂　清光緒十八年（1892）刻本　四冊

310000－0243－0003658　432000/11/7722.79
［乾隆］郿縣志十八卷　（清）李帶雙原本　（清）沈錫榮增補　清宣統二年（1910）陝西圖書館鉛印本　四冊

310000－0243－0003659　432000/11/9071.78
［光緒］米脂縣志十二卷　（清）潘松修　（清）高照煦纂　清光緒三十三年（1907）公記印字局鉛印本　四冊

310000－0243－0003660　432000/12/0896.75
［道光］敦煌縣志七卷首一卷　（清）蘇履吉修　（清）曾誠纂　清道光十一年（1831）刻本　四冊

310000－0243－0003661　432000/12/1012.78
［光緒］重纂秦州直隸州新志二十四卷　（清）余澤春修　（清）王權纂　清光緒十五年（1889）隴南書院刻本　二十一冊

310000－0243－0003662　432000/12/2644.78
［光緒］皋蘭縣志三十卷　（清）張國常修纂　清光緒十八年（1892）隴右樂善書局石印本　十四冊

310000－0243－0003663　432000/12/3736.78
［光緒］重修通渭縣新志十二卷　（清）高蔚霞

修　(清)苟廷誠纂　清光緒十九年(1893)刻本　四册

310000－0243－0003664　432000/15/73
[乾隆]皇輿西域圖志四十八卷　(清)傅恒修　(清)褚廷璋纂　清鉛印本　二十四册

310000－0243－0003665　432000/15/73.01
[乾隆]西域圖志四十八卷　(清)傅恒等修　(清)褚廷璋纂　清光緒十九年(1893)杭州僾益書局石印本　十二册

310000－0243－0003666　432000/15/73.1
[乾隆]新疆輿圖風土考五卷　(清)七十一纂　清光緒八年(1882)石印本　一册

310000－0243－0003667　432000/15/74.1
[乾隆]西陲總統事略十二卷　(清)汪廷楷原輯　(清)松筠纂　(清)祁韻土編　清嘉慶十六年(1811)刻本　八册

310000－0243－0003668　432000/15/75
[道光]新疆識略九卷首一卷　(清)祝慶蕃等編纂　清道光元年(1821)刻本　八册

310000－0243－0003669　432000/15/75.1
[嘉慶]西陲要略四卷　(清)祁韻士纂　清道光十七年(1837)刻本　一册

310000－0243－0003670　432000/15/77
漢西域圖考七卷　(清)李光廷撰　清同治九年(1870)刻本　四册

310000－0243－0003671　432000/15/77.01
漢西域圖考七卷　(清)李光廷撰　清同治九年(1870)刻本　四册

310000－0243－0003672　432000/15/78
[嘉慶]西陲要略四卷　(清)祁韻士輯　清光緒四年(1878)鉛印本　二册

310000－0243－0003673　432000/16/0012.78
[光緒]文登縣志十四卷　(清)李祖年修　于霖逢纂　清光緒二十三年(1897)煙台誠文信書坊鉛印本　十册

310000－0243－0003674　432000/16/0077.75
[道光]章邱縣志十六卷　(清)吳璋修　(清)曹楙堅纂　清道光十三年(1833)刻本　八册

310000－0243－0003675　432000/16/0077.78
[光緒]章邱縣鄉土志二卷　(清)楊學淵纂修　(清)李洪鈺等纂　清光緒三十三年(1907)石印本　二册

310000－0243－0003676　432000/16/1000.75
[道光]平度州志二十七卷　(清)保忠修　(清)李圖　王大錀纂　清道光二十九年(1849)刻本　八册

310000－0243－0003677　432000/16/1232.78
[光緒]增修登州府志六十九卷　(清)賈瑚修　(清)周悅讓纂　清光緒七年(1881)刻本　二十四册

310000－0243－0003678　432000/16/1743.712
[康熙]聊城縣志四卷　(清)何一傑纂修　清康熙二年(1663)刻本　四册

310000－0243－0003679　432000/16/2235.78
[光緒]利津縣志十卷　(清)盛讚熙修　(清)余朝棻等纂　清光緒九年(1883)刻本　四册

310000－0243－0003680　432000/16/2410.78
[光緒]德平縣志十二卷　(清)淩錫祺修　(清)李敬熙纂　清光緒十九年(1893)天成謙記南紙店鉛印本　十册

310000－0243－0003681　432000/16/2410.78.01
[光緒]德平縣志十二卷　(清)淩錫祺修　(清)李敬熙纂　清光緒十九年(1893)刻本　六册

310000－0243－0003682　432000/16/3030.75
[道光]濟甯直隸州志十卷　(清)徐宗幹修　(清)盧朝安續修　清道光二十一年(1841)刻本　十五册

310000－0243－0003683　432000/16/3030.76
[咸豐]濟甯直隸州續志四卷　(清)盧朝安纂修　清咸豐九年(1859)尊經閣刻本　二册

310000-0243-0003684 432000/16/3035.78

[光緒]寧津縣志十二卷首一卷 (清)祝嘉庸修 (清)吳潯源纂 清光緒二十六年(1900)刻本 八册

310000-0243-0003685 432000/16/4011.78

[光緒]壽張縣志十卷 (清)劉文煃修 (清)王守謙纂 清光緒二十六年(1900)壽良書院刻本 六册

310000-0243-0003686 432000/16/4444.78

[光緒]蓬萊縣續志十四卷 (清)鄭錫鴻 (清)江瑞采修 (清)王爾植纂 清光緒八年(1882)刻本 四册

310000-0243-0003687 432000/16/4480.77

[同治]黄縣志十四卷 (清)尹繼美修纂 清同治十年(1871)刻本 四册

310000-0243-0003688 432000/16/6022.74

[嘉慶]昌樂縣志三十二卷首一卷 (清)魏禮焯修 (清)閻學夏纂 清嘉慶三年(1798)刻本 三册

310000-0243-0003689 432000/16/7135.75

[道光]長清縣志十六卷 (清)舒化民等修 (清)徐德城等纂 清道光十五年(1835)刻本 八册

310000-0243-0003690 432000/16/7143.73

[乾隆]歷城縣志五十卷 (清)胡德琳修 (清)李文藻等纂 清乾隆三十八年(1773)刻本 十六册

310000-0243-0003691 432000/16/7424.75

[道光]陵縣志二十二卷 (清)沈淮修 (清)李圖纂 清道光二十六年(1846)刻本 八册

310000-0243-0003692 432000/16/7760.77

[同治]即墨縣志十二卷 (清)周翕鐄 (清)黄念昀纂 清同治十二年(1873)刻本 八册

310000-0243-0003693 432000/16/7877.78

[光緒]臨朐縣志十六卷首一卷 (清)姚延福修 (清)鄧家緝纂 清光緒十年(1884)刻本 六册

310000-0243-0003694 432000/16/8027.77

[同治]金鄉縣志十二卷首一卷 (清)李壘纂修 清同治元年(1862)刻本 四册

310000-0243-0003695 432000/17/0027.74.01

[嘉慶]續增高郵州志十二卷 (清)馮馨增修 清嘉慶十八年(1813)儒學藏書庫刻本 十二册

310000-0243-0003696 432000/17/0027.78

[光緒]再續高郵州志八卷 (清)龔定瀛修 (清)夏子鐊纂 清光緒九年(1883)刻本 六册

310000-0243-0003697 432000/17/0027.78

[光緒]再續高郵州志八卷 (清)龔定瀛修 (清)夏子鐊纂 清光緒九年(1883)刻本 八册

310000-0243-0003698 432000/17/002774

[嘉慶]續增高郵州志十二卷 (清)馮馨增修 清嘉慶十八年(1813)刻本 二十册

310000-0243-0003699 432000/17/0080.78

[光緒]六合縣志八卷 (清)謝延庚修 (清)賀延壽纂 清光緒六年(1880)刻本 十册

310000-0243-0003700 432000/17/0531.78

[光緒]靖江縣志十六卷 (清)葉滋森修 (清)褚翔等纂 清光緒五年(1879)刻本 八册

310000-0243-0003701 432000/17/0748.78

[光緒]贛榆縣志十八卷 (清)王豫熙修 (清)張謇纂 清光緒十四年(1888)刻本 四册

310000-0243-0003702 432000/17/0748.78

[光緒]贛榆縣志十八卷 (清)王豫熙修 (清)張謇纂 清光緒十四年(1888)刻本 四册

310000-0243-0003703 432000/17/1007.75

［道光］平望志十八卷首一卷　（清）翁廣平輯　清光緒十三年（1887）刻本　十冊

310000－0243－0003704　432000/17/1036.73
［乾隆］震澤縣志三十八卷首一卷　（清）陳和志修　（清）沈彤纂　清光緒十九年（1893）刻本　八冊

310000－0243－0003705　432000/17/1036.73
［乾隆］震澤縣志三十八卷首一卷　（清）陳和志修　（清）沈彤纂　清光緒十九年（1893）刻本　八冊

310000－0243－0003706　432000/17/1330.78
［光緒］武進陽湖合志三十卷　（清）王其淦修　（清）湯成烈纂　清光緒三十三年（1907）刻本　二十冊

310000－0243－0003707　432000/17/1330.78
［光緒］武進陽湖合志三十卷　（清）王其淦修　（清）湯成烈纂　清光緒三十三年（1907）刻本　二十冊

310000－0243－0003708　432000/17/1712.76
［咸豐］邳州志二十卷首一卷　（清）董用威等修　（清）魯一同纂　清咸豐元年（1851）刻光緒二十一年（1895）重印本　四冊

310000－0243－0003709　432000/17/1712.76
［咸豐］邳州志二十卷首一卷　（清）董用威等修　（清）魯一同纂　清咸豐元年（1851）刻光緒二十一年（1895）重印本　四冊

310000－0243－0003710　432000/17/2120.78
［光緒］豐縣志十六卷首一卷　（清）姚鴻杰修　（清）李運昌纂　清光緒二十年（1894）刻本　八冊

310000－0243－0003711　432000/17/2222.78
［光緒］崑新兩縣續修合志五十二卷　（清）金吳瀾修　（清）汪堃　（清）朱成熙纂　清光緒六年（1880）刻本　二十四冊

310000－0243－0003712　432000/17/2222.78
［光緒］崑新兩縣續修合志五十二卷　（清）金吳瀾修　（清）汪堃　（清）朱成熙纂　清光緒六年（1880）刻本　二十四冊

310000－0243－0003713　432000/17/2631.712
［康熙］吴江縣志四十六卷　（清）郭琇修　（清）葉燮纂　清康熙二十二年（1683）刻本　六冊

310000－0243－0003714　432000/17/2631.78
［光緒］吴江縣續志四十卷首一卷　（清）金福曾修　（清）熊其英纂　清光緒五年（1879）刻本　八冊

310000－0243－0003715　432000/17/2631.78
［光緒］吴江縣續志四十卷首一卷　（清）金福曾修　（清）熊其英纂　清光緒五年（1879）刻本　八冊

310000－0243－0003716　432000/17/2643.515
吴郡圖經續記三卷　（宋）朱長文纂修　清同治十二年（1873）江蘇書局刻本　一冊

310000－0243－0003717　432000/17/2643.515
吴郡圖經續記三卷　（宋）朱長文纂修　清同治十二年（1873）江蘇書局刻本　一冊

310000－0243－0003718　432000/17/2643.515
吴郡圖經續記三卷　（宋）朱長文纂修　清同治十二年（1873）江蘇書局刻本　一冊

310000－0243－0003719　432000/17/2643.75
吴門補乘十卷　（清）錢思元撰　清道光十年（1830）刻本　五冊

310000－0243－0003720　432000/17/2730.73
［乾隆］句容縣志十卷首一卷　（清）曹襲先纂修　清光緒二十六年（1900）刻本　四冊

310000－0243－0003721　432000/17/2760.74
［嘉慶］黎里志十六卷首一卷　（清）徐達源撰　清嘉慶十年（1805）禊湖書店刻本　四冊

310000－0243－0003722　432000/17/2828.75
［道光］重修儀徵縣志五十卷首一卷　（清）王檢心修　（清）劉文淇纂　清光緒十六年（1890）刻本　十六冊

310000－0243－0003723　432000/17/2832.77
［同治］徐州府志二十五卷　（清）吳世熊修

(清)劉庠纂　清同治十三年(1874)刻本　十二冊

310000－0243－0003724　432000/17/3000.75
[道光]寶應縣志二十八卷首一卷　(清)孟毓蘭修　(清)喬載繇纂　清道光二十年(1840)湯氏沐華堂刻本　十冊

310000－0243－0003725　432000/17/3000.75
[道光]寶應縣志二十八卷首一卷　(清)孟毓蘭修　(清)喬載繇纂　清道光二十年(1840)湯氏沐華堂刻本　十冊

310000－0243－0003726　432000/17/3000.75.1
寶應圖經六卷首一卷　(清)劉寶楠纂修　清光緒九年(1883)淮南書局刻本　四冊

310000－0243－0003727　432000/17/3000.75.1
寶應圖經六卷首一卷　(清)劉寶楠纂修　清光緒九年(1883)淮南書局刻本　四冊

310000－0243－0003728　432000/17/3030.77
[同治]山陽縣志二十一卷　(清)張兆棟修　(清)何紹基　(清)丁晏纂　清同治十二年(1873)刻本　八冊

310000－0243－0003729　432000/17/3030.78
[光緒]淮安府志四十卷首一卷　(清)孫雲錦修　(清)吳昆田等纂　清光緒十年(1884)刻本　十六冊

310000－0243－0003730　432000/17/3077.74
[嘉慶]增修宜興縣舊志十卷　(清)李先榮原修　(清)徐喈鳳原纂　(清)阮升基增修　(清)寧楷等增纂　清嘉慶二年(1797)刻本　十冊

310000－0243－0003731　432000/17/3077.74.1
[嘉慶]重刊宜興縣志四卷首一卷　(清)阮升基修　(清)甯楷纂　清嘉慶二年(1797)刻本　二冊

310000－0243－0003732　432000/17/3077.74.1
[嘉慶]重刊宜興縣志四卷首一卷　(清)阮升基修　(清)甯楷纂　清嘉慶二年(1797)刻本　二冊

310000－0243－0003733　432000/17/3077.74.2
[嘉慶]重刊荊溪縣志四卷　(清)唐仲冕修　(清)寧楷纂　清嘉慶二年(1797)刻本　二冊

310000－0243－0003734　432000/17/3077.74.201
[嘉慶]重刊荊溪縣志四卷　(清)唐仲冕修　(清)寧楷纂　清嘉慶二年(1797)刻光緒八年(1882)重印本　二冊

310000－0243－0003735　432000/17/3077.75
[道光]重刊續纂宜荊縣誌十卷首一卷　(清)顧名修　(清)吳德旋纂　清道光二十年(1840)刻本　四冊

310000－0243－0003736　432000/17/3077.78
[光緒]宜興荊谿縣新志十卷首一卷　(清)施惠　(清)錢志澄修　(清)吳景牆纂　清光緒八年(1882)刻本　八冊

310000－0243－0003737　432000/17/3112.78
[光緒]溧水縣志二十二卷首一卷　(清)傅觀光修　(清)丁維誠纂　清光緒十五年(1889)刻本　十二冊

310000－0243－0003738　432000/17/3112.78
[光緒]溧水縣志二十二卷首一卷　(清)傅觀光修　(清)丁維誠纂　清光緒十五年(1889)刻本　十二冊

310000－0243－0003739　432000/17/3130.74
[嘉慶]重刊江甯府志五十六卷　(清)呂燕昭修　(清)姚鼐纂　清光緒六年(1880)刻本　十二冊

310000－0243－0003740　432000/17/3130.78
[同治]續纂江寧府志十五卷　(清)蔣啟勳　(清)汪士鐸修纂　清光緒六年(1880)刻本　十二冊

310000－0243－0003741　432000/17/3130.78.1
江寧府七縣地形考略　(清)黃起鳳等編校　清光緒江楚書局刻本　一冊

310000－0243－0003742　432000/17/3130.78.1
江寧府七縣地形考略　(清)黃起鳳等編校　清光緒江楚書局刻本　一冊

310000－0243－0003743　432000/17/313378
江浦埤乘四十卷　(清)侯宗海　(清)夏錫寶纂　清光緒十七年(1891)鉛印本　六冊

310000－0243－0003744　432000/17/3147.73
[乾隆]江都縣志三十二卷　(清)五格　(清)黃湘纂　清光緒七年(1881)刻本　十冊

310000－0243－0003745　432000/17/3147.74
[嘉慶]江都縣續志十二卷首一卷　(清)王逢源修　(清)李保泰纂　清光緒七年(1881)刻本　四冊

310000－0243－0003746　432000/17/3147.78
[光緒]江都縣續志三十卷首一卷　(清)謝延庚修　(清)劉壽曾纂　清光緒十年(1884)刻本　八冊

310000－0243－0003747　432000/17/3147.78
[光緒]江都縣續志三十卷首一卷　(清)謝延庚修　(清)劉壽曾纂　清光緒十年(1884)刻本　八冊

310000－0243－0003748　432000/17/3178.78
[光緒]江陰縣志三十卷首一卷　(清)盧思誠修　(清)季念貽　(清)夏煒如纂　清光緒四年(1878)刻本　二十冊

310000－0243－0003749　432000/17/3512.78
[光緒]安東縣志十五卷　(清)金元烺修　(清)吳昆田　(清)魯賁纂　清光緒元年(1875)刻本　四冊

310000－0243－0003750　432000/17/3531.76
[咸豐]清河縣志二十四卷　(清)吳棠修　(清)魯一同纂　附志　(清)魯蕡編　清咸豐四年(1854)刻同治元年(1862)補刻民國八年(1919)補刻後印本　八冊

310000－0243－0003751　432000/17/3531.76
[咸豐]清河縣志二十四卷　(清)吳棠修　(清)魯一同纂　附志　(清)魯蕡編　清咸豐四年(1854)刻同治元年(1862)補刻民國八年(1919)補刻後印本　八冊

310000－0243－0003752　432000/17/3531.78
[光緒]清河縣志二十六卷　(清)胡裕燕修　(清)吳昆田　(清)魯蕡纂　清光緒五年(1879)刻本　六冊

310000－0243－0003753　432000/17/3815.74
[嘉慶]海州直隸州志三十二卷　(清)唐仲冕修　(清)汪梅鼎等纂　清嘉慶十六年(1811)刻本　十冊

310000－0243－0003754　432000/17/3832.75
海州文獻錄十六卷　(清)許乔林編輯　清道光二十五年(1845)刻本　四冊

310000－0243－0003755　432000/17/3877.78
[光緒]海門廳圖志二十卷　(清)劉文徹等修　(清)周家祿等纂　清光緒二十六年(1900)刻本　四冊

310000－0243－0003756　432000/17/3877.78
[光緒]海門廳圖志二十卷　(清)劉文徹等修　(清)周家祿等纂　清光緒二十六年(1900)刻本　四冊

310000－0243－0003757　432000/17/4000.77
[同治]上元江寧兩縣志二十九卷　(清)莫祥芝　(清)甘紹盤修　(清)汪士鐸纂　清光緒二年(1876)刻本　十二冊

310000－0243－0003758　432000/17/4000.77
[同治]上元江寧兩縣志二十九卷　(清)莫祥芝　(清)甘紹盤修　(清)汪士鐸纂　清光緒二年(1876)刻本　十二冊

310000－0243－0003759　432000/17/4000.79
上元江寧縣鄉土合志六卷　(清)陳作霖纂　清宣統二年(1910)江楚編譯局刻本　二冊

310000－0243－0003760　432000/17/4037.78
[光緒]通州直隸州志十六卷　(清)梁悅馨　(清)莫祥芝修　(清)季念詒　(清)沈鑛纂　清光緒元年(1875)刻本　十六冊

310000－0243－0003761　432000/17/4037.78
[光緒]通州直隸州志十六卷　(清)梁悅馨　(清)莫祥芝修　(清)季念詒　(清)沈鑛纂　清光緒元年(1875)刻本　十六冊

310000－0243－0003762　432000/17/4080.78
壬癸志稿二十八卷　(清)錢寶琛纂修　清光緒六年(1880)存素堂刻本　四册

310000－0243－0003763　432000/17/4080.89
彙刻太倉舊志五種二十六卷　(清)繆朝荃編纂　清宣統元年(1909)刻本　七册

310000－0243－0003764　432000/17/4426.78
[光緒]增修甘泉縣志二十四卷　(清)徐成敟等修　(清)陳浩恩　(清)范用賓纂　清光緒十一年(1885)刻本　二十册

310000－0243－0003765　432000/17/4432.75
[道光]黄溪志十二卷　(清)錢墀修纂　清道光十一年(1831)亦陶軒刻本　四册

310000－0243－0003766　432000/17/4432.77
[同治]蘇州府志一百五十卷　(清)李銘皖修　(清)馮桂芬纂　清同治十三年(1874)刻本　八十册

310000－0243－0003767　432000/17/4432.77
[同治]蘇州府志一百五十卷　(清)李銘皖修　(清)馮桂芬纂　清同治十三年(1874)刻本　八十册

310000－0243－0003768　432000/17/4490.76
甘棠小志四卷首一卷　(清)董醇纂　清咸豐五年(1855)刻本　二册

310000－0243－0003769　432000/17/4626.74
[嘉慶]如皋縣志二十四卷　(清)楊受廷修　(清)馬汝舟纂　清嘉慶十三年(1808)刻本　十册

310000－0243－0003770　432000/17/4626.74
[嘉慶]如皋縣志二十四卷　(清)楊受廷修　(清)馬汝舟纂　清嘉慶十三年(1808)刻本　十册

310000－0243－0003771　432000/17/4626.75
[道光]如皋縣續志十二卷　(清)范仕義修　(清)吴鎧纂　清道光十七年(1837)刻本　二册

310000－0243－0003772　432000/17/4626.75
[道光]如皋縣續志十二卷　(清)范仕義修　(清)吴鎧纂　清道光十七年(1837)刻本　二册

310000－0243－0003773　432000/17/4626.77
[同治]如皋縣續志十六卷　(清)周際霖修　(清)周項纂　清同治十二年(1873)刻本　六册

310000－0243－0003774　432000/17/4860.75
[道光]梅里志四卷　(清)吴存禮編　清道光四年(1824)泰伯廟西院刻本　四册

310000－0243－0003775　432000/17/4860.782
泰伯梅里志八卷　(清)吴熙編　清光緒二十三年(1897)刻本　三册

310000－0243－0003776　432000/17/5040.74
[嘉慶]東臺縣志四十卷　(清)周右修　(清)蔡復午等纂　清嘉慶二十一年(1816)刻本　十册

310000－0243－0003777　432000/17/5077.78
[光緒]泰興縣志二十六卷首一卷　(清)楊激雲修　(清)顧曾烜纂　清光緒十二年(1886)刻本　十册

310000－0243－0003778　432000/17/5077.78
[光緒]泰興縣志二十六卷首一卷　(清)楊激雲修　(清)顧曾烜纂　清光緒十二年(1886)刻本　十册

310000－0243－0003779　432000/17/5090.78
[道光]泰州志三十六卷首一卷　(清)王有慶　(清)陳道坦修　(清)陳世鎔纂　清道光七年(1827)補刻本　十二册

310000－0243－0003780　432000/17/5090.78
[道光]泰州志三十六卷首一卷　(清)王有慶　(清)陳道坦修　(清)陳世鎔纂　清道光七年(1827)補刻本　十二册

310000－0243－0003781　432000/17/5090.78.1
[光緒]泰州鄉土志二卷　(清)馬錫純編輯　清光緒三十四年(1908)上海錦章書局石印本　二册

310000－0243－0003782　432000/17/5632.74
［嘉慶］重修揚州府志七十二卷　（清）阿克當阿修　（清）姚文田等纂　清嘉慶十五年（1810）刻本　四十八册

310000－0243－0003783　432000/17/5632.77
［同治］續纂揚州府志二十四卷　（清）方濬頤修　（清）晏端書等纂　清同治十三年（1874）刻本　八册

310000－0243－0003784　432000/17/6030.78
［光緒］睢寧縣志稿十八卷　（清）侯紹瀛修　（清）丁顯纂　清光緒十二年（1886）刻本　八册

310000－0243－0003785　432000/17/6163.78
［光緒］盱眙縣志稿十七卷首一卷　（清）王錫元修　（清）高延第等纂　清光緒二十九年（1903）刻本　八册

310000－0243－0003786　432000/17/7724.76
［咸豐］重修興化縣志十卷　（清）梁園棣修　（清）鄭之僑等纂　清咸豐二年（1852）刻本　八册

310000－0243－0003787　432000/17/7724.76
［咸豐］重修興化縣志十卷　（清）梁園棣修　（清）鄭之僑等纂　清咸豐二年（1852）刻本　八册

310000－0243－0003788　432000/17/7744.74
貞豐擬乘二卷　（清）章騰龍撰　（清）陳勰增輯　清嘉慶十五年（1810）聚星堂刻本　四册

310000－0243－0003789　432000/17/7744.78
［光緒］周莊鎮志六卷首一卷　（清）陶煦纂　清光緒八年（1882）刻本　六册

310000－0243－0003790　432000/17/7744.78
［光緒］周莊鎮志六卷首一卷　（清）陶煦纂　清光緒八年（1882）刻本　六册

310000－0243－0003791　432000/17/7776.78
［光緒］丹陽縣志三十六卷首一卷　（清）劉誥　（清）淩焯修　（清）徐錫麟等纂　清光緒十一年（1885）刻本　十六册

310000－0243－0003792　432000/17/7776.78
［光緒］丹陽縣志三十六卷首一卷　（清）劉誥　（清）淩焯修　（清）徐錫麟等纂　清光緒十一年（1885）刻本　十六册

310000－0243－0003793　432000/17/7843.78
［光緒］鹽城縣志十七卷首一卷　（清）劉崇照修　（清）陳玉樹等纂　清光緒二十一年（1895）刻本　八册

310000－0243－0003794　432000/17/8037.75
分湖小識六卷　（清）柳樹芳輯　清道光二十七年（1847）刻本　二册

310000－0243－0003795　432000/17/8086.74
錫金合志四十卷　（清）秦瀛纂修　清嘉慶十八年（1813）成溪草堂刻本　十六册

310000－0243－0003796　432000/17/8086.75.1
錫金志外五卷　（清）華湛恩撰　清道光二十三年（1843）刻本　四册

310000－0243－0003797　432000/17/8086.78.2
［光緒］無錫金匱縣志四十卷首一卷　（清）裴大中修　（清）秦緗業纂　清光緒七年（1881）刻本　二十册

310000－0243－0003798　432000/17/8086.78.2
［光緒］無錫金匱縣志四十卷首一卷　（清）裴大中修　（清）秦緗業纂　清光緒七年（1881）刻本　二十册

310000－0243－0003799　432000/17/8431.523
［嘉定］鎮江志二十二卷首一卷　（宋）史彌堅修　（宋）盧憲纂　清宣統二年（1910）刻本　八册

310000－0243－0003800　432000/17/8431.74
［嘉慶］丹徒縣志四十七卷首四卷　（清）貴中孚修　（清）蔣宗海纂　清嘉慶十年（1805）刻本　十五册

310000－0243－0003801　432000/17/8431.78
［光緒］丹徒縣志六十卷首四卷　（清）何紹章修　（清）呂耀鬥等纂　清光緒五年（1879）刻本　三十二册

310000－0243－0003802　432000/17/8431.78.1
丹徒縣志摭餘二十一卷　(清)李恩綬原輯(清)李丙榮續輯　清光緒十六年(1890)刻本　十二册

310000－0243－0003803　432000/17/8722.78
[光緒]徐州府銅山縣鄉土志　(清)袁國鈞修(清)楊世楨纂　清光緒三十年(1904)刻本　一册

310000－0243－0003804　432000/17/9022.78
琴川志注草十二卷　(清)陳揆纂　清末抄本　八册

310000－0243－0003805　432000/18/0045.78
唐棲志二十卷　(清)王同纂　清光緒十五年(1889)刻本　八册

310000－0243－0003806　432000/18/0045.78
唐棲志二十卷　(清)王同纂　清光緒十五年(1889)刻本　八册

310000－0243－0003807　432000/18/0138.712
[康熙]龍游縣志十二卷首一卷　(清)盧燦修(清)余恂等纂　清光緒八年(1882)刻本　六册

310000－0243－0003808　432000/18/0421.78
[光緒]諸暨縣志六十卷首一卷　(清)陳遹聲修　(清)蔣鴻藻纂　清光緒三十四年(1908)刻本　十八册

310000－0243－0003809　432000/18/0421.78
[光緒]諸暨縣志六十卷首一卷　(清)陳遹聲修　(清)蔣鴻藻纂　清光緒三十四年(1908)刻本　十八册

310000－0243－0003810　432000/18/0831.78
[光緒]於潛縣誌二十卷　(清)程兼善纂修　清光緒二十四年(1898)抄本　四册

310000－0243－0003811　432000/18/1016.78
[光緒]玉環廳志十六卷首一卷　(清)杜冠英修　(清)吕鴻燾纂　清光緒六年(1880)刻本　八册

310000－0243－0003812　432000/18/1023.712
[康熙]天臺縣志十五卷首一卷　(清)李德耀修　(清)黄執中纂　清康熙二十二年(1683)刻咸豐六年(1856)補刻本　六册

310000－0243－0003813　432000/18/1037.76
當湖外志八卷　(清)馬承昭纂修　清光緒元年(1875)刻本　二册

310000－0243－0003814　432000/18/1037.78
[光緒]續當湖外志八卷附忠義紀略　(清)馬承昭輯　清光緒元年(1875)白榆邨舍刻本　二册

310000－0243－0003815　432000/18/1037.78.1
[光緒]平湖縣志二十五卷　(清)彭潤章修(清)葉廉鍔纂　清光緒十二年(1886)刻本　十三册

310000－0243－0003816　432000/18/1037.78.1
[光緒]平湖縣志二十五卷　(清)彭潤章修(清)葉廉鍔纂　清光緒十二年(1886)刻本　十三册

310000－0243－0003817　432000/18/1112.77
[同治]麗水縣志十五卷　(清)彭潤章纂修　清同治十三年(1874)刻本　八册

310000－0243－0003818　432000/18/1380.74
[嘉慶]武義縣志十二卷　(清)張營堠修(清)周家駒纂　清宣統二年(1910)石印本　六册

310000－0243－0003819　432000/18/1422.74
[嘉慶]硤川續志二十卷　(清)王德浩纂(清)曹宗載重訂　清嘉慶十七年(1812)經德堂刻本　六册

310000－0243－0003820　432000/18/2110.78
[光緒]縉雲縣志十六卷　(清)何乃容修(清)潘樹棠纂　清光緒二年(1876)刻本　十二册

310000－0243－0003821　432000/18/2110.78
[光緒]縉雲縣志十六卷　(清)何乃容修(清)潘樹棠纂　清光緒二年(1876)刻本　十册

310000－0243－0003822　432000/18/2121.74
[嘉慶]上虞縣志十四卷　(清)崔鳴玉修　(清)李方湛等纂　清嘉慶十六年(1811)刻本　十冊

310000－0243－0003823　432000/18/2121.78
[光緒]上虞縣志四十八卷　(清)唐煦春修　(清)朱士黻纂　清光緒十七年(1891)刻本　二十冊

310000－0243－0003824　432000/18/2121.78
[光緒]上虞縣志四十八卷　(清)唐煦春修　(清)朱士黻纂　清光緒十七年(1891)刻本　二十冊

310000－0243－0003825　432000/18/2121.78
[光緒]上虞縣志四十八卷　(清)唐煦春修　(清)朱士黻纂　清光緒十七年(1891)刻本　十九冊　缺三卷(三十八至四十)

310000－0243－0003826　432000/18/2121.78.1
上虞縣志校續五十卷　(清)徐致靖纂修　清光緒二十五年(1899)刻本　二十冊

310000－0243－0003827　432000/18/2122.74
[嘉慶]西安縣志四十八卷　(清)姚寶煃修　(清)范崇楷等纂　清嘉慶十六年(1811)鹿鳴書院補刻本　十冊

310000－0243－0003828　432000/18/2122.74
[嘉慶]西安縣志四十八卷　(清)姚寶煃修　(清)范崇楷等纂　清嘉慶十六年(1811)鹿鳴書院補刻本　十二冊

310000－0243－0003829　432000/18/2132.712
[康熙]衢州府志四十卷首一卷　(清)楊廷望纂修　清光緒八年(1882)刻本　十二冊

310000－0243－0003830　432000/18/2132.712
[康熙]衢州府志四十卷首一卷　(清)楊廷望纂修　清光緒八年(1882)刻本　十二冊

310000－0243－0003831　432000/18/2132.78
[光緒]處州府志三十卷首一卷末一卷　(清)潘紹詒修　(清)周榮椿纂　清光緒三年(1877)刻本　二十八冊

310000－0243－0003832　432000/18/2132.78
[光緒]處州府志三十卷首一卷末一卷　(清)潘紹詒修　(清)周榮椿纂　清光緒三年(1877)刻本　二十八冊

310000－0243－0003833　432000/18/2224.78
[光緒]石門縣志十一卷　(清)余麗元等纂修　清光緒五年(1879)傳貽書院刻本　十二冊

310000－0243－0003834　432000/18/2235.78
[光緒]樂清縣志十六卷　(清)李登雲修　(清)陳珅等纂　清光緒二十七年(1901)東甌郭博古齋刻本　十六冊

310000－0243－0003835　432000/18/2277.78
[光緒]仙居縣志二十四卷　(清)王壽頤等修　(清)王棻等纂　清光緒二十年(1894)木活字印本　十二冊

310000－0243－0003836　432000/18/2277.78
[光緒]仙居縣志二十四卷　(清)王壽頤等修　(清)王棻等纂　清光緒二十年(1894)木活字印本　十八冊

310000－0243－0003837　432000/18/2279.523
剡錄十卷　(宋)史安之修　(宋)高似孫纂　清同治九年(1870)刻本　二冊

310000－0243－0003838　432000/18/2279.523
剡錄十卷　(宋)史安之修　(宋)高似孫纂　清同治九年(1870)刻本　二冊

310000－0243－0003839　432000/18/2279.75
[道光]嵊縣志十四卷　(清)李式圃修　(清)朱淥等纂　清道光八年(1828)刻本　八冊

310000－0243－0003840　432000/18/2279.77
[同治]嵊縣志二十六卷　(清)嚴思忠修　(清)蔡以瑺　(清)朱彭年纂　清同治九年(1870)刻本　十四冊

310000－0243－0003841　432000/18/2279.77
[同治]嵊縣志二十六卷　(清)嚴思忠修　(清)蔡以瑺　(清)朱彭年纂　清同治九年(1870)刻本　十二冊

310000－0243－0003842　432000/18/2360.519
[嘉定]赤城志四十卷　(宋)齊碩修　(宋)陳耆卿纂　清道光元年(1821)臨海宋氏刻台州叢書乙集本　六冊

310000－0243－0003843　432000/18/2360.519
[嘉定]赤城志四十卷　(宋)齊碩修　(宋)陳耆卿纂　清道光元年(1821)臨海宋氏刻台州叢書乙集本　六冊

310000－0243－0003844　432000/18/2360.74
台州外書二十卷　(清)戚學標纂　清嘉慶四年(1799)南墅刻本　六冊

310000－0243－0003845　432000/18/2677.7812
[光緒]歸安縣誌五十二卷　(清)李昱修　(清)陸心源　(清)丁寶書纂　清光緒八年(1882)刻本　十六冊

310000－0243－0003846　432000/18/2677.7812
[光緒]歸安縣誌五十二卷　(清)李昱修　(清)陸心源　(清)丁寶書纂　清光緒八年(1882)刻本　十六冊

310000－0243－0003847　432000/18/2726.78
[光緒]烏程縣志三十六卷　(清)潘玉璿修　(清)汪曰楨纂　清光緒五年(1879)刻本　十二冊

310000－0243－0003848　432000/18/2777.523
[嘉泰]會稽志二十卷　(宋)沈作賓修　(宋)施宿等纂　清嘉慶十三年(1808)采鞠軒刻本　十二冊

310000－0243－0003849　432000/18/2777.74
[嘉慶]山陰縣志三十卷　(清)徐元梅修　(清)朱文翰等纂　清嘉慶八年(1803)刻本　八冊

310000－0243－0003850　432000/18/3000.78
[光緒]永康縣志十六卷　(清)李汝爲修　(清)潘樹棠纂　清光緒十八年(1892)刻本　十二冊

310000－0243－0003851　432000/18/3000.78
[光緒]永康縣志十六卷　(清)李汝爲修　(清)潘樹棠纂　清光緒十八年(1892)刻本　十二冊

310000－0243－0003852　432000/18/3010.78
[光緒]宣平縣志二十卷　(清)皮樹棠修　(清)皮錫瑞纂　清光緒四年(1878)軒平縣署刻本　八冊

310000－0243－0003853　432000/18/3030.78
[光緒]淳安縣志十六卷　(清)李詩修　(清)陳中元纂　清光緒十年(1884)淳安縣署刻本　八冊

310000－0243－0003854　432000/18/3034.5110
[寶慶]四明志二十一卷　(宋)胡榘修　(宋)羅濬纂　清咸豐四年(1854)徐氏煙嶼樓刻本　十冊

310000－0243－0003855　432000/18/3034.5110.1
[開慶]四明續志十二卷　(宋)吳潛修　(宋)梅應發　(清)劉錫纂　清咸豐四年(1854)徐氏煙嶼樓刻本　四冊

310000－0243－0003856　432000/18/3034.518
[乾道]四明圖經十二卷　(宋)張津纂　清咸豐四年(1854)徐氏煙嶼樓刻本　四冊

310000－0243－0003857　432000/18/3034.554
[延祐]四明志二十卷　(元)馬澤修　(元)袁桷等纂　清咸豐四年(1854)徐氏煙嶼樓刻本　十冊

310000－0243－0003858　432000/18/3034.559
[至正]四明續志十二卷　(元)王元恭修　(元)王厚孫等纂　清咸豐四年(1854)徐氏煙嶼樓刻本　六冊

310000－0243－0003859　432000/18/3034.72
[雍正]寧波府志三十六卷　(清)曹秉仁修　(清)萬經　(清)柴世堂纂　清雍正十一年(1733)刻本　十六冊

310000－0243－0003860　432000/18/3034.72
[雍正]寧波府志三十六卷　(清)曹秉仁修　(清)萬經　(清)柴世堂纂　清雍正十一年(1733)刻本　二十冊

310000－0243－0003861　432000/18/3034.72.01
[雍正]寧波府志三十六卷　(清)曹秉仁修　(清)萬經　(清)柴世堂纂　清道光二十六年(1846)刻本　十六册

310000－0243－0003862　432000/18/3034.76
四明六志校勘記九卷　(清)徐時棟纂　(清)陳子湘補纂　清咸豐四年(1854)徐氏煙嶼樓刻本　三册

310000－0243－0003863　432000/18/3038.57
大德昌國州圖志七卷　(元)馮福京　(元)郭薦纂修　清咸豐四年(1854)徐氏煙嶼樓刻本　二册

310000－0243－0003864　432000/18/3038.78
[光緒]寧海縣志二十四卷　(清)王瑞成修　(清)張璿纂　清光緒十八年(1892)刻本　十二册

310000－0243－0003865　432000/18/3038－1.78
[光緒]定海廳志三十卷附續志十二卷　(清)史致馴修　(清)陳重威　(清)黄以周纂　清光緒十年(1884)刻二十八年(1902)補版重印本　十册

310000－0243－0003866　432000/18/3040.77
[同治]安吉縣志十八卷　(清)汪榮修　(清)張行孚纂　清同治十三年(1874)刻本　十六册

310000－0243－0003867　432000/18/3040.78
[光緒]永嘉縣志三十八卷　(清)張寶琳修　(清)王棻纂　清光緒八年(1882)刻本　三十册

310000－0243－0003868　432000/18/3040.78.01
[光緒]永嘉縣志三十八卷　(清)張寶琳修　(清)王棻纂　清光緒八年(1882)刻民國二十四年(1935)補版重印本　三十册

310000－0243－0003869　432000/18/3040.78.01
[光緒]永嘉縣志三十八卷　(清)張寶琳修　(清)王棻纂　清光緒八年(1882)刻民國二十四年(1935)補版重印本　三十册

310000－0243－0003870　432000/18/3076.78
[光緒]富陽縣志二十四卷　(清)汪文炳修　(清)蔣敬時等纂　清光緒三十二年(1906)富陽刻本　十六册

310000－0243－0003871　432000/18/3076.78
[光緒]富陽縣志二十四卷　(清)汪文炳修　(清)蔣敬時等纂　清光緒三十二年(1906)富陽刻本　十六册

310000－0243－0003872　432000/18/3076.78.1
富陽縣輿地小志　(清)陳承澍修　(清)徐澹仙纂　清光緒三十年(1904)石印本　一册

310000－0243－0003873　432000/18/3122.77
[同治]江山縣志十二卷　(清)王彬等修　(清)朱寶慈等纂　清同治十三年(1874)文溪書院刻本　八册

310000－0243－0003874　432000/18/3122.77
[同治]江山縣志十二卷　(清)王彬等修　(清)朱寶慈等纂　清同治十三年(1874)文溪書院刻本　八册

310000－0243－0003875　432000/18/3534.72
清波小志二卷　(清)徐逢吉輯　(清)陳景鍾訂　清光緒二年(1876)上海葛氏嘯園刻本　一册

310000－0243－0003876　432000/18/3622.74
[嘉慶]太平縣誌十八卷　(清)慶霖修　(清)戚學標等纂　清嘉慶十六年(1811)古閩陳其昌刻本　十册

310000－0243－0003877　432000/18/3622.78
[光緒]太平縣續志十八卷　(清)陳汝霖修　(清)王棻等纂　清光緒二十二年(1896)刻本　十册

310000－0243－0003878　432000/18/3632.73
[乾隆]溫州府志三十卷　(清)李琬修　(清)齊召南　(清)汪沆纂　清乾隆二十一年(1756)溫州東山書院刻民國三年(1914)溫州維新書局補刻本　二十册

310000－0243－0003879　432000/18/3632.75

甌乘拾遺二卷 (清)洪守一撰 (清)洪瀾編 清道光三十年(1850)安固洪氏愛吾堂刻本 四冊

310000－0243－0003880 432000/18/3732.77
[同治]湖州府志九十六卷 (清)宗源瀚 (清)楊榮緒修 (清)周學濬 (清)陸心源纂 清同治十一年(1872)愛山書院刻本 四十冊

310000－0243－0003881 432000/18/3732.77
[同治]湖州府志九十六卷 (清)宗源瀚 (清)楊榮緒修 (清)周學濬 (清)陸心源纂 清同治十一年(1872)愛山書院刻本 四十冊

310000－0243－0003882 432000/18/3767.78
湖墅小志四卷 (清)高鵬年撰 清光緒二十二年(1896)石印本 二冊

310000－0243－0003883 432000/18/3830.65
[嘉靖]海寧縣志九卷 (明)葉完修 (明)董穀纂 清光緒二十四年(1898)刻本 二冊

310000－0243－0003884 432000/18/3830.711
[順治]海寧縣志略 (清)秦嘉系修 (清)范驤纂 清光緒八年(1882)清風室刻本 一冊

310000－0243－0003885 432000/18/3830.75
海昌備志五十二卷 (清)錢泰吉纂修 清道光二十七年(1847)刻本 二十冊

310000－0243－0003886 432000/18/3830.75
海昌備志五十二卷 (清)錢泰吉纂修 清道光二十七年(1847)刻本 十四冊

310000－0243－0003887 432000/18/3860.78
[光緒]遂昌縣誌十二卷 (清)胡壽海 (清)史恩緯修 (清)褚成允纂 清光緒二十二年(1896)尊經閣刻本 十二冊

310000－0243－0003888 432000/18/3878.78
[光緒]海鹽縣志二十二卷 (清)王彬修 (清)徐用儀纂 清光緒三年(1877)蔚文書院刻本 十六冊

310000－0243－0003889 432000/18/4032.518
[乾道]臨安志十五卷 (宋)周淙纂 清光緒二十年(1894)刻本 一冊

310000－0243－0003890 432000/18/4032.518.01
[乾道]臨安志十五卷 (宋)周淙纂 清光緒四年(1878)會稽章氏刻本 一冊

310000－0243－0003891 432000/18/4032.525
[咸淳]臨安志一百九十七卷 (宋)潛說友纂修 清道光十年(1830)錢塘汪氏振綺堂刻本 二十四冊

310000－0243－0003892 432000/18/4032.525
[咸淳]臨安志一百九十七卷 (宋)潛說友纂修 清道光十年(1830)錢塘汪氏振綺堂刻本 二十四冊

310000－0243－0003893 432000/18/4032.78
[光緒]杭州府志一百七十八卷 (清)龔嘉儁 (清)陳璚等修 (清)吳慶坻等纂 清光緒二十四年(1898)刻本 八十一冊

310000－0243－0003894 432000/18/4032.78
[光緒]杭州府志一百七十八卷 (清)龔嘉儁 (清)陳璚等修 (清)吳慶坻等纂 清光緒二十四年(1898)刻本 八十一冊

310000－0243－0003895 432000/18/4037.76
[咸豐]南潯鎮志四十卷 (清)汪曰楨纂修 清同治二年(1863)刻本 十冊

310000－0243－0003896 432000/18/4077.73.1
續嘉府典故纂要八卷 (清)王惟梅撰 清抄本 五冊

310000－0243－0003897 432000/18/4077.74
[嘉慶]嘉興府志八十卷 (清)伊湯安修 (清)馮應榴 (清)沈啟震纂 清嘉慶六年(1801)刻本 四十冊

310000－0243－0003898 432000/18/4077.78
[光緒]嘉興府志八十八卷 (清)許瑤光修 (清)吳仰賢纂 清光緒四年(1878)鴦湖書院刻本 四十八冊

310000－0243－0003899 432000/18/4077.78

[光緒]嘉興府志八十八卷　(清)許瑤光修　(清)吳仰賢纂　清光緒四年(1878)鴦湖書院刻本　四十八冊

310000－0243－0003900　432000/18/4077.78.1
[光緒]嘉興縣志三十七卷　(清)趙惟崳修　(清)石中玉　(清)吳受福纂　清光緒十七年(1891)刻本　二十四冊

310000－0243－0003901　432000/18/4080.74
[嘉慶]嘉善縣志二十卷　(清)萬相賓纂修　清嘉慶五年(1800)刻本　十二冊

310000－0243－0003902　432000/18/4080.78
[光緒]嘉善縣志三十六卷　(清)江峰青修　(清)顧福仁纂　清光緒二十年(1894)刻本　十六冊

310000－0243－0003903　432000/18/4080.78
[光緒]嘉善縣志三十六卷　(清)江峰青修　(清)顧福仁纂　清光緒二十年(1894)刻本　十六冊

310000－0243－0003904　432000/18/4091.65
[嘉靖]仁和縣志十四卷　(明)沈朝宣纂修　清光緒十九年(1893)武林丁氏刻本　六冊

310000－0243－0003905　432000/18/4091.65
[嘉靖]仁和縣志十四卷　(明)沈朝宣纂修　清光緒十九年(1893)武林丁氏刻本　六冊

310000－0243－0003906　432000/18/4091.67
[萬曆]錢塘縣志十卷　(明)聶心湯纂修　清光緒十九年(1893)武林丁氏刻本　六冊

310000－0243－0003907　432000/18/4091.67
[萬曆]錢塘縣志十卷　(明)聶心湯纂修　清光緒十九年(1893)武林丁氏刻本　六冊

310000－0243－0003908　432000/18/4422.77
[光緒]黃岩縣志四十卷　(清)曾元澄　(清)陳寶善修　(清)王棻　(清)王詠霓纂　清光緒三年(1877)刻本　十六冊

310000－0243－0003909　432000/18/4422.77.1
[同治]孝豐縣志十卷　(清)劉濬修　(清)潘宅仁等纂　清同治十三年(1874)刻本　十冊

310000－0243－0003910　432000/18/4428.78
[光緒]蘭谿縣志八卷　(清)秦簧修　(清)唐壬森纂　清光緒七年(1881)刻本　十冊

310000－0243－0003911　432000/18/4428.78
[光緒]蘭谿縣志八卷　(清)秦簧修　(清)唐壬森纂　清光緒七年(1881)刻本　十冊

310000－0243－0003912　432000/18/4428.78
[光緒]蘭谿縣志八卷　(清)秦簧修　(清)唐壬森纂　清光緒七年(1881)刻本　十冊

310000－0243－0003913　432000/18/4428－1
浙江鄉土地理教科書　蔡和鏗編輯　清光緒三十四年(1908)寧波汲綆齋石印本　一冊

310000－0243－0003914　432000/18/4437.78
[光緒]菱湖鎮志四十四卷　(清)孫志熊纂　清光緒十九年(1893)刻本　六冊

310000－0243－0003915　432000/18/4712.73
[乾隆]鄞縣志三十卷　(清)錢維喬修　(清)錢大昕等纂　清乾隆五十三年(1788)刻本　十六冊

310000－0243－0003916　432000/18/4712.77
[同治]鄞縣志七十五卷　(清)戴枚修　(清)張恕等纂　清同治十三年(1874)刻本　三十四冊

310000－0243－0003917　432000/18/4712.77
[同治]鄞縣志七十五卷　(清)戴枚修　(清)張恕等纂　清同治十三年(1874)刻本　三十四冊

310000－0243－0003918　432000/18/4727.78
[光緒]桐鄉縣志二十四卷　(清)嚴辰纂修　清光緒十三年(1887)青鎮立志書院刻本　二十四冊

310000－0243－0003919　432000/18/4860.78
[光緒]梅里志十八卷　(清)楊謙纂　(清)李富孫補輯　(清)余楙續補　清光緒三年(1877)刻本　六冊

310000－0243－0003920　432000/18/4876.78

[光緒]松陽縣志十二卷　(清)支恒椿修　(清)丁鳳章等纂　清光緒元年(1875)刻本　六册

310000－0243－0003921　432000/18/5024.78
[光緒]奉化縣志四十卷　(清)李前泮修　(清)張美翊等纂　清光緒二十七年(1901)刻本　十二册

310000－0243－0003922　432000/18/5024.78
[光緒]奉化縣志四十卷　(清)李前泮修　(清)張美翊等纂　清光緒二十七年(1901)刻本　十二册

310000－0243－0003923　432000/18/5060.78
[光緒]青田縣志十八卷　(清)雷銑修　(清)王棻纂　清光緒二年(1876)刻本　十六册

310000－0243－0003924　432000/18/5076.75
[道光]東陽縣志二十七卷　(清)黨金衡修　(清)王恩注纂　清道光十二年(1832)東陽商務石印公司石印本　十册

310000－0243－0003925　432000/18/6030.77
[同治]景寧縣志十四卷　(清)周傑修　(清)嚴用光等纂　清同治十二年(1873)刻本　十二册

310000－0243－0003926　432000/18/6632.522
嚴州圖經三卷　(宋)董弅修　(宋)劉文富訂正　清光緒二十二年(1896)漸西村舍刻本　二册

310000－0243－0003927　432000/18/6632.522
嚴州圖經三卷　(宋)董弅修　(宋)劉文富訂正　清光緒二十二年(1896)漸西村舍刻本　二册

310000－0243－0003928　432000/18/6632.524
[景定]嚴州續志十卷　(宋)錢可則修　(宋)方仁榮纂　(清)胡念修校　清光緒二十六年(1900)刻鵠齋刻本　二册

310000－0243－0003929　432000/18/6632.78
[乾隆]嚴州府志三十八卷首一卷　(清)吳士進等纂修　清光緒九年(1883)刻本　二十册

310000－0243－0003930　432000/18/7177.77
[同治]長興縣志三十二卷　(清)趙定邦修　(清)周學濬　(清)丁寶書纂　清同治十二年(1873)刻本　十六册

310000－0243－0003931　432000/18/7177.78
長興縣志拾遺二卷　(清)朱鎮纂修　清光緒二十三年(1897)刻本　一册

310000－0243－0003932　432000/18/78
浙志便覽七卷　(清)李應玨撰　清光緒十七年(1891)刻本　四册

310000－0243－0003933　432000/18/7838.712.01
[康熙]臨海縣志十五卷　(清)洪若皋纂　清康熙十二年(1673)刻後印本　八册

310000－0243－0003934　432000/18/8028.78
[光緒]慈谿縣志五十六卷　(清)馮可鏞　(清)楊泰亨纂修　清光緒十四年(1888)德潤書院刻本　二十四册

310000－0243－0003935　432000/18/8028.78
[光緒]慈谿縣志五十六卷　(清)馮可鏞　(清)楊泰亨纂修　清光緒十四年(1888)德潤書院刻本　二十四册

310000－0243－0003936　432000/18/8044.75
[道光]金華縣志十二卷　(清)黄金聲修　(清)李林松纂　清道光三年(1823)金華益生成號鉛印本　八册

310000－0243－0003937　432000/18/8044.75.1
婺志粹十四卷　(清)盧標撰錄　清道光十九年(1839)映台樓刻本　九册

310000－0243－0003938　432000/18/8438.78
[光緒]鎮海縣志四十卷　(清)于萬川修　(清)俞樾等纂　清光緒五年(1879)刻本　十六册

310000－0243－0003939　432000/18/8840.74
[嘉慶]餘杭縣志四十卷　(清)張吉安修　(清)朱文藻纂　(清)崔應榴等續纂　清嘉慶十年(1805)木活字印本　十二册

310000－0243－0003940　432000/18/8840.78
[光緒]餘杭縣志稿　(清)褚成博纂修　清光緒三十二年(1906)刻本　一冊

310000－0243－0003941　432000/18/8842.73.02
[光緒]餘姚縣志二十七卷　(清)周炳麟修　(清)孫德祖等纂　清光緒二十五年(1899)刻民國二十四年(1935)重印本　十六冊

310000－0243－0003942　432000/18/8842.73.02
[光緒]餘姚縣志二十七卷　(清)周炳麟修　(清)孫德祖等纂　清光緒二十五年(1899)刻本　十六冊

310000－0243－0003943　432000/18/9022.78
[光緒]常山縣志六十八卷　(清)李瑞鍾修　(清)朱昌泰等纂　清光緒十二年(1886)刻本　八冊

310000－0243－0003944　432000/19/0032.78
[光緒]廬州府志一百卷　(清)黄雲修　(清)林之望纂　清光緒十一年(1885)刻本　四十八冊

310000－0243－0003945　432000/19/0032.78
[光緒]廬州府志一百卷　(清)黄雲修　(清)林之望纂　清光緒十一年(1885)刻本　四十八冊

310000－0243－0003946　432000/19/0032.78
[光緒]廬州府志一百卷　(清)黄雲修　(清)林之望纂　清光緒十一年(1885)刻本　四十八冊

310000－0243－0003947　432000/19/1031.78
[光緒]重修五河縣志二十卷　(清)賴同晏等修　(清)俞宗誠等纂　清光緒二十年(1894)金陵刻本　八冊

310000－0243－0003948　432000/19/2121.77
[同治]潁上縣志十二卷　(清)都寵錫等修　(清)李道章　(清)鄭以莊纂　清光緒四年(1878)刻本　八冊

310000－0243－0003949　432000/19/2690.73
歷陽典録三十四卷　(清)陳廷桂纂修　清嘉慶二十三年(1818)刻同治六年(1867)和州官舍重印本　十二冊

310000－0243－0003950　432000/19/2776.75
[道光]阜陽縣志二十四卷　(清)劉虎文　(清)周天爵修　(清)李復慶纂　清道光九年(1829)刻本　十二冊

310000－0243－0003951　432000/19/2832.518
[淳熙]新安志十卷　(宋)羅願撰　清光緒十四年(1888)刻本　四冊

310000－0243－0003952　432000/19/2832.75
[道光]徽州府志十六卷　(清)馬步蟾纂修　清道光七年(1827)刻本　三十冊

310000－0243－0003953　432000/19/3048.75
[道光]宿松縣誌二十八卷　(清)鄔正楷修　清道光六年(1826)刻本　十一冊

310000－0243－0003954　432000/19/3111.74
[嘉慶]涇縣志三十二卷　(清)李德淦修　(清)洪亮吉纂　清嘉慶十一年(1806)刻本　二十四冊

310000－0243－0003955　432000/19/3610.78
[光緒]泗虹合志十九卷　(清)方瑞蘭修　(清)江殿颺　(清)許湘甲纂　清光緒十四年(1888)刻本　八冊

310000－0243－0003956　432000/19/3777.75
[道光]祁門縣志三十六卷　(清)王讓修　(清)桂超萬纂　清道光七年(1827)刻本　八冊

310000－0243－0003957　432000/19/3819.78
[光緒]滁州志十卷　(清)熊祖詒纂修　清光緒二十二年(1896)刻本　十冊

310000－0243－0003958　432000/19/6732.74
[嘉慶]黟縣誌續志十六卷　(清)吳甸華　(清)程汝翼原修纂　(清)呂子玨　(清)詹錫齡續修纂　清嘉慶十七年(1812)刻本　十六冊

310000－0243－0003959　432000/19/6732.74
[嘉慶]黟縣誌續志十六卷　(清)吳甸華

（清）程汝翼原修纂　（清）呂子玨　（清）詹錫齡續修纂　清嘉慶十七年（1812）刻本　十四册

310000－0243－0003960　432000/19/6732.77
［同治］黟縣三志十六卷　（清）謝永泰修　（清）程鴻詔等纂　清同治十年（1871）刻本　十六册

310000－0243－0003961　432000/19/7740.74
［嘉慶］鳳台縣志十二卷　（清）李兆洛纂修　清嘉慶十九年（1814）抄本　六册

310000－0243－0003962　432000/19/78
［光緒］重修安徽通志三百五十卷　（清）吳坤修等修　（清）何紹基纂　清光緒四年（1878）刻本　一百二十册

310000－0243－0003963　432000/19/8774.78
［乾隆］銅陵縣志十四卷圖一卷　（清）朱成阿修　（清）史應貴纂　清乾隆二十二年（1757）刻後印本　四册

310000－0243－0003964　432000/20/0030.77
［同治］高安縣志二十八卷　（清）孫家鐸修　（清）熊松之纂　清同治十年（1871）刻本　二十册

310000－0243－0003965　432000/20/0060.77
［同治］廣昌縣志十卷　（清）曾毓璋校刊　清同治六年（1867）刻本　十册

310000－0243－0003966　432000/20/0732.77
［同治］贛州府志七十八卷　（清）魏瀛修　（清）鍾音鴻纂　清同治十二年（1873）贛州府學刻本　二十六册

310000－0243－0003967　432000/20/0748.77.1
［同治］贛縣志五十四卷　（清）黃德溥修　（清）褚景昕纂　清同治十一年（1872）刻本　十八册

310000－0243－0003968　432000/20/0748.77.1
［同治］贛縣志五十四卷　（清）黃德溥修　（清）褚景昕纂　清同治十一年（1872）刻本　十八册

310000－0243－0003969　432000/20/1022.77
［同治］玉山縣志十卷　（清）黃壽祺修　（清）任廷槐纂　清同治十二年（1873）尊經閣刻本　十册

310000－0243－0003970　432000/20/1047.77
［同治］雩都縣志十六卷　（清）顔壽芝等修　（清）何戴仁等纂　清同治十三年（1874）雩陽書院刻本　十二册

310000－0243－0003971　432000/20/1232.77
［同治］瑞州府志二十四卷　（清）黃廷金修　（清）蕭浚蘭等纂　清同治十二年（1873）刻本　十四册

310000－0243－0003972　432000/20/1560.77
［同治］建昌府志十卷　（清）邵子彝修　（清）魯琪光纂　清同治十一年（1872）刻本　二十八册

310000－0243－0003973　432000/20/2184.77
［同治］上饒縣志十八卷　（清）王恩傅修　（清）李樹藩等纂　清同治十一年（1872）刻本　八册

310000－0243－0003974　432000/20/2776.77
［同治］鄱陽縣志二十四卷附鄱陽縣忠烈録三卷　（清）陳志培修　（清）王廷鑑等纂　清同治十年（1871）刻本　十二册

310000－0243－0003975　432000/20/3050.77
［同治］宜春縣志十卷　（清）路青雲修　（清）李佩琳　（清）陳瑜纂　清同治十年（1871）刻本　十二册

310000－0243－0003976　432000/20/3531.77
［同治］清江縣志十卷　（清）潘懿修　（清）朱孫譯等纂　清同治九年（1870）刻本　十册

310000－0243－0003977　432000/20/4012.28
［光緒］吉水縣志六十六卷　（清）彭際盛修　（清）胡宗元纂　清光緒元年（1875）刻本　二十册

310000－0243－0003978　432000/20/4060.77
［同治］南昌縣志三十六卷　（清）陳紀麟修

(清)劉於潯等纂　清同治九年(1870)縣學文昌祠刻本　三十四册

310000－0243－0003979　432000/20/5032.77
[同治]貴溪縣志十卷　(清)楊長傑修纂　清同治十年(1871)刻本　十四册

310000－0243－0003980　432000/20/7760.75
[道光]興國縣志四十六卷　(清)蔣敘倫修　(清)蕭朗峰纂　清道光四年(1824)刻本　十二册

310000－0243－0003981　432000/20/78
[光緒]江西通志一百八十卷　(清)劉坤一等修　(清)劉繹等纂　清光緒七年(1881)刻本　一百二十册

310000－0243－0003982　432000/20/78
[光緒]江西通志一百八十卷　(清)劉坤一等修　(清)劉繹等纂　清光緒七年(1881)刻本　一百二十册

310000－0243－0003983　432000/20/78.1
江西要覽二十卷　(清)陳炳星纂輯　清光緒二十六年(1900)肇喻書屋刻本　四册

310000－0243－0003984　432000/20/7822.77
[同治]臨川縣志五十四卷　(清)童范儼修　(清)陳慶齡等纂　清同治九年(1870)縣學尊經閣刻本　二十四册

310000－0243－0003985　432000/20/7831.77
[同治]臨江府志三十二卷　(清)德馨等修　(清)朱孫詒等纂　清同治十年(1871)刻本　六册

310000－0243－0003986　432000/20/8810.77
[同治]餘幹縣志二十卷　(清)區作霖修　(清)曾福善等纂　清同治十一年(1872)東山書院刻本　八册

310000－0243－0003987　432000/20/8831.77
[同治]安仁縣志三十六卷　(清)朱潼修　(清)徐彥楠等纂　清同治十一年(1872)刻本　十册

310000－0243－0003988　432000/21/3024.712
[康熙]寧化縣志七卷　(清)祝文郁修　(清)李世熊纂　清同治八年(1869)李中和軒刻本　八册

310000－0243－0003989　432000/21/4460.73
[乾隆]莆田縣志三十六卷首一卷　(清)汪大經等修　(清)廖必琦纂　清光緒五年(1879)刻民國十五年(1926)補刻本　二十册

310000－0243－0003990　432000/21/7177.75
[道光]廈門志十六卷　(清)周凱等纂修　清道光十二年(1832)刻本　十二册

310000－0243－0003991　432000/21/7177.75
[道光]廈門志十六卷　(清)周凱等纂修　清道光十二年(1832)刻本　十二册

310000－0243－0003992　432000/21/7713.78
閩縣鄉土志八卷　(清)朱景星等修　(清)鄭祖庚等纂　清光緒二十三年(1897)鉛印本　四册

310000－0243－0003993　432000/21/7724.63
[弘治]大明興化府志五十四卷　(明)陳效修　(明)周英　(清)黄仲昭纂　清同治十年(1871)刻本　二十四册

310000－0243－0003994　432000/22/2330.73
[乾隆]臺灣府志二十六卷首一卷　(清)覺羅四明　(清)余文儀修　(清)黄佾輯　清乾隆三十九年(1774)刻後印本　十二册

310000－0243－0003995　432000/22/3912.77
[同治]淡水廳志十六卷　(清)陳培桂等纂修　清同治十年(1871)刻本　六册

310000－0243－0003996　432000/22/77
東瀛識略八卷　(清)丁紹儀纂　清同治十二年(1873)福州吳玉田刻本　四册

310000－0243－0003997　432000/23/1371.75
[道光]武陟縣志三十六卷　(清)王榮陛修　(清)方履籛纂　清道光九年(1829)刻本　八册

310000－0243－0003998　432000/23/1774.75
[道光]鄢陵縣志十八卷　(清)何鄂聯修

(清)洪符孫纂　清道光十三年(1833)刻本　四冊

310000－0243－0003999　432000/23/2776.75
[道光]重修伊陽縣志六卷首一卷末一卷　(清)張道超修　(清)烏九功纂　清道光十八年(1838)刻本　六冊

310000－0243－0004000　432000/23/3076.74
[嘉慶]安陽縣志二十八卷首一卷　(清)貴泰修　(清)武穆淳纂　清嘉慶二十四年(1819)刻本　十冊

310000－0243－0004001　432000/23/3112.74
[嘉慶]涉縣志八卷　(清)戚學標修纂　清嘉慶四年(1799)刻本　四冊

310000－0243－0004002　432000/23/3116.74
[嘉慶]濬縣志二十二卷　(清)熊象階修　(清)武穆淳纂　清嘉慶七年(1802)刻本　十冊

310000－0243－0004003　432000/23/3140.75
[道光]河内縣志三十六卷　(清)袁通修　(清)方履籛纂　清道光五年(1825)刻本　十冊

310000－0243－0004004　432000/23/3776.74
[嘉慶]洛陽縣志六十卷　(清)魏襄修　(清)陸繼輅纂　清嘉慶十八年(1813)刻本　二十四冊

310000－0243－0004005　432000/23/72
[雍正]河南通志八十卷　(清)田文鏡修　(清)孫灝纂　清雍正十三年(1735)刻民國三年(1914)補版重印本　四十冊

310000－0243－0004006　432000/23/73
[乾隆]續河南通志八卷首四卷　(清)阿思哈纂修　清乾隆三十二年(1767)刻民國三年(1914)補版重印本　二十四冊

310000－0243－0004007　432000/23/7732.74
[嘉慶]開州志八卷首一卷　(清)李符清　(清)沈樂善纂　清嘉慶十一年(1806)刻本　六冊

310000－0243－0004008　432000/23/7744.712
[康熙]開封府志四十卷　(清)管竭忠修　(清)張沐纂　清同治三年(1864)刻本　十冊

310000－0243－0004009　432000/24/0022.77
[同治]應山縣誌三十六卷首一卷末一卷　(清)劉宗元等修　(清)吳天錫纂　清同治十年(1871)文明宫刻本　十六冊

310000－0243－0004010　432000/24/0022.78
[光緒]京山縣志二十七卷　(清)沈星標修　(清)曾憲德等纂　清光緒八年(1882)刻本　十六冊

310000－0243－0004011　432000/24/0076.77
[同治]襄陽縣志七卷　(清)楊宗時修　(清)崔淦纂　清同治十三年(1874)刻本　八冊

310000－0243－0004012　432000/24/0840.78
[光緒]施南府志續編十卷　(清)王庭楨修　(清)尹壽衡纂　清光緒十年(1884)刻本　四冊

310000－0243－0004013　432000/24/1077.75
[道光]天門縣志三十六卷　(清)王希琮修　清道光元年(1821)刻本　十二冊

310000－0243－0004014　432000/24/1543.77
[同治]建始縣志八卷首一卷　(清)熊啟詠纂修　清同治五年(1866)刻本　四冊

310000－0243－0004015　432000/24/2222.78
[光緒]利川縣志十四卷首一卷　(清)黄世崇纂修　清光緒二十年(1894)鍾靈書院刻本　四冊

310000－0243－0004016　432000/24/2430.78
[光緒]德安府志二十卷首一卷末一卷　(清)賡音布修　(清)劉國光等纂　清光緒十四年(1888)刻本　二十冊

310000－0243－0004017　432000/24/2527.78
[光緒]歸州志十卷首一卷　(清)沈雲駿修　(清)劉玉森纂　清光緒八年(1882)刻本　六冊

310000－0243－0004018　432000/24/3022.77
[同治]房縣志十二卷首一卷　(清)楊延烈修　(清)郁方董等纂　清同治五年(1866)賔興館刻本　六冊

310000－0243－0004019　432000/24/3043.77
[同治]宜城縣志十卷　(清)程啟安修　(清)張炳鍾纂　清同治五年(1866)刻本　八冊

310000－0243－0004020　432000/24/3043.78
[光緒]宜城縣續志二卷　(清)李連騎修　(清)姚德華纂　清光緒九年(1883)刻本　一冊

310000－0243－0004021　432000/24/3422.77
[同治]漢川縣志二十二卷首一卷　(清)德廉修　(清)林祥瑗纂　清同治十二年(1873)刻本　十二冊

310000－0243－0004022　432000/24/3430.77
[同治]遠安縣志八卷首一卷　(清)鄭燡林修　(清)周葆恩纂　清同治五年(1866)刻本　八冊

310000－0243－0004023　432000/24/4033.77
[同治]大冶縣志十八卷首一卷　(清)胡復初修　(清)黃昺杰纂　清同治六年(1867)刻本　九冊

310000－0243－0004024　432000/24/4033.78
[光緒]大冶縣志續編六卷首一卷末一卷　(清)林佐修　(清)陳鼇纂　清光緒十年(1884)刻本　二冊

310000－0243－0004025　432000/24/4232.78
[光緒]荆州府志八十卷首一卷　(清)倪文蔚修　(清)顧嘉蘅纂　清光緒六年(1880)刻本　三十二冊

310000－0243－0004026　432000/24/4448.78
[光緒]黃梅縣志四十卷首一卷　(清)覃瀚元修　(清)宛名昌等纂　清光緒二年(1876)刻本　十二冊

310000－0243－0004027　432000/24/4453.78
[光緒]孝感縣志二十四卷　(清)朱希白修　(清)沈用增纂　清光緒八年(1882)刻本　十二冊

310000－0243－0004028　432000/24/4477.78
[光緒]黃岡縣志二十四卷首一卷　(清)戴昌言修　(清)劉恭冕纂　清光緒八年(1882)刻本　二十四冊

310000－0243－0004029　432000/24/4743.77
[同治]穀城縣志八卷　(清)黄定鏞纂　(清)承印修　清同治六年(1867)刻本　八冊

310000－0243－0004030　432000/24/5037.77
[同治]續修東湖縣志三十卷首一卷　(清)金大鏞修　(清)王柏心纂　清同治三年(1864)刻本　十冊

310000－0243－0004031　432000/24/6776.77
[同治]鄖陽志八卷首一卷　(清)吳葆儀修　(清)王嚴恭纂　清同治九年(1870)鄖山書院刻本　十二冊

310000－0243－0004032　432000/24/7122.76
[咸豐]長樂縣志十六卷首一卷末一卷　(清)李煥春修　(清)賴榮光纂　清咸豐二年(1852)刻本　八冊

310000－0243－0004033　432000/24/7750.77
[同治]巴東縣志十六卷首一卷　(清)廖恩樹修　(清)蕭佩聲纂　清同治五年(1866)刻本　六冊

310000－0243－0004034　432000/24/78
[光緒]湖北輿地記二十四卷　湖北輿圖局編纂　清光緒二十年(1894)湖北輿圖局刻本　十二冊

310000－0243－0004035　432000/24/78
[光緒]湖北輿地記二十四卷　湖北輿圖局編纂　清光緒二十年(1894)湖北輿圖局刻本　二十四冊

310000－0243－0004036　432000/24/8238.77
[同治]鍾祥縣志二十卷補編二卷　(清)覺羅同勳修　(清)孫福海等纂　清同治六年

(1867)鍾祥縣署刻本　十四册

310000－0243－0004037　432000/24/9024.78
[光緒]光化縣志八卷首一卷　(清)鍾桐山修　(清)段映斗纂　清光緒十年(1884)刻本　八册

310000－0243－0004038　432000/24/9076.77
[同治]當陽縣志十八卷首一卷末一卷　(清)阮恩光修　(清)王柏心纂　清同治五年(1866)刻本　十二册

310000－0243－0004039　432000/25/0122.77
[光緒]龍山縣志十六卷首一卷　(清)符爲霖修　(清)吕懋恒纂　(清)謝寶文續修　(清)劉沛續增輯　清光緒四年(1878)刻本　六册

310000－0243－0004040　432000/25/1074.78
[光緒]零陵縣志十五卷　(清)徐保齡修　(清)劉沛纂　清光緒二年(1876)刻民國二年(1913)補刻本　八册

310000－0243－0004041　432000/25/2176.77
[同治]衡陽縣志十二卷　(清)羅慶薌修　(清)彭玉麟纂　清同治十三年(1874)刻本　七册

310000－0243－0004042　432000/25/3032.75
[道光]永州府志十八卷首一卷　(清)吕恩湛　(清)李宗傳修　(清)宗績辰纂　清道光八年(1828)刻本　三十二册

310000－0243－0004043　432000/25/3526.77
[同治]清泉縣志十卷首一卷末一卷　王闓運修　(清)張修府纂　清同治八年(1869)刻民國二十三年(1934)衡陽圖書館補刻本　二册

310000－0243－0004044　432000/25/3627.77
[同治]湘鄉縣志二十三卷首一卷末一卷　(清)齊德五修　(清)黄楷盛纂　清同治十三年(1874)刻本　二十四册

310000－0243－0004045　432000/25/3631.74
[嘉慶]湘潭縣志四十卷　(清)張雲璈修　(清)周系英纂　清嘉慶二十三年(1818)刻本　十八册

310000－0243－0004046　432000/25/3631.78
[光緒]湘潭縣志十二卷　(清)陳嘉榆修　王闓運等纂　清光緒十五年(1889)刻本　十册

310000－0243－0004047　432000/25/3678.78
[光緒]湘陰縣圖志三十四卷首一卷末一卷　(清)郭嵩燾等纂修　清光緒六年(1880)湘陰縣志局刻本　十四册

310000－0243－0004048　432000/25/4476.77
[同治]桂陽直隸州志二十七卷　(清)汪敩灝修　王闓運纂　清同治七年(1868)刻本　十三册

310000－0243－0004049　432000/25/5030.78
[光緒]東安縣志八卷　(清)黄心菊修　(清)席實田等纂　清光緒元年(1875)刻本　四册

310000－0243－0004050　432000/25/8024.78
[光緒]善化縣志三十四卷首一卷　(清)吴兆熙等修　(清)張先掄等纂　清光緒三年(1877)刻本　二十册

310000－0243－0004051　432000/26/0032.75
[道光]高州府志十六卷首一卷　(清)黄安濤等修　(清)潘眉纂　清道光七年(1827)富文樓刻本　十六册

310000－0243－0004052　432000/26/0230.78
[光緒]新寧縣志二十六卷首一卷　(清)何福海等修　(清)林國賡等纂　清光緒十九年(1893)刻本　八册

310000－0243－0004053　432000/26/0280.75
[道光]新會縣志十四卷首一卷　(清)林星章修　(清)黄培芳等纂　清道光二十一年(1841)刻本　十四册

310000－0243－0004054　432000/26/0280.78
[光緒]新會鄉土志輯稿十五篇　(清)蔡垚爔修　(清)譚鑣纂　清光緒三十四年(1908)粤東編譯公司鉛印本　一册

310000－0243－0004055　432000/26/1012.74

[嘉慶]三水縣志十六卷首一卷　(清)李友榕修　(清)鄧雲龍等纂　清嘉慶二十四年(1819)刻本　八册

310000－0243－0004056　432000/26/2060.77
[同治]番禺縣志五十四卷首一卷　(清)李福泰修　(清)史澄等纂　清同治十年(1871)光霽堂刻本　十六册

310000－0243－0004057　432000/26/2124.76
[咸豐]順德縣志三十二卷　(清)郭汝誠修　(清)馮奉初纂　清咸豐三年(1853)刻本　十六册

310000－0243－0004058　432000/26/3522.75
[道光]連山綏猺廳志一卷　(清)姚柬之編　清道光十七年(1837)刻本　一册

310000－0243－0004059　432000/26/3732.73
[乾隆]潮州府志四十二卷首一卷　(清)周碩勳纂修　清光緒十九年(1893)潮郡保安總局刻本　二十五册

310000－0243－0004060　432000/26/3800.75
[道光]肇慶府志二十二卷首一卷　(清)屠英等修　(清)江藩等纂　清光緒二年(1876)羊城富文齋刻本　二十二册

310000－0243－0004061　432000/26/4038.77
[道光]南海縣志二十六卷首一卷　(清)鄭夢玉修　(清)梁紹獻纂　清道光十五年(1835)修同治十一年(1872)刻本　十二册

310000－0243－0004062　432000/26/4038.77
[道光]南海縣志二十六卷首一卷　(清)鄭夢玉修　(清)梁紹獻纂　清道光十五年(1835)修同治十一年(1872)刻本　十一册　缺二卷(二十五至二十六)

310000－0243－0004063　432000/26/4038.79
[宣統]南海縣志二十六卷首一卷　(清)張鳳喈修　(清)桂坫纂　清宣統三年(1911)刻本　十五册

310000－0243－0004064　432000/26/4422.75
石窟一徵九卷　(清)黄釗纂　清光緒六年(1880)鎮平古壽刻本　四册

310000－0243－0004065　432000/26/5531.78
[光緒]曲江縣志十六卷　(清)張希京修　(清)歐樾華纂　清光緒元年(1875)廣州酌雅齋刻本　八册

310000－0243－0004066　432000/26/5676.78
[光緒]揭陽縣續志四卷首一卷　(清)王崧修　(清)李星輝纂　清光緒十六年(1890)刻本　二册

310000－0243－0004067　432000/26/78
廣東考古輯要四十六卷　(清)周廣等輯　清光緒十九年(1893)還讀書屋刻本　十册

310000－0243－0004068　432000/27/1732.75.01
[道光]瓊州府志四十四卷首一卷　(清)明誼修　(清)張嶽崧纂　清道光二十一年(1841)刻本　二十四册

310000－0243－0004069　432000/28/3060.78
[光緒]容縣志二十八卷首一卷　(清)易紹悳等修　(清)封祝唐等纂　清光緒二十三年(1897)會文堂鉛印本　六册

310000－0243－0004070　432000/28/4441.76
[同治]蒼梧縣志十八卷首一卷　(清)羅勳原纂　(清)王棟續纂　清同治十一年(1872)刻本　十二册

310000－0243－0004071　432000/28/75
[光緒]廣西通志輯要十七卷首一卷　(清)蘇宗經原輯　(清)羊復禮　(清)夏敬頤等增輯　清光緒十五年(1889)刻本　十三册

310000－0243－0004072　432000/28/7844.78
[光緒]臨桂縣志三十二卷首一卷　(清)吳徵鼇修　(清)黄泌　曹馴纂　清光緒三十一年(1905)桂林蔣存遠堂刻本　十六册

310000－0243－0004073　432000/29/0247.75
[道光]新都縣志十八卷首一卷　(清)張奉書修　(清)張懷泂纂　清道光二十四年(1844)刻本　十册

310000－0243－0004074　432000/29/0288.77

[同治]新繁縣志十六卷首一卷 （清）張文珍 （清）李應觀修 （清）楊益豫等纂 清同治十二年(1873)刻本 八册

310000－0243－0004075 432000/29/1040.74
[嘉慶]三台縣志八卷 （清）沈昭興纂修 清嘉慶二十年(1815)刻本 八册

310000－0243－0004076 432000/29/1640.74
[嘉慶]理塘志略二卷 （清）陳登龍編 清嘉慶十二年(1807)雲凹水曲山房刻本 一册

310000－0243－0004077 432000/29/2030.78
[光緒]雙流縣志二卷 （清）彭琬等纂修 清光緒二十年(1894)刻本 四册

310000－0243－0004078 432000/29/2140.75
[道光]仁壽縣新志八卷 （清）馬百齡修 （清）魏崧等纂 清道光十八年(1838)刻本 八册

310000－0243－0004079 432000/29/3021.73
[光緒]富順縣志五卷首一卷 （清）段玉裁纂修 清光緒八年(1882)釜江書社刻本 五册

310000 － 0243 － 0004080 432000/29/3021.73.01
[光緒]富順縣志五卷首一卷 （清）段玉裁纂修 清光緒八年(1882)釜江書社刻本 十册

310000－0243－0004081 432000/29/3072.75
[道光]安岳縣志十六卷首一卷 （清）濮瑗修 （清）周國頤纂 清道光十六年(1836)刻本 八册

310000－0243－0004082 432000/29/3072.78
[光緒]續修安岳縣志四卷 （清）陳其寬修 （清）鄒宗垣纂 清光緒二十三年(1897)刻本 四册

310000－0243－0004083 432000/29/3411.78
[光緒]灌縣志十四卷首一卷 （清）莊思恒修 （清）鄭珶山纂 清光緒十二年(1886)刻本 十册

310000－0243－0004084 432000/29/3411.78.1
[光緒]灌縣鄉土志二卷 （清）鍾文虎修 （清）徐昱等纂 清光緒三十三年(1907)刻本 二册

310000－0243－0004085 432000/29/3532.74
[嘉慶]清溪縣志四卷首一卷 （清）劉傳經修 （清）陳一沺纂 清嘉慶五年(1800)刻本 四册

310000－0243－0004086 432000/29/4031.74
[嘉慶]夾江縣志十二卷 （清）王佐纂修 清嘉慶十八年(1813)刻本 四册

310000－0243－0004087 432000/29/4212.78
[光緒]重修彭縣志十三卷首一卷末一卷 （清）張龍甲修 （清）呂調陽纂 清光緒四年(1878)刻本 十册

310000－0243－0004088 432000/29/4212.78
[光緒]重修彭縣志十三卷首一卷末一卷 （清）張龍甲修 （清）呂調陽纂 清光緒四年(1878)刻本 十册

310000－0243－0004089 432000/29/4430.78
[光緒]蓬州志十五卷 （清）方旭修 （清）張禮杰纂 清光緒二十三年(1897)刻本 三册

310000－0243－0004090 432000/29/5347.74
[嘉慶]成都縣志六卷首一卷 （清）王泰雲等修 （清）衷以壎纂 （清）楊芳燦續纂 清咸豐十年(1860)刻本 六册

310000－0243－0004091 432000/29/5511.78
[光緒]井研志四十二卷首一卷 （清）葉桂年 （清）高承瀛等修 （清）吳嘉謨等纂 清光緒二十六年(1900)刻本 十二册

310000－0243－0004092 432000/29/6031.74
[嘉慶]羅江縣志十卷 （清）李調元纂 清嘉慶七年(1802)刻本 二册

310000－0243－0004093 432000/29/74
[嘉慶]四川通志二百四卷首二十二卷 （清）常明等修 （清）楊芳燦等纂 清嘉慶二十一年(1816)刻本 一百六十册

310000－0243－0004094 432000/29/8032.75

[道光]夔州府志三十六卷首一卷　(清)恩成修　(清)劉德銓纂　清道光七年(1827)刻本　二十四册

310000－0243－0004095　432000/30/3880.75
[道光]遵義府志四十八卷首一卷　(清)平翰等修　(清)鄭珍　(清)莫友芝纂　清道光二十一年(1841)刻本　二十册

310000－0243－0004096　432000/30/712.01
黔書二卷　(清)田雯撰　清嘉慶十三年(1808)刻本　二册

310000－0243－0004097　432000/30/73.2
黔南識略三十二卷　(清)愛必達纂修　清乾隆十四年(1749)刻本　四册

310000－0243－0004098　432000/30/74
續黔書八卷　(清)張澍撰　清嘉慶九年(1804)刻本　一册

310000－0243－0004099　432000/30/8030.74
桑梓述聞十卷　(清)傅玉書纂　清嘉慶三年(1798)貴州省圖書館謄印本　四册

310000－0243－0004100　432000/31/3060.78
[光緒]永昌府志六十六卷首一卷　(清)劉毓珂纂修　清光緒十一年(1885)刻民國二十五年(1936)保山輔文館重印本　十四册

310000－0243－0004101　432000/31/42
蠻書十卷　(唐)樊綽撰　清光緒漸西村舍刻本　一册

310000－0243－0004102　432000/31/6067.75
[道光]昆明縣志十卷　(清)戴絅孫纂修　清光緒二十七年(1901)刻本　六册

310000－0243－0004103　432000/31/74
滇繫四十卷　(清)師範纂修　清光緒十三年(1887)雲南通志局刻本　四十册

310000－0243－0004104　432000/31/78
全滇紀要　雲南課吏館纂修　清光緒三十二年(1906)雲南課吏館鉛印本　十册

310000－0243－0004105　432000/32/78
西藏圖考八卷首一卷　(清)黄沛翹纂　清光緒十二年(1886)刻本　四册

310000－0243－0004106　432000/32/78.1
衛藏圖識四卷附蠻語一卷　(清)馬揭修　(清)盛繩祖撰　清光緒十七年(1891)刻本　四册

310000－0243－0004107　432000/32/78.2
衛藏通志十六卷首一卷　(清)和琳纂　清光緒二十一年(1895)浙西村舍刻本　八册

310000－0243－0004108　432000/32/78.3
西藏通覽　(日本)山縣初男編撰　(清)吳季昌譯　清宣統元年(1909)四川西藏研究會鉛印本　四册

310000－0243－0004109　434000/0008
龍江竹枝詞　(清)童謙孟撰　清光緒十三年(1887)刻本　一册

310000－0243－0004110　434000/0015
三晉見聞錄　(清)齊翀撰　清光緒六年(1880)天空海藍之居刻本　一册

310000－0243－0004111　434000/0021
南海百詠一卷　(宋)方信孺撰　清刻本　一册

310000－0243－0004112　434000/0028
溫州竹枝詞一卷　(清)方鼎鋭纂輯　清同治十一年(1872)剜綠軒刻本　一册

310000－0243－0004113　434000/0028－1
聞川綴舊詩二卷　唐佩金撰　清宣統三年(1911)小桃花庵鉛印本　一册

310000－0243－0004114　434000/0038
閩嶠輶軒錄二卷　(清)卞寶第撰　清刻本　一册

310000－0243－0004115　434000/0045
績溪雜感詩一卷附錄一卷　(清)高孝本撰　(清)汪澤注釋　清同治九年(1870)刻本　一册

310000－0243－0004116　434000/0175
上海地名表　商務印書館編譯所編　清宣統二年(1910)商務印書館鉛印本　一册

310000－0243－0004117　434000/0175
上海地名表　商務印書館編譯所編　清宣統二年(1910)商務印書館鉛印本　一冊

310000－0243－0004118　434000/0412
明齋小識十二卷　(清)諸聯撰　清光緒二十年(1894)蘇州綠蔭堂刻本　六冊

310000－0243－0004119　434000/0832
閩雜記十二卷　(清)施鴻保輯　清光緒二年(1876)申報館鉛印本　四冊

310000－0243－0004120　434000/1003
桃塢百絕一卷後桃塢百絕一卷附楠溪竹枝詞一卷　(清)石方洛著　(清)謝家福編　清光緒二十一年(1895)吳門石氏清素堂刻本　一冊

310000－0243－0004121　434000/1003.1
且甌歌一卷附楠溪竹枝詞一卷問壺述懷詩一卷　(清)石方洛撰　清光緒十七年(1891)葉懷古齋刻本　一冊

310000－0243－0004122　434000/1010
北郭詩帳二卷　(清)丁丙撰　清光緒二十五年(1899)正修堂丁氏刻本　二冊

310000－0243－0004123　434000/1010.1
續東河櫂歌一卷　(清)丁丙撰　清光緒二十一年(1895)嘉惠堂丁氏刻本　一冊

310000－0243－0004124　434000/1010－1
西域紀要八卷　(清)貢三編　清道光六年(1826)希西山房刻本　四冊

310000－0243－0004125　434000/1025
臺灣雜詠合刊二種二卷　(清)王凱泰等撰　清光緒七年(1881)刻本　一冊

310000－0243－0004126　434000/1025
臺灣雜詠合刊二種二卷　(清)王凱泰等撰　清光緒七年(1881)刻本　一冊

310000－0243－0004127　434000/1040
金陵雜詠　(清)王友亮撰　清嘉慶江寧顧氏晴崖局刻本　一冊

310000－0243－0004128　434000/1047
會稽三賦四卷　(宋)王十朋撰　清刻本　一冊

310000－0243－0004129　434000/104743
會稽三賦四卷　(宋)王十朋撰　(明)南逢吉注　(清)周炳曾增注　清尺木堂刻本　一冊

310000－0243－0004130　434000/1060
石亭記事一卷續編一卷　(清)丁晏撰　清道光二十八年(1848)刻本　一冊

310000－0243－0004131　434000/1134－1
蜀典十二卷　(清)張澍編輯　清光緒二年(1876)尊經書院刻本　四冊

310000－0243－0004132　434000/1138
西藏紀述一卷　(清)張海撰　清漸學廬刻本　一冊

310000－0243－0004133　434000/1138.01
西藏紀述一卷章谷屯志畧一卷　(清)張海撰　清光緒二十年(1894)汪氏振綺堂刻本　一冊

310000－0243－0004134　434000/1140
津門雜記三卷　(清)張燾輯　清光緒十年(1884)游藝山莊刻本　一冊

310000－0243－0004135　434000/1233
新州竹枝詞二卷附補遺　(清)孫福清等撰　清同治十三年(1874)新洲官署刻本　二冊

310000－0243－0004136　434000/1246
魏塘竹枝詞一卷　(清)孫燕昌撰　清同治七年(1868)望雲僊館刻本　一冊

310000－0243－0004137　434000/1271
永嘉聞見錄二卷　(清)孫同元撰　清光緒十四年(1888)東甌郭博古齋刻本　二冊

310000－0243－0004138　434000/2105
乍浦紀事詩一卷　(清)盧奕春撰　清道光二十四年(1844)自怡樓刻本　一冊

310000－0243－0004139　434000/2157
歷下志遊正編四卷外編四卷　(清)師史氏撰　清末上海申報館鉛印本　二冊

310000-0243-0004140　434000/2431
羊城古鈔八卷　(清)仇池石輯　清嘉慶十一年(1806)刻本　十二册

310000-0243-0004141　434000/2518
豫乘識小錄二卷　(清)朱雲錦撰　清嘉慶二十三年(1818)維揚王有耀齋刻本　二册

310000-0243-0004142　434000/2518.01
豫乘識小錄二卷　(清)朱雲錦撰　清同治十二年(1873)文耀齋刻本　二册

310000-0243-0004143　434000/2609
和朱竹垞太史鴛鴦湖櫂歌一卷　(清)程龍光撰　清同治十二年(1873)紫薇館刻本　一册

310000-0243-0004144　434000/2630
蠡塘漁乃一卷　(清)吴騫撰　清光緒二十年(1894)孫谿朱氏校經堂刻本　一册

310000-0243-0004145　434000/2630.01
西藏賦　(清)和寧撰　清嘉慶二年(1797)刻本　四册

310000-0243-0004146　434000/2630-1
三邊賦三種三卷　(清)和寧等撰　清光緒八年(1882)元尚居刻本　二册

310000-0243-0004147　434000/2647
甯古塔記略一卷　(清)吴桭臣撰　清浙西村舍刻本　一册

310000-0243-0004148　434000/2654
黔語二卷　(清)吴振棫纂　清咸豐四年(1854)刻靈峰草堂叢書本　一册

310000-0243-0004149　434000/2683
申江勝景圖二卷　吴猷繪　清光緒十年(1884)上海點石齋石印本　二册

310000-0243-0004150　434000/2683.01
申江勝景圖二卷　吴猷繪　清光緒二十年(1894)上海點石齋石印本　二册

310000-0243-0004151　434000/2688
楓溪櫂歌一卷楓溪雜詠一卷　(清)程兼善撰　清光緒二十年(1894)松江顧文善齋刻本　一册

310000-0243-0004152　434000/2688
楓溪櫂歌一卷楓溪雜詠一卷　(清)程兼善撰　清光緒二十年(1894)松江顧文善齋刻本　一册

310000-0243-0004153　434000/2724
斜塘竹枝詞一卷　(清)倪以埴撰　清光緒十九年(1893)刻本　一册

310000-0243-0004154　434000/2820
西域輿地三種彙刻三卷　徐崇立輯校　清光緒三十一年(1905)長沙徐氏刻本　一册

310000-0243-0004155　434000/2830
黑龍江述略六卷　(清)徐宗亮撰　清光緒十七年(1891)石埭徐氏觀自得齋刻本　二册

310000-0243-0004156　434000/3100
志異新編四種四卷　(清)福慶撰　清嘉慶四年(1799)刻本　一册

310000-0243-0004157　434000/3189
華原風土詞一百首　(清)顧曾烜撰　清光緒十九年(1893)顧氏刻本　一册

310000-0243-0004158　434000/3323
海上遊戲圖説四卷　(清)滬上遊戲主編　清光緒二十四年(1898)石印本　四册

310000-0243-0004159　434000/3404
洪北江雜著四種四卷　(清)洪亮吉著　清咸豐五年(1855)番禺刻本　一册

310000-0243-0004160　434000/3411
東畬雜記附幽湖百詠一卷　(清)沈廷瑞撰　清光緒十四年(1888)自刻本　一册

310000-0243-0004161　434000/3444
滬城備考六卷　(清)褚華撰　清光緒四年(1878)申報館鉛印本　二册

310000-0243-0004162　434000/3450
常州賦　(清)褚邦慶編注　清光緒四年(1878)刻本　一册

310000-0243-0004163　434000/3742
新湖南　湖南生撰　清光緒二十九年(1903)鉛印本　一册

310000－0243－0004164　434000/4032

金川瑣記六卷　(清)李心衡纂　(清)吳三省輯　清嘉慶刻本　二冊

310000－0243－0004165　434000/4033

昭陽述舊編三卷　(清)李福祚輯　清咸豐七年(1857)刻本　六冊

310000－0243－0004166　434000/4040

滬濱怪怪奇奇四卷　(清)南樵廬主輯　清光緒上海文宜書局石印本　四冊

310000－0243－0004167　434000/4041.02

西域記八卷　(清)七十一撰　(清)金長春參訂　(清)宋傳心同校　清道光十四年(1834)刻本　二冊

310000－0243－0004168　434000/4044－2

滇海虞衡志十三卷　(清)檀萃輯　清嘉慶九年(1804)刻本　四冊

310000－0243－0004169　434000/4054

朝市叢載八卷　(清)李虹若輯　清光緒十三年(1887)刻本　八冊

310000－0243－0004170　434000/4077.01

揚州畫舫錄十八卷　(清)李斗撰　清光緒元年(1875)申報館石印本　八冊

310000－0243－0004171　434000/4080

西溪百詠二卷附錄一卷　(明)釋大善著　清光緒八年(1882)丁氏八千卷樓刻本　一冊

310000－0243－0004172　434000/4080

西溪百詠二卷附錄一卷　(明)釋大善著　清光緒八年(1882)丁氏八千卷樓刻本　二冊

310000－0243－0004173　434000/4088

張家口至烏里雅蘇台竹枝詞一卷　(清)志鋭撰　清宣統二年(1910)南陵徐乃昌刻本　一冊

310000－0243－0004174　434000/4143

斜塘竹枝詞二種二卷　(清)柯萬源　(清)倪以埴撰　清光緒十九年(1893)刻本　二冊

310000－0243－0004175　434000/4228

雲南風土紀事詩一卷　(清)彭崧毓撰注　清同治刻本　一冊

310000－0243－0004176　434000/4233

蜀故二十七卷　(清)彭遵泗纂輯　清光緒二年(1876)讀書堂刻本　六冊

310000－0243－0004177　434000/4236

適龕詩稿一卷　(清)彭湘撰　清同治七年(1868)刻本　一冊

310000－0243－0004178　434000/4299

東槎紀略五卷　(清)姚瑩撰　清道光九年(1829)刻本　二冊

310000－0243－0004179　434000/4302

甌江竹枝詞一卷　(清)戴文儁撰　清光緒六年(1880)溫州郭博古齋刻本　一冊

310000－0243－0004180　434000/4327

嚴陵記略　(清)戴槃撰　清同治七年(1868)刻本　一冊

310000－0243－0004181　434000/4327.1

東甌記略　(清)戴槃撰　清同治七年(1868)刻本　一冊

310000－0243－0004182　434000/4401

漢口竹枝詞六卷　(清)葉調元撰　清道光三十年(1850)刻本　二冊

310000－0243－0004183　434000/4407

上海雜記十卷　藜床臥讀生輯　清光緒三十一年(1905)文寶書局石印本　五冊

310000－0243－0004184　434000/4410

吳歈百絕一卷　(清)蔡雲撰　清光緒十年(1884)石印本　一冊

310000－0243－0004185　434000/4414

太湖竹枝詞二卷　(清)葉承桂撰　清咸豐三年(1853)石林園刻本　一冊

310000－0243－0004186　434000/4416

滬遊雜記四卷　(清)葛元煦撰　清光緒二年(1876)葛氏嘯園刻本　四冊

310000－0243－0004187　434000/4416.01

重修滬游雜記四卷　(清)葛元煦原撰　(清)

袁祖志重修　清光緒十四年(1888)刻本　二册

310000－0243－0004188　434000/4416－1
岳陽風土記一卷　(宋)范致明輯　清光緒七年(1881)方氏敦福堂刻本　一册

310000－0243－0004189　434000/4430
雲間據目抄五卷　(明)范濂撰　清光緒四年(1878)上海申報館鉛印本　二册

310000－0243－0004190　434000/4440
西疆雜述詩四卷　(清)蕭雄撰　清光緒十八年(1892)鉛印本　四册

310000－0243－0004191　434000/4441
北隅掌錄二卷　(清)黄士珣撰　清道光二十五年(1845)錢塘汪氏振綺堂刻本　二册

310000－0243－0004192　434000/4441.1
北隅掌錄二卷綴錄二卷續錄二卷　(清)黄士珣撰　清光緒七年(1881)錢塘丁氏刻本　四册

310000－0243－0004193　434000/4444
淞南夢影錄四卷　(清)黄協埙撰　清光緒九年(1883)上海申報館鉛印本　一册

310000－0243－0004194　434000/4451
南沙雜識　黄報廷撰　清宣統三年(1911)鉛印本　一册

310000－0243－0004195　434000/4469
峩馬雷屏邊務調查表册　杜明燡等撰　清宣統三年(1911)石印本　一册

310000－0243－0004196　434000/4477
白下瑣言十卷　(清)甘熙撰　清光緒十六年(1890)築野堂刻本　四册

310000－0243－0004197　434000/4658
芙蓉湖櫂歌一卷外一種　(清)楊掄撰　清光緒十年(1884)萱蔭堂刻本　一册

310000－0243－0004198　434000/4674
西湖秋柳詞竹枝詞一卷　(清)楊鳳苞撰　(清)楊知新注　清光緒十年(1884)湖州楊氏春及軒刻本　一册

310000－0243－0004199　434000/4744
勝溪竹枝詞一卷　(清)柳樹芳撰　清道光刻本　一册

310000－0243－0004200　434000/5020
憶臺雜記二卷　(清)史久龍撰　清光緒鉛印本　一册

310000－0243－0004201　434000/5132
海上冶遊備覽四卷　指迷生輯　清光緒十七年(1891)刻本　二册

310000－0243－0004202　434000/5333
荆州記三卷　(南朝宋)盛宏之撰　(清)曹元忠輯　清光緒十九年(1893)刻箋經室叢書本　一册

310000－0243－0004203　434000/5544
滇南雜誌二十四卷　(清)曹樹翹撰　清末申報館鉛印本　十册

310000－0243－0004204　434000/7213
錢塘遺事十卷　(元)劉一清撰　清光緒刻本　二册

310000－0243－0004205　434000/7224
惠山竹枝詞一卷　(清)劉繼增撰　**芙蓉湖櫂歌一卷**　(清)楊掄撰　清光緒十年(1884)萱蔭堂刻本　一册

310000－0243－0004206　434000/7227
玩珠小記　(清)劉名譽撰　清光緒三十年(1904)桂林刻本　一册

310000－0243－0004207　434000/7244
粤屑四卷　(清)劉世馨撰　清光緒三年(1877)上海申報館鉛印本　二册

310000－0243－0004208　434000/7297
嶺表錄異三卷　(唐)劉恂撰　清刻本　一册

310000－0243－0004209　434000/7448
鸚鵡湖櫂歌　(清)陸增撰　清光緒十四年(1888)華雲閣鉛印本　一册

310000－0243－0004210　434000/7521
金陵物產風土志　(清)陳作霖編　清光緒三十四年(1908)吉林官書刷印局刻本　一册

310000－0243－0004211　434000/7545

嶺南雜事詩鈔八卷　(清)陳坤撰　清光緒三年(1877)藝苑樓刻本　四冊

310000－0243－0004212　434000/7547

拱宸橋竹枝詞二卷　陳栩撰　清光緒二十六年(1900)陳氏自刻本　二冊

310000－0243－0004213　434000/7569

調查延吉邊務報告書三卷　陳昭常撰　清光緒三十四年(1908)可園鉛印本　三冊

310000－0243－0004214　434000/7704

越詠二卷　(清)周調梅撰　清咸豐刻本　二冊

310000－0243－0004215　434000/7720

廣湖南考古略三十卷　同德齋主人輯　清光緒十四年(1888)上海鴻寶齋石印本　六冊

310000－0243－0004216　434000/8013

赤溪雜誌二卷附霞城唱和集一卷　金武祥撰　清光緒十七年(1891)刻粟香室叢書本　二冊

310000－0243－0004217　434000/8058

金陵待徵錄十卷　(清)金鼇輯　清光緒二年(1876)金陵黄起東刻本　二冊

310000－0243－0004218　434000/8082

泖水鄉歌一卷　(清)俞金鼎撰　清宣統二年(1910)高氏華雲閣鉛印本　一冊

310000－0243－0004219　434000/8222

荻塘櫂歌一百首　(清)鍾鼎撰　(清)鍾祖孝注　清同治刻本　一冊

310000－0243－0004220　434000/8723

永嘉郡記一卷　(南朝宋)鄭緝之撰　(清)孫詒讓校集　清光緒四年(1878)孫氏經微室刻本　一冊

310000－0243－0004221　434000/9122

莫愁湖風雅集三卷　(清)釋恒峰輯　清嘉慶二十年(1815)勝碁樓刻本　二冊

310000－0243－0004222　435000/071222.02

山海經注四卷　(晉)郭璞傳　(清)吳志伊注　清光緒十年(1884)掃葉山房刻本　一冊

310000－0243－0004223　435000/071225

山海經十八卷　(晉)郭璞傳　(明)吳中珩校　清輔仁堂刻本　四冊

310000－0243－0004224　435000/071244

山海經箋疏十八卷附圖讚一卷訂譌一卷　(晉)郭璞傳　(清)郝懿行箋疏　清光緒刻本　六冊

310000－0243－0004225　435000/071263

新山海經校正十八卷　(晉)郭璞傳　(清)畢沅校　清光緒三年(1877)浙江書局刻本　三冊

310000－0243－0004226　435000/071263.01

山海經新校正十八卷　(晉)郭璞傳　(清)畢沅校正　清刻本　四冊

310000－0243－0004227　435000/3123

山海經存九卷　(清)汪紱釋　清光緒二十一年(1895)立雪齋石印本　四冊

310000－0243－0004228　435000/4638

京口山水志十八卷首一卷末一卷　(清)楊棨撰　清道光二十五年(1845)鎮江善化書局刻本　六冊

310000－0243－0004229　435000/4638.01

京口山水志十八卷首一卷末一卷　(清)楊棨撰　清道光二十七年(1847)枕溪書屋刻本　四冊

310000－0243－0004230　435000/6614

山海經圖贊二卷　(清)嚴可均集　清光緒二十一年(1895)長沙葉氏郎園刻本　一冊

310000－0243－0004231　435000/7544

中國江海險要圖志二十二卷補編五卷　(清)陳壽彭譯　清光緒二十六年(1900)經世文社石印本　九冊

310000－0243－0004232　435000/7544.01

中國江海險要圖志二十二卷　(清)陳壽彭譯　清光緒二十六年(1900)經世文社石印本　一冊　存一卷(四)

310000－0243－0004233　435100/0482
東山志十六卷　(明)謝敏行輯　(清)謝鍾和續編　清道光六年(1826)謝氏養中堂刻本　四冊

310000－0243－0004234　435100/0710
明州阿育王山志十六卷　(明)郭子章撰　明萬曆四十年(1612)刻清補刻本　六冊

310000－0243－0004235　435100/0819.01
普陀山志二十卷首一卷　(清)王鼎勳参定　(清)秦耀曾編輯　(清)釋能崙校訂　清道光十二年(1832)刻民國四年(1915)補版重印本　四冊

310000－0243－0004236　435100/0819.01
普陀山志二十卷首一卷　(清)王鼎勳参定　(清)秦耀曾編輯　(清)釋能崙校訂　清道光十二年(1832)刻民國四年(1915)補版重印本　四冊

310000－0243－0004237　435100/0843
重修馬蹟山志八卷首一卷　(清)許棫修纂　清光緒六年(1880)刻本　四冊

310000－0243－0004238　435100/0860
招隱山志十二卷　(明)許國誠纂修　(清)繆濳重修　清宣統三年(1911)刻本　四冊

310000－0243－0004239　435100/1044
靈岩記略二卷　(清)儲和尚述　(清)雪庵輯　清末石印本　一冊

310000－0243－0004240　435100/1053
蓮峯志五卷　(清)王夫之撰　清同治刻本　一冊

310000－0243－0004241　435100/1227.74
孤嶼志八卷　(清)陳舜咨纂　清嘉慶十三年(1808)刻本　五冊

310000－0243－0004242　435100/1711
穿山小識二卷　(清)邵廷烈撰　清道光十九年(1839)太倉張燮臣刻本　一冊

310000－0243－0004243　435100/1712
北固山志十二卷　(清)釋了璞輯　清道光十五年(1835)石公山房刻本　四冊

310000－0243－0004244　435100/1733
慧山記續編三卷　(清)邵涵初輯　清同治七年(1868)二泉書院刻本　四冊

310000－0243－0004245　435100/2592
天臺山方外志三十卷　(明)釋傳燈撰　(清)釋敏曦重刻　清光緒二十年(1894)天臺山佛隴真覺寺刻本　八冊

310000－0243－0004246　435100/2610
[同治]焦山志二十六卷　(清)吳雲輯　**續志八卷**　(清)陳任暘輯　清同治九年(1870)刻本　十冊

310000－0243－0004247　435100/2622
[光緒]續金山志二卷　(清)釋秋崖撰　清光緒二十六年(1900)刻本　二冊

310000－0243－0004248　435100/2623
九疑山志四卷　(清)吳繩祖重編　(清)樊在廷纂輯　清嘉慶元年(1796)吳氏退思齋刻本　二冊

310000－0243－0004249　435100/2625
九峰志四卷　(清)魏杰撰　清同治元年(1862)刻本　一冊

310000－0243－0004250　435100/3110
盋山志八卷　(清)顧雲編　清光緒九年(1883)金陵盋山精舍刻本　三冊

310000－0243－0004251　435100/3137
虎丘山志十卷　(清)顧湄重修　清宣統三年(1911)集羣圖書館鉛印本　二冊

310000－0243－0004252　435100/3137
虎丘山志十卷　(清)顧湄重修　清宣統三年(1911)集羣圖書館鉛印本　二冊

310000－0243－0004253　435100/4033
金蓋山志四卷首一卷　(清)李宗蓮編輯　清光緒二十二年(1896)刻本　二冊

310000－0243－0004254　435100/4033
金蓋山志四卷首一卷　(清)李宗蓮編輯　清光緒二十二年(1896)刻本　二冊

310000－0243－0004255　435100/4043

華嶽志八卷首一卷　(清)李榕纂輯　清道光十一年(1831)刻本　四册

310000－0243－0004256　435100/4043

華嶽志八卷首一卷　(清)李榕纂輯　清道光十一年(1831)刻本　四册

310000－0243－0004257　435100/4050

石鐘山志十六卷首一卷　(清)李成謀　(清)丁義方輯　清光緒九年(1883)聽濤眺雨軒刻本　八册

310000－0243－0004258　435100/4050

石鐘山志十六卷首一卷　(清)李成謀　(清)丁義方輯　清光緒九年(1883)聽濤眺雨軒刻本　八册

310000－0243－0004259　435100/4237

青城山記二卷　(清)彭洵編輯　清光緒刻本　一册

310000－0243－0004260　435100/4411

武夷山志二十四卷首一卷　(清)董天工原編　(清)羅良嵩重刻　清道光二十六年(1846)羅氏羊城刻本　八册

310000－0243－0004261　435100/4411.01

武夷山志二十四卷首一卷　(清)董天工編　清道光二十六年(1846)尺木軒刻本　八册

310000－0243－0004262　435100/4422

鼓山志十四卷　(清)黄任輯　清乾隆刻本　六册

310000－0243－0004263　435100/4430

廬山小志二十四卷首一卷　(清)蔡瀛纂　清道光四年(1824)嫏嬛别館刻本　六册

310000－0243－0004264　435100/4442

恒山志四集續志一卷圖一卷　(清)桂敬順纂修　清嘉慶二十四年(1819)刻本　五册

310000－0243－0004265　435100/4777

大别山志十卷首一卷　(清)胡鳳丹編纂　清同治十三年(1874)退補齋刻本　四册

310000－0243－0004266　435100/6061

慧山記四卷　(明)釋圓顯原輯　(明)邵寶手定　清光緒十年(1884)上海還讀樓刻本　二册

310000－0243－0004267　435100/7445

羅浮志十卷　(明)陳槤撰　清道光三十年(1850)南海伍氏粤雅堂刻本　一册

310000－0243－0004268　435100/8038

泰山志二十卷　(清)金棨輯　清嘉慶三年(1798)刻本　十册

310000－0243－0004269　435100/8060

廣雁蕩山志二十八卷首一卷末一卷　(清)曾唯編纂　清同治八年(1869)曾氏依綠園刻本　八册

310000－0243－0004270　435100/8432.01

清涼山志十卷　(明)釋鎮澄修　(清)釋聚用校　清光緒覆刻本　四册

310000－0243－0004271　435100/8642

盤山志十卷首一卷補遺四卷　(清)釋智朴纂輯　(清)王士禛　(清)朱彝尊校訂　清同治刻本　四册

310000－0243－0004272　435100/8733

爛柯山志十三卷　(清)鄭永禧補輯　清光緒三十二年(1906)不其山館刻本　四册

310000－0243－0004273　435100/8859

茅山志十四卷　(清)笪蟾光編　清光緒三年(1877)懶雲草堂刻本　六册

310000－0243－0004274　435200/0014

水道提綱二十八卷　(清)齊召南編　清光緒二十四年(1898)新化三味書室刻本　六册

310000－0243－0004275　435200/0787

甌江小記　(清)郭鍾岳撰　清光緒四年(1878)鍾氏和天倪齋刻本　一册

310000－0243－0004276　435200/1010

西湖集覽二十六種四十五卷　(清)丁丙校刊　清光緒五年至九年(1879－1883)丁氏嘉惠堂刻本　十册

310000－0243－0004277　435200/107243

浙西水利備考　(清)王鳳生　(清)梅啟照編纂　清光緒四年(1878)浙江書局刻本　四册

310000－0243－0004278　435200/1112
蘇隄漁唱一卷附録一卷　(清)張可久撰　清光緒錢塘丁氏嘉惠堂刻本　一册

310000－0243－0004279　435200/1123
西湖夢尋五卷　(清)張岱撰　清光緒九年(1883)刻本　二册

310000－0243－0004280　435200/1133
廣東海圖説　(清)張之洞撰　清光緒十五年(1889)廣雅書局刻本　一册

310000－0243－0004281　435200/1213
古香齋鑒賞袖珍春明夢餘録七十卷　(清)孫承澤撰　清光緒九年(1883)廣州惜分陰館刻本　二十四册

310000－0243－0004282　435200/1311
海塘新志六卷　(清)琅玕輯　清刻本　四册

310000－0243－0004283　435200/1311
海塘新志六卷　(清)琅玕輯　清刻本　四册

310000－0243－0004284　435200/1311.1
續海塘新志三卷　(清)琅玕輯　清刻本　四册

310000－0243－0004285　435200/173113
湖山便覽十二卷　(清)翟灝　(清)翟瀚等輯　(清)王維翰重訂　清光緒元年(1875)王氏槐蔭堂刻本　六册

310000－0243－0004286　435200/173113
湖山便覽十二卷　(清)翟灝　(清)翟瀚等輯　(清)王維翰重訂　清光緒元年(1875)王氏槐蔭堂刻本　六册

310000－0243－0004287　435200/2022
北湖小志六卷　(清)焦循撰　清嘉慶十三年(1808)刻本　二册

310000－0243－0004288　435200/2511
江浙閩沿海圖説附海島表　(清)朱正元撰　清光緒二十八年(1902)鉛印本　三册

310000－0243－0004289　435200/2626
四明它山水利備覽二卷　(宋)魏峴撰　(清)徐時棟校刊　清咸豐四年(1854)徐氏煙嶼樓刻本　一册

310000－0243－0004290　435200/2832
郡城濬河徵信録五卷　(清)徐渭川撰　清光緒十四年(1888)河工局刻本　三册

310000－0243－0004291　435200/3111
西子湖拾翠餘談三卷　(明)汪砢玉撰　清光緒十九年(1893)武林丁氏刻本　一册

310000－0243－0004292　435200/3117
甯郡城河丈尺圖志二卷　(清)河工局編　清光緒十四年(1888)河工局刻本　一册

310000－0243－0004293　435200/3148.01
水經注圖一卷附録一卷　(清)汪士鐸繪撰　清同治元年(1862)刻本　一册

310000－0243－0004294　435200/4001
江蘇海塘新志八卷首一卷　(清)李慶雲編纂　清光緒十六年(1890)刻本　四册

310000－0243－0004295　435200/4001
江蘇海塘新志八卷首一卷　(清)李慶雲編纂　清光緒十六年(1890)刻本　四册

310000－0243－0004296　435200/402121
西湖志四十八卷　(清)李衛修　(清)傅王露纂　清光緒四年(1878)淛江書局刻本　二十册

310000－0243－0004297　435200/4253
臨漳縣漳水圖經一卷　(清)姚東之纂集　清道光十七年(1837)刻本　一册

310000－0243－0004298　435200/4360
太湖圖説　(清)□□撰　清光緒四年(1878)刻本　一册

310000－0243－0004299　435200/4466
西湖百詠二卷　(宋)董嗣杲撰　(明)陳贄和韻　清光緒七年(1881)錢塘丁氏刻本　二册

310000－0243－0004300　435200/4497
江北運程四十卷首一卷　(清)董恂輯　清同

治六年(1867)京都琉璃廠龍文齋陳恭超刻本　四十一册

310000－0243－0004301　435200/4634
水經注圖四十卷　楊守敬撰並繪　清光緒三十一年(1905)楊氏觀海堂刻本　八册

310000－0243－0004302　435200/4687
峽江救生船志二卷圖一卷附刻行川必要　(清)賀笏臣撰　清光緒三年(1877)水師新副中營刻本　四册

310000－0243－0004303　435200/4730
水道源流五卷　(清)胡宣慶纂編　清光緒十七年(1891)長沙胡氏刻本　一册

310000－0243－0004304　435200/4913
水經注釋四十卷首一卷附錄二卷刊誤十二卷　(清)趙一清撰　清光緒六年(1880)蛟川花雨樓張氏刻本　二十册

310000－0243－0004305　435200/4913
水經注釋四十卷首一卷附錄二卷刊誤十二卷　(清)趙一清撰　清光緒六年(1880)蛟川花雨樓張氏刻本　二十册

310000－0243－0004306　435200/4913
水經注釋四十卷首一卷附錄二卷刊誤十二卷　(清)趙一清撰　清光緒六年(1880)蛟川花雨樓張氏刻本　二十册

310000－0243－0004307　435200/6035
西湖遊覽志二十四卷　(明)田汝成撰　清光緒二十二年(1896)錢塘丁氏嘉惠堂刻本　四册

310000－0243－0004308　435200/6035.1
西湖遊覽志餘二十六卷　(明)田汝成撰　清光緒二十二年(1896)錢塘丁氏刻本　八册

310000－0243－0004309　435200/7120
長江圖説十二卷首一卷　(清)馬徵麟撰並繪　清同治九年(1870)金陵提署刻本　十二册

310000－0243－0004310　435200/7146
莫愁湖志六卷　(清)馬士圖撰　清嘉慶二十年(1815)江寧劉文奎刻本　二册

310000－0243－0004311　435200/7146.01
莫愁湖志六卷首一卷　(清)馬士圖輯　清光緒八年(1882)刻本　一册　存五卷(一至四、首一卷)

310000－0243－0004312　435200/7146.02
莫愁湖志六卷首一卷　(清)馬士圖輯　清光緒八年(1882)刻本　二册

310000－0243－0004313　435200/7146.02
莫愁湖志六卷首一卷　(清)馬士圖輯　清光緒八年(1882)刻本　二册

310000－0243－0004314　435200/7203
揚州水道記四卷　(清)劉文淇撰　清同治十一年(1872)淮南書局補刻本　二册

310000－0243－0004315　435200/7232
牟山湖志　(清)劉福升撰　清光緒二十五年(1899)刻本　一册

310000－0243－0004316　435200/7267
歷代黃河變遷圖考四卷　(清)劉鶚撰　清光緒十九年(1893)袖海山房石印本　四册

310000－0243－0004317　460000/4634.7
東晉疆域圖　楊守敬編　(清)馬範疇繪圖　熊會貞復校　清宣統元年(1909)鄂城刻本　一册

310000－0243－0004318　435200/7521
運瀆橋道小志一卷　(清)陳作霖編　清光緒十一年(1885)金陵冶麓山房刻本　一册

310000－0243－0004319　435200/7528
直隸河渠志一卷　(清)陳儀撰　清道光三年(1823)刻本　一册

310000－0243－0004320　435200/7535
水經注西南諸水考三卷　(清)陳澧撰　清刻本　一册

310000－0243－0004321　435200/7536
西湖櫂歌一卷鑑湖櫂歌一卷　(清)陳祖昭撰　清光緒刻本　一册

310000－0243－0004322　435200/7580
南湖志考　(清)陳善撰　清光緒五年(1879)

刻本　一冊

310000－0243－0004323　435200/771338
洞庭湖志十四卷　(清)陶雲汀修　(清)沈筠堂纂　清道光五年(1825)刻本　十冊

310000－0243－0004324　435200/771338
洞庭湖志十四卷　(清)陶雲汀修　(清)沈筠堂纂　清道光五年(1825)刻本　十冊

310000－0243－0004325　435200/778713.03
水經注四十卷　(漢)桑欽撰　(北魏)酈道元注　清刻本　十八冊

310000－0243－0004326　435200/778713.04
水經注四十卷　(漢)桑欽撰　(北魏)酈道元注　清光緒三年(1877)湖北崇文書局刻本　十三冊

310000－0243－0004327　435200/778713.06
水經注彙校四十卷附錄二卷　(北魏)酈道元　(清)趙一清撰　(清)楊希閔校　清光緒七年(1881)福州吳氏刻本　十六冊

310000－0243－0004328　435200/778713.07
水經注四十卷首一卷末一卷　(漢)桑欽撰　(北魏)酈道元注　清光緒二十三年(1897)新化三味書屋刻本　十六冊

310000－0243－0004329　435200/8013
灘江雜記一卷附游草一卷　金武祥撰　清光緒二十三年(1897)粟香室刻本　一冊

310000－0243－0004330　435200/802424
海道圖說十五卷附長江圖說　(英國)金約翰輯　(英國)傅蘭雅口譯　(清)王德均筆述　清光緒二十二年(1896)上海書局石印本　八冊

310000－0243－0004331　435200/8702
太湖備考續編四卷　(清)鄭言紹輯　(清)鄭思敏等校　清光緒二十九年(1903)葸園刻本　四冊

310000－0243－0004332　435200/8702
太湖備考續編四卷　(清)鄭言紹輯　(清)鄭思敏等校　清光緒二十九年(1903)葸園刻本　四冊

310000－0243－0004333　436000/1002
閩都記三十三卷　(明)王應山纂輯　清道光十一年(1831)求放心齋刻本　六冊

310000－0243－0004334　436000/1546
三輔黃圖一卷　(漢)□□撰　(清)孫星衍校訂　清嘉慶十九年(1814)刻平津館叢書本　一冊

310000－0243－0004335　436000/2528
日下舊聞四十二卷　(清)朱彝尊撰　(清)朱昆田補遺　清六峰閣刻本　二十冊

310000－0243－0004336　436000/2528.01
日下舊聞四十二卷　(清)朱彝尊撰　(清)朱昆田補遺　清刻本　十四冊

310000－0243－0004337　436000/3191
歷代宅京記二十卷　(清)顧炎武撰　(清)阮元訂　清嘉慶十三年(1808)來賢堂刻本　四冊

310000－0243－0004338　436000/4650
新增都門紀略六卷　(清)楊靜亭撰　清宣統二年(1910)京都榮錄堂刻本　六冊

310000－0243－0004339　436000/5536
日下尊聞錄五卷　(清)曹鴻勳等撰　清光緒十七年(1891)同文書局石印本　二冊

310000－0243－0004340　436100/0070
桃花源志略十三卷　(清)唐開韶輯　(清)胡焯同編　清道光二十六年(1846)刻本　四冊

310000－0243－0004341　436100/0727
廣陵名勝圖不分卷　(清)□□編　清刻本　二冊

310000－0243－0004342　436100/1024
桃源洞天志　(清)釋一休撰　清同治十三年(1874)刻本　一冊

310000－0243－0004343　436100/1032
錫山景物略十卷　(清)王永積輯　清光緒二十四年(1898)刻本　五冊

310000－0243－0004344　436100/1107
六朝事蹟編類十四卷　（宋）張敦頤撰　清寶章閣刻本　四册

310000－0243－0004345　436100/2625
廬陽名勝便覽六卷　（清）吳名鏊編輯　清刻本　二册

310000－0243－0004346　436100/2814
粵東葺勝記八卷首二卷　（清）徐琪撰　清光緒二十五年(1899)石印本　五册

310000－0243－0004347　436100/3482
熱河全景　（清）沈錫齡摹　清光緒二十年(1894)石印本　二册

310000－0243－0004348　436100/4406
褒谷古蹟輯略　（清）萬方田等輯注　清同治十三年(1874)刻本　一册

310000－0243－0004349　436100/4777
鸚鵡洲小志四卷首一卷　（清）胡鳳丹編纂　清同治十三年(1874)退補齋刻本　二册

310000－0243－0004350　436100/4777.1
桃花源志二十四卷首一卷　（清）胡鳳丹編　清光緒三年(1877)永康胡氏退補齋刻本　十册

310000－0243－0004351　436100/5572
蜀中名勝記三十卷　（明）曹學佺撰　清刻本　十册

310000－0243－0004352　436100/6741
洛陽龍門志　（清）路朝霖撰　清光緒十三年(1887)萬縣刻本　二册

310000－0243－0004353　436100/7402
吳地記二卷　（唐）陸廣微撰　清同治十二年(1873)江蘇書局刻本　一册

310000－0243－0004354　436100/7402
吳地記二卷　（唐）陸廣微撰　清同治十二年(1873)江蘇書局刻本　一册

310000－0243－0004355　436100/7503
秣陵集六卷　（清）陳文述撰　清光緒十年(1884)淮南書局刻本　三册

310000－0243－0004356　436100/7503
秣陵集六卷　（清）陳文述撰　清光緒十年(1884)淮南書局刻本　三册

310000－0243－0004357　436100/7521
金陵瑣志五種九卷　（清）陳作霖編撰　清光緒十一年至三十四年(1885－1908)刻本　六册

310000－0243－0004358　436100/8216
蜀景彙考一卷　（清）鍾登甲輯　清刻本　二册

310000－0243－0004359　436300/0030
杭州上天竺講寺志十五卷　（清）廣賓纂　清光緒二十三年(1897)錢塘丁氏刻本　四册

310000－0243－0004360　436300/0413
靈谷禪林志十五卷首一卷　（清）謝元福纂修　清光緒十二年(1886)刻本　二册

310000－0243－0004361　436300/1202
南朝佛寺志二卷　（清）孫文川輯述　（清）陳作霖編纂　清光緒刻本　二册

310000－0243－0004362　436300/1233
靈隱寺誌八卷　（清）孫治撰　（清）徐增重編　清光緒十四年(1888)錢塘丁氏嘉惠堂刻本　三册

310000－0243－0004363　436300/1233
靈隱寺誌八卷　（清）孫治撰　（清）徐增重編　清光緒十四年(1888)錢塘丁氏嘉惠堂刻本　六册

310000－0243－0004364　436300/1425
雲棲紀事一卷附孝義無礙庵錄一卷　（清）□□輯　清光緒錢塘丁氏刻本　一册

310000－0243－0004365　436300/1731
辯利院志三卷　（清）翟灝編輯　（清）吳樹虛增訂　清道光刻本　一册

310000－0243－0004366　436300/2122
杭州吳山城隍廟志八卷　（清）盧崧纂修　清刻本　四册

310000－0243－0004367　436300/3482

雲林寺續誌八卷　(清)沈鑅彪纂　清光緒十四年(1888)丁氏刻本　三册

310000－0243－0004368　436300/3482
雲林寺續誌八卷　(清)沈鑅彪纂　清光緒十四年(1888)丁氏刻本　三册

310000－0243－0004369　436300/3522
潭柘山岫雲寺志二卷　(清)神穆德纂　清刻本　二册

310000－0243－0004370　436300/4088
竹堂寺志一卷　(清)釋真鑑纂　志補一卷　(清)釋融泉纂　清宣統元年(1909)鉛印本　二册

310000－0243－0004371　694300/4407.1
豫章先生遺文十二卷　(宋)黄庭堅撰　清乾隆四十五年(1780)嵊峿山房刻民國十一年(1922)如皋祝氏漢鹿齋補刻本　六册

310000－0243－0004372　436300/462301
洛陽伽藍記五卷　(北魏)楊衒之撰　(清)廖飛熊校　清刻本　一册

310000－0243－0004373　436300/5567
圓津禪院小志六卷　(清)釋慧照撰　清光緒二十二年(1896)刻本　二册

310000－0243－0004374　436300/6777
鶴林寺志　(明)釋明賢編　清宣統元年(1909)刻本　一册

310000－0243－0004375　436300/7167
雲林寺誌八卷　(清)厲鶚撰　清光緒十四年(1888)丁氏嘉惠堂刻本　二册

310000－0243－0004376　436400/0063
聖廟志輯要三十卷　(清)鹿嗣宗等輯　清嘉慶十九年(1814)刻本　八册

310000－0243－0004377　436400/1209
吴山汪王廟志略　孫文炳輯　清光緒三十一年(1905)刻本　一册

310000－0243－0004378　436400/1704
重纂三遷志十卷首一卷　(清)孟廣均原纂　(清)陳錦等重纂　清光緒十三年(1887)山東書局刻本　六册

310000－0243－0004379　436400/2548
敕封大王將軍紀略　(清)朱壽鏞編　清光緒十五年(1889)石印本　二册

310000－0243－0004380　436400/2622
至德志十卷附錄一卷　(清)吴鼎科編　清光緒二年(1876)刻本　五册

310000－0243－0004381　436400/3140
岳廟志略十卷首一卷　(清)馮培編輯　清光緒五年(1879)浙江書局刻本　四册

310000－0243－0004382　436400/3140
岳廟志略十卷首一卷　(清)馮培編輯　清光緒五年(1879)浙江書局刻本　四册

310000－0243－0004383　436400/4330
西湖三祠名賢考略三卷首一卷　(清)戴啟文纂輯　清光緒三十年(1904)刻本　二册

310000－0243－0004384　436400/4480
顧先生祠會祭題名第一卷子　(清)苗夔等題　(清)□□編　清宣統石印本　一册

310000－0243－0004385　436400/4663
阮文達公浙江專祠本籍府縣鄉賢祠合錄　(清)楊昌濬等撰　清光緒七年(1881)刻本　一册

310000－0243－0004386　436400/7231
明良志略　(清)劉沅輯　清同治八年(1869)致福樓刻本　一册

310000－0243－0004387　436400/7445
平湖陸氏景賢祠志四卷　(明)陸基忠編纂　清光緒六年(1880)刻本　二册

310000－0243－0004388　436400/7704
濂溪志七卷　(清)周誥重輯　清道光十九年(1839)愛蓮堂刻本　四册

310000－0243－0004389　436400/7727
西湖林公祠墓誌　(清)□□編　清同治八年(1869)刻本　一册

310000－0243－0004390　436400/8014

曹江孝女廟誌八卷首一卷末一卷　(清)金廷棟編輯　清光緒八年(1882)五社公所刻本　二册

310000－0243－0004391　436500/1041
歷代山陵考二卷　(明)王在晉編　清嘉慶十三年(1808)昭文張海鵬刻本　一册

310000－0243－0004392　436500/2517
歷代陵寢備考五十卷歷代宗廟附考八卷　(清)朱孔陽輯　清光緒三年(1877)申報館鉛印本　十四册

310000－0243－0004393　436500/4497
鳳臺祇謁筆記一卷　(清)董恂撰　清同治九年(1870)刻本　一册

310000－0243－0004394　436500/4497.1
永甯祇謁筆記一卷　(清)董恂撰　清同治十一年(1872)刻本　一册

310000－0243－0004395　436600/0064
御製避暑山莊圓明園圖詠　(清)聖祖玄燁等撰　(清)揆敘等注　清光緒大同書局石印本　二册

310000－0243－0004396　436600/1271
御製圓明園圖詠二卷　(清)高宗弘曆編　清光緒十三年(1887)天津石印書屋石印本　二册

310000－0243－0004397　436600/3099
滄浪小志二卷　(清)宋犖編　清光緒十年(1884)江蘇書局刻本　一册

310000－0243－0004398　436600/4019
大觀亭志二卷　李丙榮編輯　清宣統三年(1911)鉛印本　一册

310000－0243－0004399　436600/4034
隨園瑣記二卷　(清)袁祖志撰　清光緒五年(1879)海寧陳氏敏慎堂刻本　一册

310000－0243－0004400　436600/4937
平山堂圖志十卷首一卷　(清)趙之壁編纂　(清)歐陽利見校刻　清光緒九年(1883)歐陽利見刻本　四册

310000－0243－0004401　436600/4937.01
平山堂圖志十卷首一卷　(清)趙之壁編纂　(清)歐陽利見校刻　清光緒十四年(1888)上海同文書局石印本　四册

310000－0243－0004402　436600/711045
竹垞小志五卷　(清)阮元手訂　(清)楊蟠編錄　清刻靜園叢書本　四册

310000－0243－0004403　436700/0022
東林書院志二十二卷　(清)高廷等重輯　清光緒七年(1881)刻本　八册

310000－0243－0004404　436700/4682
重修南溪書院志四卷首一卷　(清)楊毓健纂修　清同治九年(1870)刻本　四册

310000－0243－0004405　436700/4923
寶晉書院志十一卷　(清)貴中孚等原輯　(清)趙佑宸續纂　清光緒六年(1880)刻本　二册

310000－0243－0004406　436700/7226
白鷺洲書院志八卷首一卷　(清)劉繹修　清同治十年(1871)白鷺書院刻本　四册

310000－0243－0004407　436800/2809
淮關統志十四卷首一卷　(清)徵麟纂修　清光緒七年(1881)刻本　六册

310000－0243－0004408　440100/2697
明九邊考四卷　(明)魏煥撰　(清)余肇鈞訂　清余氏家塾刻本　四册

310000－0243－0004409　440300/4289
長江礮臺芻議　(清)姚錫光撰　清光緒三十三年(1907)北洋陸軍編譯局石印本　一册

310000－0243－0004410　440400/4016
防海新論十八卷　(葡萄牙)希理哈撰　(英國)傅蘭雅口譯　(清)華蘅芳筆述　清光緒刻本　六册

310000－0243－0004411　440400/4444
中外時務海防策要四卷首一卷　(清)薛培榕撰　清光緒二十年(1894)上海書局石印本　二册

310000－0243－0004412　440400/6062
臺灣海防並開山日記　(清)羅景山撰　清末石印本　一冊

310000－0243－0004413　440400/8068
防海輯要十八卷首一卷　(清)俞昌會撰　清道光二十二年(1842)百甓山房刻本　十二冊

310000－0243－0004414　440500/6649
苗防備覽二十二卷　(清)嚴如熤撰　清道光二十三年(1843)紹義堂刻本　六冊

310000－0243－0004415　440500/7180
駐粵八旗志二十四卷首一卷　(清)長善　(清)樊封等纂　清光緒五年(1879)羊城翰文堂刻本　十六冊

310000－0243－0004416　450000/0900
鴻雪因緣圖記　(清)麟慶撰　清光緒五年(1879)上海點石齋石印本　六冊

310000－0243－0004417　450000/1031
漫遊紀略四卷　(清)王澐撰　清光緒上海申報館鉛印本　一冊

310000－0243－0004418　450000/1031
漫遊紀略四卷　(清)王澐撰　清光緒上海申報館鉛印本　一冊

310000－0243－0004419　450000/1135
陳眉公訂正遊城南記　(宋)張禮撰注　(明)沈孚先等校　(明)陳繼儒訂正　清刻本　一冊

310000－0243－0004420　450000/1218
南遊記一卷　(清)孫廷銓撰　清嘉慶十年(1805)守意龕刻本　一冊

310000－0243－0004421　450000/2833
徐霞客遊記二十卷附補編　(明)徐宏祖撰　(清)徐寄輯　清光緒七年(1881)瘦影山房刻本　十冊

310000－0243－0004422　450000/2833.01
徐霞客遊記二十卷　(明)徐宏祖著　清圖書集成局鉛印本　八冊

310000－0243－0004423　450000/3214
游羅浮日記附詩　潘飛聲撰　清末鉛印晨風閣叢書甲集本　一冊

310000－0243－0004424　450000/3234
瀋陽紀程一卷　(清)潘祖蔭撰　清刻本　一冊

310000－0243－0004425　450000/4411
度隴記四卷　(清)董醇醞撰　清咸豐元年(1851)刻本　四冊

310000－0243－0004426　450000/4448
三省入藏程站記　范壽金撰　清光緒三十三年(1907)石印本　一冊

310000－0243－0004427　450000/4462
滇軺紀程一卷荷戈紀程一卷附政書蒐遺一卷　(清)林則徐撰　清光緒五年(1879)刻本　一冊

310000－0243－0004428　450000/4468
隨軺日記　(清)韓國鈞撰　清光緒二十五年(1899)刻本　一冊

310000－0243－0004429　450000/6005
西江軺程記　(清)晏端書撰　清光緒十三年(1887)刻本　一冊

310000－0243－0004430　450000/7720
辛卯侍行記六卷　(清)陶保廉撰　清光緒二十三年(1897)養樹山房刻本　六冊

310000－0243－0004431　450000/7734
蜀輶日記四卷　(清)陶澍撰　清道光七年(1827)白門吳儀刻本　二冊

310000－0243－0004432　450000/7734
蜀輶日記四卷　(清)陶澍撰　清道光七年(1827)白門吳儀刻本　二冊

310000－0243－0004433　460000/0014
皇朝輿地略　(清)六承如撰　(清)馮焌光增訂　清同治二年(1863)刻本　四冊

310000－0243－0004434　460000/0014.01
皇朝輿地略　(清)六承如修　(清)馮焌光重修　(清)王佐才增修　清光緒五年(1879)王氏聽春雨樓重修增刻本　三冊

310000－0243－0004435　460000/0024

大唐西域記十二卷　（唐）釋玄奘譯　（唐）釋辯機撰　清宣統元年（1909）刻本　四冊

310000－0243－0004436　460000/0026

廣東輿地全圖　（清）□□撰　清同治五年（1866）刻本　二冊

310000－0243－0004437　460000/0056

廣東圖　（清）□□撰　清光緒二十三年（1897）石印本　二冊

310000－0243－0004438　460000/0175

大清帝國全圖　商务印書館繪制　清光緒上海商務印書館彩印本　一冊

310000－0243－0004439　460000/0434

江蘇全省輿圖　（清）諸可寶測繪　清光緒二十一年（1895）江蘇書局刻本　三冊

310000－0243－0004440　695000/4493.02

倚晴樓詩餘四卷　（清）黄燮清撰　清同治六年（1867）刻本　一冊

310000－0243－0004441　460000/0863

西北邊界圖地名譯漢考證二卷　許景澄撰　清光緒二十二年（1896）刻本　二冊

310000－0243－0004442　460000/0863

西北邊界圖地名譯漢考證二卷　許景澄撰　清光緒二十二年（1896）刻本　二冊

310000－0243－0004443　460000/0863

西北邊界圖地名譯漢考證二卷　許景澄撰　清光緒二十二年（1896）刻本　三冊

310000－0243－0004444　460000/1022

臺灣輿圖並説明　（清）夏獻綸修　（清）王元穉纂　清光緒五年（1879）福建臺灣道庫刻本　二冊

310000－0243－0004445　460000/1022

臺灣輿圖並説明　（清）夏獻綸修　（清）王元穉纂　清光緒五年（1879）福建臺灣道庫刻本　二冊

310000－0243－0004446　460000/1035

談瀛録三卷　（清）王之春撰　清光緒六年（1880）上洋文藝齋刻本　一冊

310000－0243－0004447　460000/1035.1

談瀛録四卷　（清）王之春撰　清光緒刻本　二冊

310000－0243－0004448　460000/1042

扶桑游記　（清）王韜撰　清光緒七年（1881）刻本　三冊

310000－0243－0004449　460000/1042－1

奉天全省地輿圖説　（清）王志修編輯　清光緒二十年（1894）王氏刻本　一冊

310000－0243－0004450　460000/1066

江蘇省輿地圖説　（清）丁日昌編纂　清同治七年（1868）刻本　二十三冊

310000－0243－0004451　460000/1130

癸卯東遊日記　張謇撰　清光緒二十九年（1903）江蘇通州翰墨林書局鉛印本　一冊

310000－0243－0004452　460000/1143

地球韻言四卷　（清）張士瀛撰　清光緒二十三年（1897）刻本　二冊

310000－0243－0004453　460000/1180

東南海島圖經一卷澳大利亞洲志擬稿一卷檀香山群島志擬稿一卷　（清）張美翊述　（清）世增譯　清光緒二十三年（1897）南清河王氏小方壺齋鉛印本　一冊

310000－0243－0004454　460000/1204

坤輿撮要問答五卷　（清）孫文楨撰　清光緒二十八年（1902）上海土山灣鉛印本　一冊

310000－0243－0004455　460000/1346

廣西輿地全圖二卷　（清）北洋機器總局圖算學堂繪　（清）周劭本復校　清光緒二十四年（1898）香山黄槐森上海石印本　二冊

310000－0243－0004456　460000/1346

廣西輿地全圖二卷　（清）北洋機器總局圖算學堂繪　（清）周劭本復校　清光緒二十四年（1898）香山黄槐森上海石印本　四冊

310000－0243－0004457　460000/1711

七省沿海全圖　（清）邵廷烈繪製　清同治五

年(1866)刻本　一冊

310000－0243－0004458　460000/1716

婁地全圖　(清)邵子顯撰繪　清道光十四年(1834)東陵棣香齋刻本　一冊

310000－0243－0004459　460000/2310

遊歷圖經餘記十五卷　(清)傅雲龍述　清光緒十五年(1889)石印本　四冊

310000－0243－0004460　460000/243784

繪地法原　(英國)□□撰　(美國)金楷理口譯　(清)王德均筆述　清刻本　一冊

310000－0243－0004461　460000/2630

丙午日本游記　程淯撰　清光緒鉛印本　一冊

310000－0243－0004462　460000/2631

海國圖志六十卷　(清)魏源撰　清道光二十九年(1849)古微堂刻本　二十冊

310000－0243－0004463　460000/2631.01

海國圖志一百卷　(清)魏源撰　清光緒二年(1876)平慶涇固道署刻本　三十二冊

310000－0243－0004464　460000/2721

俄遊彙編十二卷　(清)繆祐孫纂　清光緒十五年(1889)上海秀文書局石印本　四冊

310000－0243－0004465　695000/4493.02

倚晴樓詩餘四卷　(清)黃燮清撰　清同治六年(1867)刻本　一冊

310000－0243－0004466　460000/2728

西征紀程四卷　(清)鄒代鈞撰　清光緒十七年(1891)鉛印本　二冊

310000－0243－0004467　460000/2828

瀛環志略十卷　(清)徐繼畬輯　清道光二十八年(1848)刻本　六冊

310000－0243－0004468　460000/3033

浙江全省輿圖並水陸道里記　(清)宗源瀚等輯　清光緒二十年(1894)輿圖總局石印本　二十冊

310000－0243－0004469　460000/306124

測地繪圖十一卷　(英國)富路瑪撰　(英國)傅蘭雅口譯　(清)徐壽筆述　清刻本　四冊

310000－0243－0004470　460000/3174

湖北輿地圖　(清)□□編　清石印本　四冊

310000－0243－0004471　460000/3702

俾路芝志一卷馬留土股志一卷紐吉尼亞島志一卷附新志一卷　(清)學部編譯　圖書局編纂　清光緒三十三年(1907)學部圖書局鉛印本　一冊

310000－0243－0004472　460000/4033

日遊瑣識　(清)李寶洤撰　清光緒三十二年(1906)鉛印本　一冊

310000－0243－0004473　460000/4403

東游日記　(清)黃慶澄撰　清光緒二十年(1894)東甌詠古齋刻本　一冊

310000－0243－0004474　460000/4408

國地異名錄一卷　(清)林謙纂　清同治十年(1871)無所住齋刻本　一冊

310000－0243－0004475　460000/4433

東遊日記　(清)蔣黼撰　清光緒二十九年(1903)蘇州斐韞齋刻本　一冊

310000－0243－0004476　460000/4435

出使英法義比四國日記六卷　(清)薛福成撰　清光緒十七年(1891)鉛印本　四冊

310000－0243－0004477　402300.4/1021

東都事略一百三十卷　(宋)王偁撰　清嘉慶三年(1798)掃葉山房刻本　十二冊

310000－0243－0004478　460000/4435.1

出使日記續刻十卷　(清)薛福成撰　清光緒二十四年(1898)傳經樓刻本　十冊

310000－0243－0004479　460000/4436

金匱縣七區十三扇一百九十三圖全圖二卷　(清)華湛恩繪　清道光二十九年(1849)鵝湖親仁堂刻本　一冊

310000－0243－0004480　460000/4446

啟東錄六卷　(清)林壽圖撰　清光緒五年(1879)黃鵠山人歐齋刻本　二冊

310000－0243－0004481　460000/4467
西遊日記　蔣煦撰　清光緒三十一年(1905)鉛印本　一册

310000－0243－0004482　460000/4634
隋地理志圖　楊守敬編　熊會貞繪圖　清宣統元年(1909)刻本　一册

310000－0243－0004483　460000/4634.1
唐地理志圖　楊守敬編　熊會貞繪圖　清宣統三年(1911)刻本　一册

310000－0243－0004484　460000/4634.2
後蜀疆域圖一卷附夏疆域圖　楊守敬編　熊會貞繪圖　清宣統三年(1911)刻本　一册

310000－0243－0004485　460000/4634.3
戰國疆域圖　楊守敬編　熊會貞繪圖　清宣統元年(1909)鄂城刻本　一册

310000－0243－0004486　460000/4634.4
三秦疆域圖　楊守敬編　熊會貞繪圖　清宣統三年(1911)鄂城刻本　一册

310000－0243－0004487　460000/4634.5
前漢地理圖　楊守敬編　熊會貞繪圖　清光緒三十年(1904)鄰蘇園刻本　一册

310000－0243－0004488　460000/4634.6
西晉地理圖　楊守敬編　熊會貞繪圖　清宣統元年(1909)刻本　一册

310000－0243－0004489　460000/4634.7
東晉疆域圖　楊守敬編　(清)馬範疇繪圖　熊會貞復校　清宣統元年(1909)鄂城刻本　一册

310000－0243－0004490　460000/4634.8
前涼疆域圖　楊守敬編　熊會貞繪圖　清宣統三年(1911)鄂城刻本　一册

310000－0243－0004491　460000/6034
中國近世輿地圖説二十三卷　羅汝楠編纂　方新繪　清宣統元年(1909)廣東教忠學堂石印本　八册

310000－0243－0004492　460000/6520
東亞各港口岸志　(日本)參謀本部編輯　上海廣智書局譯　清光緒上海廣智書局鉛印本　一册

310000－0243－0004493　460000/6644
清代一統輿圖三十一卷首一卷　(清)嚴樹森撰　清同治二年(1863)湖北撫署刻本　十二册

310000－0243－0004494　460000/7120
歷代地理沿革圖　(清)馬徵麟繪　清同治十一年(1872)懷寧馬氏金陵刻本　一册

310000－0243－0004495　460000/7120
歷代地理沿革圖　(清)馬徵麟繪　清同治十一年(1872)懷寧馬氏金陵刻本　一册

310000－0243－0004496　460000/7120
歷代地理沿革圖　(清)馬徵麟繪　清同治十一年(1872)懷寧馬氏金陵刻本　一册

310000－0243－0004497　460000/7241
江西全省輿圖十四卷首一卷　(清)劉坤一等修　清同治七年(1868)刻本　十五册

310000－0243－0004498　460000/7288
江南安徽全圖　(清)劉簧纂　(清)方賓穆等繪　清光緒二十二年(1896)點石齋石印本　一册

310000－0243－0004499　460000/7288
江南安徽全圖　(清)劉簧纂　(清)方賓穆等繪　清光緒二十二年(1896)點石齋石印本　一册

310000－0243－0004500　460000/7297
河南省圖　(清)劉恂繪　清同治五年(1866)刻本　一册

310000－0243－0004501　460000/7431
織志志餘一卷譯史紀餘二卷　(清)陸次雲輯著　清刻本　一册

310000－0243－0004502　460000/7730
黑龍江輿地圖　(清)屠寄編　清光緒二十五年(1899)石印本　一册

310000－0243－0004503　460000/8878
四十日萬八千里之游記　(清)管鳳龢撰　清

宣統二年(1910)圖書印刷所鉛印本　一册

310000－0243－0004504　470000/3550
嘉慶四年條例　(清)吏部輯　清嘉慶五年(1800)石印本　一册

310000－0243－0004505　500200/4044
諸子詹詹錄二卷　(清)袁樹輯　清光緒九年(1883)濟南臥雪堂刻本　二册

310000－0243－0004506　500500/2057
子書百家五百三卷　崇文書局輯　清光緒元年(1875)湖北崇文書局刻本　一百十册

310000－0243－0004507　500500/2330
二十五子彙函四百七十二卷　上海鴻文書局輯　清光緒十九年(1893)鴻文書局石印本　二十四册

310000－0243－0004508　500500/3357
二十二子三百三十二卷　浙江書局輯　清光緒元年(1875)浙江書局刻本　八十三册

310000－0243－0004509　500700/4447
儒林宗派十六卷　(清)萬斯同撰　清宣統三年(1911)浙江圖書館刻本　二册

310000－0243－0004510　500700/4447.01
儒林宗派十六卷　(清)萬斯同撰　清宣統三年(1911)上海國學扶輪社鉛印本　二册

310000－0243－0004511　501100/1223
闕里文獻考一百卷　(清)孔繼汾輯　清乾隆二十七年(1762)刻補版後印本　八册

310000－0243－0004512　501100/1243
孔子家語疏證六卷　(清)孫志祖撰　清刻本　一册

310000－0243－0004513　501100/1262
孔子集語十七卷　(清)孫星衍撰　清光緒三年(1877)浙江書局刻本　四册

310000－0243－0004514　501100/8764
闕里述聞十四卷　(清)鄭曉如述　清同治七年(1868)廣州華文堂刻本　八册

310000－0243－0004515　501200/802371
曾子十篇注釋四卷　(春秋)曾參撰　(清)阮元注釋　清嘉慶三年(1798)揚州阮氏琅經室刻本　二册

310000－0243－0004516　501700/100315
賈子次詁十六卷　(漢)賈誼撰　(清)王耕心次詁　清光緒二十九年(1903)刻本　二册

310000－0243－0004517　501700/116070
白虎通疏證十二卷　(漢)班固撰　(清)陳立疏證　清光緒元年(1875)淮南書局刻本　四册

310000－0243－0004518　501700/122780
子思子七卷　(戰國)孔伋撰　(漢)鄭玄注　(清)黄以周輯解　清光緒二十二年(1896)刻本　二册

310000－0243－0004519　501700/2300
傅子一卷　(晉)傅玄撰　清刻本　一册

310000－0243－0004520　501700/564039.1
法言疏證十三卷校補一卷　(漢)揚雄撰　汪榮寶疏證　清宣統三年(1911)金薤琳琅鉛印本　二册

310000－0243－0004521　501700/723070－1
淮南許注異同詁四卷附補遺一卷　(清)陶方琦撰　清光緒七年(1881)刻本　三册

310000－0243－0004522　502000/1022
黄庭經注解附考記徵驗　(清)吾山注　清道光二十七年(1847)刻本　一册

310000－0243－0004523　502000/1147
神仙列傳六卷　(清)張鶴纂輯　清光緒十年(1884)刻本　六册

310000－0243－0004524　502000/1291
清靜經圖注　(清)水精子注解　清光緒十三年(1887)蘇州圓妙觀刻本　一册

310000－0243－0004525　502000/2388
濟一子道書七種　(清)付金銓撰輯　清嘉慶十八年(1813)刻本　十册

310000－0243－0004526　502000/2388.1
證道秘書十種　(清)付金銓撰　清道光三年

(1823)刻本　十二册

310000－0243－0004527　502000/4062
玄妙鏡入道真詮三卷　(清)李昌仁撰　清光緒三十一年(1905)蘇州瑪瑙經房刻本　一册

310000－0243－0004528　502000/5045
太上感應篇箋注二卷　(清)惠棟箋注　清光緒十一年(1885)刻本　一册

310000－0243－0004529　502000/5045.1
太上感應篇注一卷　(清)惠棟撰　清道光十九年(1839)刻本　一册

310000－0243－0004530　502100/4022
西山先生真文忠公讀書記四十卷　(宋)真德秀撰　清咸豐七年(1857)刻本　三十二册

310000－0243－0004531　502200/1112
老子說略二卷　(清)張爾岐撰　清道光十八年(1838)濟陽儒學刻本　一册

310000－0243－0004532　502200/2004
老子翼八卷　(明)焦竑輯　清光緒二十一年(1895)漸西村舍刻本　四册

310000－0243－0004533　502200/401023
老子道德經解　(春秋)李耳撰　(明)釋德清解　清光緒十二年(1886)金陵刻經處刻本　二册

310000－0243－0004534　502200/401041
唐玄宗注道德經　(春秋)李耳撰　(唐)蘇靈芝書　(清)翁方綱跋　清拓本　四册

310000－0243－0004535　502300/4032
明夷待訪錄糾繆一卷　李滋然撰　清宣統元年(1909)鉛印本　一册

310000－0243－0004536　502300/4437
榕壇問業十八卷　(明)黄道周撰　清刻本　八册

310000－0243－0004537　502300/4438
黄黎洲先生遺書明夷待訪錄　(清)黄宗羲撰　清光緒五桂樓刻本　一册

310000－0243－0004538　502300/6082
困知記九卷　(明)羅欽順撰　清光緒五年(1879)鉛印本　四册

310000－0243－0004539　502300/6645
媿林漫錄二卷　(明)瞿式耜輯　清刻本　四册

310000－0243－0004540　502300/7515
學蔀通辯二十卷　(明)陳建撰　清光緒十八年(1892)傳經堂刻本　二册

310000－0243－0004541　502400/254026.01
朱子全書六十六卷　(宋)朱熹撰　(清)李光地等編　清四川敘州府李貢南刻本　四十册

310000－0243－0004542　502400/447712
莊子集解八卷　(戰國)莊周撰　王先謙集解　清宣統元年(1909)上海涵芬樓影印本　三册

310000－0243－0004543　502400/447717
莊子司馬彪注一卷　(戰國)莊周撰　(晉)司馬彪注　(清)黄奭輯佚　清道光刻本　二册

310000－0243－0004544　502400/447723
莊子内篇注四卷　(戰國)莊周撰　(明)釋德清注　清光緒十四年(1888)金陵刻經處刻本　二册

310000－0243－0004545　502400/447732
南華經解三十三卷　(清)宣穎撰　(清)吳坤修刊　清同治六年(1867)皖江藩署刻本　六册

310000－0243－0004546　502400/447741
莊子因六卷　(戰國)莊周撰　(清)林雲銘評述　清光緒六年(1880)常州培本堂善書局刻本　二册

310000－0243－0004547　502400/447741
莊子因六卷　(戰國)莊周撰　(清)林雲銘評述　清光緒六年(1880)常州培本堂善書局刻本　四册

310000－0243－0004548　502400/447779
南華全經分章句解四卷　(戰國)莊周撰　(清)陳榮選句解　清刻本　四册

310000－0243－0004549　502600/0011
潛書上下篇四卷　(清)唐甄撰　(清)王聞遠編　清光緒九年(1883)蘇城郡廟前西謝文翰齋刻本　四册

310000－0243－0004550　502600/0054
漢學商兑四卷　(清)方東樹撰　清光緒二十六年(1900)浙江書局刻本　二册

310000－0243－0004551　502600/0167
仁學　(清)譚嗣同撰　清鉛印本　一册

310000－0243－0004552　502600/3123
讀困知記二卷　(清)汪紱撰　清光緒二十一年(1895)刻本　一册

310000－0243－0004553　502600/3144
國朝漢學師承記八卷　(清)江藩撰　清道光二年(1822)刻本　六册

310000－0243－0004554　502600/3621
顔學辯八卷　(清)湯作霖撰　清光緒十年(1884)碧陽書院鉛印本　四册

310000－0243－0004555　502600/3677
浮邱子十二卷　(清)湯鵬撰　清同治四年(1865)刻本　四册

310000－0243－0004556　502600/403021
李二曲先生集錄要四卷　(清)李容撰　(清)倪元坦輯　清道光二十五年(1845)揚州小東門穆氏近文齋刻本　二册

310000－0243－0004557　502600/4710－1
繹志十九卷　(清)胡承諾撰　清道光十七年(1837)刻本　八册

310000－0243－0004558　502600/4710－1.01
繹志十九卷　(清)胡承諾撰　清同治十一年(1872)刻本　八册

310000－0243－0004559　502700/0046
過庭筆記一卷　(清)童槐撰　清咸豐六年(1856)刻本　二册

310000－0243－0004560　502700/008143
文子纘義十二卷　(春秋)辛鈃撰　(宋)杜道堅注　清光緒三年(1877)浙江書局刻本　二册

310000－0243－0004561　502700/013546
顔氏家訓七卷　(北齊)顔之推撰　清光緒元年(1875)湖北崇文書局刻本　一册

310000－0243－0004562　502700/109725
承華事略補圖六卷　(元)王惲撰　(清)徐郙等補圖　清光緒二十四年(1898)掃葉山房石印本　二册

310000－0243－0004563　502700/1144
聰訓齋語二卷　(清)張英撰　清光緒二年(1876)刻本　一册

310000－0243－0004564　502700/2142
讀選集箴　(清)何其傑輯　清光緒九年(1883)陳鳳堂刻本　一册

310000－0243－0004565　502700/2435
古本周易參同契集注二卷　(清)仇兆鼇集注　清刻本　三册

310000－0243－0004566　502700/3233
先正遺規　(清)潘遵祁編　清道光二十四年(1844)刻本　一册

310000－0243－0004567　502700/3347
勸戒近錄六卷　(清)梁恭辰撰　清同治六年(1867)刻本　八册

310000－0243－0004568　502700/4020
袁氏世範三卷　(宋)袁采撰　清光緒十年(1884)廣仁堂刻本　一册

310000－0243－0004569　502700/4410
人範六卷　(清)蔣元輯　清光緒十六年(1890)刻本　四册

310000－0243－0004570　502700/7237
人譜一卷　(明)劉宗周撰　清同治七年(1868)蕺山書院刻本　二册

310000－0243－0004571　502700/723731
蕺山先生人譜一卷人譜類記二卷　(明)劉宗周撰　(清)洪正治編　清道光八年(1828)序刻本　二册

310000－0243－0004572　502700/7402
嗇庵隨筆六卷　（清）陸文衡撰　清光緒二十三年（1897）石印本　二册

310000－0243－0004573　502700/7474
陸清獻公治嘉格言一卷　（清）陸隴其撰　清同治十一年（1872）刻本　一册

310000－0243－0004574　502700/7510
五種遺規　（清）陳弘謀撰　清光緒二十一年（1895）浙江書局刻本　十册

310000－0243－0004575　502700/7530
訓俗遺規四卷　（清）陳宏謀撰　清光緒三十四年（1908）刻本　四册

310000－0243－0004576　502800/8019
周易参同契發揮二卷　（元）俞琰述　清刻本　二册

310000－0243－0004577　503100/601710
墨子閒詁十五卷　（戰國）墨翟撰　（清）孫詒讓箋注　清光緒二十一年（1895）刻本　七册

310000－0243－0004578　503100/601715
墨子經説解二卷　（戰國）墨翟撰　（清）張惠言解　清宣統二年（1910）國粹學報館影印本　一册

310000－0243－0004579　707600/4453
閒居雜錄二卷　（清）林春溥編　清咸豐四年（1854）竹柏山房刻本　二册

310000－0243－0004580　505600/4411
韓非子二十卷　（戰國）韓非撰　清光緒元年（1875）浙江書局刻本　六册

310000－0243－0004581　505600/441112
韓非子集解二十卷　（戰國）韓非撰　（清）王先慎集解　清光緒二十二年（1896）刻本　六册

310000－0243－0004582　507500/601400
吕氏春秋二十六卷　（秦）吕不韋撰　（漢）高誘注　清光緒元年（1875）浙江書局據畢氏靈岩山館本刻本　六册

310000－0243－0004583　508100/121355
孫吴司馬灋八卷　（春秋）孫武等撰　（三國魏）曹操注　清同治十年（1871）淮南書局刻本　一册

310000－0243－0004584　508100/121355.1
孫子十家註七卷　（春秋）孫武撰　（三國魏）曹操等註　清光緒十年（1884）刻本　四册

310000－0243－0004585　508100/17724
司馬法一卷　（春秋）司馬穰苴撰　清光緒二年（1876）刻本　一册

310000－0243－0004586　508100/1772451
司馬灋古注三卷附音義一卷　（春秋）司馬穰苴撰　（清）曹元忠集注　清光緒二十年（1894）曹氏箋經室刻本　一册

310000－0243－0004587　508100/2647
吴子二卷　（戰國）吴起撰　清光緒二年（1876）刻武經彙解本　一册

310000－0243－0004588　508100/401216
孫子十家注十三卷　（宋）吉天保輯　（清）孫星衍　（清）吴人驥校　清末留畊書屋刻本　一册　存三卷（八至十）

310000－0243－0004589　508100/4741
讀史兵略四十六卷　（清）胡林翼纂　清咸豐十一年（1861）刻本　十六册

310000－0243－0004590　508200/2624
江南製造局記十卷　（清）魏允恭編　清光緒三十一年（1905）文寶書局石印本　十册

310000－0243－0004591　508200/7523
歷代兵制八卷　（宋）陳傅良撰　清道光二十九年（1849）静觀堂刻本　二册

310000－0243－0004592　508200/7532
權制八卷　（清）陳澹然撰　清光緒二十六年（1900）刻本　四册

310000－0243－0004593　508200/8072
皇朝兵制考略六卷　（清）翁同爵編纂　清光緒元年（1875）刻本　一册

310000－0243－0004594　508300/1033
曾文正公水陸行軍練兵志四卷　（清）王定安

纂　清光緒十年(1884)上洋文海書局刻本　四册

310000－0243－0004595　508300/4431
草廬經略十二卷　(明)黄啟瑞撰　清光緒鉛印本　六册

310000－0243－0004596　509100/0094
御製耕織圖　(清)聖祖玄燁編製　清光緒五年(1879)點石齋石印本　二册

310000－0243－0004597　509100/1031.01
農書二十二卷　(元)王禎撰　清刻本　二册

310000－0243－0004598　509100/1751
農桑輯要七卷　(元)司農司輯　清刻本　四册

310000－0243－0004599　509100/2768
農桑衣食撮要二卷　(元)魯明善撰　清刻本　二册

310000－0243－0004600　509100/2893
農政全書六十卷　(明)徐光啟撰　清道光二十三年(1843)曙海樓刻本　二十册

310000－0243－0004601　509100/6715
授時通考七十八卷　(清)鄂爾泰等纂修　清光緒二十八年(1902)富文書局石印本　六册

310000－0243－0004602　509100/7231
廣群芳譜一百卷　(清)劉灝等編　清同治七年(1868)姑蘇亦西齋刻本　三十六册

310000－0243－0004603　509200/3308
農候雜占四卷　(清)梁章鉅撰　清同治十二年(1873)浙江書局刻本　三册

310000－0243－0004604　509300/0433
滬上南北馬家濱河工案牘　謝源深　朱日宣編　清宣統元年(1909)浦東塘工善後局鉛印本　一册

310000－0243－0004605　509300/0900
河工器具圖説四卷　(清)麟慶纂輯　清道光十六年(1836)南河節署刻本　二册

310000－0243－0004606　509300/1122
東南水利論三卷末一卷　(清)張崇傃撰　(清)高善源參訂　清光緒七年(1881)刻本　一册

310000－0243－0004607　509300/2650
畿輔河道水利叢書八種十四卷　(清)吳邦慶輯　清道光四年(1824)刻本　十册

310000－0243－0004608　509300/2873
浙西横橋堰水利記　(清)徐用福編　清光緒二十五年(1899)刻本　一册

310000－0243－0004609　509300/343843
吴江水考增輯五卷　(明)沈棨辑　(清)黄家曦輯補　清光緒二十年(1894)刻本　四册

310000－0243－0004610　509300/3483
東南水利略六卷　(清)淩介禧撰　清道光十三年(1833)芷珠仙館刻本　六册

310000－0243－0004611　509300/3526
上虞塘工紀略二卷續紀略一卷三續紀略一卷　(□)□□輯　**附上虞塘工紀要二卷**　(清)連蘅撰　清光緒十三年(1887)枕湖樓刻本　三册

310000－0243－0004612　509300/3530
續海塘新志三卷　(清)戸部彙編　清道光十九年(1839)刻本　三册

310000－0243－0004613　509300/3541
上海浦東塘工善後局案　浦東塘工善後局編　清宣統二年(1910)時中書局鉛印本　一册

310000－0243－0004614　509300/3541
上海浦東塘工善後局案　浦東塘工善後局編　清宣統二年(1910)時中書局鉛印本　一册

310000－0243－0004615　509300/4001
江蘇水利圖説二十八卷　(清)李慶雲編　清宣統二年(1910)刻本　二册

310000－0243－0004616　509300/4001.1
續纂江蘇水利全案圖說一卷　(清)李慶雲纂輯　清光緒十五年(1889)刻本　一册

310000－0243－0004617　509300/4059
海甯念汛大口門二限三限石塘圖説　(清)李

輔耀輯　清光緒七年(1881)刻本　一册

310000－0243－0004618　509300/8022
上虞五鄉水利紀實　金鼎撰　清光緒三十四年(1908)刻本　一册

310000－0243－0004619　509400/3425
廣蠶桑説一卷　(清)沈練撰　清光緒刻本　一册

310000－0243－0004620　509400/3425.1
蠶桑説一卷　(清)沈練撰　清光緒十四年(1888)刻本　一册

310000－0243－0004621　509400/4410
柞蠶彙志　(清)董元亮撰　清宣統二年(1910)直隸勸業道衙門鉛印本　一册

310000－0243－0004622　509400/4410.01
柞蠶彙志　(清)董元亮撰　清宣統二年(1910)浙江官紙局刻本　一册

310000－0243－0004623　509400/6034
蠶桑備要　思補樓主人(盛宣懷)輯　清光緒二年(1876)思補樓刻本　一册

310000－0243－0004624　509400/6060
蠶桑實濟六卷　(清)易星撰　清光緒刻本　二册

310000－0243－0004625　509400/8040
蠶桑述要　(清)俞墉纂輯　清光緒刻本　一册

310000－0243－0004626　509500/5100
棉業圖説八卷　農工商部編　清宣統二年(1910)鉛印本　二册

310000－0243－0004627　509500/7521
治蝗書一卷　(清)陳崇砥撰　清同治十三年(1874)蓮池書局刻本　一册

310000－0243－0004628　509600/8035
種樹書一卷　(元)俞宗本撰　清光緒二十三年(1897)刻本　一册

310000－0243－0004629　509800/441262
天演論二卷　(英國)赫胥黎撰　嚴復譯　清光緒二十四年(1898)侯官嗜奇精舍石印本　一册

310000－0243－0004630　510200/1032
補注黄帝内經素問二十四卷附素問遺篇一卷　(唐)王冰注　(宋)林億等校　清光緒二十二年(1896)圖書集成局鉛印本　四册

310000－0243－0004631　510200/1032.1
黄帝内經靈樞十二卷　(晉)□□校　清光緒二十二年(1896)鉛印本　一册

310000－0243－0004632　510200/114236
張仲景金匱要略二十四卷　(漢)張機撰　(清)徐彬注　(清)沈目南編注　清道光二十二年(1842)掃葉山房刻本　六册

310000－0243－0004633　510200/114249
金匱心典三卷　(漢)張機撰　(清)尤怡集注　清同治八年(1869)雙白燕堂陸氏刻本　三册

310000－0243－0004634　510200/2574
增注類證話人書二十二卷　(宋)朱肱撰　(明)吴勉學校　清刻本　四册

310000－0243－0004635　510200/7583
陳修園醫書五十種一百二十六卷　(清)陳念祖撰輯　清光緒三十一年(1905)上海商務印書館鉛印本　二十八册

310000－0243－0004636　510300/1044
隨息居飲食譜　(清)王士雄纂　清同治二年(1863)刻本　一册

310000－0243－0004637　707600/3192
宋類苑七十八卷　(宋)江少虞撰　清宣統三年(1911)武進董氏刻本　十二册

310000－0243－0004638　510300/4061
本草綱目七十六卷　(明)李時珍撰　(清)張士瑜等定　清光緒十一年(1885)刻本　四十册

310000－0243－0004639　510400/4444
臨證指南醫案十卷種福堂續選臨證指南醫案四卷　(清)葉桂撰　(清)李國華等校　清光

緒十年(1884)文富堂刻本　十二册

310000－0243－0004640　510500/0021
增廣大生要旨五卷　(清)唐千頃纂　(清)葉灝增訂　清光緒十年(1884)掃葉山房刻本　一册

310000－0243－0004641　510500/103244
外科證治全生集　(清)王洪緒　(清)莊在田撰　清光緒三十年(1904)鉛印本　一册

310000－0243－0004642　510500/1066
全生指迷方四卷　(宋)王貺撰　清石印本　一册

310000－0243－0004643　510500/4054
醫宗必讀十卷　(明)李中梓撰　清光緒二十四年(1898)宛委山莊刻本　六册

310000－0243－0004644　510500/4437
旅舍備要方一卷傷寒微旨論二卷　(宋)董汲撰　清石印本　一册

310000－0243－0004645　510500/4722
啟蒙真諦　(清)闕名撰　(清)胡崧編　清光緒三十年(1904)鉛印本　一册

310000－0243－0004646　510500/6060
瘟疫條辨摘要一卷　(清)呂田集錄　清光緒十五年(1889)浙江書局刻本　一册

310000－0243－0004647　510500/6715
御纂醫宗金鑑内科七十四卷外科十六卷　(清)鄂爾泰等撰　清光緒三十二年(1906)上海章福記書局石印本　二十册

310000－0243－0004648　511200/0442
詠梅軒仰觀錄二卷　(清)謝蘭生撰　清同治刻本　一册

310000－0243－0004649　511200/2323
報風要則　上海徐家匯天文臺編　清光緒二十三年(1897)土山灣慈母堂刻本　一册

310000－0243－0004650　511200/3147
恒星說　(清)江聲撰　清光緒刻本　一册

310000－0243－0004651　511200/7114
徐匯天文臺記　(法國)馬承華編　清光緒三十二年(1906)鉛印本　一册

310000－0243－0004652　511300/2130
大清宣統二年時憲書一卷　(清)和碩禮親王等編　清宣統二年(1910)刻本　一册

310000－0243－0004653　511300/2130.1
清宣統三年時憲書　(清)和碩禮親王等編　清宣統三年(1911)刻本　一册

310000－0243－0004654　511300/2190
清光緒甲申時憲書　(清)和碩惇親王等編　清光緒十年(1884)刻本　二册

310000－0243－0004655　511300/4168
欽定七政四餘萬年書　(清)□□撰　清刻本　四册

310000－0243－0004656　511300/8346
三統術衍三卷附三統術鈐一卷　(清)錢大昕撰　清嘉慶六年(1801)刻本　三册

310000－0243－0004657　511300/8346.1
宋遼金元四史朔閏考二卷　(清)錢大昕撰　清同治刻本　一册

310000－0243－0004658　511400/1027
夏侯陽算經三卷　(晉)夏侯陽撰　清刻本　一册

310000－0243－0004659　511400/104343
緝古算經考注二卷　(唐)王孝通撰注　(清)李潢注　清刻本　二册

310000－0243－0004660　511400/1044
天元草五卷　王樹枏撰　(清)洪雅蕭訂　清光緒十九年(1893)成都刻本　一册

310000－0243－0004661　511400/112243
五經算術二卷　(北周)甄鸞撰　(唐)李淳風注　清刻本　一册

310000－0243－0004662　511400/1123
象數一原七卷　(清)項名達撰　(清)戴煦校　清光緒十四年(1888)刻本　四册

310000－0243－0004663　511400/1198

堆垛術一卷　（清）張㰖撰　清光緒二十九年（1903）刻本　一册

310000－0243－0004664　511400/121343
孫子算經二卷　（春秋）孫武撰　（唐）李淳風注　清乾隆四十一年（1776）刻本　一册

310000－0243－0004665　511400/2022
里堂學算記十六卷　（清）焦循撰　清嘉慶四年（1799）刻本　五册

310000－0243－0004666　511400/264244
增删算法統宗十一卷　（明）程大位編集（清）梅瑴成增删　清光緒二十四年（1898）江蘇書局刻本　四册

310000－0243－0004667　511400/2648
算書二十一種二十一卷　（清）吳嘉普撰（清）丁取忠輯　清同治十一年（1872）刻本　四册

310000－0243－0004668　511400/4022
算學課藝四卷　（清）李壬叔等撰　清光緒六年（1880）同文館鉛印本　四册

310000－0243－0004669　511400/4084
則古昔齋算學十三種二十四卷　（清）李善蘭撰　清同治六年（1867）刻本　六册

310000－0243－0004670　511400/4424
行素軒算稿　（清）華衡芳撰　清光緒十一年（1885）武昌刻本　十一册

310000－0243－0004671　511400/4444
龍城書院課藝　（清）華士芳撰　清刻本　四册

310000－0243－0004672　511400/4444.1
恒河沙館算草　（清）華士芳撰　清光緒十一年（1885）金匱華氏刻本　一册

310000－0243－0004673　511400/4697
詳解九章演算法一卷劄記一卷　（宋）楊輝撰　**纂類一卷**　（清）宋景昌撰　清道光二十二年（1842）刻宜稼堂叢書本　四册

310000－0243－0004674　511400/4802
梅氏曆算全書二十九種七十五卷　（清）梅文鼎撰　（清）魏荔彤輯　清咸豐九年（1859）閑妙香氏刻本　二十四册

310000－0243－0004675　511400/5040
數書九章十八卷　（宋）秦九韶撰　**劄記四卷**　（清）宋景昌撰　清道光二十二年（1842）刻宜稼堂叢書本　十册

310000－0243－0004676　511400/6461
今有術申　（清）時曰醇撰　清同治十二年（1873）長沙刻本　一册

310000－0243－0004677　511400/7781
數學精詳十一卷　（清）屈曾發撰　清光緒八年（1882）蜀南黄氏刻本　六册

310000－0243－0004678　511400/7781.1
九數通考十一卷　（清）屈曾發撰　清光緒二十四年（1898）巴蜀善成堂刻本　八册

310000－0243－0004679　511400/7781.101
九數通考十一卷　（清）屈曾發撰　清同治十一年（1872）刻本　六册

310000－0243－0004680　511400/9913
槼齋籌算叢刊四種十卷　勞乃宣撰　清光緒十二年（1886）完縣刻本　十册

310000－0243－0004681　512300/2631
易冒十七卷　（清）程良玉撰　清光緒十二年（1886）刻本　四册

310000－0243－0004682　512300/4037
乙巳占十卷　（唐）李淳風撰　清光緒三年（1877）刻本　四册

310000－0243－0004683　512300/4201
雲氣占侯二卷　（清）韜廬子撰　清漸西村舍刻本　一册

310000－0243－0004684　512300/4411
相雨書　（唐）黄子發撰　清漸西村舍刻本　一册

310000－0243－0004685　512800/1842
司命真經一卷　（清）□□編　清刻本　一册

310000－0243－0004686　512800/4644

敬竈全書　(清)楊士奎編　清光緒二十九年(1903)文寶局石印本　一册

310000－0243－0004687　513100/0214
端石考一卷　(清)□□撰　清光緒二十五年(1899)抄本　一册

310000－0243－0004688　513100/1068
王奉常書畫題跋二卷　(清)王時敏撰　清宣統元年(1909)通州李氏甌缽羅室刻本　二册

310000－0243－0004689　513100/1100
清秘藏二卷　(清)張應文撰　清光緒二十一年(1895)池北草堂刻本　一册

310000－0243－0004690　513100/1113
清儀閣題跋　(清)張廷濟撰　清宣統蘇州振新書社石印本　六册

310000－0243－0004691　513100/1117.01
清河書畫舫十二卷　(明)張丑撰　清光緒二年(1876)有竹人家刻本　十册

310000－0243－0004692　513100/1207
嶽雪樓書畫錄五卷　(清)孔廣陶編　清光緒三年(1877)南海孔氏三十有三萬卷堂寫刻本　五册

310000－0243－0004693　513100/1271
佩文齋書畫譜一百卷　(清)孫岳頎等纂輯　清光緒九年(1883)上海同文書局石印本　十六册

310000－0243－0004694　513100/1271
佩文齋書畫譜一百卷　(清)孫岳頎等纂輯　清光緒九年(1883)上海同文書局石印本　六十四册

310000－0243－0004695　513100/2545.01
硯小史四卷　(清)朱棟編　清嘉慶刻本　二册

310000－0243－0004696　513100/2628
端溪硯志三卷　(清)吳繩年撰　清道光十八年(1838)刻本　一册

310000－0243－0004697　513100/2642
端溪硯史三卷　(清)吳蘭修編　清光緒十年(1884)刻本　一册

310000－0243－0004698　513100/2699
辛丑消夏記五卷　(清)吳榮光撰　清光緒三十一年(1905)郎園刻本　五册

310000－0243－0004699　513100/2764
寓意錄四卷　(清)繆曰藻撰　(清)徐渭仁校　清道光二十年(1840)上海徐氏寒木春華館刻本　一册

310000－0243－0004700　513100/3024
墨緣彙觀四卷　(清)安岐撰　清宣統元年(1909)武昌刻本　四册

310000－0243－0004701　513100/3104
過雲樓書畫記十卷　(清)顧文彬纂　清光緒八年(1882)蘇州顧氏自刻本　四册

310000－0243－0004702　513100/3308
退庵金石書畫題跋二十卷　(清)梁章鉅撰　清道光二十五年(1845)刻本　八册

310000－0243－0004703　513100/3421
墨法集要一卷　(明)沈繼孫撰　清刻本　一册

310000－0243－0004704　513100/4014
甌缽羅室書畫過目考四卷　(清)李玉棻編輯　清光緒二十三年(1897)京都琉璃廠興盛齋刻本　四册

310000－0243－0004705　513100/4431
廣川書跋　(宋)董逌撰　(清)朱紀榮校訂　清光緒十三年(1887)行素草堂刻本　三册

310000－0243－0004706　513100/4489
愛日吟廬書畫錄四卷　(清)葛全烺編纂　清宣統二年(1910)當湖葛氏上海刻本　四册

310000－0243－0004707　513100/4730
書畫題跋記十二卷　(明)郁逢慶撰　清宣統三年(1911)順德鄧氏風雨樓鉛印本　四册

310000－0243－0004708　513100/556712
新增格古要論十三卷　(明)曹昭撰　(明)舒敏編校　(明)王佐校證　清光緒十四年(1888)刻惜陰軒叢書本　六册

310000－0243－0004709　513100/7433

穰梨館過眼錄四十卷　(清)陸心源編　清光緒十七年(1891)吳興陸氏家塾刻本　十六册

310000－0243－0004710　513100/7462

書畫說鈴一卷　(清)陸時化撰　清光緒十年(1884)刻本　一册

310000－0243－0004711　513100/7743

紅豆樹館書畫記八卷　(清)陶樑編輯　清光緒八年(1882)吳趨潘氏靜園刻本　六册

310000－0243－0004712　513200/0013－1

虛齋名畫錄十六卷　(清)龐元濟輯　清宣統元年(1909)烏程龐氏上海刻本　二十册

310000－0243－0004713　513200/0147.3

宋拓小字麻妃仙壇記二種　(唐)顏真卿書　清宣統元年(1909)神州國光社珂羅版印本　一册

310000－0243－0004714　513200/1030

[魏]皇甫度石窟碑　(北魏)袁翻撰文　(北魏)王實書　(北魏)張文刻　清宣統元年(1909)神州國光社珂羅版印本　一册

310000－0243－0004715　513200/1034

竹雲虛舟題跋十四卷　(清)王澍撰　清光緒十年(1884)懺花盦刻本　四册

310000－0243－0004716　513200/1034.1

淳化秘閣法帖考正十卷附刻古今法帖考論書賸語　(清)王澍撰　清刻本　四册

310000－0243－0004717　513200/104228

淞隱漫錄十二卷淞隱續錄四卷　(清)王韜撰文　(清)吳猷繪圖　清光緒點石齋石印本　五册

310000－0243－0004718　513200/1044

話雨樓碑帖目錄四卷　(清)王楠藏　(清)王鯤編　清道光十五年(1835)刻本　二册

310000－0243－0004719　513200/1071.1

芥子園畫傳四集四卷　(清)王概等編　清光緒刻本　四册

310000－0243－0004720　513200/1133

四銅鼓齋論畫集刻十二種十四卷　(清)張祥河輯　清宣統元年(1909)會文齋刻本　四册

310000－0243－0004721　513200/1177

張船山自寫詩册　(清)張向陶書　清宣統元年(1909)神州國光社銅版印本　一册

310000－0243－0004722　513200/1188

墨妙亭碑目考四卷　(清)張鑑撰　清光緒十年(1884)江蘇書局刻本　二册

310000－0243－0004723　513200/1845

[隋]元公姬夫人墓志　(隋)□□書　清宣統元年(1909)神州國光社珂羅版印本　一册

310000－0243－0004724　513200/2311

圖畫日報　上海環球社輯　清宣統元年至二年(1909－1910)上海環球社圖畫日報館石印本　十二册

310000－0243－0004725　513200/2528

臨池心解一卷　(清)朱和羹撰　清光緒五年(1879)刻本　一册

310000－0243－0004726　513200/2560－1

新刻古今碑帖考一卷　(宋)朱晨編輯　(明)胡文煥纂校　清刻本　一册

310000－0243－0004727　513200/2587

虹橋秋禊圖題詞　(清)朱銘輯　清光緒三年(1877)刻本　一册

310000－0243－0004728　513200/2627

論書絕句　(清)吳修撰　清光緒二年(1876)上海葛氏嘯園刻本　一册

310000－0243－0004729　513200/2641

楞嚴經十卷　吳芝瑛書　清宣統元年(1909)小萬柳堂據稿本影印本　二册

310000－0243－0004730　513200/2699

筠清館法帖六卷　(清)吳榮光摹刻　清宣統元年(1909)上海文明書局拓本　六册

310000－0243－0004731　513200/2833

紫藤花館藏帖　(清)徐達源刻　清嘉慶拓本　四册

310000－0243－0004732　513200/2893
徐文定公墨蹟　(明)徐光啟撰　清光緒二十九年(1903)鴻寶齋石印本　一冊

310000－0243－0004733　513200/3147
補瘞鶴銘考二卷　(清)汪鋆編　清光緒九年(1883)刻本　一冊

310000－0243－0004734　513200/3148
汪退谷書曹太學傳　(清)汪士鋐書　清宣統元年(1909)上海神州國光社銅版印本　一冊

310000－0243－0004735　513200/3148.1
瘞鶴銘考一卷　(清)汪士鋐編　清咸豐二年(1852)漢陽葉志詵補刻本　一冊

310000－0243－0004736　513200/3233
須靜齋雲煙過眼錄　(清)潘遵祁編　清咸豐五年(1855)吳縣潘氏刻本　一冊

310000－0243－0004737　513200/3245
海山仙館藏真法帖　(清)潘仕成輯刻　清嘉慶拓本　二冊

310000－0243－0004738　513200/3344
渤海藏真法帖　(□)□□編　清宣統元年(1909)千頃堂、文明書局、南洋官書局、中國圖書公司石印本　八冊

310000－0243－0004739　513200/4001
諸家藏書簿十卷　(清)李調元輯　清刻本　一冊

310000－0243－0004740　513200/4027
書畫鑑影二十四卷　(清)李佐賢編　清同治十年(1871)利津李氏刻本　八冊

310000－0243－0004741　513200/4042－2
燕都時事畫報　來壽仁等編　清宣統元年(1909)石印本　一冊

310000－0243－0004742　513200/4310
習苦齋畫絮十卷　(清)戴醇撰　(清)惠年編輯　清光緒十九年(1893)杭州景文齋刻本　四冊

310000－0243－0004743　513200/4426
東觀餘論二卷　(宋)黃伯思撰　清光緒邵武徐氏刻本　二冊

310000－0243－0004744　513200/4446.1
畫禪室隨筆四卷　(明)董其昌撰　(清)楊補編　清大魁堂刻本　六冊

310000－0243－0004745　513200/4623－1
西湖十八景圖　(清)楊伯潤繪　清光緒十二年(1886)畬經堂刻本　一冊

310000－0243－0004746　513200/5008
碑聯集搨(漢開母闕)　秦文錦集　清宣統二年(1910)上海藝苑真賞社石印本　一冊

310000－0243－0004747　513200/5033
桐陰論畫三編附桐陰畫訣二卷　(清)秦祖永撰　清同治五年(1866)朱墨套印本　四冊

310000－0243－0004748　513200/5033
桐陰論畫三編附桐陰畫訣二卷　(清)秦祖永撰　清同治五年(1866)朱墨套印本　四冊

310000－0243－0004749　513200/5360
宗室盛伯熙闕特勤碑跋尾初刻　(清)盛昱撰　清光緒刻本　一冊

310000－0243－0004750　513200/5531
檇李曹氏圖冊合刻　(清)曹河輯　清光緒九年(1883)刻本　二冊

310000－0243－0004751　513200/7240.1
劉梁墨寶合冊　(清)劉墉　(清)梁同書書　清光緒石印本　一冊

310000－0243－0004752　513200/7243
清愛堂家藏鍾鼎彝器款識法帖　(清)劉喜海編　清道光十八年(1838)拓本　一冊

310000－0243－0004753　513200/7251
大唐三藏玄奘法師塔銘　(唐)劉軻撰　(唐)釋建初書　清康熙拓本　一冊

310000－0243－0004754　513200/7560
書苑菁華二十卷　(清)陳思纂　清同治十三年(1874)藏修書屋刻本　四冊

310000－0243－0004755　513200/7560.01
書苑菁華二十卷　(清)陳思纂次　清藏修書

屋刻本　六冊

310000－0243－0004756　513200/7560.1
書小史十卷　(宋)陳思纂次　清八千卷樓據宋本刻本　二冊

310000－0243－0004757　513200/7591
御刻三希堂石渠寶笈法帖釋文十六卷　(清)陳焯釋　清石印本　六冊

310000－0243－0004758　513200/8002
蘇米齋蘭亭考八卷　(清)翁方綱撰　清嘉慶八年(1803)刻本　二冊

310000－0243－0004759　513200/8002.1
翁覃溪楷書金剛經　(清)翁方綱書　清宣統三年(1911)上海神州國光社銅版印本　一冊

310000－0243－0004760　513200/8055
冬心先生畫竹題記一卷　(清)金農撰　清同治刻本　一冊

310000－0243－0004761　513200/8055.2
冬心先生題畫記一卷　(清)金農撰　清同治十一年(1872)刻本　一冊

310000－0243－0004762　513400/0080
百花詩箋譜　(清)張兆祥繪　清宣統三年(1911)天津文美齋彩色套印本　二冊

310000－0243－0004763　513400/116342
秦淮八豔圖詠　(清)張景祁撰　(清)葉衍蘭繪　清光緒羊城越花講院刻本　一冊

310000－0243－0004764　513400/2221
列仙酒牌　(清)任熊繪　清刻本　一冊

310000－0243－0004765　513400/3136
篆學瑣著二十三種三十三卷　(清)顧湘輯　清道光刻本　四冊

310000－0243－0004766　513400/4444
水滸圖贊　(明)杜堇撰　清光緒石印本　一冊

310000－0243－0004767　513400/4453
西窗小品　(清)董邦達等繪　清光緒同文書局石印本　二冊

310000－0243－0004768　513400/7560
遺照摹存一卷　(清)陳昱摹　清嘉慶因餘堂寫刻本　一冊

310000－0243－0004769　513400/7583
簠齋古印集　(清)陳介祺輯　清光緒上海神州國光社影印本　四冊

310000－0243－0004770　513400/8027
太平歡樂圖　(清)金德輿撰　(清)潘叔未繪　清光緒十四年(1888)上海積山書局石印本　一冊

310000－0243－0004771　513500/062907
與古齋琴譜四卷　(清)祝秋齋　(清)祝鳳喈撰　清咸豐五年(1855)刻本　二冊

310000－0243－0004772　513500/2174
瑟譜六卷　(元)熊朋來撰　清嘉慶刻本　一冊

310000－0243－0004773　513500/4034
南北派十三套大曲琵琶新譜　李祖棻述　李祖懋等編　清光緒賜書堂石印本　二冊

310000－0243－0004774　513500/4034
南北派十三套大曲琵琶新譜　李祖棻述　李祖懋等編　清光緒賜書堂石印本　一冊

310000－0243－0004775　513500/7241
雙忽雷本事　劉世珩輯　清宣統石印本　一冊

310000－0243－0004776　513600/1718
歷朝弈事輯略　(清)鄧元鏸輯　清光緒二十四年(1898)上海文瑞樓石印本　一冊

310000－0243－0004777　513600/1779
七國象棋局一卷　(宋)司馬光撰　清光緒三十二年(1906)長沙葉氏刻本　一冊

310000－0243－0004778　513700/2831
樂律考二卷　(清)徐灝撰　清光緒十四年(1888)刻本　一冊

310000－0243－0004779　513700/6644
皇朝祭器樂舞錄二卷附御製律呂正義一卷　(清)嚴樹森編　清同治十年(1871)楚北崇文

書局刻本　三冊

310000－0243－0004780　513900/3136
投壺儀節一卷　(明)汪禔編輯　清光緒十四年(1888)觀自得齋刻本　一冊

310000－0243－0004781　513900/403614
馬戲圖譜一卷　(宋)李清照撰　(明)王蘭芳增輯　清光緒十三年(1887)觀自得齋刻本　一冊

310000－0243－0004782　513900/7712
古遊藝十一種十一卷　(明)陶珽輯　清順治三年(1646)刻本　一冊

310000－0243－0004783　513900/8046
重訂宣和譜牙牌彙集二卷　(清)金杏園輯　清光緒十四年(1888)來鹿堂刻本　二冊

310000－0243－0004784　514200/1711
遠西奇器圖説錄最三卷首一卷　(德國)鄧玉函口授　(明)王徵譯　清道光十年(1830)刻本　五冊

310000－0243－0004785　514400/1716
東籬纂要十卷　(清)邵承照撰　清光緒十五年(1889)刻本　一冊

310000－0243－0004786　514400/2744
尋花日記三卷看花雜詠一卷　(清)歸莊著　清刻本　一冊

310000－0243－0004787　514400/3444
水蜜桃譜一卷　(清)褚華撰　清道光三年(1823)刻本　一冊

310000－0243－0004788　514400/7531
花鏡六卷　(清)陳淏子輯　清刻本　四冊

310000－0243－0004789　514500/0046
蟲薈五卷　(清)方旭編　清光緒十六年(1890)刻本　四冊

310000－0243－0004790　514500/0744
海錯百一錄五卷　(清)郭柏蒼輯　清光緒十二年(1886)刻本　二冊

310000－0243－0004791　515100/0074
見聞隨筆二十六卷見聞續筆二十四卷　(清)齊學裘撰　清光緒二年(1876)天空海濶之居刻本　十六冊

310000－0243－0004792　515100/0408
賭棋山莊筆記合刊三種六卷　(清)謝章鋌撰　清同治九年(1870)刻本　三冊

310000－0243－0004793　515100/0433
文海披沙八卷　(明)謝肇淛著　清光緒三年(1877)申報館鉛印本　二冊

310000－0243－0004794　515100/0433.01
文海披沙八卷　(明)謝肇淛著　清光緒五年(1879)申報館鉛印本　四冊

310000－0243－0004795　515100/0763
洞靈小志四卷　郭則澐撰　清同治十三年(1874)蟄園刻本　二冊

310000－0243－0004796　515100/0810
螢窗異草四卷　(清)施可齋撰　清光緒二年(1876)申報館鉛印本　四冊

310000－0243－0004797　515100/0812
三異筆談四卷　(清)許元仲撰　清光緒七年(1881)申報館鉛印本　一冊

310000－0243－0004798　515100/0817
白門新柳記一卷　(清)許豫撰　清光緒五年(1879)申報館鉛印本　一冊

310000－0243－0004799　515100/0826
城南草堂筆記三卷　(清)許幻園撰　清光緒二十七年(1901)著易堂鉛印本　一冊

310000－0243－0004800　515100/0826
城南草堂筆記三卷　(清)許幻園撰　清光緒二十七年(1901)著易堂鉛印本　二冊

310000－0243－0004801　515100/1004
柳南隨筆六卷續筆四卷　(清)王應奎撰　清光緒四年(1878)申報館鉛印本　四冊

310000－0243－0004802　515100/1009
唐語林八卷　(宋)王讜撰　清嘉慶十三年(1808)刻本　四冊

310000－0243－0004803　515100/1010
壺天錄三卷　（清）百一居士撰　清光緒七年（1881）上海申報館鉛印本　二冊

310000－0243－0004804　515100/1010
壺天錄三卷　（清）百一居士撰　清光緒七年（1881）上海申報館鉛印本　二冊

310000－0243－0004805　515100/1011.1
騙術奇談四卷　雷瑨編　清宣統元年（1909）掃葉山房石印本　四冊

310000－0243－0004806　515100/1030
搜神記八卷　（晉）干寶撰　**附神異經一卷**（漢）東方朔著　明刻本　一冊

310000－0243－0004807　515100/1030.01
繡像搜神記二卷　（晉）干寶撰　清刻本　二冊

310000－0243－0004808　515100/1034
吳門畫舫錄二卷續錄三卷　（清）西溪散人編（清）箇中生編　清同治十三年（1874）鉛印本　三冊

310000－0243－0004809　515100/1038
癡人說夢四卷　（清）王寶畬編輯　清同治十年（1871）快樂軒刻本　四冊

310000－0243－0004810　515100/1040－1
拾遺記十卷　（後秦）王嘉撰　（南朝梁）蕭綺輯錄　清刻本　二冊

310000－0243－0004811　515100/1040－1.01
拾遺記十卷　（後秦）王嘉撰　清刻本　二冊

310000－0243－0004812　515100/1042.1
後聊齋志異圖說十二卷　（清）王韜撰　清光緒十三年（1887）大同局石印本　四冊

310000－0243－0004813　515100/1042.2
遯窟讕言十二卷　（清）王韜撰　清光緒元年（1875）申報館鉛印本　四冊

310000－0243－0004814　515100/1042.301
甕牖餘談八卷　（清）王韜撰　清光緒元年（1875）申報館鉛印本　四冊

310000－0243－0004815　515100/1042.301
甕牖餘談八卷　（清）王韜撰　清光緒元年（1875）申報館鉛印本　四冊

310000－0243－0004816　515100/1042.301
甕牖餘談八卷　（清）王韜撰　清光緒元年（1875）申報館鉛印本　四冊

310000－0243－0004817　515100/1042.4
瀛壖雜志六卷　（清）王韜撰　清光緒元年（1875）刻本　六冊

310000－0243－0004818　515100/1043
秋燈叢話十八卷　（清）王椷撰　清嘉慶十七年（1812）刻本　八冊

310000－0243－0004819　515100/1044
在野邇言八卷　（清）王嘉楨撰　清光緒二十年（1894）刻本　四冊

310000－0243－0004820　515100/1063
雪窗新語二卷附三十六聲粉鐸圖詠一卷鐸餘逸韻一卷　（清）夏昌祺　（清）宣鼎撰　清光緒五年（1879）鉛印本　一冊

310000－0243－0004821　515100/1077
斯陶說林十二卷　（清）王用臣輯　清光緒十八年（1892）刻本　十二冊

310000－0243－0004822　515100/1087
天咫偶聞十卷　（清）震鈞撰　清光緒三十三年（1907）甘棠轉舍刻本　二冊

310000－0243－0004823　515100/1137.01
虞初新志二十卷　（清）張潮輯　清咸豐元年（1851）小嫏嬛山館刻本　八冊

310000－0243－0004824　515100/1142
妙香室叢話六卷　（清）張培仁編　清光緒七年（1881）鉛印本　二冊

310000－0243－0004825　515100/1142.01
妙香室叢話十四卷　（清）張培仁編　清光緒十年（1884）申報館鉛印本　六冊

310000－0243－0004826　515100/1212
續世說十二卷　（宋）孔平仲撰　清刻本　三冊

310000－0243－0004827　515100/1222
益智編四十一卷　（明）孫能傳纂輯　清光緒十七年（1891）孫氏崇文書屋刻本　十二册

310000－0243－0004828　515100/1293.02
北夢瑣言二十卷　（宋）孫光憲撰　清刻本　一册

310000－0243－0004829　515100/1356
水窗春囈二卷　（清）□□撰　清光緒三年（1877）上海機器印書局鉛印本　一册

310000－0243－0004830　515100/1612
莊諧選録六卷　（清）醒醉生輯　清光緒二十九年（1903）上海吴雲記印書局鉛印本　十二册

310000－0243－0004831　515100/1703
醒睡録初集十卷　（清）鄧文濱輯　清光緒五年（1879）上海申報館鉛印本　六册

310000－0243－0004832　515100/1742
吉祥花六卷　（清）邵彬儒輯評　清同治十年（1871）天一閣刻本　四册

310000－0243－0004833　515100/2131
友會談叢三卷　（宋）上官融撰　清刻本　一册

310000－0243－0004834　515100/2244
異聞益智叢録三十四卷　（清）種蕉藝蘭生編　清光緒二十六年（1900）江南書局鉛印本　八册

310000－0243－0004835　515100/2250
楊太真外傳二卷　（宋）樂史撰　清嘉慶十年（1805）青芝山館刻本　一册

310000－0243－0004836　515100/2357
閑談消夏録十二卷　（清）外史氏撰　清翠筠山房刻本　十二册

310000－0243－0004837　515100/2503
雨窗消意録甲部四卷　（清）牛應之編　清刻本　四册

310000－0243－0004838　515100/2523
曲洧舊聞四卷　（宋）朱弁撰　（明）陳繼儒訂證　清刻本　一册

310000－0243－0004839　515100/2553
萍洲可談三卷附校勘記　（宋）朱彧撰　清刻本　一册

310000－0243－0004840　515100/2609
此中人語六卷　（清）程麟撰　清光緒十年（1884）申報館鉛印本　一册

310000－0243－0004841　515100/2628
四夢彙譚四卷　（清）吴紹箕撰　清光緒五年（1879）申報館鉛印本　四册

310000－0243－0004842　515100/2646
挑燈新録六卷　（清）吴荆園撰　清同治二年（1863）刻本　三册

310000－0243－0004843　515100/2663
驚喜集二卷　（清）程畹撰　清光緒三年（1877）鉛印本　一册

310000－0243－0004844　515100/2663.1
潛庵漫筆八卷　（清）程畹撰　清光緒元年（1875）申報館鉛印本　二册

310000－0243－0004845　515100/2696
客窗閒話八卷　（清）吴熾昌撰　清道光十四年（1834）敬義堂刻本　四册

310000－0243－0004846　515100/2696.1
客窗閒話八卷續客窗閒話八卷　（清）吴熾昌撰　清光緒二年（1876）申報館鉛印本　八册

310000－0243－0004847　515100/2712
澆愁集八卷　鄒弢撰　清光緒四年（1878）上海申報館鉛印本　四册

310000－0243－0004848　515100/2712.1
三借廬贅談十二卷　鄒弢撰　清光緒十一年（1885）申報館鉛印本　六册

310000－0243－0004849　515100/2712.1
三借廬贅談十二卷　鄒弢撰　清光緒十一年（1885）申報館鉛印本　六册

310000－0243－0004850　515100/2722
情史類略二十四卷　（清）詹詹外史評輯　清

藻思堂刻本　十二册

310000－0243－0004851　515100/2767
閲微草堂筆記五種二十四卷　(清)紀昀撰　清嘉慶二十一年(1816)刻本　十册

310000－0243－0004852　515100/2832
風月談餘錄六卷　(清)徐兆豐撰　清光緒三十三年(1907)江都徐氏刻本　二册

310000－0243－0004853　515100/3022.01
夜雨秋燈錄八卷　(清)宣鼎撰　清光緒三年(1877)申報館鉛印本　八册

310000－0243－0004854　515100/3022.1
聊齋志奇初集八卷　(清)宣鼎撰　清刻本　八册

310000－0243－0004855　515100/3054
井蛙錄四卷　(清)宋靜菴撰　清道光十年(1830)刻本　二册

310000－0243－0004856　515100/3100
寄蝸殘贅十二卷　(清)汪堃撰　清同治十一年(1872)不懼無悶齋刻本　六册

310000－0243－0004857　515100/3122
雨韮盦笔記四卷　(清)汪鼎撰　清咸豐六年(1856)刻本　二册

310000－0243－0004858　515100/3133
説冷話　(清)褦襶道人輯　清光緒十年(1884)壽墨閣刻本　一册

310000－0243－0004859　515100/3236
宋稗類鈔三十六卷　(清)潘永因編　清宣統三年(1911)上海藜光社石印本　十二册

310000－0243－0004860　515100/3347
池上草堂筆記近錄六卷續錄六卷三錄六卷四錄六卷　(清)梁恭辰撰　清道光二十三年(1843)刻本　八册

310000－0243－0004861　515100/3347.01
池上草堂笔記八卷　(清)梁恭辰撰　清道光十二年(1832)刻本　四册

310000－0243－0004862　515100/3347.01
池上草堂笔記八卷　(清)梁恭辰撰　清道光十二年(1832)刻本　八册

310000－0243－0004863　515100/3347.1
北東園筆錄初編六卷續編六卷三編六卷四編六卷　(清)梁恭辰撰　清同治五年(1866)汴省青蓮堂刻本　八册

310000－0243－0004864　515100/3633
繡像列仙傳四卷　(明)還初道人輯　清光緒十三年(1887)掃葉山房刻本　四册

310000－0243－0004865　515100/3675
翼駉稗編八卷　(清)湯用中撰　(清)徐廷華評　清同治八年(1869)刻本　八册

310000－0243－0004866　515100/3736
解醒語四卷　(清)洴濱野客撰　清光緒五年(1879)申報館鉛印本　二册

310000－0243－0004867　515100/3737
小家語四卷附梟林小史一卷　(清)鴻濛氏撰　清光緒二年(1876)申報館鉛印本　四册

310000－0243－0004868　515100/4007
醉茶志怪四卷　(清)李慶辰撰　清光緒十八年(1892)刻本　四册

310000－0243－0004869　515100/4009
歷朝野史正編九卷續編二卷　(明)查應光周鍾遊輯　清末上海有正書局鉛印本　四册

310000－0243－0004870　515100/4012
自怡軒卮言四卷　(清)李承銜著　清光緒十二年(1886)刻本　二册

310000－0243－0004871　515100/4012－1
常談叢錄四卷　(清)李元復輯　清道光二十八年(1848)味經堂刻本　四册

310000－0243－0004872　515100/4143
吹影編四卷　(清)垣赤道人撰　清嘉慶二年(1797)西山堂刻本　四册

310000－0243－0004873　515100/4228
漁舟記談二卷續談一卷雲南風土紀事詩一卷山中懷往詩一卷　(清)彭崧毓述　清同治元年(1862)刻本　四册

310000－0243－0004874　515100/4234
鑄鼎餘聞四卷　(清)姚福均輯　清光緒二十五年(1899)常熟劉氏達經堂刻本　四册

310000－0243－0004875　515100/4299
十洲春語三卷　(清)姚燮撰　清光緒三年(1877)鉛印本　一册

310000－0243－0004876　515100/4334
鸝砭軒質言四卷　(清)戴蓮芬撰　清光緒五年(1879)上海申報館鉛印本　一册

310000－0243－0004877　515100/4423
竹西花事小録一卷燕臺花事録三卷　(清)芬利它行者偶編　(清)蜀西樵也編　清光緒三年(1877)上海申報館鉛印本　一册

310000－0243－0004878　515100/4426
恩福堂筆記二卷　(清)英和撰　清道光十七年(1837)刻本　二册

310000－0243－0004879　515100/4426
恩福堂筆記二卷　(清)英和撰　清道光十七年(1837)刻本　一册

310000－0243－0004880　515100/4435
庸盦筆記六卷　(清)薛福成撰　清光緒二十三年(1897)蕭山陳氏遺經樓刻本　六册

310000－0243－0004881　515100/4442.01
聊齋志異新評十六卷　(清)蒲松齡撰　(清)王士禛評　(清)但明倫新評　清光緒三年(1877)廣順但氏刻本　十六册

310000－0243－0004882　515100/4442.02
詳注聊齋志異圖録十六卷　(清)蒲松齡撰　清光緒十二年(1886)上海同文書局石印本　十六册

310000－0243－0004883　515100/4442.06
聊齋志異圖詠十六卷　(清)蒲松齡撰　清光緒上海同文書局石印本　四册

310000－0243－0004884　515100/4442.07
評注聊齋志異圖詠十六卷首一卷　(清)蒲松齡撰　(清)呂湛恩注　清光緒二十四年(1898)上海鍊石書局石印本　八册

310000－0243－0004885　515100/4442－1
鴻雪軒紀豔四種四卷　(清)藝蘭生撰輯　清光緒五年(1879)申報館鉛印本　二册

310000－0243－0004886　515100/4442－1
鴻雪軒紀豔四種四卷　(清)藝蘭生撰輯　清光緒五年(1879)申報館鉛印本　二册

310000－0243－0004887　515100/4442－2.1
石林四筆四卷　(宋)葉夢得撰　清刻本　一册

310000－0243－0004888　515100/4444
鋤經精舍另墨四卷　(清)黄協塤撰　清光緒四年(1878)申報館鉛印本　二册

310000－0243－0004889　515100/4444
鋤經精舍另墨四卷　(清)黄協塤撰　清光緒四年(1878)申報館鉛印本　一册

310000－0243－0004890　515100/4453.02
東坡志林五卷　(宋)蘇軾撰　清嘉慶九年(1804)照曠閣刻本　一册

310000－0243－0004891　515100/4462
粉墨叢談二卷　(清)夢畹生編　清光緒十三年(1887)鉛印本　一册

310000－0243－0004892　515100/4480.1
三岡識略十卷　(清)董含撰　清光緒四年(1878)申報館鉛印本　四册

310000－0243－0004893　515100/4630
史餘萃覽四卷　(清)楊家麟輯　清光緒四年(1878)上海申報館鉛印本　二册

310000－0243－0004894　515100/4753
聊齋續編八卷　(清)柳春浦撰　(清)青城子編　清道光十年(1830)揚州秋聲館刻本　八册

310000－0243－0004895　515100/5041
志異續編八卷　(清)青城子編　清光緒三年(1877)申報館鉛印本　八册

310000－0243－0004896　515100/5051
鏡花水月八卷　(清)婁東羽衣客撰　清光緒三年(1877)申報館鉛印本　四册

310000－0243－0004897　515100/5241
蟲鳴漫錄二卷　（清）採蘅子纂　清光緒三年(1877)申報館鉛印本　二册

310000－0243－0004898　515100/5542
秦淮畫舫錄二卷秦淮豔品一卷　（清）捧花生撰　清同治十三年(1874)捧花樓鉛印本　三册

310000－0243－0004899　515100/5542.1
畫舫餘譚一卷三十六春小譜一卷　（清）捧花生撰　清同治十三年(1874)捧花樓鉛印本　一册

310000－0243－0004900　515100/6042
茶餘談薈二卷　（清）見南山人撰　（清）容園詞客評　清光緒五年(1879)申報館鉛印本　二册

310000－0243－0004901　515100/6042
茶餘談薈二卷　（清）見南山人撰　（清）容園詞客評　清光緒五年(1879)申報館鉛印本　二册

310000－0243－0004902　515100/6042
茶餘談薈二卷　（清）見南山人撰　（清）容園詞客評　清光緒五年(1879)申報館鉛印本　一册

310000－0243－0004903　515100/7211
桯史十五卷　（宋）岳珂撰　（明）毛晉訂　清光緒四年(1878)申報館鉛印本　四册

310000－0243－0004904　515100/7211－1
在園雜誌四卷　（清）劉廷璣撰　清光緒五年(1879)申報館鉛印本　四册

310000－0243－0004905　515100/7211－1
在園雜誌四卷　（清）劉廷璣撰　清光緒五年(1879)申報館鉛印本　一册

310000－0243－0004906　515100/7280.01
世説新語六卷　（南朝宋）劉義慶撰　（南朝梁）劉孝標注　清光緒十七年(1891)思賢講舍刻本　三册

310000－0243－0004907　515100/7280.05
世説新語三卷校勘小識一卷校勘小識補一卷引用書目一卷佚文一卷　（南朝宋）劉義慶撰　（南朝梁）劉孝標注　清光緒十七年(1891)思賢講舍刻本　四册

310000－0243－0004908　515100/7280.06
世説新語六卷　（南朝宋）劉義慶撰　（南朝梁）劉孝標注　清光緒三年(1877)湖北崇文書局刻本　四册

310000－0243－0004909　515100/7500
覺來笑史四卷　（清）陳庚撰　（清）沈泰評　清光緒五年(1879)申報館鉛印本　二册

310000－0243－0004910　515100/7519
藝苑叢話十六卷　陳瑣編輯　清宣統三年(1911)上海六藝書局石印本　四册

310000－0243－0004911　515100/7541
庸閑齋筆記八卷　（清）陳其元撰　清同治十三年(1874)申報館鉛印本　四册

310000－0243－0004912　515100/7541.02
庸閑齋筆記十二卷　（清）陳其元撰　清光緒十五年(1889)石印本　五册

310000－0243－0004913　515100/7548.01
敏求軒述記十六卷　（清）陳世箴輯　清道光二十八年(1848)刻本　八册

310000－0243－0004914　515100/7560
鄺齋雜記八卷　（清）陳曇撰　（清）陳汝亨校刊　清道光九年(1829)度帆樓刻本　四册

310000－0243－0004915　515100/7725
六合内外瑣言二十卷　（清）屠紳撰　（清）垂瀑山人校　清宣統三年(1911)上海國學扶輪社鉛印本　六册

310000－0243－0004916　515100/7725.01
六合内外瑣言二十卷　（清）屠紳撰　（清）垂瀑山人校　清光緒二年(1876)申報館鉛印本　八册

310000－0243－0004917　515100/7843
姜露庵雜記六卷　（清）駢蕖道人撰　清光緒五年(1879)印本　二册

310000－0243－0004918　515100/8025
小豆棚十六卷　(清)曾衍東著　清光緒五年(1879)上海申報館鉛印本　六冊

310000－0243－0004919　515100/8033－1
印雪軒隨筆四卷　(清)俞鴻漸撰　清光緒二年(1876)申報館鉛印本　四冊

310000－0243－0004920　515100/8043
耳郵四卷　(清)俞樾撰　(清)羊朱翁戲編　清光緒四年(1878)申報館鉛印本　二冊

310000－0243－0004921　515100/8043.1
右台仙館筆記十六卷　(清)俞樾撰　清宣統二年(1910)蘇州振新書社石印本　八冊

310000－0243－0004922　515100/8043.2
薈蕞編二十卷　(清)俞樾撰　清光緒七年(1881)鉛印本　八冊

310000－0243－0004923　515100/8044
蕉軒摭錄十二卷　(清)俞夢蕉著　清光緒五年(1879)申報館鉛印本　四冊

310000－0243－0004924　515100/8050
夢厂雜著七種十卷　(清)俞蛟撰　清同治九年(1870)刻本　四冊

310000－0243－0004925　515100/8057
客窗偶筆四卷二筆一卷　(清)金捧閶著　(清)趙學轍評　清嘉慶二年(1797)刻本　五冊

310000－0243－0004926　515100/8372
語新二卷　(清)錢學綸撰　清光緒二年(1876)申報館鉛印本　二冊

310000－0243－0004927　515100/8712.02
觚賸八卷續編四卷　(清)鈕琇輯　清宣統三年(1911)上海國學扶輪社鉛印本　六冊

310000－0243－0004928　515100/8728
耳新八卷　(明)鄭仲夔撰　清光緒五年(1879)鉛印本　一冊

310000－0243－0004929　515100/8734.02
虞初續志十二卷　(清)鄭澍若編　清咸豐元年(1851)小嫏嬛山館刻本　六冊

310000－0243－0004930　515100/9008
消閑述異三卷　(清)常謙尊輯　清道光二十年(1840)帶經堂刻本　三冊

310000－0243－0004931　515100/9112
女才子十二卷　(清)煙水山人著　清光緒三年(1877)上海申報館鉛印本　四冊

310000－0243－0004932　515100/9230
海上群芳譜四卷　(清)恬宜居士撰　清光緒五年(1879)上海申報館鉛印本　一冊

310000－0243－0004933　515200/0632
繡像龍圖神斷公案十卷　(明)闕名撰　清光緒十三年(1887)刻本　五冊

310000－0243－0004934　515200/071273
穆天子傳注補正六卷　(晉)郭璞注　清道光二十三年(1843)刻本　二冊

310000－0243－0004935　515200/1020.01
繪圖五續今古奇觀(石點頭)十四卷　(明)天然癡叟撰　清光緒二十二年(1896)石印本　六冊

310000－0243－0004936　515200/1030
新選今古奇聞二十二卷　(清)王寅編　清光緒十三年(1887)刻本　六冊

310000－0243－0004937　515200/1108
朝野僉載六卷　(唐)張鷟撰　(明)黄承玄　(明)沈德先訂正　清刻本　一冊

310000－0243－0004938　515200/2800
飛燕外傳附漢雜事秘辛　(漢)伶玄撰　清光緒二十九年(1903)刻本　一冊

310000－0243－0004939　707600/2375
記聞類編十四卷　上海印書局編　清光緒三年(1877)上海印書局鉛印本　六冊

310000－0243－0004940　515200/4429
唐開元小說六種九卷　葉德輝輯　清宣統三年(1911)葉氏觀古堂刻本　二冊

310000－0243－0004941　515200/5704.02
今古奇觀圖詠四十卷　(明)抱甕老人撰　清光緒十四年(1888)茂苑萃珍書屋鉛印本

五冊

310000－0243－0004942　515200/6031
西湖佳話古今遺蹟十六卷　(清)墨浪子輯　清嘉慶十年(1805)會賢堂刻本　六冊

310000－0243－0004943　515200/6031.01
西湖佳話古今遺蹟十六卷　(清)墨浪子輯　清光緒十八年(1892)上海雲記書局鉛印本　四冊

310000－0243－0004944　515200/6748
繪圖三公奇案十卷　(清)鳴松居士輯　清光緒十七年(1891)上洋正誼書局鉛印本　六冊

310000－0243－0004945　515200/7544
西湖拾遺四十四卷附一卷　(清)陳樹基撰　(清)梅溪氏搜輯　清光緒四年(1878)上海申報館鉛印本　十二冊

310000－0243－0004946　515300/0000
兒女英雄傳四十卷　(清)文康撰　(清)還讀我書室主人評　清光緒勤裕草堂託上海著易堂書局鉛印本　八冊

310000－0243－0004947　515300/0043
繡像七劍十三俠三集十二卷一百八十回　(清)唐芸洲撰　(清)桃花館主人編次　清光緒三十四年(1908)上海書局石印本　十二冊

310000－0243－0004948　515300/0814
第五才子書水滸傳七十回　(元)施耐菴撰　清光緒上海申報館鉛印本　八冊

310000－0243－0004949　515300/0814.06
評注圖像水滸傳七十五卷首一卷七十回　(元)施耐菴撰　(清)王望如評註　清光緒三十三年(1907)石印本　十二冊

310000－0243－0004950　515300/0814.08
水滸傳(評注圖像五才子書)十二卷七十回　(元)施耐菴撰　清宣統二年(1910)上海章福記石印本　十二冊

310000－0243－0004951　515300/0821.01
繡像封神演義一百回　(明)許仲琳編　(明)鍾惺評　清光緒十五年(1889)上海廣百宋齋鉛印本　十冊

310000－0243－0004952　515300/0821.02
增像全圖封神演義一百回　(明)許仲琳編　清光緒十六年(1890)珍藝書局鉛印本　十冊

310000－0243－0004953　515300/0821.06
新刻鍾伯敬先生批評封神演義十九卷　(明)許仲琳編　(明)鍾惺評　清光緒九年(1883)校經山房刻本　二十冊

310000－0243－0004954　515300/0834
施公案奇聞八卷九十七回　(清)□□撰　清道光十九年(1839)學庫山房刻本　六冊

310000－0243－0004955　515300/0883
繪圖施公案十集　(清)□□撰　清光緒二十九年(1903)上海書局石印本　二十四冊

310000－0243－0004956　515300/1012
小五義正續集一百二十四回　(清)石玉崑撰　清光緒十六年(1890)申報館鉛印本　二十冊

310000－0243－0004957　515300/101284
七俠五義正續編　(清)石玉崑述　(清)俞樾編　清光緒十五年(1889)廣百宋齋鉛印本　十八冊

310000－0243－0004958　515300/101284.1
七俠五義傳二十四卷一百二十回　(清)石玉崑原撰　(清)俞樾重編　清光緒十六年(1890)廣百宋齋鉛印本　六冊

310000－0243－0004959　515300/1036
繪芳錄八十回　(清)西泠野樵著　清光緒四年(1878)印本　十六冊

310000－0243－0004960　515300/1036.01
繪芳錄八卷八十回　(清)西泠野樵著　清光緒二十年(1894)上海書局石印本　十冊

310000－0243－0004961　515300/1040
雙鳳奇緣傳八十回　(清)雪樵主人撰　清刻本　十冊

310000－0243－0004962　515300/1042
繪像鐵花仙史二十六回　(明)雲封山人撰

清光緒十七年(1891)鉛印本　四册

310000－0243－0004963　515300/1042
繪像鐵花仙史二十六回　(明)雲封山人撰　清光緒十七年(1891)鉛印本　四册

310000－0243－0004964　515300/1044
濟顛大師醉菩提傳四卷二十回　(清)西湖墨浪子撰　清三讓堂刻本　四册

310000－0243－0004965　515300/1044.1
繡像批評麟兒報四卷十六回　(清)天花藏主人撰　清咸豐二年(1852)刻本　八册

310000－0243－0004966　515300/1044－1
快心編初集十回二集十回三集十二回　(清)天花才子編　(清)四橋居士評點　清光緒元年(1875)申報館鉛印本　十册

310000－0243－0004967　515300/1044－1.01
快心編初集(新出八劍七俠十六義平蠻演義前傳)四卷十回　(清)天花才子編　清光緒二十九年(1903)上海文宜書局石印本　四册

310000－0243－0004968　515300/1072
狐狸緣全傳五卷二十二回　(清)醉月山人著　清光緒十四年(1888)敦厚堂刻本　六册

310000－0243－0004969　515300/1124
繡像東漢演義十卷一百廿五回繡像西漢演義八卷九十九回　(明)甄偉撰　(清)清遠道人撰　清光緒十八年(1892)上海廣百宋齋鉛印本　六册

310000－0243－0004970　515300/1124.02
新刻劍嘯閣批評東漢演義傳十卷西漢演義傳八卷　(明)甄偉撰　(清)清遠道人撰　清刻本　十四册

310000－0243－0004971　515300/1127
新刻天花藏批評玉嬌梨四卷二十回　(清)張勻撰　(清)荻岸道人編次　清經綸堂刻本　四册

310000－0243－0004972　515300/1127.01
玉嬌梨四卷二十回　(清)張勻撰　(清)荻岸道人編次　清光緒十九年(1893)深柳堂石印本　四册

310000－0243－0004973　515300/1141
三分夢全傳十六卷十六回　(清)張士登撰　(清)何芳苡評　清道光十五年(1835)刻本　六册

310000－0243－0004974　515300/1192
繪圖平金川全傳四卷三十二回　(清)張小山撰　清光緒二十五年(1899)富文書局石印本　四册

310000－0243－0004975　515300/1210
景宋殘本新編五代平話七卷　(宋)□□撰　清宣統二年(1910)昆陵董氏誦芬室刻本　二册

310000－0243－0004976　515300/1211
繡像五虎平西前傳十四卷一百十二回　(清)□□撰　清大文堂刻本　十四册

310000－0243－0004977　515300/1214
五虎平南後傳六卷四十二回　(清)□□撰　清漁古山房刻本　六册

310000－0243－0004978　515300/1235
繡像海上繁華夢新書初集六卷三十回二集六卷三十回　孫家振撰　清光緒二十九年(1903)上海笑林報館鉛印本　十二册

310000－0243－0004979　515300/1235
繡像海上繁華夢新書初集六卷三十回二集六卷三十回　孫家振撰　清光緒二十九年(1903)上海笑林報館鉛印本　十二册

310000－0243－0004980　515300/1235.1
海上繁華夢新書後集八卷四十回　孫家振撰　清光緒三十二年(1906)上海笑林報館鉛印本　八册

310000－0243－0004981　515300/1425
聖朝鼎盛萬年青八集十卷十六回　(清)□□撰　清光緒廣東雙門底海左書局石印本　八册

310000－0243－0004982　515300/1474

繪圖第一情書聽月樓全傳四卷二十回 （清）□□撰　清石印本　四册

310000－0243－0004983　515300/1861
新刻三合明珠寶劍全傳六卷四十二回 （清）□□撰　清光緒五年(1879)三讓堂刻本　六册

310000－0243－0004984　515300/1871
雲鍾雁三鬧太平莊全傳五十四回 （清）□□撰　清同治三年(1864)一笑軒刻本　十二册

310000－0243－0004985　515300/1871
雲鍾雁三鬧太平莊全傳五十四回 （清）□□撰　清同治三年(1864)一笑軒刻本　八册

310000－0243－0004986　515300/2130
後西遊記四十回 （清）□□撰　清光緒五年(1879)上海申報館鉛印本　八册

310000－0243－0004987　515300/2144
宋傳五十回續宋傳五十回 （明）熊大木撰（明）湯顯祖評　清聚盛堂刻本　十册

310000－0243－0004988　515300/2144.01
宋傳五十回續宋傳五十回 （明）熊大木撰（明）湯顯祖評　清經國堂刻本　十册

310000－0243－0004989　515300/2144.1
宋傳五十回 （明）熊大木撰（明）湯顯祖評　清刻本　五册

310000－0243－0004990　515300/2144.2
續宋傳十卷五十回 （明）熊大木撰　清光緒十八年(1892)石印本　四册

310000－0243－0004991　515300/2170
兩交婚小傳四卷十八回 （清）步月主人訂　清光緒二十年(1894)上海崇文書局石印本　四册

310000－0243－0004992　515300/2222
第十才子書白圭志四卷十六回 （清）崔象川輯（清）紀昀評　清江左書林刻本　四册

310000－0243－0004993　515300/2222.01
第八才子書白圭志四卷十六回 （清）崔象川輯（清）何晴川評　清經綸堂刻本　四册

310000－0243－0004994　707600/1040
燹史四十八卷 （清）王希廉輯　清光緒二年(1876)申報館鉛印本　二册

310000－0243－0004995　515300/2278.01
繡像綠牡丹全傳六十四回 （清）□□撰　清光緒二十九年(1903)石印本　四册

310000－0243－0004996　515300/2278.02
綠牡丹全傳六卷六十四回 （清）□□撰　清刻本　六册

310000－0243－0004997　515300/2611
飛龍傳六十回 （清）吳璿删定　清乾隆三十三年(1768)刻本　十二册

310000－0243－0004998　515300/2611.01
繪圖飛龍全傳八卷六十回 （清）吳璿編　清光緒十八年(1892)上海書局石印本　八册

310000－0243－0004999　515300/2615
四遊全傳十四卷 （明）吳元泰等撰　清道光十四年(1834)致和堂刻本　八册

310000－0243－0005000　515300/2616
新説西遊記 （明）吳承恩撰（清）張書紳注　清光緒十四年(1888)味潛齋石印本　八册

310000－0243－0005001　515300/2616
新説西遊記 （明）吳承恩撰（清）張書紳注　清光緒十四年(1888)味潛齋石印本　十二册

310000－0243－0005002　515300/2616.01
新説西遊記 （明）吳承恩撰（清）張書紳注　清光緒十四年(1888)上海校經山房刻本　十六册

310000－0243－0005003　515300/2616.02
繪圖增像西遊記一百回 （明）吳承恩撰（清）陳士斌詮解　清光緒十五年(1889)上海廣百宋齋鉛印本　十册

310000－0243－0005004　515300/2616.03
增像全圖西遊記二十五卷 （明）吳承恩撰（清）陳士斌詮解　清光緒十九年(1893)上海文海書局石印本　十册

310000－0243－0005005　515300/2616.04
繪圖增批西遊記一百回　(明)吴承恩撰　(清)朱鈞眉批　清光緒十九年(1893)上海煥文書局石印本　八册

310000－0243－0005006　515300/261621
西遊原旨二十四卷一百回　(明)吴承恩撰　(清)劉一明解　清嘉慶二十五年(1820)刻本　二十四册

310000－0243－0005007　515300/261674
西遊真詮六卷一百回　(明)吴承恩撰　(清)陳士斌評　清刻本　六册

310000－0243－0005008　515300/2622.01
花月痕十六卷五十二回　(清)魏秀仁撰　清同治五年(1866)著易堂鉛印本　四册

310000－0243－0005009　515300/2622.02
花月痕全書十五卷五十二回　(清)魏秀仁撰　清光緒十四年(1888)刻本　十六册

310000－0243－0005010　515300/2622.03
繪圖花月因緣十六卷五十二回　(清)魏秀仁編　清光緒十九年(1893)上海書局鉛印本　六册

310000－0243－0005011　515300/2626
繪圖增像駐春園外史六卷二十四回　(清)吳航野客編　(清)水箬散人評　清光緒二十二年(1896)中西書局石印本　四册

310000－0243－0005012　515300/2632
土星祟演義八回　吴江外史著　清抄本　一册

310000－0243－0005013　515300/2644
齊省堂增訂儒林外史五十六回　(清)吳敬梓撰　清同治十三年(1874)齊省堂刻本　十六册

310000－0243－0005014　515300/2644.01
儒林外史五十六回　(清)吳敬梓撰　清同治十三年(1874)申報館鉛印本　八册

310000－0243－0005015　515300/2644.02
儒林外史五十六回　(清)吳敬梓撰　(清)天目山樵(張文虎)評　清光緒七年(1881)上海申報館鉛印本　十册

310000－0243－0005016　515300/2676
前七國志二十回　(清)吳門嘯客撰　**後七國志十八回**　(清)徐震撰　清古吳文裕堂刻本　六册

310000－0243－0005017　515300/2712
海上塵天影三十六章　鄒弢撰　清光緒三十年(1904)石印本　七册

310000－0243－0005018　515300/2736
飛跎全傳四卷三十二回　(清)鄒必顯撰　清同治十一年(1872)刻本　二册

310000－0243－0005019　515300/2744
續兒女英雄全傳八卷三十二回　(清)□□撰　清光緒二十五年(1899)石印本　四册

310000－0243－0005020　515300/2745
好逑傳四卷十八回　(清)名教中人編　清嘉慶八年(1803)獨處軒刻本　四册

310000－0243－0005021　515300/2745.01
好逑傳十八回　(清)名教中人編　清宣統三年(1911)鉛印本　一册

310000－0243－0005022　515300/2752
新鐫楊家府世代忠勇演義志傳八卷　(明)紀振倫撰　清光緒十三年(1887)刻本　八册

310000－0243－0005023　515300/2781
紅樓夢補四十八回　(清)歸鋤子撰　清光緒二年(1876)申報館鉛印本　四册

310000－0243－0005024　515300/2781.01
繡像紅樓夢補四卷四十八回　(清)歸鋤子撰　清光緒二十五年(1899)上海圖書集成局鉛印本　四册

310000－0243－0005025　515300/2810.1
鴛鴦媒(繡像第三奇書玉鴛鴦)十二回　(清)徐震撰　清光緒二十一年(1895)石印本　二册

310000－0243－0005026　515300/2836
繡像京本雲合奇蹤玉茗英烈全傳十卷八十回

（明）徐渭編　清光緒十八年（1892）石印本　四冊

310000－0243－0005027　515300/2836.01
繡像京本雲合奇蹤玉茗英烈全傳十卷八十回　（明）徐渭編　清慶雲樓刻本　十冊

310000－0243－0005028　515300/3166
臺灣外記三十卷　（清）江日昇識　清光緒四年（1878）申報館鉛印本　六冊

310000－0243－0005029　515300/3235.1
新刊宣和遺事前後集二卷　（宋）□□撰　清光緒石印本　一冊

310000－0243－0005030　515300/3314
新刻清風閘四卷三十二回　（清）浦琳撰　清同治十三年（1874）刻本　四冊

310000－0243－0005031　515300/3892
繡像海公小紅袍全傳四十二回　（清）□□撰　清光緒二十七年（1901）石印本　一冊

310000－0243－0005032　515300/3931
後紅樓夢三十回附三卷　（清）逍遙子撰　清嘉慶二年（1797）得月樓刻本　十二冊

310000－0243－0005033　515300/3931.01
繪圖後紅樓夢六卷三十二回　（清）逍遙子撰　清宣統二年（1910）上海章福記石印本　六冊

310000－0243－0005034　515300/4012－1
第九才子書平鬼傳四卷十回　（清）樵雲山人編　清江左書林刻本　四冊

310000－0243－0005035　515300/4021
七十二朝四書人物演義八卷　（明）李卓吾撰　清光緒二十三年（1897）上海十萬卷樓石印本　八冊

310000－0243－0005036　515300/4021－1
滬遊雜記六十卷　（清）李伯元撰　清光緒二十九年（1903）石印本　十七冊

310000－0243－0005037　515300/4021－1.01
官場現形記三編三十六卷　（清）李伯元撰　（清）歐陽鉅元增注　清光緒三十二年（1906）崇本堂石印本　八冊

310000－0243－0005038　515300/4021－1.02
官場現形記四十八卷　（清）李伯元撰　清光緒二十九年（1903）上海世界繁華報館鉛印本　二十四冊

310000－0243－0005039　515300/4028
夢中緣十五回　（清）李修行撰　清光緒十一年（1885）崇德堂刻本　四冊

310000－0243－0005040　515300/4028.01
五美奇緣十五回　（清）李修行撰　清光緒二十一年（1895）宏仁堂石印本　四冊

310000－0243－0005041　515300/4031.01
繪圖鏡花緣一百回　（清）李汝珍撰　清光緒十六年（1890）上海石印本　六冊

310000－0243－0005042　515300/4031.02
鏡花緣一百回　（清）李汝珍撰　清光緒鉛印本　十二冊

310000－0243－0005043　515300/4054
原本海公大紅袍傳六十回　（清）李春芳編　清道光十年（1830）大文堂刻本　十二冊

310000－0243－0005044　515300/4054.01
繪圖海公大紅袍全傳四卷　（清）李春芳編次　清光緒十九年（1893）上海書局石印本　四冊

310000－0243－0005045　515300/4059
奇緣賽桃源四卷三十回　（清）李春榮撰　清光緒二十一年（1895）上海書局石印本　三冊　缺八回（卷一：一至八）

310000－0243－0005046　515300/4073
繪圖鴛鴦夢四卷十六回　（清）南嶽道人編　清光緒二十一年（1895）上海書局石印本　四冊

310000－0243－0005047　515300/4073.01
蝴蝶媒四卷十六回　（清）南嶽道人編　（清）青谿醉客評　清四友堂刻本　四冊

310000－0243－0005048　515300/4073.02
蝴蝶媒四卷十六回　（清）南嶽道人編　（清）

清谿醉客評　清刻本　四冊

310000－0243－0005049　515300/4408

西遊補十六回　(明)董説撰　清光緒元年(1875)尊聞閣主鉛印本　二冊

310000－0243－0005050　515300/4415

繡像義勇四俠閨媛傳六卷五十回　(清)林研農撰　清光緒二十六年(1900)上海石印本　六冊

310000－0243－0005051　515300/4422－1

新刻天花藏批評平山冷燕四卷二十回　(清)荻岸散人撰　清集文堂刻本　四冊

310000－0243－0005052　515300/4423

常言通四卷十六回　(清)落魄道人編　清光緒元年(1875)得成堂刻本　一冊

310000－0243－0005053　515300/4433

嶺南逸史二十八回　(清)花溪逸士編　(清)張西園鑒定　(清)醉園狂客評點　清嘉慶六年(1801)樓外樓刻本　八冊

310000－0243－0005054　707600/1040

變史四十八卷　(清)王希廉輯　清光緒二年(1876)申報館鉛印本　八冊

310000－0243－0005055　515300/4462

繪圖費娥劍二十四章　蔣景緘撰　清宣統元年(1909)石印本　二冊

310000－0243－0005056　515300/4470

繪圖明珠緣(檮杌閒評)六卷五十回　(明)□□撰　清光緒二十年(1894)上海書局石印本　六冊

310000－0243－0005057　515300/4491.1

宦海潮三十二回　黄小配撰　清光緒三十四年(1908)香港世界公益報鉛印本　二冊

310000－0243－0005058　515300/4642

繪圖大明奇俠傳十四卷五十四回　(清)□□撰　清光緒二十二年(1896)上海理文軒石印本　六冊

310000－0243－0005059　515300/4644

新刻異説南唐演義全傳十卷一百回　(清)如蓮居士編輯　清嘉慶二十一年(1816)似菊別墅刻本　十冊

310000－0243－0005060　515300/4644.1

説唐演義全傳十卷六十八回別本説唐後傳六卷四十二回首二卷十六回　(清)如蓮居士編　清嘉慶漁古山房刻本　十冊

310000－0243－0005061　515300/4644－1.01

説唐演義全傳十卷六十八回別本説唐後傳六卷四十二回首二卷十六回　(清)如蓮居士編　清光緒十五年(1889)珍藝書局刻本　六冊

310000－0243－0005062　515300/4810

英雲夢傳八卷十六回　(清)松雲撰　(清)剩齋評　清嘉慶十年(1805)書業堂刻本　四冊

310000－0243－0005063　515300/4810.01

英雲夢傳八卷　(清)松雲撰　(清)剩齋評點　清聚秀堂刻本　八冊　缺一卷(二)

310000－0243－0005064　515300/4832

鐵冠圖全傳五十回　(清)松排山人編　(清)龍岩于校閱　清刻本　四冊

310000－0243－0005065　515300/5018

三五夢因記　東亞無情子著　江左笑笑生評　清光緒二十九年(1903)上海文明書局鉛印本　一冊

310000－0243－0005066　515300/5019

續紅樓夢三十卷　(清)秦子忱撰　清嘉慶四年(1799)刻本　十冊

310000－0243－0005067　515300/5040

錦香亭(繪圖睢陽忠毅錄)四卷十六回　(清)素庵主人編　清光緒二十年(1894)上海書局石印本　四冊

310000－0243－0005068　515300/5043

征西説唐三傳(異説後唐傳三集薛丁山征西樊梨花全傳)十二卷八十八回　(清)中都逸叟編　清光緒二年(1876)江陰寶文堂刻本　十二冊

310000－0243－0005069　515300/5113

東西晉演義西晉四卷東晉八卷　(明)□□撰

清文德堂刻本　十二册

310000－0243－0005070　515300/5411
忠孝勇烈奇女傳四卷三十二回　(清)□□撰　清光緒四年(1878)常州樂善堂刻本　四册

310000－0243－0005071　515300/5514
紅樓夢一百二十回　(清)曹雪芹撰　(清)王希廉評　清道光十二年(1832)刻本　二十四册

310000－0243－0005072　515300/5514
紅樓夢一百二十回　(清)曹雪芹撰　(清)王希廉評　清道光十二年(1832)刻本　二十四册

310000－0243－0005073　515300/5514.01
紅樓夢一百二十回　(清)曹雪芹撰　清道光務本堂刻本　二十四册

310000－0243－0005074　515300/5514.010
紅樓夢一百二十回　(清)曹雪芹撰　(清)王希廉評　清光緒石印本　十六册

310000－0243－0005075　515300/5514.011
紅樓夢(增評補像全圖金玉緣)一百二十回　(清)曹雪芹撰　(清)王希廉等評　清光緒三十四年(1908)石印本　十六册

310000－0243－0005076　515300/5514.012
紅樓夢(增評補像全圖金玉緣)一百二十卷　(清)曹雪芹撰　(清)王希廉評　清光緒三十四年(1908)求不負齋石印本　十六册

310000－0243－0005077　515300/5514.014
紅樓夢四十卷一百二十回　(清)曹雪芹撰　(清)張新之評　清光緒七年(1881)臥雲山館刻本　二十册

310000－0243－0005078　515300/5514.015
紅樓夢(增評補像全圖金玉緣)一百二十卷　(清)曹雪芹撰　清光緒十五年(1889)上海石印本　十六册

310000－0243－0005079　515300/5514.016
紅樓夢(增評加批金玉緣圖說)一百二十卷　(清)曹雪芹撰　(清)蝶薌仙史評　清光緒三十二年(1906)上海桐蔭軒石印本　十六册

310000－0243－0005080　515300/5514.02
紅樓夢一百二十回　(清)曹雪芹撰　清咸豐三讓堂刻本　十六册

310000－0243－0005081　515300/5514.023
紅樓夢(增評補像全圖金玉緣)一百二十回　(清)曹雪芹撰　(清)王希廉評　清光緒十五年(1889)上海同文書局石印本　十六册

310000－0243－0005082　515300/5514.03
紅樓夢一百二十回　(清)曹雪芹撰　清咸豐刻本　二十册

310000－0243－0005083　515300/5514.04
紅樓夢一百二十回　(清)曹雪芹撰　清同治三年(1864)耘香閣刻本　二十四册

310000－0243－0005084　515300/5514.05
紅樓夢一百二十回　(清)曹雪芹撰　清同治味經堂刻本　二十四册

310000－0243－0005085　515300/5514.06
紅樓夢一百二十回　(清)曹雪芹撰　(清)王希廉評　清光緒三年(1877)刻本　二十二册

310000－0243－0005086　515300/5514.07
紅樓夢一百二十回　(清)曹雪芹撰　清經綸堂刻本　二十四册

310000－0243－0005087　515300/5514.08
紅樓夢一百二十卷　(清)曹雪芹撰　(清)王希廉評　清光緒十八年(1892)古越誦芬閣鉛印本　十六册

310000－0243－0005088　515300/5520
海上四大金剛奇書四卷一百回　(清)抽絲主人撰　清光緒二十四年(1898)上海書局石印本　四册

310000－0243－0005089　515300/5716
東周列國全志二十三卷　(清)□□撰　(清)蔡界評點　清乾隆五年(1740)經元堂刻本　二十四册

310000－0243－0005090　515300/5716.010
東周列國志二十七卷　(清)□□撰　(清)蔡

界評點　清光緒十四年(1888)上海點石齋石印本　八册

310000－0243－0005091　515300/5716.011
東周列國志二十七卷　(清)□□撰　(清)蔡界評點　清末上海書局石印本　八册

310000－0243－0005092　515300/5716.012
繡像東周列國志二十七卷一百八回　(清)□□撰　(清)蔡界評點　清光緒三十年(1904)上海商務印書館鉛印本　六册

310000－0243－0005093　515300/5716.012
繡像東周列國志二十七卷一百八回　(清)□□撰　(清)蔡界評點　清光緒三十年(1904)上海商務印書館鉛印本　十二册

310000－0243－0005094　515300/5716.02
東周列國全志二十三卷一百八回　(清)□□撰　(清)蔡界評點　清乾隆十七年(1752)雲海堂刻本　二十四册

310000－0243－0005095　515300/5716.06
增像全圖東周列國志二十七卷一百八回　(清)□□撰　(清)蔡界評點　清宣統三年(1911)上海時中書局鉛印本　十六册

310000－0243－0005096　515300/5716.08
東周列國志二十三卷　(清)□□撰　(清)蔡界評點　清光緒九年(1883)上海築墅書屋刻本　十二册

310000－0243－0005097　515300/5716.09
繡像東周列國全志二十三卷　(清)□□撰　(清)蔡界評點　清大文堂　刻本　十二册

310000－0243－0005098　515300/6027
鋒劍春秋(繪圖增像後列國志)十卷六十回　(清)四和氏撰　清光緒十九年(1893)上海寶文書局石印本　八册

310000－0243－0005099　515300/6041
新刻三寶太監西洋記通俗演義二十卷一百回　(明)羅懋登撰　清光緒七年(1881)上海申報館鉛印本　十册

310000－0243－0005100　515300/6058
精訂綱鑑廿四史通俗衍義二十六卷四十四回　(清)吕撫輯　清光緒十五年(1889)上海廣百宋齋石印本　六册

310000－0243－0005101　515300/6058.01
精訂綱鑑廿四史通俗衍義二十六卷四十四回　(清)吕撫輯　清光緒十五年(1889)上海廣百宋齋石印本　六册

310000－0243－0005102　515300/6075
漢宋奇書二種六十卷　(明)羅貫中編輯　清刻本　二十册

310000－0243－0005103　515300/6075.202
三國志演義六十卷　(明)羅貫中撰　(清)金人瑞　(清)毛宗崗評點　清咸豐三年(1853)常熟顧氏小石山房刻本　二十册

310000－0243－0005104　515300/6075.203
三國志演義六十卷　(明)羅貫中撰　(清)金人瑞　(清)毛宗崗評注　清咸豐三年(1853)常熟珍藝堂刻本　二十四册

310000－0243－0005105　515300/6075.204
三國志演義六十卷一百二十回　(明)羅貫中撰　(清)金人瑞　(清)毛宗崗評　清咸豐善成堂朱墨套印本　二十册

310000－0243－0005106　515300/6075.205
三國志演義六十卷　(明)羅貫中撰　(清)金人瑞　(清)毛宗崗評點　清同治五年(1866)姑蘇琳瑯閣刻本　二十四册

310000－0243－0005107　515300/6075.206
三國志演義五十一卷　(明)羅貫中撰　(清)金人瑞　(清)毛宗崗評點　清刻本　二十册

310000－0243－0005108　515300/6075.207
三國志演義一百二十回　(明)羅貫中撰　(清)金人瑞　(清)毛宗崗評注　清兩儀堂刻本　二十册

310000－0243－0005109　515300/6075.208
三國志演義六十卷　(明)羅貫中撰　(清)金人瑞　(清)毛宗崗評　清光緒九年(1883)築野書屋刻本　二十四册

310000－0243－0005110　515300/6075.209

三國志演義六十卷 (明)羅貫中撰 (清)金人瑞 (清)毛宗崗評點 清光緒十一年(1885)同文書局石印本 十六册

310000－0243－0005111 515300/6075.210
三國志演義六十卷 (明)羅貫中撰 (清)金人瑞 (清)毛宗崗評點 清光緒十四年(1888)上海同文書局石印本 十二册

310000－0243－0005112 515300/6075.211
圖像三國志演義六十卷 (明)羅貫中撰 (清)金人瑞 (清)毛宗崗評點 清光緒十六年(1890)廣百宋齋石印本 十二册

310000－0243－0005113 515300/6075.212
三國志演義六十卷 (明)羅貫中撰 (清)金人瑞 (清)毛宗崗評點 清光緒十六年(1890)上海圖書集成局石印本 十二册

310000－0243－0005114 515300/6075.213
三國志演義六十卷 (明)羅貫中撰 (清)金人瑞 (清)毛宗崗評點 清光緒十七年(1891)上海點石齋石印本 八册

310000－0243－0005115 515300/6075.214
三國志演義六十卷 (明)羅貫中撰 (清)金人瑞 (清)毛宗崗評點 清光緒二十九年(1903)上海點石齋石印本 八册

310000－0243－0005116 515300/6075.215
三國志演義六十卷 (明)羅貫中撰 (清)金人瑞 (清)毛宗崗評點 清光緒三十四年(1908)上海同文書局石印本 十二册

310000－0243－0005117 515300/6075.3
新刻粉粧樓傳記十卷 (明)羅貫中纂輯 清竹溪山人刻本 十册

310000－0243－0005118 515300/6075.4
繪圖蕩平奇妖傳四卷二十回 (明)羅貫中撰 (明)馮夢龍增 清光緒二十二年(1896)上海書局石印本 六册

310000－0243－0005119 515300/6075.5
平妖傳四十回 (明)羅貫中撰 (明)馮夢龍補 清刻本 十二册

310000－0243－0005120 515300/6075.6
鐫李卓吾批點殘唐五代史演義傳八卷六十回 (明)羅貫中編輯 (明)李贄批評 清刻本 六册

310000－0243－0005121 515300/6263
五鳳吟(繡像素梅姐全傳)四卷二十回 (清)嗤嗤道人編 清光緒三十四年(1908)上海書局石印本 四册

310000－0243－0005122 515300/7513
燕山外史注釋八卷 (清)陳球撰 (清)若駿子輯注 清光緒五年(1879)刻本 二册

310000－0243－0005123 515300/7537.01
雪月梅傳奇十卷五十回 (清)陳朗撰 (清)董孟汾評釋 (清)邵松年校定 清乾隆聚錦堂刻本 十册

310000－0243－0005124 515300/7540
品花寶鑑十六卷六十回 (清)陳森撰 清刻本 十六册

310000－0243－0005125 515300/7593
紅樓復夢一百回 (清)陳少海撰 清光緒上海申報館鉛印本 十册

310000－0243－0005126 515300/7594
水滸後傳十卷四十回 (清)陳忱撰 (清)蔡界評訂 清嘉慶、同治刻本 十册

310000－0243－0005127 515300/7594.01
水滸後傳八卷四十回 (明)陳忱撰 (明)雁宕山樵評 清三多齋刻本 四册

310000－0243－0005128 515300/7725
蟫史二十卷 (清)屠紳撰 清光緒五年(1879)上海申報館鉛印本 六册

310000－0243－0005129 515300/7725.01
蟫史二十卷圖像二卷 (清)屠紳撰 清刻本 二十四册

310000－0243－0005130 515300/7738
開闢演義通俗志傳六卷八十回 (明)周遊集 (明)王黌釋 清道光十年(1830)刻本 六册

310000－0243－0005131　515300/8034
青樓夢六十四回　(清)俞達撰　(清)瀟湘館侍者評　清光緒四年(1878)上海申報館鉛印本　十冊

310000－0243－0005132　515300/8034
青樓夢六十四回　(清)俞達撰　(清)瀟湘館侍者評　清光緒四年(1878)上海申報館鉛印本　十冊

310000－0243－0005133　515300/8043
新刊繪圖彭公案全傳六卷　(清)貪夢道人撰　清末上海掃葉山房石印本　十六冊

310000－0243－0005134　515300/8045
結水滸全傳七十回結子一回　(清)俞萬春撰　(清)范辛來等參評　清光緒九年(1883)上海申報館鉛印本　十八冊

310000－0243－0005135　515300/8045.01
結水滸全傳七十卷一百四十回　(清)俞萬春撰　清同治十年(1871)玉屏山館刻本　二十冊

310000－0243－0005136　515300/8052
繡像永慶昇平二十四卷九十七回　(清)姜振名　(清)哈輔源演說　(清)郭廣瑞編錄　清光緒鉛印本　六冊

310000－0243－0005137　515300/8322
說岳全傳(增訂精忠演義說本全傳)二十卷　(清)錢彩編次　(清)金豐增訂　清同治三年(1864)大文堂刻本　十二冊

310000－0243－0005138　515300/8322.01
繪圖說岳全傳八卷　(清)錢彩撰　清光緒三十一年(1905)上海商務印書館鉛印本　八冊

310000－0243－0005139　515300/8383
檮杌萃編(宦海鐘)二十四回　(清)錢錫寶撰　清光緒鉛印本　六冊

310000－0243－0005140　515300/8387
新輯查潘鬬勝香國綺談四卷三十回　(清)鐵盦隱士編　清光緒二十七年(1901)上海書局石印本　四冊

310000－0243－0005141　515300/8884
轟天雷十四回　籐谷古香著　清光緒三十年(1904)大同印書局鉛印本　一冊

310000－0243－0005142　516100/1000
玉海二百卷附辭學指南四卷附刻十三種六十一卷　(宋)王應麟撰　清嘉慶十一年(1806)刻本　一百二十冊

310000－0243－0005143　516100/100002
玉海摘要二十一卷　(宋)王應麟原輯　(清)方維翰輯錄　清道光十五年(1835)刻本　八冊

310000－0243－0005144　516100/1047
表異錄二十卷　(明)王志堅輯　清光緒二年(1876)陳氏庸閒齋刻本　二冊

310000－0243－0005145　516100/1047
表異錄二十卷　(明)王志堅輯　清光緒二年(1876)陳氏庸閒齋刻本　二冊

310000－0243－0005146　516100/110872
龍筋鳳髓判四卷附錄一卷　(唐)張鷟撰　(清)劉允鵬注　(清)陳春補　清嘉慶十六年(1811)蕭山陳氏湖海樓刻本　四冊

310000－0243－0005147　516100/1144.02
淵鑑類函四百五十卷　(清)張英等編纂　清光緒十三年(1887)上海同文書局石印本　四十八冊

310000－0243－0005148　516100/214410
北堂書鈔一百六十卷　(唐)虞世南撰　(清)孔廣陶校注　清光緒十四年(1888)廣州林記書莊刻本　二十冊

310000－0243－0005149　516100/2167
卓氏藻林八卷　(明)卓明卿輯　清道光二十七年(1847)藝圃刻本　八冊

310000－0243－0005150　516100/2337
子史精華三十卷　(清)允祿等監修　清光緒九年(1883)上海點石齋石印本　二冊

310000－0243－0005151　516100/2337.01
子史精華一百六十卷　(清)允祿等監修　清

光緒十年(1884)上海同文書局石印本　八册

310000－0243－0005152　516100/2337.03
子史精華一百六十卷　(清)允祿等監修　清光緒二十二年(1896)上海匯海書局石印本　八册

310000－0243－0005153　516100/2877
古香齋鑒賞袖珍初學記三十卷　(唐)徐堅等撰　清江西金谿紅杏山房刻本　十二册

310000－0243－0005154　516100/3042
讀書紀數略五十四卷　(清)宮夢仁編纂　(清)宋澤元校刊　清光緒六年(1880)刻本　十二册

310000－0243－0005155　516100/4024
藝苑零珠六卷　(清)李象梓纂輯　(清)李家焯編校　清光緒十五年(1889)廣州芸香書屋刻本　六册

310000－0243－0005156　516100/4060
太平御覽一千卷　(宋)李昉等撰　清嘉慶十七年(1812)刻本　一百二十册

310000－0243－0005157　516100/4060.01
太平御覽一千卷　(宋)李昉等編　清光緒二十年(1894)上海積山書局石印本　三十二册

310000－0243－0005158　516100/424044
角山樓增補類腋六十七卷　(清)姚培謙原本　(清)趙克宜增輯　清咸豐十年(1860)刻本　二十四册

310000－0243－0005159　516100/424044.01
角山樓增補類腋　(清)姚培謙撰　清咸豐上海同文書局刻本　六册

310000－0243－0005160　516100/4441
晉專宋瓦室類稿五卷　(清)桂坫撰　清光緒二十四年(1898)刻本　二册

310000－0243－0005161　516200/1115
佩文韻府一百六卷韻府拾遺一百六卷　(清)張玉書等纂　清光緒十二年(1886)上海同文書局石印本　六十册

310000－0243－0005162　516200/1115.01
佩文韻府一百六卷韻府拾遺一百六卷　(清)張玉書等纂　清道光嶺南潘氏海山仙館刻本　二百册

310000－0243－0005163　516200/1115.02
佩文韻府一百六卷　(清)張玉書等纂　清康熙五十年(1711)刻本　九十五册

310000－0243－0005164　516200/1115.01
佩文韻府一百六卷附補遺　(清)張玉書等纂　清道光嶺南潘氏海山仙館刻本　一百八十册

310000－0243－0005165　516200/2882
韻字探驪五卷　(清)徐錫齡輯　清嘉慶二十三年(1818)吉金書屋刻本　五册

310000－0243－0005166　516200/3057
增廣詩句題解彙編四卷姓氏考一卷　寶文書局編　清光緒十九年(1893)上海寶文書局石印本　四册

310000－0243－0005167　516200/5570
分韻子史題解二十卷　(清)費卿庭輯　(清)陳士瀛編　清道光十四年(1834)掃葉山房刻本　六册

310000－0243－0005168　516200/7527
詩句題解韻編六卷　(清)陳維屏纂輯　**續集一卷**　(清)葉蘭纂輯　清道光二十九年(1849)棠芬書屋刻本　十二册

310000－0243－0005169　516300/0094
御定駢字類編二百四十卷　(清)聖祖玄燁敕編　清光緒十三年(1887)上海同文書局石印本　四十八册

310000－0243－0005170　516300/0094
御定駢字類編二百四十卷　(清)聖祖玄燁敕編　清光緒十三年(1887)上海同文書局石印本　四十八册

310000－0243－0005171　516400/0825
新鐫注釋故事白眉十卷　(清)許以忠纂釋　清雲林五雲堂刻本　五册

310000－0243－0005172　516400/0825.01

增補註釋故事白眉十卷 (清)許以忠集 (清)許國球校 清光緒二年(1876)經濟堂刻本 六册

310000－0243－0005173 516400/1044
詞林海錯類選四卷 (清)夏樹芳輯 (清)福申類次 清道光十年(1830)鶴鳴書屋刻本 四册

310000－0243－0005174 516400/1120
記事珠十卷 (清)張以謙撰 (清)王燮廷校 (清)王勇剛重訂 清同治十三年(1874)刻本 十册

310000－0243－0005175 516400/1715
精選黄眉故事十卷 (明)鄧百拙彙編 清光緒三年(1877)經濟堂刻本 六册

310000－0243－0005176 516400/2622
壹是紀始二十二卷 (清)魏崧著 清道光二十二年(1842)刻本 十二册

310000－0243－0005177 516400/2844
續廣博物志十六卷 (清)徐壽基編輯 清光緒十二年(1886)刻本 四册

310000－0243－0005178 516400/3137
事物原會四十卷 (清)汪汲錄 清嘉慶二年(1797)古愚山房刻本 八册

310000－0243－0005179 516400/3191
物詮八卷 (清)汪烜著 清光緒九年(1883)立雪齋刻本 二册

310000－0243－0005180 516400/3718
靈檀碎金六十八卷 (清)郎玉銘著 清光緒八年(1882)上海申報館鉛印本 十册

310000－0243－0005181 516400/7474
小知錄十二卷 (清)陸鳳藻輯 清同治十二年(1873)淮南書局刻本 四册

310000－0243－0005182 516400/7474
小知錄十二卷 (清)陸鳳藻輯 清同治十二年(1873)淮南書局刻本 四册

310000－0243－0005183 517100/0000.01
一切經音義二十五卷 (唐)釋玄應撰 清同治八年(1869)刻本 四册

310000－0243－0005184 517100/000049
一切經音義二十五卷 (唐)釋玄應撰 (清)莊炘等校正 清同治八年(1869)武林張氏寶晉齋刻本 四册

310000－0243－0005185 517100/1000
閱藏隨筆二卷 (清)釋元度撰 (清)釋太穆節解 楊維漢校 清光緒九年(1883)越城集賢堂書坊刻本 二册

310000－0243－0005186 517100/104430
釋迦如來成道記一卷 (唐)王勃撰 (唐)釋通誠注 清刻本 一册

310000－0243－0005187 517100/1144
西藏宗教源流考 (清)張其勤編輯 (清)陳錫民校訂 清宣統二年(1910)官印刷局鉛印本 一册

310000－0243－0005188 517100/3461
佛國記一卷 (宋)釋法顯撰 清光緒八年(1882)明群山房刻本 一册

310000－0243－0005189 517100/7722
釋氏稽古略四卷稽古續集三卷 (元)釋覺岸編集 清刻本 五册

310000－0243－0005190 517600/5563
大乘起信論真解二卷 曹顯宗參訂 清光緒十六年(1890)金陵刻經處刻本 一册

310000－0243－0005191 517600/716740
大乘起信論 (印度)釋馬鳴選 (南朝梁)釋真諦譯 清光緒二十四年(1898)金陵刻經處刻本 一册

310000－0243－0005192 517900.2/4022
淨土神珠 (清)古崑集 清同治十一年(1872)刻本 一册

310000－0243－0005193 517900.2/6799
淨業痛策 (清)釋照瑩集 清光緒元年(1875)刻本 一册

310000－0243－0005194 517900.4/0024
大覺普濟玉林禪師語錄十二卷 (清)釋音綽

等編　清同治十三年(1874)刻本　六冊

310000－0243－0005195　517900.6/002466
八識規矩補注證義　(唐)釋玄奘頌注　(明)釋普泰補注　(明)釋明星證義　清光緒二十八年(1902)刻本　一冊

310000－0243－0005196　517900.6/002484
八識規矩頌直解　(唐)釋玄奘作　(明)釋智旭解　清刻本　一冊

310000－0243－0005197　517900.6/002494
八識論義　(唐)釋玄奘頌作　(清)釋性起論釋　清光緒三年(1877)刻本　一冊

310000－0243－0005198　517900.6/043402
成唯識論十卷　(印度)釋護法撰　(唐)釋玄奘譯　清光緒二十二年(1896)金陵刻經處刻本　二冊

310000－0243－0005199　517900.6/3044.1
成唯識論述記六十卷　(唐)釋窺基撰　清光緒二十七年(1901)金陵刻經處刻本　二十冊

310000－0243－0005200　517900.6/3044.2
因明入正理論疏八卷　(唐)釋窺基撰　清光緒二十二年(1896)金陵刻經處刻本　二冊

310000－0243－0005201　517900.6/716740
大乘起信論纂注二卷　(印度)釋馬鳴造　(南朝梁)釋真諦譯　(明)釋真界注　清光緒二年(1876)湘東精舍刻本　一冊

310000－0243－0005202　517900.7/3074
大方廣佛新華嚴經合論一百二十卷　(唐)釋實叉難陀　(唐)李通玄撰論　(唐)釋志寧論　清同治十一年(1872)金陵刻經處刻本　三十冊

310000－0243－0005203　518000/3040
支那教案論　(英國)宓克撰　嚴復譯　清光緒十八年(1892)上海南洋公學譯書院鉛印本　一冊

310000－0243－0005204　519100/1024
上海清真寺徵信錄　(清)石維垣　(清)金基福編　清宣統二年(1910)鉛印本　一冊

310000－0243－0005205　519100/4424
撫郡農產考略　黄維翰編　清光緒三十三年(1907)蘇省刷印局鉛印本　一冊

310000－0243－0005206　519100/7114
上海清真寺成立董事會志　馬廷樹等輯　清宣統三年(1911)鉛印本　一冊

310000－0243－0005207　520100/504556
印度六派哲學　(日本)本村泰賢原著　慧圓居士編譯　清末鉛印本　一冊

310000－0243－0005208　530100/2813
格致叢書一百十種一百七十二卷　(清)徐建寅編　清光緒二十七年(1901)石印本　三十二冊

310000－0243－0005209　530100/8099
魯班經三卷　(清)午榮彙編　(清)章嚴集　清同治九年(1870)刻本　二冊

310000－0243－0005210　530200/8090
萍礦土法煉焦詳說　俞燮坤編撰　清光緒三十三年(1907)刻本　一冊

310000－0243－0005211　530400/0744
閩產錄異六卷　(清)郭柏蒼輯　清光緒十二年(1886)寫刻本　五冊

310000－0243－0005212　530400/5360
康熙幾暇格物編二卷　(清)盛昱錄　清末石印本　二冊

310000－0243－0005213　540100/4478
禁吸鴉片煙芻議　蔣履曾撰　清光緒三十二年(1906)鉛印本　一冊

310000－0243－0005214　540100/7540
查勘禁煙日記錄　陳嘉言撰　清宣統元年(1909)奉天圖書印刷所鉛印本　一冊

310000－0243－0005215　540100/8740
鴉片專賣條陳一卷　(清)鄭嘉謨輯　清光緒鉛印本　一冊

310000－0243－0005216　540400/214443
泰西教育史二卷　(日本)能勢雄撰　葉瀚譯　清光緒二十七年(1901)上海金粟齋譯書社

鉛印本　二冊

310000－0243－0005217　540400/6051
扶桑雨月記　羅振玉撰　清光緒二十八年(1902)教育世界社石印本　一冊

310000－0243－0005218　540400/6051
扶桑雨月記　羅振玉撰　清光緒二十八年(1902)教育世界社石印本　一冊

310000－0243－0005219　600100/7246
文心雕龍十卷　(南朝梁)劉勰撰　(清)黄叔琳輯註　(清)紀昀評　清道光十三年(1833)兩廣節署刻朱墨套印本　四冊

310000－0243－0005220　600100/7246
文心雕龍十卷　(南朝梁)劉勰撰　(清)黄叔琳輯註　(清)紀昀評　清道光十三年(1833)兩廣節署刻朱墨套印本　四冊

310000－0243－0005221　707500/4037
閒情偶寄十六卷　(清)李漁撰　清康熙刻本　六冊

310000－0243－0005222　600100/724642
文心雕龍十卷　(南朝梁)劉勰撰　(清)黄叔琳註　(清)紀昀評　清道光十三年(1833)兩廣節署刻朱墨套印本　四冊

310000－0243－0005223　600100/724642.01
文心雕龍十卷　(南朝梁)劉勰撰　(清)黄叔琳註　(清)紀昀評　清光緒十九年(1893)思賢講舍刻本　四冊

310000－0243－0005224　600200/0442
文章軌範七卷　(宋)謝枋得撰　清光緒三十三年(1907)上海會文學社石印本　四冊

310000－0243－0005225　600200/226075.01
文章緣起一卷　(南朝梁)任昉撰　(明)陳懋仁注　(清)方熊集補註　清刻本　一冊

310000－0243－0005226　600200/226075.02
文章緣起一卷　(南朝梁)任昉撰　(明)陳懋仁註　(清)方熊集補註　清刻本　一冊

310000－0243－0005227　600200/7274.01
藝概六卷　(清)劉熙載輯　清末江蘇存古學堂鉛印本　二冊

310000－0243－0005228　600300/0054
陶詩附考附解招魂　(清)方東樹撰　清光緒十六年(1890)刻本　一冊

310000－0243－0005229　600600/3286
乾坤正氣集一百一種五百七十四卷　(清)潘錫恩輯　清道光二十八年(1848)袁江節署刻光緒十八年(1892)重印本　一百六十冊

310000－0243－0005230　600600/3428
國朝名人著述叢編十四種十五卷　(清)□□編　清光緒九年(1883)斐然山房刻本　六冊

310000－0243－0005231　600600/5048
異書四種　申報館輯　清光緒二年(1876)申報館鉛印本　二冊

310000－0243－0005232　600600/5048.1
續異書四種　申報館輯　清光緒三年(1877)申報館鉛印本　四冊

310000－0243－0005233　600700/5247
中國文學史　東吳大學編撰　清宣統三年(1911)國學扶輪社鉛印本　二十九冊

310000－0243－0005234　610100/2020
劍谿說詩二卷又編一卷　(清)喬億撰　清乾隆十六年(1751)刻本　一冊

310000－0243－0005235　610100/3105
詩學指南四十一種八卷　(清)顧龍振編輯　清乾隆二十四年(1759)敦本堂刻本　四冊

310000－0243－0005236　610100/3124
詩學纂聞一卷　(清)汪師韓撰　清光緒刻本　一冊

310000－0243－0005237　610200/0860.01
詩韻合璧五卷　(清)余春亭輯　朱月坡增輯　**虛字韻藪一卷**　(清)潘維城輯　清光緒十二年(1886)上海公兴書局鉛印本　五冊

310000－0243－0005238　610200/0874
詩法萃編十五卷　(清)許印芳選　清光緒二十一年(1895)樸學齋刻本　十冊

310000－0243－0005239　610200/1043
漁洋詩則一卷　(清)王士禛撰　清乾隆二十年(1755)尘定軒刻本　一册

310000－0243－0005240　610200/2848
而菴説唐詩二十二卷首一卷　(清)徐增撰　清光緒刻本　八册

310000－0243－0005241　610200/3104
杜韓詩句集韻九卷　(清)汪文柏輯　清光緒八年(1882)姑蘇來青閣刻本　四册

310000－0243－0005242　610200/3603
增廣詩韻全璧五卷附虚字韻藪初學检韻　(清)湯文潞原輯　(清)華鋸重編　清光緒十二年(1886)上海積山書局石印本　六册

310000－0243－0005243　610200/494282
聲調譜闡説一卷　(清)鄭先樸撰　清光緒十年(1884)刻本　一册

310000－0243－0005244　610300/0095
全唐詩話六卷　(宋)廖瑩中撰　清宣統三年(1911)石印本　六册

310000－0243－0005245　610300/0700
靈芬館詩話十二卷續六卷　(清)郭麐撰　清嘉慶二十一年(1816)刻本　五册

310000－0243－0005246　610300/0821
許彦周詩話一卷後山居士詩話一卷　(宋)許顗撰　明末刻本　一册

310000－0243－0005247　610300/1031
柳隱叢談五卷　(清)于源撰　清道光三十年(1850)刻本　一册

310000－0243－0005248　610300/1031.1
鐙窗瑣話八卷　(清)于源撰　清道光二十七年(1847)刻本　八册

310000－0243－0005249　610300/1031.101
鐙窗瑣話四卷　(清)于源撰　清道光二十七年(1847)刻本　一册

310000－0243－0005250　610300/1043
諧聲别部六卷　(清)王士禛原本　(清)喻端士選編　清乾隆五十四年(1789)刻本　二册

310000－0243－0005251　610300/1043.1
漁洋詩話三卷　(清)王士禛撰　清乾隆二十三年(1758)竹西書屋寫刻本　二册

310000－0243－0005252　610300/1043.2
帶經堂詩話三十卷　(清)王士禛撰　清同治十二年(1873)廣州藏修堂刻本　十二册

310000－0243－0005253　610300/1043.2
帶經堂詩話三十卷　(清)王士禛撰　清同治十二年(1873)廣州藏修堂刻本　四册

310000－0243－0005254　610300/104360
分類詩話六卷　(清)王士禛撰　(清)喻端士編　清同治十三年(1874)盱南三餘書屋刻本　二册

310000－0243－0005255　610300/1044
聽雨樓隨筆六卷　(清)王培荀輯　清道光二十五年(1845)刻本　六册

310000－0243－0005256　610300/1114
達觀堂詩話六卷　(清)張晉本撰　清同治十二年(1873)刻本　三册

310000－0243－0005257　610300/1153
歲寒堂詩話二卷　(宋)張戒撰　清刻本　一册

310000－0243－0005258　610300/1191
小滄浪詩話四卷　(清)張燮承纂　清咸豐九年(1859)賀氏刻本　二册

310000－0243－0005259　610300/1740
海粟詩話二卷　(清)鄧枝麟撰　清刻本　二册

310000－0243－0005260　610300/2042
西河詩話一卷詞話一卷　(清)毛奇齡撰　清宣統三年(1911)上海文瑞樓石印本　二册

310000－0243－0005261　610300/2134
説詩樂趣類編二十卷　(清)伍涵芬撰　清刻本　四册

310000－0243－0005262　610300/2528
靜志居詩話二十四卷　(清)朱彝尊撰　(清)扶荔山房編輯　清嘉慶二十四年(1819)扶荔

山房刻本　十二册

310000－0243－0005263　610300/2603.01
詩人玉屑二十卷　（宋）魏慶之撰　清古松堂刻本　六册

310000－0243－0005264　610300/2605
海山詩屋詩話十卷　（清）李文泰輯　清光緒四年（1878）廣州森寶閣鉛印本　五册

310000－0243－0005265　610300/2620
圍爐詩話六卷　（清）吴喬輯　清道光四年（1824）三槐堂刻本　五册

310000－0243－0005266　610300/2630
拜經樓詩話四卷　（清）吴騫輯　清嘉慶二年（1797）刻愚谷叢書本　二册

310000－0243－0005267　610300/2820
星湄詩話二卷　（清）徐傳詩撰　清宣統三年（1911）峭帆樓刻本　一册

310000－0243－0005268　610300/2837
芙蓉港詩詞話　（清）徐涵撰　清光緒元年（1875）刻本　一册

310000－0243－0005269　610300/3072
柳亭詩話三十卷　（清）宋長白撰　清光緒八年（1882）天茁園刻本　十册

310000－0243－0005270　610300/3099
漫堂說詩四種　（清）宋犖等撰　清道光十三年（1833）刻本　一册

310000－0243－0005271　610300/3224
緝雅堂詩話二卷　（清）潘衍桐撰　清光緒十七年（1891）杭州刻本　一册

310000－0243－0005272　610300/3224
緝雅堂詩話二卷　（清）潘衍桐撰　清光緒十七年（1891）杭州刻本　一册

310000－0243－0005273　610300/3224
緝雅堂詩話二卷　（清）潘衍桐撰　清光緒十七年（1891）杭州刻本　一册

310000－0243－0005274　610300/3235
挹翠樓詩話四卷　（清）潘清撰　清同治二年（1863）刻本　二册

310000－0243－0005275　610300/3410
快園詩話八卷　（清）淩霄撰　清刻本　一册

310000－0243－0005276　610300/3483
名媛詩話八卷　（清）沈善寶撰　清光緒寓言報館鉛印本　一册

310000－0243－0005277　610300/3708
讀漁洋詩隨筆二卷　（清）梁章鉅撰　清刻本　二册

310000－0243－0005278　610300/4031
停雲閣詩話十卷　（清）李家瑞纂　清咸豐五年（1855）刻本　六册

310000－0243－0005279　610300/4245
樗寮詩話三卷　（清）姚椿撰　清刻本　一册

310000－0243－0005280　610300/4300
重訂全唐詩話八卷　（宋）尤袤輯　（清）孫濤續　清乾隆三十九年（1774）寫刻本　八册

310000－0243－0005281　610300/4311
西江詩話十二卷　（清）裘君弘輯　清康熙四十三年（1704）裘氏妙貫堂刻本　八册

310000－0243－0005282　610300/4422
消夏錄二卷　（清）黄任輯　清乾隆四十年（1775）刻本　二册

310000－0243－0005283　610300/4437
藝苑名言八卷　（清）蔣瀾纂輯　清乾隆四十一年（1776）刻本　四册

310000－0243－0005284　610300/4437
藝苑名言八卷　（清）蔣瀾纂輯　清乾隆四十一年（1776）刻本　四册

310000－0243－0005285　610300/4446
明人詩品二卷夢曉樓隨筆一卷　（清）杜蔭棠（清）宋顧樂輯錄　清道光二十四年（1844）吴縣王朝忠刻本　一册

310000－0243－0005286　610300/445377
杜工部詩話不分卷　（清）劉鳳誥撰　清宣統三年（1911）上海掃葉山房石印本　一册

310000－0243－0005287　610300/4462
射鷹樓詩話二十四卷　(清)林昌彝輯　清咸豐元年(1851)福建侯官刻本　八册

310000－0243－0005288　610300/4462.1
海天琴思錄八卷續錄八卷　(清)林昌彝輯　清同治三年(1864)刻本　十二册

310000－0243－0005289　610300/4494
煮藥漫抄二卷　(清)葉煒撰　清光緒十七年(1891)金陵刻本　二册

310000－0243－0005290　610300/4546
閨秀詩評一卷　(清)棣華園主人編輯　清光緒三年(1877)申報館淮山棣華園鉛印本　一册

310000－0243－0005291　610300/4610
筠石山房詩話鈔不分卷　(清)楊霈輯　清道光二十七年(1847)十芝堂刻本　六册

310000－0243－0005292　610300/4647
鄉詩摭談十卷續集十卷　(清)楊希閔撰　清宣統二年(1910)江西夏敬莊校刊刻本　六册

310000－0243－0005293　610300/4690
載酒園詩話二卷附皺水軒詞筌一卷　(清)黄賀裳撰　清刻本　二册

310000－0243－0005294　610300/4700
詩藪内編六卷外編四卷　(明)胡應麟撰　清光緒廣雅書局刻廣雅書局叢書本　三册

310000－0243－0005295　610300/4917
甌北詩話十卷　(清)趙翼撰　清嘉慶七年(1802)湛貽堂刻本　二册

310000－0243－0005296　610300/4945
平等閣詩話二卷　狄葆賢撰　清宣統二年(1910)鉛印本　二册

310000－0243－0005297　610300/661748
滄浪詩話注五卷　(宋)嚴羽撰　(清)胡鑑註　清光緒七年(1881)石印本　三册

310000－0243－0005298　610300/661748
滄浪詩話注五卷　(宋)嚴羽撰　(清)胡鑑註　清光緒七年(1881)石印本　三册

310000－0243－0005299　610300/661748.01
滄浪詩話注五卷　(宋)嚴羽撰　(清)胡鑑註　清光緒七年(1881)南昌文德堂刻本　一册

310000－0243－0005300　610300/7110
定香亭筆談四卷　(清)阮元撰　清嘉慶五年(1800)浙江書局、揚州阮氏瑯嬛仙館刻本　四册

310000－0243－0005301　610300/7110.01
定香亭筆談四卷　(清)阮元撰　清光緒二十五年(1899)浙江書局刻本　四册

310000－0243－0005302　610300/7110.01
定香亭筆談四卷　(清)阮元撰　清光緒二十五年(1899)浙江書局刻本　四册

310000－0243－0005303　610300/7110.1
廣陵詩事十卷　(清)阮元撰　清嘉慶六年(1801)浙江節署刻本　二册

310000－0243－0005304　610300/7110.101
廣陵詩事十卷　(清)阮元撰　清光緒十六年(1890)京師揚州會館刻本　二册

310000－0243－0005305　610300/7167
宋詩紀事一百卷　(清)厲鶚　(清)馬曰琯輯　清乾隆十一年(1746)樊榭山房刻本　二十四册

310000－0243－0005306　610300/7167.1
宋詩紀事補遺一百卷　(清)陸心源輯　清光緒十九年(1893)刻本　十六册

310000－0243－0005307　610300/7547
栩園詩話二卷　陳栩撰　清刻本　二册

310000－0243－0005308　610300/7714
全浙詩話五十四卷　(清)陶元藻輯　清乾隆刻本　二十册

310000－0243－0005309　610300/7727
宋元明詩鈔不分卷　(□)□□撰　清抄本　一册

310000－0243－0005310　610300/7727.1
詩話雜詩不分卷　(□)□□撰　清抄本　二册

310000－0243－0005311　610300/8002

石洲詩話四卷　(清)翁方綱撰　清刻本　四冊

310000－0243－0005312　610300/8002.01
石洲詩話八卷　(清)翁方綱撰　清嘉慶二十四年(1819)刻本　四冊

310000－0243－0005313　610300/8044
白獄盦詩話二卷　(清)余楙撰　清宣統三年(1911)國學扶輪社鉛印本　一冊

310000－0243－0005314　610300/8274
養自然齋詩話十卷　(清)鍾駿聲輯　清同治十三年(1874)刻本　五冊

310000－0243－0005315　610400/4097.01
中晚唐詩主客圖二卷　(清)李懷民評選　清嘉慶十八年(1813)退思軒刻本　二冊

310000－0243－0005316　610500/1736
司空詩品注釋一卷　(唐)司空圖撰　清同治九年(1870)實文書局刻本　一冊

310000－0243－0005317　610500/173672
司空詩品注釋不分卷　(唐)司空圖撰　(宋)□□註　清同治九年(1870)實文書局刻本　一冊

310000－0243－0005318　610500/448004
韓昌黎詩集編年箋註十二卷　(唐)韓愈撰　(清)方世舉考訂　清宣統二年(1910)石印本　十二冊

310000－0243－0005319　610600/2633
全唐集句分韻四卷　(清)程祖潤撰　清咸豐十年(1860)抄本　四冊

310000－0243－0005320　610600/3491
唐詩金粉十卷　(清)沈炳震纂　清雍正二年(1724)刻本　六冊

310000－0243－0005321　610700/1044
七家試帖輯注彙鈔九卷　(清)王植桂輯註　清光緒十二年(1886)刻本　八冊

310000－0243－0005322　610700/4079
柳堂修褉集　(清)李長榮編　清咸豐三年(1853)刻本　一冊

310000－0243－0005323　610800/1037
談藝珠叢二十七種四十四卷　(清)王啟原輯　清光緒十一年(1885)長沙玉尺山房刻本　十二冊

310000－0243－0005324　620100/7771
屈原賦二十五篇　(战國)屈原撰　清光緒十六年(1890)退想齋石印本　二冊

310000－0243－0005325　707500/2800
前塵夢影錄二卷　(清)徐康撰　清光緒二十三年(1897)刻本　一冊

310000－0243－0005326　620200/777117
楚辭釋十一卷　(战國)屈原撰　(漢)王逸章句　王闓運註　清光緒十二年(1886)刻本　二冊

310000－0243－0005327　620200/777124.02
楚辭集註五卷　(战國)屈原撰　(宋)朱熹註　清聽雨齋刻本　三冊

310000－0243－0005328　620200/777124.03
楚辭集註八卷　(战國)屈原撰　(宋)朱熹註　清光緒遵義黎氏刻古逸叢書本　一冊

310000－0243－0005329　620200/777137
楚辭章句十七卷　(战國)屈原等撰　(漢)王逸章句　(宋)洪興祖補註　清光緒九年(1883)長沙書堂山館刻本　六冊

310000－0243－0005330　620200/777137.01
楚辭章句十七卷　(战國)屈原等撰　(漢)王逸章句　(宋)洪興祖補註　清光緒二十一年(1895)昭陵經畲主人刻本　六冊

310000－0243－0005331　620200/777137.02
楚辭章句十七卷　(战國)屈原等撰　(漢)王逸章句　(宋)洪興祖補註　清同治十一年(1872)金陵書局刻本　四冊

310000－0243－0005332　620200/777137.02
楚辭章句十七卷　(战國)屈原等撰　(漢)王逸章句　(宋)洪興祖補註　清同治十一年(1872)金陵書局刻本　四冊

310000－0243－0005333　620200/777147

楚辭燈四卷　(战國)屈原撰　(清)林雲銘述　清刻本　一册

310000－0243－0005334　620200/777147
楚辭燈四卷　(战國)屈原撰　(清)林雲銘述　清刻本　二册

310000－0243－0005335　620200/777172.01
楚辭十七卷　(战國)屈原撰　(漢)劉向編纂　(漢)王逸章句　清光緒十七年(1891)三餘草堂刻本　三册

310000－0243－0005336　620200/777175
屈辭精義六卷　(战國)屈原等撰　(清)陳本禮等訂　清嘉慶十六年(1811)裛露軒刻本　二册

310000－0243－0005337　620300/771724
楚辭辨證二卷　(战國)屈原撰　(宋)朱熹撰　清光緒三年(1877)崇文書局刻本　一册

310000－0243－0005338　620300/777174
屈子章句七卷　(战國)屈原撰　(清)劉蘿鵬訂　清乾隆二十五年(1760)黎青堂刻本　四册

310000－0243－0005339　620400/2622
離騷草木疏四卷　(宋)吳仁傑撰　清乾隆刻知不足齋叢書本　一册

310000－0243－0005340　620400/2622.01
離騷草木疏四卷　(宋)吳仁傑撰　清光緒三年(1877)崇文書局刻本　一册

310000－0243－0005341　620400/4464
楚辭貫一卷　(清)董國英論釋　清道光二十五年(1845)正誼齋刻本　一册

310000－0243－0005342　620400/7771
離騷經　(战國)屈原撰　清咸豐九年(1859)三益齋刻本　一册

310000－0243－0005343　620400/777115
離騷彙訂　(战國)屈原撰　(清)王邦采編　清光緒二十六年(1900)刻本　二册

310000－0243－0005344　620400/777173
离騷經纂注一卷　(明)劉永澄纂注　清世德堂刻本　一册

310000－0243－0005345　620500/1132
楚騷綺語六卷　(明)張之象輯　清光緒六年(1880)八杉齋刻本　四册

310000－0243－0005346　620500/7588
屈宋古音義三卷　(明)陳第撰　清乾隆二十七年(1762)武昌張氏刻本　二册

310000－0243－0005347　620500/777102
屈子正音三卷　(清)方績撰　清光緒六年(1880)網舊聞齋刻本　二册

310000－0243－0005348　620800/7771
楚辭四種九卷　(战國)屈原撰　清光緒三年(1877)崇文書局刻本　四册

310000－0243－0005349　630100/0742
樂府詩集一百卷　(宋)郭茂倩撰　清刻本　十六册

310000－0243－0005350　630100/0742.01
樂府詩集一百卷　(宋)郭茂倩撰　清刻本　十六册

310000－0243－0005351　630100/0742.01
樂府詩集一百卷　(宋)郭茂倩撰　清刻本　十四册

310000－0243－0005352　630100/1020
漢鐃歌釋文箋正　王先謙撰　清同治十一年(1872)虛受堂刻本　一册

310000－0243－0005353　630100/7553
漢詩統箋　(清)陳本禮箋　清嘉慶裛露軒刻本　一册

310000－0243－0005354　630200/3912
定峰樂府十卷　(清)沙張白撰　(清)曹禾評　清道光十八年(1838)江邑周莊後樂堂刻本　四册

310000－0243－0005355　630200/4624
鐵崖詩集三種二十六卷　(元)楊維楨撰　(元)吳復編　(清)樓卜瀍註　清光緒十四年(1888)諸暨樓氏崇德堂補刻本　十册

310000－0243－0005356　630200/462443
鐵厓三種二十六卷　(元)楊維楨撰　(元)吳復編　(清)樓卜瀍註　清宣統二年(1910)掃葉山房石印本　十冊

310000－0243－0005357　630200/7542
今樂府一卷　(清)陳菰緡撰　清宣統二年(1910)石印本　一冊

310000－0243－0005358　640100/0028
七十家賦鈔六卷　(清)康紹鏞輯　清道光元年(1821)合河康氏刻本　四冊

310000－0243－0005359　640100/269675
賦彙錄要二十八卷補題注一卷補遺一卷外集一卷　(清)吳光昭箋　(清)陳書輯　清刻本　八冊

310000－0243－0005360　640100/2731
賦則四卷　(清)鮑桂星評選　清光緒九年(1883)湖北督學節署刻本　二冊

310000－0243－0005361　640100/4447
廣事類賦四十卷　(清)華希閔撰　(清)華希閎重訂　清刻本　十二冊

310000－0243－0005362　640100/7120
選注六朝唐賦　(清)馬傳庚選註　清光緒十八年(1892)希樸齋刻本　二冊

310000－0243－0005363　640100/7120.01
選注六朝唐賦　(清)馬傳庚選註　清同治十三年(1874)京都玉燕書巢馬氏刻本　二冊

310000－0243－0005364　640100/7510.01
歷代賦彙一百八十四卷　(清)陳元龍輯　清光緒十二年(1886)曲園石印本　十六冊

310000－0243－0005365　640200/1053
船山九賦　(清)王夫之撰　清末木活字印本　一冊

310000－0243－0005366　640300/7120
選注六朝唐賦　(清)馬傳庚選注　清光緒十九年(1893)上海石印本　一冊

310000－0243－0005367　651000/0054
香研居詞麈五卷　(清)方成培撰　清光緒二年(1876)嘯園刻本　二冊

310000－0243－0005368　651000/3120
詞學集成八卷　(清)江順詒纂輯　清光緒七年(1881)刻本　四冊

310000－0243－0005369　651000/3137
詞名集解續編二卷附宋樂類編　(清)汪汲撰　清刻本　一冊

310000－0243－0005370　651000/3488
樂府指迷一卷　(宋)沈義父撰　清光緒十三年(1887)刻本　一冊

310000－0243－0005371　652000/0413
碎金詞譜六卷附錄一卷碎金詞一卷　(清)謝元淮輯　清道光二十四年(1844)松滋謝氏朱墨套印本　五冊

310000－0243－0005372　652000/1074
詞韻二卷　(清)王又華補切　(清)王嗣瑠訂註　清刻本　一冊

310000－0243－0005373　652000/1114
名家詞十七種二十一卷　(清)張琦等撰　清同治、光緒刻本　四冊

310000－0243－0005374　652000/2028
填詞名解四卷　(清)毛光舒撰註　清刻本　二冊

310000－0243－0005375　652000/4444.01
詞律二十卷　(清)萬樹撰　清光緒抱經堂書局刻本　十六冊

310000－0243－0005376　652000/4444.02
詞律二十卷　(清)萬樹撰　**拾遺八卷**　(清)徐本立纂　清光緒二年(1876)刻本　十六冊

310000－0243－0005377　652000/4444.1
詞律拾遺八卷　(清)徐本立纂　清同治十二年(1873)刻本　四冊

310000－0243－0005378　652000/8709
詞源斠律二卷　鄭文焯纂　清刻本　一冊

310000－0243－0005379　652000/8710
三百詞譜　(清)鄭元慶選　清刻本　四冊

310000－0243－0005380　652000/8744
白香詞譜箋四卷　(清)舒夢蘭輯　(清)謝朝徵箋　清咸豐九年(1859)謝氏刻本　四册

310000－0243－0005381　652000/8744.01
白香詞譜箋四卷　(清)舒夢蘭輯　(清)謝朝徵箋　清光緒十一年(1885)刻本　二册

310000－0243－0005382　652000/8744.01
白香詞譜箋四卷　(清)舒夢蘭輯　(清)謝朝徵箋　清光緒十一年(1885)刻本　四册

310000－0243－0005383　653400/0129
詞辨二卷　(清)譚復堂評　清刻本　一册

310000－0243－0005384　653400/0408
賭棋山莊詞話十二卷　(清)謝章鋌撰　清光緒十年(1884)弢盦陳氏刻本　三册

310000－0243－0005385　653400/1022
聽秋聲館詞話二十卷　(清)丁紹儀撰　清同治八年(1869)刻本　六册

310000－0243－0005386　653400/1022
聽秋聲館詞話二十卷　(清)丁紹儀撰　清同治八年(1869)刻本　四册

310000－0243－0005387　653400/2626
蓮子居詞話四卷　(清)吳衡照撰　清同治九年(1870)退補齋刻本　一册

310000－0243－0005388　653400/2626.01
蓮子居詞話四卷　(清)吳衡照撰　清道光十二年(1832)振綺堂刻本　四册

310000－0243－0005389　653400/3182
詞苑萃編二十四卷　(清)馮金伯輯錄　清嘉慶十一年(1806)刻本　八册

310000－0243－0005390　653400/4024
左庵詞話一卷忍齋叢說一卷柏桓瑣志一卷朋貽小錄一卷赴湘贈答一卷左庵瑣語一卷　(清)李佳繼昌撰　**四勿齋遺詩一卷**　(清)李佳介祺撰　清光緒二十七年(1901)刻本　二册

310000－0243－0005391　654100/0123
篋中詞四十卷　(清)譚獻編　清光緒八年(1882)刻本　四册

310000－0243－0005392　654100/1022.01
清綺軒詞選十三卷　(清)夏秉衡選　清光緒十年(1884)蘇州觀西振新書社刻本　六册

310000－0243－0005393　654100/1134
詞壇妙品十卷　(清)張淵懿選　清宣統三年(1911)小安樂書屋石印本　五册

310000－0243－0005394　654100/1150
詞選二卷續詞選二卷　(清)張惠言輯　(清)董毅續輯　清道光十年(1830)刻本　一册

310000－0243－0005395　654100/1150
詞選二卷續詞選二卷　(清)張惠言輯　(清)董毅續輯　清道光十年(1830)刻本　一册

310000－0243－0005396　654100/2010
宋六十名家詞六十一種八十九卷　(明)毛晉著　清光緒十四年(1888)刻本　二十四册

310000－0243－0005397　654100/3141
宋元名家詞十五種十七卷　(清)江標輯　清光緒二十一年(1895)思賢書局刻本　四册

310000－0243－0005398　654100/3141
宋元名家詞十五種十七卷　(清)江標輯　清光緒二十一年(1895)思賢書局刻本　四册

310000－0243－0005399　654100/4407
續詞選二卷　(清)董毅選　清道光十年(1830)刻本　一册

310000－0243－0005400　654100/4412
歷代詞腴二卷　(清)黃承勳輯　清光緒十一年(1885)梓黛山樓刻本　二册

310000－0243－0005401　654100/4443
微雲榭詞選五卷校勘補注一卷　樊增祥輯　清光緒三十四年(1908)望江誦清閣鉛印本　五册

310000－0243－0005402　654100/4493
詞綜續編二十四卷　(清)黃燮清編　清同治十二年(1873)刻本　六册

310000－0243－0005403　654100/5330

唐五代詞選三卷　(清)成肇麐選輯　清光緒十三年(1887)曼陀羅華閣刻本　一冊

310000－0243－0005404　654100/5330
唐五代詞選三卷　(清)成肇麐選輯　清光緒十三年(1887)曼陀羅華閣刻本　一冊

310000－0243－0005405　654100/5343
宋七家詞選七卷　(清)戈載輯　(清)杜文瀾校註　清光緒三年(1877)刻本　四冊

310000－0243－0005406　654100/5343
宋七家詞選七卷　(清)戈載輯　(清)杜文瀾校註　清光緒三年(1877)刻本　四冊

310000－0243－0005407　654100/7730
詞辯二卷　(清)周濟輯　清光緒四年(1878)刻本　一冊

310000－0243－0005408　654100/7730－1.1
絕妙好詞校錄一卷　(清)冷紅詞客撰　清道光刻本　一冊

310000－0243－0005409　654100/773043.02
絕妙好詞箋七卷續鈔一卷　(宋)周密輯　(清)查爲仁　(清)厲鶚箋　**詞選二卷**　(清)張惠言錄　**續詞選二卷附錄一卷**　(清)董毅錄　清同治十一年(1872)會稽章氏刻本　四冊

310000－0243－0005410　654200/1010
西泠詞萃六種九卷　(清)丁丙輯　清光緒十一年(1885)錢塘丁氏刻本　二冊

310000－0243－0005411　654200/2542
湖州詞徵二十四卷　(清)朱孝臧輯　清宣統三年(1911)刻本　四冊

310000－0243－0005412　654200/2542
湖州詞徵二十四卷　(清)朱孝臧輯　清宣統三年(1911)刻本　四冊

310000－0243－0005413　654200/2624
吳氏石蓮庵刻山左人詞十七種四十六卷　(清)吳重熹輯　清光緒二十七年(1901)金陵刻本　十冊

310000－0243－0005414　654200/2741
國朝常州詞錄三十一卷　繆荃孫編　清光緒二十三年(1897)刻本　十冊

310000－0243－0005415　654200/2816
皖詞紀勝一卷　徐乃昌纂　清光緒三十年(1904)南陵徐氏小檀欒室刻本　一冊

310000－0243－0005416　654200/3677
粵西詞見二卷　況周頤撰　清光緒二十二年(1896)金陵刻本　二冊

310000－0243－0005417　654200/4087
四明近體樂府十四卷　(清)袁鈞輯　清嘉慶二十三年(1818)刻本　二冊

310000－0243－0005418　654200/4424
粵東三家詞鈔三卷　(清)葉衍蘭輯　清光緒二十一年(1895)刻本　一冊

310000－0243－0005419　654200/4454
閩詞鈔四卷　(清)葉申薌編　清道光十四年(1834)三山葉氏刻本　四冊

310000－0243－0005420　654200/5070
清金陵詞鈔八卷　(清)秦際唐輯　清光緒二十八年(1902)萃古山房書莊刻本　四冊

310000－0243－0005421　654200/5070
清金陵詞鈔八卷　(清)秦際唐輯　清光緒二十八年(1902)萃古山房書莊刻本　四冊

310000－0243－0005422　654300/1020
詩餘偶鈔六種六卷　王先謙輯　清光緒十六年(1890)長沙王氏刻本　一冊

310000－0243－0005423　654300/1020
詩餘偶鈔六種六卷　王先謙輯　清光緒十六年(1890)長沙王氏刻本　一冊

310000－0243－0005424　654300/1073
南宋四名臣詞集四卷　(清)王鵬運校輯　清光緒十八年(1892)四印齋刻本　一冊

310000－0243－0005425　654300/1161
同聲集九種九卷　(清)張曜孫輯　清同治七年(1868)刻本　一冊

310000－0243－0005426　654300/2604

侯鯖詞五種五卷　(清)吳唐林纂輯　清光緒十一年(1885)杭州刻本　二册

310000－0243－0005427　654300/2604
侯鯖詞五種五卷　(清)吳唐林纂輯　清光緒十一年(1885)杭州刻本　二册

310000－0243－0005428　654300/3124
今詞初集二卷　(清)顧貞觀　(清)納蘭性德選　清光緒二十三年(1897)雪浪山房刻本　二册

310000－0243－0005429　654300/3145
七家詞鈔十卷　(清)汪世泰輯　清嘉慶二十四年(1819)刻本　二册

310000－0243－0005430　654300/4222
薇省同聲集四種五卷　(清)彭鑾輯　清光緒十六年(1890)刻本　二册

310000－0243－0005431　654300/4443－1
二家詞鈔五卷　樊增祥撰輯　清光緒二十八年(1902)刻本　二册

310000－0243－0005432　654300/4964
明湖四客詞鈔四卷　(清)趙國華輯　清同治十三年(1874)刻本　一册

310000－0243－0005433　654300/7262
名詞四種　(清)劉嗣綰等撰　清嘉慶刻本　二册

310000－0243－0005434　654300/7442
光霽賡詞一卷翠螺閣詞一卷　(清)陸蓉佩等撰　清宣統元年(1909)小檀欒室刻本　一册

310000－0243－0005435　654300/7731
心日齋十六家詞錄二卷　(清)周之琦輯　清道光二十四年(1844)刻本　二册

310000－0243－0005436　654300/7733
五周先生集六種七卷　冒廣生輯　清光緒二十二年(1896)水繪盦刻本　一册

310000－0243－0005437　655100/2694
十國宫詞一百首　(清)吳省蘭撰　清同治十三年(1874)淮南書局刻本　一册

310000－0243－0005438　655200/4712
詩餘影鸞集四卷　(明)柳霞卿等撰　(明)徐石麒評　清光緒二十二年(1896)抄本　二册

310000－0243－0005439　655700/0408
聚紅榭雅集詞六卷　(清)謝章等撰　清咸豐六年(1856)福州刻本　四册

310000－0243－0005440　655700/1073
庚子秋詞二卷春蟄吟附　(清)王鵬運編　清光緒二十六年(1900)有正書局石印本　二册

310000－0243－0005441　655700/1073
庚子秋詞二卷春蟄吟附　(清)王鵬運編　清光緒二十六年(1900)有正書局石印本　二册

310000－0243－0005442　655700/1073.01
庚子秋詞二卷　(清)王鵬運編　清光緒二十七年(1901)刻本　三册

310000－0243－0005443　655700/1119
冰甌館詞鈔一卷　(清)張丙炎撰　清光緒十一年(1885)刻本　一册

310000－0243－0005444　655700/3327
濟上鴻泥圖題册一卷　(清)冶山居士輯　清宣統二年(1910)淞雲精舍刻本　一册

310000－0243－0005445　655700/3434
洺州唱和詞　(清)沈濤等撰　清道光二十七年(1847)刻本　一册

310000－0243－0005446　655700/3672
薇省詞鈔十卷　況周頤撰錄　清光緒二十四年(1898)廣陵刻本　四册

310000－0243－0005447　655700/4447
梅苑十卷附校勘記一卷　(宋)黄大輿編　清宣統元年(1909)聖譯樓刻朱印本　二册

310000－0243－0005448　655700/7721
是程堂倡和投贈集詩餘二卷　(清)屠倬撰　清刻本　一册

310000－0243－0005449　656100/0014
雲起軒詞鈔一卷　(清)文廷式撰　清光緒三十三年(1907)南陵徐乃昌刻本　一册

310000－0243－0005450　656100/0014
雲起軒詞鈔一卷　(清)文廷式撰　清光緒三十三年(1907)南陵徐乃昌刻本　一冊

310000－0243－0005451　656100/0021
海天琴趣詞一卷　(清)高繼珩撰　清咸豐十一年(1861)刻本　一冊

310000－0243－0005452　656100/0024－1
稻香館粲香詞四卷　(清)方受穀撰　清光緒十二年(1886)刻本　四冊

310000－0243－0005453　656100/0036
射雕詞二卷　(清)應寶時撰　清光緒十四年(1888)吳中刻本　二冊

310000－0243－0005454　656100/0036
射雕詞二卷　(清)應寶時撰　清光緒十四年(1888)吳中刻本　一冊

310000－0243－0005455　656100/0036
射雕詞二卷　(清)應寶時撰　清光緒十四年(1888)吳中刻本　一冊

310000－0243－0005456　656100/0037
古香凹詩餘二卷　(清)方濬頤撰　清光緒十年(1884)維揚刻本　二冊

310000－0243－0005457　656100/0044
竹石居詞草　(清)童華撰　清光緒十三年(1887)刻本　一冊

310000－0243－0005458　656100/0074
雲起樓詞三卷　(清)齊學裘撰　清同治十年(1871)刻本　一冊

310000－0243－0005459　656100/0078
萬善花室詞一卷　(清)方履籛撰　清同治五年(1866)刻本　一冊

310000－0243－0005460　656100/0113
東陂漁父詞二卷　(清)顔琬撰　清道光二十四年(1844)刻本　二冊

310000－0243－0005461　656100/0731
五十絃錦瑟樓詞五卷　(清)郭寶珩撰　清光緒三十一年(1905)鉛印本　二冊

310000－0243－0005462　656100/0802
蘿月詞二卷　(清)許賡暤撰　清道光十九年(1839)刻本　一冊

310000－0243－0005463　656100/0823
玫瑰香館詞三種　(清)許維漢等撰　清光緒七年(1881)皖城刻本　一冊

310000－0243－0005464　656100/0874
還山臥月軒詞一卷　(清)許巨楫撰　清光緒三十年(1904)鉛印本　一冊

310000－0243－0005465　656100/0882
曼廬詞不分卷　(清)許頌鼎撰　清光緒三十三年(1907)刻本　一冊

310000－0243－0005466　656100/1004
笙月詞五卷花影詞一卷　(清)王詒壽撰　清同治十一年(1872)杭州刻本　一冊

310000－0243－0005467　656100/1012
湃綠詞三卷　(清)丁至和撰　清咸豐十一年(1861)曼陀羅華閣刻本　二冊

310000－0243－0005468　656100/1023
紫荃山館詩餘偶存不分卷　(清)石贊清撰　清光緒九年(1883)刻本　一冊

310000－0243－0005469　656100/1028
檗隝詞存十二卷　(清)王以敏撰　清光緒九年(1883)刻本　四冊

310000－0243－0005470　656100/1030
北海漁唱　(清)王寅撰　清光緒十五年(1889)朱墨套印本　一冊

310000－0243－0005471　656100/1031
湖中明月詞一卷附山右金石錄一卷　(清)夏寶晉撰　清咸豐四年(1854)刻本　一冊

310000－0243－0005472　656100/1032
醉芙詩餘一卷　(清)王汝純撰　清光緒十九年(1893)京師刻本　一冊

310000－0243－0005473　656100/1043
炊聞詞二卷　(清)王士祿撰　清康熙三年(1664)刻本　一冊

310000－0243－0005474　656100/1043－1
桐月修簫譜一卷　(清)王嘉祿撰　**綴芬閣詞一卷**　(清)左又宜撰　**桐華閣詞一卷**　(清)吳蘭修撰　**藕村詞存一卷**　(清)張宗橚撰　清光緒八年(1882)刻本　一冊

310000－0243－0005475　656100/1044
篆枚堂詞存一卷　(清)夏瑛撰　**微雲館詞鈔一卷**　(清)吳堦撰　**絜華樓存稿一卷**　(清)王楨撰　**寒綠齋小集一卷**　(清)高崇瑞輯　清咸豐四年(1854)刻本　一冊

310000－0243－0005476　656100/1044－1
竹簾館詞三種　(清)王樹藩等撰　清宣統元年(1909)朱氏刻本　一冊

310000－0243－0005477　656100/1044－1.01
竹簾館詞一卷　(清)王樹藩撰　清宣統元年(1909)刻本　一冊

310000－0243－0005478　656100/1044－2
吷盦詞一卷　夏敬觀撰　清光緒三十三年(1907)刻本　一冊

310000－0243－0005479　656100/1047
中州樂府　(金)元好問撰　清光緒九年(1883)讀書山房刻本　一冊

310000－0243－0005480　656100/1047.1
遺山先生新樂府五卷　(金)元好問撰　清光緒三年(1877)張氏刻本　一冊

310000－0243－0005481　656100/1073
味黎集一卷　(清)王鵬運撰　清光緒二十一年(1895)刻本　一冊

310000－0243－0005482　656100/1081
夢影詞六卷　(清)王錫元撰　清刻本　二冊

310000－0243－0005483　656100/1106
煙波漁唱四卷　(清)張應昌撰　清道光二十四年(1844)刻本　二冊

310000－0243－0005484　656100/1112
憶雲詞甲乙丙丁稿　(清)項廷紀撰　清光緒十五年(1889)刻本　一冊

310000－0243－0005485　656100/1112.01
憶雲詞二卷　(清)項廷紀撰　清光緒二十五年(1899)思賢書局刻本　一冊

310000－0243－0005486　656100/1114
立山詞一卷　(清)張琦撰　清同治五年(1866)刻本　一冊

310000－0243－0005487　656100/1117
冰壺詞四卷　(清)張雲驤撰　清光緒十二年(1886)刻本　二冊

310000－0243－0005488　656100/1117
冰壺詞四卷　(清)張雲驤撰　清光緒十二年(1886)刻本　二冊

310000－0243－0005489　656100/1123
清嘯集二卷　(清)項以淳選輯　清嘯園沈氏刻本　二冊

310000－0243－0005490　656100/1127
蕙雪詞甲稿一卷乙稿一卷丙稿一卷丁稿一卷附夢盦詞一卷　(清)張絢撰　清光緒十一年(1885)貴陽刻本　一冊

310000－0243－0005491　656100/1129
瞻園詞二卷　(清)張仲炘撰　清光緒三十一年(1905)刻鶴南蜚館雜著本　一冊

310000－0243－0005492　656100/1132
淮海秋笳集一卷　(清)張安保等撰　清咸豐十年(1860)刻本　一冊

310000－0243－0005493　656100/1132－1
綠雪館詞鈔一卷　(清)張鴻卓撰　清同治五年(1866)刻本　一冊

310000－0243－0005494　656100/1133
小重山房初稿詞三卷　(清)張祥河撰　清道光二年(1822)刻本　一冊

310000－0243－0005495　656100/1148
寄影軒詞稿六卷附寄影軒詞續稿　(清)張觀美撰　清同治九年(1870)刻本　四冊

310000－0243－0005496　656100/1148.01
寄影軒詞稿六卷　(清)張觀美撰　清同治九年(1870)刻本　二冊

310000－0243－0005497　656100/1150
茗柯詞一卷　（清）張惠言撰　清道光八年(1828)刻本　一冊

310000－0243－0005498　656100/1153
花影吹笙譜二卷　（清）張泰初撰　清咸豐元年(1851)刻本　二冊

310000－0243－0005499　656100/1190
山中白雲八卷　（宋）張炎撰　清刻本　四冊

310000－0243－0005500　656100/1206
鳳簫詞一卷　（清）孫麟趾撰　清道光二十九年(1849)刻本　一冊

310000－0243－0005501　656100/1212
讀雪軒詞五種　（清）孫承勳等撰　清道光十九年(1839)刻本　一冊

310000－0243－0005502　656100/1223
寄龕詞四卷　（清）孫德祖撰　清同治九年(1870)山陰許純模刻本　二冊

310000－0243－0005503　656100/1223.01
寄龕詞問六卷　（清）孫德祖撰　清光緒二十六年(1900)古綏述廬王氏刻本　一冊

310000－0243－0005504　656100/1224
味紅閣詞二卷　（清）孫佑培撰　清同治二年(1863)刻本　一冊

310000－0243－0005505　656100/1234
花橋詞鈔三卷　（清）孫宗樸撰　清咸豐元年(1851)濟南映雪山房刻本　一冊

310000－0243－0005506　656100/1264
貯雲詞三卷　（清）孔昭薰撰　清道光十八年(1838)刻本　一冊

310000－0243－0005507　656100/1713
情田詞三卷　（清）邵瓊撰　清道光二十二年(1842)刻本　三冊

310000－0243－0005508　656100/1814.01
玉壺山房詞選二卷　（清）改琦撰　清道光八年(1828)刻本　一冊

310000－0243－0005509　656100/2042－1
裁雲館詞二卷　（清）喬載繇撰　清道光二十六年(1846)刻本　一冊

310000－0243－0005510　656100/2110
八十一寒詞一卷　（清）何震撰　清光緒三十四年(1908)鉛印本　一冊

310000－0243－0005511　656100/2110.1
鞮芬室詞甲稿　（清）何震撰　清光緒三十三年(1907)點石齋鉛印本　一冊

310000－0243－0005512　656100/2133
心盦詞存四卷　（清）何兆瀛撰　清同治十二年(1873)武林刻本　二冊

310000－0243－0005513　656100/2434
無絃琴譜二卷　（宋）仇遠撰　清道光九年(1829)梁溪孫氏刻本　一冊

310000－0243－0005514　656100/2502
樵歌三卷　（宋）朱敦儒撰　清光緒二十年(1894)刻本　一冊

310000－0243－0005515　656100/2522
知止堂詞三卷　（清）朱綬撰　清光緒二十年(1894)湖南思賢書局刻本　一冊

310000－0243－0005516　656100/252843
曝書亭集詞注七卷　（清）朱彝尊撰　（清）李富孫纂　清嘉慶十九年(1814)刻本　四冊

310000－0243－0005517　656100/252843
曝書亭集詞注七卷　（清）朱彝尊撰　（清）李富孫纂　清嘉慶十九年(1814)刻本　一冊

310000－0243－0005518　656100/2537
半甲乙詞草一卷　朱家驊撰　清光緒三十一年(1905)刻本　一冊

310000－0243－0005519　656100/2541
悟因軒詞草一卷　（清）朱士珉撰　清稿本　一冊

310000－0243－0005520　656100/2619
小梅花館詞集三卷　吳廷燮撰　清光緒四年(1878)刻本　一冊

310000－0243－0005521　656100/2623

吴梅村詞一卷　(清)吳偉業撰　**餐櫻詞一卷**　況周頤撰　**芬陀利室詞一卷**　(清)蔣敦復撰　**樂府補亡一卷**　(清)曹元忠撰　清光緒十六年(1890)湖北官書處刻本　一册

310000－0243－0005522　656100/2623.01
吴梅村詞四種　(清)吳偉業撰　清光緒十六年(1890)刻本　一册

310000－0243－0005523　656100/2624
百萼紅詞二卷　(清)吳山樽撰　清光緒五年(1879)直隸張氏刻本　一册

310000－0243－0005524　656100/2624
百萼紅詞二卷　(清)吳山樽撰　清光緒五年(1879)直隸張氏刻本　二册

310000－0243－0005525　656100/2630
小書舟樂府三卷射聲小譜一卷　(清)程定謨撰　清道光十八年(1838)詒陶閣刻本　四册

310000－0243－0005526　656100/2634
守梅仙館詞不分卷　(清)程蓮撰　清道光刻本　一册

310000－0243－0005527　656100/2644
香南雪北詞一卷　(清)吳藻撰　清道光二十四年(1844)刻本　一册

310000－0243－0005528　656100/2671
玉玲瓏館詞存一卷　(清)魏熙元撰　**東游草一卷**　(清)王翰青撰　**鶴野詞一卷**　(清)王翰青撰　**勉熹集一卷**　(清)周星詒撰　清光緒十六年(1890)刻本　一册

310000－0243－0005529　656100/2671－1
賫華屋蜕餘六卷　(清)吳卿弼撰　清光緒十六年(1890)晚香堂刻本　一册

310000－0243－0005530　656100/2679
小湖田樂府十卷　(清)吳慰光撰　清嘉慶二年(1797)素修堂刻本　四册

310000－0243－0005531　656100/2679
小湖田樂府十卷　(清)吳慰光撰　清嘉慶二年(1797)素修堂刻本　四册

310000－0243－0005532　656100/2680
有正味齋詞八卷　(清)吳錫麟撰　清宣統元年(1909)掃葉山房石印本　三册

310000－0243－0005533　656100/2680.01
有正味齋詞八卷　(清)吳錫麟撰　清刻本　二册

310000－0243－0005534　656100/2684
美人長壽盦詞六卷　程頌萬撰　清光緒二十六年(1900)武昌刻本　二册

310000－0243－0005535　656100/2732
葑煙亭詞三種　(清)黎兆勳等撰　清道光二十六年(1846)刻本　一册

310000－0243－0005536　656100/2737
花陰寫夢詞一卷　(清)倪鴻撰　清光緒九年(1883)濟南刻本　一册

310000－0243－0005537　656100/2814
一規八棱硯齋集十卷　(清)徐廷華撰　清光緒九年(1883)武昌刻本　四册

310000－0243－0005538　656100/2822
寄青齋詞稿一卷　(清)徐虔復撰　清光緒十五年(1889)刻本　一册

310000－0243－0005539　656100/2847
碧春詞一卷　(清)徐鋆撰　清光緒三十二年(1906)鉛印本　一册

310000－0243－0005540　656100/2847
碧春詞一卷　(清)徐鋆撰　清光緒三十二年(1906)鉛印本　一册

310000－0243－0005541　656100/2850
荔園詞二卷　(清)徐本立撰　清同治十年(1871)刻本　一册

310000－0243－0005542　656100/2854
無敵詞賸一卷　(清)徐奉世撰　清宣統三年(1911)石印本　一册

310000－0243－0005543　656100/3013
二鄉亭詞三卷附志壑堂詞一卷　(清)宋琬撰　清刻本　一册

310000－0243－0005544　656100/3104

眉綠樓詞八種八卷 （清）顧文彬撰 清光緒十年（1884）吳下刻本 四册

310000－0243－0005545 656100/3104.1
春水詞一卷 （清）顧文彬撰 清咸豐十年（1860）武昌郡齋刻本 一册

310000－0243－0005546 656100/3110
墨壽閣詞鈔一卷續鈔一卷 （清）汪承慶撰 **青田山廬詞鈔** （清）莫庭芝撰 **老學後盦自訂詞二集** （清）何兆瀛撰 清光緒刻本 一册

310000－0243－0005547 656100/3116
風雨閉門詞不分卷 （清）顧列星撰 清光緒十七年（1891）刻本 一册

310000－0243－0005548 656100/3120
願爲明鏡室詞稿九卷 （清）江順詒撰 清同治十一年（1872）刻本 二册

310000－0243－0005549 656100/3123
絳河笙詞稿一卷 （清）顧復初撰 清光緒元年（1875）刻本 一册

310000－0243－0005550 656100/3123.1
梅影盦詞集二種二卷 （清）顧復初撰 清光緒六年（1880）刻本 一册

310000－0243－0005551 656100/3124
彈指詞二卷 （清）顧貞觀撰 清光緒四年（1878）刻本 二册

310000－0243－0005552 656100/3124
彈指詞二卷 （清）顧貞觀撰 清光緒四年（1878）刻本 二册

310000－0243－0005553 656100/3132
藕絲詞四卷 （清）汪淵撰 清光緒七年（1881）新安茹古堂刻本 一册

310000－0243－0005554 656100/3132
藕絲詞四卷 （清）汪淵撰 清光緒七年（1881）新安茹古堂刻本 一册

310000－0243－0005555 656100/3137
滄江虹月詞三卷 （清）汪初撰 清光緒十五年（1889）汪氏振綺堂刻本 一册

310000－0243－0005556 656100/3138
錦喜詞一卷 （清）張瀚撰 **湘絃離恨譜一卷** （清）張祖同撰 **草間詞一卷** 李綺青撰 清光緒二十七年（1901）刻本 一册

310000－0243－0005557 656100/3138－1
看山樓詞二卷 （清）馮永年撰 清光緒六年（1880）刻本 一册

310000－0243－0005558 656100/3138－2
雨屋深鐙詞一卷續編一卷 汪兆鏞撰 清宣統三年（1911）鉛印本 一册

310000－0243－0005559 656100/3141
紅蕉詞一卷附鶴緣詞一卷 （清）江標撰 清光緒十四年（1888）刻本 一册

310000－0243－0005560 656100/3144
雪香盦詞鈔一卷 （清）汪世梅撰 清咸豐八年（1858）刻本 一册

310000－0243－0005561 656100/3144－1
蠨蛸盦詞五卷 （清）汪藻撰 清光緒四年（1878）刻本 一册

310000－0243－0005562 656100/3148
悔翁詩餘五卷 （清）汪士鐸撰 清光緒九年（1883）刻本 一册

310000－0243－0005563 656100/3187
心筠堂詞鈔一卷 （清）汪鈞撰 **雪香盦詞草一卷** （清）汪世梅撰 **綠猗軒詞鈔** （清）舒燾撰 **梅窩詞鈔一卷** （清）陳良玉撰 **玉鏡臺詞一卷** （清）溫雲心撰 清道光六年（1826）信芳閣刻本 一册

310000－0243－0005564 656100/3188
雙橋小築詞存四卷 （清）江人鏡撰 清光緒十九年（1893）揚州題襟館刻本 二册

310000－0243－0005565 656100/3188.01
雙橋小築詞存四卷 （清）江人鏡撰 清光緒二十年（1894）揚州題襟館刻本 二册

310000－0243－0005566 656100/3227
養一齋詞三卷 （清）潘德輿撰 清咸豐四年（1854）刻本 一册

310000－0243－0005567　656100/3281
玉淦詞一卷　(清)潘曾瑋撰　清咸豐四年(1854)蘇城徐元圃局寫刻本　二册

310000－0243－0005568　656100/3281.01
香禪詞四卷　(清)潘鍾瑞撰　清光緒刻本　二册

310000－0243－0005569　656100/3288
曉夢春紅詞一卷　(清)潘介繁撰　清同治八年(1869)刻本　一册

310000－0243－0005570　656100/3424
清夢盦二白詞　(清)沈傳桂撰　清同治十一年(1872)刻本　一册

310000－0243－0005571　656100/3424
清夢盦二白詞　(清)沈傳桂撰　清同治十一年(1872)刻本　一册

310000－0243－0005572　656100/3424
清夢盦二白詞　(清)沈傳桂撰　清同治十一年(1872)刻本　二册

310000－0243－0005573　656100/3433－1
話山草堂詞鈔一卷　(清)沈道寬撰　清光緒三年(1877)江南潤州榷廨刻本　一册

310000－0243－0005574　656100/3462
井華詞二卷　(清)沈景脩撰　**蝸寄廬詩餘二卷**　(清)沈鍠撰　**水仙亭詞集二卷**　(清)項瑻撰　清光緒二十五年(1899)刻本　一册

310000－0243－0005575　656100/3633
空青館詞稿三卷　(清)邊浴禮撰　清光緒二十四年(1898)刻本　一册

310000－0243－0005576　656100/3651
清淮詞二卷六種　(清)湯成烈等撰　清同治元年(1862)刻本　一册

310000－0243－0005577　656100/4024
左庵詩餘六卷　(清)李佳繼昌撰　清光緒二十八年(1902)刻本　三册

310000－0243－0005578　656100/4030
懷青盦詞一卷　(清)李祖廉撰　清光緒二十一年(1895)刻本　一册

310000－0243－0005579　656100/4034
迦厂詞四卷　左運奎撰　清宣統二年(1910)鉛印本　一册

310000－0243－0005580　656100/4034
迦厂詞四卷　左運奎撰　清宣統二年(1910)鉛印本　一册

310000－0243－0005581　656100/4036
漱玉詞斷腸詞合刊二卷　(宋)李清照　(宋)朱淑貞撰　清光緒十五年(1889)四印齋石印本　一册

310000－0243－0005582　656100/4037
捧月樓綺語八卷　(清)袁通撰　清嘉慶二十年(1815)刻本　一册

310000－0243－0005583　656100/4037.01
捧月樓綺語八卷　(清)袁通撰　清光緒十一年(1885)刻本　一册

310000－0243－0005584　656100/4042
海棠巢詞稿　(清)李若虚撰　清刻本　二册

310000－0243－0005585　656100/4062
夢春廬詞一卷　(清)李貽德等撰　清同治六年(1867)刻本　一册

310000－0243－0005586　656100/4062－1
縫月軒詞錄一卷　(清)李恩綬撰　清光緒三十年(1904)上海蜚英書館石印本　一册

310000－0243－0005587　656100/4083
舒嘯樓詞稿不分卷　(清)李曾裕撰　清同治十二年(1873)刻本　二册

310000－0243－0005588　656100/4207
景石齋詞略一卷　(清)姚詩雅撰　清光緒七年(1881)羊城富文齋刻本　一册

310000－0243－0005589　656100/4213
延露詞三卷　(清)彭孫遹撰　清康熙刻本　一册

310000－0243－0005590　656100/4218
吾意盦長短句甲乙稿二卷　(清)姚正鏞撰　清光緒八年(1882)刻本　二册

310000－0243－0005591　656100/4294
種月詞二卷　(清)姚尚桂撰　清嘉慶二十三年(1818)緗雲書屋刻本　一册

310000－0243－0005592　656100/4298
菊壽盦詞稿四卷　(清)姚輝第撰　清光緒八年(1882)刻本　一册

310000－0243－0005593　656100/4299
疎影樓詞五卷　(清)姚燮撰　清道光十三年(1833)上湖草堂刻本　二册

310000－0243－0005594　656100/4348
鶴茗詞鈔一卷　(清)柈湖老人撰　清同治十一年(1872)刻本　一册

310000－0243－0005595　656100/4402
芬陀利室詞集五卷　(清)蔣敦復撰　清光緒十一年(1885)淞隱廬刻本　二册

310000－0243－0005596　656100/4402
芬陀利室詞集五卷　(清)蔣敦復撰　清光緒十一年(1885)淞隱廬刻本　一册

310000－0243－0005597　656100/4403－1
采香詞四卷　(清)杜文瀾撰　清同治四年(1865)曼陀羅華閣刻本　一册

310000－0243－0005598　656100/4403－2
采香詞二卷　(清)杜文瀾撰　清咸豐十一年(1861)曼陀羅華閣刻本　一册

310000－0243－0005599　656100/4408
博洲詞二卷　(清)勒方錡撰　清同治四年(1865)刻本　一册

310000－0243－0005600　656100/4423
鑄鐵詞一卷　(清)董受祺撰　清光緒二十五年(1899)刻本　一册

310000－0243－0005601　656100/4424
秋夢盦詞鈔二卷　(清)葉衍蘭撰　清光緒十六年(1890)羊城刻本　一册

310000－0243－0005602　656100/4431
澗泉詞二卷　(宋)韓淲撰　**蘭素詞一卷**　(清)沈彦曾撰　**瑤碧詞一卷**　(清)陳彬華撰　**秋綠詞一卷**　(清)吳嘉淦撰　清末第一生修梅花館精抄本　一册

310000－0243－0005603　656100/4432
盤珠詞一卷　(清)莊蓮佩撰　清光緒二十五年(1899)刻十二樓叢書本　一册

310000－0243－0005604　656100/4433
拙宜園集二卷　(清)黄憲清撰　清道光五年(1825)刻本　二册

310000－0243－0005605　656100/4434
紅雪詞鈔三卷　(清)黄湘南撰　清道光二十七年(1847)三長物齋刻藍印本　一册

310000－0243－0005606　656100/4436
春鸝詞稿二卷　(清)葛湘撰　清光緒五年(1879)刻本　一册

310000－0243－0005607　656100/4436
春鸝詞稿二卷　(清)葛湘撰　清光緒五年(1879)刻本　一册

310000－0243－0005608　656100/4444
花影吹笙詞二卷　(清)葉英華撰　清光緒三年(1877)羊城刻本　一册

310000－0243－0005609　656100/4444－1
小蘇潭詞五卷　(清)蕉南舊史撰　清道光四年(1824)刻本　二册

310000－0243－0005610　656100/4447
梅邊笛譜二卷　(清)蔣左賢撰　清光緒十五年(1889)刻本　一册

310000－0243－0005611　656100/4448
忠雅堂詞集二卷　(清)蔣士銓撰　清刻本　一册

310000－0243－0005612　656100/4448－1
齊物論齋詞一卷　(清)董士錫撰　清同治五年(1866)刻本　一册

310000－0243－0005613　656100/4451
水雲樓詞二卷　(清)蔣春霖撰　清同治五年(1866)吳中丁氏適存廬刻本　一册

310000－0243－0005614　656100/4451.01
水雲樓詞二卷　(清)蔣春霖撰　清同治五年

(1866)刻本　二冊

310000－0243－0005615　656100/4461
藤香館詞一卷　(清)薛時雨撰　清同治五年(1866)刻本　二冊

310000－0243－0005616　656100/4461.01
藤香館詞刪存二卷　(清)薛時雨撰　清光緒五年(1879)刻本　一冊

310000－0243－0005617　656100/4474
雪鴻館詞一卷　(清)韓聞南撰　清刻本　一冊

310000－0243－0005618　656100/4480
鐵盦詞乙稿　(清)黄錫慶撰　清道光二十九年(1849)刻本　一冊

310000－0243－0005619　656100/4480－1
瓶隱山房詞八卷　(清)黄曾撰　清道光二十七年(1847)刻本　四冊

310000－0243－0005620　656100/4628
汀鷺詩餘一卷　(清)楊傳第撰　清同治五年(1866)刻本　一冊

310000－0243－0005621　656100/4642
真松閣詞六卷　(清)楊夔生撰　清光緒元年(1875)心禪室刻本　二冊

310000－0243－0005622　656100/4642－1
眉影詞不分卷　(清)楊敬傳撰　清刻本　一冊

310000－0243－0005623　656100/4649
花笑樓詞四種　(清)楊其光撰　(清)陳步墀選　清宣統元年(1909)刻本　一冊

310000－0243－0005624　656100/4664
坦園詞錄六卷　(清)楊恩壽撰　清長沙楊氏刻本　一冊

310000－0243－0005625　656100/4674
綠陰山館詞二卷　(清)楊學林撰　清刻本　二冊

310000－0243－0005626　656100/4712
苾芻館詞集六卷　(清)胡延撰　清光緒二十九年(1903)金陵儲道廨刻本　四冊

310000－0243－0005627　656100/4712
苾芻館詞集六卷　(清)胡延撰　清光緒二十九年(1903)金陵儲道廨刻本　四冊

310000－0243－0005628　656100/4784
笛家詞七種　(清)胡金勝等撰　清嘉慶二十一年(1816)刻本　一冊

310000－0243－0005629　656100/4908
瘦鶴軒詞一卷　(清)趙彥俞撰　清同治十二年(1873)刻本　一冊

310000－0243－0005630　656100/4909
香銷酒醒詞一卷附曲一卷　(清)趙慶熺撰　清同治七年(1868)西泠王氏刻本　二冊

310000－0243－0005631　656100/4931
小石帚生詞四卷　(清)趙福雲撰　清咸豐十年(1860)刻本　一冊

310000－0243－0005632　656100/4944
濾月軒詩餘一卷附荔牆詞一卷　(清)趙棻撰　清同治刻本　一冊

310000－0243－0005633　656100/4947
約園詞稿十卷　(清)趙起撰　清光緒二十六年(1900)春靄堂刻本　二冊

310000－0243－0005634　656100/4947
約園詞稿十卷　(清)趙起撰　清光緒二十六年(1900)春靄堂刻本　二冊

310000－0243－0005635　656100/4977
香宋詞三卷　(清)趙熙撰　清咸豐七年(1857)成都刻本　一冊

310000－0243－0005636　656100/5010
裁雲閣詞鈔六卷　(清)秦雲撰　清同治九年(1870)刻本　一冊

310000－0243－0005637　656100/5034
微雲山館詞三卷　(清)秦裔章撰　清宣統三年(1911)刻本　一冊

310000－0243－0005638　656100/5083
弢園詞一卷　(清)史念祖撰　清光緒三十一

年(1905)刻本　一冊

310000－0243－0005639　656100/5330
漱泉詞一卷　(清)成肇麐撰　清刻本　一冊

310000－0243－0005640　656100/5351
湘瑟秋雅一卷淚影詞一卷　(清)成本璞撰　清宣統元年(1909)刻本　一冊

310000－0243－0005641　656100/5514
南溪詞二卷　(清)曹爾堪撰　(清)尤侗　(清)鄒祇謨評　清刻本　一冊

310000－0243－0005642　656100/5515
題襟集附詞六種六卷　(清)曹元忠撰　清光緒二十五年(1899)刻本　一冊

310000－0243－0005643　656100/5515.1
樂府補亡一卷　(清)曹元忠撰　清光緒二十七年(1901)刻本　一冊

310000－0243－0005644　656100/5582
桐華館詞鋤梅館詞壽研山房詞三種　(清)曹毓秀撰　清同治二年(1863)刻本　一冊

310000－0243－0005645　656100/6000
靜廬詞一卷雙紅豆詞一卷遲雲樓詞鈔一卷　呂應靖等撰　清光緒三十年(1904)刻本　一冊

310000－0243－0005646　656100/6022
函樓詞鈔四卷　(清)易佩紳撰　清光緒十八年(1892)刻本　一冊

310000－0243－0005647　656100/6023.1
小山詞鈔一卷　(宋)晏幾道撰　清光緒十一年(1885)揚州刻本　一冊

310000－0243－0005648　656100/6086
蘊蘭吟館詩餘一卷　(清)恩錫撰　清光緒元年(1875)刻本　一冊

310000－0243－0005649　656100/6086
蘊蘭吟館詩餘一卷　(清)恩錫撰　清光緒元年(1875)刻本　一冊

310000－0243－0005650　656100/7238
約園詞二卷　(清)劉澌年撰　清光緒十年(1884)鉛印本　二冊

310000－0243－0005651　656100/7263
麐楥詞一卷　(清)劉恩黻撰　清光緒三十四年(1908)雙照樓刻本　一冊

310000－0243－0005652　656100/7263
麐楥詞一卷　(清)劉恩黻撰　清光緒三十四年(1908)雙照樓刻本　一冊

310000－0243－0005653　656100/7274
鷗夢詞二種　(清)劉履芬等撰　清同治八年(1869)刻本　一冊

310000－0243－0005654　656100/7282
濯絳宧存稿　(清)劉毓盤撰　清宣統元年(1909)刻本　一冊

310000－0243－0005655　656100/7294
海南歸櫂詞二卷　(清)劉燿椿撰　清咸豐五年(1855)刻本　一冊

310000－0243－0005656　656100/7296
留雲借月盦詞五卷　(清)劉炳照撰　清光緒十九年(1893)刻本　一冊

310000－0243－0005657　656100/7430
懷白軒詞鈔二卷四種　(清)陸初望等撰　清同治五年(1866)刻本　一冊

310000－0243－0005658　656100/7443
蘭紉詞一卷瓠落詞一卷　(清)陸志淵撰　清同治五年(1866)刻本　一冊

310000－0243－0005659　656100/7524
雙溪詞三卷　(清)陳步墀撰　清宣統元年(1909)刻鏞詩樓叢書本　一冊

310000－0243－0005660　656100/7542
海棠香夢詞四卷　(清)陳壽嵩撰　清光緒二十六年(1900)刻本　四冊

310000－0243－0005661　656100/7563
洞仙詞六卷　(清)陳星涵撰　清光緒十四年(1888)永嘉沙氏刻本　二冊

310000－0243－0005662　656100/7710
雙紅豆詞二卷　(清)周天麟撰　清光緒十七

年(1891)嘉平石印本　一册

310000－0243－0005663　656100/7721
耶溪漁隱詞二卷　(清)屠倬撰　清光緒三年(1877)錢塘陸貞一刻本　一册

310000－0243－0005664　656100/7743
紅豆樹館詞三卷　(清)陶樑撰　清嘉慶七年(1802)刻本　一册

310000－0243－0005665　656100/7743.01
紅豆樹館詞八卷　(清)陶樑撰　清道光二十三年(1843)刻本　四册

310000－0243－0005666　656100/7750
柳下詞一卷　(清)周青撰　清同治五年(1866)刻本　一册

310000－0243－0005667　656100/7750－1
清真集二卷　(宋)周邦彦撰　清光緒二十六年(1900)刻本　二册

310000－0243－0005668　656100/7750－1
清真集二卷　(宋)周邦彦撰　清光緒二十六年(1900)刻本　二册

310000－0243－0005669　656100/7767
東甌草堂詞二卷　(清)周星譽撰　清光緒十二年(1886)江陰金氏梧州刻本　一册

310000－0243－0005670　656100/7783
華鬘室詞一卷　(清)闞普通武撰　清末石印本　一册

310000－0243－0005671　656100/7790
小遊仙館詞鈔一卷　(清)周尚文撰　清同治六年(1867)刻本　一册

310000－0243－0005672　656100/8010
蔗畦詞二卷五種　(清)金石等撰　清光緒二十八年(1902)刻本　一册

310000－0243－0005673　656100/8032
雙柏詞一卷　(清)金鴻佺撰　清宣統元年(1909)鉛印本　一册

310000－0243－0005674　656100/8038
影事詞存六種　(清)曾淞等撰　清光緒九年(1883)小摩竭室刻本　二册

310000－0243－0005675　656100/8043
春在堂詞錄三卷　(清)俞樾撰　清同治九年(1870)刻本　一册

310000－0243－0005676　656100/8044
天香閣詞不分卷　(清)金式如撰　清同治刻本　二册

310000－0243－0005677　656100/8096
玉藤仙館詞不分卷　(清)余焜撰　清光緒三十年(1904)刻本　一册

310000－0243－0005678　656100/8260
紅蕉詞鈔二卷　(清)鍾景撰　清咸豐刻本　一册

310000－0243－0005679　656100/8260
紅蕉詞鈔二卷　(清)鍾景撰　清咸豐刻本　一册

310000－0243－0005680　656100/8361
寄廬詞存二卷　(清)錢國珍撰　清咸豐十年(1860)刻本　二册

310000－0243－0005681　656100/8383
聞妙香室詞四卷　(清)錢錫寀撰　清宣統二年(1910)石印本　一册

310000－0243－0005682　656100/8709
瘦碧詞二卷　鄭文焯撰　清光緒十四年(1888)大鶴山房刻本　一册

310000－0243－0005683　656100/8709.1
比竹餘音四卷　鄭文焯撰　清光緒二十八年(1902)吳興沈氏刻本　一册

310000－0243－0005684　656100/8730
考功詞一卷　(清)鄭守廉撰　清光緒二十八年(1902)武昌刻本　一册

310000－0243－0005685　656100/8757
蓮漪詞二卷　(清)鄭由熙撰　清光緒十五年(1889)刻本　二册

310000－0243－0005686　656100/8824
鳳孫樓詞二卷夢溪櫂謳一卷吳天殘唱一卷青

溪詞鈔一卷　(清)管繩萊等撰　清光緒元年(1875)刻本　一冊

310000－0243－0005687　656100/9787
翦紅詞草一卷　(清)惲毓巽撰　清宣統二年(1910)刻本　一冊

310000－0243－0005688　656100/9787
翦紅詞草一卷　(清)惲毓巽撰　清宣統二年(1910)刻本　一冊

310000－0243－0005689　657100/1073
四印齋所刻詞十二種三十六卷附宋元三十一家詞三十一卷　(清)王鵬運輯　清光緒十四年(1888)四印齋刻本　十二冊

310000－0243－0005690　657100/1073.1
四印齋所刻詞二十一種附宋元三十一家詞　(清)王鵬運編　清光緒十四年(1888)王氏家塾刻本　十六冊

310000－0243－0005691　657100/1073.1
四印齋所刻詞二十一種附宋元三十一家詞　(清)王鵬運編　清光緒十四年(1888)王氏家塾刻本　十六冊

310000－0243－0005692　657100/1073.2
四印齋所刻宋詞八種　(清)王鵬運編　清四印齋刻本　四冊

310000－0243－0005693　657100/2010.101
詞苑英華六種四十卷　(明)毛晉輯　清吳門寒松堂刻本　十冊

310000－0243－0005694　657100/2621
蜀十五家詞十七卷　吳虞輯　清宣統二年(1910)鉛印本　四冊

310000－0243－0005695　657100/2741
雲自在龕彙刻名家詞十七種十七卷　繆荃孫輯　清光緒刻本　四冊

310000－0243－0005696　657100/2816
小檀欒室彙刻閨秀詞十集一百種一百五卷閨秀詞鈔十六卷閨秀詞鈔續補遺四卷　徐乃昌編　清光緒二十一年(1895)、宣統元年(1909)刻本　三十冊

310000－0243－0005697　657100/2816.01
小檀欒室彙刻閨秀詞十集一百種一百五卷閨秀詞鈔十六卷閨秀詞鈔續補遺四卷　徐乃昌編　清光緒二十一年(1895)、宣統元年(1909)刻本　二十八冊

310000－0243－0005698　657100/3167
蒙香室叢書四種二十三卷　(清)馮煦輯　清光緒十三年(1887)刻本　十冊

310000－0243－0005699　657100/4403
曼陀羅華閣七種三十七卷　(清)杜文瀾輯　清咸豐十一年(1861)刻本　十冊

310000－0243－0005700　657100/5062
詞學叢書六種二十三卷　(清)秦恩復輯　清嘉慶十五年(1810)享帚精舍刻本　二十冊

310000－0243－0005701　660200/1082.01
遏雲閣曲譜十八種　(清)王錫純輯　清同治九年(1870)上海著易堂書局石印本　十二冊

310000－0243－0005702　707400/7747
清異錄二卷　(宋)陶穀撰　清光緒元年(1875)陳氏庸閒齋刻本　二冊

310000－0243－0005703　660200/4490
納書楹曲譜正集四卷外集二卷續集四卷補遺四卷全譜八卷　(清)葉堂訂譜　(清)王文治參訂　清道光二十八年(1848)刻本　二十四冊

310000－0243－0005704　660200/5728
填詞圖譜六卷　(清)賴以邠撰　(清)查繼超增輯　清刻本　四冊

310000－0243－0005705　660300/3137
古愚老人消夏錄　(清)汪汲撰　清刻本　一冊

310000－0243－0005706　660400/1046
碧山樂府四卷　(明)王九思撰　明崇禎十三年(1640)刻本　二冊

310000－0243－0005707　660700/0067
琵琶記四卷　(元)高明填詞　清末蟫隱廬刻本　四冊

310000－0243－0005708　660700/1024
風雲會傳奇二卷　(清)玉泉樵子填詞　(清)梅谿逸叟訂譜　清同治十三年(1874)刻本　二冊

310000－0243－0005709　660700/1035.01
西廂記四卷首一卷末一卷　(元)王實甫撰　(清)金人瑞批註　清光緒二年(1876)如是山房刻朱墨套印本　六冊

310000－0243－0005710　660700/1035.03
西廂記八卷　(元)王實甫撰　(金)金人瑞批註　清光緒十年(1884)廣州永漢路登雲閣刻本　六冊

310000－0243－0005711　660700/1035.03
西廂記八卷　(元)王實甫撰　(金)金人瑞批註　清光緒十年(1884)廣州永漢路登雲閣刻本　六冊

310000－0243－0005712　660700/103522
繪像增注第六才子書釋解八卷　(元)王實甫撰　(清)吳吳山三婦評箋注釋　清光緒十三年(1887)上海石印本　四冊

310000－0243－0005713　660700/1090
(楊忠潛蚺蛇膽)表忠記二卷　(清)丁耀亢撰　清同治十一年(1872)刻本　二冊

310000－0243－0005714　660700/1117
芙蓉碣傳奇二卷　(清)張雲驤填詞　(清)王以慜評點　清光緒九年(1883)嘉平刻本　二冊

310000－0243－0005715　660700/1131
梅花簪二卷　(清)張漱石填詞　(清)柴次山評點　清刻本　四冊

310000－0243－0005716　660700/1178
審音鑑古錄　(清)琴隱翁補校　清道光十四年(1834)刻本　六冊

310000－0243－0005717　660700/2671
儒酸福傳奇二卷　(清)魏熙元填詞　(清)汪繩武正譜　(清)倪星垣評文　清光緒十年(1884)玉玲瓏館刻本　一冊

310000－0243－0005718　660700/2797
霜天碧　(清)倪燦撰　清刻本　一冊

310000－0243－0005719　660700/2797
霜天碧　(清)倪燦撰　清刻本　一冊

310000－0243－0005720　660700/2867
梨花雪一卷　(清)徐鄂填詞　清光緒十二年(1886)大同書局石印本　四冊

310000－0243－0005721　660700/3022
返魂香傳奇四卷　(清)宣鼎撰　清光緒三年(1877)上海申報館鉛印本　四冊

310000－0243－0005722　660700/3133
後緹縈南曲一卷　(清)汪宗沂填曲　(清)夏嘉穀評點　清光緒十一年(1885)泰州夏氏刻本　一冊

310000－0243－0005723　660700/3133
後緹縈南曲一卷　(清)汪宗沂填曲　(清)夏嘉穀評點　清光緒十一年(1885)泰州夏氏刻本　一冊

310000－0243－0005724　660700/3447
沈薲漁四種曲八卷　(清)沈起鳳撰　清古香林刻本　八冊

310000－0243－0005725　660700/3470
通天臺一卷　(明)灌隱主人撰　清光緒刻本　一冊

310000－0243－0005726　660700/3611
檇李曹氏　湘靈子撰　清光緒二十三年(1897)鉛印本　一冊

310000－0243－0005727　660700/3643
東廂記四卷　(清)湯世瀠撰　(清)胡來照評點　清末申報館鉛印本　四冊

310000－0243－0005728　660700/3663.01
牡丹亭還魂記二卷　(明)湯顯祖撰　清光緒十二年(1886)同文書局石印本　一冊

310000－0243－0005729　660700/4037
笠翁傳奇十種二十卷　(清)李漁撰　(清)玄洲逸叟評　清世德堂刻本　二十冊

310000－0243－0005730　660700/4037.1

凰求鳳傳奇二卷　（清）李漁編　（清）冷西梅客評　清刻本　四册

310000－0243－0005731　660700/4037.2

笠翁十二種　（清）李漁撰　清光緒十四年（1888）刻本　二十四册

310000－0243－0005732　660700/4037.3

意中緣傳奇二卷　（清）李漁撰　清刻本　二册

310000－0243－0005733　660700/4127

繡像紅樓夢散套十六卷　（清）荆石山民填詞　清刻本　四册

310000－0243－0005734　660700/4284

影梅菴傳奇二卷　（清）彭劍南填詞　（清）孫如金正譜　清道光十六年（1836）茗雪山房刻本　一册

310000－0243－0005735　660700/4284.01

影梅菴傳奇二卷　（清）彭劍南撰　清道光八年（1828）水繪園刻本　六册

310000－0243－0005736　660700/4327.1

西堂樂府六種六卷　（清）尤侗撰　清刻本　四册

310000－0243－0005737　660700/4433

帝女花傳奇二卷　（清）黄憲清填詞　（清）查仲誥正譜　清刻本　二册

310000－0243－0005738　660700/4433.1

淩波影　（清）黄憲清填詞　清刻本　一册

310000－0243－0005739　660700/4493.1

倚晴樓七種曲十二卷　（清）黄燮清填詞　清光緒七年（1881）刻本　六册

310000－0243－0005740　660700/4732

義貞記傳奇二卷　（清）郁州山人撰　清光緒五年（1879）文奎堂刻本　二册

310000－0243－0005741　660700/4942

漁村記二卷　（清）妙有山人撰　（清）韓湘嚴評點　清咸豐五年（1855）石門山房刻本　二册

310000－0243－0005742　660700/5722

暗香樓樂府三種三卷　（清）嘯嵐道人填詞　清光緒十六年（1890）暗香樓刻本　三册

310000－0243－0005743　660700/6641

鶴歸來傳奇二卷　（清）瞿頡填詞　（清）周昂評點　清湖北官書處刻本　二册

310000－0243－0005744　660700/7230

小蓬萊閣傳奇十種十卷　（清）劉清韻撰　清光緒二十六年（1900）石印本　六册

310000－0243－0005745　660700/7580

紅樓夢傳奇八卷　（清）陳鐘麟填詞　（清）俞思謙評點　清刻本　四册

310000－0243－0005746　660700/7580.01

紅樓夢傳奇八卷　（清）陳鐘麟填詞　清粤東省城西湖街道汗青齋刻本　八册

310000－0243－0005747　660700/7593

玉獅堂傳奇十種曲十五卷附悲鳳曲一卷　（清）陳烺填詞　（清）宗山校正　清光緒八年（1882）刻本　十四册

310000－0243－0005748　660700/8033

庶幾堂今樂初集十六種十六卷二集十二種十二卷　（清）余治撰　清光緒六年（1880）蘇州妙觀得見齋書坊刻本　十册

310000－0243－0005749　660700/8043

驪山傳一卷　（清）俞樾撰　清同治刻本　一册

310000－0243－0005750　660700/8591

補天石傳奇八種八卷　（清）鍊情子填詞　（清）吹鐵簫人正譜　清道光十年（1830）靜遠草堂刻本　四册

310000－0243－0005751　660700/8720

瓶笙館修簫譜四種四卷　（清）舒位撰　清道光十三年（1833）錢塘汪氏振綺堂刻本　二册

310000－0243－0005752　661000/2262

崑曲粹存初集　崑山國樂保存會編　清宣統三年（1911）石印本　六册

310000－0243－0005753　661300/1040

繡像雙珠鳳全傳　(清)一葉主人撰　清同治二年(1863)刻本　十二册

310000－0243－0005754　661300/1414
楊乃武奇案前傳三卷十回後集四卷十二回　(清)聽雨樓主人撰　清光緒二十六年至二十八年(1900－1902)石印本　八册

310000－0243－0005755　661300/1730
繡像八美圖五卷　(清)了空主人撰　清刻本　八册

310000－0243－0005756　661300/2034
雙退婚鸞鳳圖二十二卷　(□)□□編　清刻本　四册

310000－0243－0005757　661300/3344
筆生花三十二回　(清)邱心如撰　清光緒五年(1879)上海申報館鉛印本　十六册

310000－0243－0005758　661300/4086
繡像十美圖二十卷　(清)□□撰　清光緒十九年(1893)浙紹墨潤堂石印本　四册

310000－0243－0005759　661300/4408
梁祝因緣大雙蝴蝶全傳二卷三十回　(清)杏橋主人撰　清光緒二十七年(1901)上海書局石印本　二册

310000－0243－0005760　661300/4444
萬花樓全傳六卷　(清)□□撰　清光緒二年(1876)玉蘭軒刻本　六册

310000－0243－0005761　661300/4840
繡像梅花韻全傳十卷　(清)□□撰　清道光元年(1821)鴛湖刻本　十册

310000－0243－0005762　661300/5553
繡像九美圖全傳十二卷　(清)曹春江編　清道光四叒軒刻本　十二册

310000－0243－0005763　661300/7133
十五貫十六卷　(清)鴛湖逸史編　清同治六年(1867)蓮溪書屋刻本　四册

310000－0243－0005764　661300/7141
馬如飛南詞小引初集二卷　(清)馬如飛撰　清光緒刻本　二册

310000－0243－0005765　661300/7484
天寶圖八卷　(清)隨盦散人撰　清末石印本　四册

310000－0243－0005766　661300/7502.01
再生緣全傳二十卷　(清)陳端生撰　(清)梁德繩續　清光緒十七年(1891)學庫山房刻本　四十册

310000－0243－0005767　661300/753437
西湖緣四卷　(清)陳遇乾撰　(清)退居野人校訂　清光緒十九年(1893)上海石印書局石印本　四册

310000－0243－0005768　661300/7772
鳳凰山七十二回　(清)□□撰　清同治海陵軒刻本　三十二册

310000－0243－0005769　661300/8852
笑中緣十二卷七十五回　(清)□□撰　清光緒十四年(1888)石印本　四册

310000－0243－0005770　661400/1003
木皮子詞　(清)賈應寵撰　清紫萸仙館刻本　一册

310000－0243－0005771　661400/7534
義妖傳十八卷五十四回　(清)陳遇乾撰　清同治八年(1869)刻本　六册

310000－0243－0005772　661500/0839
龐公寶卷　(清)□□撰　清光緒二十九年(1903)刻本　一册

310000－0243－0005773　661500/2439
秀女寶卷　(清)□□編　清光緒三十二年(1906)刻本　一册

310000－0243－0005774　661500/3241
沉香太子全本四卷　(清)□□撰　清刻本　一册

310000－0243－0005775　661500/4439
蘭英寶卷二卷　(清)□□撰　清光緒十年(1884)刻本　一册

310000－0243－0005776　661500/7239
劉香寶卷　(□)□□撰　清刻本　一册

310000－0243－0005777　670200/4000
世說新語考證　(清)□□撰　清刻本　一册

310000－0243－0005778　670400/1003
古今說部叢書十集二百十五種三百五十五卷　王文濡編輯　清宣統二年(1910)國學扶輪社鉛印本　六十册

310000－0243－0005779　670400/1003
古今說部叢書十集二百十五種三百五十五卷　王文濡編輯　清宣統二年(1910)國學扶輪社鉛印本　六十册

310000－0243－0005780　670400/3110
明朝四十家小說四十三卷　(明)顧元慶編　清宣統三年(1911)上海國學扶輪社鉛印本　八册

310000－0243－0005781　670400/6350
曉窗春語二卷　(清)□□編　清光緒鉛印本　一册

310000－0243－0005782　670400/7442
續太平廣記八卷　(清)陸壽名集　清嘉慶五年(1800)刻本　十二册

310000－0243－0005783　670400/7446
古今說海一百三十五種一百四十二卷　(明)陸楫等輯　清宣統元年(1909)集成圖書公司鉛印本　十二册

310000－0243－0005784　670400/7547
唐代叢書一百六十四種一百六十八卷　(清)陳世熙輯　清嘉慶十一年(1806)天门渤海刻本　三十六册

310000－0243－0005785　671500/1040
石頭記評贊　(清)王希廉等撰　清同治十三年(1874)金陵吴燿年家刻本　四册

310000－0243－0005786　671500/1040.01
石頭記評贊六種八卷　(清)王希廉撰　清同治十三年(1874)刻本　八册

310000－0243－0005787　671500/1040.02
紅樓夢評贊題詠六種六卷　(清)王希廉撰　清光緒二年(1876)沪上刻本　四册

310000－0243－0005788　671500/1047
增刻紅樓夢圖詠一卷　(清)王墀繪　**附紀略一卷**　(清)青山山農輯　清光緒八年(1882)上海申報館據明鏡室藏板石印本　二册

310000－0243－0005789　671500/2127
紅樓竹枝詞一卷　(清)盧先駱撰　清同治七年(1868)刻本　一册

310000－0243－0005790　671500/3408
紅樓夢賦一卷　(清)沈謙撰　清光緒二年(1876)刻本　一册

310000－0243－0005791　671500/3414
紅樓夢百詠辭一卷　(清)淩承樞撰　清道光三年(1823)刻本　一册

310000－0243－0005792　671500/4425
紅樓夢後序一卷　(清)蔡保東撰　清光緒六年(1880)刻本　一册

310000－0243－0005793　671500/4437
紅樓夢觥史一卷附紅樓夢排律　(清)蓮海居士撰　(清)徐慶治著　清光緒三年(1877)鉛印本　一册

310000－0243－0005794　671500/5022
紅樓夢廣義二卷　(清)青山石農撰　清光緒二十八年(1902)刻本　一册

310000－0243－0005795　671500/7794
紅樓夢絕句　(清)邱煒萲撰　清光緒二十四年(1898)粤東一經堂寫刻本　一册

310000－0243－0005796　671500/8812
紅樓夢偶說二卷　(清)簣覆山房主人編　清光緒二年(1876)簣覆山房刻本　二册

310000－0243－0005797　671600/1102
儒林外史評二卷　(清)張文虎撰　清光緒十一年(1885)寶文閣刻本　二册

310000－0243－0005798　680100/1013
惺齋論文三卷　(清)王元啟撰　(清)胡文伯等彙編　清刻本　一册

310000－0243－0005799　680200/274902
文章指南五集　(明)歸有光選　(清)許佐輯

清光緒二年(1876)皖江節署刻本　五册

310000－0243－0005800　680300/1245
繙山書院文話四卷　(清)孫萬春撰　清光緒十一年(1885)孫氏家塾刻本　四册

310000－0243－0005801　680300/1248
四六叢話三十三卷附選詩叢話一卷　(清)孫梅輯　清光緒七年(1881)刻本　十一册

310000－0243－0005802　680400/0442
文章軌範七卷　(宋)謝枋得編　清光緒二十一年(1895)湖北官書處刻本　二册

310000－0243－0005803　680400/8064
古文四象四卷　(清)曾國藩纂輯　清光緒三十四年(1908)北新書局鉛印本　四册

310000－0243－0005804　680500/0845.02
六朝文絜四卷　(清)許槤評選　清光緒十八年(1892)粤東學院前文經堂刻本　一册

310000－0243－0005805　680500/084522
六朝文絜箋注十二卷　(清)許槤評選　(清)黎經誥箋注　清光緒十五年(1889)枕溢書屋印本　二册

310000－0243－0005806　680500/084522.01
六朝文絜箋注十二卷　(清)許槤評選　(清)黎經誥箋注　清光緒十五年(1889)上海朝記書莊刻本　二册

310000－0243－0005807　680500/1240
師鄭堂駢體文存二卷　孫雄撰　清光緒二十一年(1895)刻本　一册

310000－0243－0005808　680500/2640
八家四六文注八卷　(清)吴鼒選　(清)許貞幹注　清刻本　十六册

310000－0243－0005809　680500/2640
八家四六文注八卷　(清)吴鼒選　(清)許貞幹注　清刻本　十五册　缺一卷(一)

310000－0243－0005810　680500/2640.01
八家四六文注八卷　(清)吴鼒注　清光緒十八年(1892)上海圖書集成印書局鉛印本　八册

310000－0243－0005811　680500/268041.01
有正味齋駢體文十六卷　(清)吴錫麒撰　(清)葉聯芬等箋注　清同治七年(1868)葉氏刻本　八册

310000－0243－0005812　680500/3124
駢體南鍼十六卷　(清)汪傳懿編輯　清光緒十一年(1885)刻本　六册

310000－0243－0005813　680500/4008
學製齋駢文二卷　李詳撰　清光緒二十七年(1901)刻本　二册

310000－0243－0005814　680500/401722
邃懷堂駢文箋注十六卷補箋一卷　(清)袁翼撰　(清)朱軨箋注　清光緒十四年(1888)刻本　八册

310000－0243－0005815　680500/4064
四六全書彙編書譜十卷啟譜十卷附氏族郡邑考略二卷　(明)李日華纂輯　清還讀齋刻本　四册

310000－0243－0005816　680500/4081
師伏堂駢文二卷　(清)皮錫瑞撰　清光緒二十一年(1895)師伏堂刻本　二册

310000－0243－0005817　680500/4088
湖唐林館駢體文二卷　(清)李慈銘撰　清光緒十年(1884)刻本　二册

310000－0243－0005818　680500/4234
南北朝文鈔二卷　(清)彭兆蓀輯　清光緒八年(1882)紫雲室刻本　二册

310000－0243－0005819　680500/4299
皇朝駢文類苑十四卷　(清)姚燮選　(清)張壽榮校勘　清光緒七年(1881)刻本　二十四册

310000－0243－0005820　680500/4299
皇朝駢文類苑十四卷　(清)姚燮選　(清)張壽榮校勘　清光緒七年(1881)刻本　二十四册

310000－0243－0005821　680500/4440
移華館駢體文四卷　(清)董基誠撰　清咸豐

九年(1859)成都刻本　一冊　存二卷(一至二)

310000－0243－0005822　680500/4440
移華館駢體文四卷　(清)董基誠撰　清咸豐九年(1859)成都刻本　一冊

310000－0243－0005823　680500/4448
忠雅堂評選四六法海八卷　(清)蔣士銓評選　清光緒元年(1875)寄螺齋刻本　八冊

310000－0243－0005824　680500/4484
木雞書屋文鈔初集四卷二集六卷三集八卷四集六卷　(清)黄金臺撰　清道光刻本　六冊

310000－0243－0005825　680500/4630
勝國文征二卷　(清)楊家麟編　清光緒五年(1879)印本　一冊

310000－0243－0005826　680500/5558
宋四六選二十四卷　(清)曹振鏞編　清同治四年(1865)青雲樓刻本　八冊

310000－0243－0005827　680500/5558.01
宋四六選　(清)曹振鏞選輯　清宣統二年(1910)南通州翰墨林書局鉛印本　一冊　存序、目錄、卷首

310000－0243－0005828　680500/7140
四六雕蟲十卷　(清)馬樸敦撰　清同治十一年(1872)敦倫堂刻本　七冊

310000－0243－0005829　680500/7522
陳迦陵儷體文集十卷　(清)陳維崧撰　(清)王士禛　(清)徐乾學選　清康熙二十七年(1688)患立堂刻本　四冊

310000－0243－0005830　680500/7547
唐駢體文鈔十七卷　(清)陳均輯　清同治十二年(1873)刻本　四冊

310000－0243－0005831　680500/7730
國朝常州駢體文録三十一卷附結一宦駢體文　(清)屠寄輯録　清光緒十六年(1890)刻本　六冊

310000－0243－0005832　680500/7730
國朝常州駢體文録三十一卷附結一宧駢體文　(清)屠寄輯録　清光緒十六年(1890)刻本　八冊

310000－0243－0005833　680500/8097
國朝駢體正宗十二卷　(清)曾燠輯　清嘉慶十一年(1806)賞雨茆屋刻本　四冊

310000－0243－0005834　680500/809749
國朝駢體正宗評本十二卷附補編　(清)曾燠選　(清)姚燮　(清)張壽榮評　清光緒十年(1884)刻本　六冊

310000－0243－0005835　680500/8352
示樸齋駢體文六卷　(清)錢振倫撰　清同治六年(1867)刻本　二冊

310000－0243－0005836　680600/0133
蜀秀集九卷　(清)譚宗浚編　清光緒五年(1879)惜分蔭齋刻本　十二冊

310000－0243－0005837　680600/1018
岷峨攬勝編　(清)夏子鍚編　清同治十二年(1873)刻本　四冊

310000－0243－0005838　680600/1137
浙江校士録不分卷　(清)張澐卿編　清光緒八年(1882)刻本　四冊

310000－0243－0005839　680600/2500
經義模範一卷附作義要訣一卷　(明)朱方刻撰　清光緒雲自在龕刻本　一冊

310000－0243－0005840　680600/2674
歷科殿試策　(清)吴鳳藻等撰　清石印本　二冊

310000－0243－0005841　680600/3308
製義叢話二十四卷題名一卷　(清)梁章鉅撰　清咸豐九年(1859)知足知不足齋刻本　四冊

310000－0243－0005842　680600/8324
江南學堂課藝内外編二卷　(清)錢德培編　清光緒二十七年(1901)從新學社刻本　二冊

310000－0243－0005843　680700/0032
籟典四卷　(清)章啟勳撰　清光緒五年(1879)如遇客齋刻本　四冊

310000－0243－0005844　680700/0062
詩畸八卷外編二卷　(清)唐景崧編　清光緒十九年(1893)刻本　八冊

310000－0243－0005845　680700/0062.1
謎拾二卷附謎學一卷　(清)唐景崧撰　清光緒十九年(1893)刻本　一冊

310000－0243－0005846　680700/0435
東池草堂尺牘四卷　(清)謝鴻申撰　清光緒十七年(1891)申報館鉛印本　一冊

310000－0243－0005847　680700/0747
捧腹集詩鈔一卷文虎二卷　(清)郭堯臣撰　(清)風篁嘯隱選　清光緒三年(1877)嘯園刻本　三冊

310000－0243－0005848　680700/1001
道西齋日記一卷　(清)王詠霓撰　清光緒十三年(1887)同文堂刻本　一冊

310000－0243－0005849　680700/1001.01
道西齋日記二卷　(清)王詠霓撰　清光緒十八年(1892)上洋鴻寶齋石印本　一冊

310000－0243－0005850　680700/1017
清暉閣贈貽尺牘二卷　(清)王翬輯　清光緒元年(1875)鉛印本　一冊

310000－0243－0005851　680700/1022
香草文鈔一卷　(清)于鬯撰　(清)李邦黻校　清宣統二年(1910)鉛印本　一冊

310000－0243－0005852　680700/1037
守己草廬日記四卷　(清)丁逢辰撰　清宣統二年(1910)松江仿古山莊刻本　三冊

310000－0243－0005853　680700/1042－1
弢園尺牘十二卷　(清)王韜撰　清光緒六年(1880)鉛印本　四冊

310000－0243－0005854　680700/1058
笑得好二卷　(清)石成金撰　清光緒七年(1881)刻本　二冊

310000－0243－0005855　680700/1081
隅園隱語四卷附刊隱語七家二卷　(清)王錫元編纂　清宣統元年(1909)盱眙王氏紫藤花館刻本　六冊

310000－0243－0005856　680700/1111
澄懷園語四卷　(清)張廷玉撰　清光緒六年(1880)尼山刻本　一冊

310000－0243－0005857　680700/1111.01
澄懷園語四卷　(清)張廷玉撰　清光緒二年(1876)葛氏嘯園刻本　二冊

310000－0243－0005858　680700/1122
澗于日記　(清)張佩綸撰　清豐潤澗于草堂張氏石印本　十四冊

310000－0243－0005859　680700/1127
花甲閒談十六卷　(清)張維屏撰　(清)葉夢草繪圖　清道光十九年(1839)刻本　八冊

310000－0243－0005860　680700/1137.1
幽夢影　(清)張潮撰　清刻本　二冊

310000－0243－0005861　680700/1707
五色瓜廬尺牘叢殘四卷　(清)邵慶辰撰　清光緒七年(1881)申報館鉛印本　二冊

310000－0243－0005862　680700/1727
尺牘初桄　(清)子虛氏輯　清光緒九年(1883)鉛印本　二冊

310000－0243－0005863　680700/2627
昭代名人尺牘二十四卷　(清)吳修編　清光緒三十四年(1908)西泠印社石印本　二十四冊

310000－0243－0005864　680700/2632.1
李文忠公朋僚函稿二十四卷　(清)吳汝綸編輯　清光緒二十八年(1902)蓮池書社鉛印本　十四冊

310000－0243－0005865　680700/2680
有正味齋日記六卷　(清)吳錫麒撰　清光緒上海申報館鉛印本　一冊

310000－0243－0005866　680700/2680.1
有正味齋尺牘二卷　(清)吳錫麒撰　清同治十三年(1874)上海申報館鉛印本　二冊

310000－0243－0005867　680700/2829

稟啟零紈四卷　（清）徐紉裳纂　清光緒鉛印本　一册

310000－0243－0005868　680700/2842－1
適軒尺牘八卷　（清）徐菊生撰　（清）孫震咸注　清光緒十五年（1889）上海申報館鉛印本　四册

310000－0243－0005869　680700/3092
天花亂墜二集六卷　（清）寅半生選輯　清光緒刻本　四册

310000－0243－0005870　680700/3422
翰海十二卷　（明）沈佳胤輯　清光緒二年（1876）申報館鉛印本　八册

310000－0243－0005871　680700/3422.01
翰海十二卷　（明）沈佳胤輯　（明）陳繼儒鑒定　清光緒廣東法政學堂鉛印本　二册

310000－0243－0005872　680700/3436
拜鴛樓校刊小品四種八卷　（清）沈宗疇校刻　清光緒二十六年（1900）刻本　四册

310000－0243－0005873　680700/3477
六梅書屋尺牘四卷　（清）淩丹陛撰　清光緒七年（1881）上海申報館印本　二册

310000－0243－0005874　680700/3660
笑林賦稿　（清）湯日新撰　清道光八年（1828）稽古堂刻本　一册

310000－0243－0005875　680700/403821
李氏蒙求補注六卷　（晉）李瀚撰　（宋）徐子光注　（清）金三俊輯　清同治九年（1870）刻本　三册

310000－0243－0005876　680700/4047
精選文虎大觀四卷　（清）李夔颺輯　清光緒十六年（1890）平湖味三書屋刻本　四册

310000－0243－0005877　680700/404849
音注小倉山房尺牘八卷　（清）袁枚撰　（清）胡光斗音注　清咸豐九年（1859）刻本　一册

310000－0243－0005878　680700/421777
惜抱先生尺牘八卷　（清）姚鼐撰　（清）陳用光編　清宣統元年（1909）小萬柳堂據海源閣本刻本　四册

310000－0243－0005879　680700/4412
曾文正公榮哀錄一卷　（清）黄翼升等纂　清同治十一年（1872）刻本　一册

310000－0243－0005880　680700/4421
勝朝越郡忠節名賢尺牘　（清）莫繩孫編　清光緒三年（1877）申報館鉛印本　一册

310000－0243－0005881　680700/4633
笑笑錄六卷　（清）獨逸窩退士撰　清光緒五年（1879）申報館鉛印本　四册

310000－0243－0005882　680700/4640
補過齋日記六卷　楊增新撰　清光緒三十二年（1906）鉛印本　六册

310000－0243－0005883　680700/4730－1
新訂解人頤廣集八卷　（清）胡澹菴增定　（清）錢德蒼重訂　清經綸堂刻本　四册

310000－0243－0005884　680700/4930.1
趙撝叔尺牘　（清）趙之謙書　清宣統元年（1909）嚼菜根齋石印本　一册

310000－0243－0005885　680700/5014.02
重訂西青散記八卷　（清）史震林撰　清嘉慶十年（1805）刻本　四册

310000－0243－0005886　680700/5048
四溟瑣記十二卷　申報館編　清光緒三年（1877）申報館鉛印本　十二册

310000－0243－0005887　680700/5339
愚齋東遊日記　盛宣懷撰　清末思補樓刻本　一册

310000－0243－0005888　680700/5528
欣賞齋尺牘六卷　（清）曹仁鏡輯　清光緒十四年（1888）申報館鉛印本　四册

310000－0243－0005889　680700/5531
玉荷隱語二卷群珠集二卷　（清）費源　（清）學步山人撰　清光緒十七年（1891）聽月樓刻本　四册

310000－0243－0005890　680700/5533

倦圃曹先生尺牘二卷 （清）曹溶撰 （清）胡泰選 清含暉閣刻本 二册

310000－0243－0005891 680700/5533.1
曹李尺牘合選二卷 （清）曹溶 （清）李良年撰 清光緒二十年(1894)慎餘堂刻本 一册

310000－0243－0005892 680700/6225
一夕話六卷 （清）咄咄夫編 清光緒十五年(1889)裕德堂刻本 四册

310000－0243－0005893 680700/7210
寄龕雜著第四種甲志四卷乙志四卷丙志四卷 （清）劉正誼撰 清光緒二十年(1894)刻本 三册

310000－0243－0005894 680700/7228
尺牘集錦三種三卷 （清）□□輯 清光緒申報館鉛印本 二册

310000－0243－0005895 680700/7510
陳文恭公手札節要三卷 （清）陳弘謀撰 清同治七年(1868)楚北崇文書局刻本 一册

310000－0243－0005896 680700/7519
滑稽叢話十卷 （清）陳琰撰 清宣統三年(1911)上海六藝書局石印本 四册

310000－0243－0005897 680700/7525
秋園雜佩 （清）陳貞慧撰 清咸豐三年(1853)刻粵雅堂叢書本 一册

310000－0243－0005898 680700/7544
鶴銘集聯存稿二卷 （清）陳藝 （清）陳任暘撰 清光緒二十八年(1902)刻本 一册

310000－0243－0005899 680700/7594
圍爐集一卷 （清）陳燮嘉等撰 清光緒十四年(1888)金陵文斗齋刻本 一册

310000－0243－0005900 680700/7701
賴古堂尺牘新鈔二選藏弆集十六卷 （清）周亮工纂 （清）周在浚等鈔 清道光十九年(1839)賴古堂刻本 四册

310000－0243－0005901 680700/7701.1
重刻賴古堂尺牘新鈔三選結鄰集十六卷 （清）周亮工纂 （清）周在浚等鈔 清道光六年(1826)刻本 六册

310000－0243－0005902 680700/7734
蘇黄兩先生尺牘蘇牘八卷黄牘十卷 （宋）蘇軾 （宋）黄庭堅撰 （清）周心如校 清道光二十八年(1848)群玉山房刻本 十册

310000－0243－0005903 680700/7735
豈有此理四卷更豈有此理四卷 （清）周宗泰撰 清道光四年(1824)刻本 八册

310000－0243－0005904 680700/7736
昭代名人尺牘續集二十四卷 陶湘選輯 清宣統三年(1911)天寶石印局石印本 二十四册

310000－0243－0005905 680700/7797
梅香館尺牘四卷 （清）駱燦撰 清光緒十年(1884)上海申報館鉛印本 四册

310000－0243－0005906 680700/8064
曾國藩行軍手函 （清）曾國藩撰 清光緒二十六年(1900)上海富文書局石印本 一册

310000－0243－0005907 680700/8064.1
曾文正公家書十卷 （清）曾國藩撰 清光緒上海申報館鉛印本 十册

310000－0243－0005908 680700/8064.2
曾文正公書札三十三卷 （清）曾國藩撰 清光緒十三年(1887)鉛印本 二十册

310000－0243－0005909 680700/8064.3
求闕齋日記二卷 （清）曾國藩撰 （清）王啟原編 清光緒二年(1876)傳忠書局刻本 二册

310000－0243－0005910 680700/8064.3
求闕齋日記二卷 （清）曾國藩撰 （清）王啟原編 清光緒二年(1876)傳忠書局刻本 二册

310000－0243－0005911 680700/8064.4
曾文正公手書日記 （清）曾國藩撰 清宣統元年(1909)上海中國圖書公司影印本 四十册

310000－0243－0005912 680700/8064.4

曾文正公手書日記　(清)曾國藩撰　清宣統元年(1909)上海中國圖書公司影印本　四十册

310000－0243－0005913　680700/8064.4
曾文正公手書日記　(清)曾國藩撰　清宣統元年(1909)上海中國圖書公司影印本　四十册

310000－0243－0005914　680700/8308
錢牧齋先生尺牘三卷　(清)錢謙益撰　清虞山如月樓刻本　二册

310000－0243－0005915　680700/8730
燕窗閒話二卷　(清)鄭守庭撰　清光緒十七年(1891)刻本　二册

310000－0243－0005916　680700/8836
新燈合璧三卷　(清)管禮昌等撰　清光緒十四年(1888)司前街漱六齋刻本　三册

310000－0243－0005917　680700/8847
筆耕齋尺牘二卷　(清)管士駿撰　清光緒六年(1880)申報館鉛印本　一册

310000－0243－0005918　680700/8847.1
增注知愧軒尺牘十六卷　(清)管斯駿撰　(清)姚印詮注　清光緒五年(1879)鉛印本　四册

310000－0243－0005919　681200/1747
集杭諺詩　(清)邵懿辰集　清光緒二年(1876)葛氏嘯園刻本　一册

310000－0243－0005920　681200/1747.01
杭諺詩　(清)邵懿辰集　清光緒三十四年(1908)文元齋刻本　一册

310000－0243－0005921　681200/4403
古謠諺一百卷　(清)杜文瀾輯　清咸豐十一年(1861)刻本　十六册

310000－0243－0005922　681200/5710
粤謳一卷　(清)招子庸撰　清道光八年(1828)刻本　一册

310000－0243－0005923　681200/5710.01
粤謳一卷　(清)招子庸撰　清道光八年(1828)富文堂刻本　一册

310000－0243－0005924　681200/8746
天籟集　(清)鄭旭旦輯　(清)許之敘校　清同治八年(1869)芝秀軒刻本　一册

310000－0243－0005925　682000/2444
櫻花女三十三回　(日本)佐藤藏太郎撰　柯曲印譯　清光緒安雅書局鉛印本　一册

310000－0243－0005926　682000/442542
泰西説部叢書之一不分卷　(英國)華生撰　(清)黄鼎　(清)張在新譯　清宣統元年(1909)蘭陵社鉛印本　一册

310000－0243－0005927　682000/4427
伊索寓言　林紓譯　清光緒商務印書館鉛印本　一册

310000－0243－0005928　682000/446288
狐狸夢　(日本)藤田豐山撰　(清)笑笑生譯述　清光緒二十九年(1903)鉛印本　一册

310000－0243－0005929　682000/5472
離魂病　披髮生譯　清光緒二十九年(1903)上海廣智書局鉛印本　一册

310000－0243－0005930　682000/8043
紅藥樓詩初集一卷　(朝鮮)金奭准撰　清同治四年(1865)刻本　一册

310000－0243－0005931　682000/9027
巴黎茶花女遺事　(法國)小仲馬撰　清光緒二十七年(1901)玉情瑤怨館刻本　一册

310000－0243－0005932　691100/442021
文選集釋二十四卷　(清)朱珔集釋　清道光十六年(1836)小萬卷齋刻本　十二册

310000－0243－0005933　691100/442042
文選箋證三十二卷　(清)胡紹煐撰　清光緒十三年(1887)世澤樓刻本　十册

310000－0243－0005934　691100/442048.02
文選六十卷　(南朝梁)蕭統輯　(唐)李善注　(清)何焯評點　(清)葉樹潘參訂　清雙桂堂朱墨套印本　十二册

310000－0243－0005935　691100/442048.03
文選六十卷　（南朝梁）蕭統輯　（唐）李善注　（清）何焯評點　（清）葉樹藩參訂　清羊城翰墨園刻朱墨套印本　十二册

310000－0243－0005936　691100/442048.04
文選六十卷　（南朝梁）蕭統輯　（唐）李善注　清同治八年（1869）金陵書局刻本　十册

310000－0243－0005937　691100/442048.05
文選六十卷　（南朝梁）蕭統輯　（唐）李善注　清四明林氏據鄱陽胡氏刻本覆刻本　二十四册

310000－0243－0005938　691200/1094
重訂文選集評十五卷　（清）于光華評　清同治十一年（1872）刻本　十六册

310000－0243－0005939　691200/442019.02
重訂文選集評十五卷首一卷末一卷　（清）于光華編　清同治十一年（1872）刻本　十六册

310000－0243－0005940　691200/442019.02
重訂文選集評十五卷首一卷末一卷　（清）于光華編　清同治十一年（1872）刻本　十六册

310000－0243－0005941　691200/804386
文林綺繡十種　（清）余蕭客輯　（清）金旦評　（清）朱燦華參定　清光緒二十二年（1896）石印本　十册

310000－0243－0005942　691300/0872
文選筆記六卷　（清）許巽行撰　清光緒五年（1879）刻本　四册

310000－0243－0005943　691300/1111
選學膠言二十卷　（清）張雲璈撰　清道光十一年（1831）刻本　八册

310000－0243－0005944　691300/2847
讀選二種　（清）徐攀鳳纂　清同治六年（1867）刻本　一册

310000－0243－0005945　691300/3308
文選旁證四十六卷　（清）梁章鉅撰　清光緒八年（1882）刻本　十二册

310000－0243－0005946　691300/3308
文選旁證四十六卷　（清）梁章鉅撰　清光緒八年（1882）刻本　十二册

310000－0243－0005947　691300/4424
文選古字通疏證六卷　（清）薛傳均撰　清道光二十一年（1841）刻本　一册

310000－0243－0005948　691500/4047
文選課虛四卷　（清）杭世駿類次　清刻本　四册

310000－0243－0005949　691500/4431
文選通叚字會四卷　（清）杜宗玉撰　清光緒二十二年（1896）刻本　四册

310000－0243－0005950　692100/0843
文館詞林存十五卷　（唐）許敬宗輯　清光緒十年（1884）楊守敬刻本　十册

310000－0243－0005951　692100/0843.01
文館詞林存六卷　（唐）許敬宗輯　清光緒十九年（1893）刻本　二册

310000－0243－0005952　692100/1133.01
漢魏六朝一百三家集　（明）張溥編　清刻本　八十册　缺六卷（十五、二十二、三十四、四十至四十一、四十三）

310000－0243－0005953　692100/1133.03
漢魏六朝一百三家集　（明）張溥編　清嘉慶刻本　八十册

310000－0243－0005954　692200/0023
古文翼八卷　（清）唐德宜編　清光緒十九年（1893）刻本　十六册

310000－0243－0005955　692200/0094
古文淵鑒六十四卷　（清）徐乾學等編注　清刻本　三十二册

310000－0243－0005956　692200/1020
續古文辭類纂三十四卷　王先謙纂集　清光緒八年（1882）刻本　八册

310000－0243－0005957　692200/1020.02
續古文辭類纂三十四卷　王先謙纂集　清光緒三十三年（1907）鉛印本　四册

310000－0243－0005958　692200/1020.02
續古文辭類纂三十四卷　王先謙纂集　清光緒三十三年(1907)鉛印本　四册

310000－0243－0005959　692200/1262
續古文苑二十卷　(清)孫星衍輯　清嘉慶十七年(1812)刻本　八册

310000－0243－0005960　692200/1271.01
唐宋文醇五十六卷　(清)高宗弘曆編　清光緒三年(1877)刻本　二十册

310000－0243－0005961　692200/1271.01
唐宋文醇五十六卷　(清)高宗弘曆編　清光緒三年(1877)刻本　二十四册

310000－0243－0005962　692200/2477
古文六種十六卷　(清)儲欣評選　清光緒九年(1883)刻本　十二册

310000－0243－0005963　692200/2624
古文觀止十二卷　(清)吳乘權　(清)吳大職編　清光緒十九年(1893)刻本　六册

310000－0243－0005964　692200/2706
續古文辭類纂二十八卷　(清)黎庶昌纂　清光緒二十一年(1895)刻本　十二册

310000－0243－0005965　692200/3340
古文眉詮七十九卷　(清)浦起龍撰　清光緒二十四年(1898)刻本　三十二册

310000－0243－0005966　692200/4037
金元明八大家古文選五十三卷　(清)李祖陶選評　清道光二十五年(1845)刻本　二十六册

310000－0243－0005967　692200/4044
五朝文鐸二十卷　(清)李壽萱編輯　清光緒十七年(1891)刻本　十六册

310000－0243－0005968　692200/4217.01
古文辭類纂七十五卷　(清)姚鼐纂　清光緒二十七年(1901)刻本　十二册

310000－0243－0005969　692200/4217.01
古文辭類纂七十五卷　(清)姚鼐纂　清光緒二十七年(1901)刻本　十二册

310000－0243－0005970　692200/4217.03
古文辭類纂七十五卷　(清)姚鼐纂　清光緒二十七年(1901)刻本　十二册

310000－0243－0005971　692200/4217.05
古文辭類纂七十四卷　(清)姚鼐纂　清光緒三十三年(1907)鉛印本　八册

310000－0243－0005972　692200/4217.05
古文辭類纂七十四卷　(清)姚鼐纂　清光緒三十三年(1907)鉛印本　八册

310000－0243－0005973　692200/4418
古文析義十六卷　(清)林雲銘評點　清光緒二十七年(1901)刻本　十六册

310000－0243－0005974　692200/4427
全上古三代秦漢三國晉南北朝文編目一百三卷　(清)蔣壑編　清光緒五年(1879)刻本　二十册

310000－0243－0005975　692200/4442
文苑珠林四卷　(清)蔣超伯輯　清刻本　二册

310000－0243－0005976　692200/4880
古文詞略二十四卷　(清)梅曾亮選輯　清同治六年(1867)刻本　五册

310000－0243－0005977　692200/6614
全上古三代秦漢三國六朝文十五集七百四十六卷　(清)嚴可均校輯　清光緒十三年(1887)刻本　一百册

310000－0243－0005978　692200/6614.01
全上古三代秦漢三國六朝文十五集七百四十六卷　(清)嚴可均校輯　清光緒二十年(1894)刻本　一百册

310000－0243－0005979　692200/7532
陳太僕批選八家文鈔九卷　(清)陳兆崙選　清光緒二十六年(1900)石印本　六册

310000－0243－0005980　692200/8003
古文釋義新編八卷　(清)余誠評注　清光緒二十二年(1896)刻本　八册

310000－0243－0005981　692200/8064

經史百家雜鈔二十六卷　(清)曾國藩纂　(清)李鴻章校　清光緒二十六年(1900)刻本　十二冊

310000－0243－0005982　692200/8064.02
經史百家雜鈔二十六卷　(清)曾國藩纂　(清)李鴻章校　清光緒三十二年(1906)鉛印本　十二冊

310000－0243－0005983　692200/8064.02
經史百家雜鈔二十六卷　(清)曾國藩纂　(清)李鴻章校　清光緒三十二年(1906)鉛印本　十二冊

310000－0243－0005984　692300/0700
唐文粹補遺二十六卷　(清)郭麐纂　清光緒十六年(1890)刻本　四冊

310000－0243－0005985　692300/0700.01
唐文粹補遺二十六卷　(清)郭麐纂　清嘉慶二十四年(1819)刻本　八冊

310000－0243－0005986　692300/1003
清文彙二百二十卷　王文濡　沈粹芬輯　清宣統二年(1910)上海國學扶輪社石印本　一百一冊

310000－0243－0005987　692300/1022
遼文萃七卷附遼史藝文志補證一卷西夏文綴二卷附西夏藝文志一卷　王仁俊撰　清光緒三十年(1904)鉛印本　一冊

310000－0243－0005988　692300/1022
遼文萃七卷附遼史藝文志補證一卷西夏文綴二卷附西夏藝文志一卷　王仁俊撰　清光緒三十年(1904)鉛印本　一冊

310000－0243－0005989　692300/1022
遼文萃七卷附遼史藝文志補證一卷西夏文綴二卷附西夏藝文志一卷　王仁俊撰　清光緒三十年(1904)鉛印本　一冊

310000－0243－0005990　692300/1036
湖海文傳七十五卷　(清)王昶輯　清道光十七年(1837)刻本　十六冊

310000－0243－0005991　692300/1036.01
湖海文傳七十五卷　(清)王昶輯　清同治五年(1866)刻本　十六冊

310000－0243－0005992　692300/1181
金文最六十卷　(清)張金吾輯　清光緒二十一年(1895)刻本　十六冊

310000－0243－0005993　692300/1181
金文最六十卷　(清)張金吾輯　清光緒二十一年(1895)刻本　十六冊

310000－0243－0005994　692300/2337
國朝名人著述叢編　(□)□□編　清光緒五年(1879)上海淞隱閣鉛印本　五冊

310000－0243－0005995　692300/2741
遼文存六卷附錄二卷　繆荃孫輯　清光緒二十二年(1896)來青閣石印本　二冊

310000－0243－0005996　692300/2741
遼文存六卷附錄二卷　繆荃孫輯　清光緒二十二年(1896)來青閣石印本　二冊

310000－0243－0005997　692300/4033
皇朝文典七十四卷　(清)李兆洛編纂　清嘉慶二十年(1815)刻本　十六冊

310000－0243－0005998　692300/4280
唐文粹一百卷　(宋)姚鉉輯　清刻本　十六冊

310000－0243－0005999　692300/428000
唐文粹一百卷　(宋)姚鉉輯　(清)郭麐補遺　清光緒十六年(1890)刻本　十九冊

310000－0243－0006000　692300/4404
全唐文一千卷　(清)董誥等編　清嘉慶十九年(1814)刻本　一千四冊

310000－0243－0006001　692300/4412
元文類七十卷目錄三卷　(元)蘇天爵編　清光緒十五年(1889)刻本　十冊

310000－0243－0006002　692300/4420
南宋文範七十卷　(清)莊仲方編　清光緒十四年(1888)刻本　十六冊

310000－0243－0006003　692300/4420.1

金文雅十六卷　(清)莊仲方編　清光緒十七年(1891)刻本　四册

310000－0243－0006004　692300/4420.1
金文雅十六卷　(清)莊仲方編　清光緒十七年(1891)刻本　四册

310000－0243－0006005　692300/443243
南宋文錄錄二十四卷　(清)董兆熊輯　清光緒十七年(1891)刻本　六册

310000－0243－0006006　692300/443243
南宋文錄錄二十四卷　(清)董兆熊輯　清光緒十七年(1891)刻本　六册

310000－0243－0006007　692300/443243
南宋文錄錄二十四卷　(清)董兆熊輯　清光緒十七年(1891)刻本　六册

310000－0243－0006008　692300/4477
明文在一百卷　(清)薛熙纂　(清)何潔輯　清光緒十五年(1889)刻本　十册

310000－0243－0006009　692300/6030
宋文鑑一百五十卷　(宋)吕祖謙編　清光緒十二年(1886)刻本　二十四册

310000－0243－0006010　692300/6614
全陳文十八卷　(清)嚴可均輯校　清光緒刻本　二册

310000－0243－0006011　692300/6614.1
全北魏文六十卷　(清)嚴可均輯校　清光緒刻本　五册

310000－0243－0006012　692300/6614.2
全北齊文十卷　(清)嚴可均輯校　清光緒刻本　一册

310000－0243－0006013　692300/6614.3
全梁文七十四卷　(清)嚴可均輯校　清光緒刻本　七册

310000－0243－0006014　692300/6614.4
全隋文三十六卷先唐文一卷　(清)嚴可均輯校　清光緒刻本　四册

310000－0243－0006015　692300/6614.5
全後周文二十四卷　(清)嚴可均輯校　清光緒刻本　二册

310000－0243－0006016　692300/7433
唐文拾遺七十二卷續拾十六卷　(清)陸心源輯　清光緒十四年(1888)刻本　二十六册

310000－0243－0006017　692400/0823
硤川詩續鈔十六卷附詞一卷　(清)許仁沐　(清)蔣學堅輯　清光緒二十一年(1895)刻本　六册

310000－0243－0006018　692400/1002
可作集八卷　(清)王慶勳輯　清道光二十九年(1849)刻本　四册

310000－0243－0006019　692400/1017
江蘇詩徵一百八十三卷　(清)王豫輯　清道光元年(1821)刻本　四十册

310000－0243－0006020　692400/1044.1
海陵文徵二十卷　(清)夏荃輯　清道光二十三年(1843)刻本　十六册

310000－0243－0006021　692400/1044－1
崇川各家詩鈔彙存七十一卷　(清)王藻編輯　清咸豐七年(1857)刻本　二十四册

310000－0243－0006022　692400/1046
廣濟耆舊詩集十二卷　(清)夏槐編　清光緒三年(1877)刻本　六册

310000－0243－0006023　692400/1154
蛟川耆舊詩六卷續集二卷　(清)張本均重輯　清刻本　四册

310000－0243－0006024　692400/1172
京江耆舊集十三卷　(清)張學仁　(清)王豫輯　清宣統元年(1909)刻本　八册

310000－0243－0006025　692400/1213
會稽掇英總集二十卷　(宋)孔延之編　清道光元年(1821)山陰杜氏浣花宗塾刻本　二册

310000－0243－0006026　692400/1221
遵化詩存十卷　(清)孫贊元輯　清光緒十三年(1887)刻本　四册

310000－0243－0006027　692400/1232
曲阜詩鈔八卷闕里孔氏詩鈔十四卷　（清）孔憲彝纂輯　清道光二十三年（1843）刻本　六册

310000－0243－0006028　692400/1242
國朝全蜀詩鈔六十四卷　（清）孫桐生選輯　清光緒五年（1879）刻本　二十册

310000－0243－0006029　692400/1724
海虞文徵三十卷　（清）邵伯英輯　清光緒三十一年（1905）石印本　十六册

310000－0243－0006030　692400/1732
諸暨詩存十六卷　（清）酈滋德評選　（清）酈琮校補　（清）郭肇增編　清光緒十七年（1891）刻本　六册

310000－0243－0006031　692400/1764
沅湘耆舊集二百卷前編四十卷　（清）鄧顯鶴編輯　清道光二十三年（1843）刻本　四十四册

310000－0243－0006032　692400/2042
白田風雅前編五卷　（清）喬載繇編　清咸豐元年（1851）刻本　五册

310000－0243－0006033　692400/210140
常郡八邑藝文志十二卷　（清）盧文弨原編　（清）莊翊昆校補　清光緒十六年（1890）刻本　十六册

310000－0243－0006034　692400/210140
常郡八邑藝文志十二卷　（清）盧文弨原編　（清）莊翊昆校補　清光緒十六年（1890）刻本　十六册

310000－0243－0006035　692400/2126
楚庭耆舊遺詩前集二十一卷後集二十卷續集三十二卷　（清）伍崇曜輯　清道光二十三年（1843）刻本　十三册

310000－0243－0006036　692400/2520
續金陵詩徵六卷首一卷　（清）朱紹亭等輯　清光緒二十年（1894）刻本　六册

310000－0243－0006037　692400/2524
當湖文繫二十八卷　（清）朱壬林輯　清光緒十五年（1889）刻本　十二册

310000－0243－0006038　692400/2528
金陵詩徵四十四卷　（清）朱緒曾編　清光緒十一年（1885）刻本　十册

310000－0243－0006039　692400/2528.01
金陵詩徵四十四卷　（清）朱緒曾編　清光緒十八年（1892）刻本　十二册

310000－0243－0006040　692400/2528.1
國朝金陵詩徵四十八卷　（清）朱緒曾編　清光緒十一年（1885）刻本　十六册

310000－0243－0006041　692400/2541
白田風雅二十四卷　（清）朱彬武輯　清光緒十二年（1886）刻本　四册

310000－0243－0006042　692400/2541
白田風雅二十四卷　（清）朱彬武輯　清光緒十二年（1886）刻本　四册

310000－0243－0006043　692400/2654
國朝杭郡詩續輯四十六卷　（清）吳振棫編　清道光十年（1830）刻本　二十四册

310000－0243－0006044　692400/266125
國朝杭郡詩輯三十二卷　（清）吳顥原輯　（清）吳振棫重編　清道光十年（1830）刻本　十六册

310000－0243－0006045　692400/2732
黔詩紀略三十三卷　（清）黎兆勳　（清）莫友芝編　清同治十二年（1873）刻本　八册

310000－0243－0006046　692400/2833
禊湖詩拾八卷　（清）徐達源編輯　清嘉慶十年（1805）刻本　二册

310000－0243－0006047　692400/2872
湖陽詩徵三卷　（清）徐鳳銜輯　清光緒七年（1881）刻本　一册

310000－0243－0006048　692400/3033
國朝嚴州詩錄八卷　（清）宗源瀚輯　清光緒二年（1876）刻本　二册

310000－0243－0006049　692400/3044
海上詩逸六卷　(清)宋蓮編　清道光七年(1827)刻本　二册

310000－0243－0006050　692400/3164
蓮漪文鈔八卷　(清)汪曰楨輯　清咸豐九年(1859)刻本　二册

310000－0243－0006051　692400/3164
蓮漪文鈔八卷　(清)汪曰楨輯　清咸豐九年(1859)刻本　二册

310000－0243－0006052　692400/3194
梁溪詩鈔五十八卷　(清)顧光旭編輯　清宣統三年(1911)木活字印本　二十四册

310000－0243－0006053　692400/3224
兩浙輶軒續録五十四卷　(清)潘衍桐編　清光緒十七年(1891)刻本　四十册

310000－0243－0006054　692400/3651
縉雲文徵二十卷補編一卷　(清)湯成烈編録　清道光二十九年(1849)刻本　八册

310000－0243－0006055　692400/3803
莆陽文輯五卷　(清)涂文瀾編　清光緒二十五年(1899)刻本　五册

310000－0243－0006056　692400/4005
明滇南詩略十卷滇南集古一卷清滇南詩略二十二卷清滇南流寓詩略一卷滇南明清詩略續刻十卷　(清)袁文典　(清)袁文揆輯　清光緒二十六年(1900)刻本　二十二册

310000－0243－0006057　692400/4005.1
明滇南詩略十卷　(清)袁文揆纂輯　清嘉慶四年(1799)刻本　六册

310000－0243－0006058　692400/4032
竹里詩萃十六卷　(清)李道悠編録　(清)查輝等輯　清光緒二十一年(1895)刻本　四册

310000－0243－0006059　692400/4080
國朝山右詩存二十四卷附集八卷　(清)李錫麟等輯　清嘉慶六年(1801)刻本　十六册

310000－0243－0006060　692400/4337
瓊臺紀事録一卷附三廉贈別録一卷　(清)戴肇辰等撰　清同治八年(1869)刻本　二册

310000－0243－0006061　692400/4432
蘇州府志詩鈔　(清)□□輯　清抄本　四册

310000－0243－0006062　692400/4435.1
甬上宋元詩略十六卷　(清)董沛編輯　清光緒二十七年(1901)刻本　四册

310000－0243－0006063　692400/4435.1
甬上宋元詩略十六卷　(清)董沛編輯　清光緒二十七年(1901)刻本　四册

310000－0243－0006064　692400/4438
羅陽詩始四卷　(清)董斿編輯　清同治六年(1867)刻本　二册

310000－0243－0006065　692400/4442
金華詩録六十卷外集六卷別集四卷　(清)黄彬　(清)朱琰輯録　清道光二十五年(1845)補刻本　十六册

310000－0243－0006066　692400/4452
徐州詩徵八卷　(清)桂中行編　清光緒十七年(1891)刻本　四册

310000－0243－0006067　692400/4612
五山耆舊集二十卷　(清)楊廷撰編　清道光四年(1824)刻本　十册

310000－0243－0006068　692400/4694
全蜀藝文志六十四卷首一卷　(明)楊慎輯　清嘉慶二十二年(1817)刻本　二十册

310000－0243－0006069　692400/4744
廬陵詩存十二卷　(清)胡友梅輯　清光緒十三年(1887)刻本　十二册

310000－0243－0006070　692400/4764
續檇李詩繫四十卷　(清)胡昌基輯　清宣統三年(1911)刻本　二十册

310000－0243－0006071　692400/4823
宛雅初編八卷　(明)梅鼎祚等編　清光緒元年(1875)刻本　十二册

310000－0243－0006072　692400/5344
粵東七子詩六卷　(清)盛大士輯　清道光二

年(1822)刻本　四冊

310000－0243－0006073　692400/7110
兩浙輶軒錄四十卷　(清)阮元編　清光緒十六年(1890)刻本　三十二冊

310000－0243－0006074　692400/7521
蛟川先正文存二十卷　(清)陳繼聰選　清光緒八年(1882)刻本　十冊

310000－0243－0006075　692400/7535
東甌先正文錄十五卷補遺一卷　(清)陳遇春編輯　清道光十四年(1834)刻本　十六冊

310000－0243－0006076　692400/7540
松陵文集初編四卷　陳去病纂輯　清宣統三年(1911)鉛印本　一冊

310000－0243－0006077　692400/7572
永康詩錄十七卷首一卷補遺一卷　(清)陳鳳巢編纂　清咸豐元年(1851)刻本　六冊

310000－0243－0006078　692400/7743
國朝畿輔詩傳六十卷　(清)陶樑輯　清道光十九年(1839)刻本　十六冊

310000－0243－0006079　692400/7767
貞豐詩萃五卷　(清)陶煦輯　清同治三年(1864)刻本　二冊

310000－0243－0006080　692400/8097
江西詩徵九十四卷補遺一卷　(清)曾燠編輯　清嘉慶九年(1804)刻本　六十四冊

310000－0243－0006081　692400/8318
歷朝上虞詩集十六卷　(清)錢玫輯　清道光十五年(1835)刻本　四冊

310000－0243－0006082　692500/1140
紹先集二卷　(清)張敬效輯　清光緒二十九年(1903)刻本　二冊

310000－0243－0006083　692500/1745
桃花譚文徵六卷　(清)翟大成編輯　清光緒刻本　六冊

310000－0243－0006084　692500/3681
還金堂詩萃二卷　(清)湯籲輯　清道光二十年(1840)刻本　一冊

310000－0243－0006085　692500/4238
池上姚氏詩鈔四卷附錄一卷　(清)姚瀚編輯　清光緒十三年(1887)序刻本　二冊

310000－0243－0006086　692500/4432
黃氏家集初編　(清)黃家鼎輯　清光緒十七年(1891)刻本　四冊　存三種六卷(墨舫賸稿一卷、古干亭詩集四卷、嶺外雜言一卷)

310000－0243－0006087　692600/2010
四婦人集四種四卷附一種一卷　(清)沈綺雲撰　清嘉慶十五年(1810)雲間古倪園沈氏刻本　二冊

310000－0243－0006088　692600/30091
國朝閨秀正始集二十卷附錄一卷補卷一卷題詞一卷　(清)完顔惲珠輯　清道光十一年(1831)刻本　六冊

310000－0243－0006089　692600/4746
國朝名媛詩鈔六卷　(清)胡孝思　(清)朱珖評輯　清乾隆三十一年(1766)刻本　二冊

310000－0243－0006090　692600/7746
宮閨文選二十六卷　(清)周壽昌輯訂　(清)瞿元鈞纂類　(清)蔣恭鎰編校　清道光二十六年(1846)刻本　八冊

310000－0243－0006091　692600/7746.01
歷代宮閨文選二十六卷　(清)周壽昌輯　清宣統三年(1911)鉛印本　六冊

310000－0243－0006092　692800/0037
題襟館倡和集四卷　(清)方濬頤等撰　清同治十一年(1872)刻本　二冊

310000－0243－0006093　692800/0043
南湖倡和集一卷　(清)章南湖輯錄　清光緒九年(1883)刻本　一冊

310000－0243－0006094　692800/0436
樹經堂詠史詩八卷　(清)謝啟昆撰　(清)謝學崇　(清)謝學坰箋　清道光五年(1825)刻本　八冊

310000－0243－0006095　692800/1040

隨園八十壽言六卷　(清)王友亮等撰　清嘉慶刻本　二册

310000－0243－0006096　692800/1043－2

本事詩十二卷　(清)王士禛撰　(清)徐釚編輯　清光緒十四年(1888)刻本　四册

310000－0243－0006097　692800/1106

國朝詩鐸二十六卷首一卷　(清)張應昌選輯　清同治八年(1869)刻本　二十册

310000－0243－0006098　692800/1243

南唐雜事詩一卷　(清)孫榕撰　清光緒二十二年(1896)鉛印本　一册

310000－0243－0006099　692800/1714

鄧林唱和詩詞合刊　(清)鄧廷楨　(清)林則徐撰　清宣統元年(1909)刻本　一册

310000－0243－0006100　692800/2010

三家宫詞三卷　(明)毛晉輯　清同治十二年(1873)刻本　一册

310000－0243－0006101　692800/2010.1

五家宫詞五卷　(明)毛晉輯　清光緒五年(1879)刻本　二册

310000－0243－0006102　692800/2133

泥雪録一卷老學盦憶語一卷　(清)何兆瀛撰　清光緒十四年(1888)刻本　一册

310000－0243－0006103　692800/2344

上海求志書院課藝　上海求志書院編　清光緒刻本　一册

310000－0243－0006104　692800/2344.01

上海求志書院課藝　上海求志書院編　清光緒刻本　十册

310000－0243－0006105　692800/2694

十國宫詞一百首　(清)吳省蘭撰　清同治十二年(1873)刻本　一册

310000－0243－0006106　692800/2810

牧菴雜記六卷　(清)徐一麟撰　清同治七年(1868)刻本　四册

310000－0243－0006107　692800/3003

漢上消閒集十六卷附漢上消閒社主詩鈔二卷詩餘一卷文鈔二卷外編四卷　宦應清撰　清宣統三年(1911)鉛印本　八册

310000－0243－0006108　692800/3131

清尊集十六卷　(清)汪遠孫撰　清道光十八年(1838)刻本　四册

310000－0243－0006109　692800/3141

張憶娘簪華圖卷題詠一卷　(清)江標編　清光緒二十三年(1897)刻本　一册

310000－0243－0006110　692800/3425

鰈硯廬聯吟集　(清)沈秉成等撰　清刻本　一册

310000－0243－0006111　692800/3433

吉林紀事詩四卷　(清)沈兆禔撰　清宣統三年(1911)金陵湯明林聚珍書局鉛印本　二册

310000－0243－0006112　692800/3445

南宋雜事詩七卷　(清)沈嘉轍等撰　清同治十一年(1872)刻本　四册

310000－0243－0006113　692800/3445.01

南宋雜事詩七卷　(清)沈嘉轍等撰　清刻本　二册

310000－0243－0006114　692800/3445.01

南宋雜事詩七卷　(清)沈嘉轍等撰　清刻本　二册

310000－0243－0006115　692800/3445.02

南宋雜事詩七卷　(清)沈嘉轍等撰　清刻本　二册

310000－0243－0006116　692800/3445.02

南宋雜事詩七卷　(清)沈嘉轍等撰　清刻本　二册

310000－0243－0006117　692800/3497

蘋藻重馨集不分卷　沈惟賢等撰　清光緒鉛印本　一册

310000－0243－0006118　692800/3635

金源紀事詩八卷　(清)湯運泰撰　(清)湯顯業　(清)湯顯榦注　清同治十二年(1873)刻本　四册

310000－0243－0006119　692800/4034.1

南社叢刻　南社編輯　清末民初鉛印本　十五册

310000－0243－0006120　692800/4060

二李倡和集一卷　（宋）李昉　（宋）李至撰　清光緒十五年（1889）據北宋刻本影印本　一册

310000－0243－0006121　692800/4084

春雪集四卷詩餘一卷　（清）李筠嘉編　清嘉慶刻本　二册

310000－0243－0006122　692800/4344

貞豐八景唱和集不分卷　（清）戴其相等撰　清道光十六年（1836）刻本　一册

310000－0243－0006123　692800/4414

文溪頌言十一卷　（清）葉元階輯　清道光二十五年（1845）刻本　二册

310000－0243－0006124　692800/4427

南菁講舍文集六卷　（清）黄以周選輯　清光緒十五年（1889）刻本　四册

310000－0243－0006125　692800/4438

金山剿匪圖記　（清）蔣良朔輯　清光緒三十二年（1906）刻本　一册

310000－0243－0006126　692800/4742

青南輿頌六卷首一卷圖一卷續刻一卷　南匯芸香草堂諸子編輯　清咸豐八年（1858）刻本　八册

310000－0243－0006127　692800/4783

明季新樂府二卷　（清）胡介祉撰　清宣統元年（1909）鉛印本　二册

310000－0243－0006128　692800/5034

西泠消寒集二卷附錄一卷　（清）秦澹如選　清同治十三年（1874）刻本　一册

310000－0243－0006129　692800/5042

啟禎宮詞二種二卷　（清）秦蘭徵　（清）王譽昌撰　清嘉慶十六年（1811）刻本　二册

310000－0243－0006130　692800/5044

全史宮詞二十卷　（清）史夢蘭撰　清咸豐五年（1855）刻本　六册

310000－0243－0006131　692800/6022

湘社集四卷　易順鼎撰　程頌萬編　清光緒十七年（1891）刻本　一册

310000－0243－0006132　692800/7110

詁經精舍文集十四卷　（清）阮元編訂　清嘉慶六年（1801）刻本　四册

310000－0243－0006133　692800/7110.1

學海堂集十六卷二集二十二卷三集二十四卷四集二十八卷　（清）阮元編　清道光五年（1825）刻本　四十册

310000－0243－0006134　692800/7214

峰泖去思集一卷　（清）劉至喜編　清光緒二十六年（1900）刻本　一册

310000－0243－0006135　692800/7564

湖山懷古集一卷　（清）陳時撰　清光緒刻本　二册

310000－0243－0006136　692800/7760

十六國宮詞二卷　（清）周昇撰並注　清道光十四年（1834）刻本　一册

310000－0243－0006137　692800/8013

陶廬雜憶一卷續詠一卷續憶補詠一卷後憶一卷五憶一卷六憶一卷　金武祥撰　清光緒二十四年（1898）刻本　六册

310000－0243－0006138　692800/8013.1

陶廬續憶補詠一卷後憶一卷　金武祥撰　清光緒三十一年（1905）刻本　二册

310000－0243－0006139　692800/8082

學海堂四集二十八卷　（清）金錫齡編　清光緒十三年（1887）刻本　十六册

310000－0243－0006140　692800/8334

南園賡社詩存一卷　錢溯耆輯　清宣統元年（1909）刻本　一册

310000－0243－0006141　692800/8481

明宮雜詠二十卷　（清）饒智元撰　清光緒刻本　六册

310000－0243－0006142　692900/101217

詳注七家詩七卷　(清)王廷紹等撰　(清)張熙宇評選　清光緒十八年(1892)上海廣百宋齋鉛印本　二册

310000－0243－0006143　692900/1173

七家詩選七卷　(清)張熙宇輯評　清光緒刻本　四册

310000－0243－0006144　692900/3601

香草集一卷　(清)祝慶雲編輯　清光緒九年(1883)蘇州管宅鉛印本　一册

310000－0243－0006145　692900/3601

香草集一卷　(清)祝慶雲編輯　清光緒九年(1883)鉛印本　一册

310000－0243－0006146　692900/3719

咀華録四卷　(清)凝瑞堂主人輯　清道光二十年(1840)刻本　四册

310000－0243－0006147　692900/4010

小學弦歌八卷　(清)李元度撰　清光緒八年(1882)刻本　五册

310000－0243－0006148　692900/803474

詩雋腹腴五十卷　(明)俞安期撰　(清)周大槐摘輯　清嘉慶二十三年(1818)刻本　二十四册

310000－0243－0006149　692900/8334

百老吟一卷　錢溯耆輯　清宣統二年(1910)刻本　一册

310000－0243－0006150　692900/8334.1

百老吟初編一卷後編一卷三編一卷　錢溯耆輯　清宣統二年(1910)刻本　三册

310000－0243－0006151　693000/006026

瀛奎律髓刊誤四十九卷　(宋)方回撰　(清)紀昀批點　清刻本　十册

310000－0243－0006152　693000/1031

葵青居七絶詩三百纂釋四卷附録一卷　(清)石渠纂釋　清同治十二年(1873)刻本　一册

310000－0243－0006153　693000/1042

古唐詩合解古詩四卷　(清)王堯衢注　清刻本　六册

310000－0243－0006154　693000/1042.01

古唐詩合解十六卷　(清)王堯衢注　清光緒二十六年(1900)刻本　八册

310000－0243－0006155　693000/1042.02

古唐詩合解十六卷　(清)王堯衢注　清刻本　二册

310000－0243－0006156　693000/1073

八代詩選二十卷　王闓運撰　清光緒十六年(1890)刻本　八册

310000－0243－0006157　693000/1073

八代詩選二十卷　王闓運撰　清光緒十六年(1890)刻本　八册

310000－0243－0006158　693000/1073

八代詩選二十卷　王闓運撰　清光緒十六年(1890)刻本　八册

310000－0243－0006159　693000/1112

三賢文集十二卷　(清)張斐然　(清)楊萓輯刻　清道光十六年(1836)刻本　十二册

310000－0243－0006160　693000/1114

宛鄰書屋古詩録十二卷　(清)張琦輯録　清同治八年(1869)刻本　四册

310000－0243－0006161　693000/1114

宛鄰書屋古詩録十二卷　(清)張琦輯録　清同治八年(1869)刻本　四册

310000－0243－0006162　693000/2140

歴朝古體近體詩箋評自知集十三卷　(清)柴友誠選　清道光八年(1828)刻本　八册

310000－0243－0006163　693000/2540

宋元明詩約鈔二卷　(清)朱梓　(清)冷昌言編輯　清道光二十一年(1841)刻本　二册

310000－0243－0006164　693000/3144

詩倫二卷　(清)汪薇編　清光緒二十年(1894)刻本　二册

310000－0243－0006165　693000/3423

古詩源十四卷　(清)沈德潛輯　清末鉛印本

四冊

310000－0243－0006166　693000/3423.01
古詩源十四卷　(清)沈德潛選　清光緒十七年(1891)刻本　四冊

310000－0243－0006167　693000/3423.2
唐宋詩醇四十七卷目錄二卷　(清)沈德潛編　清刻本　十冊

310000－0243－0006168　693000/3446
歷朝詩軌四十卷　(清)沈楫選　清嘉慶二十四年(1819)刻本　十六冊

310000－0243－0006169　693000/3457
四忠遺集三十八卷　湘南書局輯　清光緒二十二年(1896)刻本　二十四冊

310000－0243－0006170　693000/3457
四忠遺集三十八卷　湘南書局輯　清光緒二十二年(1896)刻本　二十冊

310000－0243－0006171　693000/4445
唐宋八大家文鈔一百二卷　(明)茅坤評選　明崇禎金閶龔氏刻本　三十二冊

310000－0243－0006172　693000/4486
庚訂箋釋批評古詩直解八卷　(明)葉羲昂選解　(明)鍾惺評　(明)詹廷對箋輯　清刻本　二冊

310000－0243－0006173　693000/4488
古詩歌讀本三卷　黄節編　清宣統元年(1909)鉛印本　三冊

310000－0243－0006174　693000/661724
樵川二家詩六卷　(宋)嚴羽等撰　(清)徐榦編輯　清光緒七年(1881)刻本　二冊

310000－0243－0006175　693000/7244
歷朝詩約選九十三卷　(清)劉大櫆纂　清光緒二十一年(1895)刻本　二十二冊

310000－0243－0006176　693000/7530
詩比興箋四卷　(清)陳沆撰　清光緒九年(1883)刻本　二冊

310000－0243－0006177　693000/8042
四家詩選二十一卷　(清)余柏岩校　清刻本　四冊

310000－0243－0006178　693000/806413
三十家詩鈔六卷　(清)曾國藩纂　(清)王定安增輯　清同治十三年(1874)刻本　六冊

310000－0243－0006179　693000/806413
三十家詩鈔六卷　(清)曾國藩纂　(清)王定安增輯　清同治十三年(1874)刻本　六冊

310000－0243－0006180　693000/8308
列朝詩集八十一卷　(清)錢謙益編　清刻本　四十八冊

310000－0243－0006181　693000/8308
列朝詩集八十一卷　(清)錢謙益編　清刻本　二十四冊

310000－0243－0006182　693100/1021
屈賈文合編三種十九卷　(清)夏獻雲輯　清光緒四年(1878)刻本　十冊

310000－0243－0006183　693200/4637
建安七子集七卷　(清)楊逢辰輯　清光緒十六年(1890)刻本　四冊

310000－0243－0006184　693200/4777
六朝四家全集十七卷附一種二卷　(清)胡鳳丹校刻　清同治九年(1870)刻本　六冊

310000－0243－0006185　693200/4777
六朝四家全集十七卷附一種二卷　(清)胡鳳丹校刻　清同治九年(1870)刻本　六冊

310000－0243－0006186　693300/0030.01
唐詩解五十卷　(明)唐汝詢選釋　清刻本　十八冊

310000－0243－0006187　693300/0030.1
刪定唐詩解二十四卷　(明)唐汝詢選釋　清康熙四十年(1701)刻本　八冊

310000－0243－0006188　693300/0094.01
全唐詩九百卷　(清)聖祖玄燁敕編　清光緒元年(1875)刻本　一百二十冊

310000－0243－0006189　693300/0094.02

全唐詩三十二卷 (清)聖祖玄燁敕編 清光緒十三年(1887)石印本 三十二冊

310000－0243－0006190 693300/0094.02
全唐詩三十二卷 (清)聖祖玄燁敕編 清光緒十三年(1887)石印本 三十二冊

310000－0243－0006191 693300/0843
翰林學士集影唐卷子本一卷 (唐)許敬宗編 清光緒十九年(1893)刻本 一冊

310000－0243－0006192 693300/1043.01
唐賢三昧集三卷 (清)王士禛選 (清)吳煊 (清)胡棠輯注 (清)黄培芳評 清光緒九年(1883)刻朱墨套印本 三冊

310000－0243－0006193 693300/1047.02
唐詩鼓吹集十卷 (金)元好問編 (元)郝天挺注 (明)廖文炳解 清刻本 六冊

310000－0243－0006194 693300/1073
唐詩選六卷 王闓運撰 清光緒二年(1876)刻本 六冊

310000－0243－0006195 693300/1073
唐詩選六卷 王闓運撰 清光緒二年(1876)刻本 六冊

310000－0243－0006196 693300/1180
唐詩近體四卷 (清)張錫麟評選 清同治七年(1868)刻本 二冊

310000－0243－0006197 693300/1235.01
唐詩三百首六卷 (清)蘅塘退士編 清光緒八年(1882)刻本 二冊

310000－0243－0006198 693300/1235.02
唐詩三百首注釋六卷 (清)蘅塘退士撰 清光緒十八年(1892)刻本 六冊

310000－0243－0006199 693300/123509
唐詩三百首注釋七卷續選一卷 (清)蘅塘退士編 (清)章燮注 (清)于慶元編 清光緒十三年(1887)刻本 六冊

310000－0243－0006200 693300/123509.01
唐詩三百首注釋六卷 (清)蘅塘退士編 (清)章燮注 **續選一卷** (清)于慶元編 清光緒十年(1884)刻本 八冊

310000－0243－0006201 693300/123574
唐詩三百首補注八卷 (清)蘅塘退士原編 (清)陳婉俊輯 清光緒十一年(1885)刻本 二冊

310000－0243－0006202 693300/3031.01
網師園唐詩箋十八卷 (清)宋宗元輯 清乾隆尚絅堂刻本 四冊

310000－0243－0006203 693300/3423
唐詩别裁集二十卷 (清)沈德潛輯 清末掃葉山房刻本 五冊 缺四卷(九至十二)

310000－0243－0006204 693300/342383
唐詩别裁集引典備註二十卷 (清)沈德潛選 (清)俞汝昌注 清道光十八年(1838)富春堂刻本 十冊

310000－0243－0006205 693300/342383.01
唐詩别裁集引典備註二十卷 (清)沈德潛選 (清)俞汝昌注 清道光十八年(1838)資善堂刻本 十二冊

310000－0243－0006206 693300/343414
唐人萬首絶句選 (宋)洪邁選 (清)王士禛重選 清同治九年(1870)刻本 二冊

310000－0243－0006207 693300/3435
唐詩諧律二卷 (清)沈實青選 清光緒十六年(1890)歸安寫刻本 二冊

310000－0243－0006208 693300/3435
唐詩諧律二卷 (清)沈實青選 清光緒十六年(1890)歸安寫刻本 二冊

310000－0243－0006209 693300/4040
庚補箋釋批評唐詩直解七卷 (明)李攀龍原選 (明)葉羲昂直解 (明)蔣一葵箋釋 (明)鍾惺批評 清博古齋刻本 四冊

310000－0243－0006210 693300/4047
才調集補注十卷 (五代)韋縠撰 (清)馮默庵 (清)馮鈍吟評點 (清)殷元勳箋注 (清)宋邦綏補注 清光緒二十年(1894)江蘇書局刻本 四冊

310000－0243－0006211　693300/4217

唐絶詩鈔注略詩二卷序傳一卷首一卷　(清)姚鼐　(清)馬沅選注　清同治十二年(1873)補讀齋刻本　一册

310000－0243－0006212　693300/4407.02

中晚唐詩叩彈集十二卷續三卷　(清)杜詔　(清)杜庭珠輯　清康熙采山亭刻後印本　六册

310000－0243－0006213　693300/4971.1

唐詩箋注六卷　(清)趙臣瑗選輯　清刻本　六册

310000－0243－0006214　693300/5062

唐人三家集二十六卷　(清)秦恩復編　清宣統三年(1911)藏古圖書館據秦氏石研齋影宋本影印本　八册

310000－0243－0006215　693300/7278

王孟詩評二種九卷　(宋)劉辰翁評　清光緒六年(1880)碧琳瑯館朱墨套印本　四册

310000－0243－0006216　693300/7548

求志居唐詩選八十二卷　(清)陳世鎔編　清道光二十五年(1845)獨秀山莊刻本　十册

310000－0243－0006217　693300/7560

唐人五十家小集七十二卷　(宋)陳思編　(清)江標校刻　清光緒二十一年(1895)靈鶼閣影刻本　二十四册

310000－0243－0006218　693300/7727

初唐四傑集二十一卷　(清)項家達輯　清光緒五年(1879)刻本　四册

310000－0243－0006219　693300/8042

讀全唐詩鈔三十八卷　(清)金世綬録　清嘉慶二十四年(1819)刻本　十六册

310000－0243－0006220　693300/8848

讀雪山房唐詩三十四卷　(清)管世銘撰　清光緒十二年(1886)湖北官書處刻本　十二册

310000－0243－0006221　693400/2718

宋詩選粹十五卷　(清)侯廷銓編　清道光五年(1825)瑞實堂刻本　四册

310000－0243－0006222　693400/3127

南宋群賢八十二種一百二十八卷　(清)顧修輯刻　清嘉慶六年(1801)讀書齋刻本　四十册

310000－0243－0006223　693400/3484

重刊西江詩派韓饒二集六卷　沈曾植輯　清宣統二年(1910)刻本　二册

310000－0243－0006224　693400/4423

宋范文正忠宣二公全集　(宋)范仲淹　(宋)范純仁撰　清宣統三年(1911)歲寒堂刻本　十六册

310000－0243－0006225　693400/477701

三宋人集四十五卷　(宋)柳開等撰　(清)方功惠重校　清光緒七年(1881)碧琳瑯館刻本　六册

310000－0243－0006226　693400/7732

宋四名家詩四卷　(清)周之鱗　(清)柴升選　清敬藝堂刻本　六册

310000－0243－0006227　693600/3160.3

元詩選癸集十六卷　(清)顧嗣立集　(清)席世臣續輯　清光緒十四年(1888)刻本　十六册

310000－0243－0006228　693700/1137

弘正四傑詩集七十三卷　(清)張湘同輯　清光緒二十一年(1895)長沙張氏湘雨樓刻本　十六册

310000－0243－0006229　693700/3102

明三十家詩選初集八卷二集八卷　(清)汪端輯　清同治十二年(1873)蘊蘭吟館刻本　八册

310000－0243－0006230　693700/3423.01

明詩別裁集十二卷　(清)沈德潛　(清)周準輯　清刻本　六册

310000－0243－0006231　693700/4452

徐州二遺民集十卷　(清)桂中行輯　清光緒十九年(1893)刻本　四册

310000－0243－0006232　693700/4452

徐州二遺民集十卷　(清)桂中行輯　清光緒十九年(1893)刻本　五册

310000－0243－0006233　693700/4452

徐州二遺民集十卷　(清)桂中行輯　清光緒十九年(1893)刻本　五册

310000－0243－0006234　693700/7739

邱海二公合集十六卷　(清)邱啟焜輯　清同治十年(1871)丘氏可繼堂刻本　十册

310000－0243－0006235　693800/1017

群雅二集二十五卷　(清)王豫選　清嘉慶十六年(1811)種竹軒刻本　六册

310000－0243－0006236　693800/1020

嶺南三大家詩選二十四卷　(清)王隼撰　清道光十九年(1839)萬卷樓刻本　五册

310000－0243－0006237　693800/1036

湖海詩傳四十六卷　(清)王昶輯　清嘉慶八年(1803)刻本　十六册

310000－0243－0006238　693800/1240

道咸同光四朝詩史甲集六卷首一卷　孫雄輯　清宣統三年(1911)刻本　十册

310000－0243－0006239　693800/1240.1

道咸同光四朝詩史乙集八卷　孫雄輯　清宣統三年(1911)刻本　八册

310000－0243－0006240　693800/1240.2

道咸同光四朝詩史一斑錄　孫雄輯　清光緒三十四年(1908)油印本　四册

310000－0243－0006241　693800/1283

二談女史詩詞合刊六卷　(清)孫錫祉輯　清光緒十六年(1890)歸安孫氏刻本　二册

310000－0243－0006242　693800/2514

紫陽家塾詩鈔二十四卷　(清)朱琦編輯　清光緒十八年(1892)秋樹山房刻本　六册

310000－0243－0006243　693800/2586

雙瓣香編四卷　(清)仲錕編　清咸豐五年(1855)梅涇樂志居刻本　二册

310000－0243－0006244　693800/2624

海豐吴氏詩存四卷　吴重憙輯　清光緒十年(1884)陳署刻本　四册

310000－0243－0006245　693800/2838

瀏陽二傑遺文二卷　(清)傷心人輯　清末鉛印本　二册

310000－0243－0006246　693800/3146

清詩大雅　(清)汪觀選　清静遠堂刻本　二册

310000－0243－0006247　693800/3234

越三子集七卷　(清)潘祖蔭輯　清同治十一年(1872)滂喜齋刻本　三册

310000－0243－0006248　693800/3440.01

二洪遺稿　(清)洪榜　(清)洪樸撰　清刻本　二册

310000－0243－0006249　693800/3488

耆舊詩存四種四卷　(清)沈筠選　(清)徐圓成校訂　清光緒十三年(1887)刻本　一册

310000－0243－0006250　693800/4402－1

感逝集四卷　(清)葉調生選　清光緒六年(1880)潘氏滂喜齋刻本　四册

310000－0243－0006251　693800/4411

蜕翁所見詩錄感逝集十卷　(清)葉廷琯輯選　清光緒六年(1880)刻本　十册

310000－0243－0006252　693800/4432

陸陳兩先生詩文鈔二十八卷　(清)葉裕仁編次　(清)蒯德模校刻　清光緒六年(1880)鎮洋繆氏凝修堂刻本　八册

310000－0243－0006253　693800/4432.01

陸陳二先生詩文鈔二十八卷　(清)葉裕仁編　清光緒二年(1876)安道書院刻本　八册

310000－0243－0006254　693800/4443

三子詩選三卷　(清)蔡壽祺輯　清光緒四年(1878)蜀東宋氏刻本　一册

310000－0243－0006255　693800/4620

受經堂彙稿五種十三卷　(清)張惠言等撰　清道光三年(1823)刻本　四册

310000－0243－0006256　693800/6031
吳會英才集二十四卷　(清)畢沅編　清刻本　六册

310000－0243－0006257　693800/6031
吳會英才集二十四卷　(清)畢沅編　清刻本　八册

310000－0243－0006258　693800/7241.1
國朝六家詩鈔二卷　(清)劉執玉輯　清刻本　一册

310000－0243－0006259　693800/8097
朋舊遺詩合鈔二十二卷續鈔一卷　(清)曾燠輯　清嘉慶十年(1805)賞雨茆屋刻本　十二册

310000－0243－0006260　693800/8097.1
同岑詩鈔五種十四卷　(清)曾燠編　清道光九年(1829)刻本　六册

310000－0243－0006261　693800/8097.1
同岑詩鈔五種十四卷　(清)曾燠編　清道光九年(1829)刻本　六册

310000－0243－0006262　693800/8326
熙朝雅頌集一百六卷餘集二卷首二十六卷　(清)鐵保纂輯　(清)法式善等編　清嘉慶九年(1804)刻本　二十四册

310000－0243－0006263　693900/4421
林嚴文鈔四卷　林紓　嚴復撰　清宣統元年(1909)國學扶輪社鉛印本　四册

310000－0243－0006264　694100/002021.01
庾子山集十六卷　(北周)庾信撰　(清)倪璠注釋　清道光十九年(1839)大文堂刻本　十二册

310000－0243－0006265　694100/002021.02
庾子山集十六卷附總釋　(北周)庾信撰　(清)倪璠注釋　清光緒二十年(1894)儒雅堂刻本　十二册

310000－0243－0006266　694100/0023
高令公集一卷　(北魏)高允撰　清光緒十八年(1892)善化章經濟堂刻本　一册

310000－0243－0006267　694100/0031
庾度支集一卷　(南朝梁)庾肩吾撰　清光緒十八年(1892)善化章經濟堂刻本　一册

310000－0243－0006268　694100/0113
顏光禄集一卷　(南朝宋)顏延之撰　清光緒十八年(1892)善化章經濟堂刻本　一册

310000－0243－0006269　694100/0413
謝康樂集二卷　(南朝宋)謝靈運撰　清光緒十八年(1892)善化章經濟堂刻本　二册

310000－0243－0006270　694100/0444
謝光禄集一卷　(南朝宋)謝莊撰　清光緒十八年(1892)善化章經濟堂刻本　一册

310000－0243－0006271　707400/7747
清異録二卷　(宋)陶穀撰　清光緒元年(1875)陳氏庸閒齋刻本　二册

310000－0243－0006272　694100/0712
郭弘農集二卷　(晉)郭璞撰　清光緒十八年(1892)善化章經濟堂刻本　二册

310000－0243－0006273　694100/1000
王司空集一卷　(北周)王褒撰　清光緒十八年(1892)善化章經濟堂刻本　一册

310000－0243－0006274　694100/1015
王寧朔集一卷　(南朝齊)王融撰　清光緒十八年(1892)善化章經濟堂刻本　一册

310000－0243－0006275　694100/1021
王左丞集一卷　(南朝梁)王僧孺撰　清光緒十八年(1892)善化章經濟堂刻本　一册

310000－0243－0006276　694100/1023
王大令集一卷　(晉)王獻之撰　清光緒十八年(1892)善化章經濟堂刻本　一册

310000－0243－0006277　694100/1023－1
夏侯常侍集一卷　(晉)夏侯湛撰　清光緒十八年(1892)善化章經濟堂刻本　一册

310000－0243－0006278　694100/1027
王侍中集一卷阮元瑜集一卷　(三國魏)王粲撰　清光緒十八年(1892)善化章經濟堂刻本　一册

310000－0243－0006279　694100/1028

王文憲集一卷　(南朝齊)王儉撰　清光緒十八年(1892)善化章經濟堂刻本　一冊

310000－0243－0006280　694100/1037

王叔師集一卷孔少府集一卷　(漢)王逸撰　清光緒十八年(1892)善化章經濟堂刻本　一冊

310000－0243－0006281　694100/1083

王右軍集二卷　(晉)王羲之撰　清光緒十八年(1892)善化章經濟堂刻本　二冊

310000－0243－0006282　694100/1088

王詹事集一卷　(南朝梁)王筠撰　清光緒十八年(1892)善化章經濟堂刻本　一冊

310000－0243－0006283　694100/1115

張長史集一卷　(南朝齊)張融撰　清光緒十八年(1892)善化章經濟堂刻本　一冊

310000－0243－0006284　694100/1116

張散騎集一卷　(南朝陳)張正見撰　清光緒十八年(1892)善化章經濟堂刻本　一冊

310000－0243－0006285　694100/1121

張河間集二卷　(漢)張衡撰　清光緒十八年(1892)善化章經濟堂刻本　二冊

310000－0243－0006286　694100/1143

張孟陽集一卷　(晉)張載撰　清光緒十八年(1892)善化章經濟堂刻本　一冊

310000－0243－0006287　694100/1144

張司空集一卷　(晉)張華撰　清光緒十八年(1892)善化章經濟堂刻本　一冊

310000－0243－0006288　694100/1144－1

張景陽集一卷　(晉)張協撰　清光緒十八年(1892)善化章經濟堂刻本　一冊

310000－0243－0006289　694100/1160

班蘭台集一卷崔亭伯集一卷　(漢)班固撰　清光緒十八年(1892)善化章經濟堂刻本　一冊

310000－0243－0006290　694100/1221

孫廷尉集一卷　(晉)孫綽撰　清光緒十八年(1892)善化章經濟堂刻本　一冊

310000－0243－0006291　694100/1221－1

孔詹事集一卷　(南朝齊)孔稚珪撰　清光緒十八年(1892)善化章經濟堂刻本　一冊

310000－0243－0006292　694100/1244

孫馮翊集一卷　(晉)孫楚撰　清光緒十八年(1892)善化章經濟堂刻本　一冊

310000－0243－0006293　694100/1717

邢特進集一卷　(北齊)邢邵撰　清光緒十八年(1892)善化章經濟堂刻本　一冊

310000－0243－0006294　694100/17744

司馬文園集一卷董膠西集一卷　(漢)司馬相如撰　清光緒十八年(1892)善化章經濟堂刻本　一冊

310000－0243－0006295　694100/2111

何衡陽集一卷　(南朝宋)何承天撰　清光緒十八年(1892)善化章經濟堂刻本　一冊

310000－0243－0006296　694100/2132

何記室集一卷　(南朝梁)何遜撰　清光緒十八年(1892)善化章經濟堂刻本　一冊

310000－0243－0006297　694100/2260

任中丞集一卷　(南朝梁)任昉撰　(明)張溥閱　清宣統三年(1911)鉛印本　一冊

310000－0243－0006298　694100/2300.01

嵇中散集一卷　(三國魏)嵇康撰　清光緒十八年(1892)善化章經濟堂刻本　一冊

310000－0243－0006299　694100/2300－1

傅鶉觚集一卷　(晉)傅玄撰　清光緒十八年(1892)善化章經濟堂刻本　二冊

310000－0243－0006300　694100/2300－1.1

晉司隸校尉傅玄集三卷　(晉)傅玄撰　葉德輝輯　清光緒二十八年(1902)葉氏觀古堂刻本　一冊

310000－0243－0006301　694100/2300－2

傅光祿集一卷　(南朝宋)傅亮撰　清光緒十八年(1892)善化章經濟堂刻本　一冊

310000－0243－0006302　694100/2353

傅中丞集一卷　（晉）傅咸撰　清光緒十八年(1892)刻本　一册

310000－0243－0006303　694100/2628

魏特進集一卷　（北齊）魏收撰　清光緒十八年(1892)刻本　一册

310000－0243－0006304　694100/2647

吳朝請集一卷　（南朝梁）吳均撰　清光緒十八年(1892)刻本　一册

310000－0243－0006305　694100/2767.1

鮑參軍集二卷　（南朝宋）鮑照撰　清光緒十八年(1892)刻本　二册

310000－0243－0006306　694100/2874

徐僕射集二卷　（南朝陳）徐陵撰　清光緒十八年(1892)善化章經濟堂刻本　三册

310000－0243－0006307　694100/3126

江令君集二卷　（南朝陳）江總撰　清光緒十八年(1892)善化章經濟堂刻本　一册

310000－0243－0006308　694100/3134

醴陵集十卷　（南朝梁）江淹撰　清嘉慶五年(1800)二分明月樓刻本　二册

310000－0243－0006309　694100/3272

潘黄門集一卷　（晉）潘岳撰　清光緒十八年(1892)善化章經濟堂刻本　一册

310000－0243－0006310　694100/3277

潘太常集一卷　（晉）潘尼撰　清光緒十八年(1892)善化章經濟堂刻本　一册

310000－0243－0006311　694100/3427

沈隱侯集二卷　（南朝梁）沈約撰　清光緒十八年(1892)善化章經濟堂刻本　二册

310000－0243－0006312　694100/3491

褚先生集一卷　（漢）褚少孫撰　**王諫議集一卷**　（漢）王褒著　清光緒十八年(1892)善化章經濟堂刻本　一册

310000－0243－0006313　694100/3497

沈侍中集一卷　（南朝陳）沈炯撰　清光緒十八年(1892)善化章經濟堂刻本　一册

310000－0243－0006314　694100/3616

溫侍讀集一卷　（北魏）溫子昇撰　清光緒十八年(1892)善化章經濟堂刻本　一册

310000－0243－0006315　694100/4037

袁陽源集一卷　（南朝宋）袁淑撰　清光緒十八年(1892)善化章經濟堂刻本　一册

310000－0243－0006316　694100/4043

李蘭臺集一卷　（漢）李尤撰　**馬季常集一卷**　（漢）馬融著　清光緒十八年(1892)善化章經濟堂刻本　一册

310000－0243－0006317　694100/4413

竟陵王集二卷　（南朝齊）蕭子良撰　清光緒十八年(1892)善化章經濟堂刻本　一册

310000－0243－0006318　694100/4420

梁昭明太子集四卷　（南朝梁）蕭統撰　清宣統三年(1911)上海文明書局鉛印本　一册

310000－0243－0006319　694100/4420.01

梁昭明太子集一卷　（南朝梁）蕭統撰　清光緒十八年(1892)善化章經濟堂刻本　一册

310000－0243－0006320　694100/4421

梁武帝集二卷　（南朝梁）武帝蕭衍撰　清光緒十八年(1892)善化章經濟堂刻本　二册

310000－0243－0006321　694100/4422

蔡中郎集十卷　（漢）蔡邕撰　清光緒十六年(1890)刻本　五册

310000－0243－0006322　694100/4422.01

蔡中郎集二卷　（漢）蔡邕撰　清光緒十八年(1892)善化章經濟堂刻本　二册

310000－0243－0006323　694100/4427

梁簡文帝集二卷　（南朝梁）簡文帝蕭綱撰　清光緒十八年(1892)善化章經濟堂刻本　三册

310000－0243－0006324　694100/4498

荀侍中集一卷　（漢）荀悅撰　清光緒十八年(1892)善化章經濟堂刻本　一册

310000－0243－0006325　694100/4521

摯太常集一卷　（晉）摯虞撰　清光緒十八年

(1892)善化章經濟堂刻本　一冊

310000－0243－0006326　694100/5008

東方大中集一卷　(漢)東方朔撰　清光緒十八年(1892)善化章經濟堂刻本　一冊

310000－0243－0006327　694100/5042

束廣微集一卷　(晉)束晳撰　清光緒十八年(1892)善化章經濟堂刻本　一冊

310000－0243－0006328　694100/5382

成公子安集一卷　(晉)成公綏撰　清光緒十八年(1892)善化章經濟堂刻本　一冊

310000－0243－0006329　694100/5510

魏文帝集二卷　(三國魏)曹丕撰　清光緒十八年(1892)善化章經濟堂刻本　二冊

310000－0243－0006330　694100/5544

陳思王集二卷　(三國魏)曹植撰　清光緒十八年(1892)善化章經濟堂刻本　二冊

310000－0243－0006331　694100/554416

曹集詮評十卷附逸文一卷年譜一卷　(三國魏)曹植撰　(清)丁晏纂　清同治十一年(1872)金陵書局刻本　二冊

310000－0243－0006332　694100/5556

魏武帝集一卷　(三國魏)曹操撰　清光緒十八年(1892)善化章經濟堂刻本　一冊

310000－0243－0006333　694100/5640

揚侍郎集一卷　(漢)揚雄撰　清光緒十八年(1892)善化章經濟堂刻本　一冊

310000－0243－0006334　694100/7188

阮步兵集一卷　(三國魏)阮籍撰　清光緒十八年(1892)善化章經濟堂刻本　一冊

310000－0243－0006335　694100/7207

劉子駿集一卷　(漢)劉歆撰　清光緒十八年(1892)善化章經濟堂刻本　一冊

310000－0243－0006336　694100/7216

劉越石集一卷　(晉)劉琨撰　清光緒十八年(1892)善化章經濟堂刻本　一冊

310000－0243－0006337　694100/7227

劉子政集一卷　(漢)劉向撰　清光緒十八年(1892)善化章經濟堂刻本　一冊

310000－0243－0006338　694100/7231

劉豫章集一卷　(南朝梁)劉潛撰　清光緒十八年(1892)善化章經濟堂刻本　一冊

310000－0243－0006339　694100/7241

劉公幹集一卷　(三國魏)劉楨撰　清光緒十八年(1892)善化章經濟堂刻本　一冊

310000－0243－0006340　694100/7242

劉秘書集一卷　(南朝梁)劉孝綽撰　清光緒十八年(1892)善化章經濟堂刻本　一冊

310000－0243－0006341　694100/7244

劉戶曹集一卷　(南朝梁)劉孝標撰　清光緒十八年(1892)善化章經濟堂刻本　一冊

310000－0243－0006342　694100/7245

劉庶子集一卷　(南朝梁)劉孝威撰　清光緒十八年(1892)善化章經濟堂刻本　一冊

310000－0243－0006343　694100/7410.1

陸清河集二卷　(晉)陸雲撰　清光緒十八年(1892)善化章經濟堂刻本　二冊

310000－0243－0006344　694100/7442

陸平原集二卷　(晉)陸機撰　清光緒十八年(1892)善化章經濟堂刻本　二冊

310000－0243－0006345　694100/7514

陳記室集一卷　(三國魏)陳琳撰　清光緒十八年(1892)善化章經濟堂刻本　一冊

310000－0243－0006346　694100/7523

陳後主集一卷　(南朝陳)後主陳叔寶撰　清光緒十八年(1892)善化章經濟堂刻本　一冊

310000－0243－0006347　694100/7716

華陽陶隱居集二卷　(南朝梁)陶弘景撰　清光緒二十九年(1903)葉氏觀古堂刻本　一冊

310000－0243－0006348　694100/7731.01

陶淵明集十卷　(晉)陶潛撰　(宋)蘇軾書　清光緒五年(1879)廣州翰墨園刻本　三冊

310000－0243－0006349　694100/7731.02

陶淵明集十卷　(晉)陶潛撰　清光緒二年(1876)刻本　二冊

310000－0243－0006350　694100/7731.03
陶淵明集八卷　(晉)陶潛撰　清光緒五年(1879)朱墨套印本　二冊

310000－0243－0006351　694100/7731.1
陶彭澤集一卷　(晉)陶潛撰　清光緒十八年(1892)善化章經濟堂刻本　一冊

310000－0243－0006352　694100/773173.01
靖節先生集十卷年譜考異二卷　(晉)陶潛撰　(清)陶澍注　清光緒九年(1883)江蘇書局刻本　四冊

310000－0243－0006353　694100/773173.02
靖節先生集十卷　(晉)陶潛撰　(清)陶澍注　清刻本　四冊

310000－0243－0006354　694100/8280
鍾司徒集一卷　(晉)鍾會撰　**杜徵南集一卷**　(晉)杜預著　**荀公曾集一卷**　(晉)荀勖著　清光緒十八年(1892)善化章經濟堂刻本　一冊

310000－0243－0006355　694200/1044
王勃集二卷　(唐)王勃撰　清光緒二十一年(1895)湖南史院影刻本　一冊

310000－0243－0006356　694200/104443
王子安集注二十卷　(唐)王勃撰　(清)蔣清翊注　清光緒九年(1883)吳縣蔣氏雙唐碑館刻本　六冊

310000－0243－0006357　694200/104443
王子安集注二十卷　(唐)王勃撰　(清)蔣清翊注　清光緒九年(1883)吳縣蔣氏雙唐碑館刻本　六冊

310000－0243－0006358　694200/104443
王子安集注二十卷　(唐)王勃撰　(清)蔣清翊注　清光緒九年(1883)吳縣蔣氏雙唐碑館刻本　六冊

310000－0243－0006359　694200/1054
王無功集三卷補遺二卷校勘記一卷　(唐)王勣撰　羅振玉輯　清光緒三十二年(1906)羅氏唐風樓刻本　一冊

310000－0243－0006360　694200/1142.01
唐丞相曲江張文獻公集十二集首一卷附千秋金鑑錄五卷　(唐)張九齡撰　清光緒十八年(1892)刻本　六冊

310000－0243－0006361　694200/2163
盧武陽集一卷　(隋)盧思道撰　清光緒十八年(1892)善化章經濟堂刻本　一冊

310000－0243－0006362　694200/2512
牛奇章集一卷　(隋)牛弘撰　清光緒十八年(1892)善化章經濟堂刻本　一冊

310000－0243－0006363　694200/2653.01
皇甫持正文集六卷　(唐)皇甫湜撰　清師石山房抄本　二冊

310000－0243－0006364　694200/267650
香山詩選六卷　(唐)白居易撰　(清)曹文埴選　清光緒十七年(1891)黟縣李氏刻本　二冊

310000－0243－0006365　694200/3136
顧華陽集三卷　(唐)顧況撰　清同治元年(1862)雙峰堂刻本　二冊

310000－0243－0006366　694200/3413
沈下賢集十二卷　(唐)沈亞之撰　清光緒三十三年(1907)長沙葉氏觀古堂刻本　三冊

310000－0243－0006367　694200/3484
韓集補注一卷　(清)沈欽韓撰　清光緒十七年(1891)廣雅書局刻本　一冊

310000－0243－0006368　694200/360888
溫飛卿詩集箋注九卷　(唐)溫庭筠撰　(明)曾益原注　(清)顧予咸補注　清光緒十三年(1887)鴻文書局刻本　二冊

310000－0243－0006369　694200/360888.01
溫飛卿詩集箋注九卷　(唐)溫庭筠撰　(明)曾益原注　(清)顧予咸補注　清光緒八年(1882)萬軸山房刻本　二冊

310000－0243－0006370　694200/360888－1

溫飛卿詩集九卷　(唐)溫庭筠撰　(清)曾益原注　(清)顧予咸補注　清宣統二年(1910)石印本　四册

310000－0243－0006371　694200/360888－1

溫飛卿詩集九卷　(唐)溫庭筠撰　(清)曾益原注　(清)顧予咸補注　清宣統二年(1910)石印本　一册

310000－0243－0006372　694200/360888－1.01

溫飛卿詩集箋注九卷　(唐)溫庭筠撰　(明)曾益原注　(清)顧予咸補注　清光緒十三年(1887)鴻文書局刻本　二册

310000－0243－0006373　694200/360888－1.03

溫飛卿詩集箋注九卷　(唐)溫庭筠撰　(明)曾益注　(清)顧予咸補注　清光緒八年(1882)泉唐汪氏刻本　二册

310000－0243－0006374　694200/360888－1.03

溫飛卿詩集箋注九卷　(唐)溫庭筠撰　(明)曾益注　(清)顧予咸補注　清光緒八年(1882)泉唐汪氏刻本　二册

310000－0243－0006375　694200/4007

李義山詩集不分卷　(唐)李商隱撰　清抄本　一册

310000－0243－0006376　694200/4007.01

東澗寫校李商隱詩集三卷　(唐)李商隱撰　清宣統元年(1909)石印本　二册

310000－0243－0006377　694200/400724

李義山詩集輯評三卷　(唐)李商隱撰　(清)朱鶴齡箋注　(清)沈厚塽輯評　清同治九年(1870)廣州三色套印本　四册

310000－0243－0006378　694200/400724

李義山詩集輯評三卷　(唐)李商隱撰　(清)朱鶴齡箋注　(清)沈厚塽輯評　清同治九年(1870)廣州三色套印本　四册

310000－0243－0006379　694200/400724.1

李義山詩集補注三卷　(唐)李商隱撰　(清)朱鶴齡補注　清同治刻本　三册

310000－0243－0006380　694200/400733.01

玉谿生詩箋注三卷首一卷　(唐)李商隱撰　(清)馮浩注　清德聚堂刻本　四册

310000－0243－0006381　694200/400733.1

樊南文集詳注八卷　(唐)李商隱撰　(清)馮浩編訂　清同治七年(1868)刻本　四册

310000－0243－0006382　694200/400733.101

樊南文集箋注八卷　(唐)李商隱撰　(清)馮浩箋注　清乾隆德聚堂刻本　四册

310000－0243－0006383　694200/400733.2

李義山詩文全集箋注十一卷　(唐)李商隱撰　(清)馮浩編訂　清嘉慶元年(1796)德聚堂刻本　八册

310000－0243－0006384　694200/400785

樊南文集補編十二卷首一卷附錄一卷　(唐)李商隱撰　(清)錢振倫　(清)錢振常箋注　清同治五年(1866)望三益齋刻本　四册

310000－0243－0006385　694200/400785

樊南文集補編十二卷首一卷附錄一卷　(唐)李商隱撰　(清)錢振倫　(清)錢振常箋注　清同治五年(1866)望三益齋刻本　四册

310000－0243－0006386　694200/400785

樊南文集補編十二卷首一卷附錄一卷　(唐)李商隱撰　(清)錢振倫　(清)錢振常箋注　清同治五年(1866)望三益齋刻本　四册

310000－0243－0006387　694200/4024

李懷州集一卷　(隋)李德林撰　清光緒十八年(1892)善化章經濟堂刻本　一册

310000－0243－0006388　694200/4046.101

李長吉集四卷外卷一卷　(唐)李賀撰　清光緒十八年(1892)羊城刻本　二册

310000－0243－0006389　694200/404611

李長吉歌詩四卷首一卷外集一卷　(唐)李賀撰　(清)王琦注　清光緒四年(1878)宏達堂刻本　二册

310000－0243－0006390　694200/4428
樊川文集二十卷附外集一卷别集一卷　(唐)杜牧撰　清光緒二十二年(1896)景蘇園影刻本　五册

310000－0243－0006391　694200/4432－1
薛司隸集一卷　(隋)薛道衡撰　清光緒十八年(1892)善化章經濟堂刻本　一册

310000－0243－0006392　694200/4434
洪度集一卷　(唐)薛濤撰　清光緒靈峰草堂刻本　一册

310000－0243－0006393　694200/4444
唐風集三卷　(唐)杜荀鶴撰　清光緒三十一年(1905)貴池劉氏唐石簃刻本　二册

310000－0243－0006394　694200/445303
杜詩注釋二十四卷首一卷　(唐)杜甫撰　(清)許寶善編輯　清光緒三年(1877)吳縣朱氏補刻本　十册

310000－0243－0006395　694200/445303
杜詩注釋二十四卷首一卷　(唐)杜甫撰　(清)許寶善編輯　清光緒三年(1877)吳縣朱氏補刻本　十二册

310000－0243－0006396　694200/445308.01
九家集注杜詩三十六卷　(唐)杜甫撰　(宋)郭知達編注　清刻本　二十八册

310000－0243－0006397　694200/445314
五家評本杜工部集二十卷　(唐)杜甫撰　清道光十四年(1834)芸葉盦六色套印本　八册

310000－0243－0006398　694200/445314.01
五家評本杜工部集二十卷　(唐)杜甫撰　清道光六色套印本　二十册

310000－0243－0006399　694200/445319
杜詩百篇二卷附年譜一卷　(唐)杜甫撰　(清)張燮承集解　清咸豐九年(1859)古汲郡賀氏藏真壽堂刻本　二册

310000－0243－0006400　694200/445319
杜詩百篇二卷　(唐)杜甫撰　(清)張燮承集解　清咸豐九年(1859)古汲郡賀氏藏真壽堂刻本　一册

310000－0243－0006401　694200/445322－1
朱竹垞先生杜詩評本二十四卷　(唐)杜甫撰　(清)朱彝尊評　(清)莊魯駉校刻　清道光十一年(1831)望雲軒刻本　八册

310000－0243－0006402　694200/445323.01
杜詩集注三十一卷　(唐)杜甫撰　(清)仇兆鰲集注　清芸生堂刻本　十四册

310000－0243－0006403　694200/445334－2
杜律正蒙二卷　(清)潘樹棠輯注　清同治八年(1869)永康尋樂軒刻本　二册

310000－0243－0006404　694200/445340
杜律通解四卷　(唐)杜甫撰　(清)李文煒箋釋　清刻本　四册

310000－0243－0006405　694200/445342
杜詩鏡銓二十卷附録一卷附讀書堂杜工部文集註解二卷　(清)楊倫編輯　清光緒十八年(1892)上海著易堂鉛印本　六册

310000－0243－0006406　694200/445342
杜詩鏡銓二十卷附録一卷附讀書堂杜工部文集註解二卷　(清)楊倫編輯　清光緒十八年(1892)上海著易堂鉛印本　六册

310000－0243－0006407　694200/445342.03
杜詩鏡銓二十卷　(清)楊倫編輯　清同治十一年(1872)望三益齋刻本　十二册

310000－0243－0006408　694200/445342.03
杜詩鏡銓二十卷　(清)楊倫編輯　清同治十一年(1872)望三益齋刻本　六册

310000－0243－0006409　694200/445373
杜詩集評十五卷　(唐)杜甫撰　(清)劉濬輯　清嘉慶七年(1802)海寧黎照堂刻本　八册

310000－0243－0006410　694200/445380
錢牧齋先生箋注杜工部集二十卷　(唐)杜甫撰　(清)錢謙益箋注　清宣統二年(1910)國光印刷所鉛印本　八册

310000－0243－0006411　694200/445380
錢牧齋先生箋注杜工部集二十卷　(唐)杜甫

撰　(清)錢謙益箋注　清宣統二年(1910)國光印刷所鉛印本　八冊　缺六卷(九至十、十三至十六)

310000－0243－0006412　694200/445380.02
杜工部集二十卷　(唐)杜甫撰　(清)錢謙益注　清宣統二年(1910)集成圖書公司鉛印本　二冊

310000－0243－0006413　694200/445380.101
諸名家評本錢牧齋箋注杜詩二十卷　(唐)杜甫撰　(清)錢謙益箋注　清宣統三年(1911)時中書局石印本　八冊

310000－0243－0006414　694200/445380.101
諸名家評本錢牧齋箋注杜詩二十卷　(唐)杜甫撰　(清)錢謙益箋注　清宣統三年(1911)時中書局石印本　八冊

310000－0243－0006415　707400/2802
玉芝堂談薈三十六卷　(明)徐應秋撰　清光緒元年(1875)刻本　三十四冊

310000－0243－0006416　694200/445383
杜工部集二十卷　(唐)杜甫撰　(清)鄭澐編刻　清同治十一年(1872)改一齋校刊玉勾草堂本　十冊

310000－0243－0006417　694200/448024
昌黎先生集考異十卷　(唐)韓愈撰　(宋)朱熹校編　清光緒十一年(1885)新陽趙氏刻本　二冊

310000－0243－0006418　694200/448036
兩家評本昌黎先生詩集注十一卷　(唐)韓愈撰　(清)顧嗣立刪補　(清)何焯　(清)朱彝尊評　清光緒九年(1883)廣州翰墨園三色套印本　四冊

310000－0243－0006419　694200/448048
昌黎先生詩增注證訛十一卷　(唐)韓愈撰　(清)黃鉞證訛　(清)顧嗣立刪補　清咸豐七年(1857)二客軒刻本　四冊

310000－0243－0006420　694200/448048.01
昌黎先生詩增注證訛十一卷　(唐)韓愈撰　(清)黃鉞增注證訛　清道光二十八年(1848)刻本　四冊

310000－0243－0006421　694200/448048.02
昌黎先生詩增注證訛十一卷　(唐)韓愈撰　(清)黃鉞證訛　(清)顧嗣立刪補　清道光二十八年(1848)刻本　四冊

310000－0243－0006422　694200/448089
昌黎文選四卷　(唐)韓愈撰　(明)鍾惺選評　清刻本　四冊

310000－0243－0006423　694200/4600
隋煬帝集一卷　(隋)煬帝楊廣撰　清宣統三年(1911)鉛印本　一冊

310000－0243－0006424　694200/4600.01
隋煬帝集一卷　(隋)煬帝楊廣撰　清光緒十八年(1892)善化章經濟堂刻本　一冊

310000－0243－0006425　694200/4731
柳文惠公全集四十三卷附別集二卷外集二卷補錄一卷附錄一卷　(唐)柳宗元撰　(唐)劉禹錫纂　清同治七年(1868)刻本　八冊

310000－0243－0006426　694200/473143.1
柳河東集四十五卷外集五卷遺文一卷附錄一卷　(唐)柳宗元撰　(明)蔣之翹輯注　清光緒二十五年(1899)雙梧居刻本　二十冊

310000－0243－0006427　694200/5091
杜詩瑣證二卷　(清)史炳撰　清道光五年(1825)刻本　一冊

310000－0243－0006428　694200/7228
劉賓客文集三十卷外集十卷　(唐)劉禹錫撰　清光緒三十一年(1905)刻結一廬朱氏賸餘叢書本　六冊

310000－0243－0006429　694200/7516
陳伯玉集文三卷詩二卷附錄一卷　(唐)陳子昂撰　清道光十七年(1837)尊德堂刻本　六冊

310000－0243－0006430　694200/7731
駱丞集四卷附考異二卷　(唐)駱賓王撰　(清)胡鳳丹考異　清同治八年(1869)退補齋

刻本　二册

310000－0243－0006431　694200/7731.1
駱賓王集二卷　(唐)駱賓王撰　清光緒二十一年(1895)影印本　一册

310000－0243－0006432　694200/7731.2
駱賓王文集十卷附考異一卷　(唐)駱賓王撰　清宣統三年(1911)上海文瑞樓石印本　二册

310000－0243－0006433　694300/0404
龜巢稿十卷補遺一卷　(元)謝應芳撰　清光緒刻本　四册

310000－0243－0006434　694300/0442
宋謝文節公集六卷　(宋)謝枋得撰　清同治五年(1866)半畝園刻本　四册

310000－0243－0006435　694300/0862
橫塘集二十卷　(宋)許景衡撰　清光緒二年(1876)瑞安孫氏刻本　四册

310000－0243－0006436　694300/1031
王臨川全集二十四卷　(宋)王安石撰　清宣統三年(1911)掃葉山房石印本　十二册

310000－0243－0006437　694300/1072
雪山集十六卷　(宋)王質撰　清光緒七年(1881)刻本　六册

310000－0243－0006438　694300/1228
孫明復小集三卷附錄一卷考異一卷　(宋)孫復撰　清光緒十五年(1889)問經精舍刻本　一册

310000－0243－0006439　694300/1246
鴻慶居士集四十二卷　(宋)孫覿撰　清光緒二十一年(1895)刻朱印本　八册

310000－0243－0006440　694300/1700
伊川擊壤集二十卷補遺一卷　(宋)邵雍撰　清光緒三年(1877)述荆堂刻本　六册

310000－0243－0006441　694300/1735
河南先生文集二十七卷附錄一卷　(宋)尹洙撰　清嘉慶十三年(1808)陳氏刻本　二册

310000－0243－0006442　694300/1750
栟櫚先生文集二十五卷附校勘記一卷　(宋)鄧肅撰　清道光三年(1823)萬竹園刻本　二册

310000－0243－0006443　694300/1779
司馬溫公文集十四卷首一卷　(宋)司馬光撰　清光緒七年(1881)舊學山房刻本　八册

310000－0243－0006444　694300/2540
晦庵先生朱文公文集一百卷續集十一卷別集十卷　(宋)朱熹撰　清同治十二年(1873)六安涂氏求我齋刻本　四十册

310000－0243－0006445　694300/2618
鶴山文鈔三十二卷　(宋)魏了翁撰　清同治十三年(1874)望三益齋刻本　十六册

310000－0243－0006446　694300/2734
道鄉先生文集四十卷補遺一卷附錄一卷　(宋)鄒浩撰　清光緒二十五年(1899)刻本　六册

310000－0243－0006447　694300/3036
宋宗忠簡公集七卷　(宋)宗澤撰　清同治四年(1865)鳩江戎幄刻本　二册

310000－0243－0006448　694300/3036
宋宗忠簡公集七卷　(宋)宗澤撰　清同治四年(1865)鳩江戎幄刻本　二册

310000－0243－0006449　694300/3424
鄱陽集四卷拾遺一卷　(宋)洪皓撰　清同治九年(1870)三瑞堂刻本　一册

310000－0243－0006450　694300/3818
游定夫先生集六卷　(宋)游酢撰　清同治六年(1867)和州官舍刻本　二册

310000－0243－0006451　694300/4027
梁溪先生文集一百八十卷　(宋)李綱撰　清刻本　三十六册

310000－0243－0006452　694300/4407
黃山谷内集二十卷　(宋)黃庭堅撰　清光緒二十五年(1899)陳三立刻本　十六册

310000－0243－0006453　694300/4407.1

豫章先生遺文十二卷 (宋)黄庭堅撰　清乾隆四十五年(1780)崌山房刻民國十一年(1922)如皋祝氏漢鹿齋補刻本　二册

310000-0243-0006454　694300/440723
山谷詩集注内集二十卷外集十七卷别集二卷 (宋)黄庭堅撰　(宋)任淵等注　清末陳氏四覺草堂刻本　二十册

310000-0243-0006455　694300/4422
范忠宣公全集二十五卷 (宋)范純仁撰　清宣統二年(1910)刻本　六册

310000-0243-0006456　694300/4423
范文正公全集四十八卷 (宋)范仲淹撰　清宣統二年(1910)刻本　十册

310000-0243-0006457　694300/4437-2
斜川集六卷 (宋)蘇過撰　清道光七年(1827)刻本　二册

310000-0243-0006458　694300/4453
蘇東坡詩醇六卷 (宋)蘇軾撰　(日本)近藤元粹選注　清光緒三十三年(1907)刻本　三册

310000-0243-0006459　694300/4453.1
東坡七集一百卷 (宋)蘇軾撰　清宣統二年(1910)刻本　四十八册

310000-0243-0006460　694300/445310
蘇文忠公詩編注集成四十六卷 (宋)蘇軾撰　(清)王文誥編纂　清刻本　二十三册

310000-0243-0006461　694300/445326
蘇文忠公詩集五十卷 (宋)蘇軾撰　(清)紀昀評點　清同治八年(1869)刻本　十二册

310000-0243-0006462　694300/445326
蘇文忠公詩集五十卷 (宋)蘇軾撰　(清)紀昀評點　清同治八年(1869)刻本　十二册

310000-0243-0006463　694300/445326.1
蘇文忠公詩集擇粹十八卷 (宋)蘇軾撰　(清)紀昀批閲　清嘉慶二十二年(1817)刻本　六册

310000-0243-0006464　694300/445330
蘇文忠詩合注五十卷 (宋)蘇軾撰　(清)馮應榴輯訂　清同治九年(1870)刻本　二十四册

310000-0243-0006465　694300/445330
蘇文忠詩合注五十卷 (宋)蘇軾撰　(清)馮應榴輯訂　清同治九年(1870)刻本　二十册

310000-0243-0006466　694300/445330.01
蘇詩合注五十卷 (宋)蘇軾撰　(清)馮應榴注　(清)馮寶圻輯　清同治九年(1870)刻本　十六册

310000-0243-0006467　694300/445338
蘇詩查注補正二卷 (清)沈欽韓撰　清光緒八年(1882)刻本　二册

310000-0243-0006468　694300/445344
角山樓蘇詩評注彙鈔二十卷 (宋)蘇軾撰　(清)趙克宜輯訂　清咸豐二年(1852)刻本　八册

310000-0243-0006469　694300/445344.01
角山樓蘇詩評注彙鈔二十卷 (宋)蘇軾撰　(清)趙克宜輯訂　清咸豐二年(1852)刻本　八册

310000-0243-0006470　694300/445344.01
角山樓蘇詩評注彙鈔二十卷 (宋)蘇軾撰　(清)趙克宜輯訂　清咸豐二年(1852)刻本　八册

310000-0243-0006471　694300/445344.02
角山樓蘇詩評注彙鈔二十卷 (宋)蘇軾撰　(清)趙克宜輯訂　清咸豐二年(1852)刻本　十册

310000-0243-0006472　694300/445344.03
角山樓蘇詩評注彙鈔二十卷 (宋)蘇軾撰　(清)趙克宜輯　清咸豐二年(1852)天倪閣刻本　十二册

310000-0243-0006473　694300/4454.1
范石湖詩集注三卷 (宋)范成大撰　(清)沈欽韓注　清光緒十九年(1893)刻本　一册

310000-0243-0006474　694300/4481

蘇魏公文集七十二卷　(宋)蘇頌撰　清道光二十二年(1842)刻本　十册

310000－0243－0006475　694300/4481
蘇魏公文集七十二卷　(宋)蘇頌撰　清道光二十二年(1842)刻本　十册

310000－0243－0006476　694300/4588
攻媿集一百十二卷　(宋)樓鑰撰　清刻本　二十册

310000－0243－0006477　694300/4646
誠齋詩集十六卷　(宋)楊萬里撰　清嘉慶五年(1800)刻本　六册

310000－0243－0006478　694300/4922
忠正德文集十卷　(宋)趙鼎撰　清光緒二年(1876)刻本　四册

310000－0243－0006479　694300/5013
友林乙稿一卷　(宋)史彌寧撰　清同治十三年(1874)刻本　一册

310000－0243－0006480　694300/5046
淮海集二十一卷　(宋)秦觀撰　清道光十七年(1837)刻本　八册

310000－0243－0006481　694300/5046.01
淮海集四十卷　(宋)秦觀撰　(明)徐渭評　清同治十二年(1873)刻本　六册

310000－0243－0006482　694300/6030
呂東萊先生文集二十卷　(宋)呂祖謙撰　(清)王崇炳編輯　清同治七年(1868)刻本　十册

310000－0243－0006483　694300/6033
晁具茨先生詩集十五卷　(宋)晁沖之撰　清刻本　四册

310000－0243－0006484　694300/6044
澗谷遺集四卷　(宋)羅椅撰　清刻本　二册

310000－0243－0006485　694300/6044.01
澗谷遺集四卷　(宋)羅椅撰　清咸豐刻本　一册

310000－0243－0006486　694300/7211
屏山先生文集二十卷　(宋)劉子翬　(宋)劉玶撰　清光緒十二年(1886)刻本　八册

310000－0243－0006487　694300/7212
苕溪集五十五卷　(宋)劉一止撰　清宣統三年(1911)刻本　四册

310000－0243－0006488　694300/721245
岳忠武王文集八卷　(宋)岳飛撰　(清)黄邦甯纂修　清光緒二年(1876)刻本　四册

310000－0243－0006489　694300/7443
象山先生文集三十六卷　(宋)陸九淵撰　(清)李紱點次　清宣統二年(1910)上海江左書林石印本　八册

310000－0243－0006490　694300/7500
龍川文集三十卷　(宋)陳亮撰　清光緒元年(1875)刻本　十册

310000－0243－0006491　694300/752323
後山詩注十二卷　(宋)陳師道撰　(宋)任淵注　清刻本　六册

310000－0243－0006492　694300/7544
木鐘集十一卷　(宋)陳植撰　清同治六年(1867)刻本　四册

310000－0243－0006493　694300/757842
增廣箋注簡齋詩集三十卷　(宋)陳與義撰　(宋)胡穉箋注　清影印本　六册

310000－0243－0006494　694300/7701
方泉先生詩集三卷　(宋)周文璞撰　清宣統元年(1909)石印本　一册

310000－0243－0006495　694300/7772
歐陽文忠公全集一百五十三卷　(宋)歐陽修撰　清光緒二十八年(1902)周氏慕濂山房刻本　三十二册

310000－0243－0006496　694300/8017
元豐類稿五十卷　(宋)曾鞏撰　清光緒十六年(1890)刻本　十二册

310000－0243－0006497　694300/8022
茶山集八卷　(宋)曾幾撰　清刻本　四册

310000－0243－0006498　694300/8080.01
白石道人詩集二卷　（宋）姜夔撰　清光緒十年（1884）刻本　四册

310000－0243－0006499　694300/8724
西塘先生文集九卷　（宋）鄭俠撰　清光緒十年（1884）刻本　四册

310000－0243－0006500　694400/104706
元遺山詩集箋注十四卷　（金）元好問撰　（元）張德輝編　（清）施國祁箋　清刻本　六册

310000－0243－0006501　694400/104706
元遺山詩集箋注十四卷　（金）元好問撰　（元）張德輝編　（清）施國祁箋　清刻本　六册

310000－0243－0006502　694400/4448
明秀集注三卷　（金）蔡松年撰　（金）魏道明注　清光緒二十一年（1895）揚州四印齋刻本　一册

310000－0243－0006503　694500/1037
梧溪集七卷　（元）王逢撰　清同治十三年（1874）刻本　八册

310000－0243－0006504　694500/2714
倪高士全集十二卷　（元）倪瓚撰　清宣統元年（1909）刻朱印本　六册

310000－0243－0006505　694500/4047
清容居士集五十卷　（元）袁桷撰　清道光二十年（1840）刻本　十六册

310000－0243－0006506　694500/4351
剡源集三十卷　（元）戴表元撰　清道光二十年（1840）刻本　八册

310000－0243－0006507　694500/435143
剡源文鈔四卷　（元）戴表元撰　（清）黄宗羲選　（清）何焯評點　清光緒二十一年（1895）刻本　四册

310000－0243－0006508　694500/435143.01
剡源文鈔一卷　（元）戴表元撰　（清）黄宗羲選　清道光十三年（1833）刻本　一册

310000－0243－0006509　694500/4445
雁門集六卷　（元）薩都剌撰　清宣統二年（1910）刻本　四册

310000－0243－0006510　694500/4721
郝文忠公陵川文集三十九卷　（元）郝經撰　（清）王鏐編訂　清嘉慶三年（1798）刻本　十册

310000－0243－0006511　694500/4721.1
郝文忠公集三十九卷　（元）郝經撰　（清）王鏐編訂　清道光十六年（1836）刻本　十二册

310000－0243－0006512　707400/2802
玉芝堂談薈三十六卷　（明）徐應秋撰　清光緒元年（1875）刻本　三十四册

310000－0243－0006513　694500/7404
牆東類稿二十卷　（元）陸文圭撰　清道光十九年（1839）刻本　四册

310000－0243－0006514　694600/0026.1
甫田集三十五卷　（明）文徵明撰　清宣統二年（1910）鉛印本　十二册

310000－0243－0006515　694600/0030
六如居士全集二十一卷　（明）唐寅撰　清嘉慶六年（1801）刻本　八册

310000－0243－0006516　694600/0038－1
康對山先生文集十卷　（明）康海撰　（清）孫景烈輯　清乾隆二十六年（1761）刻後印本　六册

310000－0243－0006517　694600/0040
高子遺書十二卷　（明）高攀龍撰　（明）陳龍正編　清光緒二年（1876）無錫東林書院刻本　八册

310000－0243－0006518　694600/0040.01
高子遺書十二卷　（明）高攀龍撰　（明）陳龍正編　清光緒二年（1876）無錫東林書院刻民國十一年（1922）補刻本　八册

310000－0243－0006519　694600/0060
章文毅公詩集一卷　（明）章曠撰　清光緒二十九年（1903）刻本　一册

310000－0243－0006520　694600/0107
野古集三卷　(明)龔詡撰　(明)李繼貞選訂　(明)李挺校輯　清光緒二十八年(1902)刻本　一冊

310000－0243－0006521　694600/0445
四溟山人詩集十卷　(明)謝榛撰　(明)盛以進選　清宣統元年(1909)鉛印本　二冊

310000－0243－0006522　694600/073401
鄺海雪集箋十二卷　(明)鄺湛若撰　(清)鄺廷瑤箋　清咸豐元年(1851)刻本　四冊

310000－0243－0006523　694600/0931
棗林詩集不分卷　(明)談遷撰　清宣統三年(1911)鉛印本　一冊

310000－0243－0006524　694600/1032.1
陽明先生文章集四卷　(明)王守仁撰　(清)施田明評輯　清宣統三年(1911)鉛印本　一冊

310000－0243－0006525　694600/103206
陽明先生集要三種十五卷　(明)王守仁撰　(清)施田明輯　清宣統三年(1911)鉛印本　四冊

310000－0243－0006526　694600/1033
夏節愍全集十卷　(明)夏完淳撰　(清)莊師洛輯　(清)陳均等編　清同治八年(1869)刻本　二冊

310000－0243－0006527　694600/1033.01
夏節愍全集十八卷　(明)夏完淳撰　(清)莊師洛輯　(清)陳均編　清光緒二十九年(1903)刻本　二冊

310000－0243－0006528　694600/104572
雲棲遺稿二卷　(明)釋雲棲撰　(清)□□輯　清光緒二十五年(1899)刻本　二冊

310000－0243－0006529　694600/1058.01
王文恪公全集三十六卷　(清)王鏊撰　清嘉慶十五年(1810)刻本　十二冊

310000－0243－0006530　694600/1077
明儒王心齋先生遺集五卷　(明)王艮撰　(清)袁承業輯　清宣統二年(1910)刻本　六冊

310000－0243－0006531　694600/1138
奚囊蠹餘二十卷　(明)張瀚撰　清光緒二十一年(1895)刻本　六冊

310000－0243－0006532　694600/1162
張忠敏公遺集十卷　(明)張國維撰　清光緒五年(1879)刻本　六冊

310000－0243－0006533　694600/1171
張文正全集四十六卷　(明)張居正撰　清光緒二十七年(1901)刻本　十六冊

310000－0243－0006534　694600/1190
張蒼水集二卷　(明)張煌言撰　清光緒二十七年(1901)鉛印本　一冊

310000－0243－0006535　694600/1190.01
張蒼水集二卷　(明)張煌言撰　清光緒二十七年(1901)鉛印本　二冊

310000－0243－0006536　694600/1213
高陽集二十卷　(明)孫承宗撰　清刻本　十四冊

310000－0243－0006537　694600/2111
熊襄愍公集十卷　(明)熊廷弼撰　清同治三年(1864)刻本　十冊

310000－0243－0006538　694600/2126
盧忠肅公集十二卷　(明)盧象昇撰　清光緒元年(1875)刻本　八冊

310000－0243－0006539　694600/2166
何大復先生集三十八卷　(明)何景明撰　清咸豐二年(1852)刻本　八冊

310000－0243－0006540　694600/2171
熊魚山文集二卷　(明)熊開元撰　清光緒十年(1884)鉛印本　二冊

310000－0243－0006541　694600/2608
樓山堂集二十七卷　(明)吳應箕撰　清宣統二年(1910)鉛印本　六冊

310000－0243－0006542　694600/2708

倪文僖公集三十二卷　(明)倪謙撰　清光緒二十六年(1900)刻本　六冊

310000－0243－0006543　694600/2711
倪文貞公文集十六卷　(明)倪元璐撰　清刻本　十二冊

310000－0243－0006544　694600/2836
青藤書屋文集三十卷　(明)徐渭撰　(明)袁宏道編　清道光二十六年(1846)刻本　十二冊

310000－0243－0006545　694600/2836.01
青藤書屋文集三十卷　(明)徐渭撰　(明)袁宏道編　清宣統三年(1911)石印本　八冊

310000－0243－0006546　694600/2836.1
徐文長文集二十九卷　(明)徐渭撰　(明)袁宏道評點　清覆明刻本　六冊

310000－0243－0006547　694600/2893
增訂徐文定公集六卷　(明)徐光啟撰　清宣統元年(1909)鉛印本　四冊

310000－0243－0006548　694600/3125
小辨齋偶存八卷　(明)顧允成撰　清光緒十二年(1886)刻本　二冊

310000－0243－0006549　694600/3626
枝山文集四卷　(明)祝允明撰　(清)李文楷編校　(明)祝壽眉輯　清同治十三年(1874)刻本　二冊

310000－0243－0006550　694600/4027
海叟詩集四卷　(明)袁凱撰　(清)曹炳會重輯　清宣統三年(1911)石印本　二冊

310000－0243－0006551　694600/4027
海叟詩集四卷　(明)袁凱撰　(清)曹炳會重輯　清宣統三年(1911)石印本　二冊

310000－0243－0006552　694600/4093
左忠毅公集二卷　(明)左光斗撰　清刻本　二冊

310000－0243－0006553　694600/4280
姚文敏公稿九卷　(明)姚夔撰　清光緒二十四年(1898)刻本　二冊

310000－0243－0006554　694600/4428
堵文忠公集十卷　(明)堵允錫撰　(清)潘士超校　清道光三十年(1850)刻本　六冊

310000－0243－0006555　694600/4433
葛端肅公集十八卷　(明)葛守禮撰　清嘉慶七年(1802)刻本　八冊

310000－0243－0006556　694600/4439
陶菴集二十二卷　(明)黄淳燿撰　清光緒五年(1879)刻本　八冊

310000－0243－0006557　694600/4439
陶菴集二十二卷　(明)黄淳燿撰　清光緒五年(1879)刻本　八冊

310000－0243－0006558　694600/4453
知我軒近説三卷　(明)林貴兆撰　清宣統二年(1910)木活字印本　三冊

310000－0243－0006559　694600/4481
玉峰葛氏留耕堂全集三卷　(明)葛錫璠撰　清宣統元年(1909)鉛印本　四冊

310000－0243－0006560　707300/9010
有不爲齋隨筆十卷　(清)光聰諧撰　清光緒十四年(1888)蘇州藩署刻本　一冊

310000－0243－0006561　694600/462542
楊忠湣集八卷　(明)楊繼盛撰　(清)蔣攸銛重輯　清道光五年(1825)刻本　四冊

310000－0243－0006562　694600/4694
太史升菴遺集二十六卷　(明)楊慎撰　(明)孫金吾　(明)孫宗吾輯　清道光二十四年(1844)刻本　四冊

310000－0243－0006563　694600/5013
史忠正公集四卷　(明)史可法撰　(清)史山清輯　清咸豐六年(1856)刻本　二冊

310000－0243－0006564　694600/5329
止止堂集五卷　(明)戚繼光撰　清光緒十四年(1888)刻本　四冊

310000－0243－0006565　694600/6622
鈐山堂集四十卷　(明)嚴嵩撰　清嘉慶十一年(1806)刻本　十冊

310000－0243－0006566　694600/6623
學古齋集詩三卷　(明)瞿俊撰　清嘉慶七年(1802)刻本　一册

310000－0243－0006567　694600/6645
瞿忠宣公集十卷　(明)瞿式耜撰　清道光十五年(1835)刻本　四册

310000－0243－0006568　694600/6645
瞿忠宣公集十卷　(明)瞿式耜撰　清道光十五年(1835)刻本　四册

310000－0243－0006569　694600/7228
掩關集二卷　(明)劉繼善撰　清道光十九年(1839)刻本　一册

310000－0243－0006570　694600/7244
太師誠意伯劉文成公集二十卷　(明)劉基撰　清光緒二十六年(1900)刻本　十册

310000－0243－0006571　694600/7244.1
劉誠意伯文集　(明)劉基撰　清光緒二十六年(1900)刻本　十册

310000－0243－0006572　694600/7510
陳忠裕公全集三十卷　(明)陳子龍撰　(清)王昶輯　清嘉慶八年(1803)刻本　十册

310000－0243－0006573　694600/7510.1
安雅堂稿十五卷　(明)陳子龍撰　高燮等校訂　清宣統元年(1909)鉛印本　六册

310000－0243－0006574　694600/7737
陶元暉中丞遺集二卷　(明)陶朗撰　(清)陶模編　清光緒二十四年(1898)鉛印本　一册

310000－0243－0006575　694600/7772
歐陽南野先生文集五卷　(明)歐陽德撰　(明)李春芳選編　(明)馮惟訥校訂　清道光十五年(1835)刻本　四册

310000－0243－0006576　694600/8023
晚聞堂集十六卷　(明)余紹祉撰　(清)余龍光輯　清道光五年(1825)刻本　四册

310000－0243－0006577　695000/0008
佳想軒詩鈔二卷　(清)廖文錦撰　清光緒十二年(1886)杭州刻本　一册

310000－0243－0006578　695000/0026
陶山詩錄二十八卷前錄二卷附露蟬吟詞鈔一卷續鈔一卷　(清)唐仲冕撰　清嘉慶十六年(1811)刻本　十册

310000－0243－0006579　695000/0027
墨華齋稿五卷　(清)唐瑩撰　清道光刻本　一册

310000－0243－0006580　695000/0032
退一步齋詩集十六卷文集四卷蕉軒續錄二卷　(清)方濬師撰　(清)呂景端編校　清光緒十八年(1892)鉛印本　十二册

310000－0243－0006581　695000/0037
忍齋詩贅三卷文贅一卷　(清)方濬頤撰　清光緒十二年(1886)刻本　四册

310000－0243－0006582　695000/0042
靜觀書屋詩集七卷　(清)章鶴齡撰　清光緒元年(1875)刻本　二册

310000－0243－0006583　695000/0043
燼餘彙鈔　(清)方觀瀾彙輯　清光緒三十年(1904)刻本　二册

310000－0243－0006584　695000/0043－1
啖蔗軒詩存三卷附自定年譜一卷東歸日記一卷　(清)方士淦撰　清同治十一年(1872)刻本　三册

310000－0243－0006585　695000/0044
望溪先生文集十八卷望溪先生集外文十卷　(清)方苞撰　清刻本　六册

310000－0243－0006586　695000/0050
瑤草珠華閣詩鈔五卷鏤冰詞一卷　(清)席慧文撰　清道光元年(1821)刻本　四册

310000－0243－0006587　695000/0054
儀衛軒文集十二卷　(清)方東樹撰　清同治七年(1868)刻本　四册

310000－0243－0006588　695000/0086
友石齋詩集八卷　(清)高錫恩撰　清光緒十五年(1889)刻本　四册

310000－0243－0006589　707300/9010
有不爲齋隨筆十卷　(清)光聰諧撰　清光緒

十四年(1888)蘇州藩署刻本　二册

310000－0243－0006590　695000/0121.1
定盦初集十四卷　(清)龔自珍撰　清同治七年(1868)刻本　六册

310000－0243－0006591　695000/0121.2
定盦文集三卷續集四卷文集補編四卷文集補一卷　(清)龔自珍撰　清宣統元年(1909)鉛印本　四册

310000－0243－0006592　695000/0121.3
定盦文集補編　(清)龔自珍撰　清同治八年(1869)刻本　四册

310000－0243－0006593　695000/0121.4
龔定盦集外未刻詩一卷　(清)龔自珍撰　清宣統三年(1911)石印本　一册

310000－0243－0006594　695000/0123
復堂詩九卷　(清)譚獻撰　清同治四年(1865)刻本　二册

310000－0243－0006595　695000/0128
定山堂詩集四十三卷詩餘四卷　(清)龔鼎孳撰　清光緒九年(1883)刻本　十六册

310000－0243－0006596　695000/0128.01
定山堂詩集四十三卷詩餘四卷芳草詞一卷奏疏八卷　(清)龔鼎孳撰　清光緒九年(1883)刻本　二十册

310000－0243－0006597　695000/0131
嫏環小築詩存三卷　(清)龔汝霖撰　清同治十一年(1872)刻本　一册

310000－0243－0006598　695000/0167
寥天一閣文二卷　(清)譚嗣同撰　清光緒二十三年(1897)刻本　一册

310000－0243－0006599　695000/0167.1
莽蒼蒼齋詩二卷　(清)譚嗣同撰　清光緒二十三年(1897)刻本　一册

310000－0243－0006600　695000/0167.2
寥天一閣文二卷　(清)譚嗣同撰　清光緒石印本　一册

310000－0243－0006601　695000/0413
璞齋集詩七種詞三種　(清)諸可寶撰　清光緒二十七年(1901)刻本　四册

310000－0243－0006602　695000/0431
醉白堂文集四卷　(清)謝良琦撰　清光緒十九年(1893)刻本　二册

310000－0243－0006603　695000/0434
謝梅莊先生遺集八卷　(清)謝濟世著　清光緒三十四年(1908)刻本　二册

310000－0243－0006604　695000/0724
養知書屋詩集十五卷　(清)郭嵩燾撰　清光緒十八年(1892)刻本　四册

310000－0243－0006605　695000/0724
養知書屋詩集十五卷　(清)郭嵩燾撰　清光緒十八年(1892)刻本　四册

310000－0243－0006606　695000/0777
山礬書屋詩初集十卷　(清)郭鳳撰　清嘉慶刻本　二册

310000－0243－0006607　695000/0822
通雅堂詩鈔箋注十卷續集二卷薑露盦詩話一卷　(清)施山撰　(清)施煃箋注　清光緒二年(1876)石印本　四册

310000－0243－0006608　695000/0830
鑑止水齋集二十卷　(清)許宗顔撰　清咸豐八年(1858)刻本　六册

310000－0243－0006609　695000/0832
玉井山館詩十五卷詩餘一卷文略五卷文續二卷　(清)許宗衡撰　清同治九年(1870)刻本　八册

310000－0243－0006610　695000/0832
玉井山館詩十五卷詩餘一卷文略五卷文續二卷　(清)許宗衡撰　清同治九年(1870)刻本　五册

310000－0243－0006611　695000/0832－1
亭秋館詩鈔六卷　(清)許禧身撰　清光緒三十四年(1908)刻本　一册

310000－0243－0006612　695000/0834

澤雅堂詩集六卷　(清)施補華撰　清同治十一年(1872)刻本　二冊

310000－0243－0006613　695000/1002
詒安堂詩初稿八卷　(清)王慶勳著　清咸豐二年(1852)刻本　四冊

310000－0243－0006614　695000/1012
砥齋集十二卷　(清)王弘撰著　清光緒二十年(1894)刻本　六冊

310000－0243－0006615　695000/1013
祇平居士集三十卷　(清)王元啟撰　清嘉慶十七年(1812)刻本　六冊

310000－0243－0006616　695000/1020
雨香書屋詩鈔二卷　(清)雷以諴撰　清同治五年(1866)武昌江漢書院刻本　二冊

310000－0243－0006617　695000/1020－1
虚受堂文集十六卷詩存十七卷書札二卷嘯盦詞四卷嘯盦詩存四卷　王先謙撰　清光緒二十六年至三十三年(1900－1907)長沙汪氏自刻本　十二冊

310000－0243－0006618　695000/1021
嘯盦詞五卷嘯盦詩藁四卷　(清)夏仁虎撰　清宣統三年(1911)刻本　四冊

310000－0243－0006619　695000/1024－4
讀選樓詩稿十卷　(清)王采蘋撰　清光緒二十年(1894)東河督署刻本　二冊

310000－0243－0006620　695000/1030
百草庭詩鈔六卷　(清)王寶序撰　清嘉慶刻本　二冊

310000－0243－0006621　695000/1030－1
天寥遺稿三卷　(清)釋天寥撰　清嘉慶二十四年(1819)刻本　二冊

310000－0243－0006622　695000/1032
適安廬詩鈔二卷詞鈔一卷　(清)王汝鼎撰　清光緒二十一年(1895)武林王氏家刻本　二冊

310000－0243－0006623　695000/1036
春融堂集六十八卷　(清)王昶撰　清光緒十八年(1892)珠溪文斌齋刻本　二十四冊

310000－0243－0006624　695000/1040
自鳴稿二卷詩餘一卷　(清)王壽康撰　清咸豐八年(1858)槎東別墅刻本　一冊

310000－0243－0006625　695000/1041
淵雅堂全集五十六卷　(清)王芑孫撰　清嘉慶二十年(1815)長洲王氏淵雅堂增刻本　十八冊

310000－0243－0006626　695000/1041.1
惕甫未定稿二十六卷　(清)王芑孫撰　清嘉慶九年至二十年(1804－1815)刻本　八冊

310000－0243－0006627　695000/1042
哀生閣初稿三卷續稿一卷　(清)王大經撰　清光緒十一年(1885)平湖王氏刻本　四冊

310000－0243－0006628　695000/1043－1
小言集　(清)王敬之撰　清道光十一年(1831)刻本　六冊

310000－0243－0006629　695000/104383
漁洋山人秋柳詩箋注析解一卷　(清)王士禛撰　(清)鄭鴻註　清同治十一年(1872)刻本　一冊

310000－0243－0006630　695000/1044
三十六鴛鴦吟舫存稿二卷　(清)王夢蘭撰　清光緒二十一年(1895)合肥李氏刻本　一冊

310000－0243－0006631　695000/1044－1
蠙廬詩鈔十卷　(清)王蔭槐撰　清光緒七年(1881)盱眙王氏紫藤花館刻本　二冊

310000－0243－0006632　695000/1045
雲棲法匯山房雜錄　(清)釋雲棲撰　清光緒二十五年(1899)刻本　一冊

310000－0243－0006633　695000/1049
味義根齋詩錄六卷詞錄二卷　(清)王友光撰　清光緒十二年(1886)松城文祥齋朱琴堂刻本　一冊

310000－0243－0006634　695000/1049
味義根齋詩錄六卷詞錄二卷　(清)王友光撰　清光緒十二年(1886)松城文祥齋朱琴堂刻

本　二册

310000－0243－0006635　695000/1051
龍壁山房文集六卷　(清)王拯撰　(清)王濬等編　清光緒九年(1883)松雪研齋鉛印本　六册

310000－0243－0006636　695000/1053
正氣集三卷　(清)王夫之撰　(清)陳慶林輯　清光緒三十年(1904)吴江陳氏刻本　三册

310000－0243－0006637　695000/1060
煙霞萬古樓文集六卷　(清)王曇撰　清道光二十年(1840)刻本　二册

310000－0243－0006638　695000/1060
煙霞萬古樓文集六卷　(清)王曇撰　清道光二十年(1840)刻本　二册

310000－0243－0006639　695000/1081
丁亥詩鈔一卷　(清)王念孫撰　清宣統元年(1909)刻本　一册

310000－0243－0006640　695000/1087
曉庵先生文集三卷詩集二卷　(清)王錫闡撰　清道光元年至光緒九年(1821－1883)刻本　三册

310000－0243－0006641　695000/1093
延桂山房詩古文詞全集十一卷　(清)王惟成撰　清光緒二十六年(1900)刻本　四册

310000－0243－0006642　695000/1102
覆瓿集二十四卷　(清)張文虎撰　清同治十三年(1874)金陵冶城賓館刻本　八册

310000－0243－0006643　695000/1102.1
舒蓺室杂著四卷　(清)張文虎撰　清光緒五年(1879)刻本　三册

310000－0243－0006644　695000/1102.2
舒蓺室詩存七卷　(清)張文虎撰　清光緒七年(1881)刻本　二册

310000－0243－0006645　695000/1106
大野草堂詩一卷螟巢詞一卷　(清)張文田撰　清光緒十三年(1887)刻本　一册

310000－0243－0006646　695000/1111
簡松草堂詩集二十卷附三影閣箏語四卷　(清)張雲璈撰　清嘉慶刻本　九册

310000－0243－0006647　695000/1113
桂馨堂集十二卷附稻香樓詩稿一卷蘭心閣詩稿一卷感逝詩一卷　(清)張廷濟撰　清道光十九年至二十八年(1839－1848)刻本　八册

310000－0243－0006648　695000/1114
宛鄰詩文集四卷附湯瑤卿蓬室偶吟一卷　(清)張琦撰　清光緒十七年(1891)宛鄰書屋刻本　一册

310000－0243－0006649　695000/1114－1
擁書堂詩集四卷附張允垂傳硯堂詩稿一卷　(清)張璿華撰　清光緒二十四年(1898)刻本　一册

310000－0243－0006650　695000/1114－1
擁書堂詩集四卷附張允垂傳硯堂詩稿一卷　(清)張璿華撰　清光緒二十四年(1898)刻本　一册

310000－0243－0006651　695000/1114－1
擁書堂詩集四卷附張允垂傳硯堂詩稿一卷　(清)張璿華撰　清光緒二十四年(1898)刻本　一册

310000－0243－0006652　695000/1117
南湖詩集九卷　(清)張雲驤撰　清光緒十四年(1888)文安張氏刻本　二册

310000－0243－0006653　695000/1118
潛園詩存四卷附春仙樓遺稿一卷刻翠集一卷　(清)張天翔撰　清光緒二十五年(1899)刻本　二册

310000－0243－0006654　695000/1120－1
小琅環園詩錄七卷集句一卷詞一卷　(清)張修府撰　清光緒七年(1881)刻本　四册

310000－0243－0006655　695000/1122
逃禪閣集八卷　(清)張崟撰　清道光十二年(1832)刻本　四册

310000－0243－0006656　695000/1133.2

廣雅堂詩集四卷　(清)張之洞撰　(清)紀鉅維編　清末順德龍鳳鑣刻本　二册

310000－0243－0006657　695000/1133.201
廣雅堂詩集不分卷　(清)張之洞撰　清末民初石印本　四册

310000－0243－0006658　695000/1133.202
廣雅堂詩集不分卷　(清)張之洞撰　清末民初石印本　二册

310000－0243－0006659　695000/1133.3
廣雅碎金四卷　(清)張之洞撰　清光緒二十三年(1897)袁氏水明樓刻本　一册

310000－0243－0006660　695000/1134
曼陀羅館詩鈔一卷　(清)張家鼒撰　清咸豐六年(1856)刻本　一册

310000－0243－0006661　695000/1134－1
養素堂詩集二十六卷　(清)張澍撰　清道光二十二年(1842)棗華書屋刻本　十六册

310000－0243－0006662　695000/1134－2
傳硯堂詩錄八卷　(清)張鴻基撰　清同治七年(1868)葵青居刻本　一册

310000－0243－0006663　695000/1134－3
鳳翔記事詩存　(清)張兆棟撰　清光緒四年(1878)刻本　一册

310000－0243－0006664　695000/1137
張文節公遺集二卷　(清)張洵撰　清同治十一年(1872)刻本　一册

310000－0243－0006665　695000/1138
濂亭文集七卷　(清)張裕釗撰　(清)查燕緒編　清光緒八年(1882)查氏木漸齋刻本　二册

310000－0243－0006666　695000/1138.1
濂亭遺文五卷遺詩二卷　(清)張裕釗撰　清光緒二十一年(1895)刻本　二册

310000－0243－0006667　695000/1138.101
濂亭遺文五卷遺詩二卷　(清)張裕釗撰　清宣統二年(1910)刻本　二册

310000－0243－0006668　695000/1141
嘉樹山房集二十卷外集二卷續集二卷　(清)張士元撰　清嘉慶二十四年(1819)刻同治十一年(1872)補修光緒四年(1878)印本　六册

310000－0243－0006669　695000/1141－1
竹居錄存不分卷　(清)張士珩輯　清光緒二十九年(1903)刻本　一册

310000－0243－0006670　695000/1144
篤素堂文集四卷　(清)張英撰　清光緒十七年(1891)上海申報館鉛印本　一册

310000－0243－0006671　695000/1161
寒松閣集二十卷　(清)張鳴珂撰　清光緒十年至三十年(1884－1904)嘉興張氏刻本　六册

310000－0243－0006672　695000/1168
仰蕭樓文集一卷附國朝經學名儒集不分卷　(清)張星鑑撰輯　清光緒九年(1883)刻本　一册

310000－0243－0006673　695000/1177
船山詩草十二卷　(清)張問陶撰　清嘉慶二十年(1815)刻本　六册

310000－0243－0006674　695000/1177－1
積石文稿十八卷積石詩存四卷附南池唱和詩一卷鱠餘編一卷　(清)張履撰　清光緒二十年(1894)刻本　八册

310000－0243－0006675　695000/1178
紅椒山館詩選六卷詞選二卷　(清)張興鏞撰　清光緒二十四年(1898)刻本　四册

310000－0243－0006676　695000/1180
滇游草三卷　(清)張曾亮撰　清光緒十一年(1885)太和縣署刻本　一册

310000－0243－0006677　695000/1193
聽鶯館詩鈔四卷　(清)張烒撰　清道光二十九年(1849)刻本　一册

310000－0243－0006678　695000/1194.01
北戍草一卷附同治庚午年津案始末倭文端公秘疏　(清)張光藻撰　清光緒二十三年

(1897)刻本　二册

310000－0243－0006679　695000/1200
遜學齋詩鈔十卷　(清)孫衣言撰　清同治三年(1864)刻本　二册

310000－0243－0006680　695000/1200.1
遜學齋文鈔十卷　(清)孫衣言撰　清同治十二年(1873)刻本　四册

310000－0243－0006681　695000/1202
讀雪齋詩集九卷　(清)孫文川撰　清光緒八年(1882)刻本　二册

310000－0243－0006682　695000/1213
婆娑洋集一卷　(清)孫爾準撰　清道光四年(1824)刻本　一册

310000－0243－0006683　695000/1213.1
泰雲堂文集二卷駢體文集二卷詩集十八卷詞集三卷　(清)孫爾準撰　清同治九年(1870)刻本　四册

310000－0243－0006684　695000/1222
紅葉館話别圖題詞一卷附留别詩　(日本)副島種臣撰　(清)陳明遠編輯　清光緒十八年(1892)刻本　一册

310000－0243－0006685　695000/1227
蒼葭初集二十一卷外二種畚塘芻論四卷河防紀略四卷　(清)孫鼎臣撰　清咸豐九年(1859)刻本　十册

310000－0243－0006686　695000/1235
始有廬詩稿八卷　(清)孫瀜撰　清道光二十三年(1843)刻本　二册

310000－0243－0006687　695000/1243
夏峰先生集十六卷附外傳　(清)孫奇逢撰　清道光二十五年(1845)大梁書院刻本　十二册

310000－0243－0006688　695000/1243－1
太倉孫子福先生遺草二卷　(清)孫壽祺撰　清光緒十九年(1893)刻本　二册

310000－0243－0006689　695000/1262
建立伏博士始末二卷　(清)孫星衍撰　清嘉慶十一年(1806)刻本　一册

310000－0243－0006690　695000/1273
天真閣集五十四卷外集六卷　(清)孫原湘撰　**長真閣詩餘七卷**　(清)席佩蘭撰　清嘉慶五年至十七年(1800－1812)刻本　十六册

310000－0243－0006691　695000/1700
小雅樓詩集八卷　(清)鄧方撰　清光緒二十六年(1900)刻本　四册

310000－0243－0006692　695000/1747
半岩廬遺集不分卷　(清)邵懿辰撰　清光緒三十四年(1908)刻本　二册

310000－0243－0006693　695000/1752
白香亭詩三卷　(清)鄧輔綸撰　清光緒十九年(1893)刻本　二册

310000－0243－0006694　695000/1774
邵子湘全集三十卷　(清)邵長蘅撰　(清)顧景星批點　清光緒二十二年(1896)刻本　十二册

310000－0243－0006695　695000/1788
艾廬遺稿六卷　(清)邵會鑑撰　清光緒二十三年(1897)刻本　二册

310000－0243－0006696　695000/1788
艾廬遺稿六卷　(清)邵會鑑撰　清光緒二十三年(1897)刻本　二册

310000－0243－0006697　695000/2012
吴徵士遺文一卷遺詩一卷　(清)吴廷香撰　清同治二年(1863)刻本　一册

310000－0243－0006698　695000/2022－1
雕菰集二十四卷　(清)焦循撰　**附蜜梅花館文錄一卷詩錄一卷**　(清)焦廷琥撰　清道光四年(1824)刻本　八册

310000－0243－0006699　695000/2031
東山詩鈔七卷　(清)毛肇烈撰　(清)毛祥麟編　清同治五年(1866)刻本　四册

310000－0243－0006700　695000/2058
西垣詩鈔二卷附西垣黔苗竹枝詞　(清)毛貴銘撰　清光緒十年(1884)長沙王氏刻本

一册

310000－0243－0006701　695000/2103
守默齋詩稿一卷守默齋雜著三卷　(清)何應祺撰　清同治十年(1871)刻本　四册

310000－0243－0006702　695000/2115
澹仙詩鈔四卷詞鈔四卷賦鈔一卷文鈔一卷　(清)熊璉撰　清嘉慶二年(1797)刻本　二册

310000－0243－0006703　695000/2118
居易初集三卷　(清)經元善撰　清光緒二十九年(1903)鉛印本　三册

310000－0243－0006704　695000/2124
東洲草堂詩鈔三十卷附東洲草堂詩餘一卷　(清)何紹基撰　(清)何慶涵編　清同治六年(1867)長沙無園刻本　六册

310000－0243－0006705　695000/2124.2
使黔草三卷　(清)何紹基撰　清咸豐刻本　三册

310000－0243－0006706　695000/2142
竿山草堂小稿三卷續稿二卷　(清)何其偉撰　清道光六年(1826)刻本　四册

310000－0243－0006707　695000/2144
藏齋詩鈔六卷　(清)何其超撰　清同治七年(1868)刻本　二册

310000－0243－0006708　695000/2144－1
恥不逮齋集三卷　(清)熊其英撰　清光緒十六年(1890)蘇州五畝園刻本　四册

310000－0243－0006709　695000/2154
何子清先生遺文二卷　(清)何忠萬撰　清光緒八年(1882)刻本　一册

310000－0243－0006710　695000/2168
存誠齋文集十二卷　(清)何曰愈撰　清同治五年(1866)刻本　四册

310000－0243－0006711　695000/2233－1
清芬樓遺稿四卷　(清)任啟運撰　(清)英和編　清嘉慶二十三年(1818)刻本　二册

310000－0243－0006712　695000/2322
半溪草堂文稿二卷　(清)傅卓然撰　清光緒十三年(1887)刻本　二册

310000－0243－0006713　695000/2328
綠曉齋自選全集四卷附抱膝吟一卷　(清)卜舜年撰　(清)張龍韜評　清道光十年(1830)刻本　四册

310000－0243－0006714　695000/2400
儲遯菴文集十二卷　(清)儲方慶撰　(清)儲欣評　清光緒二年(1876)刻本　四册

310000－0243－0006715　695000/2400－1
雪床遺詩一卷續一卷　(清)釋德亮撰　清道光元年(1821)刻本　一册

310000－0243－0006716　695000/2400－1
雪床遺詩一卷續一卷　(清)釋德亮撰　清道光元年(1821)刻本　一册

310000－0243－0006717　695000/2477
在陸草堂文集六卷　(清)儲欣撰　清光緒十七年(1891)刻本　六册

310000－0243－0006718　695000/2524
小雲廬晚學文稿八卷　(清)朱壬林撰　清光緒二十六年(1900)刻本　二册

310000－0243－0006719　695000/2527
游子光陰集五卷附錄一卷　(清)朱德頤撰　清光緒三十年(1904)稿本　四册

310000－0243－0006720　695000/2528.201
曝書亭集詩注二十二卷　(清)朱彝尊撰　(清)楊謙纂　清光緒刻本　十册

310000－0243－0006721　695000/2528.201
曝書亭集詩注二十二卷　(清)朱彝尊撰　(清)楊謙纂　清光緒刻本　八册

310000－0243－0006722　695000/2528.3
曝書亭集外稿八卷　(清)朱彝尊撰　(清)馮登府　(清)朱墨林輯　清嘉慶二十二年(1817)刻本　一册

310000－0243－0006723　695000/2528.4
曝書亭集箋注二十三卷　(清)朱彝尊撰　(清)孫銀槎輯注　清嘉慶九年(1804)刻本

四册

310000－0243－0006724　695000/2528－1

古歡齋文錄　（清）朱舲撰　清光緒十年(1884)刻本　一册

310000－0243－0006725　695000/2530

梡鞠録二卷　朱祖謀撰　清宣統元年(1909)刻本　一册

310000－0243－0006726　695000/2531

蕉聲館全集文八卷詩二十卷詩補遺四卷續補一卷　（清）朱爲弼撰　清咸豐九年(1859)刻本　十册

310000－0243－0006727　695000/2533

雙清閣袖中詩本二卷附擁翠詞稿一卷　（清）朱福清撰　清光緒十九年(1893)刻本　一册

310000－0243－0006728　695000/2533

雙清閣袖中詩本二卷附擁翠詞稿一卷　（清）朱福清撰　清光緒十九年(1893)刻本　一册

310000－0243－0006729　695000/2535

畫石軒詩集四卷附臥游隨録四卷　（清）朱逢泰撰　清嘉慶四年(1799)刻本　四册

310000－0243－0006730　695000/2541

朱強甫集三卷　（清）朱克柔撰　清光緒三十二年(1906)刻本　一册

310000－0243－0006731　695000/2542－1

朱秋厓文集四卷　（清）朱克生著　清光緒八年(1882)刻本　四册

310000－0243－0006732　695000/2543

介石山房遺集文二卷詩一卷　（清）朱培源撰　清宣統二年(1910)刻本　二册

310000－0243－0006733　695000/2543.1

介石山房遺集文二卷詩一卷　（清）朱培源撰　清宣統二年(1910)刻本　二册

310000－0243－0006734　695000/2545

二坨詩稿二卷　（清）朱楝撰　清嘉慶十一年(1806)刻本　一册

310000－0243－0006735　695000/2566

笛漁小稿十卷　（清）朱昆田撰　清刻本　一册

310000－0243－0006736　695000/2566

笛漁小稿十卷　（清）朱昆田撰　清刻本　一册

310000－0243－0006737　695000/2574

結一廬遺文二卷　（清）朱學勤撰　清光緒三十四年(1908)刻本　一册

310000－0243－0006738　695000/2584

知止軒文草二卷附辛壬雜筆　（清）朱鎮撰　清宣統二年(1910)刻本　一册

310000－0243－0006739　695000/2614

也居山房詩集十卷補録一卷文集八卷　（清）魏承柷撰　清同治九年(1870)刻本　五册

310000－0243－0006740　695000/2622

古今紀始通考三卷　（清）魏崧撰　清道光二十二年(1842)石印本　三册

310000－0243－0006741　695000/2622－2

澹成居文鈔四卷附喪禮經傳約一卷　（清）吳卓信撰　清道光三年(1823)刻本　一册

310000－0243－0006742　695000/2623

梅村家藏稿五十八卷補遺一卷附世系一卷年譜四卷樂府三種　（清）吳偉業撰　清宣統三年(1911)刻本　八册

310000－0243－0006743　695000/2623.1

梅村文集二十卷　（清）吳偉業撰　清宣統二年(1910)神州國光社鉛印本　四册

310000－0243－0006744　695000/2623.3

梅村詩集箋注十八卷　（清）吳偉業撰　（清）吳翌鳳箋注　清光緒十年(1884)湖北官書處刻本　十二册

310000－0243－0006745　695000/2623.301

梅村詩集箋注十八卷　（清）吳偉業撰　（清）吳翌鳳箋注　清嘉慶十九年(1814)刻本　十二册

310000－0243－0006746　695000/2623－1

香蘇山館古今體詩鈔十九卷　（清）吳嵩梁撰

清光緒二十三年(1897)三益文社刻本　十册

310000－0243－0006747　695000/2631
古微堂詩集十卷　(清)魏源撰　清同治九年(1870)長沙寶慶郡館刻本　四册

310000－0243－0006748　695000/2631.1
古微堂内集二卷外集八卷　(清)魏源撰　清宣統元年(1909)國學扶輪社鉛印本　六册

310000－0243－0006749　695000/2631.101
古微堂内集三卷外集七卷　(清)魏源撰　清光緒四年(1878)淮南書局刻本　四册

310000－0243－0006750　695000/2632－1
徐烈婦詩鈔二卷附同心梔子圖續編一卷報素聞書并四文詩　(清)吳宗愛撰　(清)王崇炳編集　清同治十三年(1874)雲鶴山館刻本　一册

310000－0243－0006751　695000/2632－1.1
絳雪詩鈔一卷附回文詩　(清)吳宗愛撰　清咸豐四年(1854)刻本　一册

310000－0243－0006752　695000/2632－101
徐烈婦詩鈔二卷附同心梔子圖續編一卷報素聞書并回文詩　(清)吳宗愛撰　(清)王崇炳編集　清同治十三年(1874)雲鶴山館刻本　一册

310000－0243－0006753　695000/2632－2
吳摯甫文集四卷詩集一卷附鈔深州風土記四篇　(清)吳汝綸撰　清宣統元年(1909)國學扶輪社石印本　六册

310000－0243－0006754　695000/2632－2.1
吳摯甫詩集一卷　(清)吳汝綸撰　清宣統元年(1909)國學扶輪社石印本　一册

310000－0243－0006755　695000/2633
秋茄集八卷附補遺一卷　(清)吳兆騫撰　清宣統三年(1911)順德鄧氏依衍厚堂本鉛印本　三册

310000－0243－0006756　695000/2635
黃葉村莊詩集八卷續集一卷後集一卷　(清)吳之振撰　清光緒四年(1878)刻本　十册

310000－0243－0006757　695000/2635
黃葉村莊詩集八卷續集一卷後集一卷　(清)吳之振撰　清光緒四年(1878)刻本　四册

310000－0243－0006758　695000/2640
吳學士集詩五卷文四卷　(清)吳鼒撰　(清)梁肇煌　(清)薛時雨編　清光緒八年(1882)江寧藩署刻本　六册

310000－0243－0006759　695000/2640
吳學士集詩五卷文四卷　(清)吳鼒撰　(清)梁肇煌　(清)薛時雨編　清光緒八年(1882)江寧藩署刻本　六册

310000－0243－0006760　695000/2640
吳學士集詩五卷文四卷　(清)吳鼒撰　(清)梁肇煌　(清)薛時雨編　清光緒八年(1882)江寧藩署刻本　六册

310000－0243－0006761　707300/8730
燕窗閒話二卷附墓志銘　(清)鄭守庭撰　清光緒十七年(1891)鄭氏刻本　二册

310000－0243－0006762　695000/2640.1
吳學士集詩五卷文四卷　(清)吳鼒撰　(清)梁肇煌　(清)薛時雨編　清光緒八年(1882)江寧藩署刻本　二册

310000－0243－0006763　695000/2640.2
吳學士集詩五卷文四卷　(清)吳鼒撰　(清)梁肇煌　(清)薛時雨編　清光緒八年(1882)江寧藩署刻本　四册

310000－0243－0006764　695000/2642
陋軒詩十二卷　(清)吳嘉紀撰　**詩續二卷**　(清)夏荃輯　清道光二十年(1840)泰州夏氏刻本　六册

310000－0243－0006765　695000/2642.1
陋軒詩十二卷　(清)吳嘉紀撰　**詩續二卷**　(清)夏荃輯　清道光二十年(1840)泰州夏氏刻本　五册

310000－0243－0006766　695000/2642.1
陋軒詩十二卷　(清)吳嘉紀撰　清道光二十

年(1840)泰州夏氏刻本　四册

310000－0243－0006767　695000/2643
儀宋堂詩集十卷外集三卷　(清)吳嘉洤撰　清咸豐元年(1851)刻本　四册

310000－0243－0006768　695000/2644－1
硯壽堂詩鈔八卷附詩餘一卷　(清)吳存楷撰　清光緒十二年(1886)刻本　一册　存二卷(上、詩餘一卷)

310000－0243－0006769　695000/2671
墨井集五卷　(清)吳歷撰　清宣統元年(1909)土山灣印書館鉛印本　一册

310000－0243－0006770　695000/2680
有正味齋全集五十三卷　(清)吳錫麒撰　清嘉慶十三年(1808)刻本　六册　存四十八卷(詩集十六卷、詞集八卷、駢體文二十四卷)

310000－0243－0006771　695000/2680.1
有正味齋試帖詩注八卷　(清)吳錫麒著　(清)吳清皐等注　清嘉慶二十三年(1818)刻本　八册

310000－0243－0006772　695000/2684
柈湖文集十二卷　(清)吳敏樹撰　清光緒十九年(1893)刻本　四册

310000－0243－0006773　695000/2688
續語堂題跋一卷詩存一卷文存一卷　(清)魏錫曾撰　清光緒九年(1883)刻本　二册

310000－0243－0006774　695000/2690
吳赤溟先生文集一卷附録一卷　(清)吳炎撰　陳去病編輯　清光緒三十二年(1906)國學保存會鉛印本　一册

310000－0243－0006775　695000/2698
吳疏山先生遺集十二卷　(清)吳悌撰　(清)吳汝明　(清)吳汝弼等編　清同治十年(1871)刻本　六册

310000－0243－0006776　695000/2704
四憶堂詩集六卷　(清)侯方域撰　(清)賈開宗等選注　清初刻本　二册

310000－0243－0006777　695000/2704.01
四憶堂詩集六卷　(清)侯方域撰　(清)賈開宗等選注　清同治十三年(1874)刻本　二册

310000－0243－0006778　695000/2706
拙尊園叢稿六卷　(清)黎庶昌撰　清光緒十九年(1893)刻本　四册

310000－0243－0006779　695000/2706.01
拙尊園叢稿六卷　(清)黎庶昌撰　清光緒十九年(1893)上海醉六堂石印本　二册

310000－0243－0006780　695000/2713
香溼仙吏遺集二卷　(清)殷再巡撰　(清)趙執信點定　清光緒二十五年(1899)刻本　一册

310000－0243－0006781　695000/2717
通甫類稿十四卷續編二卷詩存四卷詩存之餘二卷仲實類稿一卷仲實詩存二卷瘦春仙館詩勝一卷　(清)魯一同撰　清咸豐九年(1859)刻本　九册

310000－0243－0006782　695000/2722
留春草堂詩鈔七卷　(清)伊秉綬撰　清嘉慶十九年(1814)刻本　四册

310000－0243－0006783　695000/2722
留春草堂詩鈔七卷　(清)伊秉綬撰　清嘉慶十九年(1814)刻本　二册

310000－0243－0006784　695000/2726
海門詩鈔八卷　(清)鮑皐撰　清道光二十五年(1845)夏上悦續刻本　二册

310000－0243－0006785　695000/2726.1
海門詩鈔八卷外集四卷　(清)鮑皐撰　清宣統三年(1911)刻本　四册

310000－0243－0006786　695000/2734
起雲閣吟稿四卷　(清)鮑之蘭撰　清嘉慶二十三年(1818)刻本　二册

310000－0243－0006787　695000/2739
心安隱室詩集九卷詞集四卷　(清)詹肇堂撰　清光緒十年(1884)成德堂刻本　四册

310000－0243－0006788　695000/2740
繆武烈公遺集六卷　(清)繆梓撰　清光緒七

年(1881)刻本　四冊

310000－0243－0006789　695000/2741

古杍秋館遺稿文集二卷詩集一卷　(清)侯楨撰　清光緒二十三年(1897)刻本　二冊

310000－0243－0006790　695000/2742

山木居士文集十二卷外集二卷魯賓之文鈔二卷　(清)魯九皋撰　清道光二十年(1840)刻本　八冊

310000－0243－0006791　695000/2743

壯悔堂文集十卷　(清)侯朝宗撰　清刻本　六冊

310000－0243－0006792　695000/2767

紀文達公遺集上集十六卷　(清)紀昀撰　(清)孫樹馨編校　清嘉慶十七年(1812)刻本　六冊

310000－0243－0006793　695000/2767.01

紀文達公遺集上集十六卷下集十六卷　(清)紀昀撰　(清)孫樹馨編校　清嘉慶十七年(1812)刻本　十冊

310000－0243－0006794　695000/2767.01

紀文達公遺集上集十六卷下集十六卷　(清)紀昀撰　(清)孫樹馨編校　清嘉慶刻本　十七冊　缺一卷(上集一)

310000－0243－0006795　695000/2768

鷇叟詩鈔四卷附補遺一卷　(清)紀映鍾撰　清光緒三十一年(1905)江西刻本　一冊

310000－0243－0006796　695000/2786

詒桂堂遺集一卷　(清)侯錫恩撰　清光緒十七年(1891)上海民新社鉛印本　一冊

310000－0243－0006797　695000/2788

五百四峰堂詩鈔二十五卷　(清)黎簡撰　清同治十三年(1874)刻本　八冊

310000－0243－0006798　695000/2800－1

志寧堂稿五卷附徐必泰賦二首　(清)徐文靖撰　(清)徐脊樞等注　清乾隆志寧堂刻本　一冊

310000－0243－0006799　695000/2802

寶笏樓詩集二卷　(清)徐敦穆撰　清宣統三年(1911)太倉俞少園刻本　一冊

310000－0243－0006800　695000/2804

鏡心堂詩鈔二卷　(清)徐文藻撰　清光緒二十年(1894)刻本　一冊

310000－0243－0006801　695000/2814

敦艮吉齋詩存二卷文存四卷附徐園叔劫餘小錄　(清)徐子苓撰　清光緒十二年(1886)刻本　六冊

310000－0243－0006802　695000/2821

白鵠山房詩選四卷附掛笠吟一卷駢體文鈔二卷續鈔二卷　(清)徐熊飛撰　清嘉慶二十五年(1820)刻本　四冊

310000－0243－0006803　695000/2834

斯未信齋文編二十六卷　(清)徐宗幹撰　清咸豐五年(1855)刻本　十二冊

310000－0243－0006804　695000/2834－1

梅墅吟草四卷　(清)徐兆蘭撰　清光緒二十六年(1900)鉛印本　二冊

310000－0243－0006805　695000/2840

未灰齋文集八卷外集一卷　(清)徐鼒撰　清咸豐十一年(1861)福寧徐氏刻本　三冊

310000－0243－0006806　695000/2844

漱芳閣集十卷　(清)徐士芬撰　清同治十一年(1872)刻本　二冊

310000－0243－0006807　695000/2878

小南海集詩鈔二卷　(清)徐同善撰　清同治五年(1866)刻本　二冊

310000－0243－0006808　695000/2899

懷古田舍詩鈔三十三卷　(清)徐榮撰　清咸豐元年(1851)刻本　八冊

310000－0243－0006809　695000/3018

思無邪齋文存六卷詩存八卷　(清)宮爾鐸撰　清光緒十五年(1889)刻本　四冊

310000－0243－0006810　695000/3033

宋浣花詩詞合刻不分卷　(清)劉履芬輯　**紅杏樓詩賸稿不分卷**　(清)宋志沂撰　(清)劉

履芬輯　**梅笛菴詞賸稿不分卷**　(清)宋志沂撰　(清)劉履芬輯　清同治十二年(1873)刻本　一册

310000－0243－0006811　695000/3040
宋野柏先生類稿十六卷　(清)宋在詩撰　清道光七年(1827)刻本　八册

310000－0243－0006812　695000/3049
紅杏軒詩鈔十六卷續一卷　(清)宋世犖撰　清道光十四年(1834)刻本　四册

310000－0243－0006813　695000/3099.1
宋氏綿津詩鈔八卷　(清)宋犖撰　(清)邵長蘅選　清康熙刻本　二册

310000－0243－0006814　695000/3107
悔過齋文集七卷附劄記一卷　(清)顧廣譽撰　清光緒三年(1877)刻本　四册

310000－0243－0006815　695000/3117
松聲池館詩存四卷　(清)汪璐撰　清光緒十五年(1889)振綺堂刻本　一册

310000－0243－0006816　695000/3118
匏繫齋詩鈔四卷　(清)馮可鏞撰　清光緒二十三年(1897)刻本　一册

310000－0243－0006817　695000/3124
艫塘集一卷　(清)顧貞觀撰　清光緒七年(1881)枕經葄史齋刻本　一册

310000－0243－0006818　695000/3126－1
秋影樓詩集九卷　(清)汪繹撰　清光緒二十三年(1897)瞿氏鐵琴銅劍樓刻本　二册

310000－0243－0006819　695000/3130
小海自定詩一卷　(清)汪淮撰　清嘉慶九年(1804)刻本　一册

310000－0243－0006820　695000/3130－1
振綺堂詩存一卷　(清)汪憲撰　清光緒十五年(1889)刻本　一册

310000－0243－0006821　695000/3131
借閒生詩三卷詞一卷　(清)汪遠孫撰　清道光二十年(1840)振綺堂刻本　一册

310000－0243－0006822　695000/3132
冬巢詩集四卷詞集四卷　(清)汪潮生撰　清道光十七年(1837)刻本　八册

310000－0243－0006823　695000/3132－1
白圭堂詩鈔八卷　(清)江之紀撰　清同治三年(1864)刻本　一册

310000－0243－0006824　695000/3136
伏敔堂詩錄十五卷詩續錄四卷　(清)江湜撰　清同治元年(1862)福州江氏刻本　四册

310000－0243－0006825　695000/3136
伏敔堂詩錄十五卷詩續錄四卷　(清)江湜撰　清同治元年(1862)福州江氏刻本　四册

310000－0243－0006826　695000/3137
頤素堂詩鈔八卷　(清)顧禄撰　清道光刻本　二册

310000－0243－0006827　695000/3140
炳燭齋文集初刻一卷續刻一卷　(清)顧大韶撰　清宣統元年(1909)鉛印本　二册

310000－0243－0006828　695000/3140
炳燭齋文集初刻一卷續刻一卷　(清)顧大韶撰　清宣統元年(1909)鉛印本　二册

310000－0243－0006829　695000/3144
顯志堂稿十二卷　(清)馮桂芬撰　清光緒二年(1876)校邠廬刻本　六册

310000－0243－0006830　695000/3144.1
顯志堂稿十二卷　(清)馮桂芬撰　清光緒二年(1876)刻本　四册　存七卷(一至七)

310000－0243－0006831　695000/3144－1
孟晉齋文集五卷　(清)顧壽楨撰　清同治五年(1866)見素抱樸齋刻本　三册

310000－0243－0006832　695000/3144－2
茶磨山人詩鈔八卷　(清)汪芑撰　清光緒十年(1884)刻本　四册

310000－0243－0006833　695000/3148
汪梅村先生集十二卷外集一卷　(清)汪士鐸撰　清光緒七年(1881)合肥張氏味古齋刻本　四册

310000－0243－0006834　695000/3148.01
汪梅村先生集十二卷外集一卷　(清)汪士鐸撰　清光緒七年(1881)合肥張氏味古齋刻本　八册

310000－0243－0006835　695000/3150
述學内篇三卷外篇一卷補遺一卷别録一卷　(清)汪中撰　清同治八年(1869)揚州書局刻本　二册

310000－0243－0006836　695000/3150.01
述學内篇三卷外篇一卷補遺一卷别録一卷　(清)汪中撰　清同治八年(1869)揚州書局刻本　二册

310000－0243－0006837　695000/3150.01
述學内篇三卷外篇一卷補遺一卷别録一卷　(清)汪中撰　清同治八年(1869)揚州書局刻本　二册

310000－0243－0006838　695000/3150.01
述學内篇三卷外篇一卷補遺一卷别録一卷　(清)汪中撰　清同治八年(1869)揚州書局刻本　四册

310000－0243－0006839　695000/3150.02
述學内篇三卷外篇一卷補遺一卷别録一卷　(清)汪中撰　清道光三年(1823)江都汪喜孫刻本　六册

310000－0243－0006840　695000/316953
海外同人集二卷補遺一卷歸省贈言一卷墨江修禊詩一卷　(日本)河田小桃編　(日本)由良久香校　清光緒十年(1884)刻本　一册

310000－0243－0006841　695000/3180
城北草堂詩鈔四卷詩餘二卷詞餘一卷　(清)顧夔撰　清光緒十四年(1888)刻本　二册

310000－0243－0006842　695000/3180.01
城北草堂詩鈔四卷詩餘二卷詞餘一卷　(清)顧夔撰　清光緒十四年(1888)刻本　二册

310000－0243－0006843　695000/3187
綠梅影樓詩存詞存一卷　(清)顧翎撰　清光緒十四年(1888)刻本　一册

310000－0243－0006844　695000/3191
亭林文集六卷　(清)顧炎武撰　清刻本　一册

310000－0243－0006845　695000/3191.2
亭林詩集五卷　(清)顧炎武撰　清光緒二年(1876)刻本　二册

310000－0243－0006846　695000/3191.3
亭林文集六卷　(清)顧炎武撰　清山隱居刻本　四册

310000－0243－0006847　695000/3191.4
亭林餘集一卷　(清)顧炎武撰　清光緒二年(1876)誦芬樓刻本　一册

310000－0243－0006848　695000/319124
顧亭林先生詩箋注十七卷附集外詩一卷　(清)顧炎武撰　(清)徐嘉輯　清光緒二十三年(1897)徐氏味静齋刻本　六册

310000－0243－0006849　695000/319124
顧亭林先生詩箋注十七卷附集外詩一卷　(清)顧炎武撰　(清)徐嘉輯　清光緒二十三年(1897)徐氏味静齋刻本　六册

310000－0243－0006850　695000/3227
養一齋集二十五卷　(清)潘德輿撰　清道光二十九年(1849)刻本　六册

310000－0243－0006851　695000/3227.1
金壺浪墨一卷　(清)潘德輿撰　清光緒五年(1879)鉛印本　一册

310000－0243－0006852　695000/3245
花隱盦遺稿一卷詩餘一卷鴛湖日記一卷　(清)潘希甫撰　清光緒九年(1883)刻本　一册

310000－0243－0006853　695000/3308
師友集十卷　(清)梁章鉅撰　清道光二十五年(1845)刻本　二册

310000－0243－0006854　695000/3312
清白士集二十八卷　(清)梁玉繩撰　清嘉慶錢塘梁氏刻本　二十册

310000－0243－0006855　695000/3404

伊犁日記一卷天山客話一卷外家紀聞一卷　(清)洪亮吉撰　清光緒三年(1877)刻本　一冊

310000－0243－0006856　695000/3404.1
洪北江文集四卷　(清)洪亮吉撰　清宣統二年(1910)國學扶輪社鉛印本　二冊

310000－0243－0006857　695000/3404.1
洪北江文集四卷　(清)洪亮吉撰　清宣統二年(1910)國學扶輪社鉛印本　二冊

310000－0243－0006858　695000/3404.2
更生齋文甲集四卷乙集四卷詩集八卷　(清)洪亮吉撰　清光緒三年(1877)授經堂刻本　四冊

310000－0243－0006859　695000/3404.3
卷施閣文甲集十卷　(清)洪亮吉撰　清刻本　二冊　存七卷(四至十)

310000－0243－0006860　695000/3404.5
更生齋文乙集四卷　(清)洪亮吉撰　清末刻本　一冊

310000－0243－0006861　695000/3404－1
倚梅閣詩集四卷詞集一卷　(清)沈韻蘭撰　清宣統元年(1909)木活字印本　一冊

310000－0243－0006862　695000/3411
雪橋詩稿二卷附雪橋觀潮閣題詠一卷　(清)沈廷瑜撰　清嘉慶二十年(1815)刻本　一冊

310000－0243－0006863　695000/3427
訒齋稿八卷文鈔二卷詩鈔一卷手札四卷附錄一卷　(清)褚維垕撰　清光緒二十七年(1901)刻本　二冊

310000－0243－0006864　695000/3430
樂志簃詩錄六卷詞錄一卷文錄四卷筆記四卷味經堂詩錄二卷　(清)沈祥龍撰　清光緒二十六年(1900)刻本　四冊

310000－0243－0006865　695000/3430.1
樂志簃詩錄六卷詞錄一卷　(清)沈祥龍撰　清光緒二十六年(1900)刻本　二冊

310000－0243－0006866　695000/3434
翠螺閣詩稿四卷詞稿一卷無鏡集一卷　(清)淩祉媛撰　清咸豐四年(1854)刻本　二冊

310000－0243－0006867　695000/3434.1
翠螺閣詩稿四卷詞稿一卷　(清)淩祉媛撰　清咸豐四年(1854)刻本　一冊

310000－0243－0006868　695000/3462
蒙廬詩存四卷外集一卷　(清)沈景修撰　清光緒二十一年(1895)刻本　一冊

310000－0243－0006869　695000/3473
桂留山房詩集十二卷詞集一卷　(清)沈學淵撰　清道光二十四年(1844)刻本　四冊

310000－0243－0006870　695000/3482
浙東紀遊草一卷　(清)沈錫爵撰　清道光二年(1822)刻本　一冊

310000－0243－0006871　695000/3484
匏隱廬詩文合稿　(清)沈毓桂撰　清光緒二十二年(1896)鉛印本　三冊

310000－0243－0006872　695000/3488
守經堂詩集十卷　(清)沈筠撰　清光緒十三年(1887)刻本　四冊

310000－0243－0006873　695000/3603.01
湯子遺書三十六卷　(清)湯斌撰　清同治九年(1870)刻本　三十冊

310000－0243－0006874　695000/3629
槃薖文甲集三卷乙集二卷　(清)湯紀尚撰　清光緒十九年(1893)刻本　二冊

310000－0243－0006875　695000/3663
琴隱園詩集三十六卷詞集四卷　(清)湯貽汾撰　清光緒元年(1875)刻本　八冊

310000－0243－0006876　695000/3663
琴隱園詩集三十六卷詞集四卷　(清)湯貽汾撰　清光緒元年(1875)刻本　八冊

310000－0243－0006877　695000/3677
海秋詩集二十六卷後集十卷　(清)湯鵬撰　清同治十二年(1873)刻本　十冊

310000－0243－0006878　695000/3691

玉蘭山館吟草六卷 (清)祝悦霖撰 清嘉慶二十五年(1820)刻本 二册

310000－0243－0006879 695000/3734
禮觚亭集三十二卷後集十二卷 (清)祁寯藻撰 清咸豐刻本 八册

310000－0243－0006880 695000/4005
喜聞過齋文集十二卷 (清)李文耕撰 (清)楊勳 (清)李德蕙編 清道光十九年(1839)刻本 四册

310000－0243－0006881 695000/4007
浣香吟一卷 (清)李於陽撰 清嘉慶二十四年(1819)刻本 一册

310000－0243－0006882 695000/4011
好雲樓初集二十八卷首一卷 (清)李聯琇撰 清咸豐十一年(1861)刻本 四册

310000－0243－0006883 695000/4016
放鵬亭稿一卷 (清)李延昰撰 清宣統三年(1911)鉛活字印本 一册

310000－0243－0006884 695000/4017
邃懷堂全集文集四卷小清容山館詞鈔二卷駢文箋注十六卷補一卷詩集前編六卷後編六卷哀忠集三編 (清)袁翼撰 清光緒十三年至十四年(1887－1888)刻本 二十册

310000－0243－0006885 695000/4023
穆堂初稿五十卷别稿五十卷 (清)李紱撰 清道光十一年(1831)刻本 十六册

310000－0243－0006886 695000/4026
棣懷堂隨筆十一卷首一卷末一卷 (清)李象鵾撰 清同治十三年(1874)刻本 七册

310000－0243－0006887 695000/4030
蘇鄰遺詩二卷附行述 (清)李鴻裔撰 清光緒十四年(1888)黎庶昌日本刻本 一册

310000－0243－0006888 695000/4030
蘇鄰遺詩二卷附行述 (清)李鴻裔撰 清光緒十四年(1888)黎庶昌日本刻本 一册

310000－0243－0006889 695000/4032
舒嘯閣詩集八卷 (清)李兆齡撰 清刻本 四册

310000－0243－0006890 695000/4032－1
疏影樓名花百詠一卷疏影樓吟草一卷 (清)李淑儀撰 清道光十三年(1833)刻本 一册

310000－0243－0006891 695000/4033
養一齋文集二十卷 (清)李兆洛撰 清光緒四年(1878)刻本 八册

310000－0243－0006892 695000/4036
于湖小集五卷安般簃集十一卷附錄一卷 (清)袁昶撰 清光緒十六年至二十年(1890－1894)刻本 五册

310000－0243－0006893 695000/4036.01
于湖小集六卷 (清)袁昶撰 清刻本 一册 存一卷(三)

310000－0243－0006894 695000/4036.1
于湖題襟集九卷 (清)袁昶輯 清光緒二十一年(1895)刻本 四册

310000－0243－0006895 695000/4036.2
安般簃集七卷 (清)袁昶撰 清光緒十六年(1890)刻本 二册

310000－0243－0006896 695000/4037－1
寄影軒詩鈔四卷 (清)志潤撰 清光緒三十年(1904)鉛印本 四册

310000－0243－0006897 695000/4039
左文襄公全集一百四卷首二卷 (清)左宗棠撰 清光緒十六年至十八年(1890－1892)刻本 一百三册

310000－0243－0006898 695000/4039.1
盾鼻餘瀋一卷 (清)左宗棠撰 (清)柳葆元 (清)易策謙錄刊 清光緒七年(1881)長沙柳葆元、易策謙刻本 一册

310000－0243－0006899 695000/4039.1
盾鼻餘瀋一卷 (清)左宗棠撰 (清)柳葆元 (清)易策謙錄刊 清光緒七年(1881)長沙柳葆元、易策謙刻本 一册

310000－0243－0006900 695000/4041
寶韋齋類稿一百卷 (清)李桓撰 清光緒六

年至十七年(1880－1891)武林趙寶墨齋刻本　三十七册　缺二卷(六十四至六十五)

310000－0243－0006901　695000/4042
寒支初集十卷二集四卷　(清)李世熊撰　(清)李向旻編　清同治十三年(1874)李氏自刻本　十四册

310000－0243－0006902　695000/4044
紅豆村人詩稿十四卷　(清)袁樹撰　清乾隆五十九年至嘉慶二十五年(1794－1820)隨園刻本　四册

310000－0243－0006903　695000/4044－1
易園集七卷　(清)李林松撰　清道光十七年(1837)濟寧州署刻光緒二十九年(1903)補刻本　六册

310000－0243－0006904　695000/4044－3
巴塘詩鈔二卷　(清)李苞撰　(清)李華春評選　清嘉慶十一年(1806)隨園刻本　二册

310000－0243－0006905　695000/4047
道古堂文集四十八卷詩集二十六卷附集外文集外詩　(清)杭世駿撰　清光緒十四年(1888)泉唐汪氏振綺堂補刻本　十六册

310000－0243－0006906　695000/4048
小倉山房詩文集　(清)袁枚撰　清同治五年(1866)隨園刻本　七册　存二十卷(小倉山房文集一至十五、小倉山房續餘文集二十七至二十八、小倉山房詩集三十五至三十七)

310000－0243－0006907　695000/4061－1
二曲集錄要四卷　(清)李顒撰　(清)倪元坦輯　清嘉慶十三年(1808)華亭倪氏刻本　一册

310000－0243－0006908　695000/4083
舒嘯樓詩稿四卷詞稿一卷　(清)李會裕撰　清同治九年至十二年(1870－1873)李氏自刻本　三册

310000－0243－0006909　695000/4088.5
近人詩錄一卷　(清)李慈銘等撰　清光緒二十九年(1903)上海商務印書館鉛印本　一册

310000－0243－0006910　695000/4088.6
越縵堂駢體文四卷附越縵堂散體文一卷　(清)李慈銘撰　清光緒二十三年(1897)虛霩居叢書本　四册

310000－0243－0006911　695000/4096
優盋羅室詩稿一卷月來軒詩稿一卷　(清)李尚暲　(清)錢韞素撰　清宣統元年(1909)鉛印本　一册

310000－0243－0006912　695000/4207
無近名齋文鈔四卷雜著二卷　(清)彭翊撰　清道光二十二年(1842)蘇州彭氏刻本　一册

310000－0243－0006913　695000/4213
松桂堂全集三十七卷南淮集三卷延露詞三卷　(清)彭孫遹撰　劉士銘校刊　清宣統三年(1911)掃葉山房石印本　十二册

310000－0243－0006914　695000/4217
惜抱軒集八十八卷　(清)姚鼐撰　清同治五年(1866)刻本　十六册

310000－0243－0006915　695000/4222.1
二林居集二十四卷秋士先生遺集六卷　(清)彭紹升撰　清光緒七年(1881)刻本　八册

310000－0243－0006916　695000/4222.2
觀河集四卷　(清)彭紹升撰　清道光三年(1823)刻本　一册

310000－0243－0006917　695000/4222.2
觀河集四卷　(清)彭紹升撰　清道光三年(1823)刻本　一册

310000－0243－0006918　695000/4222.201
觀河集四卷　(清)彭紹升撰　清同治元年(1862)合肥劉朝侍刻本　一册

310000－0243－0006919　695000/4232.1
芝庭先生集十八卷附錄一卷　(清)彭啟豐撰　清光緒二年(1876)惠州官署刻本　六册

310000－0243－0006920　695000/4233
硯食齋詩鈔四卷　(清)彭定灝撰　清同治二年(1863)大理太和馬恩溥刻本　四册

310000－0243－0006921　695000/4234

小謨觴館全集十六卷 (清)彭兆蓀撰 (清)孫元培 孫長熙纂輯 清同治十三年(1874)掃葉山房刻本 六册

310000－0243－0006922 695000/4234.1
小謨觴館集注十六卷 (清)彭兆蓀撰 (清)孫元培 孫長熙輯注 清光緒十九年(1893)苕溪佟氏刻本 四册

310000－0243－0006923 695000/4234.1
小謨觴館集注十六卷 (清)彭兆蓀撰 (清)孫元培 孫長熙輯注 清光緒十九年(1893)苕溪佟氏刻本 四册

310000－0243－0006924 695000/4234.2
小謨觴館文注四卷續注二卷 (清)彭兆蓀撰 (清)孫元培輯 清光緒二十年(1894)刻本 三册

310000－0243－0006925 695000/4234.2
小謨觴館文注四卷續注二卷 (清)彭兆蓀撰 (清)孫元培輯 清光緒二十年(1894)刻本 三册

310000－0243－0006926 695000/4234.202
小謨觴館文注四卷續注二卷 (清)彭兆蓀撰 (清)孫元培 孫長熙纂輯 清光緒二十年(1894)刻本 三册

310000－0243－0006927 695000/4234.4
小謨觴館詩集八卷續詩集二卷 (清)彭兆蓀撰 清同治十三年(1874)刻本 四册

310000－0243－0006928 695000/4234－2
南畇文稿十二卷詩稿二十一卷 (清)彭定求撰 清光緒七年(1881)彭祖賢刻本 十二册

310000－0243－0006929 695000/4235
古香山館存稿十六卷 (清)彭洋中撰 (清)曾紀鳳編訂 清同治十三年(1874)湘鄉彭氏刻本 六册

310000－0243－0006930 695000/4245
晚學齋文集十二卷 (清)姚椿撰 清咸豐二年(1852)楊象濟刻本 六册

310000－0243－0006931 695000/4245.1
通藝閣和陶集三卷 (清)姚椿撰 (清)陳壽熊校 清道光二十九年(1849)姚氏家刻本 一册

310000－0243－0006932 695000/4284
經畬堂詩集一卷 (清)姚鎮撰 清光緒十六年(1890)刻本 一册

310000－0243－0006933 695000/4288
賜墨齋詩二卷詞一卷 (清)姚念曾撰 清光緒十六年(1890)程氏補讀書齋刻本 一册

310000－0243－0006934 695000/4291
瓶山草堂集六卷 (清)姚光晉撰 清同治十年(1871)陳其元刻本 二册

310000－0243－0006935 695000/4299
後湘詩集九卷後湘二集五卷後湘續集七卷 (清)姚瑩撰 清道光二十九年(1849)姚瑩刻本 三册

310000－0243－0006936 695000/4299.01
後湘詩集九卷後湘二集五卷後湘續集七卷 (清)姚瑩撰 清道光二十九年(1849)姚瑩刻本 三册

310000－0243－0006937 695000/4299.1
中復堂遺稿五卷續編二卷附錄一卷 (清)姚瑩撰 (清)姚濬昌校刊 清同治六年(1867)姚濬昌刻本 三册

310000－0243－0006938 695000/4299.1
中復堂遺稿五卷續編二卷 (清)姚瑩撰 (清)姚濬昌校刊 清同治六年(1867)姚濬昌刻本 二册

310000－0243－0006939 695000/4299－1
大楳山館集五十卷 (清)姚燮撰 清道光二十八年至同治十三年(1848－1874)大楳山館刻本 二十册

310000－0243－0006940 695000/4299－1.1
復莊詩問三十四卷 (清)姚燮撰 清道光二十八年(1848)大楳山館刻本 十二册

310000－0243－0006941 695000/4307
謫麐堂遺集文二卷詩二卷 (清)戴望撰 清

宣統三年(1911)北京神州國光社鉛印本　一冊

310000－0243－0006942　695000/4324
戴南山文鈔六卷　(清)戴名世撰　清宣統二年(1910)國光扶輪社鉛印本　三冊

310000－0243－0006943　695000/4324.1
南山集十四卷補遺二卷　(清)戴名世撰　清光緒二十六年(1900)張仲沅刻本　八冊

310000－0243－0006944　695000/4335
詒晉齋集六卷　(清)載灃撰　清道光成郡王載銳家刻本　四冊

310000－0243－0006945　695000/4377
訪粵集不分卷　(清)戴熙撰　清道光二十年(1840)粵省西湖街正文堂刻本　一冊

310000－0243－0006946　695000/4402
嘯古堂文集八卷　(清)蔣敦復撰　清同治七年(1868)上海道會宋恒鋃刻本　四冊

310000－0243－0006947　695000/4402
嘯古堂文集八卷　(清)蔣敦復撰　清同治七年(1868)上海道會宋恒鋃刻本　二冊

310000－0243－0006948　695000/4402.1
嘯古堂駢體文集一卷　(清)蔣敦復撰　清末刻本　一冊

310000－0243－0006949　695000/4407
讀有用書齋雜著二卷　(清)韓應陛撰　(清)韓載陽校　清同治九年(1870)古婁韓氏刻本　一冊

310000－0243－0006950　695000/440944
葛中翰遺集十二卷　(清)葛麟撰　(清)葛培義重輯　清光緒十六年(1890)姜瑞麟刻本　六冊

310000－0243－0006951　695000/4410
清白士集校補四卷　(清)蔡雲撰　清光緒二十年(1894)刻本　一冊

310000－0243－0006952　695000/4410－1
秦川焚餘草六卷　(清)董平章撰　清光緒二十七年(1901)孫元亮刻本　三冊

310000－0243－0006953　695000/4411
重訂感舊吟二卷　(清)薛聯元撰　清道光十五年(1835)鄭鑾刻本　一冊

310000－0243－0006954　695000/4414
荻華堂詩存二卷　(清)蔡琳撰　清光緒十八年(1892)丹陽束氏刻本　一冊

310000－0243－0006955　695000/4414－2
擷紅詞館吟鈔二卷　(清)蕭承蕚撰　清末刻本　一冊

310000－0243－0006956　695000/4421
寶鐵齋詩錄不分卷　(清)韓崇元撰　清道光二十九年(1849)潯江郡舍刻本　二冊

310000－0243－0006957　695000/4422
香草齋詩註六卷　(清)黃任撰　(清)陳應魁注　清嘉慶十九年(1814)永陽戆窩刻本　六冊

310000－0243－0006958　695000/4422.1
香草箋偶註二卷　(清)黃任撰　清光緒十年(1884)刻本　二冊

310000－0243－0006959　695000/4422.2
秋江集注六卷　(清)黃任撰　(清)王元麟注　清道光二十三年(1843)刻東山家塾刻本　六冊

310000－0243－0006960　695000/4431－1
退結廬詩存稿三卷遺稿三卷　(清)蔣清瑞撰　(清)蔣壽祺編輯　清光緒三十年(1904)蔣壽祺刻本　一冊

310000－0243－0006961　695000/4432－1
青萍軒文錄二卷附詩錄一卷　(清)薛福保撰　清光緒八年(1882)薛福成刻本　一冊

310000－0243－0006962　695000/4434
知止盦詩錄六卷　(清)黃宗起撰　清宣統二年(1910)黃世祚刻本　三冊

310000－0243－0006963　695000/443438
胥園詩鈔十卷詩餘一卷　(清)莊肇奎撰　(清)顧曾選編　清嘉慶十七年(1812)刻本　二冊

310000－0243－0006964　695000/4435
六一山房詩集十卷　(清)董沛撰　清同治十三年(1874)二百八十峰草堂蔡氏刻本　二册

310000－0243－0006965　695000/4435.1
六一山房詩集十卷續集十卷　(清)董沛撰　清光緒十年(1884)董氏家刻本　四册

310000－0243－0006966　695000/4438
南雷文約四卷　(清)黄宗羲撰　清刻本　八册

310000－0243－0006967　695000/4438－1
道安室雜文蕭閑堂遺詩附戴花平安室詞平安室什記　(清)蕭道管撰　清末刻本　一册

310000－0243－0006968　695000/4440
寄菴詩鈔二卷　(清)葛其龍撰　清光緒四年(1878)黄晉紛刻本　一册

310000－0243－0006969　695000/4440－1
莫宦草一卷　(清)黄壽衮撰　清光緒二十四年(1898)刻本　一册

310000－0243－0006970　695000/4441
潛莊文鈔六卷　(清)卜起元著　清光緒五年(1879)卜守箴刻本　一册

310000－0243－0006971　695000/4442
聊齋先生文集二卷　(清)蒲松齡撰　清宣統二年(1910)上海國學扶輪社鉛印本　二册

310000－0243－0006972　695000/4442
聊齋先生文集二卷　(清)蒲松齡撰　清宣統二年(1910)上海國學扶輪社鉛印本　二册

310000－0243－0006973　695000/4442－1
醉月居詩詞鈔不分卷　(清)葉世熊撰　清宣統二年(1910)刻本　一册

310000－0243－0006974　695000/4442－2
胡繩集詩鈔三卷　(清)范壺貞撰　清光緒五年(1879)刻本　二册

310000－0243－0006975　695000/4443
遠志齋稿六卷　(清)葛士達撰　(清)段鎮等編輯　清光緒九年(1883)葛氏家刻本　六册

310000－0243－0006976　695000/4444
郘亭遺詩八卷　(清)莫友芝撰　清光緒元年(1875)莫繩孫刻本　二册

310000－0243－0006977　695000/4444.1
郘亭詩鈔六卷　(清)莫友芝撰　清同治五年(1866)三山客舍刻本　一册

310000－0243－0006978　695000/4444－2
清吟齋遺詩一卷　(清)莊其坤撰　清光緒二十四年(1898)壽愷堂刻本　一册

310000－0243－0006979　695000/4446－1
瘦藤書屋詩鈔一卷　(清)蔣槐撰　清咸豐五年(1855)蔣氏家刻本　一册

310000－0243－0006980　695000/4446－2
息影庵初存詩八卷附百合詞二卷外三種　(清)蔣坦撰　清咸豐四年(1854)巢園刻本　五册

310000－0243－0006981　695000/4448
忠雅堂文集三十卷　(清)蔣士銓撰　清嘉慶二十二年(1817)蔣氏家刻本　八册

310000－0243－0006982　695000/4454
比玉樓遺稿詩文一卷詞曲一卷　(清)黄振均撰　清光緒二十年(1894)楊文斌刻本　一册

310000－0243－0006983　695000/4460
離垢集五卷　(清)華喦撰　清道光十五年(1835)慎餘堂刻本　一册

310000－0243－0006984　695000/4461
藤香館詩删存四卷詞删存二卷　(清)薛時雨撰　(清)譚獻删訂　清光緒五年(1879)沈蒙叔刻本　五册

310000－0243－0006985　695000/4462
雲左山房詩鈔八卷　(清)林則徐撰　清刻本　二册

310000－0243－0006986　695000/4462－1
兩當軒集二十二卷考異二卷附錄六卷　(清)黄景仁撰　清咸豐八年(1858)黄氏家刻本　六册

310000－0243－0006987　695000/4462－1.1

兩當軒詩鈔十四卷竹眠詞鈔二卷　(清)黄景仁撰　(清)黎兆堂校　清道光十四年(1834)許玉斌刻本　四册

310000－0243－0006988　695000/4462－101
兩當軒集二十二卷考異二卷附錄四卷　(清)黄景仁撰　清光緒二年(1876)黄氏家刻本　六册

310000－0243－0006989　695000/4463
黄友蓮詩詞合稿詩稿二卷詞稿一卷　(清)黄景濂撰　清道光七年(1827)黄氏家刻本　一册

310000－0243－0006990　695000/4464
葉忠節公遺稿十二卷　(清)葉映榴撰　(清)葉芳輯　清宣統元年(1909)葉秉權刻本　四册

310000－0243－0006991　695000/4464
葉忠節公遺稿十二卷　(清)葉映榴撰　(清)葉芳輯　清宣統元年(1909)葉秉權刻本　四册

310000－0243－0006992　707300/8730
燕窗閒話二卷附墓志銘　(清)鄭守庭撰　清光緒十七年(1891)鄭氏刻本　二册

310000－0243－0006993　695000/4464－1
烏目山房詩存六卷　(清)蔣因培撰　清光緒十年(1884)平江張氏大雅堂刻本　二册

310000－0243－0006994　695000/4471
六半樓詩鈔四卷附錄一卷　(清)蔡鵬飛撰　清光緒十年(1884)蔡堃刻本　一册

310000－0243－0006995　695000/4471
六半樓詩鈔四卷附錄一卷　(清)蔡鵬飛撰　清光緒十年(1884)蔡堃刻本　一册

310000－0243－0006996　695000/4480
黄陵詩鈔一卷　(清)杜俞撰　清光緒二十六年(1900)鉛印本　一册

310000－0243－0006997　695000/4481
清溪草堂文二卷　(清)蔣錫震撰　(清)任光奇校　清光緒十年(1884)任光奇刻本　一册

310000－0243－0006998　695000/4482
廬山詩錄四卷　(清)范鍾等撰　清光緒十九年(1893)易順鼎刻本　一册

310000－0243－0006999　695000/4482－1
鶴磵詩龕集八卷蕢波詞一卷　(清)萬釗撰　清光緒十九年(1893)譚獻刻本　二册

310000－0243－0007000　695000/4487
滑疑集八卷　(清)韓錫胙撰　(清)端木百祿校訂　清同治十三年(1874)處州府刻本　四册

310000－0243－0007001　695000/4489
傳璞堂詩稿四卷附補遺竹樊山莊詞一卷弢華館詩稿一卷　(清)葛金烺撰　清光緒二十一年(1895)葛氏家刻本　二册

310000－0243－0007002　695000/4490
秋颿雜詠一卷　(清)黄堂撰　清道光二十年(1840)黄氏家刻本　一册

310000－0243－0007003　695000/4493
倚晴樓詩續集四卷　(清)黄燮清撰　清同治九年(1870)臥游草堂刻本　一册

310000－0243－0007004　695000/4493
倚晴樓詩續集四卷　(清)黄燮清撰　清同治九年(1870)臥游草堂刻本　一册

310000－0243－0007005　695000/4493.01
倚晴樓詩集十二卷　(清)黄燮清撰　清咸豐八年(1858)海鹽拙宜園刻本　二册

310000－0243－0007006　695000/4493.01
倚晴樓詩集十二卷　(清)黄燮清撰　清咸豐八年(1858)海鹽拙宜園刻本　二册

310000－0243－0007007　695000/4494.1
范伯子詩集十九卷　(清)范當世撰　清光緒三十四年(1908)刻本　四册

310000－0243－0007008　695000/4494.1
范伯子詩集十九卷　(清)范當世撰　清光緒三十四年(1908)刻本　四册

310000－0243－0007009　695000/4497
誦芬詩略三卷　(清)黄炳垕撰　清同治九年

(1870)餘姚黃氏家刻本　一冊

310000－0243－0007010　695000/4622
柳門遺稿二卷　(清)楊後撰　清光緒二十年(1894)丹陽束氏刻本　一冊

310000－0243－0007011　695000/4630
崇雅堂詩鈔五卷　(清)楊汝諧撰　清乾隆寫刻本　一冊

310000－0243－0007012　695000/4634
晦明軒稿附壬癸金石跋不分卷　楊守敬撰　清光緒三十三年(1907)楊氏家刻本　二冊

310000－0243－0007013　695000/4645
蒔古齋吟稿二卷　(清)楊城書撰　清道光十三年(1833)王二如刻本　一冊

310000－0243－0007014　695000/4649
芙蓉山館全集十八卷　(清)楊芳燦撰　清光緒十七年(1891)無錫匡寶才木活字印本　八冊

310000－0243－0007015　695000/4649－1
蘇盦文錄二卷駢文五卷詩錄八卷詞錄一卷　(清)楊葆光撰　清光緒九年(1883)張松賢刻本　五冊

310000－0243－0007016　695000/4650
飲雪軒詩集四卷　(清)楊泰亨撰　清宣統二年(1910)楊氏家刻本　一冊

310000－0243－0007017　695000/4713
石笥山房文集六卷補遺一卷詩集十二卷補遺二卷續補遺二卷　(清)胡天游撰　清咸豐二年(1852)胡學醇刻本　十冊

310000－0243－0007018　695000/4713
石笥山房文集六卷補遺一卷詩集十二卷補遺二卷續補遺二卷　(清)胡天游撰　清咸豐二年(1852)胡學醇刻本　十冊

310000－0243－0007019　695000/4724
食古齋文錄一卷詩錄四卷詩餘一卷　(清)柳以蕃撰　清光緒十八年(1892)謝綏之刻本　四冊

310000－0243－0007020　695000/4728
賸馥吟二卷　(清)胡傑人撰　清光緒四年(1878)賽竹樓刻本　二冊

310000－0243－0007021　695000/4741
胡文忠公遺集八十六卷　(清)胡林翼撰　(清)鄭敦謹　(清)曾國荃纂輯　清光緒十四年(1888)著易堂鉛印本　八冊

310000－0243－0007022　695000/4741.01
胡文忠公遺集八十六卷　(清)胡林翼撰　(清)鄭敦謹　(清)曾國荃編輯　清同治六年(1867)湖廣總督署刻本　二十四冊

310000－0243－0007023　695000/4741－1
研六室文鈔補遺一卷　(清)胡培翬撰　清光緒六年(1880)胡培翬刻本　一冊

310000－0243－0007024　695000/4742
曬書堂全集三十五卷　(清)郝懿行撰　清光緒十年(1884)棲霞郝式曬書堂刻本　十八冊

310000－0243－0007025　695000/4744
漱六山房文集十二卷　(清)郝植恭撰　清光緒四年(1878)刻本　六冊

310000－0243－0007026　695000/4748
寸草堂詩鈔十三卷　(清)胡式鈺撰　清道光胡氏家刻本　六冊

310000－0243－0007027　695000/4782
靈芝仙館詩鈔十二卷捲秋亭詞鈔二卷　(清)胡念修撰　清光緒二十七年(1901)刻鵠齋刻本　四冊

310000－0243－0007028　695000/4830
八指頭陀詩集五卷文集一卷　(清)釋敬安撰　清光緒釋敬安刻本　二冊

310000－0243－0007029　695000/4880
柏梘山房詩文集三十卷　(清)梅曾亮撰　清咸豐六年(1856)朱琦刻本　六冊

310000－0243－0007030　695000/4905.1
嫄雅堂詩集八卷　(清)趙文哲撰　清宣統三年(1911)江浦陳氏刻本　一冊

310000－0243－0007031　695000/4917－1
樂潛堂詩二集六卷飛鴻閣琴意二卷　(清)趙

函撰　清道光刻本　四冊

310000－0243－0007032　695000/4920.01
趙裘萼公賸稿四卷　(清)趙熊詔撰　(清)趙侗敩編　清光緒二十三年(1897)浙江書局刻本　二冊

310000－0243－0007033　695000/4930
悲盦居士詩賸一卷　(清)趙之謙撰　清光緒十一年(1885)刻本　二冊

310000－0243－0007034　695000/4944
濾月軒集詩集二卷詩續集二卷文集一卷詩餘一卷　(清)趙棻撰　清道光烏程汪氏家刻本　二冊

310000－0243－0007035　695000/4952.01
趙恭毅公賸稿八卷　(清)趙申喬撰　(清)趙侗敩編　清光緒十八年(1892)浙江書局刻本　四冊

310000－0243－0007036　695000/4964
青草堂集十二卷　(清)趙國華撰　清同治十一年(1872)趙氏自刻本　四冊

310000－0243－0007037　695000/4980.1
江南趙氏楹聯叢話二卷　(清)趙曾望撰　清光緒十八年(1892)趙氏家刻本　二冊

310000－0243－0007038　695000/5023
虹橋老屋遺稿文四卷詩五卷　(清)秦緗業撰　清光緒十五年(1889)秦氏自刻本　三冊

310000－0243－0007039　695000/5023
虹橋老屋遺稿文四卷詩五卷　(清)秦緗業撰　清光緒十五年(1889)秦氏自刻本　三冊

310000－0243－0007040　695000/5030
小峴山人文集六卷續文集二卷　(清)秦瀛撰　清嘉慶二十二年(1817)秦氏自刻本　六冊

310000－0243－0007041　695000/5039
聰山詩集八卷文集三卷　(清)申涵光撰　(清)劉佑選輯　清康熙二年(1663)劉佑刻本　四冊

310000－0243－0007042　695000/5044
梅隱詩鈔三卷詠史詩鈔二卷　(清)車林撰　清咸豐元年(1851)宋梁等刻本　一冊

310000－0243－0007043　695000/5084－1
小睡足寮詩錄四卷補錄二卷續錄四卷散叟倦稿一卷附錄一卷　(清)秦敏樹撰　清光緒二十三年至宣統二年(1897－1910)秦氏刻本　二冊

310000－0243－0007044　695000/5087
秋樹讀書樓遺集十六卷　(清)史善長撰　清道光十六年(1836)柳樹芳刻本　四冊

310000－0243－0007045　695000/5360
意園文略二卷　(清)盛昱撰　(清)楊鍾羲編　清宣統二年(1910)楊鍾羲刻本　一冊

310000－0243－0007046　695000/5514
四焉齋文集八卷詩集六卷附梯仙閣餘課一卷　(清)曹一士撰　(清)曹錫補編訂　清宣統二年(1910)刻本　六冊

310000－0243－0007047　695000/5523
淮南集著二卷　(清)曹允源撰　清光緒十七年(1891)曹氏刻本　一冊

310000－0243－0007048　695000/5547
曇雲閣詩集八卷外集一卷附錄二卷詞鈔一卷　(清)曹楙堅撰　清道光二十三年(1843)曹氏自刻本　六冊

310000－0243－0007049　695000/5547.01
曇雲閣詩附錄一卷外集不分卷詞鈔不分卷　(清)曹楙堅撰　清光緒二年(1876)樵方伯刻本　一冊

310000－0243－0007050　695000/6022
函樓詩鈔八卷因遇詩三十八首一卷詞鈔一卷　(清)易佩紳撰　清光緒八年(1882)易氏自刻本　二冊

310000－0243－0007051　695000/6030
養正書屋全集定本四十卷　(清)旻寧撰　清道光二年(1822)英和等寫刻本　十二冊

310000－0243－0007052　695000/6073
東莊吟稿　(清)呂留良撰　清宣統三年(1911)風雨樓鉛印本　一冊

310000－0243－0007053　695000/6450
高雲堂詩集十六卷　(清)釋曉青撰　清初華山刻本　四冊

310000－0243－0007054　695000/6611
小琅玕山館詩鈔十卷　(清)嚴廷玨撰　清同治十二年(1873)申江榷署刻本　二冊

310000－0243－0007055　695000/6614
鐵橋漫稿八卷　(清)嚴可均撰　清光緒十一年(1885)長洲蔣氏刻本　四冊

310000－0243－0007056　695000/6629
嚴太僕先生集十二卷　(清)嚴虞惇撰　清光緒十年(1884)常熟嚴氏家刻本　四冊

310000－0243－0007057　695000/6629
嚴太僕先生集十二卷　(清)嚴虞惇撰　清光緒十年(1884)常熟嚴氏家刻本　二冊

310000－0243－0007058　695000/7110
文選樓詩存四卷　(清)阮元撰　清嘉慶阮氏自刻本　一冊

310000－0243－0007059　695000/7110.1
揅經室詩錄五卷　(清)阮元撰　清同治三年(1864)阮祐刻本　二冊

310000－0243－0007060　695000/7110.101
揅經室詩錄五卷　(清)阮元撰　清道光十三年(1833)姑蘇阮氏文選樓刻本　四冊

310000－0243－0007061　695000/7112
馬徵君遺集六卷　(清)馬三俊撰　清同治刻本　二冊

310000－0243－0007062　695000/7120
淡園文集一卷外篇附錄　(清)馬徵麐撰　清光緒思古書堂刻本　一冊

310000－0243－0007063　695000/7127
山對齋文詩存稿二卷　(清)馬魯撰　清同治十二年(1873)敦倫常刻本　二冊

310000－0243－0007064　695000/7142
七錄齋詩選八卷　(清)阮葵生撰　清嘉慶十九年(1814)山陽阮氏家刻本　六冊

310000－0243－0007065　695000/7161
南齋集六卷附南齋詞二卷　(清)馬曰璐撰　清咸豐元年(1851)南海伍崇曜刻本　三冊

310000－0243－0007066　695000/7163
慈暉館詩草一卷詞草一卷附瑤花夢影錄一卷　(清)阮恩灤撰　清咸豐四年(1854)武林沈氏刻本　一冊

310000－0243－0007067　695000/7163.1
慈暉館詩草一卷詞草一卷　(清)阮恩灤撰　清光緒元年(1875)武林沈氏刻本　一冊

310000－0243－0007068　695000/7167
樊榭山房集三十七卷附錄八種　(清)厲鶚撰　清光緒十年(1884)錢塘汪氏振綺堂刻本　八冊

310000－0243－0007069　695000/7167.01
樊榭山房集二十卷　(清)厲鶚撰　清光緒十年(1884)錢塘汪氏振綺堂刻本　十冊

310000－0243－0007070　695000/7167.1
樊榭山房集外詩一卷　(清)厲鶚撰　清刻本　一冊

310000－0243－0007071　695000/7167.2
樊榭山房集外曲　(清)厲鶚撰　清刻本　一冊

310000－0243－0007072　695000/7201
悅雲山房詩存六卷風泉館詞存一卷　(清)劉敦元撰　清光緒二十八年(1902)天津徐氏刻本　二冊

310000－0243－0007073　695000/7203
青溪舊屋文集十一卷　(清)劉文淇撰　清光緒九年(1883)劉氏家刻本　二冊

310000－0243－0007074　695000/7208
研秋齋詩文略　(清)劉彥矩撰　清道光十七年(1837)王之堂刻本　一冊

310000－0243－0007075　695000/7221
食舊德齋雜著　(清)劉嶽雲撰　清光緒四川尊經書院刻本　二冊

310000－0243－0007076　695000/7233

劉禮部集十二卷　(清)劉逢祿撰　清道光十年(1830)思誤齋刻本　六冊

310000-0243-0007077　695000/7233-1
綠野齋前後合集六卷制藝一卷太湖詩草一卷　(清)劉鴻漸撰　(清)劉鐘慶　(清)劉鐘羲編　清道光二十四年(1844)濰陽劉氏家刻本　八冊

310000-0243-0007078　695000/7242
屺雲樓集八卷　(清)劉存仁撰　清咸豐三年(1853)劉氏家刻本　二冊

310000-0243-0007079　695000/7244
海峰先生文集十卷詩集六卷　(清)劉大櫆撰　(清)徐宗亮編校　清同治十三年(1874)英翰刻本　八冊

310000-0243-0007080　695000/7244.1
海峰先生詩集十卷　(清)劉大櫆撰　(清)姚鼐校定　清光緒二十五年(1899)蕭穆刻本　二冊

310000-0243-0007081　695000/7244-1
養晦堂詩集二卷文集十卷　(清)劉蓉撰　清光緒三年(1877)思賢講舍刻本　六冊

310000-0243-0007082　695000/7262
尚絅堂集詩集五十二卷詞集二卷文集二卷　(清)劉嗣綰撰　清同治八年(1869)陽湖劉氏家刻本　十冊

310000-0243-0007083　695000/7269
思補齋文集四卷　(清)劉星煒撰　(清)劉謹之等編　清光緒二十年(1894)武進劉氏家刻本　四冊

310000-0243-0007084　695000/7277
孟塗先生遺詩二卷　(清)劉開撰　清光緒十二年(1886)盱眙王錫元刻本　一冊

310000-0243-0007085　695000/7282
大潛山房詩鈔一卷　(清)劉銘傳撰　清同治七年(1868)刻本　一冊

310000-0243-0007086　695000/7402
粵遊草一卷外三種　(清)陸敦倫編撰　清光緒刻本　二冊

310000-0243-0007087　695000/7422
意茗山館詩稿十六卷　(清)陸嵩撰　清光緒十八年(1892)刻本　四冊

310000-0243-0007088　695000/7422-1
崧浦草堂詩集六卷　(清)陸我嵩撰　清咸豐元年(1851)青浦陸氏家刻本　二冊

310000-0243-0007089　695000/7425
崇百藥齋文集二十卷續集四卷三集十二卷　(清)陸繼輅撰　清光緒四年(1878)刻本　十二冊

310000-0243-0007090　695000/7425.1
崇百藥齋三集十二卷　(清)陸繼輅撰　清光緒四年(1878)興國州署刻本　四冊

310000-0243-0007091　695000/7433
儀顧堂集十六卷　(清)陸心源撰　清同治十三年(1874)福州刻本　四冊

310000-0243-0007092　695000/7433.01
儀顧堂集二十卷　(清)陸心源撰　清光緒二十四年(1898)歸安陸氏家刻本　八冊

310000-0243-0007093　695000/7433.01
儀顧堂集二十卷　(清)陸心源撰　清光緒二十四年(1898)歸安陸氏家刻本　八冊

310000-0243-0007094　695000/7442
疏快軒詩二卷　(清)陸楣紫撰　清光緒二十一年(1895)曹氏樂善堂木活字印本　一冊

310000-0243-0007095　695000/744243
桴亭先生詩鈔八卷　(清)陸世儀撰　(清)葉裕仁編　清光緒二年(1876)葉裕仁刻本　二冊

310000-0243-0007096　695000/7464
三癸東莊詩稿二卷雜著一卷　(清)陸旦華撰　(清)李曾祜　(清)陸仰曾輯　清同治十三年(1874)上海陸氏家刻本　二冊

310000-0243-0007097　695000/7474.01
三魚堂文集十二卷外集六卷附錄一卷三魚堂剩言十二卷　(清)陸隴其撰　清同治七年

(1868)湘鄉楊昌濬刻本　六册

310000－0243－0007098　695000/7474.02

三魚堂文集十二卷外集六卷附録一卷　(清)陸隴其撰　清末掃葉山房刻本　八册

310000－0243－0007099　695000/7500

句溪雜著六卷　(清)陳立撰　清光緒十四年(1888)廣雅書局刻本　二册

310000－0243－0007100　695000/7503

西泠仙詠三卷　(清)陳文述撰　清光緒八年(1882)西泠丁氏翠螺仙館刻本　二册

310000－0243－0007101　695000/7514

乾初先生遺集文鈔二卷詩鈔一卷外三種三卷　(清)陳確撰　清光緒十三年(1887)海昌羊氏刻本　一册

310000－0243－0007102　695000/7517

六九齋饌述稿四卷　(清)陳瑑撰　清刻本　一册

310000－0243－0007103　695000/7522.1

陳檢討集二十卷　(清)陳維崧撰　(清)程師恭注　清同治十三年(1874)大文堂刻本　八册

310000－0243－0007104　695000/7531

梅窩詩鈔三卷詞鈔一卷遺稿一卷　(清)陳良玉撰　清光緒刻本　二册

310000－0243－0007105　695000/7532

紫竹山房詩文集詩十二卷文二十卷　(清)陳兆崙撰　清刻本　十二册

310000－0243－0007106　695000/7535－1

東塾集六卷　(清)陳澧撰　清光緒十八年(1892)廖廷相刻本　三册

310000－0243－0007107　695000/7544

運甓齋文稿六卷文稿續編六卷詩稿續編六卷贈言録四卷　(清)陳勱撰　清光緒二十年(1894)刻本　四册

310000－0243－0007108　695000/7597

煮凌霄樹詩集六卷　(清)陳烱撰　清道光二十一年(1841)元和張肇辰刻本　一册

310000－0243－0007109　695000/7701

賴古堂詩六卷　(清)周亮工撰　清信芳閣木活字印本　四册

310000－0243－0007110　695000/7701－1

湘麋閣遺詩四卷蘭當詞二卷　(清)陶方琦撰　清光緒十六年(1890)鄂局刻本　二册

310000－0243－0007111　695000/7702

駕雲螭室詩録六卷　(清)周文禾撰　清光緒十三年(1887)寶山錢枏刻本　一册

310000－0243－0007112　695000/7714

經韻樓集十二卷　(清)段玉裁撰　清道光元年(1821)七葉衍祥堂刻本　六册

310000－0243－0007113　695000/7721

寶德堂詩鈔十卷附存二卷　(清)周衡撰　清光緒二年(1876)刻本　三册

310000－0243－0007114　695000/7730

春酒堂文集一卷　(清)周容撰　清宣統二年(1910)上海國學扶輪社鉛印本　一册

310000－0243－0007115　695000/7732

賓雲仙館詩集六卷　(清)周兆魚撰　清同治七年(1868)寶山周蓮士刻本　一册

310000－0243－0007116　695000/7734

期不負齋全集十四卷　(清)周家楣撰　繆荃孫等編　清光緒二十一年(1895)周志靖刻本　八册

310000－0243－0007117　695000/7743

留香室詩草四卷　(清)周志源撰　清光緒四年(1878)申江刻本　一册

310000－0243－0007118　695000/7743－1.1

桐埜詩集四卷　(清)周起渭撰　清咸豐二年(1852)貴陽文通書局鉛印本　二册

310000－0243－0007119　695000/7743－2

且巢詩存四卷　(清)周葆濂撰　清光緒十六年(1890)江寧周氏家刻本　一册

310000－0243－0007120　695000/7743－3

紅豆樹館詩稿十四卷逸稿一卷詞八卷　(清)陶樑撰　清末刻本　四册

310000－0243－0007121　695000/7744.1
翁山詩外十九卷　(清)屈大均撰　(清)淩鳳祥校　清宣統二年(1910)上海國學扶輪社鉛印本　十二册

310000－0243－0007122　695000/7746
思益堂集二十卷　(清)周壽昌撰　清光緒十四年(1888)長沙王先謙刻本　六册

310000－0243－0007123　695000/8000
豸華堂文鈔八卷豸華堂文鈔甲部十二卷　(清)金應麟撰　清光緒元年(1875)刻本　四册

310000－0243－0007124　695000/8014
佚老巢遺稿二卷　(清)翁元圻撰　清末刻本　二册

310000－0243－0007125　695000/8021
觀劇絶句三卷　(清)金德瑛等撰　葉德輝輯　清光緒三十四年(1908)葉氏觀古堂刻本　一册

310000－0243－0007126　695000/8021
觀劇絶句三卷　(清)金德瑛等撰　葉德輝輯　清光緒三十四年(1908)葉氏觀古堂刻本　一册

310000－0243－0007127　695000/8026.1
來雲閣詩六卷　(清)金和撰　清光緒十八年(1892)丹陽束氏刻本　二册

310000－0243－0007128　695000/8026－1
徧行堂集十六卷　(清)釋金堡撰　(清)古止(清)傅湧編　清宣統三年(1911)上海國學扶輪社鉛印本　八册

310000－0243－0007129　695000/8026－1
徧行堂集十六卷　(清)釋金堡撰　(清)古止(清)傅湧編　清宣統三年(1911)上海國學扶輪社鉛印本　八册

310000－0243－0007130　695000/8030
全謝山文鈔十六卷　(清)全祖望撰　清宣統二年(1910)上海國學扶輪社鉛印本　八册

310000－0243－0007131　695000/8030.1
句餘土音三卷　(清)全祖望撰　清宣統三年(1911)鉛印本　一册

310000－0243－0007132　695000/8030.3
鮚埼亭詩集十卷　(清)全祖望撰　(清)童賡年校刻　清光緒十六年(1890)慈溪童氏大郎山館刻本　四册

310000－0243－0007133　695000/8030.4
鮚埼亭集三十八卷經史問答十卷外編五十卷　(清)全祖望撰　(清)童秉純輯　(清)史夢蛟校　清同治姚江借樹山房刻本　十八册

310000－0243－0007134　695000/8030.4
鮚埼亭集三十八卷經史問答十卷外編五十卷　(清)全祖望撰　(清)童秉純輯　(清)史夢蛟校　清同治姚江借樹山房刻本　二十四册

310000－0243－0007135　695000/8033
印雪軒詩鈔十六卷　(清)俞鴻漸撰　清同治十三年(1874)刻本　二册

310000－0243－0007136　695000/8034
葦間詩集五卷　(清)姜宸英撰　(清)唐執玉編輯　清道光四年(1824)慈溪葉元愷刻本　六册

310000－0243－0007137　695000/8034.1
湛園未定稿六卷湛園札記四卷　(清)姜宸英撰　清刻本　六册

310000－0243－0007138　695000/8043
賓萌外集四卷　(清)俞樾撰　清同治五年(1866)杜文瀾刻本　二册

310000－0243－0007139　695000/8044
倚雲樓集古今體詩試帖詩餘　(清)金其恕撰　清光緒六年(1880)古魏塘金氏家刻本　二册

310000－0243－0007140　695000/8044－1
碧螺山館詩鈔　(清)金蘭撰　清光緒十五年(1889)稿本　四册

310000－0243－0007141　695000/8047
古歡室詩集三卷浣月詞一卷　(清)曾懿撰

清光緒刻本　二册

310000－0243－0007142　695000/8047－1

金忠節公文集四卷　(明)金聲撰　清嘉慶五年(1800)休寧金氏家刻本　四册

310000－0243－0007143　695000/8064

曾文正公詩集四卷　(清)曾國藩輯　(清)王定安增輯　清同治十三年(1874)傳忠書局刻本　一册

310000－0243－0007144　695000/8081

聖歎秘書六卷　(清)金人瑞撰　證壽社編　清光緒三十一年(1905)證壽社鉛印本　一册

310000－0243－0007145　695000/8081.1

金聖歎全集八卷　(清)金人瑞撰　清末上海錦文堂石印本　八册

310000－0243－0007146　695000/8081.1

金聖歎全集八卷　(清)金人瑞撰　清末上海錦文堂石印本　八册

310000－0243－0007147　695000/8081.201

貫華堂才子書彙稿　(清)金人瑞撰　清宣統二年(1910)順德鄧氏刻本　三册

310000－0243－0007148　695000/8097

賞雨茅屋詩集二十二卷附外集　(清)曾燠撰　清道光三年(1823)盱江曾氏刻本　七册

310000－0243－0007149　695000/8308.1

牧齋先生初學集一百十卷　(清)錢謙益撰　(清)錢曾箋注　清宣統二年(1910)邃漢齋鉛印本　二十四册

310000－0243－0007150　695000/8308.101

牧齋初學集二十卷　(清)錢謙益撰　清宣統三年(1911)上海國學扶輪社鉛印本　十二册

310000－0243－0007151　695000/8308.2

錢牧齋文鈔　(清)錢謙益撰　(清)黄人選　清宣統元年(1909)上海國學扶輪社鉛印本　四册

310000－0243－0007152　695000/8308.2

錢牧齋文鈔　(清)錢謙益撰　(清)黄人選　清宣統元年(1909)上海國學扶輪社鉛印本　四册

310000－0243－0007153　695000/8308.3

投筆集箋注二卷　(清)錢謙益撰　(清)錢曾箋注　清宣統二年(1910)順德鄧氏風雨樓刻本　一册

310000－0243－0007154　695000/8308.4

錢牧齋初學集二十卷　(清)錢謙益撰　(清)錢曾箋注　清宣統三年(1911)上海國學扶輪社石印本　四册

310000－0243－0007155　695000/8324

衍石齋記事稿十卷續稿十卷　(清)錢儀吉撰　清光緒七年(1881)嘉興錢氏刻本　十册

310000－0243－0007156　695000/8324－1

清風室詩鈔五卷文鈔十二卷外一種　(清)錢保塘撰　清宣統三年至民國三年(1911－1914)江寧錢氏清風室刻本　六册

310000－0243－0007157　695000/8331

存素堂詩稿十三卷　(清)錢寶琛撰　清同治七年(1868)刻本　二册

310000－0243－0007158　695000/8332

錢南園先生遺集五卷　(清)錢灃撰　清同治十一年(1872)滇南劉崐刻本　二册

310000－0243－0007159　695000/8332.01

錢南園先生遺集五卷　(清)錢灃撰　清光緒十九年(1893)浙江書局刻本　二册

310000－0243－0007160　695000/8343

籜石齋文集二十六卷　(清)錢載撰　清刻本　二册

310000－0243－0007161　695000/8344

女書癡存稿三卷　(清)錢蕙纕撰　清道光刻本　一册

310000－0243－0007162　695000/8346

潛研堂詩文集六十卷　(清)錢大昕撰　清嘉慶刻本　十三册

310000－0243－0007163　695000/8354

甘泉鄉人稿二十四卷餘稿三卷附年譜四子遺著一卷　(清)錢泰吉撰　清同治十一年

(1872)嘉興錢氏家刻本　七册

310000－0243－0007164　695000/8354
甘泉鄉人稿二十四卷餘稿三卷附年譜四子遺著一卷　(清)錢泰吉撰　清同治十一年(1872)嘉興錢氏家刻本　六册

310000－0243－0007165　695000/8371－1
龠翁詩鈔四卷附寄生吟草　(清)錢辰撰　清光緒八年(1882)南錢草堂刻本　二册

310000－0243－0007166　695000/8714
海紅華館詩鈔十卷詞鈔二卷　(清)鄭璜撰　清道光十五年(1835)刻本　二册

310000－0243－0007167　695000/8720
缾水齋詩集十六卷别集二卷　(清)舒位撰　清光緒十二年(1886)邊保樞刻本　六册

310000－0243－0007168　695000/8720.01
缾水齋詩集十七卷别集二卷詩話一卷　(清)舒位撰　清光緒十二年(1886)邊保樞刻本　八册

310000－0243－0007169　695000/8731
玉句草堂集四卷　(清)鄭澐撰　清嘉慶十四年(1809)休寧戴延介刻本　二册

310000－0243－0007170　695000/8741
蓮因室詩詞集詩二卷詞一卷　(清)鄭蘭孫撰　清光緒元年(1875)仁和徐氏家刻本　二册

310000－0243－0007171　695000/8799
鄭板橋集五種五卷　(清)鄭燮撰　清寫刻本　四册

310000－0243－0007172　695000/8799.01
鄭板橋集五種五卷　(清)鄭燮撰　清寫刻本　四册

310000－0243－0007173　695000/8799.101
鄭板橋集五種五卷　(清)鄭燮撰　清寫刻本　四册

310000－0243－0007174　695000/8799.2
板橋道情家書題畫　(清)鄭燮撰　清寫刻本　一册

310000－0243－0007175　695000/8848
硃批詳注管緘若稿八卷　(清)管世銘撰　清光緒十七年(1891)京都琉璃廠刻本　四册

310000－0243－0007176　695000/8877
因寄軒文初集十卷　(清)管同撰　清光緒五年(1879)刻本　二册

310000－0243－0007177　695000/8877.1
因寄軒文初集十卷二集六卷補遺一卷　(清)管同撰　清光緒五年(1879)刻本　四册

310000－0243－0007178　695000/9747
甌香館集十二卷首一卷末一卷　(清)惲格撰　(清)蔣光煦輯　清道光刻本　四册

310000－0243－0007179　696000/1073
湘綺樓箋啟八卷　王闓運撰　清光緒三十三年(1907)墨莊劉氏刻本　四册

310000－0243－0007180　696000/1073.1
湘綺樓全集三十卷　王闓運撰　清宣統二年(1910)上海國學扶輪社石印本　十二册

310000－0243－0007181　696000/2130
熊氏遺集二卷滇南壯遊集文稿一卷詩稿一卷　(清)熊賓撰　陳祖蕃編訂　清宣統三年(1911)武昌傳集文齋鉛印本　三册

310000－0243－0007182　696000/2530
彊邨詞四卷　朱祖謀撰　清光緒三十一年(1905)歸安朱氏家刻本　一册

310000－0243－0007183　696000/2584
知止軒文草二卷辛壬雜草一卷　(清)朱鎮撰　清宣統二年至民國四年(1910－1915)嵇文墨齋刻本　一册

310000－0243－0007184　696000/2627.1
缶廬詩四卷别存一卷　(清)吴俊卿撰　清光緒刻本　一册

310000－0243－0007185　696000/2741
藝風堂文集七卷外篇一卷　繆荃孫撰　清光緒二十六年(1900)刻本　四册

310000－0243－0007186　696000/2741.1
藝風堂文集七卷外篇一卷續文集八卷漫存辛

壬稿三卷　繆荃孫撰　清光緒二十六年至民國二年(1900－1913)刻本　九册

310000－0243－0007187　696000/2816
錦瑟集一卷　徐乃昌撰　清光緒十七年(1891)刻本　一册

310000－0243－0007188　696000/3143
汪雲壑稿一卷馮夔颺稿一卷　汪如洋等撰　清末民初鉛印本　一册

310000－0243－0007189　696000/3167.1
蒿盦續稿三卷　馮煦撰　清刻本　一册

310000－0243－0007190　696000/3214
說劍堂集五種五卷　潘飛聲撰　清光緒十七年(1891)羊城富文齋刻本　一册

310000－0243－0007191　696000/3334.2
飲冰室自由書二卷　梁啟超撰　清光緒二十七年(1901)日本清議報館鉛印本　一册

310000－0243－0007192　696000/3334.2
飲冰室自由書二卷　梁啟超撰　清光緒二十七年(1901)日本清議報館鉛印本　一册

310000－0243－0007193　696000/3474
刻鵠集三卷　沈同芳撰　清宣統三年(1911)萬物炊累室類稿乙編本　一册

310000－0243－0007194　696000/4008.1
七月廠作　李詳撰　清光緒三十二年(1906)金陵湯明林書莊刻本　一册

310000－0243－0007195　696000/4413
隨扈紀行詩存一卷　蔣廷黻撰　清末刻本　一册

310000－0243－0007196　696000/4413.1
讀左雜詠一卷　蔣廷黻撰　清末刻本　一册

310000－0243－0007197　696000/4414
袖海集二卷　葉玉森撰　清宣統鉛印本　一册

310000－0243－0007198　696000/4429.1
消夏百一詩二卷　葉德輝撰　清光緒三十三年(1907)長沙葉氏鉛印本　一册

310000－0243－0007199　696000/4443.2
樊山集二十二卷　樊增祥撰　清光緒十九年(1893)渭南縣署刻本　四册

310000－0243－0007200　696000/4787
賜覅閣外集另編　胡欽撰　清光緒三十三年(1907)鉛印本　一册

310000－0243－0007201　696000/6022
摩圍閣詩二卷詞二卷　易順鼎撰　清光緒八年(1882)刻本　二册

310000－0243－0007202　696000/6022.1
丁戊之間行卷十卷摩圍閣詞二卷錦里詩錄一卷青城詩錄一卷峨眉詩錄一卷林屋詩錄一卷游梁詩賸二卷　易順鼎撰　清光緒四年至十六年(1878－1890)刻本　四册

310000－0243－0007203　696000/6071
寶雲山館詩集　畢長豫撰　清宣統三年(1911)太倉畢氏刻本　一册

310000－0243－0007204　696000/7143
抱潤軒文集十卷　馬其昶撰　清宣統元年(1909)安徽石印本　一册

310000－0243－0007205　696000/7143
抱潤軒文集十卷　馬其昶撰　清宣統元年(1909)安徽石印本　一册

310000－0243－0007206　696000/7500
冬暄草堂遺詩二卷　陳豪撰　清宣統三年(1911)刻本　二册

310000－0243－0007207　696000/7510.1
散原精舍詩二卷　(清)陳三立撰　清宣統元年(1909)義甯陳氏鉛印本　二册

310000－0243－0007208　696000/7510.1
散原精舍詩二卷　(清)陳三立撰　清宣統元年(1909)義甯陳氏鉛印本　二册

310000－0243－0007209　696000/7521
可園文存十六卷詩存二十八卷詞存四卷　(清)陳作霖撰　清宣統元年至二年(1909－1910)江甯陳氏家刻本　十册

310000－0243－0007210　696000/7580－1

松壽堂詩鈔十卷　陳夔龍撰　清宣統三年(1911)京師陳氏刻本　四册

310000－0243－0007211　696000/7743
式古訓齋文集二卷外集一卷　閔萃祥撰　清光緒三十四年(1908)上海刻本　一册

310000－0243－0007212　696000/8724
懷甯舒摯甫集四卷　舒紹基撰　清宣統元年(1909)舒氏木活字印本　二册

310000－0243－0007213　696000/8728
含英軒文集五種五卷　鄭傳笈撰　清光緒三十年(1904)鎮海鄭氏鉛印本　五册

310000－0243－0007214　697000/7144
嵩陽耆舊詩集二卷　(朝鮮)馬權輯　(朝鮮)金澤榮修輯　清宣統二年(1910)通州翰墨林書局鉛印本　一册

310000－0243－0007215　698000/3308
楹聯叢話十二卷　(清)梁章鉅輯　清道光二十年(1840)桂林撫署刻本　六册

310000－0243－0007216　698000/3308
楹聯叢話十二卷　(清)梁章鉅輯　清道光二十年(1840)桂林撫署刻本　六册

310000－0243－0007217　698000/4663
楹聯集腋二卷　(清)楊昌礽輯　清光緒元年(1875)許寶蓮刻本　一册

310000－0243－0007218　698000/4777
楹聯集錦八卷　(清)胡鳳丹撰　清同治六年(1867)刻本　四册

310000－0243－0007219　700000/1262
平津館叢書四十二種　(清)孫星衍輯　清嘉慶十七年(1812)蘭陵孫氏刻本　六十册

310000－0243－0007220　701500/0040
式訓堂叢書　(清)章壽康輯刻　清光緒三年(1877)會稽章氏式訓堂刻本　二十四册

310000－0243－0007221　701500/0040
式訓堂叢書一集十四種　(清)章壽康輯刻　清光緒三年(1877)會稽章氏式訓堂刻本　十二册

310000－0243－0007222　701500/0123
半厂叢書初編十一種　(清)譚獻輯　清光緒十五年(1889)刻本　二十册

310000－0243－0007223　701500/0848
娛園叢刻　(清)許增輯　清光緒十五年(1889)刻本　三册

310000－0243－0007224　701500/0848.1
榆園叢刻二十八種　(清)許增校刻　清光緒十九年(1893)娛園刻本　十六册

310000－0243－0007225　701500/1010
當歸草堂叢書八種　(清)丁丙輯　清同治二年(1863)錢塘丁氏刻本　六册

310000－0243－0007226　701500/1033
學古堂日記四十四種　(清)雷浚　(清)汪之昌輯　清光緒十六年(1890)刻本　二十六册

310000－0243－0007227　701500/1035
月河精舍叢鈔五種　(清)丁寶書輯　清光緒六年(1880)苕溪丁氏刻本　二十册

310000－0243－0007228　701500/1049
天壤閣叢書十八種　(清)王懿榮編　清光緒七年(1881)天壤閣刻本　十二册

310000－0243－0007229　701500/1134－1
二酉堂叢書二十一種　(清)張澍輯　清道光元年(1821)二酉堂刻本　十二册

310000－0243－0007230　701500/1137
昭代叢書十三集五百六十一種　(清)張潮等輯　清道光十三年(1833)世楷堂刻本　一百七十二册

310000－0243－0007231　701500/1137－1
學津討原二十集一百七十種　(清)張海鵬刻　清嘉慶九年(1804)涵芬樓刻本　二百册

310000－0243－0007232　701500/1137－1
學津討原二十集一百七十種　(清)張海鵬刻　清嘉慶九年(1804)涵芬樓刻本　二百册

310000－0243－0007233　701500/1149
花雨樓叢鈔十四種續鈔十四種　(清)張壽榮輯　清光緒九年(1883)蛟川張氏刻本　二十

八册

310000－0243－0007234　701500/1247
玲瓏山館叢書九十一種　（清）孫穀輯　清光緒十五年（1889）文選樓刻本　四十册

310000－0243－0007235　701500/1271
武英殿聚珍版叢書一百十五種　（清）高宗弘曆編　清刻本　六百册

310000－0243－0007236　701500/1712
五經歲徧齋校書三種　（清）翟雲升輯　清道光十二年（1832）刻本　十册

310000－0243－0007237　701500/2105
慎始基齋叢書十一種　（清）盧靖輯　清光緒沔陽盧氏北京刻本　八册

310000－0243－0007238　701500/2126
粤雅堂叢書三十集一百八十九種　（清）伍崇曜校刻　清道光三十年至光緒元年（1850－1875）刻本　四百八册

310000－0243－0007239　701500/2230
藝林述記三十四種續述記十二種　（清）任兆麟選録　清嘉慶十五年（1810）刻本　八册

310000－0243－0007240　701500/2310
簪喜廬叢書三種附二李唱和集一卷　（清）傅雲龍輯　清光緒十五年（1889）德清傅氏日本東京影刻本　六册

310000－0243－0007241　701500/2509
槐廬叢書四集五十五種　（清）朱記榮輯　清光緒十三年（1887）吳縣朱氏家塾刻本　八十册

310000－0243－0007242　701500/2509.1
校經山房叢書二十六種　（清）朱記榮校刻　清光緒三十年（1904）孫谿槐廬家塾刻本　三十二册

310000－0243－0007243　701500/2538
結一廬朱氏賸餘叢書四種　（清）朱澂輯　清光緒三十一年（1905）刻本　二十册

310000－0243－0007244　701500/2611
有福讀書堂叢刻四種　（清）吳引孫輯　清光緒二十七年（1901）揚州吳氏刻本　二册

310000－0243－0007245　701500/2611
有福讀書堂叢刻四種　（清）吳引孫輯　清光緒二十七年（1901）揚州吳氏刻本　二册

310000－0243－0007246　701500/2630.1
拜經樓叢書七種　（清）吳騫輯　清光緒十一年（1885）會稽章氏鄂渚刻本　八册

310000－0243－0007247　701500/2630.1
拜經樓叢書七種　（清）吳騫輯　清光緒十一年（1885）會稽章氏鄂渚刻本　六册

310000－0243－0007248　701500/2694
藝海珠塵一百七十一種　（清）吳省蘭輯　清聽彝堂刻本　六十四册

310000－0243－0007249　701500/2700
觀古閣叢刻八種十二卷　（清）鮑康輯　清同治十二年（1873）鮑氏觀古閣刻本　八册

310000－0243－0007250　701500/2714
知不足齋叢書三十集二百七種　（清）鮑廷博輯　（清）鮑志祖續輯　清乾隆、嘉慶長塘鮑氏刻本　二百四十册

310000－0243－0007251　701500/2714.1
後知不足齋叢書二十五種　（清）鮑廷爵輯　清光緒十年（1884）常熟鮑氏刻本　三十二册

310000－0243－0007252　701500/2824
學壽堂叢書十二種　（清）徐紹楨撰輯　清同治二年至光緒二十三年（1863－1897）刻本　二十六册

310000－0243－0007253　701500/2832
春暉堂叢書十二種　（清）徐渭仁輯　清咸豐元年（1851）刻本　十二册

310000－0243－0007254　701500/2832
春暉堂叢書十二種　（清）徐渭仁輯　清咸豐元年（1851）刻本　十一册

310000－0243－0007255　701500/2844
融經館叢書十種　（清）徐友蘭輯　清光緒十三年（1887）融經館刻本　二十二册

310000－0243－0007256　701500/2848
邵武徐氏叢書二十二種　(清)徐幹輯　清光緒刻本　三十册　存十九種一百二十五卷(初刻十二種六十九卷、二集七種五十六卷)

310000－0243－0007257　701500/2849
觀自得齋叢書二十八種　(清)徐士愷輯　清光緒十八年(1892)徐氏觀自得齋刻本　二十四册

310000－0243－0007258　701500/3108
振綺堂叢書第一集十三種　(清)汪康年輯　清宣統二年(1910)鉛印本　六册

310000－0243－0007259　701500/3120
周易姚氏學三十三種　(清)湖北崇文書局編　清光緒三年(1877)刻本　八十册

310000－0243－0007260　701500/3127
讀畫齋叢書四十四種　(清)顧修輯　清嘉慶四年(1799)刻本　六十四册

310000－0243－0007261　701500/3136
小石山房叢書三十九種　(清)顧湘輯　清同治十三年(1874)刻本　十六册

310000－0243－0007262　701500/3141
靈鶼閣叢書五十六種　(清)江標校刻　清光緒二十三年(1897)蘇州察院場振新書社刻本　四十八册

310000－0243－0007263　701500/3143
秘書二十一種　(清)汪士漢輯　清嘉慶九年(1804)刻本　十二册

310000－0243－0007264　701500/3225
海山仙館叢書五十六種　(清)潘仕成輯　清道光二十九年(1849)刻本　一百二十册

310000－0243－0007265　701500/3234
功順堂叢書十八種　(清)潘祖蔭輯　清光緒刻本　三十二册

310000－0243－0007266　701500/3234
功順堂叢書十八種　(清)潘祖蔭輯　清光緒刻本　三十二册

310000－0243－0007267　701500/3234.1
滂喜齋叢書五十二種　(清)潘祖蔭輯　清光緒三年(1877)刻本　三十二册

310000－0243－0007268　701500/3330
南菁札記十四種　(清)溥良輯　清光緒二十年(1894)刻本　六册

310000－0243－0007269　701500/4001
函海一百六十五種　(清)李調元輯　清光緒七年(1881)福州正誼書院刻本　一百六十册

310000－0243－0007270　701500/4030
正覺樓叢書二十九種　(清)李瀚章輯　清光緒七年(1881)刻本　三十六册

310000－0243－0007271　701500/4039
正誼堂全書六十三種　(清)左宗棠校刻　清同治八年(1869)刻本　一百五十九册

310000－0243－0007272　701500/4058
木犀軒叢書三十一種　(清)李盛鐸輯　清光緒十三年(1887)刻本　三十六册

310000－0243－0007273　701500/4068
集虚草堂叢書甲集十種　(清)李國松輯　清光緒三十二年(1906)合肥李氏刻本　二十四册

310000－0243－0007274　701500/4082
惜陰軒叢書三十五種　(清)李錫齡輯　清光緒十四年(1888)刻本　一百二十册

310000－0243－0007275　701500/4241
咫進齋叢書三十五種　(清)姚覲元校刻　清光緒九年(1883)刻本　二十四册

310000－0243－0007276　701500/4243
著作林五十二種　著作林社編輯部編　清光緒三十二年(1906)刻本　十三册

310000－0243－0007277　701500/4273
晉石厂叢書十種　(清)姚慰祖輯　清光緒七年(1881)鐵琴銅劍樓刻本　六册

310000－0243－0007278　701500/4273.1
晉石厂叢書十種　(清)姚慰祖輯　(清)瞿啟甲增補　清光緒七年(1881)鐵琴銅劍樓刻本　四册　存七種七卷(七錄序目一卷、九經誤

字一卷、鄭學書目一卷、古今僞書考一卷、南江文鈔一卷、竹汀先生日記鈔一卷、非石日記鈔一卷）

310000－0243－0007279　701500/4416
嘯園叢書四十四種　（清）葛元煦輯　清光緒五年（1879）刻本　七十三册

310000－0243－0007280　701500/4428
求實齋叢書十五種　（清）蔣德鈞輯　清光緒十七年（1891）湘鄉蔣氏刻本　八册

310000－0243－0007281　701500/4429
觀古堂彙刻書第一集十五種第二集六種　葉德輝輯　清光緒二十四年至民國元年（1898－1912）湘潭葉氏刻本　十五册

310000－0243－0007282　701500/4429.1
麗樓叢書九種　葉德輝輯　清光緒三十三年（1907）長沙葉氏刻本　八册

310000－0243－0007283　701500/4429.2
雙梅景闇叢書八種　葉德輝輯　清宣統三年（1911）長沙葉氏刻本　四册

310000－0243－0007284　701500/4430
長恩書室叢書甲集十種乙集八種　（清）莊肇麟輯　清咸豐四年（1854）過客軒刻本　十四册

310000－0243－0007285　701500/443847
梨洲遺書彙刊二十九種　（清）黄宗羲撰　（清）薛鳳昌編　清宣統二年（1910）上海時中書局鉛印本　二十册

310000－0243－0007286　701500/4474
心矩齋叢書七種　（清）蔣鳳藻輯　清光緒十四年（1888）文學山房刻本　二十四册

310000－0243－0007287　701500/4491
海粟廬叢書九種　（清）華焯校刻　清末刻本　十四册

310000－0243－0007288　701500/4690
連筠簃叢書十二種　（清）楊尚文校刻　清道光二十八年（1848）刻本　三十册

310000－0243－0007289　701500/4690
連筠簃叢書十二種　（清）楊尚文校刻　清道光二十八年（1848）刻本　三十册

310000－0243－0007290　701500/4741
盾鼻餘瀋一卷　（清）柳葆元等錄　清光緒七年（1881）刻本　一册

310000－0243－0007291　701500/4748
宜稼堂叢書十二種　（清）郁松年校刻　清道光二十一年（1841）刻本　六十四册

310000－0243－0007292　701500/5423
掌故叢編七種三十三卷　掃葉山房輯　清光緒二十九年（1903）掃葉山房石印本　十四册

310000－0243－0007293　701500/7123
龍威秘書十集一百八十種　（清）馬俊良輯　清世德堂刻本　六十四册

310000－0243－0007294　701500/7269
述古叢鈔十種　（清）劉晚榮輯　清同治九年（1870）藏修書屋刻本　一册　存三種三卷（藏書紀要一卷、裝潢志一卷、繪事津梁一卷）

310000－0243－0007295　701500/7433
十萬卷樓叢書五十種　（清）陸心源輯　清光緒五年（1879）歸安陸氏刻本　一百册

310000－0243－0007296　701500/7550
湖海樓叢書十三種　（清）陳春校刻　清嘉慶二十四年（1819）蕭山陳氏湖海樓刻本　十四册

310000－0243－0007297　701500/8053
硯雲甲編八種乙編八種　（清）金忠淳輯　清光緒申報館鉛印本　十册　缺三種（乙編四至六）

310000－0243－0007298　701500/8077.01
屑玉叢譚初集二十種　（清）錢徵　蔡爾康輯　清光緒四年（1878）上海申報館鉛印本　六册

310000－0243－0007299　701500/8077.1
屑玉叢譚第三集二十三種　（清）錢徵　蔡爾康輯　清光緒四年（1878）上海申報館鉛印本　六册

310000－0243－0007300　701500/8077.2

屑玉叢譚第四集九種　(清)錢徵　蔡爾康輯　清光緒四年(1878)上海申報館鉛印本　六册

310000－0243－0007301　701500/8338

吴越叢書二十種　(清)錢樂等輯　清嘉慶二十三年(1818)敬恕堂刻本　十九册

310000－0243－0007302　701500/8342

小萬卷樓叢書十七種　(清)錢培名輯　清光緒四年(1878)刻本　十六册

310000－0243－0007303　701600/1020

南菁書館叢書八集四十種　王先謙編纂　清光緒十四年(1888)刻本　四十册

310000－0243－0007304　701600/1182.1

張氏適園叢書七種　張鈞衡輯　清宣統三年(1911)上海國學扶輪社鉛印本　十册

310000－0243－0007305　701600/2741.2

藕香零拾三十九種　繆荃孫輯　清宣統二年(1910)刻本　三十二册

310000－0243－0007306　701600/2741

雲自在龕叢書五集十九種　繆荃孫校輯　清光緒二十五年(1899)江陰繆氏刻本　二十五册

310000－0243－0007307　701600/2816

積學齋叢書二十種　徐乃昌輯校　清光緒十九年(1893)刻本　十六册

310000－0243－0007308　701600/2816.1

懷豳雜俎十二種　徐乃昌輯　清宣統三年(1911)刻本　八册

310000－0243－0007309　701600/3436

晨風閣叢書二十二種　沈宗畸輯　清宣統元年(1909)番禺沈宗畸刻本　十六册

310000－0243－0007310　701600/6051

雪堂叢刻五十二種　羅振玉輯　清宣統元年(1909)鉛印本　二十册

310000－0243－0007311　701600/6051

雪堂叢刻五十二種　羅振玉輯　清宣統元年(1909)鉛印本　十九册　缺二種二卷(島夷志略校注一卷、日本橘氏燉煌將來藏經目錄一卷)

310000－0243－0007312　701600/6051

雪堂叢刻五十二種　羅振玉輯　清宣統元年(1909)鉛印本　二十册

310000－0243－0007313　701600/6051.1

玉簡齋叢書十種　羅振玉輯　清宣統二年(1910)刻本　八册

310000－0243－0007314　701600/7519.1

麈海妙品十二種　(清)陳琰輯　清宣統三年(1911)上海六藝書局石印本　四册

310000－0243－0007315　701600/8077.1

屑玉叢譚二集六卷　(清)錢徵　蔡爾康輯　清光緒四年(1878)申報館鉛印本　五册

310000－0243－0007316　702000/1005

湖墅叢書五種　(清)王麟書輯　清光緒五年(1879)刻本　六册

310000－0243－0007317　702000/1010

西泠五布衣遺著三十二卷　(清)丁丙輯　清同治十二年(1873)錢塘丁氏刻本　八册

310000－0243－0007318　702000/1010.1

武林往哲遺著五十二種後編十種　(清)丁丙編　清光緒二十三年(1897)嘉惠堂丁氏刻本　九十六册

310000－0243－0007319　702000/1034－1

重思齋叢書四種　(清)王家枚輯　清光緒二十四年(1898)江陰王氏重思齋刻本　四册

310000－0243－0007320　702000/1050

武林掌故叢編一百八十七種　(清)丁申　(清)丁丙編　清光緒四年至二十六年(1878－1900)刻本　二百八册

310000－0243－0007321　702000/1233/1

檇李遺書二十種　(清)孫福清輯校　清光緒六年(1880)刻本　二十册

310000－0243－0007322　702000/1246

永嘉叢書十二種　(清)孫希旦輯　清光緒五

年(1879)刻本　一百册

310000－0243－0007323　702000/1246

永嘉叢書十二種　(清)孫希旦輯　清光緒五年(1879)刻本　八十册

310000－0243－0007324　702000/2114

粵十三家集一百八十六卷　(清)伍元薇輯　清道光二十年(1840)詩雪軒刻本　四十册

310000－0243－0007325　702000/2126

嶺南遺書六十種　(清)伍崇曜校刻　清同治二年(1863)粵雅堂刻本　九十册

310000－0243－0007326　702000/2353

國朝金陵叢刻十五種　(清)傅春官輯　清光緒二十七年(1901)刻本　八册

310000－0243－0007327　702000/2602

浙西六家詩鈔六卷　(清)吳應和　(清)馬洵選　清道光七年(1827)刻本　六册

310000－0243－0007328　702000/2664

金山姚程三先生遺集四種　(清)程國嘉輯　清光緒八年(1882)刻本　四册

310000－0243－0007329　702000/2784

越中文獻輯存書第一集六種　紹興公報社編　清宣統三年(1911)鉛印本　四册

310000－0243－0007330　702000/2844

紹興先正遺書第一集四種第二集三種第三集四種第四集四種　(清)徐友蘭輯　清光緒十三年至十九年(1887－1893)刻本　四十八册

310000－0243－0007331　702000/3308

浦城遺書十八種　(清)梁章鉅　(清)祝昌泰校刻　清道光十二年(1832)留香室刻本　四十册

310000－0243－0007332　702000/3477

豫章三洪集三種　(宋)洪朋等撰　清光緒元年(1875)刻本　二册

310000－0243－0007333　702000/4437

湖州十家詩選十種　蔣鴻輯　清宣統元年(1909)刻月河草堂叢書本　三册

310000－0243－0007334　702000/4777

金華叢書六十七種　(清)胡鳳丹纂　清同治八年(1869)退補齋刻本　二百七十五册

310000－0243－0007335　702000/4995

湖北叢書三十一種　(清)趙尚輔校刻　清光緒十七年(1891)三餘草堂刻本　一百册

310000－0243－0007336　702000/5300

常州先哲遺書三十九種　(清)盛康彙刻　清光緒二十三年(1897)刻本　七十六册

310000－0243－0007337　702000/5300

常州先哲遺書三十九種　(清)盛康彙刻　清光緒二十三年(1897)刻本　六十四册

310000－0243－0007338　702000/7260.1

續中州名賢文表六十八卷　(清)邵松年撰　清光緒三十一年(1905)鴻文書局石印本　二十二册

310000－0243－0007339　702000/7433

湖州叢書九種　(清)陸心源輯　清刻本　二十四册

310000－0243－0007340　703100/0442

謝疊山先生譯注四種　(宋)謝枋得撰　清光緒刻本　四册

310000－0243－0007341　703100/0821

許文正公遺書十二卷　(元)許衡撰　(明)蕭鳴鳳校　清光緒十三年(1887)傳經堂刻本　四册

310000－0243－0007342　703100/1205

孫文恭公遺書八種　(明)孫應鼇撰　清宣統二年(1910)國學扶輪社鉛印本　八册

310000－0243－0007343　703100/3135

顧端文公遺書十四種　(明)顧憲成撰　(清)顧貞觀輯　清光緒三年(1877)刻本　十六册

310000－0243－0007344　703100/4442

石林遺書十三種　(宋)葉夢得撰　清宣統三年(1911)刻本　十二册

310000－0243－0007345　703100/5844

東谷敖先生遺書六種　(明)敖英撰　清道光

刻本　六册

310000－0243－0007346　703100/7757
周孟侯先生全書六種　(明)周拱辰撰　清光緒三年(1877)湯晉苑刻本　十二册

310000－0243－0007347　703100/8073
率祖堂叢書八種　(宋)金履祥撰　(清)金律輯　清光緒十三年(1887)刻本　二十四册

310000－0243－0007348　703100/8080
白石道人四種　(宋)姜夔撰　清同治十年(1871)刻本　二册

310000－0243－0007349　703200/0013
泰州康氏叢書五種　(清)康發祥撰　清咸豐十一年(1861)刻本　十六册

310000－0243－0007350　703200/0030
柏堂讀書筆記十種　(清)方宗誠撰　清光緒十二年(1886)刻本　八册

310000－0243－0007351　703200/0047
方學博全集六種　(清)方坰撰　清光緒元年(1875)刻本　六册

310000－0243－0007352　703200/0163
澹静齋全書四種　(清)龔景瀚撰　清刻本　二册

310000－0243－0007353　703200/0408
賭棋山莊所著書十四種　(清)謝章鋌撰　清光緒十三年(1887)刻本　三十二册

310000－0243－0007354　703200/0442
歸楂叢刻七種　(清)謝希傅纂　清光緒二十四年(1898)東山草堂石印本　一册

310000－0243－0007355　703200/0773
種樹軒遺集四種　(清)郭長清撰　清光緒二十三年(1897)刻本　二册

310000－0243－0007356　703200/0883
許松濱先生全集六種　(清)許錫祺　(清)戴承澍編　清光緒十七年(1891)刻民國二十二年(1933)補版重印本　八册

310000－0243－0007357　703200/1053
船山遺書五十八種　(清)王夫之撰　清同治五年(1866)湘鄉曾氏金陵節署刻本　一百六十册

310000－0243－0007358　703200/1053
船山遺書五十八種　(清)王夫之撰　清同治五年(1866)湘鄉曾氏金陵節署刻本　一百册

310000－0243－0007359　703200/1060
頤志齋叢書二十一種　(清)丁晏撰　清同治元年(1862)六藝堂刻本　二十一册

310000－0243－0007360　703200/1067
羲停山館集六種　(清)王景賢撰　清同治十三年(1874)刻本　十册

310000－0243－0007361　703200/1102
覆瓿集九種　(清)張文虎撰　清光緒十九年(1893)刻本　十册

310000－0243－0007362　703200/1161
寒松老人全集五種　(清)張鳴珂撰　清光緒二十四年(1898)刻本　八册

310000－0243－0007363　703200/1204
顨軒孔氏所著書七種　(清)孔廣森撰　清嘉慶十八年(1813)刻本　十册

310000－0243－0007364　703200/1243
孫頤谷三種　(清)孫志祖撰　清嘉慶十二年(1807)刻本　八册

310000－0243－0007365　703200/1320
授堂叢書八種　(清)武億撰　清道光二十三年(1843)刻本　十六册

310000－0243－0007366　703200/2042.01
西河合集二十二卷　(清)毛奇齡撰　(清)陳元龍　(清)陳希良校　清刻本　二册

310000－0243－0007367　703200/2540
春雨樓叢書七種　(清)朱士端撰　清同治四年(1865)刻本　六册

310000－0243－0007368　703200/2553
朱文端公藏書十三種　(清)朱軾撰　清光緒二十三年(1897)刻本　八十册

310000－0243－0007369　703200/2574
朱氏群書六種　(清)朱駿聲撰　清光緒八年(1882)臨嘯閣刻本　三冊

310000－0243－0007370　703200/2632
桐城吳先生全書六種　(清)吳汝綸撰　吳闓生編　清光緒三十年(1904)刻本　二十冊

310000－0243－0007371　703200/2632
桐城吳先生全書六種　(清)吳汝綸撰　吳闓生編　清光緒三十年(1904)刻本　二十冊

310000－0243－0007372　703200/2641
吳氏遺著三種　(清)吳夌雲撰　清光緒十七年(1891)廣雅書局刻本　二冊

310000－0243－0007373　703200/2641
吳氏遺著三種　(清)吳夌雲撰　清光緒十七年(1891)廣雅書局刻本　二冊

310000－0243－0007374　703200/2714
讀易樓合刻十種　(清)倪元坦撰輯　清道光十八年(1838)涵和樓刻本　十二冊

310000－0243－0007375　703200/2736
新化鄒氏斅藝齋遺書四種　(清)鄒漢勛撰　清光緒刻本　五冊

310000－0243－0007376　703200/2744
紀慎齋先生全集十二種　(清)紀大奎撰　清嘉慶十三年(1808)刻本　四十八冊

310000－0243－0007377　703200/2747－1
安吳四種　(清)包世臣撰　(清)包世榮　(清)包慎言注　清光緒十四年(1888)刻本　十六冊

310000－0243－0007378　703200/2747－2
十二樹梅花書屋叢著七種　(清)鄒均撰　清道光十一年(1831)刻本　十六冊

310000－0243－0007379　703200/2800
徐位山六種　(清)徐文靖輯　清光緒二年(1876)補刻本　二十四冊

310000－0243－0007380　703200/2844
徐氏雜著四種　(清)徐大椿撰　清光緒十九年(1893)上海圖書集成書局鉛印本　一冊

310000－0243－0007381　703200/2844－1
志學齋集七種　(清)徐壽基撰　清光緒十三年(1887)刻本　十二冊

310000－0243－0007382　703200/3107
悔過齋全集(平湖顧氏遺書)四種　(清)顧廣譽撰　清光緒三年(1877)刻本　十四冊

310000－0243－0007383　703200/3127
古愚老人消夏錄十二種　(清)汪汲輯　清嘉慶六年(1801)古愚山房刻本　十八冊

310000－0243－0007384　703200/3131
振綺堂遺書七種　(清)汪遠孫撰　清光緒六年(1880)刻本　十二冊

310000－0243－0007385　703200/3131.01
振綺堂遺書十三種二十四卷　(清)汪遠孫撰　清光緒二十一年(1895)花雨樓刻本　二十冊

310000－0243－0007386　703200/3144
衡齋算學遺書八種十六卷　(清)汪萊撰　(清)汪廷棟校刻　清光緒十八年(1892)刻本　二冊

310000－0243－0007387　703200/3191
亭林遺書十種二十七卷　(清)顧炎武撰　清刻本　六冊

310000－0243－0007388　703200/3191.01
亭林遺書二十二種　(清)顧炎武撰　清光緒十一年(1885)上海文瑞樓石印本　十二冊

310000－0243－0007389　703200/3191.01
亭林遺書二十二種　(清)顧炎武撰　清光緒十一年(1885)上海文瑞樓石印本　十二冊

310000－0243－0007390　703200/3191.02
亭林先生遺書彙輯二十六種　(清)顧炎武撰　(清)席威　(清)朱記榮輯　清光緒十四年(1888)朱氏校徑山房刻本　二十四冊

310000－0243－0007391　703200/3193
龍莊遺書四種　(清)汪輝祖纂　清光緒十五年(1889)江蘇書局刻本　六冊

310000－0243－0007392　703200/3308

二思堂叢書六種 (清)梁章鉅撰 清光緒元年(1875)千頃堂書局刻本 十六册

310000－0243－0007393 703200/3404

授經堂遺集十四種 (清)洪亮吉撰 清光緒十三年(1887)刻本 二十八册

310000－0243－0007394 703200/3423

沈歸愚詩文全集十三種 (清)沈德潛撰 清乾隆刻後印本 四十八册

310000－0243－0007395 703200/3433

話山草堂全集七種 (清)沈道寬撰 清光緒六年(1880)刻本 八册

310000－0243－0007396 703200/3444

所願學齋書鈔四種 (清)沈夢蘭撰 清光緒五年至七年(1879－1881)刻本 六册

310000－0243－0007397 703200/403023

李文忠公全書六種 (清)李鴻章撰 (清)吴汝綸編錄 清光緒三十四年(1908)刻本 一百册

310000－0243－0007398 703200/403023

李文忠公全書六種 (清)李鴻章撰 (清)吴汝綸編錄 清光緒三十四年(1908)刻本 一百册

310000－0243－0007399 703200/4047.1

道古堂外集十二種 (清)杭世駿撰 清光緒二十二年(1896)刻本 八册

310000－0243－0007400 703200/4048

隨園全集三十六種 (清)彭枚撰 清光緒十八年(1892)上海圖書集成印書局鉛印本 五十册

310000－0243－0007401 703200/4217

惜抱軒遺書三種 (清)姚鼐撰 清光緒五年(1879)刻本 四册

310000－0243－0007402 703200/4240

彭文敬公集四種 (清)彭蘊章撰 清同治刻本 十六册

310000－0243－0007403 703200/4240

彭文敬公集四種 (清)彭蘊章撰 清同治刻本 十二册

310000－0243－0007404 703200/4299

中復堂全集十三種 (清)姚瑩撰 清同治六年(1867)安福縣署刻本 四十册

310000－0243－0007405 703200/4327

西堂全集十八種 (清)尤侗撰 清同治善成堂刻本 二十册

310000－0243－0007406 703200/4327.01

西堂全集十八種 (清)尤侗撰 清同治文富堂刻本 二十四册

310000－0243－0007407 703200/4427

儆季所著書七種 (清)黄以周等撰 清光緒二十一年(1895)江蘇南菁講舍刻本 十册

310000－0243－0007408 703200/4430

董方立遺書九種 (清)董祐誠撰 清同治八年(1869)楊愛亭成都會元堂刻本 四册

310000－0243－0007409 703200/4430

董方立遺書九種 (清)董祐誠撰 清同治八年(1869)楊愛亭成都會元堂刻本 四册

310000－0243－0007410 703200/4433

珍執宧遺書十三種 (清)莊述祖撰 清道光十七年(1837)刻本 二十册

310000－0243－0007411 703200/4435

庸庵全集十種 (清)薛福成撰 清光緒十三年(1887)刻本 四十四册

310000－0243－0007412 703200/4435

庸庵全集十種 (清)薛福成撰 清光緒十三年(1887)刻本 四十八册

310000－0243－0007413 703200/4443

儆居先生集五種 (清)黄式三撰 清光緒十四年(1888)刻本 八册

310000－0243－0007414 703200/4444－1

得一齋雜著四種 (清)黄楙材撰 清光緒二十二年(1896)刻本 四册

310000－0243－0007415 703200/4447

韓南溪四種 (清)韓超撰 清宣統二年

(1910)鉛印本　一冊

310000－0243－0007416　703200/4453
竹柏山房十四種　(清)林春溥撰　清嘉慶二十一年至咸豐四年(1816－1854)刻本　四十冊

310000－0243－0007417　703200/4461
蔣侑石遺書四種　(清)蔣曰豫撰　清光緒五年(1879)蓮池書局刻本　五冊

310000－0243－0007418　703200/4462.1
林文忠公遺集四種　(清)林則徐撰　清光緒二年(1876)刻本　二冊

310000－0243－0007419　703200/4480
海岳軒叢刻九種　(清)杜俞撰　清光緒三十年(1904)蘇省刷印總局石印本　八冊

310000－0243－0007420　703200/4661
水田居全集五種　(清)賀貽孫撰　清同治九年(1870)勅書樓刻本　二十冊

310000－0243－0007421　703200/4742
郝氏遺書三十二種　(清)郝懿行撰　(清)郝聯薇刻　清光緒十年(1884)刻本　七十一冊

310000－0243－0007422　703200/4742.1
郝氏遺書補證俗文十九卷　(清)郝懿行撰　清光緒十年(1884)麗書堂刻本　六冊

310000－0243－0007423　703200/4782
壺盦類稿　(清)胡念修撰　清光緒二十四年至二十六年(1898－1900)刻鵠齋刻本　四冊
存三種九卷(息園舊德錄一卷、問湘樓駢文初稿四卷、四家纂文敘錄彙編四卷)

310000－0243－0007424　703200/4917
甌北全集七種　(清)趙翼撰　清嘉慶五年(1800)湛貽堂刻本　四十六冊

310000－0243－0007425　703200/5374
戚學標全集六種　(清)戚學標撰　清嘉慶十年(1805)涉署刻本　二十冊

310000－0243－0007426　703200/5588
石屋文字四種　(清)曹金籀撰　清道光、同治刻本　八冊

310000－0243－0007427　703200/6003
觀象廬叢書二十四種　(清)呂調陽撰　清光緒十四年至十九年(1888－1893)刻本　五十六冊

310000－0243－0007428　703200/6034
羅山遺書六種　(清)羅澤南撰　清同治二年(1863)刻本　八冊

310000－0243－0007429　703200/7225
劉端臨先生遺書八種　(清)劉台拱撰　清道光十四年(1834)刻本　四冊

310000－0243－0007430　703200/7272
劉武慎公遺書五種　(清)劉長佑撰　(清)劉彝庭輯　清光緒二十六年(1900)鉛印本　二十八冊

310000－0243－0007431　703200/7274
古桐書屋六種　(清)劉熙載撰　清光緒五年(1879)刻本　十冊

310000－0243－0007432　703200/7274.1
古桐書屋續刻三種　(清)劉熙載撰　清光緒十三年(1887)刻本　一冊

310000－0243－0007433　703200/7433
群書校補三十九種　(清)陸心源輯　清光緒刻本　二十冊

310000－0243－0007434　703200/7442
陸桴亭先生遺書二十一種　(清)陸世儀撰　清光緒二十六年(1900)刻本　二十冊

310000－0243－0007435　703200/7442.01
陸桴亭先生遺書二十二種　(清)陸世儀撰　清光緒二十六年(1900)刻本　十二冊

310000－0243－0007436　703200/7474
陸子全書十八種　(清)陸隴其撰　(清)許仁沐編　清同治七年(1868)刻本　三十六冊

310000－0243－0007437　703200/7525
陳處士遺書三種　(清)陳貞慧撰　清光緒二十六年(1900)刻本　一冊

310000－0243－0007438　703200/7532
寂園叢書十八種　(清)陳瀏撰　清宣統二年

(1910)鉛印本　三十冊

310000－0243－0007439　703200/7534
養志居僅存稿八種　(清)陳宗起撰　(清)陳克劬等輯　清光緒十六年(1890)刻本　八冊

310000－0243－0007440　703200/7535
東塾叢書初函四種　(清)陳澧撰　清同治十一年(1872)刻本　九冊

310000－0243－0007441　703200/7535.1
東塾遺書四種　(清)陳澧撰　清道光二十七年(1847)刻本　二冊

310000－0243－0007442　703200/7540
陳一齋雜著五種　(清)陳梓撰　清嘉慶二十年(1815)刻本　十冊

310000－0243－0007443　703200/7543
左海全集十種　(清)陳壽祺撰輯　清嘉慶、道光刻本　二十八冊

310000－0243－0007444　703200/7703
山門新語五種　(清)周贇撰　清光緒三十三年(1907)刻本　四冊

310000－0243－0007445　703200/7714
戴氏叢書七種　(清)段玉裁撰　清咸豐二年(1852)經韻樓刻本　二十四冊

310000－0243－0007446　703200/8023
曾惠敏公全集四種　(清)曾紀澤撰　清光緒二十年(1894)上海石印本　四冊

310000－0243－0007447　703200/8043
春在堂全書三十一種　(清)俞樾撰　清光緒十五年(1889)刻本　一百六十冊

310000－0243－0007448　703200/8043.01
春在堂全書三十二種續增二種　(清)俞樾撰　清光緒二十三年(1897)石印本　三十二冊

310000－0243－0007449　703200/8043.02
春在堂全書　(清)俞樾撰　清光緒九年(1883)刻本　八十冊　存十六種二百六十四卷(群經平議三十五卷,諸子平議三十五卷,第一樓叢書三十卷,曲園雜纂五十卷,俞樓雜纂五十卷,賓萌集一至五,外集四卷,春在堂雜文一至二、續編一至五、三編一至四,春在堂詩編一至十,春在堂詞錄三卷,春在堂隨筆一至八,春在堂尺牘一至五,楹聯錄存一至三,四書文一卷,茶香室叢鈔一至十二,太上感應篇纘義二卷)

310000－0243－0007450　703200/8043.1
第一樓叢書九種　(清)俞樾撰　清同治十年(1871)刻本　八冊

310000－0243－0007451　703200/8064
曾忠襄公全集六種　(清)曾國荃撰　(清)蕭榮爵輯　清光緒二十九年(1903)刻本　六十四冊

310000－0243－0007452　703200/8064－1
曾文正公全集十三種　(清)曾國藩撰　(清)李瀚章編　清光緒三年(1877)刻本　一百二十八冊

310000－0243－0007453　703200/8064－1
曾文正公全集十三種　(清)曾國藩撰　(清)李瀚章編　清光緒三年(1877)刻本　一百二十冊

310000－0243－0007454　703200/8346
潛研堂全書二十一種　(清)錢大昕撰　清光緒十年(1884)刻本　八十冊

310000－0243－0007455　703200/8709
大鶴山房全書十種　鄭文焯撰　清光緒三十年(1904)蘇州周氏刻本　八冊

310000－0243－0007456　703200/8744
舒白香雜著十一種　(清)舒夢蘭撰　清嘉慶十二年(1807)刻本　二十八冊

310000－0243－0007457　703300/1018
如諫果室叢刻三種　(清)王延釗撰　清宣統二年(1910)鉛印本　一冊

310000－0243－0007458　703300/2684
十髮居士全集八種　程頌萬撰　清光緒至民國間刻本　二十一冊

310000－0243－0007459　703300/3167
訥盦叢稿八種　(清)顧鳴鳳撰　清宣統三年

(1911)木活字印本　六册

310000－0243－0007460　703300/3474
萬物炊累室類稿四種　沈同芳撰　清宣統三年(1911)中國圖書公司鉛印本　五册

310000－0243－0007461　703300/3672
蕙風叢書十種　況周儀撰　清光緒三十二年(1906)刻本　十二册

310000－0243－0007462　705100/4434
古逸書十種　(清)茆泮林輯錄　清道光二十二年(1842)梅瑞軒刻本　八册

310000－0243－0007463　705100/4453
古書拾遺二十六種　(清)林春溥撰　清咸豐三年(1853)竹柏山房刻本　二册

310000－0243－0007464　705100/7164
玉函山房輯佚書五百九十四種　(清)馬國翰輯　清光緒十八年(1892)湖南思賢書局刻本　一百二十册

310000－0243－0007465　705200/2706
古逸叢書二十六種　(清)黎庶昌　楊守敬輯　清光緒十年(1884)遵義黎氏日本東京使署刻本　四十九册

310000－0243－0007466　705200/2706
古逸叢書二十六種　(清)黎庶昌　楊守敬輯　清光緒十年(1884)遵義黎氏日本東京使署刻本　四十九册

310000－0243－0007467　705200/2706
古逸叢書二十六種　(清)黎庶昌　楊守敬輯　清光緒十年(1884)遵義黎氏日本東京使署刻本　五十册

310000－0243－0007468　705300/004022
沈氏三先生文集四種　(宋)高布輯　(清)吳允嘉重輯　清光緒二十二年(1896)浙江書局刻本　十册　存四十三卷(西溪集十卷、長興集二十二卷、雲巢編十一卷)

310000－0243－0007469　705300/0832
許氏巾箱集三種　(清)許兆熊編撰　清嘉慶二十二年(1817)石契齋刻本　二册

310000－0243－0007470　705300/1058
項城袁氏家集六種　丁振鐸輯　清宣統三年(1911)清芬閣鉛印本　五十六册

310000－0243－0007471　705300/1113
海鹽張氏涉園叢刻初編八種　張元濟輯　清宣統三年(1911)鉛印本　八册

310000－0243－0007472　705300/1144
金山姚氏二先生集四卷　(清)張燕穀輯　清光緒二年(1876)松韻草堂刻本　一册

310000－0243－0007473　705300/1144
金山姚氏二先生集四卷　(清)張燕穀輯　清光緒二年(1876)松韻草堂刻本　一册

310000－0243－0007474　705300/2144
泰興何氏詩存三種　(清)何芸樓輯　清嘉慶十年(1805)何氏宗祠刻本　三册

310000－0243－0007475　705300/2534
新安先集二十二種　(清)朱之榛撰　清同治十三年(1874)蘇州刻本　六册

310000－0243－0007476　705300/2637
吳氏一家稿十種　(清)吳清鵬輯　清咸豐五年(1855)刻本　十六册

310000－0243－0007477　705300/2706
遵義黎氏家集六種　(清)黎庶昌輯　清光緒十五年(1889)遵義黎氏日本使署刻本　五册

310000－0243－0007478　705300/2846
什一偶存五種　(清)徐葉昭輯　清刻本　二册

310000－0243－0007479　705300/3124
叢睦汪氏遺書二十種　(清)汪師韓輯　清光緒十二年(1886)錢塘汪氏長沙刻本　三十二册

310000－0243－0007480　705300/3282
虞山潘氏叢書十一種　(清)潘欲仁　(清)潘任撰　清光緒二十二年(1896)刻本　五册

310000－0243－0007481　705300/3400
淩氏傳經堂叢書三十種　(清)淩堃輯刻　清嘉慶、道光傳經堂刻本　六十四册

310000－0243－0007482　705300/4035

二餘詩草二種　(清)李心耕輯　清刻本　一冊

310000－0243－0007483　705300/4082

袁氏家集八種　(清)袁鎮嵩輯　清光緒十六年(1890)邃懷堂刻本　二冊

310000－0243－0007484　705300/4082

袁氏家集八種　(清)袁鎮嵩輯　清光緒十六年(1890)邃懷堂刻本　二冊

310000－0243－0007485　705300/4303

安吉施氏遺著五種　(清)戴翊清　(清)朱廷燮編校　清光緒十七年(1891)刻本　二冊

310000－0243－0007486　705300/4432

黃氏家集初編七種　(清)黃家鼎編　清光緒十七年(1891)補不足齋刻本　十二冊

310000－0243－0007487　705300/4437

三蘇全集一百九十四卷　(宋)蘇洵等撰　清道光十二年(1832)眉州三蘇祠刻本　八十冊

310000－0243－0007488　705300/4488

董氏叢書十六種　(清)董金鑑輯　清光緒三十二年(1906)會稽董氏取斯家塾刻本　十二冊

310000－0243－0007489　705300/4923

趙氏淵源集二十七種　(清)趙紹祖手鈔　(清)趙國楨校　清道光古墨齋刻本　十冊

310000－0243－0007490　705300/5541

曹氏傳芳錄六卷　(清)曹希璨輯　清宣統元年(1909)木活字印本　二冊

310000－0243－0007491　705300/5541

曹氏傳芳錄六卷　(清)曹希璨輯　清宣統元年(1909)木活字印本　二冊

310000－0243－0007492　705300/7418

陸氏傳家集十六種　(清)陸迺普輯　清同治十一年(1872)義經堂刻本　四冊

310000－0243－0007493　705300/7580

虞山陳氏詩詞集八種　(清)陳錫麒等撰　清光緒刻本　六冊

310000－0243－0007494　705300/7702

如皋冒氏叢書三十種　冒廣生輯　清光緒二十八年(1902)刻本　二十冊

310000－0243－0007495　706400/6051

國學叢刊二十種　羅振玉編　清宣統三年(1911)國學研究會石印本　三冊

310000－0243－0007496　706400/6051

國學叢刊二十種　羅振玉編　清宣統三年(1911)國學研究會石印本　二冊　存十三種十三卷(第一冊六種六卷、第二冊七種七卷)

310000－0243－0007497　706400/6051

國學叢刊二十種　羅振玉編　清宣統三年(1911)國學研究會石印本　二冊　存十三種十三卷(第一冊六種六卷、第二冊七種七卷)

310000－0243－0007498　706400/6724

國粹學報一至八二期專類彙訂本　國學保存會編　清光緒三十一年至三十二年(1905－1906)國學保存會鉛印本　二十九冊

310000－0243－0007499　707200/0032

蕉軒隨錄十二卷續錄二卷　(清)方濬師撰　清同治十一年(1872)退一步齋刻本　十四冊

310000－0243－0007500　707200/0167

石菊影廬筆識二卷　(清)譚嗣同撰　清光緒二十八年(1902)上海石印本　一冊

310000－0243－0007501　707200/0167.01

石菊影廬筆識二卷　(清)譚嗣同撰　清光緒二十三年(1897)金陵刻本　一冊

310000－0243－0007502　707200/1000.01

困學紀聞二十卷　(宋)王應麟撰　清嘉慶十二年(1807)金閶友益齋刻本　四冊

310000－0243－0007503　707200/1000.02

困學紀聞二十卷　(宋)王應麟撰　清浙省務本堂刻本　六冊

310000－0243－0007504　707200/1000.03

困學紀聞二十卷　(宋)王應麟撰　清同治九年(1870)揚州書局刻本　六冊

310000－0243－0007505　707200/1046

學林十卷　(宋)王觀國撰　清嘉慶十四年(1809)蕭山陳氏湖海樓刻本　四冊

310000－0243－0007506　707200/1081
讀書雜志八十二卷　(清)王念孫撰　清刻本　二十四冊

310000－0243－0007507　707200/1081.01
讀書雜志八十二卷　(清)王念孫撰　清同治九年(1870)金陵書局刻本　二十四冊

310000－0243－0007508　707200/1081.01
讀書雜志八十二卷　(清)王念孫撰　清同治九年(1870)金陵書局刻本　二十四冊

310000－0243－0007509　707200/1102
舒藝室隨筆六卷續筆一卷餘筆三卷　(清)張文虎撰　清同治十三年至光緒五年(1874－1879)金陵冶城賓館刻本　三冊

310000－0243－0007510　707200/1134
三餘雜志八卷辨誣二卷　(清)張定鋆輯　清咸豐元年(1851)補拙山房刻本　四冊

310000－0243－0007511　707200/1200
札迻十二卷　(清)孫詒讓撰　清光緒二十一年(1895)刻本　四冊

310000－0243－0007512　707200/1243
讀書脞錄七卷　(清)孫志祖撰　清光緒十三年(1887)醉六堂刻本　二冊

310000－0243－0007513　707200/2191.01
義門讀書記五十八卷　(清)何焯撰　清光緒六年(1880)苕溪吴氏刻本　十二冊

310000－0243－0007514　707200/2233
三代經界通考一卷三正異同通考一卷　(清)崔述撰　清嘉慶二年至五年(1797－1800)映薇堂刻本　二冊

310000－0243－0007515　707200/2389
拜經日記十二卷　(清)臧鏞堂撰　清嘉慶二十四年(1819)刻本　二冊

310000－0243－0007516　707200/2504
羣書札記十六卷　(清)朱亦棟撰　清光緒四年(1878)武林竹簡齋刻本　六冊

310000－0243－0007517　707200/2640
廣廣事類賦三十二卷　(清)吴世旃撰　清嘉慶元年(1796)經堂刻本　六冊

310000－0243－0007518　707200/2640
廣廣事類賦三十二卷　(清)吴世旃撰　清嘉慶元年(1796)經堂刻本　三冊　存二十一卷(十二至三十二)

310000－0243－0007519　707200/2677
學古堂日記　(清)吴履剛編　清光緒十六年(1890)刻本　十冊

310000－0243－0007520　707200/2840
讀書雜釋十四卷　(清)徐鼒撰　清咸豐十一年(1861)福寧郡齋刻本　四冊

310000－0243－0007521　707200/2840.01
讀書雜釋十四卷　(清)徐鼒撰　清咸豐十一年(1861)福寧郡齋刻本　三冊

310000－0243－0007522　707200/3191.01
日知錄三十二卷　(清)顧炎武撰　清康熙三十四年(1695)遂初堂刻後印本　十二冊

310000－0243－0007523　707200/3191.03
日知錄三十二卷日知錄之餘四卷菰中隨筆一卷　(清)顧炎武撰　清道光十二年(1832)錦江書院刻本　二十冊

310000－0243－0007524　707200/319120
日知錄之餘四卷　(清)顧炎武撰　鄒福保輯　清宣統二年(1910)吴中刻本　二冊

310000－0243－0007525　707200/319120
日知錄之餘四卷　(清)顧炎武撰　鄒福保輯　清宣統二年(1910)吴中刻本　二冊

310000－0243－0007526　707200/319143
日知錄集釋三十二卷刊誤二卷續刊誤二卷　(清)顧炎武撰　(清)黄汝成集釋　清同治八年(1869)廣州述古堂刻本　十六冊

310000－0243－0007527　707200/319143.01
日知錄集釋三十二卷刊誤二卷　(清)顧炎武撰　(清)黄汝成集釋　清道光十四年(1834)嘉定黄氏西谿草廬刻本　十冊

310000－0243－0007528　707200/319143.03
日知錄集釋三十二卷刊誤二卷續刊誤二卷　(清)顧炎武撰　(清)黄汝成集釋　清光緒三年(1877)刻本　十六册

310000－0243－0007529　707200/3434－1
銅熨斗齋隨筆八卷　(清)沈濤撰　清刻本　二册

310000－0243－0007530　707200/3452.02
夢溪筆談二十六卷補筆談三卷續筆談一卷　(宋)沈括撰　清光緒三十二年(1906)番禺陶氏愛廬刻本　四册

310000－0243－0007531　707200/3452.03
夢溪筆談二十六卷補筆談三卷續筆談一卷　(宋)沈括撰　清光緒十一年(1885)方亭詅癡簃刻本　四册

310000－0243－0007532　707200/3479
讀書叢錄二十四卷　(清)洪頤煊撰　清道光元年(1821)刻本　八册

310000－0243－0007533　707200/3479.01
讀書叢錄二十四卷　(清)洪頤煊撰　清光緒十三年(1887)吴氏醉六堂刻本　六册

310000－0243－0007534　707200/4000
甕牖閒評八卷　(宋)袁文撰　清刻本　二册

310000－0243－0007535　707200/4092
人海記二卷　(清)查慎行編輯　清咸豐元年(1851)刻本　二册

310000－0243－0007536　707200/4092.02
人海記二卷　(清)查慎行編輯　清宣統二年(1910)掃葉山房石印本　二册

310000－0243－0007537　707200/4206
邃雅堂學古錄七卷　(清)姚文田述　清道光七年(1827)蘇州振新書社刻本　六册

310000－0243－0007538　707200/4213
竹葉亭雜記八卷　(清)姚元之撰　清光緒十九年(1893)刻本　二册

310000－0243－0007539　707200/4213
竹葉亭雜記八卷　(清)姚元之撰　清光緒十九年(1893)刻本　二册

310000－0243－0007540　707200/4288
援鶉堂筆記五十卷刊誤一卷　(清)姚范撰　清道光十五年(1835)刻本　十六册

310000－0243－0007541　707200/4410.01
慈溪黄氏日鈔分類九十七卷　(宋)黄震輯　清光緒自刻本　二十四册

310000－0243－0007542　707200/4413
游藝錄三卷　(清)蔣子瀟撰　清光緒十四年(1888)長白豫山湘南臬署會心閣刻本　二册

310000－0243－0007543　707200/4423
橋西雜記一卷　(清)葉名澧撰　清同治十年(1871)滂喜齋刻本　一册

310000－0243－0007544　707200/4423.01
橋西雜記一卷　(清)葉名澧撰　清宣統三年(1911)國學扶輪社鉛印本　一册

310000－0243－0007545　707200/4442
麗澞薈錄十四卷榕堂續錄四卷　(清)蔣超伯撰　清同治六年(1867)刻本　十二册

310000－0243－0007546　707200/4447
群書辨疑十二卷　(清)萬斯同纂　清嘉慶二十一年(1816)古堇水氏供石亭刻本　四册

310000－0243－0007547　707200/4460
經史管窺六卷　(清)蕭曇撰　清嘉慶二十三年(1818)讀五千卷齋刻本　六册

310000－0243－0007548　707200/4479
匏瓜錄十卷　(清)芮長恤撰　清光緒十三年(1887)刻本　六册

310000－0243－0007549　707200/4694
譚苑醍醐八卷　(明)楊慎撰　(清)李調元校定　清刻本　一册

310000－0243－0007550　707200/4694.1
藝林伐山二十卷　(明)楊慎撰　清光緒五年(1879)申報館鉛印本　四册

310000－0243－0007551　707200/4700
少室山房筆叢四十八卷　(明)胡應麟撰　清

光緒二十二年(1896)廣雅書局刻本　八冊

310000－0243－0007552　707200/4761

訂僞雜録十卷　(清)胡鳴玉撰　清光緒申報館鉛印本　二冊

310000－0243－0007553　707200/5045

松崖筆記三卷　(清)惠棟撰　清道光二年(1822)吳門玉照堂刻本　一冊

310000－0243－0007554　707200/7234

愈愚録六卷　(清)劉寶楠撰　清光緒十四年(1888)廣雅書局刻本　二冊

310000－0243－0007555　707200/7418

芝庵雜記四卷　(清)陸雲錦撰　清嘉慶八年(1803)刻本　四冊

310000－0243－0007556　707200/7535

東塾讀書記十二卷又三卷　(清)陳澧撰　清咸豐六年(1856)刻本　五冊

310000－0243－0007557　707200/7535.1

漢儒通義七卷　(清)陳澧撰　清咸豐廣州富文齋刻本　二冊

310000－0243－0007558　707200/7586

黄孄餘話八卷　(清)陳錫路撰　清光緒二年(1876)上海葛氏嘯園刻本　四冊

310000－0243－0007559　707200/7746

思益堂日札五卷　(清)周壽昌撰　清光緒五年(1879)申報館鉛印本　二冊

310000－0243－0007560　707200/7780

淮南雜識四卷　(清)聞益編　清同治十一年(1872)刻本　八冊

310000－0243－0007561　707200/8019

癸巳類稿十五卷　(清)俞正燮撰　清道光十六年(1836)求日益齋刻本　十二冊

310000－0243－0007562　707200/8019.1

癸巳存稿十五卷　(清)俞正燮撰　清光緒十年(1884)刻本　八冊

310000－0243－0007563　707200/8034

湛園札記四卷　(清)姜宸英撰　清鶴麓山房刻本　二冊

310000－0243－0007564　707200/8043

古書疑義舉例七卷　(清)俞樾撰　江杏溪重校　清末蘇州文學山房鉛印本　四冊

310000－0243－0007565　707200/8043.1

茶香室叢鈔二十三卷續鈔二十五卷三鈔二十九卷四鈔二十九卷　(清)俞樾撰　清光緒刻本　二十六冊

310000－0243－0007566　707200/8064

求闕齋讀書録十卷　(清)曾國藩撰　(清)王啟原輯　清光緒二年(1876)傳忠書局刻本　四冊

310000－0243－0007567　707200/8346

十駕齋養新録二十卷餘録三卷　(清)錢大昕撰　清嘉慶刻本　八冊

310000－0243－0007568　707200/8346.01

十駕齋養新録二十卷餘録三卷　(清)錢大昕撰　清光緒二年(1876)浙江書局刻本　八冊

310000－0243－0007569　707300/0028

物理小識十二卷　(明)方以智撰　清刻本　六冊

310000－0243－0007570　707300/0037

夢園叢説内篇八卷　(清)方濬頤撰　清光緒元年(1875)申報館鉛印本　一冊

310000－0243－0007571　707300/0037.01

夢園叢説内篇八卷外篇八卷　(清)方濬頤撰　清光緒元年(1875)揚州刻本　八冊

310000－0243－0007572　707300/0043

蔗餘偶筆一卷　(清)方士淦撰　清同治十一年(1872)兩淮運署刻本　一冊

310000－0243－0007573　707300/0046

延州筆記四卷　(明)唐覲撰　清光緒十七年(1891)粟香室刻本　一冊

310000－0243－0007574　707300/0127

東原録一卷　(宋)龔鼎臣撰　清光緒三年(1877)吳興陸氏十萬卷樓刻本　一冊

310000－0243－0007575　707300/0832
玉井山館筆記一卷　（清）許宗衡撰　清同治十三年(1874)滂喜齋刻本　一册

310000－0243－0007576　707300/0863
禮耕堂叢說一卷　（清）施國祁撰　清宣統三年(1911)上海國學扶輪社鉛印本　一册

310000－0243－0007577　707300/1004－1
泖東草堂筆記二十卷　王簃存撰　清宣統二年(1910)鉛印本　四册

310000－0243－0007578　707300/1035
椒生隨筆八卷　（清）王之春撰　清光緒七年(1881)上洋文藝齋刻本　四册

310000－0243－0007579　707300/1040
讀書記疑十六卷　（清）王懋竑撰　清同治十一年(1872)刻本　八册

310000－0243－0007580　707300/1043.01
池北偶談二十六卷　（清）王士禛撰　清光緒據高都王氏刻本覆刻本　十册

310000－0243－0007581　707300/1043.03
精校池北偶談二十六卷　（清）王士禛撰　清光緒二十二年(1896)上海慎記書莊石印本　六册

310000－0243－0007582　707300/1043.101
香祖筆記十二卷　（清）王士禛撰　清光緒四年(1878)申報館鉛印本　四册

310000－0243－0007583　707300/1043.2
分甘餘話四卷　（清）王士禛撰　清乾隆寫刻本　一册

310000－0243－0007584　707300/1061
目耕堂筆記二卷　（清）王嗣邵撰　清光緒梓文閣刻本　一册

310000－0243－0007585　707300/1088
鴻泥瑣記四卷　（清）丁筠撰　（清）張慎儀編校　清咸豐九年(1859)刻本　一册

310000－0243－0007586　707300/1088－1
菉友肊說一卷　（清）王筠撰　清光緒二十二年(1896)元和江氏師鄦室長沙刻本　一册

310000－0243－0007587　707300/1102
懷舊雜記三卷　（清）張文虎撰　清光緒十九年(1893)刻本　一册

310000－0243－0007588　707300/1113
螢窗雜說一卷附螢窗率筆吟詩集一卷　（清）張平江撰　（清）張恩捷重輯　清同治六年(1867)刻本　一册

310000－0243－0007589　707300/1124
梅簃隨筆四卷　（清）張作楠撰　清嘉慶二十四年(1819)刻本　四册

310000－0243－0007590　707300/1133
關隴輿中偶憶編一卷　（清）張祥河撰　清刻本　一册

310000－0243－0007591　707300/1233
片玉山房花箋錄二十卷　（清）孫兆溎輯　清同治四年(1865)景福堂刻本　六册

310000－0243－0007592　707300/1241
餘墨偶談八卷　（清）孫檈編　清同治十年(1871)廣州刻本　四册

310000－0243－0007593　707300/1726
雲山讀書記　（清）鄧繹撰　清光緒十四年(1888)刻本　六册

310000－0243－0007594　707300/2044
此木軒雜著八卷　（清）焦袁熹撰　清光緒八年(1882)席氏掃葉山房刻本　四册

310000－0243－0007595　707300/2097
訟過齋日記六卷　（清）毛輝鳳撰　清光緒九年(1883)眉州刻本　二册

310000－0243－0007596　707300/2517.01
猗覺寮雜記二卷　（宋）朱翌撰　清福州刻本　二册

310000－0243－0007597　707300/2630
尖陽叢筆五卷　（清）吳騫撰　清宣統三年(1911)國學扶輪社鉛印本　一册

310000－0243－0007598　707300/2654
養吉齋叢錄二十六卷餘錄十卷　（清）吳振棫撰　清光緒二十二年(1896)刻本　八册

310000－0243－0007599　707300/2800
郤掃編三卷　(宋)徐度撰　清嘉慶九年(1804)照曠閣刻本　三冊

310000－0243－0007600　707300/2822
遁齋偶筆二卷　(清)徐崑撰　清光緒七年(1881)濟上刻本　二冊

310000－0243－0007601　707300/3037
宋景文公筆記三卷　(宋)宋祁撰　(清)張海鵬訂　清嘉慶九年(1804)照曠閣刻本　一冊

310000－0243－0007602　707300/3116
松煙小錄四卷　(清)汪瑔撰　清光緒十三年(1887)刻本　二冊

310000－0243－0007603　707300/3124
談書錄　(清)汪師韓撰　清光緒刻本　一冊

310000－0243－0007604　707300/3138
吳門銷夏記三卷　(清)江瀚撰　清光緒二十一年(1895)刻本　一冊

310000－0243－0007605　707300/3138
吳門銷夏記三卷　(清)江瀚撰　清光緒二十一年(1895)刻本　一冊

310000－0243－0007606　707300/3147
十二硯齋隨錄四卷　(清)汪鋆撰　清同治十一年(1872)刻本　一冊

310000－0243－0007607　707300/3246－1
消暑隨筆四卷　(清)潘世恩撰　清宣統三年(1911)海左書局石印本　三冊

310000－0243－0007608　707300/3308
退菴隨筆二十二卷　(清)梁章鉅編　清同治十一年(1872)刻本　八冊

310000－0243－0007609　707300/3322
兩般秋雨盦隨筆八卷　(清)梁紹壬撰　清道光十七年(1837)文德堂刻本　八冊

310000－0243－0007610　707300/3434
瑟榭叢談二卷　(清)沈濤撰　**聚星札記一卷**　(清)尚鎔撰　**古柏齋讀書雜識一卷**　(清)王家文撰　清光緒二十九年(1903)刻本　一冊

310000－0243－0007611　707300/3442
寒夜叢談三卷　(清)沈赤然撰　清光緒十一年(1885)新陽趙氏刻本　一冊

310000－0243－0007612　707300/3672
阮盦筆記五種八卷　況周頤撰　清光緒三十三年(1907)白門刻本　二冊

310000－0243－0007613　707300/4001.1
淡墨錄十六卷　(清)李調元撰　清刻本　五冊

310000－0243－0007614　707300/4008
媿生叢錄二卷　李詳撰　清宣統元年(1909)江寧刻本　一冊

310000－0243－0007615　707300/4024
蕺影述錄四卷　(清)袁自超撰　清光緒十二年(1886)刻本　二冊

310000－0243－0007616　707300/4033
敬齋古今黈八卷　(元)李冶撰　清杭州刻本　四冊

310000－0243－0007617　707300/4061
查浦輯聞二卷　(清)查嗣瑮輯　清刻本　一冊

310000－0243－0007618　707300/4234
潘瀾筆記二卷　(清)彭兆蓀撰　清光緒二十四年(1898)東倉書庫刻本　一冊

310000－0243－0007619　707300/4299
寸陰叢錄四卷　(清)姚瑩撰　清同治刻本　一冊

310000－0243－0007620　707300/4317
藤陰雜記十二卷　(清)戴璐撰　清光緒三年(1877)吳興會館刻本　二冊

310000－0243－0007621　707300/4317
藤陰雜記十二卷　(清)戴璐撰　清光緒三年(1877)吳興會館刻本　四冊

310000－0243－0007622　707300/4411
吹網錄六卷　(清)葉廷琯撰　清同治八年(1869)刻本　二冊

310000－0243－0007623　707300/4411
吹網錄六卷　(清)葉廷琯撰　清同治八年(1869)刻本　二册

310000－0243－0007624　707300/4411.1
鷗陂漁話六卷　(清)葉廷琯撰　清同治八年(1869)刻本　二册

310000－0243－0007625　707300/4411.1
鷗陂漁話六卷　(清)葉廷琯撰　清同治八年(1869)刻本　二册

310000－0243－0007626　707300/4431
澗泉日記三卷　(宋)韓淲撰　清杭州刻本　一册

310000－0243－0007627　707300/4432
雞窗叢話一卷　(清)蔡澄撰　清光緒十二年(1886)崑山趙氏峭帆樓刻本　一册

310000－0243－0007628　707300/4432
雞窗叢話一卷　(清)蔡澄撰　清光緒十二年(1886)崑山趙氏峭帆樓刻本　一册

310000－0243－0007629　707300/4442
南濇楛語八卷　(清)蔣超伯輯　清同治十年(1871)兩廣山房刻本　二册

310000－0243－0007630　707300/4442
南濇楛語八卷　(清)蔣超伯輯　清同治十年(1871)兩廣山房刻本　二册

310000－0243－0007631　707300/4442－1
巖下放言二卷　(宋)葉夢得撰　**拾遺一卷**　(清)葉廷琯輯　清道光二十六年(1846)葉氏刻本　一册

310000－0243－0007632　707300/4454
無事爲福齋隨筆二卷　(清)韓泰華撰　**附南澗文集二卷**　(清)李文藻撰　清刻本　一册

310000－0243－0007633　707300/4462
硯桂緒錄十六卷　(清)林昌彝撰　清同治五年(1866)廣州刻本　五册

310000－0243－0007634　707300/4741
梅叟閒評四卷　(清)郝培元撰　清光緒十年(1884)曬書堂刻本　二册

310000－0243－0007635　707300/4748
竇存四卷　(清)胡式鈺撰　清道光二十一年(1841)胡氏刻本　四册

310000－0243－0007636　707300/4917
簷曝雜記六卷　(清)趙翼撰　清刻本　四册

310000－0243－0007637　707300/4917
簷曝雜記六卷　(清)趙翼撰　清刻本　二册

310000－0243－0007638　707300/4980
窕言二卷　(清)趙曾望撰　清光緒十八年(1892)石印本　一册

310000－0243－0007639　707300/4980
窕言二卷　(清)趙曾望撰　清光緒十八年(1892)石印本　一册

310000－0243－0007640　707300/6042
鶴林玉露十六卷補遺一卷　(宋)羅大經撰　清光緒二十五年(1899)泰和蕭氏刻本　四册

310000－0243－0007641　707300/6616
蕙櫋雜記一卷　(清)嚴元照撰　清光緒十一年(1885)新陽趙氏刻本　一册

310000－0243－0007642　707300/6745
嘯亭雜錄十卷續錄三卷　(清)昭槤撰　清光緒四年(1878)申報館鉛印本　十册

310000－0243－0007643　707300/6745.01
嘯亭雜錄十卷續錄三卷　(清)昭槤撰　清宣統元年(1909)中國圖書公司鉛印本　四册

310000－0243－0007644　707300/7100
瀛舟筆談十二卷　(清)阮亨記　清嘉慶二十五年(1820)刻本　八册

310000－0243－0007645　707300/7110
小滄浪筆談四卷　(清)阮元撰　清光緒二十六年(1900)江蘇書局刻本　二册

310000－0243－0007646　707300/7127
南苑一知集四卷　(清)馬魯撰　清同治十二年(1873)敦倫堂刻本　三册

310000－0243－0007647　707300/7423
冷盧雜識八卷　(清)陸以湉撰　清咸豐六年

(1856)刻本　八冊

310000－0243－0007648　707300/7423.01
冷廬雜識八卷　(清)陸以湉撰　清光緒十九年(1893)烏程龐氏補刻本　八冊

310000－0243－0007649　707300/7423.03
冷廬雜識八卷　(清)陸以湉撰　清刻本　十六冊

310000－0243－0007650　707300/7438
老學庵筆記十卷　(宋)陸游撰　清光緒三年(1877)刻本　二冊

310000－0243－0007651　707300/7534
掌錄二卷　(清)陳祖范撰　清光緒十七年(1891)廣雅書局刻本　一冊

310000－0243－0007652　707300/7561
談古偶錄二卷　(清)陳星瑞撰　(清)姚成濟註　清光緒二年(1876)上海申報館鉛印本　二冊

310000－0243－0007653　707300/7561
談古偶錄二卷　(清)陳星瑞撰　(清)姚成濟註　清光緒二年(1876)上海申報館鉛印本　二冊

310000－0243－0007654　707300/7730.1
浩然齋雅談三卷　(宋)周密撰　清刻本　一冊

310000－0243－0007655　707300/7794
菽園贅談七卷菽園三種　(清)邱煒萲撰　清光緒二十三年(1897)鉛印本　二冊

310000－0243－0007656　707300/7794.1
揮麈拾遺六卷　(清)邱煒萲撰　清光緒二十七年(1901)鉛印本　一冊

310000－0243－0007657　707300/8043
九九銷夏錄十四卷　(清)俞樾撰　清光緒十八年(1892)刻本　四冊

書名筆畫字頭索引

一畫

二畫

三畫

四畫

五畫

六畫

七畫

八畫

九畫

十畫

十一畫

十二畫

十三畫

十四畫

十五畫

十六畫

十七畫

十八畫

十九畫

二十畫

二十一畫

二十二畫

二十三畫

二十四畫

二十五畫

二十八畫

二十九畫

三十畫

書名筆畫索引

一畫

二畫

三畫

四畫

五畫

六畫

七畫

八畫

九畫

城北草堂詩鈔四卷詩餘二卷詞餘一卷……309
城南草堂筆記三卷……218
茶餘談薈二卷……223
茶餘談薈二卷……223
胡文忠公遺集八十六卷……317
南北派十三套大曲琵琶新譜……217
南宋文錄錄二十四卷……272
南宋文錄錄二十四卷……272
南宋雜事詩七卷……276
南宋雜事詩七卷……276
南宋雜事詩七卷……276
南宋雜事詩七卷……276

十畫

十一畫

十二畫

十三畫

十四畫

十五畫

十六畫

十七畫

十八畫

十九畫

二十畫

二十一畫

二十二畫

二十三畫

二十四畫

二十五畫

二十八畫

二十九畫

三十畫